MANUAL DE DIREITO DO TRABALHO E DE PROCESSO DO TRABALHO

MANUAL DE DIREITO DO TRABALHO E DE PROCESSO DO TRABALHO

Paula Quintas
Professora do Ensino Politécnico
Doutora em Direito do Trabalho
Docente especialista em Direito do Trabalho

Hélder Quintas
Advogado

2023 • 11ª Edição

ALMEDINA

**MANUAL DE DIREITO DO TRABALHO
E DE PROCESSO DO TRABALHO**

AUTORES
Paula Quintas
Helder Quintas
1ª Edição: Março, 2010

EDITOR
EDIÇÕES ALMEDINA, S.A.
Avenida Emídio Navarro, 81, 3D
3000-151 Coimbra
Tel.: 239 851 904 · Fax: 239 851 901
www.almedina.net · editora@almedina.net

Design de colecção: FBA.
Capa: Edições Almedina

PRÉ-IMPRESSÃO
EDIÇÕES ALMEDINA, SA

IMPRESSÃO E ACABAMENTO

Julho, 2023

ISBN
978-989-40-1370-9

DEPÓSITO LEGAL

ALMEDINA | GRUPOALMEDINA

In memoriam: Dr. Amílcar Martins

Este livro é dedicado ao Colega e Amigo Amílcar Martins.
Mais do que sentir a Morte, sentimos uma Vida que tinha tanto para semear e colher.
Colega de uma retidão e lealdade ímpares.
Amigo na presença e na ausência. Diz-se que os Deuses chamam cedo aqueles que amam.
Esperamos que esteja onde merece, seja esse lugar onde for...
(Paula Quintas)

Ao companheiro que comigo deu as primeiras pisadas no caminho sinuoso das leis.
Ao maior (parceiro) pensador do direito que conheci.
Ao defensor incansável das causas que lhe eram confiadas.
Que a memória de todos nós nunca te atraiçoe...
(Hélder Quintas)

PAULA QUINTAS

Livros publicados:

- *Casos práticos resolvidos de Direito do Trabalho*, 6ª edição, reimpressão, Almedina, 2022.
- *Manual Prático de Direito das Obrigações*, 4ª edição, Almedina, 2021.
- *Código do Trabalho Anotado e Comentado*, 6ª edição, Almedina, 2021, em coautoria.
- *Legislação Turística Anotada*, 9ª edição, Almedina, 2020.
- *Código Civil (descodificado)*, 2ª edição, Almedina, 2017.
- *Direitos de Personalidade do trabalhador*, Tese de Doutoramento, Almedina, 2013.
- *Novo (O) Regime Jurídico de Instalação, Exploração e Funcionamento dos Empreendimentos Turísticos*, Almedina, 2008.
- *Prática (Da) Laboral à Luz do Novo Código do Trabalho*, 4ª edição, Almedina, 2007, em coautoria.
- *Regime (O) Jurídico dos Despedimentos*, Reimpressão, Almedina, 2007, em coautoria.
- *Regime Jurídico dos Títulos de Crédito – Compilação anotada com Jurisprudência*, 2ª edição, Almedina, 2007, em coautoria.
- *Problemática (Da) do Efeito Direto nas Diretivas Comunitárias*, Dixit, 2000.

Artigos Publicados:

- *Ainda a forma de contagem das faltas por nojo – o contributo do Ac. do STJ de 19.04.2023*, PDT, no prelo.
- *Teletrabalho no domicílio e reserva da vida privada*, Revista Ultracontinental de Literatura jurídica, v. 3, nº 2 (maio-ago. 2022), ISSN 2675-6714.
- *Entendimento jurisprudencial quanto à presunção da aceitação do despedimento*, PDT, 2021.
- *O impacto da simplificação dos regimes das fusões e cisões societárias*, em co-autoria. Revista Jurídica, Curitiba, vol. I, nº 63.
- *O novo regime do contrato a termo após as alterações introduzidas pelas Leis nºs 90/2019 e 93/2019, de 04 de setembro*, QL, nº 56.
- *Súmula do entendimento jurisprudencial dos conceitos trabalhador à procura de primeiro emprego e desempregado de longa (ou muito longa) duração*, PDT, 2020-I.

- *O percurso jurídico do assédio laboral*, PDT, 2018-I.
- *A problemática constitucional da justa causa nos despedimentos objetivos*, Estudos em Homenagem ao Prof. Monteiro Fernandes, Nova Causa, 2017.
- *A eminência da crise financeira e a iminência da crise constitucional em matéria de cessação contratual laboral*. PDT, 2016-I.
- *O Direito à Palavra no mundo do trabalho: liberdade de expressão ou delito de opinião?*, PDT, nºs 76-78, 2007.
- *Apreciação de alguns aspetos cruciais do «Livro Branco das Relações Laborais» no que concerne à contratação individual – a pulsão flexibilizadora do legislador*, PDT, nºs 74-75.
- *A dificultosa transposição da Diretiva 98/59/CE, do Conselho, de 20 de julho de 1998 (despedimentos coletivos)*, Scientia Iuridica, nº 302.
- *A precariedade dentro da precariedade ou a demanda dos trabalhadores à procura de primeiro emprego*, QL, nº 24.
- *A diretiva nº 80/987 (quanto à aproximação das legislações dos Estados-membros respeitantes à proteção dos trabalhadores assalariados em caso de insolvência do empregador – o antes e o depois de Francovich*, QL, nº 16.
- *A perversidade da tutela indemnizatória do art. 443º do CT – a desigualdade entre iguais (breve reflexão)*, PDT, nº 71.

HÉLDER QUINTAS

Livros publicados:

- *Comentários ao Código de Processo do Trabalho*, Almedina, 2023.
- *Código do Trabalho Anotado e Comentado*, 6ª edição, Almedina, 2021, em coautoria.
- *Regime Jurídico das Sociedades por Quotas – Anotado*, Almedina, 2010.
- *Regime (O) Jurídico dos Despedimentos*. Reimpressão, Almedina, 2007, em coautoria.
- *Prática (Da) Laboral à Luz do Novo Código do Trabalho*, 4ª edição, Almedina, 2007, em coautoria.
- *Regime Jurídico dos Títulos de Crédito – Compilação Anotada com Jurisprudência*. 2ª edição, Almedina, 2007, em coautoria.
- *Regulamentação do Código do Trabalho*, 3ª edição, Almedina, 2006, em coautoria.

- *Direito dos Transportes – Legislação Nacional e Comunitária: Jurisprudência Nacional e Comunitária*, Almedina, 2002, em coautoria.

Artigos publicados:

- *A (nova) ação de impugnação judicial da regularidade e licitude do despedimento*, PDT, nº 86.
- *A concretização do princípio da boa fé enquanto limite normativo das cláusulas de mobilidade geográfica*, PDT, nºs 74-75.
- *Breves notas sobre o passado, o presente e o futuro do regime da transmissão de empresa ou estabelecimento*, PDT, 2019 – I.

PREFÁCIO DA 11ª EDIÇÃO

Na presente edição, procuramos, essencialmente, incorporar as alterações introduzidas pela Lei nº 13/2023, de 03 de abril, entretanto retificada pela Declaração de Retificação nº 13/2023, de 29 de maio.

Aproveitamos ainda para melhorar a exposição de certos regimes, renovar a jurisprudência e adaptar as minutas ao novo quadro legal.

Grijó, 29 de maio de 2023

ABREVIATURAS

AAFDL – Associação Académica da Faculdade de Direito de Lisboa
Ac. – Acórdão
ACT – Autoridade para as Condições de Trabalho
ADSTA – Acórdãos Doutrinais do Supremo Tribunal Administrativo
AUE – Ato Único Europeu
BFD – Boletim da Faculdade de Direito da Universidade de Coimbra
BMJ – Boletim do Ministério da Justiça
BTE – Boletim do Trabalho e Emprego
CAP – Confederação dos Agricultores de Portugal
CC – Código Civil, aprovado pelo Decreto nº 47 344, de 25 de novembro de 1966
CCom – Código Comercial, aprovado pela Carta de Lei de 28 de junho de 1888
CCP – Confederação do Comércio e Serviços de Portugal
CCT – Convenção Coletiva de Trabalho
CE – Comunidade Europeia
CEDH – Convenção Europeia dos Direitos do Homem
CEEP – Centro Europeu das Empresas Públicas
CEJ – Centro de Estudos Judiciários
CES – Confederação Europeia dos Sindicatos
CGTP-IN – Confederação Geral dos Trabalhadores Portugueses – Intersindical
CID – Classificação Internacional de Doenças
CIP – Confederação da Indústria Portuguesa
CIRE – Código da Insolvência e da Recuperação de Empresas, aprovado pelo Decreto-Lei nº 53/2004, de 18 de março
CITE – Comissão para a Igualdade no Trabalho e no Emprego
CJ – Coletânea de Jurisprudência
CJTJ – Coletânea de Justiça do Tribunal de Justiça da Comunidade Europeia
CNDT – Congresso Nacional de Direito do Trabalho
CNot. – Código do Notariado, aprovado pelo Decreto-Lei nº 207/95, de 14 de agosto
CNPD – Comissão Nacional de Proteção de Dados
COREPER – Comité dos Representantes Permanentes
CPC – Código do Processo Civil, aprovado pela Lei nº 41/2013, de 26 de junho

CPE – Cooperação e Política Externa
CPP – Código de Processo Penal, aprovado pelo Decreto-Lei nº 78/87, de 17 de fevereiro
CPPT – Código de Procedimento e Processo Tributário, aprovado pelo Decreto-Lei nº 433/99, de 26 de outubro
CPT – Código de Processo do Trabalho, aprovado pelo Decreto-Lei nº 480/99, de 9 de novembro
CRP – Constituição da República Portuguesa, aprovada pelo Decreto de 10 de abril de 1976
CSC – Código das Sociedades Comerciais, aprovado pelo Decreto-Lei nº 262/86, de 02 de setembro
CT/2009 – Código do Trabalho, aprovado pela Lei nº 7/2009, de 12 de fevereiro
CT/2003 – Código do Trabalho, aprovado pela Lei nº 99/2003, de 27 de agosto
DGERT – Direção-Geral do Emprego e das Relações de Trabalho
DL – Decreto-Lei
DLJ – Dicionário de Legislação e Jurisprudência
DR – Diário da República
DRet – Declaração de Retificação
DUDH – Declaração Universal dos Direitos do Homem
EIDT – Estudos do Instituto de Direito do Trabalho
EMJ – Estatuto dos Magistrados Judiciais, aprovado pela Lei nº 21/85, de 30 de julho
EUROPOL – Serviço Europeu de Polícia
GDE – Gabinete de Direito Europeu
FGS – Fundo de Garantia Salarial
IMT – Imposto Municipal sobre as Transações, aprovado pelo Decreto-Lei nº 287/2003, de 12 de novembro
IMTOI – Imposto Municipal sobre Transmissão de Bens Onerosos, aprovado pelo Decreto-Lei nº 287/2003, de 12 de novembro
JOUE – Jornal Oficial da União Europeia
LAT – Regime Jurídico dos Acidentes de Trabalho, aprovado pela Lei nº 98/2009, de 04 de setembro
L – Lei
LCCT – Regime Jurídico da Cessação do Contrato de Trabalho, aprovado pelo Decreto-Lei nº 64-A/89, de 27 de fevereiro
LCT – Regime Jurídico do Contrato Individual de Trabalho, aprovado pelo Decreto-Lei nº 49408, de 24 de novembro de 1969
LDT – Regime Jurídico da Duração do Contrato de Trabalho, aprovado pelo Decreto-Lei nº 409/71, de 27 de setembro

LFFF – Regime Jurídico das Férias, Feriados e Faltas, aprovado pelo Decreto--Lei nº 874/76, de 28 de dezembro
LOSJ – Lei da Organização do Sistema Judiciário, aprovada pela Lei nº 62/2013, de 26 de agosto
LSCT – Regime Jurídico da Suspensão do Contrato Individual de Trabalho, aprovado pelo Decreto-Lei nº 398/83, de 02 de novembro
LSA – Regime Jurídico dos Salários em Atraso, aprovado pela Lei nº 17/86, de 14 de junho
LTC – Lei do Tribunal Constitucional, aprovada pela Lei nº 28/82, de 15 de novembro
LTS – Regime Jurídico do Trabalho Suplementar, aprovado pelo Decreto--Lei nº 421/83, de 02 de dezembro
MPBSML – Manual de Procedimento e Boas Práticas do Sistema de Mediação Laboral
MJ – Ministério da Justiça
OIT – Organização Internacional de Trabalho
P – Portaria
PDT – Prontuário de Direito do Trabalho
PE – Parlamento Europeu
PESC – Política Externa e de Segurança Comunitária
PGR – Procuradoria Geral da República
QL – Questões Laborais
RBM – Retribuição base mensal
RC – Tribunal da Relação de Coimbra
RCP – Regulamento das Custas Processuais, aprovado pelo Decreto-Lei nº 34/2008, de 26 de fevereiro
RCT/2004 – Regulamentação do Código do Trabalho, aprovada pela Lei nº 35/2004, de 29 de julho
RDES – Revista de Direito e de Estudos Sociais
RE – Tribunal da Relação de Évora
RG – Tribunal da Relação de Guimarães
RGPD – Regulamento Geral sobre a Proteção de Dados (Regulamento (UE) 2016/679 do Parlamento Europeu e do Conselho de 27 de abril de 2016)
RJCCG – Regime Jurídico das Cláusulas Contratuais Gerais, aprovado pelo Decreto-Lei nº 446/85, de 23 de outubro
RL – Tribunal da Relação de Lisboa
RLOSJ – Regulamento da Lei da Organização do Sistema Judiciário, aprovado pelo Decreto-Lei nº 49/2014, de 27 de março

RMMG – Retribuição mínima mensal garantida
ROA – Revista da Ordem dos Advogados
RP – Tribunal da Relação do Porto
RPDC – Revista Portuguesa de Direito do Consumo
SML – Sistema de Mediação Laboral
STJ – Supremo Tribunal de Justiça
TAC – Tarifa Aduaneira Comunitária
TC – Tribunal Constitucional
TFUE – Tratado sobre Funcionamento da União Europeia
TR – Tratado de Roma
TUE – Tratado da União Europeia
UE – União Europeia
UEO – União da Europa Ocidental
UGT – União Geral de Trabalhadores
UNICE – União das Confederações da Indústria e dos Empregadores da Europa

PARTE I
DIREITO DO TRABALHO

CAPÍTULO I
AS FONTES DE DIREITO DO TRABALHO

1. Noção de fonte em sentido técnico-jurídico

O sentido *técnico-jurídico* de fonte situa-a como forma de revelação e manifestação das normas jurídicas[1] ou, nas palavras de ANTÓNIO MONTEIRO FERNANDES, "dos instrumentos pelos quais essas normas são estabelecidas e, do mesmo passo, expostas ao conhecimento público"[2].

2. Fontes internas jus laborais

2.1. A Constituição

A Constituição da República Portuguesa como fonte jurídica primordial consagra nos Títulos II (*Direitos, liberdades e garantias*) e III (*Direitos e deveres económicos*) da Parte I (*Direitos e Deveres Fundamentais*) as normas jurídicas mais relevantes para o Direito do Trabalho, nomeadamente os arts. 53º (*Segurança no emprego*); 54º (*Comissões de trabalhadores*); 55º (*Liberdade sindical*); 56º (*Direitos das associações sindicais e contratação coletiva*); 57º (*Direito à greve e proibição do lock-out*); 58º (*Direito ao trabalho*) e 59º (*Direitos dos trabalhadores*).

Logo no art. 18º, nº 1, da CRP, é dito que "Os preceitos constitucionais respeitantes aos direitos, liberdades e garantias são diretamente aplicáveis e vinculam as entidades públicas e privadas."

Sobre a problemática da aplicabilidade direta daqueles preceitos constitucionais, nomeadamente quando falha a aptidão vinculativa da norma, por falta de exequibilidade do seu conteúdo, questiona-se até que ponto o art. 22º, da CRP, admite a responsabilidade do legislador por omissão legislativa.

Conforme explica ANTÓNIO MONTEIRO FERNANDES, "É óbvio que as disposições constitucionais de incidência juslaboral não reúnem, todas elas, características operatórias que permitam reconhecer-lhes uma função regulamentar

[1] Em desenvolvimento, *v.* JOSÉ OLIVEIRA ASCENSÃO, *O Direito – Introdução e Teoria Geral*, p. 231.

[2] *Direito do Trabalho*, p. 69.

ou precetiva imediata: umas sim (como, por exemplo, o artigo 56º, nº 3: «Compete às associações sindicais exercer o direito de contratação coletiva (...)» outras não (entre elas o art. 58º, nº 1: «Todos têm direito ao trabalho»).”[3]

Mesmo aceitando-se sem reservas a responsabilidade do legislador, existe uma lacuna jurídica[4], no que concerne à regulamentação de tal princípio.

2.2. Instrumentos de regulamentação coletiva de trabalho

Dentro do regime jurídico ordinário, além das normas civis aplicáveis, a título subsidiário (com especial incidência do Direito das Obrigações), o art. 1º, do CT, enuncia como aplicáveis aos contratos de trabalho, os instrumentos de regulamentação coletiva de trabalho, assim como os usos laborais que não contrariem o princípio da boa-fé.

Os instrumentos de regulamentação coletiva podem ser *negociais* ou *não negociais* (art. 2º, nº 1, do CT).

Os instrumentos de regulamentação coletiva de trabalho *negociais* abrangem a convenção coletiva, o acordo de adesão e a decisão arbitral em processo de arbitragem voluntária (art. 2º, nº 2, do CT), regulados, respetivamente, nos arts. 485º e ss., 504º e 506º e ss., do CT.

A convenção coletiva assume diferentes denominações, consoante seja celebrada por uma associação de empregadores, uma pluralidade de empregadores ou um só empregador.

Assim, nos termos do art. 2º, nº 3, do CT, podemos distinguir:

- A convenção celebrada entre associação sindical e associações de empregadores, denominada *contrato coletivo*;
- A convenção celebrada entre associação sindical e uma pluralidade de empregadores para diferentes empresas, definida por *acordo coletivo*;
- A convenção subscrita entre associação sindical e um empregador para uma empresa ou estabelecimento, designada por *acordo de empresa*.

Os instrumentos de regulamentação coletiva de trabalho *não negociais* agrupam a portaria de extensão, a portaria de condições de trabalho e a decisão arbitral em processo de arbitragem obrigatória ou necessária (art. 2º, nº 4, do CT), regulados, respetivamente nos arts. 514º e ss.; 517º e ss. e 508º e ss., do CT.

[3] *Op. cit.*, p. 76.

[4] Sobre o princípio da responsabilidade legislativa do Estado, os doutrinários portugueses encontram-se divididos entre a aceitação sem reservas do princípio e a rejeição liminar de tal possibilidade.

No que concerne aos níveis da negociação coletiva, Maria do Rosário Palma Ramalho destaca "uma tendência para o incremento da negociação coletiva ao nível da empresa, em detrimento das grandes convenções coletivas do setor; e uma tendência para o envolvimento do Estado na negociação coletiva, através da concertação social"[5].

2.2.1. Relações entre fontes de regulação

O disposto no art. 3º, do CT, fixa o critério de prevalência na relação entre as normas legais reguladoras de contrato de trabalho e as disposições de instrumento de regulamentação coletiva de trabalho, bem como as normas legais reguladoras de contrato de trabalho e o contrato individual de trabalho. No que concerne ao critério de prevalência na relação entre as disposições de instrumento de regulamentação coletiva de trabalho e o contrato de trabalho vale o disposto no art. 476º, do CT, sob a epígrafe *Princípio do tratamento mais favorável.*

Os instrumentos de regulamentação coletiva de trabalho podem afastar as normas legais reguladoras do contrato de trabalho (quer no sentido mais favorável ao trabalhador, quer no sentido menos favorável), bastando apenas que das respetivas normas legais não resulte o contrário, fruto da respetiva imperatividade (art. 3º, nº 1, do CT).

No que concerne à relação entre as normas legais reguladoras do contrato de trabalho e a portaria de condições de trabalho, as normas legais reguladoras do contrato de trabalho possuem natureza imperativa (nº 2).

O nº 3 retoma o *princípio do tratamento mais favorável ao trabalhador* na relação entre as normas legais reguladoras do contrato de trabalho e o instrumento de regulamentação coletiva de trabalho, desde que aquelas não possuam natureza imperativa, e o instrumento de regulamentação coletiva de trabalho disponha em sentido mais favorável, mas apenas nas matérias expressamente contempladas.

A L nº 13/2023, de 03 de abril, aditou ao nº 3, a al. *o*), referente ao uso de algoritmos, inteligência artificial e matérias conexas, nomeadamente no âmbito do trabalho nas plataformas digitais.

O nº 4 define o critério de prevalência na relação entre as normas legais reguladoras do contrato de trabalho e o contrato individual, estabelecendo claramente o *princípio do tratamento mais favorável ao trabalhador*, desde que as normas legais não possuam natureza imperativa. Contudo, é necessário proceder sempre a um juízo atualístico, face à mutação das condições de trabalho.

[5] *Da autonomia dogmática do Direito do Trabalho*, p. 573.

Pelo que, se supervenientemente, o regime legal for o mais favorável ao trabalhador, deverá ser este aplicado. Não comungamos da tese que postula ao contrato de trabalho, em estado puro, o princípio da liberdade contratual e da autonomia da vontade.

De acordo com o nº 5, a faculdade de afastar o regime legal conferida aos instrumentos de regulamentação coletiva de trabalho, não se estende às cláusulas apostas no contrato individual de trabalho.

2.2. Os usos

Os usos laborais que não contrariem o princípio da boa-fé são fonte específica do direito do trabalho (art. 1º, do CT).

O uso é observado pelos destinatários, haja ou não a consciência da sua obrigatoriedade, constitui uma prática social reiterada, mas sem *animus*, pelo que não se confunde com o costume.

Os usos laborais são entendidos como a prática "reiterada, regular, uniforme, com carácter de generalidade, que é realizada sem a convicção da sua obrigatoriedade jurídica, o que a permite distinguir do costume. Sendo também corrente o entendimento de que se trata de uma prática voluntária e espontânea"[6].

A lei frisa que só são atendíveis os usos que não contrariem o princípio da boa-fé. Para Menezes Cordeiro, "A referência à boa fé postula uma relação entre duas pessoas e comporta, desde logo, as cores da proteção da confiança e da materialidade da regulação jurídica. Por isso, o uso aplicável, para além de não contradizer aspetos fundamentais do sistema, não deve ser invocado numa conjuntura inesperada para a outra parte ou oferecer, para esta, um teor tal que, com ele, ela não pudesse de todo contar; deve, ainda, corresponder a um aspeto da situação em jogo que não desequilibre, por desarmonia, o conjunto a que ele pertença"[7].

[6] Ac. da RL, de 02.05.2019 *in* www.dgsi.pt (Proc. nº 3749/17.5T8BRR.L1-4).

[7] *Da boa fé no direito civil*, p. 1281.

CAPÍTULO II
RELAÇÃO JURÍDICO-LABORAL PRIVADA

1. Relação jurídico-laboral

O Direito do Trabalho visa regular as relações jurídicas subordinadas, individuais ou coletivas, tendo como elemento caracterizador a especial envolvência e subordinação do trabalhador[8]. O mesmo abrange, não só a relação individual entre o trabalhador e o empregador (*contratação individual*), como também as relações coletivas de trabalho, onde se incluem as relações entre um grupo de trabalhadores e um ou mais empregadores (*contratação coletiva*), as relações entre os trabalhadores entre si e, por fim, as relações entre os empregadores e os trabalhadores de um lado e o Estado do outro.

A relação jurídico-laboral assenta num contrato[9] realizado entre dois ou mais[10] intervenientes com capacidade jurídica plena ou suficiente[11], em que um deles recebe a chamada prestação laboral, em troca de retribuição (art. 11º, do CT), sendo caracterizada como uma prestação de meios, ou seja, o trabalhador obriga-se a atuar com a máxima diligência para que o resultado (de acordo com o objeto contratual) seja atingido.

O contrato de trabalho assenta numa relação jurídica complexa, assente no cumprimento do *dever principal* que cabe às partes (receber e prestar trabalho), bem como no respeito dos *deveres secundários com ou sem prestação autónoma* (no segundo caso, o dever de pagamento pontual da retribuição por parte do empregador e os deveres de assiduidade e pontualidade por parte do trabalhador, respetivamente, arts. 127º, nº 1, al. *b*) e 128º, nº 1, al. *b*), do CT) e *acessórios*, por respeito ao princípio da mútua colaboração (por ex., cooperar para a melhoria da segurança e saúde no trabalho, art. 128º, nº 1, al. *i*), do CT).

[8] Explica JORGE LEITE, o Direito do Trabalho é "o conjunto das normas jurídicas, de origem estadual e convencional, que visam regular, com vista à sua normalização, as relações individuais e coletivas que têm como seu elemento unificante e desencadeante o trabalho assalariado", *Direito do Trabalho e da Segurança Social*, p. 75.

[9] Definido como o resultado da reunião de duas ou mais declarações de vontade, de conteúdo diverso e até oposto (uma proponente, outra aceitante), visando a produção de um determinado efeito jurídico unitário, embora com um significado próprio para cada parte.

[10] No caso de contrato com pluralidade de empregadores (art. 101º, do CT).

[11] Caso dos menores quando a lei lhes permite contratar, arts. 127º, do CC e 70º e ss., do CT.

2. Definição de contrato de trabalho

Qualifica-se como contrato de trabalho aquele pelo qual uma pessoa singular se obriga, mediante retribuição, a prestar a sua atividade a outra ou outras pessoas, no âmbito de organização e sob a autoridade destas (art. 11º, do CT).

O empregador pode assumir a forma singular ou plural; ao contrário do trabalhador, ente individualizado e singular, atendo o caráter *intuitu personae* da relação laboral. A figura pluralidade de empregadores (*outras pessoas*) acolhida no art. 101º, do CT, designa a prestação a vários empregadores entre os quais exista uma relação societária de participações recíprocas, de domínio ou de grupo, ou que tenham estruturas organizativas comuns.

Sublinha-se a inserção do trabalhador na estrutura organizativa da empresa e a *autorictas* do empregador como elemento caracterizador do contrato de trabalho, de forma a valorizar os desempenhos que estão sempre vinculados ao seu poder diretivo, expresso através de ordens, instruções e regras, as quais não sendo acatadas legitimam sanções disciplinares, por força do poder sancionatório e punitivo legalmente detido.

A *subordinação jurídica* exprime-se, então, pela sujeição do trabalhador ao cumprimento das ordens e instruções e à execução de todos os atos ditados pelo empregador dentro dos limites do contrato de trabalho e das normas que o regem; o trabalhador mesmo em desempenho de autogestão tem sobre si, de forma omnipresente, a autoridade do empregador (arts. 11º, 97º e 128º, nº 1, al. *e*), do CT).

A *subordinação jurídica*, numa perspetiva funcional, surge como instrumento privilegiado de determinação por parte do empregador dos termos em que a prestação de trabalho se irá realizar. A ideia é impor ao trabalhador um conjunto de parâmetros impositivos.

Todavia a *subordinação jurídica* não se perfila inflexível, pelo contrário, goza de uma intensidade de natureza gradativa, em função das aptidões e qualificações do trabalhador e da tecnicidade inerente às próprias tarefas. Assim facilmente se compreenderá que, nalguns casos, o trabalhador goze de alguma autonomia e iniciativa na execução do contrato, *maxime* no exercício de atividades de natureza intelectual[12].

Os poderes que caracterizam a subordinação jurídica podem ser exercidos diretamente pelo empregador, como também pelos superiores hierárquicos do trabalhador, como decorre do art. 128º, nº 2, do CT.

[12] Assim, "a subordinação jurídica não é incompatível com a autonomia técnico-executiva, típica, p. ex., das chamadas «profissões liberais»", refere João Leal Amado, *Contrato de Trabalho*, p. 45.

O enquadramento de determinada relação jurídica como relação laboral obriga a que *in casu* se preencham as características contratuais que identificam o contrato, as quais serão aferidas de acordo com o que é efetivamente prestado, sendo irrelevante a qualificação atribuída pelas partes.

O legislador, sensível à fraude ao contrato de trabalho, estabelece uma presunção de laboralidade (art. 12º, do CT)[13], pensada para as relações laborais encapotadas, com recurso, *v.g.*, ao falso recibo verde. E para agilizar o reconhecimento do direito ao trabalho, institui-se mecanismos de combate à utilização indevida do contrato de prestação de serviços em relações de trabalho subordinado. Assim, reforça-se a fiscalização à fraude contratual e acolhe-se a ação de reconhecimento da existência de contrato de trabalho (art. 26º, nº 1, al. *i*), do CPT).

Mas, mesmo desconsiderando este caso limite, nem sempre é linear e simples o enquadramento juslaboral, identificando-se os efeitos contratuais com o efetivamente pretendido pelas partes, com correspondência ao *nomen* (por muito irrelevante que o batismo do contrato seja para a sua configuração), a qualificação é difícil, a relação apresenta-se híbrida, flutuando entre a relação laboral e a mera relação de prestação de serviços O trabalhador/prestador não negociou especificamente qualquer um dos tipos contratuais, às vezes, por ausência de força jurídica para fazê-lo (nos casos mais exemplares de contrato de adesão), ocasionando que uma mesma prestação laboral possa ser realizada a título de prestação de serviços ou no contexto do contrato de trabalho.

A este propósito se fala em *crise do contrato de trabalho*, que se manifesta para Maria do Rosário Palma Ramalho[14], tanto nos casos em que as partes procedem a uma manipulação ilícita da qualificação do contrato para se subtraírem ao regime laboral protetivo (é o caso dos falsos independentes, em que o conteúdo do vínculo negocial é idêntico ao de um vínculo laboral, mas as partes declaram celebrar um contrato de prestação de serviço para dispensar o empregador das obrigações de contribuição para o sistema de segurança social e das restrições das normas laborais para o despedimento), como nos casos em que as partes optam pela celebração de um contrato de prestação de serviço para desenvolverem em termos autónomos uma atividade que tradicionalmente era desempenhada de forma subordinada – esta opção, permitida pelo sistema jurídico e correspondente à vontade real das partes é, evidente

[13] V. João Leal Amado, *Presunção de laboralidade: nótula sobre o art. 12º do novo Código do Trabalho e o seu âmbito temporal de aplicação*, p. 159.

[14] *Da autonomia dogmática do Direito do Trabalho*, p. 556, nota 295.

mente, lícita, mas não deixa de demonstrar a revitalização da figura da prestação de serviço.

3. Características do contrato de trabalho

3.1. Consensualismo ou a liberdade da forma

O contrato de trabalho é um contrato *consensual* ou de *liberdade formal*[15], tendo em vista a maior agilidade e celeridade, admitindo-se prova que valide as estipulações negociais e as condições de trabalho.

Assim, enuncia o art. 110º, do CT, o contrato de trabalho não depende da observância de forma especial, salvo quando a lei determina o contrário, ou seja, não está sujeito a uma determinada exteriorização da declaração negocial (*v.g.*, por escrito), salvo as exceções da lei, decorrentes, nomeadamente, da precariedade do vínculo contratual (*v.* art. 141º, do CT, no que concerne aos contratos a termo), da vulnerabilidade do trabalhador, relativo ao contrato celebrado com trabalhador estrangeiro e apátrida (art. 5º, do CT).

Na eventualidade da forma não ser observada resulta claramente da lei civil que o contrato que a não observe, na ausência de uma qualquer outra sanção, sofre de nulidade (art. 219º, do CC).

No caso de contratos a termo, a invalidade apenas atinge a cláusula contratual, ocorrendo, por inerência, a conversão contratual (art. 147º, nº 1, al. *c*), do CT).

Atente-se, no entanto, que os efeitos da invalidade do contrato de trabalho constituem uma importante exceção ao regime civil. Refere expressamente o art. 122º, nº 1, do CT, "o contrato de trabalho declarado nulo ou anulado produz efeitos como válido em relação ao tempo em que seja executado", ou seja, a invalidade produz apenas efeitos para o futuro (*ex nunc*) não retroagindo até à data da declaração do vício formal ou da celebração do negócio inválido (art. 289º, do CC).

[15] Da forma há que distinguir as formalidades: "enquanto a forma dá sempre corpo a uma certa exteriorização da vontade – ela é essa própria exteriorização – a formalidade analisa-se em determinados desempenhos que, embora não revelando, em si, qualquer vontade, são, no entanto, exigidos para o surgimento válido de certos negócios jurídicos", refere António Menezes Cordeiro, *Tratado de Direito Civil Português*, I, Parte Geral, Tomo I, p. 317.

3.2. Onerosidade

Entende-se que os *negócios onerosos* pressupõem atribuições patrimoniais recíprocas e simultâneas. O negócio gratuito, pelo contrário, gera vantagens e sacrifícios apenas para uma das partes[16].

O contrato de trabalho é claramente um contrato oneroso, cada uma das partes recebe determinado benefício com a prestação do outro, pretendendo a retribuição traduzir o equivalente pecuniário da prestação do trabalhador (art. 11º, do CT).

Considera-se retribuição *a prestação a que, nos termos do contrato, das normas que o regem ou dos usos, o trabalhador tem direito como contrapartida do seu trabalho* (art. 258º, nº 1, do CT).

3.3. Sinalagmaticidade atípica do contrato de trabalho

Os contratos podem ser sinalagmáticos ou não sinalagmáticos, consoante produzam obrigações para uma ou ambas as partes, havendo entre aquelas um *nexo causal* ou *sinalagma*.[17]

Dentro do âmbito laboral é unânime a classificação do contrato de trabalho como contrato sinalagmático, na medida em que, apresenta um sinalagma ou um nexo causal entre as obrigações inerentes a cada contraente, ficando as partes ao mesmo tempo credoras e devedoras uma da outra.

Para o trabalhador a obrigação principal consiste na prestação de trabalho, para o empregador revela-se na retribuição inerente a essa prestação, cada uma assenta na outra e não ocorre sem que a anterior se verifique, são, portanto, correspetivas.

A sinalagmaticidade da relação jurídica manifesta-se em certas formas de rutura negocial, *v.g.*, despedimento por facto imputável ao trabalhador, resolução com justa causa pelo trabalhador.

Pese embora, no contrato de trabalho, o cariz sinalagmático se atenue, *v.g.*, determinadas ausências ao trabalho não implicam para o trabalhador qualquer

[16] Conforme refere Manuel de Andrade, *Teoria Geral da Relação Jurídica*, vol. II, p. 54, cada "uma delas dá e recebe, considerando aquilo que dá retribuído ou contrabalançado por aquilo que recebe".

[17] A doutrina tem perspetivado o sinalagma em dois planos diferentes: um referente à génese do contrato (*sinalagma genético*) e o outro relativo ao cumprimento das obrigações impostas e à produção efetiva dos efeitos que venham a ser desencadeados pelo contrato (*sinalagma funcional*), este último associado ao pensamento de que toda a vicissitude verificada numa dessas obrigações se repercute "necessariamente no ciclo vital da outra". Cfr. João de Matos Antunes Varela, *Das Obrigações em Geral*, vol. I, pp. 360 e 361.

sanção contratual, quando em rigor há incumprimento de um dos deveres mais sagrados da relação laboral, o de assiduidade (arts. 128º, nº 1, al. *b*) e 255º, nº 1, do CT).

Corolário da sinalagmaticidade, o princípio da exceção do não cumprimento dos contratos ou *exceptio non adimpleti contratus*, consagrado no art. 428º, do CC, atribui a "cada um dos contraentes a faculdade de recusar a sua prestação enquanto o outro não efetuar a que lhe cabe ou não oferecer o seu cumprimento simultâneo".

Na relação jurídico-laboral, a *exceptio*, mesmo perante a violação dos deveres contratuais e/ou legais, não legitima automaticamente o incumprimento do contrato. Atenta a sua natureza sensível, o legislador restringiu a recusa prestacional das partes envolvidas.

3.4. Natureza duradoura de execução continuada

O contrato de trabalho assenta em *prestações duradouras*[18] executadas ao longo do tempo de forma continuada, que tende para a perenidade, "na medida em que as obrigações fundamentais respetivas protelam-se no tempo de forma ininterrupta, tendo a duração temporal da relação creditória influência decisiva na conformação global das respetivas prestações"[19] .

Exemplificativamente, veja-se a consideração da retroatividade dos contratos de trabalho inválidos (art. 122º, do CT) e a não determinação da extinção do contrato por impossibilidade temporária de receber ou prestar trabalho (cfr. art. 295º, do CT).

Sendo essa a sua vocação principal, a duração temporal da relação laboral (que quanto ao trabalhador configura a sua *antiguidade*), influi decisivamente na relação creditória.

A antiguidade é um "instrumento juslaboral destinado a definir o círculo normativo e funcional do trabalhador, com reflexos compreensíveis na prestação de trabalho" ("a antiguidade é a qualidade correspondente à duração da situação jurídica laboral" do trabalhador, explica António Menezes Cordeiro)[20].

Veja-se a consagração da ideia nos arts. 112º, nº 8 (o período experimental conta para efeitos de antiguidade) e 147º, nº 3 (havendo conversão do contrato

[18] Por oposição às prestações instantâneas, as quais se executam num único momento.

[19] Paula Quintas/Hélder Quintas, *Código do Trabalho – Anotado e Comentado*, p. 67.

[20] *Direito do Trabalho*, vol. II, p. 475.

a termo em contrato sem termo, a antiguidade conta-se desde o início da prestação de trabalho a termo), do CT.

O caso mais representativo do fenómeno é apresentado na fórmula de cálculo da indemnização devida ao trabalhador por força da ilicitude do despedimento, nos termos do art. 391º, do CT.

A antiguidade é um instituto mais amplo que o tempo de serviço efetivo (o tempo durante o qual o trabalhador esteve, na realidade, em funções), *v.g.*, os arts. 245º, nº 2, 255º, nº 1, 295º, nº 2 e 536º, nº 3, do CT.

O conceito de antiguidade é polissémico, sendo de considerar:

- A *antiguidade na empresa*, que reflete o período durante o qual o trabalhador ingressou na respetiva posição contratual;
- A *antiguidade no posto de trabalho*, que se refere ao lapso de tempo durante o qual o trabalhador ocupou um determinado lugar na empresa;
- A *antiguidade na categoria profissional*, correspondente ao período durante o qual o trabalhador desempenhou determinadas funções-tipo (*categoria-função*) ou durante o qual foi colocado num determinado contexto normativo (*categoria estatuto*).

A antiguidade na categoria profissional está envolvida com certas realidades jurídicas que alimentam a posição e o estatuto normativo do trabalhador, nomeadamente:

- A *diuturnidade* definida como a "prestação de natureza retributiva a que o trabalhador tenha direito com fundamento na antiguidade" (art. 262º, nº 2, al. *b*), do CT);
- A *promoção automática* que significa a subida de categoria assente no decurso do tempo. Para efeitos de promoção automática não se atende ao tempo de serviço efetivamente prestado, outrossim ao de permanência na categoria de origem.

3.5. *Intuitu personae*

O contrato de trabalho é realizado pelo homem (pessoa singular), sendo as respetivas qualidades e aptidões essenciais e particulares, pelo que, a obrigação de *facere* é infungível e intransmissível (o trabalhador não se pode fazer substituir por outrem).

A pessoalidade, característica do contrato de trabalho, prende-se com a tutela da confiança *inter partes*, a qual é essencial para a realização do escopo contratual. Essa natureza fiduciária é manifesta, por exemplo:

- No contexto do período experimental, que visa, fundamentalmente, facultar a possibilidade de testar a aptidão profissional do trabalhador (art. 111º, do CT);
- Na exigência de título profissional para o exercício de determinadas profissões (art. 117º, do CT).

3.6. Caráter nominado

Decorre juridicamente da autonomia da vontade[21], quer a liberdade contratual, quer a liberdade de estipulação ou modelação contratual[22].

Da primeira advém a faculdade legalmente concedida de contratar ou não contratar.

A segunda, como espaço supremo de liberdade, permite às partes, dentro dos limites da lei, "fixar, de acordo com a sua vontade, o conteúdo dos contratos que realizarem, celebrar contratos diferentes dos prescritos do Código ou incluir nestes as cláusulas que lhes aprouver",[23].

Acerca da *relação de tensão* que liga indissoluvelmente a autonomia privada e o princípio da liberdade contratual, afirma Joaquim Sousa Ribeiro, "A universalidade do princípio da autonomia exige então que todos os sujeitos afetados pelos efeitos vinculativos do ato sejam chamados a manifestar a sua vontade, dando, assim, corpo a uma estrutura bilateral de declarações que, justamente caracteriza o contrato como negócio jurídico"[24].

[21] Entendida por António Menezes Cordeiro como um "espaço de liberdade jurígena atribuído, pelo Direito, às pessoas, podendo definir-se como uma permissão genérica de produção de efeitos jurídicos", *Tratado de Direito Civil Português*, I, Parte Geral, Tomo I, p. 317. Ou, nas palavras de Joaquim Sousa Ribeiro, como um "processo de ordenação que faculta a livre constituição e modelação de relações jurídicas pelos sujeitos que nelas participam", *O Problema do Contrato-as cláusulas contratuais gerais e o princípio da liberdade contratual*, p. 21.

[22] Antunes Varela esclarece que "a liberdade contratual é um corolário da autonomia privada, concebida como o poder que os particulares têm de fixar, por si próprios (auto...), a disciplina (nomos), juridicamente vinculativa dos seus interesses. A autonomia privada, que não se confunde com o dogma da vontade, é mais ampla do que a liberdade contratual, que se limita ao poder de autorregulamentação dos interesses concretos e contrapostos das partes, mediante acordos vinculativos", *op. cit.*, p. 41.

[23] Antunes Varela, *op. cit.*, p. 237.

[24] *O Problema do Contrato-as cláusulas contratuais gerais e o princípio da liberdade contratual*, p. 55.

Podemos distinguir os seguintes tipos contratuais:

- *Típicos ou nominados* (regulados no Código Civil ou em outro texto legal), possuem um *nomen iuris* (nomeadamente contrato de compra e venda, doação, locação, sociedade), inserindo-lhe as partes as cláusulas que lhes aprouverem;
- *Atípicos ou inominados*, criados e regulados pelas partes de acordo com as suas necessidades;
- *Mistos*, dado que reúnem elementos de dois ou mais contratos regulados na lei (*v.g.*, A. arrenda um prédio urbano, obrigando-se o arrendatário à prestação de determinados serviços ao senhorio).

O contrato de trabalho caracteriza-se como um *contrato típico e nominado* (arts. 11º, do CT e 1152º, do CC).

3.7. Puro ou simples

O contrato de trabalho não se combina com outros contratos típicos, na medida em que contém um conjunto de prestações (prestação de trabalho e retribuição) perfeitamente articuladas num conteúdo contratual típico.

3.8. Natureza não real

O contrato de trabalho é um *contrato não real*, pois a relação jurídico-laboral ganha corpo com o simples consenso das partes, não se exigindo qualquer ato material de tradição, criação, modificação ou extinção.

Por oposição, os negócios reais são aqueles cuja eficácia depende não só das declarações das partes, mas também da prática anterior ou simultânea de um certo ato material.

4. Presunção da laboralidade

A presunção da laboralidade (como medida de combate aos falsos *recibos verdes*), não exige o preenchimento cumulativo dos pressupostos do art. 12º, do CT, sendo suficiente a verificação de alguns dos referidos, cabendo ao empregador afastar a presunção legal (de natureza ilidível)[25].

[25] 2 – *Uma vez que a autora trabalhou como empregada de bar, cozinheira e empregada de limpeza, sob as ordens e direção do réu, mediante horário de trabalho (das 07.00 às 20.00 horas), com a retribuição mensal de € 600,00*

Assim, não é possível definir qual ou quais em concreto fazem presumir a existência de contrato de trabalho. Parece que a solução terá que ser encontrada de forma casuística, através de uma ponderação de todos os elementos que compõem a relação jurídica em apreço.

A lei é, ainda, omissa quanto ao tempo indiciário da laboralidade. A antiguidade no aparente contrato de prestação de serviços não revela para efeito da sua configuração como contrato de trabalho.

Não se encontrando preenchidos os elementos legais de qualificação, nada impede que esta ocorra mediante outros aspetos indiciários como o cumprimento dos regimes fiscais e de segurança social; a atribuição do direito a férias, retribuído; a exclusividade da prestação laboral; a sindicalização do trabalhador.

O nº 2 considera a prática de falso trabalho autónomo, como contraordenação muito grave.

Com a L nº 13/2023, de 03 de abril, alterou-se o nº 3, desdobrado agora em duas als., na al. *a*), acrescentou-se a privação a apoio, e a menção "designadamente de natureza fiscal ou contributiva ou proveniente de fundos europeus", por período até dois anos; na al. *b*), aditou-se ainda a "privação do direito de participar em arrematações ou concursos públicos, por um período até dois anos".

Pelo pagamento da coima, são solidariamente responsáveis o empregador, as sociedades que com este se encontrem em relações de participações recíprocas, de domínio ou de grupo, bem como, o gerente, administrador ou diretor, nas condições a que se referem o art. 334º e o nº 2 do art. 335º (nº 4).

A L nº 63/2013, de 27 de agosto, que instituiu mecanismos de combate à utilização indevida do contrato de prestação de serviços em relações de trabalho subordinado, criou a ação de reconhecimento da existência de contrato de trabalho (arts. 186º-K a 186º-S, do CPT).

O art. 12º-A, do CT, relativo à presunção de contrato de trabalho no âmbito de plataforma digital, foi aditado pela L nº 13/2023, de 03 de abril.

acrescidos de € 57,70, sendo o local de trabalho, assim como todos os utensílios de trabalho pertença do réu, à luz dos artigos 11º e 12º do Código do Trabalho, é inequívoco ter vigorado entre as partes um contrato de trabalho, por via do qual se encontra o empregador obrigado ao pagamento da retribuição à trabalhadora. [Ac. da RL, de 24.06.2020 *in* www.dgsi.pt (Proc. nº 2477/18.9T8FNC.L1-4)]

III – É de reconhecer a existência de contrato de trabalho caso de verifiquem quatro dos indícios de laboralidade elencados na presunção legal juris tantum do artigo 12º do CT, que a ré não afastou e quando, ao invés, tais indícios são sedimentados pela prova de significativa inserção na organização da ré e submissão a regulamentos internos extremamente pormenorizados em obrigações, incluindo a necessidade de comunicar/justificar faltas/permutas a aulas e outras actividades. [Ac. da RG, de 07.05.2020 *in* www.dgsi.pt (Proc. nº 3644/19.3T8GMR.G1)]

Assim, presume-se a existência de contrato de trabalho quando, na relação entre o prestador de atividade e a plataforma digital se verifiquem algumas das seguintes características:

a) A plataforma digital fixa a retribuição para o trabalho efetuado na plataforma ou estabelece limites máximos e mínimos para aquela;
b) A plataforma digital exerce o poder de direção e determina regras específicas, nomeadamente quanto à forma de apresentação do prestador de atividade, à sua conduta perante o utilizador do serviço ou à prestação da atividade;
c) A plataforma digital controla e supervisiona a prestação da atividade, incluindo em tempo real, ou verifica a qualidade da atividade prestada, nomeadamente através de meios eletrónicos ou de gestão algorítmica;
d) A plataforma digital restringe a autonomia do prestador de atividade quanto à organização do trabalho, especialmente quanto à escolha do horário de trabalho ou dos períodos de ausência, à possibilidade de aceitar ou recusar tarefas, à utilização de subcontratados ou substitutos, através da aplicação de sanções, à escolha dos clientes ou de prestar atividade a terceiros via plataforma;
e) A plataforma digital exerce poderes laborais sobre o prestador de atividade, nomeadamente o poder disciplinar, incluindo a exclusão de futuras atividades na plataforma através de desativação da conta;
f) Os equipamentos e instrumentos de trabalho utilizados pertencem à plataforma digital ou são por esta explorados através de contrato de locação[26].

Entende-se por plataforma digital a pessoa coletiva que presta ou disponibiliza serviços à distância, através de meios eletrónicos, nomeadamente sítio da Internet ou aplicação informática, a pedido de utilizadores e que envolvam, como componente necessária e essencial, a organização de trabalho prestado por indivíduos a troco de pagamento, independentemente de esse trabalho ser prestado em linha ou numa localização determinada, sob termos e condições de um modelo de negócio e uma marca próprios (nº 2).

Dado tratar-se de uma presunção legal, aplica-se independentemente da dnominação que as partes tenham atribuído ao respetivo vínculo jurídico (nº 3). Pode, todavia, ser ilidida nos termos gerais, nomeadamente se a plata-

[26] Na versão introduzida pela DRet nº 13/2023, de 29 de maio.

forma digital fizer prova de que o prestador de atividade trabalha com efetiva autonomia, sem estar sujeito ao controlo, poder de direção e poder disciplinar de quem o contrata (nº 4).

A plataforma digital pode, igualmente, invocar que a atividade é prestada perante pessoa singular ou coletiva que atue como intermediário da plataforma digital para disponibilizar os serviços através dos respetivos trabalhadores (nº 5). Neste caso, ou caso o prestador de atividade alegue que é trabalhador subordinado do intermediário da plataforma digital, aplica-se igualmente, a presunção de contrato de trabalho no âmbito de plataforma digital (nº 1), qualquer que seja a denominação atribuída pelas partes ao vínculo jurídico (nº 3), cabendo ao tribunal determinar quem é a entidade empregadora (nº 6).

A plataforma digital não pode estabelecer termos e condições de acesso à prestação de atividade, incluindo na gestão algorítmica, mais desfavoráveis ou de natureza discriminatória para os prestadores de atividade que estabeleçam uma relação direta com a plataforma, comparativamente com as regras e condições definidas para as pessoas singulares ou coletivas que atuem como intermediários da plataforma digital para disponibilizar os serviços através dos respetivos trabalhadores (nº 7).

A plataforma digital e a pessoa singular ou coletiva que atue como intermediário da plataforma digital para disponibilizar os serviços através dos respetivos trabalhadores, bem como os respetivos gerentes, administradores ou diretores, assim como as sociedades que com estas se encontrem em relação de participações recíprocas, de domínio ou de grupo, são solidariamente responsáveis pelos créditos do trabalhador emergentes de contrato de trabalho, ou da sua violação ou cessação, celebrado entre o trabalhador e a pessoa singular ou coletiva que atue como intermediário da plataforma digital, pelos encargos sociais correspondentes e pelo pagamento de coima aplicada pela prática de contraordenação laboral relativos aos últimos três anos (nº 8).

Nos casos em que se considere a existência de contrato de trabalho, aplicam-se as normas previstas no presente Código que sejam compatíveis com a natureza da atividade desempenhada, nomeadamente o disposto em matéria de acidentes de trabalho, cessação do contrato, proibição do despedimento sem justa causa, remuneração mínima, férias, limites do período normal de trabalho, igualdade e não discriminação (nº 9).

A presunção prevista no nº 1 aplica-se às atividades de plataformas digitais, designadamente as que estão reguladas por legislação específica relativa a transporte individual e remunerado de passageiros em veículos descaracterizados a partir de plataforma eletrónica (nº 12).

Constitui contraordenação muito grave imputável ao empregador, seja ele a plataforma digital ou pessoa singular ou coletiva que atue como intermediário da plataforma digital para disponibilizar os serviços através dos respetivos trabalhadores que nela opere, a contratação da prestação de atividade, de forma aparentemente autónoma, em condições características de contrato de trabalho, que possa causar prejuízo ao trabalhador ou ao Estado (nº 10).

Em caso de reincidência, são ainda aplicadas ao empregador as seguintes sanções acessórias (nº 11):

a) Privação do direito a apoio, subsídio ou benefício outorgado por entidade ou serviço público, designadamente de natureza fiscal ou contributiva ou proveniente de fundos europeus, por período até dois anos;

b) Privação do direito de participar em arrematações ou concursos públicos, por um período até dois anos.

5. Contrato de trabalho como contrato de adesão

5.1. Contratos de adesão

A liberdade contratual (e por inerência a liberdade de modelação contratual) queda-se, nos nossos dias, apenas pela liberdade de contratar ou de não contratar, por motivos tendencial e essencialmente económicos (nomeadamente, o domínio das posições de supremacia ou monopólio no mercado dos fornecedores ou prestadores), o que limita o leque de potenciais alternativas negociais, em detrimento do contraente particular.

A liberdade de não contratar (exercício negativo da liberdade de celebração), nas palavras de Joaquim Sousa Ribeiro, manifesta-se "Quando o consumidor valora como excessivamente elevado o preço que lhe é exigido ou como desmedidamente onerosas as condições contratuais, tem – reconhece-se – escassas possibilidades de entrar em negociações e de obter uma modificação desses elementos favorável aos seus interesses. Mas isso não significa que ele fique, de imediato, exposto ao «poder económico» da contraparte. Ainda lhe sobra a possibilidade de se desviar para a oferta mais vantajosa de um concorrente; no caso de esta não existir, pode decidir-se pela aquisição de um sucedâneo aceitável e, em último termo, renunciar à satisfação da necessidade que o levava ao contrato. Estas decisões, se multiplicadas por um número significativo de sujeitos, conduzem a movimentações do mercado e a mudanças nas condições de oferta"[27].

Os contratos de adesão (designados também por contratos-tipo ou pré-fixados) são correntemente definidos como contratos destinados a grupos de pessoas, e não ao sujeito concreto, que se apresentam como formas contratuais em que o conteúdo da liberdade contratual (*i.e.*, a paridade entre as partes, a liberdade de decisão e a possibilidade do exercício de escolha), se encontra limitado ou de algum modo cerceado[28].

"Um dos contraentes – o cliente, o consumidor – como sucede, por exemplo, na generalidade dos contratos de seguro e de transporte por via aérea, férrea ou marítima ou dos contratos bancários, não tendo a menor participação na preparação e redação das respetivas cláusulas, limita-se a aceitar o texto que o outro contraente oferece, em massa, ao público interessado"[29].

Segundo Carlos Almeida, "Os contratos de adesão pressupõem o poder económico desigual a favor de uma das partes, só assim se compreendendo que a outra (ou as outras partes) aceite condições idênticas, sem consideração dos seus interesses concretos. As condições gerais de contratação são, portanto, favoráveis a quem as impõe; são geralmente cláusulas abusivas. Subjacente às questões jurídicas e ao seu regime está uma evidente e inevitável massificação das necessidades, causa e também efeito duma produção e distribuição em série. Em si mesma, a tipificação contratual não é lesiva dos interesses dos consumidores. Mas sendo um epifenómeno da oferta oligopolística, redunda facilmente em resultados abusivos".

O art. 405º, do CC, desdobra o princípio da liberdade contratual, quer como a liberdade que é conferida às partes de celebrarem os contratos que entende-

[27] *Op. cit.*, p. 208.

[28] A imodificabilidade do contrato apresenta-se para António Almeida, *Cláusulas Contratuais Gerais e o postulado da liberdade contratual*, p. 40, pela imposição "de cláusulas absolutamente rígidas que não admitem qualquer modificação proposta pelo aderente".
"Não quer dizer que estejamos perante esse tipo específico de contrato sempre que alguém se encontre em situação de impor determinadas condições à outra parte, dizendo-lhe «pegar ou largar», de tal modo que, se esta quiser contratar realmente, não terá outro remédio senão aderir a tais condições. O tipo específico de contrato que temos em vista é aquele em que condições rigidamente estabelecidas se acham formuladas em abstrato, predispostas para toda uma série de contratos da mesma natureza. Há uma contratação uniforme, uma contratação em massa, uma contratação estandardizada", Inocêncio Galvão Telles, *Das condições gerais dos contratos e da diretiva europeia sobre as cláusulas abusivas*, p. 9.

[29] Antunes Varela, *Das obrigações em geral*, vol. I, p. 258. Indica o A., que segundo AA. estrangeiros, os carateres distintivos são a superioridade económica de um dos contraentes, a unilateralidade das cláusulas e a invariabilidade do texto negocial, *op. cit.*, p. 259, nota 1.

rem necessários à salvaguarda dos seus interesses, *dentro dos limites da lei*, quer como liberdade de modelação.

Este poder de autorregulação do conteúdo contratual por ambos os intervenientes em posições de paridade ou de relativa paridade, falha no contrato de adesão, exatamente porque, nestes contratos, uma das partes se encontra em posição de grande vantagem, pelo que a tutela da chamada *parte negocial mais fraca* se apresenta tão pertinente.

Essa situação de senhorio económico advém da utilização abusiva da posição de monopólio, ou, em outros casos, prende-se com razões de eficiência empresarial.

Configurando o contrato de adesão, uma prévia modelação contratual realizada por uma das partes, apenas resta à contraparte a possibilidade (mais ou menos livre, mas nunca totalmente livre) de rejeitar ou aceder à proposta contratual no seu todo.

5.2. Contrato de trabalho como contrato de adesão

Atenta a vertente socializante da relação jurídica em causa, o legislador cuida de a enformar (em aspetos entendidos como mais penalizantes para o trabalhador) com alguns limites à autonomia da vontade do empregador.

Amiúdes vezes o trabalhador limita-se a aderir a um contrato pré-formulado, não lhe cabendo qualquer poder negocial para o modelar a seu contento. A disparidade entre as partes é aqui bem manifesta.

Os contratos em que ao trabalhador cabe reduzida ou inexistente atividade reguladora e conformadora, são configurados como *contratos de adesão*, sendo-lhes a aplicáveis não só o regime jurídico laboral, como o regime jurídico das cláusulas contratuais gerais[30].

Nos termos do art. 105º, do CT, o regime das cláusulas contratuais gerais será aplicável quanto aos aspetos essenciais do contrato, sempre que o mesmo não

[30] *No chamado contrato de trabalho tipo ou de adesão, o empregador elabora previamente um contrato de trabalho, que apresenta ao trabalhador sem que este possa negociar ou influenciar as cláusulas contratuais, limitando-se o seu poder negocial a aceitar ou rejeitar. Este tipo de contratos revela um patente desequilíbrio negocial e ficam por isso sob a alçada do regime jurídico das cláusulas contratuais gerais.* [Ac. de 14.07.2020 *in* www.dgsi.pt (Proc. nº 343/19.0T8STR.E1)]

O contrato de trabalho a termo certo que consta de uma minuta elaborada previamente pelos serviços da entidade patronal sem qualquer intervenção dos trabalhadores que se limitaram a assiná-la, sem qualquer outra atitude interventiva tem todos os ingredientes necessários para o considerar como um contrato de adesão a que se aplica o regime jurídico das cláusulas contratuais gerais definido no DL 446/85, de 25 de outubro. [Ac. da RL, de 28.06.1995 *in* CJ, Ano XX, Tomo III, p. 199]

tenha sido sujeito a prévia negociação individual, ou seja, a vontade do trabalhador manifesta-se somente na adesão (ou não) a um conteúdo negocial pré-existente, mesmo na parte em que o seu conteúdo se determine por remissão para instrumento de regulamentação coletiva de trabalho.

Pode ainda ocorrer que o trabalhador se encontre subordinado ao chamado regulamento interno da empresa, situação prevista no art. 104º, do CT.

"O regulamento interno pode assumir-se como uma forma de manifestação do poder regulamentar do empregador (art. 99º) ou como um instrumento de expressão da sua vontade contratual, contendo, de modo pré-definido, elementos próprios do conteúdo contratual (como se verifica no presente artigo). Neste caso, funciona como uma «proposta-tipo» do empregador, à qual o trabalhador se limita a aderir ou não sem poder modelar o seu conteúdo. Por conseguinte, a liberdade de estipulação (direito de modelar e definir o conteúdo contratual), enquanto corolário da autonomia privada, fica aqui fortemente comprimida"[31].

[31] Paula Quintas/Hélder Quintas, *Código do Trabalho – Anotado e Comentado*, p. 244.

CAPÍTULO III
MODALIDADES DA CONTRATAÇÃO INDIVIDUAL

Nota prévia: Informação sobre aspectos relevantes do contrato de trabalho

O art. 106º, do CT, cuida do dever de informação de ambas as partes: do empregador ao trabalhador, dos aspetos relevantes do contrato de trabalho (nº 1); do trabalhador ao empregador, dos aspetos relevantes para a prestação da atividade laboral (nº 2).

Cabe ao empregador prestar, pelo menos, as seguintes informações (nº 3), sob pena de contraordenação grave (nº 5):

a) A respetiva identificação, nomeadamente, sendo sociedade, a existência de uma relação de coligação societária, de participações recíprocas, de domínio ou de grupo, bem como a sede ou domicílio;

b) O local de trabalho ou, não havendo um fixo ou predominante, a indicação de que o trabalho é prestado em várias localizações;

c) A categoria do trabalhador ou a descrição sumária das funções correspondentes;

d) A data de celebração do contrato e a do início dos seus efeitos;

e) Termo estipulado ou a duração previsível do contrato, quando se trate, respetivamente, de contrato a termo certo ou incerto;

Esta alínea foi alterada pela L nº 13/2023, de 03 de abril, distinguindo-se agora de forma mais rigorosa, entre contrato a termo certo (termo estipulado) ou incerto (duração previsível);

f) A duração das férias ou o critério para a sua determinação

Esta informação pode ser substituída pela referência às "disposições pertinentes da lei, do instrumento de regulamentação coletiva de trabalho aplicável ou do regulamento interno de empresa" (nº 4);

g) Os prazos de aviso prévio e os requisitos formais a observar pelo empregador e pelo trabalhador para a cessação do contrato, ou o critério para a sua determinação

Esta alínea foi alterada pela L nº 13/2023, de 03 de abril, aditando-se a menção dos "requisitos formais a observar pelo empregador e pelo trabalhador para a cessação do contrato".

De notar que, esta informação pode ser substituída pela referência às "disposições pertinentes da lei, do instrumento de regulamentação coletiva de trabalho aplicável ou do regulamento interno de empresa" (nº 4);

h) O valor, a periodicidade e o método de pagamento da retribuição, incluindo a discriminação dos seus elementos constitutivos

Esta alínea foi alterada pela L nº 13/2023, de 03 de abril, aditando-se a menção "o método de pagamento da retribuição, incluindo a discriminação dos seus elementos constitutivos".

Convém frisar que esta informação pode ser substituída pela referência às "disposições pertinentes da lei, do instrumento de regulamentação coletiva de trabalho aplicável ou do regulamento interno de empresa" (nº 4);

i) O período normal de trabalho diário e semanal, especificando os casos em que é definido em termos médios, bem como o regime aplicável em caso de trabalho suplementar e de organização por turnos

Esta alínea foi alterada pela L nº 13/2023, de 03 de abril, aditando-se a menção "regime aplicável em caso de trabalho suplementar e de organização por turnos".

Também aqui esta informação pode ser substituída pela referência às "disposições pertinentes da lei, do instrumento de regulamentação coletiva de trabalho aplicável ou do regulamento interno de empresa" (nº 4);

j) O número da apólice de seguro de acidentes de trabalho e a identificação da entidade seguradora;

l) O instrumento de regulamentação coletiva de trabalho aplicável, se houver, e a designação das respetivas entidades celebrantes

Esta alínea foi alterada pela L nº 13/2023, de 03 de abril, aditando-se a menção "designação das respetivas entidades celebrantes";

m) A identificação do Fundo de Garantia de Compensação do Trabalho (FGCT), previsto em legislação específica

Esta alínea foi alterada pela L nº 13/2023, de 03 de abril;

n) No caso de trabalhador temporário, a identificação do utilizador

Esta alínea foi aditada pela L nº 13/2023, de 03 de abril;

o) A duração e as condições do período experimental, se aplicável

Esta alínea foi aditada pela L nº 13/2023, de 03 de abril.

Caso o empregador não cumpra este dever de comunicação, presume-se que as partes acordaram na exclusão do período experimental (art. 111º, nº 4, do CT).

Esta informação pode ser substituída pela referência às "disposições pertinentes da lei, do instrumento de regulamentação coletiva de trabalho aplicável ou do regulamento interno de empresa" (nº 4);

p) O direito individual a formação contínua

Esta alínea foi aditada pela L nº 13/2023, de 03 de abril.

A informação aqui prevista pode ser substituída pela referência às "disposições pertinentes da lei, do instrumento de regulamentação coletiva de trabalho aplicável ou do regulamento interno de empresa" (nº 4);

q) No caso de trabalho intermitente, informação sobre o número anual de horas de trabalho, ou do número anual de dias de trabalho a tempo completo (art. 158º, nº 1, al. b), do CT), a duração da prestação de trabalho, de modo consecutivo ou interpolado, bem como o início e termo de cada período de trabalho, ou a antecedência com que o empregador deve informar o trabalhador do início daquele (art. 159º, nº 1, do CT), a indicação de que a prestação de trabalho não pode ser inferior a cinco meses a tempo completo, por ano, dos quais pelo menos três meses devem ser consecutivos (nº 2) e de que em caso de incumprimento do empregador do disposto nos números anteriores, o trabalhador não é obrigado a prestar trabalho nem pode ser prejudicado por esse motivo (nº 4) e a indicação de que durante o período de inatividade, o trabalhador tem direito a compensação retributiva, a pagar pelo empregador com periodicidade igual à da retribuição, em valor estabelecido em instrumento de regulamentação coletiva de trabalho ou, na sua falta, de 20 /prct. da retribuição base (art. 160º, nº 2, do CT)

Esta alínea foi aditada pela L nº 13/2023, de 03 de abril;

r) Os regimes de proteção social, incluindo os benefícios complementares ou substitutivos dos assegurados pelo regime geral de segurança social;

Esta alínea foi aditada pela L nº 13/2023, de 03 de abril.

Esta informação pode ser substituída pela referência às "disposições pertinentes da lei, do instrumento de regulamentação coletiva de trabalho aplicável ou do regulamento interno de empresa" (nº 4);

s) Os parâmetros, os critérios, as regras e as instruções em que se baseiam os algoritmos ou outros sistemas de inteligência artificial que afetam a tomada de decisões sobre o acesso e a manutenção do emprego, assim como as condições de trabalho, incluindo a elaboração de perfis e o controlo da atividade profissional

Esta alínea foi aditada pela L nº 13/2023, de 03 de abril.

A informação deve ser prestada por escrito, podendo constar de um ou de vários documentos, assinados pelo empregador (art. 107º, nº 1, do CT).

Quando a informação seja prestada através de mais de um documento, um deles deve conter os elementos referidos na al. *a*): A respectiva identificação, nomeadamente, sendo sociedade, a existência de uma relação de coligação societária, de participações recíprocas, de domínio ou de grupo, bem como a sede ou domicílio; al. *b*): O local de trabalho ou, não havendo um fixo ou predominante, a indicação de que o trabalho é prestado em várias localizações; al. *c*): A categoria do trabalhador ou a descrição sumária das funções correspondentes; al. *d*): A data de celebração do contrato e a do início dos seus efeitos; al. *e*): Termo estipulado ou a duração previsível do contrato, quando se trate, respetivamente, de contrato a termo certo ou incerto; al. *h*): O valor, a periodicidade e o método de pagamento da retribuição, incluindo a discriminação dos seus elementos constitutivos; al. *i*): O período normal de trabalho diário e semanal, especificando os casos em que é definido em termos médios, bem como o regime aplicável em caso de trabalho suplementar e de organização por turnos; al. *o*): O instrumento de regulamentação coletiva de trabalho aplicável, se houver, e a designação das respetivas entidades celebrantes; al. *q*): No caso de trabalho intermitente, a informação prevista na al. *b*) do nº 1 do artigo 158º, nos nºs 1, 2 e 4 do art. 159º e no nº 2 do art. 160º (nº 2, alterado pela L nº 13/2023, de 03 de abril).

O dever de informação considera-se cumprido quando a informação em causa conste de contrato de trabalho reduzido a escrito ou de contrato-promessa de contrato de trabalho, nos termos do número seguinte (nº 3).

A informação constante dos documentos referidos nos nºs 1 e 2 deve ser comunicada ao trabalhador em suporte papel ou em formato eletrónico nos seguintes prazos (nº 4, alterado pela L nº 13/2023, de 03 de abril):

a) Até ao sétimo dia subsequente ao início da execução do contrato, no caso das informações a que alude o nº 2;
b) No prazo de um mês contado a partir do início da execução do contrato, quanto às demais informações.

Caso o empregador não cumpra o dever de comunicação sobre a duração e as condições do período experimental no prazo previsto, presume-se que as partes acordaram na exclusão do período experimental (art. 111º, nº 4, do CT).

O empregador deve conservar prova da transmissão ou receção das informações constantes dos documentos referidos nos números anteriores (nº 5, inserido *ex novo*).

As informações constantes dos documentos referidos nos números anteriores devem ser prestadas sempre que solicitadas pelas entidades públicas, nomeadamente o serviço com competência inspetiva da área laboral (nº 6, inserido *ex novo*).

Constitui contraordenação grave a violação do disposto nos nºs 1, 2 ou 4 (nº 7).

Se o trabalhador cujo contrato de trabalho seja regulado pela lei portuguesa exercer a sua actividade no território de outro Estado por período superior a um mês, o empregador deve prestar-lhe, por escrito e até à sua partida, as seguintes informações complementares (art. 108º, nº 1, do CT):

a) Identificação do Estado ou Estados onde o trabalho deve ser prestado e a duração previsível do período de trabalho a prestar

A L nº 13/2023, de 03 de abril aditou a menção "Identificação do Estado ou Estados onde o trabalho deve ser prestado";

b) Moeda e lugar do pagamento das prestações pecuniárias e, se aplicável, das prestações em espécie

A L nº 13/2023, de 03 de abril aditou a menção "e, se aplicável, das prestações em espécie".

A qual pode ser "substituída por referência a disposições de lei, instrumento de regulamentação coletiva de trabalho ou regulamento interno de empresa que regulem a matéria nela referida" (nº 2);

c) Possibilidade de repatriamento e respetivas condições

Esta alínea foi alterada pela L nº 13/2023, de 03 de abril.

A informação aqui prevista pode ser "substituída por referência a disposições de lei, instrumento de regulamentação coletiva de trabalho ou regulamento interno de empresa que regulem a matéria nela referida" (nº 2).

d) Acesso a cuidados de saúde;

e) Retribuição a que tem direito nos termos da lei aplicável no Estado de acolhimento, em situações de destacamento

Esta alínea foi aditada pela L nº 13/2023, de 03 de abril.

A informação aqui prevista pode ser "substituída por referência a disposições de lei, instrumento de regulamentação coletiva de trabalho ou regulamento interno de empresa que regulem a matéria nela referida" (nº 2);

f) Subsídios inerentes ao destacamento e reembolso de despesas de viagem, de alojamento e de alimentação, quando aplicável

Esta alínea foi aditada pela L nº 13/2023, de 03 de abril;

g) Sítio oficial na Internet do Estado de acolhimento, criado nos termos da legislação específica aplicável ao destacamento

Esta alínea foi aditada pela L nº 13/2023, de 03 de abril.

Constitui contraordenação grave a violação do disposto no art. 108º, do CT (nº 3).

1. Contrato de duração indeterminada ou sem termo

O *contrato de duração indeterminada (ou contrato sem termo)* assenta no entendimento que o contrato se forma para perdurar, não sendo admitida qualquer estipulação acessória resolutiva.

Apesar da precariedade social, a cessação do vínculo contratual só ocorrerá nos termos caucionados pelo art. 340º, do CT.

2. Precariedade laboral

A flexibilização do direito do trabalho legitimou a precariedade do vínculo contratual (os designados *contratos com pouca esperança de vida*) através de contratos de trabalho que se afastam da matriz constitucional da segurança no emprego (art. 53º, da CRP), pelo que, o respetivo regime se apresenta condicionado.

2.1. Contratos de trabalho a termo

2.1.1. Definição de contrato de trabalho a termo

Os contratos que contêm já uma predeterminação da sua duração dizem-se a termo.

Pela aposição de termo resolutivo, a eficácia do contrato cessa com a ocorrência do mesmo. Nestes casos, a cessação dos efeitos contratuais encontra-se na dependência dum acontecimento futuro, mas certo.

O termo divide-se em certo e em incerto. No contrato a termo certo, a cessação do contrato encontra-se dependente da verificação de um determinado momento, rigorosamente fixado no tempo (*certus an certus quando*). No contrato a termo incerto, a cessação do contrato encontra-se dependente, por sua vez, de um determinado acontecimento cuja data de verificação é incerta, *v.g.*, o contrato vigora para o contratado a termo até à recuperação do trabalhador em convalescença que se encontra a substituir (*certus an incertus quando*).

A diferença entre termo certo e termo incerto não se prende com a verificação do facto (necessariamente certo), mas com o momento exato da respetiva verificação.

O *contrato a termo resolutivo* reúne os contratos a termo certo e a termo incerto.

De acordo com o art. 139º, do CT, o regime do contrato de trabalho a termo resolutivo não pode ser afastado por instrumento de regulamentação coletiva de trabalho, exceto no que respeita às necessidades temporárias indicadas como motivo justificativo da contratação a termo (art. 140º, nº 2, do CT) e às regras de preferência na admissão do trabalhador a termo na celebração de contrato de trabalho por tempo indeterminado (art. 145º, do CT)[32].

[32] *V.*, também, Joana Nunes Vicente, *A Lei nº 93/2019, de 4/9 e a revisão do regime jurídico do contrato de trabalho a termo*, p. 110.

2.1.2. Admissibilidade, motivação e justificação

O art. 140º, nº 1, do CT, apresenta a razão-de-ser deste tipo de contratos de trabalho, sendo o nº 2 meramente exemplificativo das ditas necessidades temporárias, no caso de contrato a termo certo. Não obstante, a situação concreta, exemplificada ou não, deve enquadrar-se sempre na *cláusula geral de admissibilidade*, prevista no nº 1.

O legislador cuidou essencialmente da *génese do contrato a termo* e não propriamente das suas manifestações.

Os contratos de trabalho a termo visam satisfazer necessidades temporárias da empresa, objetivamente definidas pelo empregador e pelo período estritamente necessário à satisfação dessas necessidades. A norma incorpora a taxatividade (eloquentemente estabelecida no **só**) no que concerne ao tipo de necessidade temporária, sob pena de conversão em contrato sem termo (art. 147º, nº 1, al. *b*), do CT).

"O trabalho a termo é, por natureza, precário; o que é contrário de segurança. Por isso, é necessário também um motivo justificativo para a contratação a termo", consideram José Joaquim Gomes Canotilho/Vital Moreira[33].

Assim, o contrato a termo exige motivação, mas não uma motivação aleatória, pois há que demonstrar o caráter temporário da necessidade objetivamente definida pela entidade empregadora[34] e a relação entre a justificação invocada e o termo estipulado[35] (arts. 140º, nº 5 e 141º, nº 1, al. *e*) e nº 3, do CT), sob pena de invalidade do termo (atenta a natureza de formalidade *ad substantiam*, art. 147º, nº 1, al. *c*), 2ª parte, do CT).

A formalidade diz-se *ad substantiam* quando ela própria é um requisito de validade do ato jurídico, pelo que a inobservância da formalidade determina a nulidade daquele (art. 220º, do CC).

[33] *Constituição da República Portuguesa Anotada*, vol. I, p. 711.

[34] *II – A invocação no contrato, para justificar a aposição do termo certo, de um "aumento pontual de necessidades, nomeadamente para as seguintes linhas de produção" e que "prevê-se a desativação a médio prazo de parte da produção em virtude da descontinuação de alguns produtos em final de vida", sem mais qualquer concretização, constitui uma justificação genérica e vaga que não permite ao tribunal efetuar um juízo de adequação da justificação à hipótese legal e à duração certa estipulada para o contrato. III – Considera-se celebrado por tempo indeterminado o contrato a termo e respetivas renovações quando o respetivo texto não concretiza com factos os acréscimos temporários de trabalho que foram invocados.* [Ac. da RP, de 22.02.2021 *in* www.dgsi.pt (Proc. nº 229/20.5T8MAI-A.P1)]

[35] *3 – A validade de uma cláusula de termo depende da indicação do motivo justificativo da aposição do termo com menção expressa dos factos que o integram, devendo estabelecer-se, no texto do contrato, a relação entre a justificação invocada e o termo estipulado. 4 – Só depois de aferida a validade formal da aposição do termo se pode equacionar a correspondência entre o motivo invocado e a realidade.* [Ac. da RL, de 26.05.2021 *in* www.dgsi.pt (Proc. nº 12378/20.5T8LSB.L1-4)]

A formalidade *ad probationem* prende-se com a exigência de determinada forma para prova do ato. Neste caso, resulta da lei que a forma prescrita apenas é exigida para prova da declaração, podendo ser substituída por confissão expressa, prova judicial ou extrajudicial.

O regime das formalidades do contrato de trabalho a termo previsto no art. 141º, do CT, admite as duas possibilidades.

2.1.3. Omissão dos requisitos formais e substanciais do contrato a termo

A omissão de alguns dos requisitos do art. 141º, do CT, não implica automaticamente a conversão do contrato a termo em contrato sem termo, salvo nos casos expressamente mencionados do art. 147º, do CT.

A ausência de algumas das menções previstas no art. 141º, nº 1, do CT, nomeadamente, a menção à atividade do trabalhador e à retribuição [al. *b*)], ao local e ao período normal de trabalho [al. *c*)], constituem meras formalidades *ad probationem*, não afetando a validade do contrato. Aliás, a aposição de tais menções pode ser provada por outro meio que não o contratual.

A omissão da data de início do trabalho reveste a natureza de mera irregularidade, presumindo-se que o contrato tem início na data da sua celebração (art. 141º, nºs 1, al. *d*) e 2, do CT).

Já a falta de redução do contrato a escrito (mesmo que todas as indicações hajam sido consensualmente acertadas) implica a conversão do contrato (art. 147º, nº 1, al. *c*), do CT), na perspetiva de máxima proteção do trabalhador.

Igualmente, ocorre conversão contratual, havendo falta de indicação do termo estipulado, ou da duração previsível do contrato[36], e do respetivo motivo justificativo, consoante se trate, respetivamente, de contrato a termo certo ou incerto [al. *e*)].

No caso previsto no art. 141º, nº 3, do CT, é exigível a menção concreta dos factos e das circunstâncias que motivaram o contrato, cabendo ao empregador a prova da sua veracidade e adequabilidade (art. 140º, nº 5, do CT)[37], para a atendibilidade da motivação, faltando esta, o contrato converter-se-á em contrato sem termo, face à invalidade do termo aposto (art. 221º, do CC).

[36] A menção "duração previsível do contrato" foi aditada pela L nº 13/2023.

[37] *IV – Não tendo a entidade empregadora provado os factos constantes do termo escrito no contrato de trabalho que fundamentavam a contração a termo certo, competindo-lhe a ela o ónus da prova, em face do disposto no nº 5 do art. 140º do Código do Trabalho, não foi possível aferir da veracidade desses factos, pelo que, tendo o contrato de trabalho a termo certo sido celebrado fora dos casos previstos na lei, considera-se sem termo tal contrato, ao abrigo do art. 147º, nº 1, al. b), do mesmo Diploma Legal.* [Ac. da RE, de 10.11.2022 *in* www.dgsi.pt (Proc. nº 6248/21.7T8STB.E1)]

2.1.4. Sucessão de contrato de trabalho a termo

A cessação de contrato de trabalho a termo, *por motivo não imputável ao trabalhador*[38], impede nova admissão ou afetação de trabalhador através de contrato de trabalho a termo ou de trabalho temporário cuja execução se concretize no mesmo posto de trabalho ou atividade profissional ou de contrato de prestação de serviços para o mesmo objeto ou atividade, celebrado com o mesmo empregador ou sociedade que com este se encontre em relação de domínio ou de grupo, ou mantenha estruturas organizativas comuns, antes de decorrido um período de tempo equivalente a um terço da duração do contrato, incluindo renovações (art. 143º, nº 1, do CT).

O preceito proíbe a política da sucessão de contratos de trabalho ou de prestação de serviços, antes de decorrido um período de tempo equivalente a um terço da duração do contrato (incluindo as respetivas renovações), denominado *período de espera*.

As figuras jurídicas contratuais acolhidas são diversificadas, para evitar o intuito de ludibriar a lei. Para além do trabalho temporário, é consagrado o "contrato de prestação de serviços para o mesmo objeto ou atividade, celebrado com o mesmo empregador ou sociedade que com este se encontre em relação de domínio ou de grupo, ou mantenha estruturas organizativas comuns".

A figura do empregador abrange ainda a "sociedade que com este se encontre em relação de domínio ou de grupo" ou "mantenha estruturas organizativas comuns", na linha da figura da pluralidade de empregadores (art. 101º, do CT).

A violação desta proibição obriga à conversão contratual (art. 147º, nº 1, al. *d*), do CT), contando a antiguidade do trabalhador "desde o início da prestação de trabalho, exceto em situação a que se refere a al. *d*), do nº 1, em que compreende o tempo de trabalho prestado em cumprimento dos contratos sucessivos" (art. 147º, nº 3, *in fine*).

Com a L nº 13/2023, de 03 de abril, aditou-se ao nº 1, do art. 143º, do CT, a menção "atividade profissional" e "atividade" (esta última, para o contrato de prestação de serviços).

Cabe às partes determinar por acordo a atividade para que o trabalhador é contratado (art. 115º, nº 1, do CT).

[38] Nos casos de despedimento objetivo (despedimento coletivo; despedimento por extinção de posto de trabalho e despedimento por inadaptação/inaptidão), de caducidade do contrato a pedido do empregador, de revogação e de resolução contratual por justa causa por parte do trabalhador.

A determinação a que se refere o número anterior pode ser feita por remissão para categoria de instrumento de regulamentação colectiva de trabalho ou de regulamento interno de empresa (nº 2).

Entende-se como posto de trabalho o conjunto de funções designadas no contrato individual de trabalho aquando da admissão, nos termos da atividade contratada (art. 115º, do CT), independentemente de variáveis de desempenho.

O art. 143º, do CT, apresenta no nº 2, uma norma excecional, que afasta o estabelecido no nº 1, nos seguintes casos:

a) Nova ausência do trabalhador substituído, quando o contrato de trabalho a termo tenha sido celebrado com vista à sua substituição

V.g., o trabalhador A. encontra-se em licença parental, sendo contratado o trabalhador B., para o substituir.

Findo o período de licença, o trabalhador A. retoma a prestação laboral, caducando, por consequência, o contrato a termo (certo ou incerto) do trabalhador B.

No entanto, o trabalhador substituído, logo depois, adoece por um longo período. O empregador, que havia ficado agradado com a prestação do trabalhador substituinte pode nova e imediatamente contratá-lo, a termo (certo ou incerto), pelo período necessário à substituição do trabalhador A.;

b) Acréscimos excecionais da atividade da empresa, após a cessação do contrato

V.g., a caducidade do contrato do trabalhador ocorre logo após um pedido de fornecimento de grande volume que urge satisfazer. O empregador pode nova e imediatamente contratar o mesmo trabalhador para aceder a esse acréscimo excecional de atividade;

c) Atividade sazonal[39]

V.g., agricultura e turismo.

[39] A L nº 93/2019, de 04 de setembro, revogou a al. *d)*, que referia: *Trabalhador anteriormente contratado ao abrigo do regime aplicável à contratação de trabalhador à procura de primeiro emprego.*

2.2. Contrato de trabalho a termo certo

2.2.1. Admissibilidade

O art. 140º, nº 1, do CT, apresenta uma *cláusula geral de admissibilidade*, exemplificada no nº 2, nada impedindo, portanto, o acatamento de uma necessidade temporária não legalmente prevista, desde que respeite o disposto no nº 1.

São consideradas, nomeadamente, necessidades temporárias:

- Substituição direta ou indireta de trabalhador ausente ou que, por qualquer motivo, se encontre temporariamente impedido de trabalhar [al. *a*)]; substituição direta ou indireta de trabalhador em relação ao qual esteja pendente em juízo ação de apreciação da licitude de despedimento [al. *b*)]; substituição direta ou indireta de trabalhador em situação de licença sem retribuição [al. *c*)] e substituição de trabalhador a tempo completo que passe a prestar trabalho a tempo parcial por período determinado [al. *d*)]. As als. *a*) a *c*) ao indicarem substituição indireta visam permitir que o trabalhador contratado a termo (trabalhador A) venha substituir um trabalhador (trabalhador B) que apesar de permanecer na empresa, está incumbido de ocupar o posto de trabalho de um trabalhador ausente (trabalhador C);
- Exercício de atividade sazonal ou outra cujo ciclo anual de produção apresente irregularidades decorrentes da natureza estrutural do respetivo mercado, incluindo o abastecimento de matéria-prima [al. *e*)]. A atividade sazonal encontra-se ligada intrinsecamente às variações das estações do ano, como a época das colheitas ou balnear. Por sua vez, a atividade que apresente um ciclo anual de produção pode ou não estar conectada com a sazonalidade, bastando a prova da natureza estrutural do respetivo mercado (picos de trabalho)[40];

[40] *II- Uma empresa que se dedica a cruzeiros fluviais durante cerca de dez meses por ano não pode invocar atividade sazonal para justificar um contrato a termo de uma camaroteira, fora de qualquer pico de atividade, sendo essa contratação uma sua necessidade permanente e não temporária. III- A remissão pelo trabalhador de direitos emergentes da violação de normas legais imperativas pelo empregador como sucede com os direitos resultantes de um despedimento ilícito pressupõe o conhecimento pelo trabalhador da existência da referida violação e das suas consequências legais.* [Ac. do STJ, de 07.09.2022 *in* www.dgsi.pt (Proc. nº 16670/17.8T8PRT.P1.S1)]
Como bem traduziu o aresto, a atividade do empregador não assenta numa necessidade temporária, antes pelo contrário, possui uma natureza permanente, embora de caráter cíclico, o que afasta o regime da contratação a termo.
Não exerce uma atividade sazonal a empresa que explora umas termas cujos balneários estão abertos durante todo o ano. (Ac. da RC, de 12.06.2007 *in* CJ, Ano XXXII, Tomo IV, p. 67)

- Acréscimo excecional de atividade da empresa como o que ocorre, *v.g.*, em certas atividades industriais por altura de festividades ou por motivo de uma encomenda anormal de um cliente [al. *f*)][41];
- Execução de tarefa ocasional ou serviço determinado precisamente definido e não duradouro [al. *g*)]. A 1ª parte, do preceito, inclui a execução de tarefa ocasional (ex. atualização do sistema informático operativo). A 2ª parte reporta-se a serviço determinado precisamente definido e não duradouro (como a prestação de assistência a clientes aquando do lançamento de um novo produto)[42];
- Execução de obra, projeto ou outra atividade definida e temporária, incluindo a execução, direção ou fiscalização de trabalhos de construção civil, obras públicas, montagens e reparações industriais, em regime de empreitada ou em administração direta, bem como os respetivos projetos ou outra atividade complementar de controlo e acompanhamento [al. *h*)].

O nº 4, do art. 140º, do CT, constitui *norma autossuficiente* de motivação contratual, conforme dispõe o preceito: Além das situações previstas no nº 1, ou seja, (para) além da necessidade temporária empresarial, as situações taxativamente previstas no nº 4, admitem sempre a contratação a termo certo.

Este regime especial prevê no caso da al. *a*), a natureza nova da atividade cuja duração é incerta (1ª parte) ou do início de laboração de empresa ou de estabelecimento pertencente a empresa com menos de 250 trabalhadores, nos dois anos posteriores a qualquer um desses factos (2ª parte), com o inerente *risco de (in)sucesso da atividade* que está em causa.

"O preceito não explica, porém, como proceder à contagem desse período de 2 anos, ou seja, quando se entende que ocorre o início da natureza nova da atividade ou de laboração. Desde a constituição da empresa à abertura efetiva

Celebrado na hotelaria do Algarve um contrato a prazo por quatro meses, tendo como justificação a natureza sazonal da actividade turística, tal justificação aparece desmentida se se verifica a renovação desse contrato e se o mesmo perdura ao longo de todo o ano. (Ac. da RE, de 29.05.2007 *in* CJ, Ano XXXII, Tomo III, p. 268)

[41] *A ré não comprovou a veracidade do motivo invocado para a aposição de termo no contrato de trabalho, sendo os factos apurados insuficientes para se reconduzirem a "razão objectiva". A justificação do termo baseada em "acréscimo excepcional de actividade" abrange apenas flutuações quantitativas de carácter anómalo, temporário e imprevisível e não qualquer oscilação do negócio.* [Ac. da RG, de 16.02.2023 *in* www.dgsi.pt (Proc. nº 3741/21.5T8MTS.G1)]

[42] *IV – Não constituem tarefas ocasionais ou serviço determinado, preciso e não duradouro as funções – de assistência a clientes utilizadores dos troços da autoestrada concessionados –, desempenhadas pelo Autor, na sua qualidade de oficial de mecânica contratado por uma empresa prestadora de serviços de assistência rodoviária à concessionária daqueles troços, pois tal atividade de assistência é obrigatória para esta última e possui caráter permanente e coincidente com a duração da concessão.* (Ac. do STJ, de 21.03.2013 *in* CJ, Ano XXI, Tomo I, p. 244).

de um estabelecimento pode mediar um tempo considerável. Entendemos que é de acolher, não os atos preparatórios empresariais, mas o exercício efetivo da atividade, por ex., no caso de início de laboração de estabelecimento, o que releva, quanto a nós, é a abertura ao público do mesmo"[43].

Na hipótese da al. *b*) é a mera *qualidade do trabalhador* (trabalhador em situação de desemprego de muito longa duração) que motiva a contratação[44].

O legislador continua a não apresentar definição legal de trabalhadores em situação de desemprego de muito longa duração, tratando-se de um conceito indeterminado. Alguma jurisprudência apela às definições vertidas nas políticas de estímulo ao emprego.

O art. 4º, al. *c*), do DL nº 72/2017, de 21 de junho, considera como desempregados de muito longa duração, "as pessoas com 45 anos de idade ou mais e que se encontrem inscritas no IEFP, I. P., há 25 meses ou mais".

A P nº 112-A/2019, de 12 de abril (Medida Contrato-Geração), subscreve tal definição [art. 4º, nº 2, al. *c*)].

No entanto, na nossa apreciação, as políticas de estímulo ao emprego não são sobreponíveis ao CT.

Incumbe ao empregador a prova dos factos que justificam a celebração do contrato a termo, sob pena de invalidade do termo [Cfr. o nº 5, conjugado com o art. 147º, nº 1, al. *b*)].

2.2.2. Duração

A duração do contrato a termo certo possui agora prazo único, o qual não pode ser superior a dois anos (art. 148º, nº 1, do CT)[45].

Para combate de atuação fraudulenta, este limite vale, também, para os contratos de trabalho a termo ou de trabalho temporário cuja execução se concretiza no mesmo posto de trabalho, bem como de contrato de prestação de serviço para o mesmo objeto, entre o trabalhador e o mesmo empregador ou socie-

[43] Paula Quintas/Hélder Quintas, *Código do Trabalho – Anotado e Comentado*, pp. 360-361. *V.*, também, Joana Nunes Vicente, *A Lei nº 93/2019, de 4/9 e a revisão jurídica do contrato*, p. 113 e Sara Leitão, *Duração, renovação e sucessão de contratos a termo: alterações introduzidas pela lei nº 93/2019, de 04 de setembro*, p. 208.

[44] A L nº 93/2019, de 04 de setembro, alterou a redação da al. *b*), a qual indicava: *trabalhador à procura de primeiro emprego, em situação de desemprego de longa duração ou noutra prevista em legislação especial de política de emprego.*

[45] No regime revogado e atenta a motivação, o prazo variava entre 3 anos [prazo geral, art. 148º, nº 1, al. *c*)] e para os casos previstos do nº 4 do art. 140º 2 anos, exceto no caso de pessoa à procura do primeiro emprego, cujo contrato detinha a duração de 18 meses [art. 148º, nº 1, als. *a*) e *b*)].

dades que com este se encontrem em relação de domínio ou de grupo ou mantenham estruturas organizativas comuns (nº 6).

A violação dos prazos de duração converte o contrato a termo em contrato sem termo (art. 147º, nº 2, al. *b*), do CT).

A admissibilidade dos contratos a termo por prazo inferior a 6 meses só é possível nos termos das als. *a*) a *g*), do nº 2, do art. 140º, por remissão do art. 148º, nº 2, do CT.

O art. 142º, do CT, cuida dos casos especiais de contrato de trabalho de muito curta duração. Qualquer empresa, cujo ciclo anual apresente irregularidades decorrentes do respetivo mercado ou de natureza estrutural que não seja passível de assegurar pela sua estrutura permanente, pode celebrar contrato de muito curta duração e a atividade sazonal no setor agrícola ou do turismo é mera mente exemplificativa.

O contrato de trabalho de muito curta duração não está sujeito a forma escrita, devendo o empregador comunicar a sua celebração e o local de trabalho ao serviço competente da segurança social, mediante formulário eletrónico que contenha a identificação, assinaturas e domicílio ou sede das partes (art. 140º, nº 1, al. *a*), do CT); a atividade do trabalhador e correspondente retribuição (al. *b*)) e a data de início do trabalho (al. *d*)). Nada é dito quanto à al. *e*), referente à indicação do respetivo motivo justificativo, menção que entendemos pertinente, face à difusidade do regime em vigor.

A duração contratual é agora de não superior a 35 dias (nº 1) e a duração total dos contratos de trabalho a termo entre o mesmo trabalhador e mesmo empregador não pode exceder 70 dias de trabalho no ano civil (nº 2).

Em caso de violação do disposto em qualquer dos números anteriores, o contrato não se converte em contrato sem termo, considerando-se celebrado pelo prazo de seis meses, contando-se, neste prazo, a duração de contratos anteriores celebrados ao abrigo dos mesmos preceitos (nº 3).

2.2.3. Renovação contratual

O contrato pode ser renovado até três vezes e a duração total das renovações não pode exceder a do período inicial daquele (art. 149º, nº 4, do CT), por forma a fazer "coincidir, o mais possível, o período inicial do contrato com o período estritamente necessário à satisfação de necessidade temporária da empresa"[46].

[46] Exposição de Motivos da Proposta de Lei nº 136/XIII, p. 2.

Destarte, se o contrato possui a duração inicial de seis meses, as renovações seguintes não podem exceder seis meses. Pretende-se que da soma das renovações não resulte um prazo mais longo do que o previsto na duração inicial do contrato.

O contrato pode, portanto, admitir mais do que uma renovação (a lei refere até três), desde que se atenda ao cômputo total das renovações.

Admite-se a possibilidade de o contrato de trabalho nascer já para caducar, assim acordem as partes, ocorrendo, desta forma, uma espécie de aviso prévio alargado (nº 1). A declaração de não renovação do contrato é uma declaração unilateral recetícia, regulada no art. 224º, do CC.

Foi-se consolidando a prática de, logo aquando da celebração do contrato de trabalho a termo certo, ser indicada a sua não renovabilidade, numa perspetiva de conveniência na gestão da duração deste tipo de contrato (evitando-se a conversão por esquecimento de declaração de aviso prévio para efeito de caducidade do mesmo), assim como se foi banalizando a modificação do contrato de trabalho irrenovável em contrato de trabalho renovável (ou novamente renovável).

A renovação (ou a conversão) do contrato a termo são realizadas de *forma automática*, caso o empregador ou o trabalhador não promovam o aviso prévio para cessação do contrato de trabalho (nº 2).

E o regime-regra dita que a renovação implicará uma prorrogação do contrato pelo período igual ao inicial (*i.e.*, tendo o contrato duração inicial de 6 meses, a prorrogação será igualmente de 6 meses).

Além da renovação automática, admite-se a *renovação negocial* (nº 2, *in fine*), que consagra a possibilidade de uma renovação por período diferente do inicialmente estipulado, exigindo-se, no entanto, a observância dos requisitos materiais (admissibilidade) e formais da celebração do contrato, sob pena da inerente conversão do contrato em contrato sem termo (art. 147º, nº 2, al. *a*), do CT)[47].

Certo que a renovação negocial se subordinará igualmente aos limites do art. 148º, nº 1, do CT, sob pena de conversão contratual (art. 147º, nº 2, al. *b*), do CT).

Cremos que a renovação do contrato se apresenta como um mero prolongamento temporal (da duração inicial do contrato) e não permite nova e diferente motivação.

[47] *I – A renovação do contrato de trabalho a termo por período diferente do celebrado inicialmente está sujeita à verificação, não apenas das exigências materiais para a sua celebração, mas também às de forma, devendo a motivação constante da renovação permitir estabelecer o nexo de causalidade entre a justificação e o concreto prazo estipulado para essa renovação.* [Ac. da RP, de 09.05.2016 *in* www.dgsi.pt (Proc. nº 294/14.4TTPRT.P1)]. No mesmo sentido, *v.* o Ac. da RP, de 21.02.2011 *in* www.dgsi.pt (Proc. nº 16/10.9TTBRG.P1).

A única admissibilidade de contratação por diferente motivação assenta na contratação sucessiva, e, ainda assim, salvaguardando um período de espera.

Para Sara Leitão que "Nada parece (...), obstar à renovação do contrato com fundamento diverso do inicialmente invocado"[48].

Considera-se como único contrato aquele que seja objeto de renovação (nº 5).

Se os prazos de duração do contrato forem excedidos, o contrato converte-se em contrato sem termo (art. 147º, nº 2, al. *b*), do CT), invalidando-se, unicamente, a estipulação relativa ao termo (não sendo, pois, necessário documentar o novo contrato, agora sem termo).

2.2.4. Caducidade contratual

A lei concede a ambas as partes prazo para a não renovação ou não conversão do contrato, instituindo-se a paridade dos interesses em presença. Neste sentido, o art. 344º, nº 1, do CT, estabelece um prazo próprio (de 15 dias para o empregador e de oito para o trabalhador), não podendo o empregador desobrigar-se da renovação/conversão, liquidando o equivalente ao aviso prévio em falta (art. 345º, nº 3, *a contrario*, do CT).

A comunicação de caducidade do contrato a termo certo está sujeita a forma escrita, sendo esta formalidade *ad substantiam*, cuja violação implica a ineficácia da comunicação (por aplicação do disposto no art. 220º, do CC) e impõe a renovação do contrato por período igual, sendo esta possível; caso contrário, opera-se a conversão do contrato a termo.

A declaração de caducidade do contrato é uma declaração unilateral recetícia, regulada no art. 224º, do CC.

De assinalar que se opera uma resolução ilícita, caso o empregador não aceite receber a prestação.

Em caso de declaração de caducidade contratual por parte do empregador, o trabalhador tem direito à compensação prevista no art. 344º, nº 2, do CT.

[48] *Duração, renovação e sucessão de contratos a termo: alterações introduzidas pela Lei nº 93/2019, de 04 de setembro*, p. 218.
O Ac. da RP, de 24.10.2016, indicou quanto à renovação por motivo diferente, na impossibilidade de renovação pelo mesmo motivo, que: *II – Na renovação do contrato a termo certo, se houve alteração das razões que justificaram a celebração do primeiro contrato a termo, a renovação terá que colher justificação noutro funda mento, ainda que se prenda com o primitivo. E, nesse caso, necessariamente haverá que dar cumprimento à obrigação de indicação do motivo justificativo, não bastando a mera remissão para o contrato anterior.* [*In* www.dgsi.pt (Proc. nº 3128/15.9T8MTS.P1)]

Com a L nº 13/2023, de 03 de abril, o direito a compensação correspondente agora a 24 dias de retribuição base e diuturnidades por cada ano completo de antiguidade[49].

Ainda, na hipótese de, no próprio contrato a termo se prever, *ab initio*, que o mesmo não se renova, prescindindo-se de posterior declaração do empregador nesse sentido, o trabalhador mantém o direito à compensação.

A alteração realizada pela L nº 93/2019 pretendeu vincar esta questão. Aliás, a Proposta de Lei nº 136/XIII indica que se procedeu à "clarificação que, no caso de as partes acordarem que o contrato a termo não está sujeito a renovação, se mantém o direito do trabalhador à compensação por caducidade".

2.3. Contrato de trabalho a termo incerto

2.3.1. Admissibilidade

A admissibilidade do contrato a termo incerto encontra-se concentrada no art. 140º, nº 1, do CT.

O nº 3 cuida das motivações do contrato a termo incerto, admitindo taxativamente as als. *a*) a *c*) ou *e*) a *h*), do nº 2, ou seja, apenas se exclui a *Substituição de trabalhador a tempo completo que passe a prestar trabalho a tempo parcial por período determinado* [al. *d*)], por força do caráter determinado do período de substituição.

A execução do programa contratual durará o necessário tempo para que a finalidade pré-definida seja atingida, contanto que não exceda os 4 anos de duração (art. 148º, nº 5, do CT), não sendo passível, face à conjuntura jurídica que o configura, de renovação (legal ou negocial).

Assim, serão convertidos todos os contratos que violem os pressupostos de admissibilidade, previstos no nº 1, bem como, a contratação fora dos casos previstos no nº 3, ambos do art. 140º, do CT (art. 147º, nº 1, al. *b*), do CT).

2.3.2. Caducidade contratual

Impõe-se um prazo máximo de duração dos contratos a termo incerto fixado em quatro anos (art. 148º, nº 5, do CT).

A atividade proposta tem, por consequência, que ser articulada com esse prazo.

[49] No regime revogado o direito a compensação correspondia a 18 dias de retribuição base e diuturnidades por cada ano completo de antiguidade.

Para além da verificação do fim da atividade, é necessário que o empregador proceda à comunicação prévia ao trabalhador, com uma antecedência mínima de sete, 30 ou 60 dias, conforme o contrato tenha durado até seis meses, de seis meses a dois anos ou por período superior (art. 345º, nº 1, do CT), quando preveja a ocorrência do facto que determina a sua cessação (*v.g.*, a recuperação do trabalhador substituído).

O incumprimento, total ou parcial, do prazo de pré-aviso concede ao trabalhador o direito à retribuição correspondente ao período de pré-aviso em falta (nº 3).

Nos termos do art. 147º, nº 2, al. *c*), do CT, o contrato converte-se em contrato sem termo quando:

- O trabalhador permanece em atividade após a data de caducidade do contrato, a qual é manifestada pelo aviso prévio (1ª parte);
- Na falta de aviso prévio, havendo continuidade na prestação laboral do trabalhador, decorridos 15 dias após a verificação do termo, *v.g.*, conclusão da atividade, serviço, obra ou projeto para que haja sido contratado ou do regresso do trabalhador substituído (2ª parte).

Em caso de caducidade de contrato de trabalho a termo incerto, o trabalhador tem direito a compensação correspondente agora a 24 dias de retribuição base e diuturnidades por cada ano completo de antiguidade (art. 345º, nº 4, do CT)[50].

3. Contrato de trabalho parcial

3.1. Noção

Esta modalidade apresenta-se como um instrumento privilegiado de criação de emprego e de flexibilização da mão de obra e, por outro lado, como um modelo adequado à conciliação da vida profissional do trabalhador com a sua vida familiar e pessoal, a qual pode assentar num contrato de trabalho sem termo ou num contrato de trabalho a termo.

A propósito das vantagens do trabalho a tempo parcial, Júlio Gomes, faz notar que a sua introdução "pode conduzir a uma intensificação da prestação

[50] Com a L nº 13/2023, de 03 de abril, findou o regime gradativo de compensação, correspondente a respetivamente 18 dias de retribuição base e diuturnidades por cada ano completo de antiguidade, no que respeita aos três primeiros anos de duração do contrato e a 12 dias de retribuição base e diuturnidades por cada ano completo de antiguidade, no(s) ano(s) subsequente(s).

de trabalho e a uma maior produtividade por unidade de tempo, maior produtividade resultante de vários fatores, como a planificação da prestação de modo a evitar pausas e a concentração destas em algumas horas. A transformação de postos de trabalho a tempo completo em postos de trabalho a tempo parcial pode também permitir uma adaptação menos traumática à redução das necessidades de mão de obra"[51].

Considera-se tempo de trabalho qualquer período durante o qual o trabalhador exerce a atividade ou permanece adstrito à realização da prestação, bem como, em princípio, as respetivas interrupções e intervalos (art. 197º, do CT).

Em princípio, o trabalhador, durante o tempo de trabalho, exerce uma determinada atividade, que implica um desgaste físico e/ou psíquico. Desta forma, impunha-se a fixação de limites máximos do período normal de trabalho, os quais se situam em 8 horas diárias e 40 horas semanais (art. 203º, nº 1, do CT). No entanto, e por força da autonomia da vontade, as partes podem celebrar um contrato de trabalho no qual seja estipulado um período de trabalho inferior aos limites máximos, assim, nada impede que se estabeleça no contrato de trabalho um período normal de trabalho de seis horas por dia ou de quinze horas por semana ou a prestação de trabalho numa manhã ou numa tarde, por semana.

Conforme salienta Pedro Romano Martinez, nada "obsta a que se estabeleça no contrato de trabalho um período normal de trabalho de quatro horas por dia ou de vinte horas por semana; é inclusive lícito o acordo mediante o qual o trabalhador se obrigue a prestar a sua atividade uma ou duas horas por dia ou que fique vinculado a trabalhar três dias por semana"[52].

A referência temporal empregue pelo legislador na noção de trabalho a tempo parcial é o período normal de trabalho semanal. Todavia, pode suceder que esse período não seja igual em cada semana [*v. g.*, no caso de adaptabilidade (arts. 204º e ss., do CT) ou de instituição do banco de horas (arts. 208º e ss., do CT)]. Nesta hipótese, é considerada a respetiva média no período de referência aplicável (nº 2).

O trabalho a tempo parcial pode ser prestado apenas em alguns dias por semana, por mês ou por ano, devendo o número de dias de trabalho ser estabelecido por acordo (nº 3), acolhendo-se, portanto, a irregularidade da prestação laboral.

De acordo com a noção contida no art. 150º, nº 1, do CT, o trabalho a tempo parcial é o trabalho que corresponde a um período normal de trabalho semanal inferior ao praticado a tempo completo em *situação comparável*.

[51] *Direito do Trabalho*, p. 677.

[52] *Direito do Trabalho*, p. 540.

Esta definição está em conformidade com a noção adotada na cláusula 3ª, nº 1, do acordo-quadro, em anexo à Diretiva 97/81/CE, nos termos da qual entende-se por trabalhador a tempo parcial "o assalariado cujo tempo normal de trabalho, calculado numa base semanal ou como média ao longo de um período de tempo até um ano, é inferior ao tempo normal de trabalho de um trabalhador comparável a tempo inteiro".

Assim, consideram-se comparáveis as situações de trabalhador a tempo parcial e de trabalhador a tempo completo quando estes prestem idêntico trabalho no mesmo estabelecimento ou, não havendo trabalhador em situação comparável, noutro estabelecimento da mesma empresa com idêntica atividade, devendo ser levadas em conta a antiguidade e a qualificação (nº 4).

Se não existir trabalhador em situação comparável nos termos do nº 4, atende-se ao disposto em instrumento de regulamentação coletiva de trabalho ou na lei para trabalhador a tempo completo e com as mesmas antiguidade e qualificação (nº 5).

Note-se que os nºs 4 e 5, resultam da transposição da cláusula 3ª, nº 2, do acordo-quadro, o qual tem a seguinte redação:

"Para efeitos do presente acordo, «trabalhador comparável a tempo inteiro» significa um trabalhador a tempo inteiro do mesmo estabelecimento, com o mesmo contrato ou relação de emprego e que exerça funções iguais ou semelhantes, tendo em devida conta outros fatores, como antiguidade, qualificações, conhecimentos, etc.

Se no estabelecimento não houver qualquer trabalhador comparável a tempo inteiro, a comparação será efetuada em referência à convenção coletiva aplicável ou, na ausência desta, em conformidade com a legislação, as convenções coletivas ou as práticas vigentes a nível nacional".

Não havendo no mesmo estabelecimento trabalhador em situação comparável, o nº 5, na sua parte final, estabelece que o juízo de comparação deve ser feito com trabalhador de outro estabelecimento da mesma empresa com idêntica atividade, atendendo-se à antiguidade e à qualificação. Neste caso, o instrumento de regulamentação coletiva de trabalho pode estabelecer outros critérios de comparação (nº 6).

3.2. Regimes especiais

i) Estatuto do cuidador informal

O art. 101º-C, do CT, que cuida do trabalho a tempo parcial de trabalhador cuidador, aditado pela L nº 13/2023, de 03 de abril, atribui ao trabalhador cuidador[53] o direito a trabalhar a tempo parcial[54], de modo consecutivo ou interpolado, pelo período máximo de quatro anos (nº 1).

Para este efeito e salvo acordo em contrário, o período normal de trabalho a tempo parcial corresponde a metade do praticado a tempo completo numa situação comparável e, conforme o pedido do trabalhador cuidador, é prestado diariamente, de manhã ou de tarde, ou em três dias por semana (nº 2).

Durante o período de trabalho em regime de tempo parcial, o trabalhador cuidador não pode exercer outra atividade incompatível com a respetiva finalidade, nomeadamente, trabalho subordinado ou prestação continuada de serviços, fora da sua residência habitual (nº 3).

A prestação de trabalho a tempo parcial cessa no termo do período máximo para que foi concedida, retomando o trabalhador cuidador a prestação de trabalho a tempo completo (nº 4).

O trabalhador cuidador que opte pelo trabalho em regime de tempo parcial nos termos do presente artigo não pode ser penalizado em matéria de avaliação e de progressão na carreira (nº 5).

O trabalhador cuidador que pretenda trabalhar a tempo parcial deve solicitá-lo ao empregador, por escrito, com a antecedência de 30 dias relativamente ao seu início, com os seguintes elementos (art. 101º-E, do CT):

a) O comprovativo do reconhecimento do estatuto de cuidador informal não principal;
b) Indicação do prazo previsto, dentro do limite aplicável;
c) No regime de trabalho a tempo parcial:
    i) Declaração da qual conste que não está esgotado o período máximo de duração;
    ii) Declaração da qual conste que outros membros do agregado familiar do trabalhador cuidador ou da pessoa cuidada, caso exerçam atividade profissional, não se encontram ao mesmo tempo em situação de trabalho a tempo parcial ou estão impossibilitados de prestar assistência;
    iii) Indicação da modalidade pretendida de organização do trabalho a tempo parcial.

[53] O Estatuto do Cuidador Informal foi aprovado pela L nº 100/2019, de 06 de setembro e regulamentado pelo DR nº 1/2022, de 10 de janeiro.

[54] Ou em regime de horário de trabalho flexível.

Para efeitos do disposto no presente artigo, aplica-se o procedimento previsto nos nºs 2 a 10 do artigo 57º (nº 2).

No termo do período autorizado ou considerado aceite para a prática de regime de trabalho a tempo parcial, o trabalhador cuidador regressa ao regime de trabalho que anteriormente praticava (nº 3).

Ocorrendo alteração superveniente das circunstâncias que deram origem ao pedido antes do termo do período autorizado ou considerado aceite, o trabalhador informa o empregador no prazo de cinco dias úteis e, havendo acordo do empregador, regressa ao regime de trabalho que anteriormente praticava (nº 4).

ii) Trabalhador vítima de violência doméstica

A al. *a*), do art. 2º, da L nº 112/2009, de 16 de setembro, define vítima como a pessoa singular que sofreu um dano, nomeadamente um atentado à sua integridade física ou psíquica, um dano emocional ou moral, ou uma perda material, diretamente causada por ação ou omissão, no âmbito do crime de violência doméstica previsto no art. 152º do Código Penal, incluindo as crianças ou os jovens até aos 18 anos que sofreram maus tratos relacionados com exposição a contextos de violência doméstica.

Ao trabalhador a tempo completo que seja vítima de violência doméstica assiste a faculdade de solicitar a mudança para o regime de trabalho a tempo parcial que se torne disponível no órgão ou serviço, contanto seja possível e a dimensão e a natureza da entidade empregadora o permitam (art. 41º, al. *a*), da L nº 112/2009). De igual forma, também o trabalhador a tempo parcial que seja vítima de violência doméstica pode pedir a mudança para um trabalho a tempo completo ou de aumento do seu tempo de trabalho [al. *b*)].

Os instrumentos de regulamentação coletiva de trabalho, sempre que possível, devem estabelecer, para a admissão em regime de tempo parcial e para a mobilidade geográfica, preferências em favor dos trabalhadores que beneficiem do estatuto de vítima (art. 44º, da L nº 112/2009).

3.3. Regime de preferências

Nos termos do art. 152º, nº 1, do CT, os instrumentos de regulamentação coletiva de trabalho devem estabelecer, para a admissão em regime de tempo parcial, preferências em favor de:

i) Pessoa com responsabilidades familiares

O direito do trabalhador com responsabilidades familiares prestar trabalho a tempo parcial assume-se como uma das concretizações da proteção na parentalidade (art. 35º, nº 1, al. *o*), do CT). Com efeito, o trabalhador com filho menor de 12 anos ou, independentemente da idade, filho com deficiência ou doença crónica que com ele viva em comunhão de mesa e habitação tem direito a prestar trabalho em regime de tempo parcial (art. 55º, nº 1, do CT)[55].

O direito pode ser exercido por qualquer dos progenitores ou por ambos em períodos sucessivos, depois da licença parental complementar, em qualquer das suas modalidades (art. 55º, nº 2, do CT).

O regime da solicitação e autorização de trabalho a tempo parcial está previsto no art. 57º, do CT.

ii) Pessoa com capacidade de trabalho reduzida

O empregador deve facilitar o emprego a trabalhador com capacidade de trabalho reduzida, proporcionando-lhe adequadas condições de trabalho, nomeadamente a adaptação do posto de trabalho, retribuição e promovendo ou auxiliando ações de formação e aperfeiçoamento profissional apropriadas (art. 84º, nº 1, do CT).

Por outro lado, a lei ou os instrumentos de regulamentação coletiva de trabalho podem estabelecer especiais medidas de proteção de trabalhador com capacidade de trabalho reduzida, particularmente no que respeita à sua admissão e condições de prestação da atividade, tendo sempre em conta os interesses do trabalhador e do empregador (art. 84º, nº 3, do CT).

iii) Pessoa com deficiência ou doença crónica

Como medida de ação positiva em favor do trabalhador com deficiência ou doença crónica, ao empregador é imposto o dever de adotar medidas adequadas para que aquele tenha acesso a um emprego, o possa exercer e nele progredir, ou para que tenha formação profissional, exceto se tais medidas implicarem encargos desproporcionados (art. 86º, nº 1, do CT).

[55] *III – Integra justa causa de despedimento o comportamento culposo do trabalhador, médico, que, no período em que exercia o direito de trabalhar a tempo parcial por ter um filho menor de 12 anos a viver em comunhão de mesa e habitação, deixando de executar, em cada semana e em relação à carga horária de 24 h que até então observava, 30 minutos de trabalho à terça-feira e 6 horas de trabalho à quinta-feira, exerceu atividade médica em consultórios e clínicas particulares nestes períodos, sabendo que o benefício de prestar trabalho a tempo parcial concedido para tutela da parentalidade lhe não permitia o exercício de atividade médica fora da sua residência habitual.* (Ac. da RC, de 10.07.2019 *in* CJ, Ano XLIV, Tomo III, p. 60)

À semelhança do que se verifica em relação ao trabalhador com capacidade de trabalho reduzida, também aqui a lei ou os instrumentos de regulamentação coletiva de trabalho pode estabelecer medidas de proteção específicas de trabalhador com deficiência ou doença crónica e incentivos a este ou ao empregador, particularmente no que respeita à admissão, condições de prestação da atividade e adaptação de posto de trabalho, tendo em conta os respetivos interesses (art. 86º, nº 4, do CT).

iv) Pessoa que frequente estabelecimento de ensino

Neste grupo incluem-se os trabalhadores que frequentem qualquer estabelecimento de ensino, os quais não têm necessariamente que gozar do estatuto de trabalhador-estudante. O regime do trabalhador-estudante está compreendido nos arts. 89º e ss., do CT.

3.4. Forma e formalidades

Para além da observância da forma escrita (sob pena de conversão em contrato a tempo completo, art. 153º, nº 3, do CT), o contrato de trabalho a tempo parcial deve conter (nº 1):

a) A identificação, assinatura e domicílio ou sede das partes

O legislador não fixou os efeitos da falta de identificação, assinaturas e domicílio ou sede das partes.

Quanto a nós, tratam-se de vícios insanáveis que reconduzem o contrato para o regime de tempo completo.

b) A indicação do período normal de trabalho diário e semanal, com referência comparativa a trabalho a tempo completo

Se o contrato não contiver a indicação do período normal de trabalho diário e semanal, com referência comparativa a trabalho a tempo completo, presume-se que é celebrado a tempo completo (cfr., conjugadamente, a al. *b*), do nº 1 e o nº 2)[56].

[56] *I – Nos termos do art. 153º-1-b) do CT/2009, nos acordos de alteração de trabalho a tempo completo para trabalho a tempo parcial tem de haver indicação do período normal de trabalho diário e semanal, com referência comparativa a trabalho a tempo completo. II – Este requisito visa obstar a inaceitáveis abusos por parte da entidade empregadora, colocando no seu livre arbítrio a atribuição, ou não, de um número mínimo de horas de trabalho diário ou semanal, procurando também impedir situações de não atribuição de qualquer trabalho por largos períodos de*

Ao trabalhador a tempo parcial é aplicável o regime previsto na lei e em instrumento de regulamentação coletiva de trabalho que, pela sua natureza, não implique a prestação de trabalho a tempo completo (art. 154º, nº 1, do CT).

O trabalhador a tempo parcial não pode ter tratamento menos favorável do que o trabalhador a tempo completo em situação comparável (nº 2, 1ª parte), de acordo com o princípio da não discriminação do trabalhador a tempo parcial.

O nº 2 resulta da transposição da cláusula 4, do acordo-quadro, a qual tem a seguinte redação:

> "1. No que respeita às condições de emprego, os trabalhadores a tempo parcial não devem ser tratados em condições menos favoráveis do que os trabalhadores comparáveis a tempo inteiro unicamente pelo facto de trabalharem a tempo parcial, a menos que, por razões objetivas, a diferença de tratamento se justifique.
>
> 2. Sempre que apropriado, aplicar-se-á o princípio *pro rata temporis*.
>
> 3. As modalidades de aplicação da presente cláusula serão definidas pelos Estados-membros e/ou pelos parceiros sociais, tendo em conta a legislação europeia e bem assim a legislação, as convenções coletivas e as práticas nacionais.
>
> 4. Quando razões objetivas o justifiquem, os Estados-membros, após consulta aos parceiros sociais nos termos da legislação, das convenções coletivas ou das práticas vigentes a nível nacional, e/ou os parceiros sociais podem, sendo caso disso, subordinar o acesso a certas condições de emprego a um período de antiguidade, a uma duração de trabalho ou a determinadas condições de remuneração. Os critérios para que os trabalhadores a tempo parcial possam ter acesso a certas condições de emprego devem ser revistos periodicamente, tendo em conta o princípio de não discriminação enunciado na cláusula 4, nº 1".

tempo ou a atribuição de meras "migalhas" retributivas. III – Querer trabalhar em "Part-time" não é equivalente a "no-time" ou a "às vezes-time". IV – Não preenche este requisito legal a mera indicação de trabalho com "duração máxima de 132 horas mensais". V – A consequência da falta de indicação do período normal de trabalho é o estabelecimento de presunção, ilidível, de que o contrato é celebrado a tempo completo. VI – Estando previsto no acordo de alteração um tempo máximo de trabalho mensal de 132 horas, não é de considerar o período de trabalho semanal de 40 horas previsto no art. 203º do CT/2009 mas, por força art. 153º-2 do CT/2009, antes que a trabalhadora passou a estar sujeita a cumprir um horário de trabalho de duração de 132 horas mensais. [Ac. da RL, de 13.01.2016 *in* www.dgsi.pt (Proc. nº 12514/13.8T2SNT.L1-4)]

Vigora o *princípio da não discriminação*, nomeadamente, quanto à duração de férias, ao regime de parentalidade, de faltas, de cessação do contrato.[57] Este princípio sofre uma limitação no caso de existirem razões objetivas que justifiquem um tratamento diferente (2ª parte, do nº 2). Deste modo, ficam, naturalmente, excluídas razões subjetivas, *v.g.*, a raça, o género, a língua, a idade, etc..

3.5. Retribuição

A retribuição corresponde à prestação a que, nos termos do contrato, das normas que o regem ou dos usos, o trabalhador tem direito em contrapartida do seu trabalho. Nesta incluem-se a retribuição base e outras prestações regulares e periódicas feitas, direta ou indiretamente, em dinheiro ou em espécie (art. 258º, nºs 1 e 2, do CT).

Presume-se constituir retribuição qualquer prestação do empregador ao trabalhador (art. 258º, nº 3, do CT).

Uma vez que a retribuição se afirma como a contrapartida crucial da força de trabalho, impunha-se a sua regulação no âmbito do trabalho a tempo parcial. Assim, o trabalhador a tempo parcial tem direito à retribuição base e outras prestações, com ou sem caráter retributivo, previstas na lei ou em instrumento de regulamentação coletiva de trabalho (art. 154º, nº 3, al. *a*), 1ª parte, do CT).

No entanto, se os trabalhadores a tempo completo em situação comparável auferirem retribuição base e outras prestações mais favoráveis do que as previstas na lei ou em instrumento de regulamentação coletiva de trabalho, as mesmas serão devidas aos trabalhadores a tempo parcial, naturalmente, na proporção do respetivo período normal de trabalho semanal (2ª parte). Estamos perante um exemplo de prevalência dos usos enquanto fonte reguladora da relação laboral.

O trabalhador a tempo parcial tem ainda direito ao subsídio de refeição, no montante previsto em instrumento de regulamentação coletiva de trabalho ou, caso seja mais favorável, ao praticado na empresa (al. *b*), 1ª parte).

[57] *I – Sendo o trabalhador um professor de educação física a tempo parcial e existindo no colégio empregador, outros dois professores de educação física, estes com trabalho a tempo completo, não existe entre todos eles um conteúdo funcional diferente, mas apenas uma diferente duração do tempo de trabalho prestado. II – Pretendendo a empregadora proceder ao despedimento por extinção do posto de trabalho, tem de recorrer aos critérios taxativamente previstos no Código do Trabalho, não sendo fator de determinação o simples facto daquele trabalhador, ser o único no regime de trabalho a tempo parcial, sob pena de conduta discriminatória, tornando ilícito o despedimento efetuado.* (Ac. da RP, de 13.02.2017 *in* CJ, Ano XLII, Tomo I, p. 219)

Daqui podemos concluir que, em princípio, os trabalhadores a tempo parcial terão direito a um subsídio de refeição de valor igual ao dos trabalhadores a tempo completo. Esta regra não se aplica quando o período normal de trabalho diário seja inferior a cinco horas. Neste caso, torna a prevalecer o princípio da proporcionalidade, devendo o subsídio de refeição ser calculado de acordo com o respetivo período normal de trabalho semanal (al. *b*), *in fine*).

Importa ter presente que o subsídio de refeição só se considera retribuição quando, sendo uma despesa frequente, o respetivo valor, na parte que exceda o montante normal, tenha sido previsto no contrato ou se deva considerar pelos usos como elemento integrante da retribuição (cfr., conjugadamente, a al. *a*), do nº 1 e o nº 2, do art. 260º, do CT).

3.6. Passagem a tempo completo

O trabalhador a tempo parcial pode passar a trabalhar a tempo completo, ou o inverso, a título definitivo ou por período determinado, mediante acordo escrito com o empregador (art. 155º, nº 1, do CT). O nº 1 prevê quatro situações possíveis:

a) Passagem de trabalho a tempo parcial para trabalho a tempo completo, a título definitivo;
b) Passagem de trabalho a tempo parcial para trabalho a tempo completo, por período determinado;
c) Passagem de trabalho a tempo completo para trabalho a tempo parcial, a título definitivo;
d) Passagem de trabalho a tempo completo para trabalho a tempo parcial, por período determinado.

Em qualquer um dos casos verifica-se uma alteração significativa das condições temporais da prestação de trabalho, daí a exigência de acordo (escrito) entre o trabalhador e o empregador, em nome da autonomia da vontade.

Na opinião de Júlio Gomes, "não será válida a cláusula do contrato individual de trabalho em que o trabalhador se obrigue a aceitar ou aceite antecipadamente uma passagem posterior de tempo completo para tempo parcial ou vice-versa, até em atenção à reduzida margem de liberdade real de que goza o trabalhador no momento da celebração do contrato e durante o período experimental"[58].

[58] *Direito do Trabalho*, p. 695, nota 1752.

A substituição de trabalhador a tempo completo que passe a prestar trabalho a tempo parcial por período determinado constitui motivo para a contratação a termo (art. 140º, nº 2, al. *d*), do CT).

À semelhança do que se verifica na revogação de contrato de trabalho e na denúncia por parte do trabalhador (arts. 350º, nº 1 e 402º, nº 1, do CT), o legislador consagrou também aqui o *direito ao arrependimento do trabalhador* (e apenas deste, enquanto parte carecida de maior proteção).

Com efeito, o trabalhador pode fazer cessar o acordo de substituição do regime temporal de trabalho, por meio de comunicação escrita enviada ao empregador até ao sétimo dia seguinte à celebração (art. 155º, nº 2, do CT).

Ao contrário do que se verifica na revogação (art. 350º, nº 2, do CT), o preceito não prevê a hipótese de o trabalhador não poder assegurar a receção da comunicação até ao sétimo dia seguinte à celebração do acordo. Todavia por equiparação, será de aplicar tal regime, devendo, assim, o trabalhador remeter a comunicação por carta registada com aviso de receção, no dia útil subsequente ao fim do prazo.

O direito ao arrependimento é *vetado* se o acordo de alteração do período de trabalho estiver devidamente datado e as respetivas assinaturas tiverem sido objeto de reconhecimento notarial presencial (art. 155º, nº 3, do CT).

Quando a passagem de trabalho a tempo completo para trabalho a tempo parcial se verifique por período determinado, o trabalhador, decorrido este período, tem direito a retomar a prestação de trabalho a tempo completo (nº 4).

3.7. Deveres do empregador

O art. 156º, do CT, resulta da transposição do nº 3, da cláusula 5ª, do acordo-quadro, o qual tem a seguinte redação:

> "Na *medida do possível*, os empregadores deveriam tomar em consideração:
>
> *a*) Os pedidos dos trabalhadores no sentido da transferência de um regime de trabalho a tempo inteiro para um regime a tempo parcial disponibilizado no estabelecimento;
>
> *b*) Os pedidos dos trabalhadores de transferência de um regime de trabalho a tempo parcial para um regime a tempo inteiro ou de aumento do tempo de trabalho caso se proporcione essa possibilidade;
>
> *c*) A prestação oportuna de informações sobre a disponibilidade de postos de trabalho a tempo parcial e a tempo inteiro no estabelecimento, a fim

de facilitar as transferências do regime a tempo inteiro para o regime a tempo parcial e vice-versa;

d) As medidas destinadas a facilitar o acesso ao trabalho a tempo parcial a todos os níveis da empresa, incluindo os lugares de elevada qualificação e de direção, e, nos casos em que tal se justifique, a facilitar o acesso dos trabalhadores a tempo parcial à formação profissional, para melhorarem as suas perspetivas de carreira e a sua mobilidade profissional;

e) A prestação de informação apropriada aos organismos representativos dos trabalhadores acerca do trabalho a tempo parcial na empresa".

Assim, *sempre que possível* (o que implica que os deveres impostos não possuem natureza absoluta), o empregador deve (art. 156º, nº 1, do CT):

- Tomar em consideração o pedido de mudança do trabalhador a tempo completo para trabalho a tempo parcial disponível no estabelecimento.
  Para tal, o trabalhador tem direito a ser informado pelo empregador, em tempo oportuno, sobre os postos de trabalho a tempo parcial disponíveis no estabelecimento [nº 2, al. *a*)];
- Tomar em consideração o pedido de mudança do trabalhador a tempo parcial para trabalho disponível a tempo completo, ou de aumento do seu tempo de trabalho.
  Para tal, o trabalhador tem direito a ser informado pelo empregador, em tempo oportuno, sobre os postos de trabalho a tempo completo disponíveis no estabelecimento [nº 2, al. *a*)];
- Facilitar o acesso a trabalho a tempo parcial a todos os níveis da empresa, incluindo os cargos de direção.

De acordo com o nº 2, al. *b*), do art. 156º, do CT, o empregador deve ainda fornecer às estruturas de representação coletiva dos trabalhadores da empresa informações adequadas sobre o trabalho a tempo parcial praticado na empresa.

No que concerne ao meio de informação, o preceito não impõe a prestação por escrito, a qual é expressamente exigida para a informação geral sobre aspetos relevantes do contrato de trabalho (art. 107º, nº 1, do CT). Entendemos que as informações previstas no nº 2 tenham que ser, igualmente, prestadas por escrito.

O dever de informação está genericamente previsto nos arts. 106º e ss., do CT.

4. Contrato de trabalho intermitente

4.1. Noção

Em empresa que exerça atividade com *descontinuidade* ou *intensidade variável*, as partes podem acordar que a prestação de trabalho seja intercalada por um ou mais períodos de inatividade (art. 157º, nº 1, do CT).

O conceito *descontinuidade* apela aos casos em que a empresa intercala períodos de atividade com períodos de inatividade.

O conceito *intensidade variável* cinge-se às situações em que a empresa se encontra sempre em atividade, mas a intensidade de trabalho não é constante.

Para João Leal Amado, "Há, pois, que densificar este conceito, sendo certo que, ao utilizar a disjuntiva descontinuidade (interrupções) ou intensidade variável (flutuações), a lei oferece um terreno bastante vasto para o recurso ao trabalho intermitente (pense-se, p. ex., em certas atividades sazonais no âmbito da agricultura ou do turismo). Aliás, e em bom rigor, se a descontinuidade poderá não ser frequente, já a «intensidade variável» será, quiçá, um traço característico da atividade da grande maioria das empresas ..."[59].

Neste quadro jurídico, o trabalhador, apesar de deter a qualidade de contratado sem termo, sendo expressamente vedado quer o termo resolutivo, quer o regime de trabalho temporário (nº 2), intercala a sua prestação com tempos de inatividade, retribuídos segundo o disposto no art. 160º, nºs 1 e 2, do CT.

4.2. Forma e formalidades

O contrato, além de formal, deve mencionar a identificação, assinaturas e domicílio ou sede das partes e o número anual de horas de trabalho ou o número anual de dias de trabalho a tempo completo (art. 158º, nº 1, do CT).

Quando não tenha sido observada a forma escrita ou na falta da indicação referida na al. *b*), do nº 1, considera-se o contrato celebrado sem período de inatividade (nº 2).

"O preceito omite as consequências da ausência da identificação, assinaturas e domicílio ou sede das partes (al. *a*)).

Ora, e em particular, a identificação e a assinatura das partes não podem ser desconsideradas, por se tratarem de formalidades *ad substantiam*, pelo que,

[59] *A Lei nº 93/2019 e o trabalho intermitente: uma lei gorada?*, p. 128.

é plausível a censura do nº 2, ou seja, considerar-se o contrato celebrado sem período de inatividade"[60].

O contrato considera-se celebrado por seis meses, por ano, caso o número anual de horas de trabalho ou o número anual de dias de trabalho a tempo completo seja inferior a esse limite (nº 3).

4.3. Duração

As partes podem acordar quanto à duração da prestação de trabalho (consecutivo ou interpolado), início e termo de cada período de trabalho ou a antecedência com que o empregador deve informar do início da duração da prestação de trabalho (art. 159º, nº 1, do CT), de 30, no caso de trabalhador em período de inatividade ou 20 dias, nos restantes casos (nº 3).

A prestação de trabalho não pode ser inferior a cinco meses a tempo completo, por ano, dos quais pelo menos três meses devem ser consecutivos (nº 2).

Com a L nº 13/2023, de 03 de abril, aditou-se que em caso de incumprimento do empregador do disposto nos números anteriores, o trabalhador não é obrigado a prestar trabalho nem pode ser prejudicado por esse motivo (nº 4).

4.4. Retribuição

Durante o período de atividade, o trabalhador recebe a retribuição ajustada.

Durante o período de inatividade, o trabalhador pode exercer outra atividade, devendo informar o empregador desse facto (art. 160º, nº 1, do CT). Neste caso, tem direito a compensação retributiva, a pagar pelo empregador com periodicidade igual à da retribuição, em valor estabelecido em instrumento de regulamentação coletiva de trabalho ou, na sua falta, de 20% da retribuição base (nº 2).

O nº 3 acolhe uma norma (discutível) de penalização do rendimento do trabalhador, assim se o trabalhador exercer outra atividade durante o período de inatividade, o montante da correspondente retribuição é deduzido à compensação retributiva.

Atendendo à disparidade de valores, os subsídios de férias e de Natal são calculados com base na média dos valores de retribuições e compensações retributivas auferidas nos últimos 12 meses ou no período de duração do contrato se esta for inferior (nº 4).

[60] Paula Quintas/Hélder Quintas, *Código do Trabalho – Anotado e Comentado*, p. 399.

Durante o período de inatividade, o contrato fica suspenso, mantendo-se os direitos, deveres e garantias das partes que não pressuponham a efetiva prestação de trabalho (nº 5).

5. Contrato em comissão de serviço

5.1. Noção

A figura da comissão de serviço foi inicialmente utilizada no Direito Público e visava cobrir as situações em que havia necessidade de colocar um determinado funcionário a exercer funções transitórias fora do seu local de trabalho habitual.

No âmbito do Direito privado laboral, a comissão de serviço surgiu através dos instrumentos de convenção coletiva, em que, na opinião de Irene Gomes, era possível considerar-se que "o exercício de funções em comissão de ser viço correspondia a legítimas expectativas de ambas as partes da relação laboral, justificando-se o desvio do âmbito de aplicação do princípio da irreversibilidade da categoria profissional relativamente a este tipo de funções"[61].

O presente Código não adotou uma definição de comissão de serviço.

De acordo com os traços estabelecidos no revogado DL nº 404/91, a comissão de serviço pode ser definida como "a cláusula acessória aposta a um contrato de trabalho pela qual o exercício de um tipo específico de funções pode cessar; a todo o tempo, por manifestação da vontade de qualquer uma das partes".

Jorge Leite, caracteriza a comissão de serviço como uma situação transitória, provisória, que está associada à "ideia de deslocação funcional do respetivo agente, isto é, a ideia de que esta figura – dado precisamente o seu caráter precário – se analisa na passagem transitória de um lugar para outro, com a consequente reserva daquela"[62].

Este mesmo autor[63], indica os sentidos "com que vem sendo usado o termo comissão de serviço", quais sejam:

a) um sentido estrito ou técnico, ao abrigo do qual a comissão de serviço "analisa-se num expediente ou mecanismo através do qual se opera, dentro de uma determinada organização, a passagem de um trabalhador do seu lugar para outro, com reserva daquele".

[61] *Principais aspetos do regime jurídico do trabalho exercido em comissão de serviço*, p. 250.

[62] *Comissão de serviço*, p. 153.

[63] *Loc. cit.*.

Nesta linha, a comissão de serviço consistirá "num facto modificativo de uma relação pré-existente e não num facto constitutivo de uma relação nova";

b) um sentido amplo, de acordo com a qual, "a comissão de serviço abrangeria, além da situação descrita na alínea anterior, uma particular modalidade de preenchimento de determinados lugares ou postos de trabalho por pessoa externa à empresa, modalidade que, tendo em conta o tipo de funções a desempenhar, se traduziria no estabelecimento de um vínculo de natureza precária".

A principal pedra de toque da comissão de serviço é a especial relação de confiança que lhe está inerente. Por outras palavras, a relação de confiança (associada à pessoalidade dos lugares ou cargos a preencher) é a matriz em torno da qual gravita toda a construção dogmática da figura, de tal forma que a mesma só se mantém enquanto perdurar esta relação. A relação de confiança pode assentar, designadamente, no desempenho, na antiguidade, na disponibilidade, no contributo e/ou nos índices de produtividade do trabalhador na empresa, etc..

No exercício de funções em comissão de serviço continuam a verificar-se os elementos nucleares essenciais e caraterizadores do contrato de trabalho, mais precisamente: a atividade laboral, a retribuição (que se traduz na subordinação económica) e a subordinação jurídica.

No que respeita à expressão *direção*, esta pressupõe, para além da especial relação de confiança, o exercício de poderes de direção e de autoridade delegados pelo empregador e o desempenho, em regra, de funções dirigidas ao complexo organizativo-geográfico da empresa.

Na opinião de Irene Gomes, para "efeitos da generalidade das convenções coletivas de trabalho tanto era trabalhador de chefia aquele que exercia poderes delegados pelo próprio titular jurídico da empresa, isto é, pelo próprio empregador sem qualquer outra limitação, como aquele que os exercia sob orientação de outros superiores hierárquicos, isto é, de outros trabalha dores do empregador". Por outro lado, "(...) tanto era trabalhador de chefia aquele que exercia funções atinentes à totalidade do projeto empresarial, como aquele que as confinava a setores produtivos chave ou zonas geograficamente circunscritas"[64].

[64] *Principais aspetos do regime jurídico do trabalho exercido em comissão de serviço*, p. 249.

Relativamente aos *cargos de administração ou equivalentes*, Ilídio Duarte Rodrigues fez notar que o "contrato de administração constituirá um contrato de trabalho sempre que, tendo o administrador direito a retribuição, tenha sido atribuído à sociedade o poder de organizar a execução do seu trabalho, particularmente pela fixação do tempo de trabalho a prestar e do modo de o executar; constituirá um contrato de prestação de serviço sempre que não seja remunerado ou, sendo-o, caiba ao próprio administrador organizar a execução do seu trabalho"[65].

O art. 161º, *in fine*, do CT, consagra expressamente a possibilidade de os instrumentos de regulamentação coletiva de trabalho estipularem o recurso à figura da comissão de serviço para funções que se caracterizam por uma especial relação de confiança, *em relação* a titular de cargos de administração ou equivalentes, de direção ou chefia diretamente dependentes da administração ou de diretor-geral ou equivalente.

5.2. Objetivos

O anexo 11, do Acordo Económico e Social, indica os objetivos que se pretenderam alcançar com a criação do regime de trabalho em comissão de serviço:

a) Assegurar, relativamente a certas funções que pressuponham uma especial relação de confiança, solução adequada à salvaguarda da elevada e constante lealdade, dedicação e competência em que assenta tal confiança;
b) Preservar, em termos de gestão, a eficácia exigida no desempenho de certas funções que pressuponham uma elevada relação de confiança;
c) Contribuir para a negociação de estatutos profissionais compatíveis com a especial responsabilidade inerente ao desempenho de tais funções;
d) Incentivar o preenchimento de certos lugares de confiança por pessoal já vinculado à entidade empregadora;
e) Prevenir situações de desconfiança precursoras de marginalização e de discriminação profissional, bem como desgastantes processos disciplinares, independentemente de a decisão final neles proferida ser ou não de despedimento".

[65] *A Administração das Sociedades por Quotas e Anónimas – Organização e Estatuto dos Administradores*, p. 295. Em sentido contrário, veja-se António Menezes Cordeiro, *Da Responsabilidade Civil dos Administradores nas Sociedades Comerciais*, p. 393 e António Pereira de Almeida, *Sociedades Comerciais e Valores Mobiliários*, Coimbra Editora, pp. 231 e 232.

5.3. Forma e formalidades

Há que distinguir a *comissão de serviço interna* (relativa a trabalhadores já vinculados à empresa) da *comissão de serviço externa* (relativa a trabalhadores admitidos para o efeito). Cfr. o art. 162º, nº 1, do CT.

No caso de *comissão de serviço externa*, pode ser acordada a permanência do trabalhador na empresa após o termo da comissão (nº 2).

Independentemente da modalidade, o contrato de comissão de serviço reveste natureza formal e deve conter os elementos elencados no art. 162º, nº 3, do CT, designadamente a identificação, as assinaturas e o domicílio ou sede das partes [al. *a*)], o cargo ou funções a desempenhar, com menção expressa do regime de comissão de serviço [al. *b*)]; no caso de comissão de serviço interna, a atividade que exerce, bem como, sendo diversa, a que vai exercer após cessar a comissão [al. *c*)] e, no caso comissão de serviço externa relativa a trabalhador que se preveja permanecer na empresa, a atividade que vai exercer após cessar a comissão [al. *d*)].

Não se considera em regime de comissão de serviço o contrato que não tenha a forma escrita[66] ou a que falte a menção referente ao cargo ou funções a desempenhar, com menção expressa do regime de comissão de serviço (nº 4).

A forma exigida constitui uma formalidade *ad substantiam*. Destarte, a inobservância dessa forma não pode ser substituída, nos termos do 364º, nº 1, do CC, por outro meio de prova ou por outro documento que não seja de força probatória superior.

Nos termos do nº 5, o tempo de serviço prestado em regime de comissão de serviço conta para efeitos de antiguidade do trabalhador como se tivesse sido prestado na categoria de que este é titular.

[66] *Não tendo sido reduzido a escrito o contrato relativo ao desempenho de funções de natureza diretiva, em comissão de serviço, nos termos do presente artigo, não é aplicável à cessação do exercício dessas funções o disposto no art. 163º.* [Ac. do STJ, de 24.01.2018 *in* www.dgsi.pt (Proc. nº 2137/15.2T8TMR.E1.S1)]

I – A "comissão de serviço" possibilita a atribuição ao trabalhador de certas funções a título reversível, ou seja, sem que se produza o efeito estabilizador da aquisição da categoria em conformidade com o chamado princípio da irreversibilidade; II – Porém, o contrato para exercício de cargo ou funções em comissão de serviço está sujeito a forma escrita, formalidade ad substantiam, pelo que a sua inobservância não pode ser suprida por outro meio; III – Em conformidade com a proposição anterior, não tendo entre as partes sido celebrado por escrito qualquer acordo de comissão de serviço é de concluir que a trabalhadora adquiriu o direito à categoria correspondente às funções que vinha exercendo alegadamente sob aquela característica; IV – Em consequência, não podia o empregador retirar à trabalhadora tal categoria, bem como a retribuição correspondente, a qual inclui as prestações, constantes, que lhe eram pagas por virtude do exercício das funções em causa. [Ac. da RE, de 30.03.2017 *in* www.dgsi.pt (Proc. nº 2137/15.2T8TMR.E1)]

5.4. Cessação da comissão de serviço

A modalidade de cessação da comissão de serviço é a denúncia.

A denúncia pode ser definida como a declaração recetícia *ad nutum* (isto é, sem exigência de motivação), através da qual o empregador ou o trabalhador faz cessar, a qualquer momento, a comissão de serviço.

A denúncia da comissão de serviço está sujeita a dois requisitos (art. 163º, nº 1, do CT):

i) A observância de forma escrita

"No nosso entendimento, são de destacar os seguintes interesses subjacentes à exigência de forma escrita:

- A segurança na qualificação da modalidade de cessação adotada. De facto, se a forma exigida não for observada pode tornar-se mais difícil apurar se a comissão de serviço cessou por denúncia ou por abandono do exercício das respetivas funções por parte do trabalhador;
- A necessidade de proteger o trabalhador contra os efeitos de uma declaração de denúncia tomada repentinamente (por exemplo, no decurso de uma discussão com o empregador) e que por isso, não seria séria e muito menos ponderada e
- A constituição de um elemento probatório que comprove o cumprimento do prazo de aviso prévio"[67];

ii) O cumprimento de aviso prévio

A denúncia deve ser comunicada com a antecedência mínima de:

- 30 dias, nos casos em que a prestação de trabalho em regime de comissão de serviço durou até 2 anos ou
- 60 dias, nos casos em que a prestação de trabalho em regime de comissão de serviço durou mais de 2 anos.

Nos termos do nº 2, a falta de aviso prévio não obsta à cessação da comissão de serviço. A consequência traduz-se na obrigação da parte faltosa indemnizar a contraparte em valor igual à retribuição base e diuturnidades correspondentes ao período em falta, sem prejuízo de indemnização por danos causados pela inobservância do prazo de aviso prévio ou de obrigação assumida em pacto de permanência (art. 401º *ex vi* do nº 2, do CT).

[67] Paula Quintas/Hélder Quintas, *Código do Trabalho – Anotado e Comentado*, p. 409.

5.5. Efeitos da cessação da comissão de serviço

Cessando a comissão de serviço há que distinguir a *comissão de serviço interno* da *comissão de serviço externo*.

i) No caso da *comissão de serviço interno*

O trabalhador tem direito (art. 164º, nº 1, al. *a*), do CT), caso se mantenha ao serviço da empresa, a exercer a atividade que desempenhava antes do início da comissão de serviço (ocorre, portanto, um regresso à atividade e categoria anteriores) ou as funções correspondentes à categoria a que, entretanto, tenha sido promovido ou a atividade prevista no acordo celebrado entre as partes (al. *c*), do nº 3, do art. 162º, do CT).

Pode ainda optar por resolver o contrato de trabalho no prazo de 30 dias seguintes à decisão do empregador de fazer cessar a comissão de serviço, com direito à indemnização prevista no art. 366º, do CT (art. 164º, nº 1, al. *b*), do CT);

ii) No caso de *comissão de serviço externo*

O trabalhador tem direito, caso se mantenha ao serviço da empresa a exercer a atividade que consta do acordo (al. *d*), do nº 3, do art. 162º, do CT), ou caso a comissão cesse por iniciativa do empregador que não corresponda a despedimento por facto imputável ao trabalhador, direito à indemnização prevista no art. 366º, do CT (art. 164º, nº 1, al. *c*), do CT)[68].

De acordo com o nº 2, do art. 164º, do CT, o valor da indemnização prevista nas als. *b*) e *c*), do nº 1, pode ser aumentada por instrumento de regulamentação coletiva de trabalho ou contrato de trabalho.

6. Contrato de teletrabalho

6.1. Noção

"A criação da expressão e do conceito de teletrabalho são atribuídos ao norte-americano Jack M. Nilles, cientista aeroespacial, que, na década de 70, para

[68] *IV. Essa indemnização, à qual tem direito não só o trabalhador em comissão de serviço interna, mas também o trabalhador externo sem convénio de garantia de emprego [nº 1, al. c), do art. 164º], destina-se a compensá-lo pela perda de emprego em decorrência da cessação da comissão de serviço. V. O valor da retribuição a considerar no cálculo da indemnização é a que era auferida no desempenho da comissão de serviço.* [Ac. da RL, de 26.06.2013 *in* www.dgsi.pt (Proc. nº 391/12.0TTCSC.L1-4)]

combate do excesso de trânsito rodoviário, propôs a deslocação do trabalho até às pessoas ao invés de serem estas a dirigirem-se ao local de trabalho, via *telecommuting*"[69].

Pouco depois, "criou o termo *teleworking*, ao qual corresponde, em português, a palavra teletrabalhar (...), o termo *teleworking* é mais abrangente que a expressão *telecommuting* e designa «qualquer forma de substituição de deslocações relacionadas com o trabalho por tecnologias da informação (tais como telecomunicações e computadores); levar o trabalho para os trabalhadores em vez de levar os trabalhadores para o trabalho»"[70].

Ao teletrabalho são reconhecidos dois elementos essenciais e caracterizadores:

- *Um elemento instrumental* (os meios utilizados: exclusiva ou predominantemente informáticos e/ou telemáticos);
- *Um elemento geográfico* (o prestador do trabalho executa a sua atividade à distância, e não no local de trabalho definido pelo empregador).

Quanto à relação jurídica estabelecida, o teletrabalho pode reconduzir-se a um vínculo de trabalho subordinado, a um vínculo de prestação de serviço puro ou a um vínculo de prestação de serviço, envolvendo a dependência económica do teletrabalhador.

Até à L nº 83/2021, de 06 de dezembro, o CT/09 tratava apenas do teletrabalho em que houvesse subordinação jurídica. Com a referida lei, o teletrabalho sem subordinação jurídica, mas em dependência económica, é regulado no que concerne aos aspetos previstos nos arts. 168º (Equipamentos e sistemas), 169º-A (Organização, direção e controlo do trabalho), 169º-B (Deveres especiais), 170º (Privacidade de trabalhador em regime de teletrabalho) e 170º-A (Segurança e saúde no trabalho), de acordo com o art. 165º, nº 2.

Assim, considera-se teletrabalho a prestação de trabalho em regime de subordinação jurídica do trabalhador a um empregador, em local não determinado por este, através do recurso a tecnologias de informação e comunicação (art. 165º, nº 1, do CT).

A L nº 83/2021, de 06 de dezembro substituiu a menção "habitualmente fora da empresa" por "em local não determinado" pelo empregador (nº 1).

O local de trabalho é o espaço geográfico contratualmente definido por determinação do empregador, onde o trabalhador está adstrito a prestar a sua obrigação (art. 193º, do CT).

[69] Paula Quintas/Hélder Quintas, *Código do Trabalho – Anotado e Comentado*, p. 413.

[70] Maria Eunice Lopes de Almeida, *O teletrabalho e o direito a trabalhar*, p. 83.

No teletrabalho, entre as modalidades possíveis, é de destacar o *teletrabalho no domicílio*, de acordo com o qual "o trabalhador executa a prestação ou no seu domicílio ou no domicílio do cliente, utilizando meios informáticos (esta forma, embora distinta, aproxima-se do trabalho no domicílio tradicional)"[71].

"Quanto à comunicação via TIC (Tecnologia da Informação e Comunicação) entre o teletrabalhador e o empregador:

a) Teletrabalho *off line* (desconectado ou *unplugged*), o teletrabalhador presta a atividade com base nas orientações ou ordens do empregador e disponibiliza o resultado, em desconexão digital ou em conexão digital esporádica;
b) Teletrabalho *on line*, existe uma conexão digital contínua, síncrona e bidirecional entre as partes;
c) Teletrabalho *one way line*, trata-se de uma variante do modelo online. A comunicação ocorra de forma unidirecional e síncrona, através de software de suporte empresarial e o resultado do trabalho é enviado de uma vez"[72].

6.2. Regime jurídico

O art. 166º, nº 1, do CT, estabelece uma distinção clara entre *teletrabalho interno* (em que a atividade é prestada por um trabalhador da empresa) e *teletrabalho externo* (em que atividade é prestada por um trabalhador admitido para exercer uma atividade em regime de teletrabalho).

A versão introduzida pela L nº 83/2021, de 06 de dezembro, suprimiu a menção "mediante a celebração de contrato para prestação subordinada de teletrabalho", bastante polémica no caso de teletrabalhador interno.

O nº 2 indica agora que a implementação do regime de teletrabalho depende sempre de acordo escrito (e não de contrato), que pode constar do contrato de trabalho inicial ou ser autónomo em relação a este.

Para o caso de teletrabalhador externo, o acordo pode constar do clausulado no contrato de trabalho (a lei refere inicial, de forma redundante, dado que não há contratos de trabalho subsequentes), por sua vez, estando em causa teletrabalhador interno, o mesmo pode ser autónomo do contrato de trabalho, via acordo novatório de teletrabalho.

[71] Glória Rebelo, *Teletrabalho e privacidade*, p. 6.

[72] Paula Quintas/Hélder Quintas, *Código do Trabalho – Anotado e Comentado*, pp. 415-416.

O acordo de teletrabalho define o regime de permanência ou de alternância de períodos de trabalho à distância e de trabalho presencial, o chamado *teletrabalho híbrido* (nº 3).

A exigência de forma escrita do acordo de teletrabalho (nº 2) tem natureza *ad probationem* (nº 5).

O acordo deve conter os elementos indicados no nº 4, nomeadamente:

a) A identificação, assinaturas e domicílio ou sede das partes;

b) O local em que o trabalhador realizará habitualmente o seu trabalho

Este local pode ser alterado pelo trabalhador, mediante acordo escrito com o empregador (nº 8).

Constando da definição legal de teletrabalho que o local de trabalho não é determinado pelo empregador, vem o presente preceito esclarecer que, igualmente, o mesmo não é prerrogativa exclusiva do trabalhador, dado que carece da concordância das partes;

c) O período normal do trabalho diário e semanal

O período normal de trabalho consta do art. 198º, do CT, com o limite das oito horas por dia e quarenta horas por semana (art. 203º, do CT).

Sem prejuízo do regime de isenção de horário de trabalho, acolhido para o teletrabalho (art. 218º, nº 1, al. *c*), do CT);

d) O horário de trabalho;

e) A atividade contratada, com indicação da categoria correspondente;

f) A retribuição a que o trabalhador terá direito, incluindo prestações complementares e acessórias;

g) A propriedade dos instrumentos de trabalho, bem como o responsável pela respetiva instalação e manutenção

Visa-se definir claramente a titularidade dos instrumentos de trabalho a utilizar pelo teletrabalhador.

Urge frisar que a propriedade dos instrumentos de trabalho pode servir como indício para qualificar o contrato de trabalho (al. *b*), do nº 1, do art. 12º, do CT).

A lei refere apenas a "instrumentos de trabalho" e não a "equipamentos e sistemas necessários à realização do trabalho e à interação trabalhador-empregado" disponibilizados ao trabalhador (art. 168º, nº 1, do CT).

Assim, estão em causa todos e quaisquer instrumentos de trabalho, cuja propriedade tem de ser indicada.

O acordo deve especificar se os equipamentos e sistemas necessários à realização do trabalho e à interação trabalhador-empregador são fornecidos diretamente ou adquiridos pelo trabalhador, com a concordância do empregador acerca das suas características e preços (art. 168º, nº 1, do CT);

h) A periodicidade e o modo de concretização dos contactos presenciais a que se refere a alínea c), do nº 1, do art. 169º-B, do CT

Segundo reza a al. *c*), do nº 1, do art. 169º-B, do CT, um dos deveres que impende sobre o empregador é o de diligenciar no sentido da redução do isolamento do trabalhador, promovendo, com a periodicidade estabelecida no acordo de teletrabalho, ou, em caso de omissão, com intervalos não superiores a dois meses, contactos presenciais dele com as chefias e demais trabalhadores.

No regime atual, distingue-se entre uma proposta de teletrabalho vinda do trabalhador ou do empregador.

No caso de teletrabalhador interno, se a proposta de acordo de teletrabalho partir do empregador, a oposição do trabalhador não tem de ser fundamentada (*ad nutum*), não podendo a recusa constituir causa de despedimento ou fundamento da aplicação de qualquer sanção (art. 166º, nº 6, do CT).

Outra solução boicotaria a natureza do acordo e poria em causa as garantias do trabalhador (art. 129º, do CT).

Se a proposta de acordo provier do trabalhador, a lei apresenta uma norma de restrição, impondo uma recusa fundamentada e por escrito. Tal ocorre quando a atividade contratada com o trabalhador ser, pela forma como se insere no funcionamento da empresa e tendo em conta os recursos de que esta dispõe, compatível com o regime de teletrabalho (art. 166º, nº 7, do CT).

O conceito *compatibilidade* de natureza indeterminada obriga, como sempre, a uma apreciação casuística.

O empregador pode definir, por regulamento interno publicitado, e com observância do Regulamento Geral sobre a Proteção de Dados, as atividades e as condições em que a adoção do teletrabalho na empresa poderá ser por ele aceite (art. 166º, nº 9, do CT).

6.3. Direito ao regime de teletrabalho

i) Trabalhador vítima de violência doméstica

Nos termos conjugados dos arts. 166º-A, nº 1 e 195º, nº 1, ambos do CT, o trabalhador vítima de violência doméstica tem direito a passar a exercer a atividade em regime de teletrabalho, quando este seja compatível com a atividade desempenhada e estejam verificadas as seguintes condições:

- *Apresentação de queixa-crime;*
- *Saída da casa de morada de família no momento em que se efetive a transferência*

Esta norma traduz-se numa das medidas de proteção das vítimas de violência doméstica. Note-se que, no caso de passagem ao regime de teletrabalho, "não se encontra prevista a possibilidade do trabalhador suspender o contrato de trabalho, pelo que o exercício desse direito, a ser negado pelo empregador, terá de ser efetivado através de uma ação a instaurar em Tribunal, precedida, se for esse o caso, de uma providência cautelar, cabendo naturalmente ao trabalhador a prova de que o tipo de trabalho por ele desenvolvido pode ser efetuado através do teletrabalho"[73].

ii) Trabalhador com filho com idade até 3 anos

O trabalhador com filho com idade até 3 anos tem direito a exercer a atividade em regime de teletrabalho, quando este seja compatível com a atividade desempenhada (o que exclui desde logo, atividades que só fazem sentido quando presenciais, *v.g.*, agente de segurança privado) e o empregador disponha de recursos e meios para o efeito (art. 166º-A, nº 2, do CT)[74], sem oposição do empregador art. 166º-A, nº 4, do CT).

Salvo no caso de microempresas (art. 166º-A, nº 7, do CT)), este direito, sem oposição do empregador (art. 166º-A, nº 4, do CT), pode ser estendido até aos 8 anos de idade nas seguintes situações (art. 166º-A, nº 3, do CT):

- Nos casos em que ambos os progenitores reúnem condições para o exercício da atividade em regime de teletrabalho, desde que este seja exercido por ambos em períodos sucessivos de igual duração num prazo de referência máxima de 12 meses;
- Famílias monoparentais ou situações em que apenas um dos progenitores, comprovadamente, reúne condições para o exercício da atividade em regime de teletrabalho.

iii) Cuidador informal não principal

O trabalhador a quem tenha sido reconhecido o estatuto de cuidador informal não principal, mediante comprovação do mesmo, nos termos da L nº 100/2019,

[73] Pedro Freitas Pinto, *A proteção da vítima do crime de violência doméstica no foro laboral*, p. 140.

[74] Redação dada pela L nº 13/2023, de 03 de abril.

de 6 de setembro, tem direito a exercer a atividade em regime de teletrabalho, pelo período máximo de quatro anos seguidos ou interpolados, quando estejam presentes dois requisitos cumulativos: o exercício seja compatível com a atividade desempenhada e o empregador disponha de recursos e meios para o efeito (art. 166º-A, nº 5, do CT).

Considera-se cuidador informal não principal o cônjuge ou unido de facto, parente ou afim até ao 4º grau da linha reta ou da linha colateral da pessoa cuidada, que acompanha e cuida desta de forma regular, mas não permanente, podendo auferir ou não remuneração de atividade profissional ou pelos cuidados que presta à pessoa cuidada (art. 2º, nº 3, do Estatuto do Cuidador Informal, aprovado pela L nº 100/2019, de 6 de setembro).

O empregador pode opor-se ao exercício deste direito quando não estejam reunidas as condições previstas para o mesmo (comprovação do Estatuto, de acordo com o art. 4º da L nº 100/2019, de 6 de setembro, compatibilidade com a atividade desempenhada e disponibilização por parte do empregador de recursos e meios para o efeito), bem como, manifestando um aligeiramento da proteção jurídica do cuidador informal, com fundamento em exigências imperiosas do funcionamento da empresa, sendo, nestes casos, aplicável o procedimento previsto nos nºs 3 a 10, do art. 57º, do CT (relativo à autorização de trabalho a tempo parcial ou em regime de horário flexível), com as necessárias adaptações (art. 166º-A, nº 6, do CT).

6.4. Duração e cessação do acordo de teletrabalho

O acordo de teletrabalho pode ser celebrado com duração determinada ou indeterminada (art. 167º, nº 1, do CT).

No caso de acordo de teletrabalho celebrado com duração determinada, este não pode exceder seis meses, renovando-se automaticamente por iguais períodos, se nenhuma das partes declarar por escrito, até 15 dias antes do seu término, que não pretende a renovação (nº 2).

No caso de acordo de teletrabalho celebrado com duração indeterminada, qualquer das partes pode fazê-lo cessar mediante comunicação escrita, que produzirá efeitos no 60º dia posterior àquela (nº 3).

O nº 4 prevê uma espécie de período experimental de 30 dias, dentro do qual qualquer uma das partes pode denunciar, livremente (isto é, sem invocar motivo justificativo), o acordo.

Cessando o acordo de teletrabalho, no âmbito de um contrato de trabalho de duração indeterminada ou cujo termo não tenha sido atingido, o trabalhador retoma a atividade em regime presencial, sem prejuízo da sua categoria, antiguidade e quaisquer outros direitos reconhecidos aos trabalhadores em regime presencial com funções e duração do trabalho idênticas (nº 5).

A retoma da atividade em regime presencial pressupõe que esta ainda seja possível, havendo instalações físicas para o efeito.

Não sendo possível, coloca-se a questão da viabilidade do contrato, se este *morre* por caducidade ou por resolução.

Pode acontecer que o empregador esteja impossibilitado absoluta, definitiva e supervenientemente de receber trabalho, o que nos leva para a caducidade, mas sem direito a compensação.

6.5. Equipamentos e sistemas

O empregador é responsável pela disponibilização ao trabalhador dos equipamentos e sistemas necessários à realização do trabalho e à interação trabalhador-empregador (expressão mais ampla do que a anterior "instrumento de trabalho"), devendo o acordo de teletrabalho (previsto no art. 166º, do CT) especificar se são fornecidos diretamente ou adquiridos pelo trabalhador, com a concordância do empregador acerca das suas características e preços (art. 168º, nº 1, do CT).

Os equipamentos e sistemas parecem englobar os recursos de *hardware* (computador, *tablet* e acessórios), *software* (programas informáticos, aplicações informáticas, licenças de utilização), e os equipamentos telemáticos e de telecomunicações (*wi-fi*, linha de internet, *e-mail*).

A responsabilidade do empregador acompanha a utilização de tais meios, quer da parte da *informação* sobre as características e do modo de utilização de todos os dispositivos, programas e sistemas adotados para acompanhar à distância a sua atividade (art. 169º-B, nº 1, al. *a*), do CT), quer na parte da *manutenção* dos mesmos, sendo-lhe exigido que garanta ou custeie as ações de manutenção e de correção de avarias do equipamento e dos sistemas utilizados no teletrabalho, nos termos do nº 2, do art. 168º, do CT, independentemente da sua propriedade; (art. 169º-B, nº 1, al. *d*), do CT).

São integralmente compensadas pelo empregador todas as despesas adicionais que, comprovadamente, o trabalhador suporte como direta consequência da aquisição ou uso dos equipamentos e sistemas informáticos ou telemáticos necessários à realização do trabalho, incluindo os acréscimos de custos de energia e da rede instalada no local de trabalho em condições de velocidade compatível com as necessidades de comunicação de serviço, assim como os custos de manutenção dos mesmos equipamentos e sistemas (art. 168º, nº 2, do CT).

Não se trata de compensar o trabalhador de todas a despesas inerentes à atividade a que se obrigou, mas apenas a referente ou inerente às TIC.

O contrato individual de trabalho e o instrumento de regulamentação coletiva de trabalho aplicável devem fixar na celebração do acordo para prestação de teletrabalho o valor da compensação devida ao trabalhador pelas despesas adicionais (art. 168º, nº 3[75], do CT).

Na falta de acordo, o agora nº 4, do art. 168º, do CT, define despesas adicionais com base no *critério da aquisição*: as correspondentes à aquisição de bens e ou serviços de que o trabalhador não dispunha antes da celebração do acordo (art. 166º, do CT), e no *critério da comparação*: as determinadas por comparação com as despesas homólogas do trabalhador no último mês de trabalho em regime presencial[76].

Parece-nos mais avisada a redação atual deste 2º critério, mantendo-se, todavia, dificuldades de prova e, caso esta exista, a possível devassa da vida privada do trabalhador pela leve linha de separação entre o âmbito pessoal e o laboral.

Certo é que a solução legal sempre afastou o critério de comparação com as despesas homólogas do empregador no último mês de trabalho em regime presencial do trabalhador. Neste caso, quem provaria a despesa ou o ganho por comparação seria o empregador.

O pagamento da compensação é devido imediatamente após a realização das despesas pelo trabalhador (art. 168º, nº 5, do CT). Perfila-se discutível a razoabilidade da norma, atendendo a que haverá despesas que implicam algum investimento, como o caso de aquisição ou uso dos equipamentos e sistemas informáticos ou telemáticos.

A compensação é considerada, para efeitos fiscais, custo para o empregador e não constitui rendimento do trabalhador (nomeadamente, para efeito de se considerar como retribuição) até ao limite do valor definido por portaria dos membros do Governo responsáveis pelas áreas dos assuntos fiscais e segurança social. (art. 168º, nº 6, do CT), por isso, concluímos que, no caso de aquisição dos equipamentos e sistemas informáticos ou telemáticos, a propriedade dos mesmos pertence ao empregador, sendo estes um mero instrumento de trabalho.

[75] Na versão introduzida pela DRet nº 13/2023, de 29 de maio.

[76] Regime introduzido pela L nº 13/2023, de 03 de abril. No regime pretérito, a comparação era estabelecida tendo em contra o último ano anterior à aplicação desse acordo.

Face ao potencial de (con)fusão entre vida profissional e vida privada, o legislador optou por uma norma de permissão, permitindo ao teletrabalhador o uso de equipamentos e sistemas para necessidades de serviço ou para além destas.

No caso de equipamentos e sistemas utilizados no teletrabalho fornecidos pelo empregador, as condições para o seu uso dentro das necessidades do serviço obrigam o teletrabalhador ao garantir a guarda, conservação e boa utilização dos mesmos. O dever de custódia, está genericamente previsto na al. *g*), do nº 1, do art. 128º, do CT.

Ainda, as condições para o seu uso para além das necessidades do serviço são as estabelecidas pelo regulamento interno a que se refere o nº 9, do art. 166º, do CT (art. 168º, nº 7, do CT).

No caso de inexistência do regulamento interno ou de este omitir as condições mencionadas no número anterior, estas são definidas pelo acordo previsto no art. 166º, do CT (art. 168º, nº 8, do CT), o qual pode determinar perentoriamente o não uso para esse fim.

6.6. Organização, direção e controlo do trabalho

Por imperativo do respeito ao descanso do teletrabalhador, a organização do tempo de trabalho obriga a que as reuniões de trabalho à distância e as tarefas que, pela sua natureza, devem ser realizadas em tempos precisos e em articulação com outros trabalhadores, tenham lugar dentro do horário de trabalho e sejam agendadas preferencialmente (e não imperativamente) com 24 horas de antecedência (art. 169º- A, nº 1, do CT).

Cabe nos deveres do teletrabalhador a comparência nas instalações da empresa ou noutro local designado pelo empregador, para reuniões, ações de formação e outras situações que exijam presença física, para as quais tenha sido convocado com, pelo menos, 24 horas de antecedência (nº 2).

A violação deste dever determina falta injustificada (art. 248º, do CT).

Sobre quem suporta creditoriamente as deslocações, o preceito estabelece que é o empregador, mas apenas na parte em que, eventualmente, exceda o custo normal do transporte entre o domicílio do teletrabalhador e o local em que normalmente prestaria trabalho em regime presencial (nº 3).

Os poderes de direção e controlo da prestação de trabalho no teletrabalho são exercidos preferencialmente por meio dos equipamentos e sistemas de comunicação e informação afetos à atividade do trabalhador, segundo procedimentos previamente conhecidos por ele e compatíveis com o respeito pela sua privacidade (nº 4).

O controlo da prestação de trabalho, por parte do empregador, deve respeitar os princípios da proporcionalidade e da transparência, sendo proibido impor a conexão permanente, durante a jornada de trabalho, por meio de imagem ou som (nº 5), em respeito, inclusive, pela vida privada do teletrabalhador (art. 16º, do CT).

6.7. Privacidade do trabalhador em regime de teletrabalho

Conforme enuncia Jean-Emmanuel Ray "é imprescindível sublinhar a importância da manutenção física da separação entre a vida privada e a vida profissional (na prática, locais distintos), assim como dos limites temporais de trabalho (horários claramente delimitados)".[77]

Estabelecido está, portanto, que o teletrabalhor no domicílio deve ser protegido na sua vida familiar e pessoal.

A L nº 83/2021, de 06 de dezembro, que procedeu à modificação do enquadramento contratual do teletrabalho, estabeleceu uma parametrização do controlo laboral por parte do empregador no teletrabalho no domicílio.

Em primeiro lugar, o dever de respeitar a privacidade do teletrabalhador e os tempos de descanso e de repouso da família. A reserva da intimidade da vida privada, no âmbito da relação laboral, está prevista genericamente no art. 16º. Já o princípio da inviolabilidade do domicílio está previsto no art. 34º, da CRP.

Em segundo lugar, o dever de proporcionar boas condições de trabalho, tanto do ponto de vista físico, como do ponto de vista psíquico (art. 170º, nº 1, do CT). Este dever está previsto, genericamente, no art. 127º, nº 1, al. *c*), do CT.

Os nºs 2 e 3, do art. 170º, do CT, aplicam-se apenas aos casos de teletrabalho no domicílio do trabalhador.

O direito à inviolabilidade do domicílio e à garantia de proteção da intimidade da vida privada podem sofrer limitações que não afetem a extensão e o alcance dos conteúdos essenciais e se justifiquem por critérios de necessidade e proporcionalidade.

Os nºs 2 e 3, do art. 170º, do CT, consagram uma dessas limitações que se impõe por força do princípio da colaboração entre as partes previsto no nº 2, do art. 126º, do CT.

De facto, uma das manifestações deste princípio é o dever do trabalhador propiciar ao empregador as condições adequadas para que este possa exercer o

[77] *Le droit du travail à l'épreuve du télétravail: le statut du télétravailleux*, p. 355.

poder de fiscalização e, por outro lado, o dever do empregador de exercer esse poder, respeitando os direitos e garantias do trabalhador, bem como a sua própria dignidade enquanto ser humano. Tendo em consideração esta realidade, impõe-se os seguintes requisitos para o exercício do poder de fiscalização do empregador art. 170º, nº 3, do CT):

a) A visita ao local de trabalho (domicílio do trabalhador) só deve ter por objeto o controlo da atividade (laboral) do trabalhador, bem como dos instrumentos de trabalho (disponibilizados pelo empregador ou não) (*requisito objetivo*);

b) A visita apenas pode ser efetuada na presença do trabalhador durante o horário de trabalho acordado nos termos da al. *d*), do nº 4, do art. 166º, do CT (*requisito pessoal*).
"Dado que o limite espacial de prestação laboral é também o sítio onde o trabalhador vive e convive e se relaciona, faz todo o sentido a exigência da presença do trabalhador visitado como escudo para um eventual abuso e devassa de escrutínio"[78];

c) A visita ao local de trabalho requer aviso prévio de 24 horas e concordância do trabalhador.
Omitiu-se a menção "As visitas devem ser efetuadas entre as 9 e as 19 horas" (*requisito temporal*).

No acesso ao domicílio do trabalhador, as ações integradas pelo empregador devem ser adequadas e proporcionais aos objetivos e finalidade da visita (art. 170º, nº 4, do CT).

É vedada a captura e utilização de imagem, de som, de escrita, de histórico ou o recurso a outros meios de controlo que possam afetar o direito à privacidade do trabalhador (art. 170º, nº 5, do CT), de acordo com o art. 20º, do CT. "Ou seja, face ao potencial fenómeno do poder de direção do empregador deixar de se confinar ao local de trabalho presencial e ao trabalhador, para se impor a todos os que o rodeiam, no seu seio familiar e possibilidade de uma conexão digital ininterrupta, a proporcionalidade é aqui um princípio maior"[79].

[78] Paula Quintas, *Teletrabalho no domicílio e reserva da vida privada*, p. 126.

[79] Paula Quintas, *Teletrabalho no domicílio e reserva da vida privada*, p. 127.

6.8. Organização, direção e controlo do trabalho

O art. 169º-A, do CT, aditado pela L nº 83/2021, de 06 de dezembro, dispõe que as reuniões de trabalho à distância, assim como as tarefas que, pela sua natureza, devem ser realizadas em tempos precisos e em articulação com outros trabalhadores, devem ter lugar dentro do horário de trabalho e ser agendadas preferencialmente com 24 horas de antecedência (nº 1).

O trabalhador é obrigado a comparecer nas instalações da empresa ou noutro local designado pelo empregador, para reuniões, ações de formação e outras situações que exijam presença física, para as quais tenha sido convocado com, pelo menos, 24 horas de antecedência (nº 2), suportando o empregador o custo das deslocações, na parte em que, eventualmente, exceda o custo normal do transporte entre o domicílio do trabalhador e o local em que normalmente prestaria trabalho em regime presencial (nº 3).

Os poderes de direção e controlo da prestação de trabalho no teletrabalho são exercidos preferencialmente por meio dos equipamentos e sistemas de comunicação e informação afetos à atividade do trabalhador, segundo procedimentos previamente conhecidos por ele e compatíveis com o respeito pela sua privacidade (nº 4).

O controlo da prestação de trabalho, por parte do empregador, deve respeitar os princípios da proporcionalidade e da transparência, sendo proibido impor a conexão permanente, durante a jornada de trabalho, por meio de imagem ou som (nº 5).

6.9. Deveres especiais

O art. 169º-B, do CT, aditado pela L nº 83/2021, de 06 de dezembro, preceitua que sem prejuízo dos deveres gerais consagrados neste Código (art. 127º), o regime de teletrabalho implica, para o empregador, os seguintes deveres especiais (nº 1):

a) Informar o trabalhador, quando necessário, acerca das características e do modo de utilização de todos os dispositivos, programas e sistemas adotados para acompanhar à distância a sua atividade;

b) Abster-se de contactar o trabalhador no período de descanso nos termos a que se refere o art. 199º-A, do CT, que consagra quase um direito à desconexão, pois em rigor, a lei não desobriga o trabalhador da conexão, permite-lhe, outrossim, que, sem censura disciplinar, legitimamente não atenda ou responda ao contacto estabelecido;

c) Diligenciar no sentido da redução do isolamento do trabalhador, promovendo, com a periodicidade estabelecida no acordo de teletrabalho ou, em caso de omissão, com intervalos não superiores a dois meses, contactos presenciais dele com as chefias e demais trabalhadores;
d) Garantir ou custear as ações de manutenção e de correção de avarias do equipamento e dos sistemas utilizados no teletrabalho, nos termos do nº 2, do art. 168º, do CT, independentemente da sua propriedade;
e) Consultar o trabalhador, por escrito, antes de introduzir mudanças nos equipamentos e sistemas utilizados na prestação de trabalho, nas funções atribuídas ou em qualquer característica da atividade contratada;
f) Facultar ao trabalhador a formação de que este careça para o uso adequado e produtivo dos equipamentos e sistemas que serão utilizados por este no teletrabalho.

Sem prejuízo dos deveres gerais consagrados neste Código (art. 128º, do CT), o teletrabalho implica, para o trabalhador, os seguintes deveres especiais (nº 2):

a) Informar atempadamente a empresa de quaisquer avarias ou defeitos de funcionamento dos equipamentos e sistemas utilizados na prestação de trabalho;
b) Cumprir as instruções do empregador no respeitante à segurança da informação utilizada ou produzida no desenvolvimento da atividade contratada;
c) Respeitar e observar as restrições e os condicionamentos que o empregador defina previamente, no tocante ao uso para fins pessoais dos equipamentos e sistemas de trabalho fornecidos por aquele;
d) Observar as diretrizes do empregador em matéria de saúde e segurança no trabalho.

Para além de responsabilidade disciplinar, a infração dos deveres por parte do trabalhador pode implicar responsabilidade civil, nos termos gerais (nº 3).

7. Contrato de trabalho temporário

7.1. Enquadramento

O trabalho temporário permite que uma empresa (*empresa utilizadora*) receba trabalho, sem contratar trabalhadores, através de contrato estabelecido com a empresa de trabalho temporário (designado *contrato de utilização de trabalho temporário*, art. 172º, al. *c*), do CT), a qual destaca para esse desempenho, trabalhadores por si contratados a termo [al. *a*)] ou sem termo [al. *b*)].

7.2. Noções

Considera-se:

- *Contrato de trabalho temporário* o contrato de trabalho a termo celebrado entre uma empresa de trabalho temporário e um trabalhador, pelo qual este se obriga, mediante retribuição daquela, a prestar a sua atividade a utilizadores, mantendo-se vinculado à empresa de trabalho temporário (art. 172º, al. *a*), do CT);
- *Contrato de trabalho por tempo indeterminado para cedência temporária* o contrato de trabalho por tempo indeterminado celebrado entre uma empresa de trabalho temporário e um trabalhador, pelo qual este se obriga, mediante retribuição daquela, a prestar temporariamente a sua atividade a utilizadores, mantendo-se vinculado à empresa de trabalho temporário [al. *b*)];
- *Contrato de utilização de trabalho temporário* o contrato de prestação de serviço a termo resolutivo entre um utilizador e uma empresa de trabalho temporário, pelo qual esta se obriga, mediante retribuição, a ceder àquele um ou mais trabalhadores temporários [al. *c*)].

7.3. Disposições gerais

É nulo o contrato de utilização, o contrato de trabalho temporário ou o contrato de trabalho por tempo indeterminado para cedência temporária celebrado por empresa de trabalho temporário não titular de licença para o exercício da respetiva atividade (art. 173º, nº 1, do CT), em tal caso, considera-se, agora, que o trabalho é prestado ao utilizador[80] em regime de contrato de trabalho sem termo (nº 3).

É nulo o contrato celebrado entre empresas de trabalho temporário pelo qual uma cede à outra um trabalhador para que este seja posteriormente cedido a terceiro (nº 2). Nesta circunstância, considera-se que o trabalho é prestado à empresa que contrate o trabalhador em regime de contrato de trabalho sem termo (nº 4).

[80] A L nº 13/2023, de 03 de abril, alterou a redação deste número, passando a ser o utilizador e não a empresa de trabalho temporário a suportar o ónus.

No caso de cedência de trabalhador por empresa de trabalho temporário licenciada sem que tenha sido celebrado contrato de trabalho temporário ou contrato de trabalho por tempo indeterminado para cedência temporária, considera-se que o trabalho é prestado à empresa utilizadora em regime de contrato de trabalho sem termo (nº 5).

Em substituição do vínculo de contratação sem termo (nºs 3, 4 ou 5), o trabalhador pode optar, nos 30 dias seguintes ao início da prestação de atividade, por uma indemnização nos termos do art. 396º, do CT (nº 6).

A celebração de contrato de utilização de trabalho temporário por empresa de trabalho temporário não licenciada responsabiliza solidariamente esta e o utilizador pelos créditos do trabalhador emergentes do contrato de trabalho, da sua violação ou cessação, relativos aos últimos três anos, bem como pelos encargos sociais correspondentes (art. 174º, nº 1, do CT).

A empresa de trabalho temporário e o utilizador de trabalho temporário, bem como os respetivos gerentes, administradores ou diretores, assim como as sociedades que com a empresa de trabalho temporário ou com o utilizador se encontrem em relação de participações recíprocas, de domínio ou de grupo, são subsidiariamente responsáveis pelos créditos do trabalhador e pelos encargos sociais correspondentes, assim como pelo pagamento das respetivas coimas (nº 2).

7.4. Contrato de utilização de trabalho temporário

7.4.1. Admissibilidade

O contrato de utilização de trabalho temporário apenas pode ser celebrado nos casos legalmente previstos (art. 175º, nº 1, do CT). Comunga de parte da motivação dos contratos a termo (als. *a*) a *g*), do nº 2, do art. 140º, do CT[81]) e pode ter a seguinte motivação própria:

- Vacatura de posto de trabalho quando decorra processo de recrutamento para o seu preenchimento (art. 175º, nº 1, al. *a*), do CT);
- Necessidade intermitente de mão de obra, determinada por flutuação da atividade durante dias ou partes de dia, desde que a utilização não ultrapasse semanalmente metade do período normal de trabalho maioritariamente praticado no utilizador [al. *b*)];

[81] No que se refere à al. *f*), do nº 2, do art. 140º, do CT, considera-se acréscimo excecional de atividade da empresa o que tenha duração até 12 meses (art. 175º, nº 2, do CT).

- Necessidade intermitente de prestação de apoio familiar direto, de natureza social, durante dias ou partes de dia [al. *c*)];
- Realização de projeto temporário, designadamente instalação ou reestruturação de empresa ou estabelecimento, montagem ou reparação industrial [al. *d*)].

A duração do contrato de utilização não pode exceder o período estritamente necessário à satisfação da necessidade do utilizador a que se refere o nº 1 (nº 3).

Não é permitida a utilização de trabalhador temporário em posto de trabalho particularmente perigoso para a sua segurança ou saúde, salvo se for essa a sua qualificação profissional (nº 4).

Afastada é também a possibilidade de celebração de contrato de utilização de trabalho temporário para satisfação de necessidades que foram asseguradas por trabalhador cujo contrato tenha cessado nos 12 meses anteriores por despedimento coletivo ou despedimento por extinção de posto de trabalho (nº 5).

Cabe ao utilizador a prova dos factos que justificam a celebração de contrato de utilização de trabalho temporário (art. 176º, nº 1, do CT).

É nulo o contrato de utilização celebrado fora das situações a que se refere o nº 1, do art. 175º, do CT (art. 176º, nº 2, do CT), considerando-se que o trabalho é prestado pelo trabalhador ao utilizador em regime de contrato de trabalho sem termo, sendo aplicável o disposto no nº 6, do art. 173º, do CT (nº 3).

7.4.2. Forma e conteúdo

O contrato de utilização de trabalho temporário está sujeito a forma escrita e deve indicar as menções referidas no nº 1, do art. 177º, do CT[82]. O incumprimento de qualquer uma das formalidades legais impostas (nº 5), determina a nulidade do contrato, com as consequências previstas no seu nº 6, ou seja, considera-se que o trabalho é prestado pelo trabalhador ao utilizador em regime de contrato sem termo, podendo, ainda, o trabalhador optar, nos 30 dias seguintes ao início da prestação de atividade, por uma indemnização nos termos do art. 396º, do CT.

[82] *Os contratos de utilização da força de trabalho temporário e o seu recrutamento para esse expresso efeito devem ser firmados por escrito, dentro de determinadas condições formais e materiais e com prazos limite de duração, em função do tipo negocial acordado e dos fundamentos invocados para o recurso ao dito trabalho temporário.* [Ac. da RL, de 13.01.2016 *in* www.dgsi.pt (Proc. nº 2094/12.7TTLSB.L1-4)]

O contrato de utilização de trabalho temporário está sujeito a forma escrita, é celebrado em dois exemplares e deve conter (nº 1):

a) *Identificação, assinaturas, domicílio ou sede das partes, os respetivos números de contribuintes e do regime geral da segurança social, bem como, quanto à empresa de trabalho temporário, o número e a data do alvará da respetiva licença*;
b) *Motivo justificativo do recurso ao trabalho temporário por parte do utilizador*
A indicação do motivo justificativo deve ser feita pela menção expressa dos factos que o integram, devendo estabelecer-se a relação entre a justificação invocada e o termo estipulado (nº 2);
c) *Caracterização do posto de trabalho a preencher, dos respetivos riscos profissionais e, sendo caso disso, dos riscos elevados ou relativos a posto de trabalho particularmente perigoso, a qualificação profissional requerida, bem como a modalidade adotada pelo utilizador para os serviços de segurança e saúde no trabalho e o respetivo contacto*;
d) *Local e período normal de trabalho*;
e) *Retribuição de trabalhador do utilizador que exerça as mesmas funções*;
f) *Pagamento devido pelo utilizador à empresa de trabalho temporário*;
g) *Início e duração, certa ou incerta, do contrato*;
h) *Data da celebração do contrato.*

O contrato de utilização de trabalho temporário deve ter em anexo cópia da apólice de seguro de acidentes de trabalho que englobe o trabalhador temporário e a atividade a exercer por este, sem o que o utilizador é solidariamente responsável pela reparação dos danos emergentes de acidente de trabalho (nº 3).

O contrato é nulo se não for celebrado por escrito ou não contiver qualquer uma das menções referidas no nº 1 (nº 5), considerando-se que o trabalho é prestado ao utilizador em regime de contrato sem termo ou, em substituição, reconhecendo-se ao trabalhador a faculdade de optar pela resolução contratual, com direito a indemnização, nos termos do art. 396º, do CT (nº 6).

7.4.3. Duração

O contrato de utilização de trabalho temporário é celebrado a termo resolutivo, certo ou incerto (art. 178º, nº 1, do CT).

A duração do contrato de utilização de trabalho temporário, incluindo renovações, não pode exceder a duração da causa justificativa nem o limite de dois anos.

Apresentam-se duas exceções: seis meses no caso de vacatura de posto de trabalho quando já decorra processo de recrutamento para o seu preenchimento ou 12 meses em caso de acréscimo excecional da atividade da empresa (nº 2).

Considera-se como um único contrato o que seja objeto de renovação (nº 3).

No caso de o trabalhador temporário continuar ao serviço do utilizador decorridos 10 dias após a cessação do contrato de utilização sem a celebração de contrato que o fundamente, considera-se que o trabalho passa a ser prestado ao utilizador com base em contrato de trabalho sem termo (nº 4).

7.4.4. Proibição de contratos sucessivos

A L nº 13/2023, de 03 de abril, equiparou a sucessão contratual desta modalidade com a dos contratos a termo (art. 143º, do CT), alargando o escopo do objeto contratual e absorvendo o contrato de prestação de serviços e a sanção da conversão contratual.

Assim, no caso de se ter completado a duração máxima de *contrato de utilização de trabalho temporário*, é proibida a sucessão no mesmo posto de trabalho ou atividade profissional de trabalhador temporário ou de trabalhador contratado a termo, ou ainda de *contrato de prestação de serviços* para o mesmo objeto ou atividade, celebrado com o mesmo empregador ou sociedade que com este se encontre em relação de domínio ou de grupo ou mantenha estruturas organizativas comuns, antes de decorrer um período de tempo igual a um terço da duração do referido contrato, incluindo renovações (art. 179º, nº 1, do CT).

Este regime não é aplicável nos seguintes casos (nº 2):

a) Nova ausência do trabalhador substituído, quando o contrato de utilização tenha sido celebrado para sua substituição;

b) Acréscimo excecional de necessidade de mão de obra em atividade sazonal.

Considera-se sem termo o contrato celebrado entre o trabalhador e o utilizador em violação do disposto no nº 1, contando para a antiguidade do trabalhador todo o tempo de trabalho prestado para o utilizador em cumprimento dos sucessivos contratos (nº 3).

7.5. Contrato de trabalho temporário

7.5.1. Admissibilidade

O contrato de trabalho temporário só pode ser celebrado a termo resolutivo, certo ou incerto, nas situações previstas para a celebração de contrato de utilização (art. 180º, nº 1, do CT).

É nulo o termo estipulado em violação do disposto no número anterior, considerando-se o trabalho efetuado em execução do contrato como prestado à empresa de trabalho temporário em regime de contrato de trabalho sem termo, e sendo aplicável o disposto no nº 6, do art. 173º, do CT (nº 2).

Caso a nulidade prevista no número anterior concorra com a nulidade do contrato de utilização de trabalho temporário, prevista no nº 2, do art. 176º ou no nº 5, do art. 177º, do CT, considera-se que o trabalho é prestado ao utilizador em regime de contrato de trabalho sem termo, sendo aplicável o disposto no nº 6, do art. 173º, do CT (nº 3).

7.5.2. Forma e conteúdo

O contrato de trabalho temporário está sujeito a forma escrita, é celebrado em dois exemplares e deve conter (art. 181º, nº 1, do CT):

a) Identificação, assinaturas, domicílio ou sede das partes e número e data do alvará da licença da empresa de trabalho temporário;

b) Motivo que justifica a celebração do contrato, com menção concreta dos factos que o integram, tendo por base o motivo justificativo do recurso ao trabalho temporário por parte do utilizador indicado no contrato de utilização de trabalho temporário, sem prejuízo do disposto nos arts. 412º e 413º, do CT, com as necessárias adaptações;

c) Atividade contratada;

d) Local e período normal de trabalho;

e) Retribuição;

f) Data de início do trabalho;

g) Termo do contrato;

h) Data da celebração.

Na falta de documento escrito ou em caso de omissão ou insuficiência da indicação do motivo justificativo da celebração do contrato, considera-se que o trabalho é prestado à empresa de trabalho temporário em regime do contrato de trabalho sem termo, sendo aplicável o disposto no nº 6, do art. 173º, do CT (nº 2).

O contrato que não contenha a menção do seu termo considera-se celebrado pelo prazo de um mês, não sendo permitida a sua renovação (nº 3).

Um exemplar do contrato fica com o trabalhador (nº 4).

7.5.3. Duração

A duração do contrato de trabalho temporário não pode exceder a do contrato de utilização (art. 182º, nº 1, do CT).

O contrato de trabalho temporário a termo certo não está sujeito ao limite de duração de inferior a seis meses (art. 148º, nº 2, do CT), por isso, pode ser celebrado pelo período de, *v. g.*, 8, 9, 10 meses e, enquanto se mantiver o motivo justificativo, com renovação até 4 vezes (nº 2)[83], com o limite máximo de 2 anos (nº 4, 1ª parte).

Não está sujeito ao limite de renovações de até 4 vezes o contrato de trabalho temporário a termo certo celebrado para substituição de trabalhador ausente, sem que a sua ausência seja imputável ao empregador, nomeadamente nos casos de doença, acidente, licenças parentais e outras situações análogas (nº 3).

A duração do contrato de trabalho temporário a termo certo, incluindo renovações, não pode exceder dois anos, com as seguintes exceções: seis meses em caso de vacatura de posto de trabalho quando decorra processo de recrutamento para o seu preenchimento ou 12 meses quando seja celebrado devido a acréscimo excecional de atividade da empresa (nº 4).

O contrato de trabalho temporário a termo incerto dura pelo tempo necessário à satisfação de necessidade temporária do utilizador, não podendo exceder os limites de duração referidos no nº 4 (nº 5).

O cômputo dos limites referidos está sujeito ao disposto no nº 6, do art. 148º, do CT (nº 6).

À caducidade do contrato de trabalho temporário é aplicável o disposto no art. 344º ou 345º, do CT, consoante seja a termo certo ou incerto (nº 7).

Com a L nº 13/2023, de 03 de abril, a duração de contratos de trabalho temporário sucessivos em diferentes utilizadores, celebrados com o mesmo empregador ou sociedade que com este se encontre em relação de domínio ou de grupo ou mantenha estruturas organizativas comuns, não pode ser superior a

[83] Redação introduzida pela L nº 13/2023, de 03 de abril. No regime revogado, permitia-se até 6.

quatro anos (nº 8), sob pena de conversão em contrato de trabalho por tempo indeterminado para cedência temporária (nº 9).

7.6. Contrato de trabalho por tempo indeterminado para cedência temporária

O contrato de trabalho por tempo indeterminado para cedência temporária está sujeito a forma escrita, é celebrado em dois exemplares e deve conter (art. 183º, nº 1, do CT):

a) *Identificação, assinaturas, domicílio ou sede das partes e número e data do alvará da licença da empresa de trabalho temporário;*
b) *Menção expressa de que o trabalhador aceita que a empresa de trabalho temporário o ceda temporariamente a utilizadores;*
c) *Atividade contratada ou descrição genérica das funções a exercer e da qualificação profissional adequada, bem como a área geográfica na qual o trabalhador está adstrito a exercer funções;*
d) *Retribuição mínima durante as cedências que ocorram, nos termos do art. 185º, do CT.*

Um exemplar do contrato fica com o trabalhador (nº 4).

Na falta de documento escrito ou no caso de omissão ou insuficiência das menções referidas na als. *b)* ou *c)*, do nº 1, considera-se que o trabalho é prestado à empresa de trabalho temporário em regime de contrato de trabalho sem termo, sendo aplicável o disposto no nº 6, do art. 173º, do CT (nº 2).

No período em que não se encontre em situação de cedência, o trabalhador contratado por tempo indeterminado pode prestar atividade à empresa de trabalho temporário (art. 184º, do CT).

Durante o período referido no número anterior, o trabalhador tem direito (art. 184º, nº 2, do CT):

a) Caso não exerça atividade, a compensação prevista em instrumento de regulamentação coletiva de trabalho ou no valor de dois terços da última retribuição ou da retribuição mínima mensal garantida, consoante o que for mais favorável;
b) Caso exerça atividade à empresa de trabalho temporário, a retribuição correspondente à atividade desempenhada, sem prejuízo do valor referido no contrato de trabalho a que se refere o art. 183º, do CT.

8. Período experimental

8.1. Natureza

O período experimental tem em vista testar se as prestações contratuais que cada uma das partes exige à outra se mostram adequadas (art. 111º, nºs 1 e 2, do CT).

O princípio da boa-fé, plasmado no nº 2, pretende que os contraentes assumam um comportamento passível de aferir do interesse contratual na manutenção do contrato.

Do "ponto de vista do *empregador*, interessa que a situação resultante do contrato só se *estabilize* se, na verdade, o trabalhador contratado mostrar que possui as aptidões laborais procuradas; do ângulo do *trabalhador*, pode ser que as condições concretas do trabalho, na organização em que se incorporou, tornem intolerável a permanência indefinida do vínculo assumido", explica António Monteiro Fernandes[84].

O estatuído no art. 114º, nº 1, do CT, permite, salvo escrito em contrário, a livre e imediata denúncia do contrato por ambas as partes sem aviso prévio, invocação de justa causa e direito a indemnização.

No entanto, no caso de o período experimental exceder os 60 dias, cabe ao empregador (e apenas a este) um aviso prévio de sete dias (nº 2) e se exceder 120 dias, de 30 dias (nº 3)[85].

O não cumprimento deste prazo apenas implica o pagamento das retribuições correspondentes ao aviso prévio em falta (nº 4).

A liberdade de desvinculação deste regime assume, portanto, natureza especial, não sendo aplicável às partes qualquer sanção pela rutura negocial, prescindindo-se da indicação (ou existência) de justo motivo.

Apesar de a declaração ser *ad nutum*, apresenta-se como abusiva a desvinculação ilícita do contrato de trabalho, face às (legítimas) expectativas geradas por uma parte à outra, no pressuposto da consumação contratual, utilizando a imagem do período experimental como pré-nupcial.

Sobre a figura da expectativa jurídica, ensina António Menezes Cordeiro, "Em princípio, elas ocorrem em factos jurídicos complexos de produção sucessiva, isto é, em conjunções nas quais o Direito requeira, para o aparecimento de

[84] *Direito do Trabalho*, p. 276.

[85] Na redação introduzida pela L nº 13/2023, de 03 de abril, a qual, também, alterou o nº 5, e aditou os nºs 6 a 8.

determinados efeitos jurídicos, uma sucessão articulada de eventos, que se vão produzindo no tempo.

Ora, desde que se inicie tal processo, o beneficiário tem uma esperança (*spes iuris*) crescente de, no seu termo, ver constituir um direito ou vantagem similar: ele tem uma expectativa"[86].

A livre desvinculação durante o período experimental pressupõe naturalmente que as prestações já se encontram em execução, concedendo-se, neste contexto, a cada uma das partes a oportunidade de se colocarem mutuamente à prova (art. 113º, do CT).

Só após essa prestação inicial, pode haver legitimidade para rejeitar a continuação da vigência do contrato[87].

A promoção da denúncia do contrato por qualquer uma das partes, sem prévia execução, configuraria, por consequência, um comportamento abusivo, logo, ilícito[88].

Sempre que estiver em causa uma trabalhadora grávida, puérpera ou lactante ou um trabalhador no gozo de licença parental, bem como no caso de trabalhador cuidador, o empregador deve comunicar a denúncia à CITE (art. 114º, nº 5, do CT).

No caso de trabalhadores que estejam à procura de primeiro emprego e desempregados de longa duração a comunicação é feita à ACT (nº 6).

Considera-se ilícita a denúncia que constitua abuso do direito, a apreciar nos termos gerais (art. 114º, nº 7, do CT).

[86] *Tratado de Direito Civil*, I, Parte Geral, Tomo I, p. 181.

[87] *VI – Não configura essa situação o caso, em que o Autor/trabalhador não chegou a iniciar a prestação do seu trabalho, porque no dia em que deveria comparecer para trabalhar, primeiro dia de trabalho, foi impedido pela Ré/empregadora de o fazer, que lhe ordenou verbalmente que deveria regressar a Portugal. VII – E carece desse efeito, não configurando a denúncia do contrato de trabalho na fase experimental, a carta enviada no mesmo dia, remetida pela Ré ao Autor, dizendo: "Comunicamos por este meio a anulação do Contrato de trabalho Temporário termo incerto por não ter tido início e não ter havido prestação efectiva de trabalho", precisamente porque, aquela, nem sequer se iniciou.* [Ac. da RP, de 22.03.2021 *in* www.dgsi.pt (Proc. nº 3478/19.5T8VFR.P1)]

[88] *IV – O período experimental nos contratos de trabalho corresponde à fase inicial de execução do contrato, conta-se a partir do início da execução da prestação do trabalho e destina-se a que ambas as partes (trabalhador e empregador) se conheçam mutuamente e decidam se estão interessadas ou não na manutenção da relação laboral. V – Conforme decorre do disposto no artº 114º, nº 1 do Código do Trabalho, qualquer das partes pode, no período experimental, denunciar o contrato sem aviso prévio e invocação de justa causa, nem direito a indemnização. VI – Não configura essa situação o caso, em que o Autor/trabalhador não chegou a iniciar a prestação do seu trabalho, porque no dia em que deveria comparecer para trabalhar, primeiro dia de trabalho, foi impedido pela Ré/empregadora de o fazer, que lhe ordenou verbalmente que deveria regressar a Portugal.* [Ac. da RP, de 22.03.2021 *in* www.dgsi.pt (Proc. nº 3478/19.5T8VFR.P1)]

O caráter abusivo da denúncia só pode ser declarado judicialmente, aplicando-se à denúncia abusiva os efeitos previstos nos nºs 1 e 3, do art. 389º e nos arts. 390º, 391º e 392º, do CT, com as necessárias adaptações (art. 114º, nº 8, do CT).

8.2. Exclusão e redução

Por acordo escrito, as partes podem *excluir* o período experimental (art. 111º, nº 3, do CT).

Com a L nº 13/2023, de 03 de abril, caso o empregador não cumpra o dever de comunicação previsto na al. *o*)[89], do nº 3, do art. 106º, do CT, no prazo previsto no nº 4[90], do art. 107º, do CT, presume-se que as partes acordaram na *exclusão* do período experimental (art. 111º, nº 4, do CT).

Ainda no contexto de contratos sucessivos e atendendo a que já foi permitida a aferição do interesse contratual, o período experimental pode ser *reduzido* ou *excluído*, consoante a duração de anterior contrato a termo para a mesma atividade, ou de trabalho temporário executado no mesmo posto de trabalho, ou ainda de contrato de prestação de serviços para o mesmo objeto, com o mesmo empregador, tenha sido inferior ou igual ou superior à duração daquele (art. 112º, nº 4, do CT).

Entendemos que o período experimental deveria ser excluído (sem faculdade de redução) dado que se trata da mesma atividade, do mesmo posto de trabalho ou do mesmo objeto[91].

Com a L nº 13/2023, de 03 de abril, o período experimental para os que estejam à procura de primeiro emprego e desempregados de longa duração é *reduzido* ou *excluído* consoante a duração de anterior contrato de trabalho a termo, celebrado com empregador diferente, tenha sido igual ou superior a 90 dias (art. 112º, nº 5, do CT).

[89] Esta alínea dispõe sobre a duração e as condições do período experimental.

[90] Este número preceitua que a informação constante dos documentos referidos nos nºs 1 e 2 deve ser comunicada ao trabalhador em suporte papel ou em formato eletrónico nos seguintes prazos:

a) Até ao sétimo dia subsequente ao início da execução do contrato, no caso das informações a que alude o nº 2;

b) No prazo de um mês contado a partir do início da execução do contrato, quanto às demais informações.

[91] *III – No caso em que um contrato a termo com duração de seis meses foi precedido de um contrato de prestação de serviço, para o mesmo objeto e para o mesmo empregador e que durou mais de trinta dias, deve considerar-se excluído o período experimental naquele contrato.* [Ac. da RC, de 04.11.2011 *in* www.dgsi.pt (Proc. nº 446/10.6T4AGD.C1)]

A presente alteração vem na linha do decidido pelo TC, no Ac. nº 318/2021, de 18 de maio, que declarou a inconstitucionalidade, com força obrigatória geral, da norma contida no art. 112º, nº 1, alínea *b*), subalínea *iii*), na redacção introduzida pela Lei nº 93/2019, de 4 de setembro, na parte que se refere aos trabalhadores que "estejam à procura do primeiro emprego", quando aplicável a trabalhadores que anteriormente tenham sido contratados, com termo, por um período igual ou superior a 90 dias, por outro(s) empregador(es).

Assim, o período de 180 dias só colhe agora para trabalhadores nunca contratados (sem termo) ou contratados (a termo) até 90 dias[92].

O período experimental é *reduzido* ou *excluído* consoante a duração do estágio profissional com avaliação positiva, para a mesma atividade e empregador diferente, tenha sido igual ou superior a 90 dias, nos últimos 12 meses (art. 112º, nº 6[93], do CT).

A *redução* do período experimental, pode ocorrer, ainda, por instrumento de regulamentação coletiva de trabalho ou por acordo escrito, o que constituindo uma formalidade *ad substantiam*, implica a invalidade de qualquer consenso que viole a forma prescrita (art. 112º, nº 7, do CT).

8.3. Duração

No contrato de trabalho por tempo indeterminado (ou contrato sem termo), o período experimental apresenta a seguinte duração (art. 112º, nº 1, do CT):

a) 90 dias para a generalidade dos trabalhadores (regime-regra);
b) 180 dias (regime intermédio) para trabalhadores que:

i) Exerçam cargos de complexidade técnica, elevado grau de responsabilidade ou que pressuponham uma especial qualificação[94].

[92] *II – A autora era uma "trabalhadora à procura de primeiro emprego" por nunca ter sido antes contratada sem prazo, mas tinha seis meses de experiência de trabalho anterior na mesma atividade (caixeira-ajudante) prestada a uma empresa terceira. III – Donde, de acordo com o juízo de inconstitucionalidade que, com força obrigatória geral, o Tribunal Constitucional firmou sobre o artigo 112º, 1, b), iii, CT, o período experimental legal é apenas de 90 dias, em paridade com a generalidade dos trabalhadores indiferenciados, com o objectivo de conhecimento mútuo. Não se justificando a ampliação do período experimental por mais 90 dias (total de 180) por inexistir a razão que lhe subjaz, a saber a inexperiência profissional numa dada actividade* (Ac. nº 318/2021, de 18.05.2021, pub. no DR, Série I, de 01.07.2021).
IV – A denúncia do contrato fora do período experimental equivale a despedimento irregular, com as leais consequências. [Ac. da RG, de 23.09.2021 *in* www.dgsi.pt (Proc. nº 1985/20.6T8BRG.G1)]

[93] Na versão introduzida pela DRet nº 13/2023, de 29 de maio.

[94] *II – Não se considera de especial complexidade técnica ou de elevado grau de responsabilidade o exercício de funções de encarregada de loja, mediante a retribuição mensal de € 550,00.* [Ac. da RP, de 16.10.2006 *in* www.dgsi.pt (Proc. nº 0643994)]

No que concerne à especial qualificação, segundo a Exposição de Motivos da Proposta de Lei nº 136/XIII "basta que a função a exercer implique que o trabalhador seja licenciado ou ainda, por exemplo, manobrador de máquinas agrícolas e florestais";

ii) Desempenhem funções de confiança;

iii) Estejam à procura de primeiro emprego ou que sejam desempregados de longa duração.

Note-se que este período é concedido atenta a *qualidade do trabalhador* e não equaciona o tipo de desempenho, se qualificado ou não.

A alteração produzida pela L nº 93/2019, de 4 de setembro, ao vedar os contratos a termo certo aos trabalhadores à procura de primeiro emprego e aos desempregados de longa duração (art. 140º, nº 4, al. *b*), do CT), em nome da segurança do emprego e combate à precariedade, abre a janela (de oportunidade) de uma livre denúncia por parte do empregador[95].

De facto, entre um contrato a termo por seis meses, com o inerente pagamento da compensação por antiguidade e um contrato sem termo livremente denunciado ao fim desses mesmos seis meses (mediante um aviso prévio de 15 dias), a escolha poderá ser tendenciosa.

Quanto aos *desempregados de longa duração*, são considerados pelo DL nº 72/2017, de 21 de junho, as pessoas que se encontrem inscritas no Instituto de Emprego e Formação Profissional, I. P. (IEFP, I. P.), há 12 meses ou mais [al. *b*)].

No entanto, na P nº 112-A/2019, de 12 de abril (Medida Contrato-Geração que concretiza os objetivos da política de emprego, relativos ao apoio à contratação, definidos nos arts. 3º e 9º do DL nº 13/2015, de 26 de janeiro) a qualificação de desempregados de longa duração impõe um requisito de idade: 45 anos ou mais [art. 4º, nº 2, al. *b*)].

Apesar de se entender que estes conceitos não são sobreponíveis ao Código de Trabalho;

c) 240 dias para trabalhador que exerça cargo de direção ou quadro superior

Entende-se a latitude deste período (*regime máximo*) no que concerne ao exercício de cargo de direção, atenta a especial responsabilidade pedida.

[95] *V.*, ainda, Milena Silva Rouxinol, *A Lei nº 94/2019, de 4/09, e o alargamento da duração do período experimental*, pp. 75 e 76 e Pedro Reis, *Nada de novo debaixo do Sol: o período experimental e a precariedade das relações laborais*, pp. 94 e 95.

O mesmo critério é usado para quadro superior, todavia, não se define em que consistem as funções deste tipo de trabalhador, aparentemente, basta a qualificação "quadro superior"[96]. Não nos parece um critério feliz nem que apresente justificação bastante para lhe ser inaplicável o período experimental intermédio.

No contrato de trabalho a termo, o período experimental varia consoante a duração do contrato, sendo de:

- 30 dias em caso de contrato com duração igual ou superior a seis meses (art. 112º, nº 2, al. *a*), do CT);
- 15 dias em caso de contrato a termo certo com duração inferior a seis meses ou de contrato a termo incerto cuja duração previsível não ultrapasse aquele limite [al. *b*)].

No contrato em comissão de serviço, atenta a sua especificidade (destinado a cargo de administração ou equivalente, de direção ou chefia diretamente dependente da administração ou de diretor-geral ou equivalente, funções de secretariado pessoal de titular de qualquer desses cargos, ou ainda, desde que instrumento de regulamentação coletiva de trabalho o preveja, funções cuja natureza também suponha especial relação de confiança em relação a titular daqueles cargos e funções de chefia, de acordo com art. 161º, do CT), a existência de período experimental depende de estipulação expressa no acordo, não podendo exceder 180 dias (art. 112º, nº 3, do CT).

[96] *I – Para fixar o período experimental de duzentos e quarenta dias, nos contratos de trabalho por tempo indeterminado, as expressões «pessoal de direção» e «quadros superiores», constantes da alínea c) do art. 107º do Código do Trabalho, não exigem que o trabalhador dirija ou supervisione outros trabalhadores nem que se insira numa organização na qual detenha, em termos hierárquicos, uma posição superior em relação a quaisquer outros elementos da mesma: o que releva é que se averigue, e que se apure, que o trabalhador exerce funções de maior complexidade técnica, ou que pressupõem mais elevada confiança, mais elevado grau de responsabilidade ou mais especial qualificação do que as dos trabalhadores cujo período experimental é de cento e oitenta dias.* [Ac. do STJ, de 24.09.2018 *in* www.dgsi.pt (Proc. nº 08S1540)]

CAPÍTULO IV
REGIME JURÍDICO DOS FERIADOS, FÉRIAS E FALTAS

1. Feriados

1.1. Feriados obrigatórios

"Os feriados não visam reparar o esforço do trabalho, mas permitir a toda a população celebrar oficialmente um facto histórico ou homenagear um determinado dia com significado religioso.

Não se trata, portanto, de mais uma das manifestações do direito ao repouso, outrossim de uma imposição legal do Estado ao empregador, a quem cabe suportar creditoriamente a prestação não recebida"[97].

O art. 234º, nº 1, do CT, estabelece a nomenclatura taxativa dos feriados obrigatórios.

O feriado de Sexta-Feira Santa pode ser observado em outro dia com significado local no período da Páscoa (nº 2).

Prevê-se que, mediante legislação especial, determinados feriados obrigatórios possam ser observados na segunda-feira da semana subsequente (art. 234º, nº 3, do CT), numa tentativa de combate ao absentismo laboral injustificado.

O regime especial ainda não publicado, perdeu o interesse prático face ao previsto no art. 242º, nº 2, al. *b*), do CT, quanto à possibilidade de encerramento da empresa ou estabelecimento um dia que esteja entre um feriado que ocorra à terça-feira ou quinta-feira e um dia de descanso semanal, sem prejuízo da faculdade prevista na al. *g*), do nº 3, do art. 226º, do CT.

A lei veda expressamente a possibilidade de marcação de feriados, configurando a sua inalterabilidade, salvo no que respeita aos feriados facultativos (art. 235º, do CT).

O regime imperativo do elenco dos feriados, é expresso no art. 236º, nº 2, do CT, não podendo o instrumento de regulamentação coletiva de trabalho ou o contrato de trabalho estabelecer feriados diferentes.

Nos dias considerados como feriado obrigatório, têm de encerrar ou suspender a laboração todas as atividades que não sejam permitidas aos domingos (art. 236º, nº 1, do CT).

[97] Paula Quintas/Hélder Quintas, *op. cit.*, p. 535.

O direito à retribuição mantém-se nos feriados, quer sejam obrigatórios, quer facultativos, os quais são incompensáveis com trabalho suplementar (art. 269º, nº 1, do CT).

A prestação de trabalho em dia feriado em empresa não obrigada a suspender o funcionamento nesse dia confere ao trabalhador o direito a um acréscimo de 50% da retribuição, por cada hora de trabalho prestado ou a direito a descanso compensatório com duração de metade do número de horas prestadas, cabendo a escolha ao empregador (nº 2).

1.2. Feriados facultativos

Além dos feriados obrigatórios, podem ser observados a título de feriado, mediante instrumento de regulamentação coletiva de trabalho ou contrato de trabalho, a terça-feira de Carnaval e o feriado municipal da localidade (art. 235º, nº 1, do CT).

Os feriados facultativos (e apenas estes) exigem para o exercício do direito de um suporte via instrumento de regulamentação coletiva de trabalho ou contrato individual de trabalho. Na ausência destes, o trabalhador não possui o direito ao gozo do feriado.

Em substituição de qualquer feriado referido no número anterior, pode ser observado outro dia em que acordem empregador e trabalhador (nº 2).

2. Férias

2.1. Direito

O direito a férias garantido constitucionalmente (art. 59º, nº 1, al. *d*), *in fine*, da CRP) encontra-se regulado nos arts. 237º e ss., do CT.

As férias destinam-se a permitir ao trabalhador uma recuperação mais profunda do desgaste provocado por um longo período de trabalho e, por outro lado, concedem-lhe libertação laboral e autodisponibilidade por algum tempo (art. 237º, nº 4, do CT).

Outrora, as férias eram tidas como recompensa atribuída ao bom trabalhador. Este caráter de «recompensa pela permanência ou constância» ao serviço do mesmo empregador subsiste, porquanto o período de férias no ano da contratação detém um regime próprio.

Nos termos do art. 247º, nº 1, do CT e para que o efeito regenerativo da prestação laboral se cumpra, encontra-se vedado ao trabalhador o exercício durante as férias de qualquer outra atividade, salvo se a já viesse exercendo em cumulação ou o empregador o tivesse autorizado. O legislador laboral não resolveu (ou não quis resolver) os casos de pluriemprego, não prevendo qualquer período de absoluta abstenção de prestação laboral.

O art. 237º, nº 2, do CT, dispõe que o direito a férias não está condicionado, em regra, à assiduidade ou efetividade de serviço.

O direito a férias é irrenunciável e o seu gozo efetivo não pode ser substituído, ainda que com acordo do trabalhador, por qualquer compensação económica ou outra, sem prejuízo do disposto no art. 238º, nº 5, do CT, o qual cuida da renúncia ao gozo de dias de férias que excedam 20 dias úteis ou a correspondente proporção no caso de férias no ano de admissão.

2.2. Aquisição, vencimento e gozo

As férias são adquiridas, vencidas e (só) depois gozadas.

O direito a férias, inerente à qualidade de trabalhador, *adquire-se* com a celebração do contrato de trabalho, tal enquadra-se implícito no respetivo regime (apesar da omissão legal). "Trata-se, porém, de um direito ainda sem conteúdo, de um direito vazio, o que, tendo em conta que todo o direito se analisa num ou vários poderes de exigir ou de pretender, não deixa de ser um tanto contraditório"[98].

Nos termos do art. 237º, nº 1, do CT, o *vencimento* do direito a férias ocorre no dia 01 de janeiro de cada ano civil, reportando-se, em regra, ao trabalho prestado no ano anterior (nº 2).

Trata-se, pois, do exercício de um direito já anteriormente adquirido, sendo o período normal de férias de 22 dias úteis (art. 238º, nº 1, do CT), com o conteúdo mínimo de 20 dias úteis (nº 5).

O conteúdo mínimo de, pelo menos, 20 dias úteis, surge em virtude de se tratar de:

- Férias no ano de admissão (art. 239º, nº 1, do CT);
- Compensação das faltas que determinem perda de retribuição em dias de férias, contanto se salvaguarde o gozo efetivo de 20 dias úteis durante a

[98] JORGE LEITE, *Lições de Direito do Trabalho*, p. 154.

vigência normal do contrato ou da correspondente proporção, se se tratar de férias no ano de admissão (art. 257º, nº 1, al. *a*), do CT);
- Sanção disciplinar de perda de dias de férias (art. 328º, nº 3, al. *b*), do CT);
- Autodisponibilidade do tempo de férias, desde que resguardado o gozo de 20 dias úteis ou a correspondente proporção no caso de férias no ano de admissão, sem redução da retribuição e do subsídio relativos ao período de férias vencido, que cumulam com a retribuição do trabalho prestado nesses dias (art. 238º, nº 5, do CT).

Para efeitos de férias, são úteis os dias da semana de segunda-feira a sexta-feira, com exceção de feriados (art. 238º, nº 2, do CT). Caso os dias de descanso do trabalhador coincidam com dias úteis, são considerados para efeitos do cálculo dos dias de férias, em substituição daqueles, os sábados e os domingos que não sejam feriados (nº 3).

As férias são *gozadas*, em regra, no ano civil em que se vencem (art. 240º, nº 1, do CT), continuamente ou de forma interpolada desde que salvaguardado o mínimo de 10 dias úteis consecutivos (art. 241º, nº 8, do CT).

A lei admite, no entanto, a possibilidade de serem gozadas até 30 de abril do ano civil seguinte, em cumulação ou não com férias vencidas no início deste, por acordo entre empregador e trabalhador ou sempre que este as pretenda gozar com familiar residente no estrangeiro (art. 240º, nº 2, do CT) e ainda ser cumulado o gozo de metade do período de férias vencido no ano anterior com o vencido no ano em causa, mediante acordo entre empregador e trabalhador (nº 3).

2.3. Regime especial no ano de admissão

No ano de admissão, o trabalhador (com contrato sem termo ou a termo) tem direito, após 6 meses completos de execução do contrato (denominado *período de garantia*), a 2 dias úteis de férias por cada mês de duração do contrato, até ao máximo de 20 dias úteis (art. 239º, nº 1, do CT).

O regime aplicável obriga o empregador a conceder, no ano da contratação, o gozo do direito a férias vencido, dado que as férias assumem a natureza e o sentido plasmado no art. 237º, nº 4, do CT.

O nº 2, do art. 239º, do CT, indica que, no caso de o ano civil terminar antes de decorrido o prazo prestacional de seis meses (*período de garantia*), as férias são gozadas até 30 de junho do ano civil subsequente. O tempo de férias a gozar no ano civil seguinte corresponde ao tempo de trabalho efetivamente prestado no ano de admissão.

Acolhe-se apenas a transferência para o ano civil seguinte da necessária prestação laboral a fim de perfazer os seis meses prestacionais, para efeito de vencimento do direito. Com o limite de gozo, no mesmo ano civil, de mais de 30 dias úteis, sem prejuízo do disposto em instrumento de regulamentação coletiva de trabalho (art. 239º, nº 3, do CT).

No caso de o ano civil terminar depois de decorrido o período de garantia, as férias são gozadas no ano em que se vencem, sendo dever do empregador proceder à marcação das mesmas, não beneficiando da faculdade de as transferir para o ano civil seguinte.

No caso de a duração do contrato de trabalho ser inferior a seis meses, o trabalhador tem direito a dois dias úteis de férias por cada mês completo de duração do contrato, contando-se para o efeito todos os dias seguidos ou interpolados de prestação de trabalho (art. 239º, nº 4, do CT), que serão gozados no momento imediatamente anterior ao da cessação do contrato de trabalho, salvo acordo das partes em contrário (art. 239º, nº 5, do CT).

O regime do direito a férias no ano de contratação é recuperado, segundo o nº 6, do art. 239º, do CT, na situação de trabalhador que retome o seu desempenho após impedimento prolongado iniciado em ano anterior.

No ano de admissão, temos três cenários possíveis:

a) Contratação em 02 de janeiro de 2022

No ano de admissão, prestados que estejam seis meses completos de execução do contrato, tem o trabalhador direito a 12 dias de férias (6 x 2).

No entanto, nos casos em que, por qualquer motivo, as férias só possam ser gozadas no início de dezembro, a prestação excedente continua a contar para a atribuição do tempo de férias, até ao limite de 20 dias úteis.

Assim, desde 02 de janeiro a 02 de dezembro perfazem 11 meses de execução do contrato, o que significaria o gozo de 22 dias úteis de férias (11 x 2 = 22), mas que vai ser restringido a 20 dias úteis por imposição do nº 1, do art. 239º, do CT;

b) Contratação em 01 de junho de 2022

No ano de admissão, logo que vencido o período de garantia (6 meses) tem o trabalhador direito a gozar 12 dias úteis de férias (6 x 2), não podendo ocorrer transferência do gozo de férias para o ano civil seguinte;

c) Contratação em 01 de outubro de 2021

No ano da contratação, o trabalhador presta três meses de trabalho.

No entanto, para a formação do direito, carece de prestar mais três meses (para atingir o *período de garantia*), mas tal é-lhe vedado pelo surgimento do termo do ano civil.

Neste caso, ocorre a *transferência do direito a férias* (art. 239º, nº 2, do CT).

As férias do ano de contratação de 6 dias úteis (3x2) serão gozadas a partir de 01 de abril de 2022 (logo que atingido o período de garantia) até 30 de junho desse mesmo ano.

Em 01 de abril do ano civil subsequente (2022) vencem-se, igualmente, 22 dias úteis de férias[99] (segundo o disposto no art. 238º, nº 1, do CT), os quais acrescidos de 6 dias úteis (devidos no ano de contratação) perfazem 28 dias úteis de férias, hipótese que a norma consente ao permitir o gozo de, no máximo, 30 dias úteis de férias (nº 3, do art. 239º, do CT).

2.4. Marcação, interrupção, adiamento e suspensão

A marcação das férias ocorre por acordo entre o empregador e o trabalhador (art. 241º, nº 1, do CT).

Na falta de acordo, a marcação é feita pelo empregador, não podendo as férias ter início em dia de descanso semanal do trabalhador, ouvida para o efeito a comissão de trabalhadores ou, na sua falta, a comissão intersindical ou a comissão sindical representativa do trabalhador interessado (nº 2).

Em pequena, média ou grande empresa (ou seja, excluída a microempresa)[100], o empregador só pode marcar o período de férias entre 01 de maio e 31 de outubro[101], a menos que o instrumento de regulamentação coletiva de trabalho ou o parecer dos representantes dos trabalhadores admita época diferente (nº 3).

Na falta de acordo, o empregador ligado à atividade turística está obrigado a marcar 25% do período de férias ou percentagem superior que resulte de instrumento de regulamentação coletiva de trabalho, entre 01 de maio e 31 de outubro, que é gozado de forma consecutiva (nº 4).

[99] E não em 01 de janeiro, realizando-se uma interpretação corretiva do art. 237º, nº 1, do CT, atendendo a que o regime geral não se pode vencer antes do regime especial.

[100] Sobre os tipos de empresa, *v.* art. 100º, do CT.

[101] *III – Numa situação em que o período de férias da trabalhadora, foi determinado, unilateralmente, pela empregadora, violando o direito aplicável, não se pode considerar que a trabalhadora esteve em gozo de férias no período indicado pela empregadora, devendo esta pagar-lhe a retribuição pelas férias não gozadas.* [Ac. da RE, de 17.06.2021 *in* www.dgsi.pt (Proc. nº 2863/19.7T8PTM.E1)]

No caso de o trabalhador beneficiar do regime do trabalhador-estudante pode marcar o período de férias de acordo com as suas necessidades escolares, podendo gozar até 15 dias de férias interpoladas, na medida em que tal seja compatível com as exigências imperiosas do funcionamento da empresa (art. 92º, nº 1, do CT).

A marcação das férias determinada nos termos do art. 241º, do CT, só pode sofrer alterações:

– *Por razões puramente empresariais*

O período de férias já marcado pode ser alterado ou interrompido por razões imperiosas do funcionamento da empresa (art. 243º, nº 1, 1ª parte, do CT).

Nesse caso, assiste ao trabalhador o direito a ser indemnizado pelos prejuízos que comprovadamente haja sofrido na pressuposição de que gozaria as férias na época fixada (2ª parte);

– *Por impedimento do trabalhador*

As férias não se iniciam ou são suspensas por motivo relativo ao trabalhador, desde que ao empregador seja comunicado tal impedimento (art. 244º, nº 1, do CT).

O gozo das férias prossegue, logo após a alta, quanto ao remanescente do período marcado (art. 244º, nº 2, do CT).

O nº 4, do art. 244º, do CT, relativo ao impedimento por doença, remete para o art. 254º, nºs 2 e 3, do CT.

O nº 3, do art. 254º, do CT, prevê a verificação da doença por médico, "nos termos previstos em legislação específica", a qual corresponde aos arts. 17º a 24º, da L nº 105/2009, de 14 de setembro. Dentro do espírito da lei, o trabalhador doente não repousa nem recupera do esforço laboral.

Em caso de cessação do contrato de trabalho sujeita a aviso prévio (ou seja, nos casos de caducidade do contrato a termo certo e incerto; de encerramento total e definitivo da empresa; de insolvência, exceto tratando-se de microempresa; de despedimento coletivo, por extinção de posto de trabalho e por inadaptação; de denúncia do contrato por parte do trabalhador e de denúncia contratual promovida pelo empregador na pendência do período experimental quando a duração deste exceda os 60 dias), o empregador pode determinar que o gozo das férias tenha lugar imediatamente antes da cessação (art. 241º, nº 5, do CT).

Na marcação, os períodos de férias mais pretendidos são rateados, de modo a beneficiar, alternadamente, os trabalhadores em função dos períodos gozados nos dois anos anteriores (art. 241º, nº 6, do CT).

Os cônjuges e as pessoas que vivam em união de facto[102] ou economia comum[103], que trabalhem na mesma empresa, gozam da possibilidade de realizar férias em conjunto, salvo havendo prejuízo grave para o empregador (*v.g.*, serem ambos os gerentes do estabelecimento comercial), nos termos do nº 7, do art. 241º, do CT.

O prejuízo sério pode ser exemplificado com a impossibilidade para o empregador de ficar destituído do gerente e do subgerente do estabelecimento, casados entre si.

O gozo das férias não tem necessariamente que ser contínuo, podendo, por acordo entre as partes, ser interpolado, desde que seja concedido ao trabalhador, pelo menos, 10 dias úteis consecutivos (art. 244º, nº 8, do CT).

Cabe ao empregador elaborar o mapa de férias até 15 de abril de cada ano, mantendo-o afixado até 31 de outubro (art. 244º, nº 9, do CT).

Nos termos do art. 242º, do CT, sempre que seja compatível com a natureza da atividade, o empregador pode encerrar a empresa ou o estabelecimento, total ou parcialmente, para férias dos trabalhadores (nº 1):

- Até quinze dias consecutivos entre 01 de maio e 31 de outubro;
- Por período superior a quinze dias consecutivos ou fora do período entre 01 de maio e 31 de outubro, quando assim estiver fixado em instrumento de regulamentação coletiva ou mediante parecer favorável da comissão de trabalhadores;
- Por período superior a quinze dias consecutivos, entre 01 de maio e 31 de outubro, quando a natureza da atividade assim o exigir.

O empregador pode, ainda, encerrar a empresa ou o estabelecimento, total ou parcialmente, para férias dos trabalhadores (nº 2):

- Durante cinco dias úteis consecutivos na época de férias escolares do Natal;
- Um dia que esteja entre um feriado que ocorra à terça-feira ou quinta-feira e um dia de descanso semanal, sem prejuízo da faculdade prevista na al. *g*), do nº 3, do art. 226º, do CT, por forma a combater o absentismo laboral.

[102] O regime da união de facto consta da L nº 7/2001, de 11 de maio, na versão dada pela L nº 71/2018, de 31 de dezembro.

[103] O regime da economia comum consta da L nº 6/2001, de 11 de maio, na versão dada pela L nº 82-E/ / 2014, de 31 de dezembro.

Até ao dia 15 de dezembro do ano anterior, o empregador deve informar os trabalhadores abrangidos do encerramento a efetuar no ano seguinte ao abrigo da al. *b*), do nº 2, do art. 242º, do CT (art. 242º, nº 3, do CT).

2.5. Retribuição de férias

As férias são retribuídas, sendo essa retribuição correspondente à que o trabalhador receberia se estivesse em serviço efetivo (art. 264º, nº 1, do CT), de acordo com o *princípio da não penalização retributiva*, ficcionando-se que o desempenho continua.

Para além da retribuição de férias, é concedido ao trabalhador o respetivo subsídio, o qual compreende a retribuição base, e outras "prestações retributivas que sejam contrapartida do modo específico da execução do trabalho correspondentes à duração mínima das férias" (nº 2), afastando-se, por conseguinte, a regra do art. 262º, do CT (regra de cálculo das prestações complementares e acessórias).

A jurisprudência acolhe nas prestações a inserir na retribuição de férias e respetivo subsídios, entre outros: a retribuição especial por trabalho suplementar e por trabalho noturno; o subsídio de risco (condições, condicionalismos e constrangimentos da prestação laboral). Sendo excluídos, por exemplo o abono de viagem e o subsídio de prevenção[104].

O nº 3, do art. 264º, do CT, consagra que, salvo acordo escrito em contrário, o subsídio de férias deve ser pago antes do início do período de férias, tirante o caso de férias repartidas, em que será proporcional.

Mesmo quando o período de férias é reduzido, tal não implica redução do subsídio de férias (art. 257º, nº 2, do CT).

Caso o empregador obste culposamente[105] ao gozo das férias, o trabalhador tem direito a compensação correspondente ao triplo da retribuição relativa ao período em falta, devendo as férias ser gozadas até 30 de abril do ano civil

[104] Para mais desenvolvimentos, *v.* PAULA QUINTAS/HÉLDER QUINTAS, *Código do Trabalho – Anotado e Comentado*, pp. 596-597. "Pela negativa estarão excluídas, então, todas as prestações não retributivas e as que o sendo pressuponham a efetiva prestação de trabalho quer respeitam ao trabalhador (abonos para falhas, de assiduidade) ou ao seu desempenho (comissões, prémios, gratificações) quer as despesas do empregador com o trabalhador (subsídios de refeição, transporte, habitação/alojamento, telemóvel, cartão de crédito)", conclui SÓNIA PRETO, *Alguns aspetos da retribuição: II – os subsídios de férias, de Natal e de balanço*, p. 69.

[105] *II – São dois os requisitos do direito à indemnização por violação do direito a férias: que o trabalhador não as tenha gozado e que tal tenha acontecido por a isso ter obstado, sem fundamento válido, a entidade empregadora.* [Ac. da RG, de 06.02.2020 *in* www.dgsi.pt Proc. nº 2614/18.3T8VRL.G1]

subsequente (art. 246º, nº 1, do CT). O preceito declara a natureza injuntiva do direito a férias e pune o comportamento voluntário do empregador impedimento do gozo das férias.

Cabe ao trabalhador a prova de que não gozou, de facto, as férias devidas por impedimento do empregador, nos termos do art. 342º, nº 1, do CC[106].

2.6. Suspensão do contrato por impedimento prolongado e a sua repercussão no direito a férias

Quando o trabalhador se encontre impossibilitado de gozar férias por suspensão do contrato de trabalho, tem direito no ano da:

- Suspensão, à retribuição correspondente ao período de férias não gozado e respetivo subsídio ou ao gozo do mesmo até 30 de abril do ano seguinte e respetivo subsídio (art. 244º, nº 3, do CT);
- Cessação desse impedimento prolongado (entenda-se por período igual ou superior a 30 dias), à retribuição e ao subsídio de férias correspondentes ao tempo de serviço prestado no ano de início da suspensão (art. 245º, nº 4, do CT).

No ano de cessação de impedimento prolongado iniciado em ano anterior, o trabalhador tem direito após seis meses completos de execução do contrato, a 2 dias úteis de férias por cada mês de trabalho efetivamente prestado (art. 239º, nº 6, do CT, o qual remete para os nºs 1 e 2, desse mesmo artigo).

III – A violação do direito a férias, que tem de ser provada pelo trabalhador, por constitutiva do seu direito, pressupõe que o empregador obste a tal gozo e que o faça culposamente. (Ac. da RL, de 06.11.2019 *in* CJ, Ano XLIV, Tomo V, p. 341)

[106] *III – Cabe ao trabalhador o ónus da prova de que não gozou férias como facto constitutivo do seu direito à correspondente retribuição em contrapartida da ausência do seu gozo, incluindo no início do ano subsequente. Acrescida da prova de que foi o empregador que obstou culposamente ao seu gozo enquanto facto constitutivo do seu direito de compensação por violação do direito a férias.* [Ac. da RG, de 04.02.2021 *in* www.dgsi.pt (Proc. nº 786/19.9T8VRL.G1)]

III – Incumbe ao Autor alegar e provar a verificação de tais requisitos, já que os mesmos constituem os factos constitutivos do direito àquela indemnização. Cfr. nº 1 do art. 342º do Código Civil. [Ac. da RG, de 06.02.2020 *in* www.dgsi.pt Proc. nº 2614/18.3T8VRL.G1]

2.7. Cessação do contrato de trabalho e sua repercussão no direito a férias

2.7.1. Regime geral de cessação

Cessando o contrato de trabalho, por qualquer uma das formas previstas no art. 340º, do CT, o trabalhador terá direito a receber a retribuição correspondente a um período de férias proporcional ao tempo de serviço prestado no ano da cessação e respetivo subsídio (art. 245º, nº 1, al. *b*), do CT).

Se o trabalhador ainda não tiver gozado o período de férias vencido, terá direito, também, a receber a retribuição correspondente a esse período, bem como o respetivo subsídio [nº 1, al. *a*)], considerando-se tal período para efeitos de antiguidade (nº 2).

2.7.2. Regime especial de cessação

O art. 245º, nº 3, do CT, dedicado ao contrato, a termo ou sem termo, que cessa no ano civil subsequente ao da admissão **ou** cuja duração, por qualquer causa, não seja superior a 12 meses, impõe que o cômputo total das férias ou da correspondente retribuição, não possa exceder o proporcional ao período anual de férias tendo em conta a duração do contrato[107].

Vejamos o seguinte exemplo:

A. recrutado em 01.03.2022 goza, ao fim de seis meses de trabalho efetivo (período de garantia), 12 dias úteis de férias (6 meses x 2 dias = 12 dias úteis), até ao limite de 20 dias.

O contrato de trabalho cessa em 01.02.2023, pretensamente ter-se-iam vencido em 01.01.2023, 22 dias úteis de férias (regime geral), que a cumular com os 20 dias já vencidos, daria 42 dias úteis de férias.

É esta solução que a lei quer afastar.

Nos termos do nº 3, o trabalhador tem direito a gozar apenas 20 dias úteis de férias, referente ao período de 11 meses de trabalho prestado.

No regime da cessação, vale o disposto no art. 241º, nº 5, do CT, o qual permite que em caso de cessação do contrato sujeita a aviso prévio, o empre-

[107] *IV. O nº 3 do art. 245 do CT contém uma norma corretiva do nº 1 do art. 239 que visa evitar resultados desproporcionados e desiguais do período de férias relativamente ao trabalhado prestado, recentrado a duração do período de férias na duração do contrato nos casos em que o contrato de trabalho ou não atinge doze meses até o ultrapassa, mas o contrato cessa no ano civil subsequente ao da admissão, reduzindo o direito a férias a pouco mais de 31 dias úteis.* [Ac. da RL, de 17.06.2015 *in* www.dgsi.pt (Proc. nº 129/12.2TTCSC.L1-4)]

gador possa determinar que o gozo das férias tenha lugar imediatamente antes da cessação.

3. Faltas

3.1. Noção

Sobre o trabalhador impende o dever jurídico de assiduidade (art. 128º, nº 1, al. *b*), do CT), salvo as exceções previstas ou concedidas na lei.

"A *natureza jurídica* das faltas ao trabalho oscila, portanto, entre o exercício de um direito, quando se trate de uma falta justificada e o incumprimento contratual, quando a ausência seja injustificada", elucida João Leal Amado[108].

Assim e em princípio, a ausência do trabalhador, durante o período normal de trabalho a que está obrigado e no local de trabalho, integra a noção de falta (art. 248º, nº 1, do CT).

Na eventualidade da ausência se prolongar efetiva ou previsivelmente por mais de um mês, o período de ausência converte-se em período de suspensão do contrato (neste caso, suspensão por impedimento respeitante ao trabalhador), conforme dispõe o art. 296º, nºs 1 e 3, do CT.

Toda a ausência ao trabalho determina uma falta pelo período correspondente (art. 248º, nº 2, do CT). Com efeito, se o trabalhador se apresentar com atraso injustificado não superior a 30 m, o empregador é obrigado a aceitar a sua prestação de trabalho e o tempo de falta vai sendo somado, para efeito de determinação de dias de faltas injustificadas.

Todavia, há situações em que o empregador, face à latitude da ausência, pode manifestar a perda de interesse contratual, com os inerentes efeitos de ausência injustificada ao trabalho:

- *Se o atraso for superior a 60 minutos e para início do trabalho diário,* o empregador pode recusar a prestação de trabalho durante todo o período normal de trabalho, havendo, portanto, um dia de falta injustificada (art. 256º, nº 4, al. *a*), do CT);
- *Se o atraso for superior a 30 minutos, mas não exceder os 60 minutos,* o empregador tem o direito de recusar a prestação de trabalho durante essa parte do período normal de trabalho, o qual será considerado como período de falta injustificada [al. *b*)].

[108] *Contrato de Trabalho*, p. 243.

3.2. Tipologia legal das faltas justificadas

As faltas dividem-se em justificadas (ou melhor, *justificáveis*, para melhor precisar o alcance do dever de informação e o ónus probatório que impende sobre o trabalhador, quando e se exigida a respetiva justificação) e em injustificadas (arts. 249º, nºs 2 e 3, 253º, nºs 1 e 5 e 254º, nºs 1 e 6, todos do CT).

O nosso sistema jurídico consagra um regime híbrido de admissibilidade da falta.

Por um lado, o art. 249º, nº 2, do CT, nas als. *a*) a *i*) e *l*), apresenta uma enumeração imperativa, por outro, a alínea *k*), faculta ao empregador, dentro do seu poder diretivo, a exoneração do trabalhador à realização da prestação laboral, sem aparentemente qualquer motivo justificativo especial. Esse poder enquadra uma verdadeira faculdade discricionária, de punir ou premiar, sem que o ataque à coerência decisória possa ser censurado.

Da nomenclatura legal prevista no nº 2, do art. 249º, do CT, resultam como faltas justificadas:

a) As dadas, durante 15 dias seguidos, por altura do casamento

A indicação por altura do casamento permite equacionar que as mesmas possam ocorrer antes ou depois deste evento.

O período de 15 dias seguidos, inclui os dias de descanso e feriados;

b) A motivada por falecimento de cônjuge, parente ou afim

O tempo de falta em virtude de luto é variável conforme o grau de parentesco e de afinidade que unia o falecido ao trabalhador.

O trabalhador pode faltar justificadamente (art. 251º, nº 1):

- Até 20 dias consecutivos, por falecimento de cônjuge não separado de pessoas e bens ou equiparado, filho ou enteado (al. *a*))[109];

O *equiparado* remete, a nosso ver, para os institutos da união de facto e economia comum (embora, em particular, quanto a esta última, muito incorretamente), pelo que o nº 2[110], perfilando-se como uma duplicação, parece não fazer sentido.

[109] Alínea alterada pela L nº 13/2023, de 03 de abril. A versão dada pela L nº 1/2022, de 03 de janeiro, indicava: *Até 20 dias consecutivos, por falecimento de descendente ou afim no 1º grau na linha reta.*

[110] O nº 2, alterado pela L nº 1/2022, de 03 de janeiro, remetia para a al. *b*), que na altura recebia o falecimento de cônjuge não separado de pessoas e bens.

Com a L nº 13/2023, de 03 de abril, que igualmente alterou o preceito, manteve-se a remissão para a al. *b*), esquecendo o legislador que o falecimento de cônjuge não separado de pessoas e bens estava agora na al. *a*).

- Até cinco dias consecutivos, por falecimento de parente ou afim no 1º grau na linha reta não incluídos na alínea anterior (al. *b*));[111]
- Até dois dias consecutivos, por falecimento de outro parente ou afim na linha reta ou no 2º grau da linha colateral (al. *c*)).

Estranha-se que a morte do genro/nora permita 5 dias de falta e a morte do irmão apenas 2 dias de falta.

Entende-se a ideia de permitir ao trabalhador prestar apoio ao filho(a) que perdeu o respetivo cônjuge e daí os 5 dias de falta, todavia, a figura da irmandade fica fragilizada, como tal, há muito que se reivindica igualmente os 5 dias.

A nosso ver, a contagem dos dias de falta deve iniciar-se com o conhecimento por parte do trabalhador da vicissitude.

Trata-se de dias consecutivos, ou seja, em consequência do evento.

Mantém-se em aberto a discussão doutrinal e jurisprudencial se na contagem é de considerar os dias úteis ou os dias corridos[112].

Sobre a distinção entre parentesco e afinidade, diga-se sumariamente, que o parentesco é o "vínculo que une duas pessoas, em consequência de uma delas descender da outra (pais e filhos, avós e netos), ou de ambas procederem de um progenitor comum (tios e sobrinhos, irmãos entre si)", de acordo com o art. 1578º, do CC.

Por sua vez, a afinidade é o "vínculo que liga cada um dos cônjuges aos parentes do outro" (art. 1584º, do CC) e não cessa pela dissolução do casamento por morte (art. 1585º, 2ª parte, do CC).

O parentesco e a afinidade admitem duas espécies:

O parentesco em linha reta, como vínculo que liga as pessoas que descendem umas das outras (art. 1580º, nº 1, 1ª parte, do CC) e o parentesco em linha

Veio a DRet nº 13/2023, de 29 de maio, indicar que a remissão seria para a al. *a*) do nº 1, e não para a al. *b*).

[111] Alínea alterada pela L nº 13/2023, de 03 de abril. A versão dada pela L nº 1/2022, de 03 de janeiro, indicava: *Até cinco dias consecutivos, por falecimento de cônjuge não separado de pessoas e bens ou de parente ou afim ascendente no 1º grau na linha reta.*

[112] *II – A expressão, "dias consecutivos" constante da Cláusula 82ª do Contrato Colectivo entre a Associação ... e o ... – Sindicato ..., deve ser interpretada como sendo dias úteis de trabalho.* [Ac. da RP, de 13.07.2022 *in* www.dgsi.pt (Proc. nº 11379/21.0T8PRT.P1)]

Interpretação não confirmada na mesma ação pelo STJ, no Ac. de 19.04.2023, onde se pode ler o seguinte:

I – A letra da convenção é não apenas o ponto de partida da interpretação, mas o limite da mesma;

II – A expressão "dias consecutivos", constante da Cláusula 82ª do Contrato Colectivo entre a Associação dos Industriais Metalúrgicos, Metalomecânicos e Afins de Portugal – AIMMAP e o SINDEL – Sindicato Nacional da Indústria e da Energia, deve ser interpretada como sendo dias seguidos, independentemente de serem dias úteis ou dias de trabalho ou dias de descanso.

colateral, como vínculo que liga as pessoas que descendem de um progenitor comum (2ª parte), *v.g.*, os irmãos são parentes colaterais.

O nosso Código Civil procede à contagem do parentesco, medindo por graus a proximidade entre os parentes, correspondendo cada grau a um nascimento.

Na linha reta, "há tantos graus quantas as pessoas que formam a linha de parentesco, excluindo o progenitor" (art. 1581º, nº 1, do CC). Na linha colateral, "os graus contam-se da mesma forma, subindo por um dos ramos e descendo pelo outro, mas sem contar o progenitor comum" (nº 2).

V.g. avó e neto (parentes em 2º grau da linha reta), pai e filho (parentes no 1º grau da linha reta) e primos (parentes no 4º grau da linha colateral).

A afinidade conta-se da mesma forma que o parentesco. *V.g.* padrasto e enteados, nora e sogra (afins na linha reta) e cunhados (afins na linha colateral).

A terminologia inglesa explica este fenómeno bastante melhor, os afins são os parentes aos olhos da lei, *v.g.* a nora é filha perante a lei (*daughter in law*), a sogra é mãe perante a lei (*mother in law*).

Entendemos que o art. 3º (Direito a acompanhamento psicológico) da L nº 1/ /2022, de 03 de janeiro, se mantem em vigor, o qual indica que: 1 – *Nas situações de falecimento de descendentes ou afins no 1º grau da linha reta, ambos os progenitores têm direito a solicitar junto do médico assistente acompanhamento psicológico em estabelecimento do Serviço Nacional de Saúde, o qual deve ter início no prazo de cinco dias após o falecimento.* 2 – *O direito previsto no número anterior é ainda garantido em caso de falecimento de familiares próximos, designadamente cônjuge e ascendentes.*

FALTAS JUSTIFICADAS POR MORTE DE PARENTE OU AFIM

Morte do cônjuge não separado de pessoas e bens do trabalhador – 20 dias

Morte da pessoa com que o trabalhador vivia em união de facto ou em economia comum – 20 dias

Linha reta ascendente:

1º grau (pai/mãe/padrasto/madrasta/sogro/sogra/padrinho civil/madrinha civil do trabalhador) – 5 dias

2º grau (avô/avó do trabalhador ou do cônjuge) – 2 dias

3º grau (bisavô/bisavó do trabalhador ou do cônjuge) – 2 dias

Linha reta descendente:

1º grau (filho(a) biológico(a) ou adotado(a); enteado(a); afilhado(a) civil) – 20 dias

2º grau (neto(a) do trabalhador ou do cônjuge) – 2 dias
3º grau (bisneto(a) do trabalhador ou do cônjuge) – 2 dias
1º grau (genro/ nora) – 5 dias

Linha colateral:
2º grau (irmão(ã); cunhado(a)) – 2 dias;

c) A motivada pela prestação de provas em estabelecimento de ensino

O regime do trabalhador-estudante, para além de consagrado nos arts. 89º a 96º, do CT, também se apresenta regulado no art. 12º, da L nº 105/2009, de 14 de setembro, que regulamentou parcialmente o CT, repondo um dos aspetos injustificadamente revogados do regime, em concreto, o preceito dedicado às *Especificidades da frequência de estabelecimento de ensino por trabalhador-estudante*;

d) A motivada por impossibilidade de prestar trabalho, devido a facto não imputável ao trabalhador, nomeadamente observância de prescrição médica no seguimento de recurso a técnica de procriação medicamente assistida, doença, acidente ou cumprimento de obrigação legal

A procriação medicamente assistida foi aprovada pela L nº 32/2006, de 26 de julho (sendo a última versão a dada pela L nº 90/2021, de 16 de dezembro).

Para efeito de proteção social, entende-se por doença "toda a situação mórbida, evolutiva, não decorrente de causa profissional ou de ato da responsabilidade de terceiro pelo qual seja devida indemnização, que determine incapacidade temporária para o trabalho" (art. 2º, do DL nº 28/2004, de 04 de fevereiro, na versão do DL nº 53/2018, de 02 de julho).

As faltas em virtude de cumprimento de obrigação legal podem ser exemplificadas como prestação de testemunho, depoimento ou declaração numa ação judicial ou facto decorrente da aplicação da lei do serviço militar (art. 296º, nº 1, do CT);

e) A motivada pela prestação de assistência inadiável e imprescindível a filho, neto ou membro do agregado familiar

O art. 252º, nº 1, do CT, enuncia o alcance do conceito de agregado familiar, nele compreendendo o cônjuge ou pessoa que viva em união de facto ou economia comum com o trabalhador, parente ou afim na linha reta ascendente ou no segundo grau da linha colateral.

Com a L nº 13/2023, de 03 de abril, estende-se tal direito ao trabalhador a quem seja reconhecido o estatuto de cuidador informal não principal, em caso de doença ou acidente da pessoa cuidada (nº 2).

O Estatuto do Cuidador Informal foi aprovado pela L nº 100/2019, de 6 de setembro e regulamentado pelo DR nº 1/2022, de 10 de janeiro.

Ao direito a faltar ao trabalho até 15 dias por ano (nº 1), podem acrescer 15 dias por ano, no caso de prestação de assistência inadiável e imprescindível a pessoa com deficiência ou doença crónica, que seja cônjuge ou viva em união de facto com o trabalhador (nº 3).

No caso de assistência a parente ou afim na linha reta ascendente, não é exigível a pertença ao mesmo agregado familiar (nº 4).

A assistência a filho menor de 12 anos encontra-se prevista no art. 49º, nº 1, do CT.

A assistência a filho com 12 ou mais anos e que, sendo maior, faça parte do seu agregado familiar, consta do nº 2, do art. 49º, do CT.

A figura do enteado, quanto a nós, e para este efeito, deve ser equiparada à de filho.

A falta para assistência a neto consta do art. 50º, nº 1, do CT.

A L nº 90/2001, de 20 de agosto, estabelece ainda um regime especial de faltas, para as mães e pais estudantes que se encontrem a frequentar os ensinos básico e secundário, o ensino profissional ou o ensino superior, em especial as jovens grávidas, puérperas e lactantes, cujos filhos tenham até 5 anos de idade (arts. 2º e 3º).

O regime jurídico do apadrinhamento civil, aprovado pela L nº 103/2009, de 11 de setembro, define a figura como "uma relação jurídica, tendencialmente de caráter permanente, entre uma criança ou jovem e uma pessoa singular ou uma família que exerça os poderes e deveres próprios dos pais e que com ele estabeleçam vínculos afetivos que permitam o seu bem-estar e desenvolvimento, constituída por homologação ou decisão judicial e sujeita a registo civil" (art. 2º).

Neste contexto, a lei confere aos padrinhos e ao afilhado o "direito a beneficiar do regime jurídico de faltas e licenças equiparado ao dos pais e dos filhos" (art. 23º, nº 1, al. *a*), da L nº 103/2009, de 11 de setembro). Nestes termos, os padrinhos consideram-se ascendentes em 1º grau do afilhado, e este, considera-se descendente em 1º grau dos padrinhos.

O regime de execução do acolhimento familiar como medida de promoção dos direitos e de proteção das crianças e jovens em perigo (aprovado pelo DL nº 139/2019, de 16 de setembro[113]) indica que "nos termos do acordo de

[113] A P nº 278-A/2020, de 04 de dezembro, define os termos, condições e procedimentos do processo de candidatura, seleção, formação e avaliação das famílias de acolhimento, bem como o respetivo reconhecimento.

promoção e proteção ou da decisão judicial, as famílias de acolhimento exercem, em relação à criança ou jovem, os poderes-deveres inerentes às responsabilidades que decorrem da confiança da criança ou do jovem à família de acolhimento, nomeadamente de guarda, de orientação e de educação, beneficiando dos direitos previstos no art. 64º do Código do Trabalho" (art. 27º, nº 1).

O DL nº 139/2019, de 16 de setembro, não revogou o art. 44º-B, nºs 1 e 3, do DL nº 11/2008, de 17 de janeiro. Assim, "durante a vigência do contrato de acolhimento, a pessoa singular ou um elemento da família de acolhimento dispõem do direito a faltas para assistência à criança ou jovem, sendo aplicável, com as devidas adaptações, o regime previsto no art. 49º e na alínea *e*) do nº 2 do art. 249º, incluindo a falta ocorrida na data de início do acolhimento" (nº 1);

f) A motivada pelo acompanhamento de grávida que se desloque a unidade hospitalar localizada fora da ilha de residência para realização de parto

O trabalhador cônjuge, que viva em união de facto ou economia comum, parente ou afim na linha reta ou no 2º grau da linha colateral, pode faltar ao trabalho para acompanhamento de grávida que se desloque a unidade hospitalar localizada fora da ilha de residência para realização de parto, quando o acompanhamento se mostre imprescindível e pelo período de tempo adequado àquele fim (art. 252º-A, nº 1, do CT).

Esta possibilidade não pode ser exercida por mais do que uma pessoa em simultâneo (nº 2).

Para justificação da falta, o empregador pode exigir ao trabalhador (nº 3):

- Prova do carácter imprescindível e da duração da deslocação para o parto;
- Declaração comprovativa passada pelo estabelecimento hospitalar onde se realize o parto;

g) A motivada por deslocação a estabelecimento de ensino responsável pela educação de menor por motivo da situação educativa deste, pelo tempo estritamente necessário, até quatro horas por trimestre, por cada um;

h) A motivada por luto gestacional, nos termos do artigo 38º–A, do CT

A perda gestacional ou luto fetal pode acontecer por interrupção médica da gravidez ou por morte espontânea;

i) A de trabalhador eleito para as estruturas de representação coletiva

Nos termos do art. 404º, nº 1, do CT, fazem parte das estruturas de representação coletiva dos trabalhadores, as associações sindicais, as comissões de trabalhadores e subcomissões de trabalhadores, os representantes dos trabalhadores para a segurança e saúde no trabalho e outras estruturas previstas em lei específica.

A ausência de trabalhador por motivo do desempenho de funções em estrutura de representação colectiva dos trabalhadores de que seja membro, que exceda o crédito de horas, considera-se justificada e conta como tempo de serviço efectivo, salvo para efeito de retribuição (art. 409º, nº 1, do CT).

A ausência de delegado sindical motivada pela prática de actos necessários e inadiáveis no exercício das correspondentes funções considera-se justificada, nos termos do número anterior (nº 2)[114];

j) A de candidato a cargo público, nos termos da correspondente lei eleitoral

A título de exemplo, o art. 8º, da LOrg nº 1/2001, de 14 de agosto (que regula a eleição dos titulares dos órgãos das autarquias locais, na versão dada pela LOrg nº 1/2021, de 04 de junho), segundo o qual durante o período da campanha eleitoral, os candidatos efectivos e os candidatos suplentes, no mínimo legal exigível, têm direito a dispensa do exercício das respectivas funções, sejam públicas ou privadas, contando esse tempo para todos os efeitos, incluindo o direito à retribuição, como tempo de serviço efectivo.

A L nº 14/79, de 16 de maio (Lei Eleitoral para a Assembleia da República, na versão dada pela LOrg nº 4/2020, de 11 de novembro), indica que "nos trinta dias anteriores à data das eleições, os candidatos têm direito à dispensa do exercício das respectivas funções, sejam públicas ou privadas, contando esse tempo para todos os efeitos, incluindo o direito à retribuição, como tempo de serviço efectivo, incluindo o direito à retribuição, como tempo de serviço efectivo" (art. 8º);

k) A autorizada ou aprovada pelo empregador;

l) A que por lei seja como tal considerada.

V.g., titulares dos órgãos sociais das associações de pais (art. 15º do DL nº 372/90, de 27 de novembro, alterado pela L nº 29/2006, de 04 de julho); *colheita e transplante de órgãos e tecidos de origem humana* (art. 9º-A, da L nº 12/93, de 22 de abril, na versão dada pela L nº 75-B/2020, de 31 de dezembro); *dadores de sangue* (art. 6º, nº 1, al. *g*), da L nº 37/2012, de 27 de agosto); *bombeiros* (art. 26º, do DL nº 241/2007, de 21 de junho, alterado pelo DL nº 64/2019, de 16 de maio); *voluntariado* (art. 7º, da L nº 71/98, de 03 de novembro, regulamentada

[114] *A presença do trabalhador em plenário de trabalhadores, realizado dentro do horário de trabalho, não constitui falta ao trabalho nem determina o não pagamento do prémio de assiduidade.* [Ac. da RP, de 11.04.2011 *in* www.dgsi.pt (Proc. nº 703/09.4TTGMR.P1)]

pelo DL nº 389/99, de 30 de setembro – alterado pelo DL nº 176/2005, de 25 de outubro e repristinado pelo art. 181º, do DL nº 33/2018, de 15 de maio); *jurados* (art. 15º, nº 3, do DL nº 387-A/87, de 29 de dezembro), *praticantes de alta competição* (arts. 19º e 20º, do DL nº 125/95, de 31 de maio, alterado pelo DL nº 123/96, de 10 de agosto); *estudante atleta do ensino superior* (art. 7º, al. *b*), do DL nº 55/2019, de 24 de abril) e as *motivadas por impossibilidade de prestar trabalho em razão da prática do crime de violência doméstica* (art. 43º, da L nº 112/2009, de 16 de setembro).

3.3. Comunicação e prova

Ao abrigo do disposto no art. 253º, do CT, a falta justificada, quando previsível, deve ser comunicada com a antecedência mínima de cinco dias (nº 1) e, quando imprevisível, logo que possível (nº 2, *in fine*)[115].

No caso de candidato a cargo público durante o período da campanha eleitoral a falta é comunicada ao empregador com a antecedência mínima de 48 horas (nº 3).

O nº 4 obriga a reiterar a comunicação em caso de ausência imediatamente subsequente, mesmo quando a ausência determine a suspensão do contrato de trabalho por impedimento prolongado[116].

O incumprimento do dever de comunicação determina que a ausência se considere injustificada (nº 5).

O empregador pode, nos 15 dias seguintes à comunicação da ausência, exigir ao trabalhador prova de facto invocado para a justificação (art. 254º, nº 1, do CT)[117].

[115] *Não basta verificar-se um dos motivos previstos no nº 2 do artigo 249º do CT para que o trabalhador possa ver a sua falta justificada pela entidade patronal. É que sobre si impende ainda a obrigação de comunicar a ausência ao empregador, acompanhada da indicação do motivo justificativo.* [Ac. da RP, de 21.01.2011 *in* www.dgsi.pt (Proc. nº 167/10.0TTBRG.P1)]

[116] *Resulta claro que o legislador estabeleceu expressamente o dever do trabalhador ausente ao serviço reiterar a comunicação da mesma e do motivo justificativo, mesmo nos casos em que o período de ausência suceda a um outro já comunicado e "(...) determine a suspensão do contrato de trabalho por impedimento prolongado".* [Ac. da RL, de 10.10.2013 *in* www.dgsi.pt (Proc. nº 927/11.4TTLSB.L1-4)]

[117] *II – Mesmo comunicada atempadamente a ausência, o trabalhador, para ver a falta como justificada, pode ter, caso a entidade empregadora o exija nos 15 dias à respetiva comunicação por si feita, que fazer prova do facto invocado para a justificação, a prestar em prazo razoável [artigo 254º, nº 1 do CT]. III – Não tendo o trabalhador feito oportunamente a prova das exigências justificativas exigidas pela entidade empregadora, a sua prova mais tarde não convalida as faltas injustificadas em justificadas.* [Ac. da RP, de 24.01.2011 *in* www.dgsi.pt (Proc. nº 167/10.0TTBRG.P1)]

A prova da situação de doença do trabalhador é feita por declaração de estabelecimento hospitalar, centro de saúde, de serviço digital do Serviço Nacional de Saúde, ou de serviço digital dos serviços regionais de saúde das regiões autónomas ou ainda por atestado médico (nº 2)[118].

O nº 3, *in fine*, do art. 254º, do CT, remete para a L nº 105/2009, de 14 de setembro, relativa à verificação da situação de doença do trabalhador, mais precisamente para os seus arts. 17º a 24º.

A apresentação ao empregador de declaração médica com intuito fraudulento constitui falsa declaração para efeitos de justa causa de despedimento (nº 4)[119].

A declaração dos serviços digitais do Serviço Nacional de Saúde, ou de serviço digital dos serviços regionais de saúde das regiões autónomas, é feita mediante autodeclaração de doença, sob compromisso de honra, mediante as seguintes condições cumulativas: a situação de doença do trabalhador não exceder os três dias consecutivos e não ultrapassar o limite de duas vezes por ano (nº 5).

Recai sobre o trabalhador o ónus da prova da falta, sob pena de a ausência ser considerada injustificada. Igual consequência advém da oposição, sem motivo atendível, da verificação da doença nos termos da legislação específica (nº 6).

3.4. Efeitos das faltas justificadas

Conforme resulta do art. 255º, nº 1, do CT, as faltas justificadas não afetam qualquer direito do trabalhador. Esta regra admite a exceção prevista no nº 2, que estabelece os casos de perda retributiva e desconto na antiguidade (nº 3, *a contrario*).

A falta para assistência a membro do agregado familiar é considerada como prestação efetiva de trabalho (nº 3).

Prevê-se a possibilidade do reflexo das faltas com perda de retribuição (ou seja, mesmo as faltas justificadas) serem compensadas por renúncia ao período de férias, nos termos previstos no art. 257º, nº 1, al. *a*), do CT.

[118] A L nº 13/2023, de 03 de abril, alterou este número, bem como o nº 5.

[119] *I – A falsa declaração relativa a justificação de falta abrange, por maioria de razão, a adulteração/falsificação de declaração médica emitida como comprovativo de justificação de falta, equiparação essa aliás prevista no art. 254º, nº 4, do CT/2009. II – Constitui justa causa de despedimento o comportamento do A. que, tendo apresentado uma declaração médica justificativa, apenas, de uma falta dada num determinado dia, a adulterou acrescentando-lhe um outro dia para justificação da falta que deu.* [Ac. da RP, de 28.05.2012 *in* www.dgsi.pt (Proc. nº 1462/10.3TTMTS.P1)]

Acolhe-se, ainda, o regime de compensação de falta por prestação de trabalho em acréscimo ao período normal dentro dos limites previstos no art. 204º, do CT, quando o instrumento de regulamentação coletiva de trabalho o permita (art. 257º, nº 1, al. *b*), do CT).

3.5. Efeitos das faltas injustificadas

As faltas injustificadas constituem violação do dever de assiduidade e implicam perda de retribuição correspondente ao período de ausência, com desconto na antiguidade do trabalhador (art. 256º, nº 1, do CT).

A falta injustificada a um ou meio período normal de trabalho diário, imediatamente anterior ou posterior a dia ou meio dia de descanso ou a feriado, constitui infração grave (nº 2).

O período de ausência, para efeito de aplicação do regime de perda retributiva, abrange os dias ou meios-dias de descanso ou feriados imediatamente anteriores ou posteriores ao dia de falta (nº 3). Desta forma, sendo dia feriado uma quinta feira, o trabalhador que falte na sexta subsequente, verá considerado, no *quadro de perda retributiva*, o dia feriado (quinta) e a sexta (dia útil).

CAPÍTULO V
TEMPO DE TRABALHO

1. Horário de trabalho

1.1. Considerações gerais

O art. 197º, nº 1, do CT, considera tempo de trabalho qualquer período durante o qual o trabalhador exerce a atividade ou permanece adstrito à realização da prestação.

Para determinação do conceito tempo de trabalho, o preceito estabelece uma preciosa moldura, considerando qualquer período durante o qual o trabalhador exerce ou permanece adstrito à efetividade prestacional, onde se inclui, o próprio tempo em que o trabalhador não presta serviço, mas mantém a disponibilidade para o realizar.

A jurisprudência entende que para a qualificação do *período de disponibilidade* como tempo de trabalho, o trabalhador tem que permanecer no local de trabalho, permanentemente acessível, por forma a ser localizado pelo empregador[120].

O nº 2, cuida das interrupções e dos intervalos que são compreendidos no tempo de trabalho.

Nos termos do art. 200º, nº 1, do CT, o *horário de trabalho* é definido como a determinação das horas de início e termo do período normal de trabalho diário e do intervalo de descanso, bem como do descanso semanal.

O horário de trabalho configura, assim, o limite temporal da prestação de trabalho, distribuindo as horas do período normal de trabalho entre os limites do período de funcionamento.

Considera-se *período normal de trabalho* o tempo de trabalho que o trabalhador se obriga a prestar, medido em número de horas por dia e por semana (art. 198º, do CT).

[120] *II – A obrigatoriedade de permanência nas instalações da empregadora nos períodos em que o trabalhador não está a desempenhar a atividade, mas à disposição daquela, é o fator determinante para se considerarem aqueles períodos como tempo de trabalho.* (Ac. do STJ, de 09.01.2019 *in* CJ, Ano XXVII, Tomo I, p. 209)
III – A simples circunstância de o trabalhador se encontrar a trabalhar num local inóspito e efetuar a sua pausa de 30 minutos para o almoço nesse mesmo local, por, dada a sua localização, estar impossibilitado de se ausentar, não per mite, só por si, considerar que o trabalhador não possa dispor livremente, ainda que com as limitações inerentes ao contexto geográfico, desse tempo para atividades de lazer, razão pela qual se torna indispensável que o mesmo prove que, nesse período de tempo, se achava adstrito à realização da sua atividade. Podendo ser chamado, a qualquer momento, para a exercer. (Ac. da RE, de 27.06.2019 *in* CJ, Ano XLIV, Tomo III, p. 326)

O período normal de trabalho é delimitado pelo horário de trabalho, correspondendo, em princípio, a oito horas de trabalho diárias e a quarenta horas semanais (art. 203º, nº 1, do CT).

Este período só pode ser aumentado ou diminuído, nas modalidades de adaptabilidade, banco de horas ou horário concentrado, em que deixa de ser certo, para se aplicar de forma modular, agilizando as necessidades empresariais do empregador.

Entende-se por *período de descanso* o que não seja tempo de trabalho (art. 199º, do CT).

O art. 199º-A, do CT[121], preceitua que o empregador tem o dever de se abster de contactar o trabalhador no período de descanso, ressalvadas as situações de força maior (nº 1). O conceito indeterminado *situações de força maior* reporta-se a circunstâncias naturais (fenómenos da natureza) ou humanas (por exemplo, incêndios e inundações) que pressupõem um grau de imprevisibilidade e/ou inevitabilidade, bem como questões que exijam resolução imediata, de diferente índole, jurídica, logística, financeira, sob pena de causarem dano à empresa.

O critério será sempre o da atualidade e imprescindibilidade da resposta do trabalhador e grau de grandeza da interpelação.

Constitui ação discriminatória, para os efeitos do art. 25º, do CT, qualquer tratamento menos favorável dado a trabalhador, designadamente em matéria de condições de trabalho e de progressão na carreira, pelo facto de exercer o direito ao período de descanso (art. 199º-A, nº 2, do CT).

O art. 201º, nº 1, do CT, define o *período de funcionamento* como o período de tempo diário durante o qual o estabelecimento pode exercer a sua atividade[122].

O período de funcionamento dos estabelecimentos de venda ao público denomina-se *período de abertura* (nº 2).

O período de funcionamento dos estabelecimentos industriais denomina-se *período de laboração* (nº 3).

Pela L nº 105/2009, de 14 de setembro, que regulamentou parcialmente o Código do Trabalho, entende-se por período de laboração o "compreendido entre as 7 e as 20 horas" (art. 16º, nº 1).

[121] Aditado pela L nº 83/2021, de 06 de dezembro.

[122] Segundo reza o art. 31º, do DL nº 10/2015, de 16 de janeiro (que aprovou o regime jurídico de acesso e exercício de atividades de comércio, serviços e restauração), sem "prejuízo do disposto em regime especial, os estabelecimentos de venda ao público, de prestação de serviços e de restauração ou bebidas abrangidos pelo RJACSR devem observar o disposto no Decreto-Lei nº 48/96, de 15.05, quanto ao respetivo horário de funcionamento."

Pode, contudo, ocorrer um período de laboração distinto mediante autorização do membro do Governo responsável pela área laboral (segundo o disposto nos nºs 2 a 4, do citado art. 16º).

O período de trabalho diário deve ser interrompido por um *intervalo de descanso*, de duração não inferior a uma hora nem superior a duas, de modo a que o trabalhador não preste mais de cinco horas de trabalho consecutivo, ou seis horas de trabalho consecutivo caso aquele período seja superior a 10 horas (art. 213º, nº 1, do CT).

Por instrumento de regulamentação coletiva de trabalho, pode ser permitida a prestação de trabalho até seis horas consecutivas e o intervalo de descanso reduzido, excluído ou ter duração superior à prevista no número anterior e, ainda, determinada a existência de outros intervalos de descanso (nº 2).

O trabalhador tem direito a um *período de descanso diário* de, pelo menos, onze horas seguidas entre dois períodos diários de trabalho consecutivos (art. 214º, nº 1, do CT), salvaguardas as exceções do nº 2.

1.2. Alteração do horário de trabalho

O horário individualmente acordado não pode ser unilateralmente alterado (art. 217º, nº 4). A expressão individualmente acordado significa que foi, de facto, negociado entre as partes, exigindo-se, portanto, cláusula própria que contemple a *inamovibilidade*[123].

A alteração dos horários de trabalho, deve obedecer à tramitação prevista no art. 217º, nº 2, do CT.

Nos termos do nº 3, o cumprimento da referida tramitação pode ser dispensado, nos casos em que a alteração do horário de trabalho não exceda uma semana e o empregador não recorra a esta forma de alteração mais de 3 vezes por ano.

Na eventualidade de tal alteração implicar acréscimo de despesa para os trabalhadores (*v.g.*, deslocações tardias e impossibilidade de acesso a transporte público), assiste ao trabalhador direito a compensação económica (nº 5).

[123] *I – Tendo o horário de trabalho e inerentes dias de descanso semanal, sido acordados com o trabalhador aquando da contratação individual, não pode a entidade patronal alterá-los unilateralmente. II – Se o fizer, o trabalhador não está obrigado a cumprir o novo horário, ou dias de descanso, impostos pelo empregador, não lhe devendo, por isso, obediência. III – Instaurado processo disciplinar e despedida a trabalhadora, com fundamento em faltas injustificadas, por não se ter apresentado ao serviço ao Domingo, quando esse era o dia de descanso semanal estipulado contratualmente, inexiste justa causa de despedimento.* [Ac. da RL, de 30.06.2010 *in* www.dgsi.pt (Proc. nº 352/09.7TTVFX.L1-4)]

2. Limites da duração do período normal de trabalho

2.1. Limites máximos do período normal de trabalho

Como regime-regra, o período normal de trabalho não pode exceder oito horas por dia e quarenta horas por semana (art. 203º, nº 1, do CT). Parece que se deve a *Robert Owen* a divisão do dia no paradigma-regra: *Eight hours labor, eight hours recreation, eight hours rest.*

O período normal de trabalho diário de trabalhador que preste trabalho exclusivamente em dias de descanso semanal da generalidade dos trabalhadores da empresa ou estabelecimento pode ser aumentado até quatro horas diárias, sem prejuízo do disposto em instrumento de regulamentação coletiva de trabalho (nº 2).

Sobre o limite do período normal de trabalho destes trabalhadores esclarece Francisco Liberal Fernandes que se "a empresa laborar em regime contínuo, a duração normal do trabalho diário poderá ser de doze horas; já se o período de funcionamento for de oito horas, a duração normal de trabalho daquela categoria de trabalhadores não poderá ser fixada nos termos do art. 203º, nº 2, sob pena de se defraudar a disciplina (imperativa) respeitante ao trabalho suplementar e ao período normal do trabalho"[124].

Há tolerância de quinze minutos para transações, operações ou outras tarefas começadas e não acabadas na hora estabelecidas para o termo do período normal de trabalho diário, tendo tal tolerância caráter excecional e devendo o acréscimo de trabalho ser pago ao perfazer quatro horas ou no termo do ano civil (nº 3).

Os limites máximos do período normal de trabalho podem ser reduzidos por instrumento de regulamentação coletiva de trabalho, não podendo daí resultar diminuição da retribuição dos trabalhadores (nº 4).

2.2. Adaptabilidade do horário de trabalho

2.2.1. Adaptabilidade por instrumento de regulamentação coletiva de trabalho

"O regime da *adaptabilidade dos horários de trabalho*, como uma das forma de flexibilização da organização do tempo de trabalho (além do banco de horas e do horário concentrado), procede à redistribuição do período normal de trabalho,

[124] *O tempo de trabalho*, p. 65.

dentro de certos limites, com variação da duração diária e semanal, compreendida no período de referência, mantendo intocável a retribuição auferida (o que evita o pagamento de trabalho suplementar, havendo acréscimo de atividade), nos termos dos juízos de produtividade e de competitividade do empregador.

A adaptabilidade pode ser fixada por instrumento de regulamentação coletiva (*adaptabilidade por regulamentação coletiva*) ou por acordo entre o empregador e os trabalhadores (*adaptabilidade individual*).

O regime não derroga o direito ao descanso diário (art. 214º) e ao descanso semanal, obrigatório ou complementar (art. 232º)"[125].

Por instrumento de regulamentação coletiva de trabalho, o período normal de trabalho pode ser definido em termos médios, caso em que o limite diário de oito horas diárias e quarenta horas semanais pode ser aumentado até quatro horas e a duração do trabalho semanal pode atingir sessenta horas, só não se contando, nestas, o trabalho suplementar prestado por motivo de força maior (art. 204º, nº 1).

Subscrevemos Francisco Liberal Fernandes quando defende que o aumento do tempo de trabalho em quatro horas diárias "constitui o prolongamento máximo possível da jornada de trabalho, qualquer que seja o período normal de trabalho diário. Se, por exemplo, este último for de seis horas, da aplicação daquela norma decorre que a duração do trabalho diário quando definida em regime de adaptabilidade não pode ultrapassar dez horas, exceto no caso de trabalho suplementar por motivo de força maior"[126].

O período normal de trabalho de mais quatro horas diárias e a duração do trabalho semanal de sessenta horas não pode exceder cinquenta horas em média num período de dois meses (nº 2). Ou seja, o aumento do tempo de trabalho até às sessentas horas por semana prestadas no primeiro mês (no qual não se inclui o trabalho suplementar por motivo de força maior) não pode ser usado ao longo de todo o período de referência, devendo seguir-se a prestação de apenas quarenta horas no mês seguinte, para cumprimento da média de cinquenta horas num período de dois meses.

2.2.2. Adaptabilidade individual

O *empregador e o trabalhador* podem, por acordo, definir o período normal de trabalho em termos médios (art. 205º, nº 1, do CT).

[125] Paula Quintas/Hélder Quintas, *Código do Trabalho – Anotado e Comentado*, p. 83.

[126] *O tempo de trabalho*, p. 75.

O acordo pode prever um aumento do período normal de trabalho diário até duas horas e que o trabalho semanal possa atingir cinquenta horas, só não se contando, nestas, o trabalho suplementar prestado por motivo de força maior (nº 2).

Em semana cuja duração do trabalho seja inferior a quarenta horas, para acatar os termos médios, a redução pode ser até duas horas diárias (ou, sendo acordada, em dias ou meios dias), salvaguardando a lei o direito a subsídio de refeição (nº 3).

O acordo pode ser celebrado mediante proposta, por escrito[127] (sendo esta uma exigência *ad substantiam*), presumindo-se a aceitação por parte de trabalhador que a ela não se oponha, por escrito, nos 14 dias seguintes ao conhecimento da mesma, aí incluídos os períodos a que se refere o nº 2, do art. 217º, do CT, relativo às regras de alteração do horário de trabalho (nº 4). Este regime mantém-se até ao termo do período de referência em execução à data da entrada em vigor de instrumento de regulamentação coletiva de trabalho que incida sobre a matéria (nº 5).

2.2.3. Adaptabilidade grupal

A adaptabilidade grupal criada pelo CT/2009 e prevista no art. 206º, visa "ultrapassar alguns dos limites inerentes aos outros tipos de adaptabilidade – derivados, designadamente, da filiação sindical ou patronal no caso da adaptabilidade coletiva (art. 496º), ou da recusa dos trabalhadores em aceitar o acordo proposto pelo empregador, em relação à adaptabilidade individual (art. 205º, nº 4) – e, desse modo, assegurar uma maior efetividade ao regime de adaptabilidade"[128].

A sua adoção não é consensual, dado que permite ao empregador estender o regime instituído por via coletiva (ou seja, aquele que vincula o empregador e os trabalhadores filiados no sindicato outorgante do instrumento de regulamentação coletiva que acolheu o regime de adaptabilidade previsto no art. 204º, do CT).

Assim, o empregador pode aplicar o regime ao conjunto dos trabalhadores de uma estrutura (equipa, secção ou unidade económica), no caso de, pelo

[127] O acordo (proposta) pode constar do regulamento interno da empresa, pelo que, *o trabalhador que aceita o regime de adaptabilidade previsto no referido regulamento interno por escrito no contrato de trabalho celebrado com a empresa, fica válida e legalmente vinculado à observância do respetivo regime jurídico durante a sua prestação de trabalho.* [Ac. da RE, de 23.06.2016 *in* www.dgsi.pt (Proc. nº 860/14.8T8STB.E1)]

[128] Francisco Liberal Fernandes, *O Tempo de Trabalho*, pp. 87 e 88.

menos, 60% dos trabalhadores dessa estrutura serem filiados em associação sindical celebrante da convenção e por escolha dessa convenção como aplicável (art. 206º, nº 1, al. *a*), do CT) e enquanto os trabalhadores da estrutura filiados (equipa, secção ou unidade económica) forem em número igual ou superior a 60% dos trabalhadores (art. 206º, nº 1, al. *b*), do CT).

Atente-se que o legislador não previu qualquer critério delimitador do conceito "grupo de trabalhadores de uma equipa, secção ou unidade económica", fator vital para a correta aplicação do regime legal, permitindo desta forma que seja o empregador a realizar o enquadramento estrutural.

Conforme elucida Júlio Gomes, o regime da adaptabilidade grupal constitui uma grave violação à *liberdade sindical negativa*, "é bem sintomático do desprezo do nosso legislador pela liberdade sindical negativa que um trabalhador que, porventura não se filiou num sindicato, porque, por hipótese, não confia na sua direção e a considera demasiado próxima do patronato, fique vinculado ao regime de adaptabilidade acordado por esse sindicato, porque 60% dos trabalhadores da equipa, secção ou unidade económica nele estão filiados ou escolheram – esperemos que sem pressões ou sugestões do empregador... – essa convenção coletiva. Além de que equipa, secção ou unidade económica não são obviamente conceitos coincidentes e a sua composição acaba por depender da determinação unilateral do empregador que assim conseguirá distribuir os recalcitrantes de maneira a que a sua oposição seja ineficaz"[129].

Caso a proposta de acordo que defina o período normal de trabalho em termos médios, celebrado entre o trabalhador e o empregador, seja aceite por, pelo menos, 75% dos trabalhadores da estrutura (equipa, secção ou unidade económica) a quem for dirigida, o empregador pode aplicar o mesmo regime ao conjunto dos trabalhadores dessa estrutura (art. 206º, nº 2, do CT).

Na eventualidade de ocorrer alteração por entrada ou saída de trabalhadores na composição da estrutura, o disposto no nº 2 aplica-se enquanto dessa alteração não resultar percentagem inferior à nele indicada (art. 206º, nº 3, do CT).

Excetua-se a aplicação do regime de adaptabilidade o (art. 206º, nº 4, do CT):

a) Trabalhador abrangido por convenção coletiva que disponha de modo contrário a esse regime ou, relativamente a regime referido no nº 1, a trabalhador representado por associação sindical que tenha deduzido oposição a portaria de extensão da convenção coletiva em causa;

[129] *Novos Estudos de Direito do Trabalho*, pp. 176 e 178.

b) Trabalhador com filho menor de três anos ou, independentemente da idade, com deficiência ou doença crónica[130], salvo manifestação, por escrito, da sua concordância ou

c) Trabalhador com filho entre os três e os seis anos, que apresente declaração de que o outro progenitor exerce atividade profissional e está impossibilitado de prestar assistência[131].

Em regime de adaptabilidade (coletiva, individual ou grupal), a duração média do trabalho é apurada por referência a período estabelecido em instrumento de regulamentação coletiva de trabalho que não seja superior a 12 meses ou, na sua falta, a um período de quatro meses ou seis meses (art. 207º, nºs 1 e 2, do CT).

Salvo o disposto em instrumento de regulamentação coletiva, o período de referência apenas pode ser alterado durante o seu decurso, quando circunstâncias (supervenientes) objetivas o justifiquem e o total de horas de trabalho prestadas não seja superior às que teriam sido realizadas caso não vigorasse o regime de adaptabilidade, aplicando-se com as necessárias adaptações o disposto no nº 3, do art. 205º, do CT (o qual dispõe que, em semana cuja duração do trabalho seja inferior a quarenta horas, a redução pode ser até duas horas diárias ou, sendo acordada, em dias ou meios dias, ficando salvaguardado o direito a subsídio de refeição), sem prejuízo do disposto em instrumento de regulamentação coletiva de trabalho (art. 207º, nº 3, do CT)[132].

2.3. Banco de horas

2.3.1. Nota prévia

Na perspetiva de FRANCISCO LIBERAL FERNANDES, o banco de horas parecia sugerir um "mecanismo de flexibilização do tempo de trabalho em que, dentro da

[130] A menção "independentemente da idade, com deficiência ou doença crónica" foi aditada pela L nº 13/2023, de 03 de abril.

[131] Aditada pela L nº 13/2023, de 03 de abril.

[132] *IV – Aplica-se ao regime de adaptabilidade grupal, previsto nos arts. 205º e 206, nºs 2 e 3, do Código do Trabalho, os prazos de duração do período de referência constantes do nº 1 do art. 207º do mesmo diploma legal. V – O regime de adaptabilidade grupal, previsto nos arts. 205º e 206, nºs. 2 e 3, do Código do Trabalho, pressupõe a existência prévia de um período normal de trabalho diário e semanal, o qual pode ser alterado apenas e somente nos termos constantes nesses artigos, sendo que a alteração do horário de trabalho implica sempre o respeito pelo disposto no art. 217º, nº 2, do Código do Trabalho.* [Ac. da RE, de 16.01.2020 *in* www.dgsi.pt (Proc. nº 1835/18.3T8TMR.E1)]

duração anual, mensal ou semanal convencionada, trabalhador e empregador ocupariam reciprocamente a posição de credor e de devedor de uma determinada percentagem desse tempo (...). Porém, de acordo com o regime legal, o banco de horas tem exclusivamente uma vertente empresarialista, na medida em que está previsto apenas para possibilitar ao empregador aumentar o tempo de trabalho para além do período normal de trabalho, não passando, por isso, de uma modalidade anómala de trabalho suplementar"[133].

2.3.2. Banco de horas por instrumento de regulamentação coletiva de trabalho

No regime de banco de horas por instrumento de regulamentação coletiva de trabalho, o período normal de trabalho pode ser aumentado até quatro horas diárias e atingir sessenta horas semanais, tendo o acréscimo por limite duzentas horas por ano (art. 208º, nº 2, do CT).

O limite anual de duzentas horas por ano pode ser afastado por instrumento de regulamentação coletiva de trabalho caso a utilização do regime tenha por objetivo evitar a redução do número de trabalhadores, só sendo aplicável durante um período até 12 meses (nº 3).

O instrumento de regulamentação coletiva de trabalho deve regular (nº 4):

a) A compensação do trabalho prestado em acréscimo, que pode ser feita mediante, pelo menos, uma das seguintes modalidades:
- Redução equivalente do tempo de trabalho;
- Aumento do período de férias;
- Pagamento em dinheiro;

b) A antecedência com que o empregador deve comunicar ao trabalhador a necessidade de prestação de trabalho;

c) O período em que a redução do tempo de trabalho para compensar trabalho prestado em acréscimo deve ter lugar, por iniciativa do trabalhador ou, na sua falta, do empregador, bem como a antecedência com que qualquer deles deve informar o outro da utilização dessa redução.

2.3.3. Banco de horas grupal

O regime do banco de horas grupal (art. 208º-B, do CT), em tudo semelhante ao regime da adaptabilidade grupal, é aplicável a uma estrutura (equipa, secção

[133] *O Tempo de Trabalho*, p. 106.

ou unidade económica). Assim, o instrumento de regulamentação coletiva de trabalho que institua o regime de banco de horas previsto no art. 208º, do CT, pode prever que o empregador o possa aplicar ao conjunto dos trabalhadores de uma estrutura quando se verifiquem as condições referidas no nº 1, do art. 206º, do CT, relativo à adaptabilidade grupal (art. 208º-B, nº 1, do CT).

Para Francisco Liberal Fernandes/Bárbara De Sousa Basto, a "convenção coletiva que institui o banco de horas pode prever que o empregador o aplique a trabalhador não abrangidos pelo âmbito do IRC – seja porque não possuem qualquer filiação sindical, seja porque estão inscritos em sindicato diverso –, bastando para tal que integrem o grupo em causa (equipa, secção ou unidade económica) e que 60% dos trabalhadores desse grupo estejam filiados na associação sindical outorgante ou tenham aderido ao instrumento de regulamentação coletiva"[134].

O regime de banco de horas grupal pode, ainda, ser instituído e aplicado por *referendo* pelos trabalhadores a abranger (art. 208º-B, nº 2, do CT), em tal caso, o período normal de trabalho pode ser aumentado até duas horas diárias e atingir 50 horas semanais, tendo o acréscimo o limite de 150 horas por ano (art. 208º-B, nº 3, do CT).

O empregador elabora o projeto de regime de banco de horas, o qual deve regular (art. 208º-B, nº 4, do CT):

a) O âmbito subjetivo de aplicação, indicando a equipa, secção ou unidade económica a abranger e, nestas, os grupos profissionais excluídos, se os houver;

b) O período de vigência, não superior a quatro anos;

c) A compensação do trabalho prestado em acréscimo via (*ex vi* do art. 208º, nº 4, do CT):

- *i*) Redução equivalente do tempo de trabalho;
- *ii*) Aumento do período de férias;
- *iii*) Pagamento em dinheiro.

O empregador publicita o projeto de regime de banco de horas nos locais de afixação dos mapas de horário de trabalho e comunica-o aos representantes dos trabalhadores e à ACT, com a antecedência mínima de 20 dias em relação à data do referendo (art. 208º-B, nº 5, do CT).

[134] *O banco de horas grupal na Lei 93/2019*, p. 166.

Caso o projeto de regime de banco de horas seja aprovado em referendo por, pelo menos, 65% dos trabalhadores abrangidos, de acordo com a alínea *a*) do nº 4, o empregador pode aplicar o referido regime ao conjunto desses trabalhadores (art. 208º-B, nº 6, do CT).

Havendo alteração na composição da equipa, secção ou unidade económica, o disposto no número anterior aplica-se enquanto os trabalhadores que permanecem forem pelo menos 65% do número total dos trabalhadores abrangidos pela proposta de referendo (art. 208º-B, nº 7, do CT).

A legislação específica a que alude o nº 8, do art. 208º-B, do CT, corresponde à L nº 105/2009, de 14 de setembro (arts 32º-A e 32º-B).

Artigo 32º-A (L nº 105/2009, de 14 de setembro)
Convocação, informações e questão a referendar

1 – O referendo para a instituição ou cessação de um regime de banco de horas grupal, a que se referem os nºs 2 e seguintes do artigo 208º-B do Código do Trabalho, é convocado pelo empregador com a antecedência mínima de 20 dias, com ampla publicidade, o qual deve informar os representantes dos trabalhadores e os próprios trabalhadores a abranger sobre o projeto do regime de banco de horas, e a data, hora e local do referendo, devendo simultaneamente remeter cópia da convocatória ao serviço com competência inspetiva do ministério responsável pela área laboral.

2 – Para efeitos do número anterior, consideram-se representantes dos trabalhadores a comissão de trabalhadores, as comissões intersindicais, as comissões sindicais e os delegados sindicais existentes na empresa, pela ordem de precedência indicada.

3 – Na falta de representantes dos trabalhadores abrangidos pelo regime de banco de horas grupal, estes podem designar, de entre eles, no prazo de cinco dias úteis a contar da receção da informação referida no nº 1, uma comissão representativa com o máximo de três ou cinco membros, consoante o regime abranja até cinco ou mais trabalhadores.

Artigo 32º-B (Lei nº 105/2009, de 14 de setembro)
Procedimento em caso de microempresa

1 – Tratando-se de microempresa, ou se o número de trabalhadores abrangidos pelo projeto de regime de banco de horas for inferior a 10, o empregador, caso não existam representantes dos trabalhadores, deve, juntamente com a comunicação a que se refere o nº 1 do artigo anterior, requerer ao serviço com competência inspetiva do ministério responsável pela área laboral territorialmente competente a designação de uma data para a realização do referendo.

2 – O serviço a que se refere o número anterior notifica o empregador, nos 10 dias úteis a contar da receção do requerimento, da data e do horário para a realização do referendo.

3 – Se no prazo de 90 dias o serviço com competência inspetiva do ministério responsável pela área laboral não marcar data para o referendo, a entidade patronal pode proceder à sua marcação, comunicando-a ao serviço inspetivo para o mesmo proceder à competente supervisão.

4 – O empregador comunica aos trabalhadores a abranger, por escrito, a data, horário e local do referendo, com a antecedência de 20 dias.

5 – A votação decorre sob supervisão de um representante do serviço com competência inspetiva do ministério responsável pela área laboral, e pode ser acompanhada por dois representantes dos trabalhadores.

6 – Terminada a votação, o representante do serviço com competência inspetiva do ministério responsável pela área laboral procede ao apuramento do resultado do referendo e comunica-o imediatamente ao empregador, por escrito.

7 – O empregador publicita o resultado do referendo nos locais de afixação dos mapas de horário de trabalho, comunica-o aos representantes dos trabalhadores, e, caso o regime de banco de horas tenha sido aprovado, designa o dia em que se inicia a sua aplicação, com a antecedência mínima de cinco dias úteis.

Caso o número de trabalhadores abrangidos pelo projeto de regime de banco de horas seja inferior a 10, o referendo é realizado sob a supervisão da ACT (art. 208º-B, nº 9, do CT).

A aplicação do regime do banco de horas cessa se, decorrido metade do período de aplicação, um terço dos trabalhadores abrangidos solicitar ao empregador novo referendo e o mesmo não for aprovado nos termos do nº 6, ou não for realizado no prazo de 60 dias (art. 208º-B, nº 10, do CT).

Ocorre cessação do regime do banco de horas nos 60 dias após a realização do referendo, devendo a compensação do trabalho prestado em acréscimo efetuar-se neste prazo (art. 208º-B, nº 11, do CT).

Se o projeto de regime de banco de horas não for aprovado em referendo, o empregador só pode realizar novo referendo um ano após o anterior (art. 208º-B, nº 12, do CT).

O regime não se aplica a trabalhador abrangido por convenção coletiva que disponha de modo contrário a esse regime ou a trabalhador representado por associação sindical que tenha deduzido oposição a portaria de extensão da convenção coletiva, bem como a trabalhador com filho menor de 3 anos de idade que não manifeste, por escrito, a sua concordância (art. 208º-B, nº 13, al. *a*), do CT).

A L nº 13/2023 aditou ainda 2 causas de exoneração: a ausência de concordância por escrito de trabalhador com filho menor de três anos ou, independentemente da idade, filho com deficiência ou doença crónica (art. 208º-B, nº 13, al. *b*), do CT); a apresentação de declaração por trabalhador com filho entre os três e os seis anos atestando que o outro progenitor exerce atividade profissional e está impossibilitado de prestar assistência (art. 208º-B, nº 13, al. *c*), do CT).

2.4. Horário concentrado

O regime do horário concentrado permite que o período normal de trabalho diário possa ser aumentado até quatro horas diárias (além do período de trabalho diário de 8h), nas seguintes modalidades (art. 209º, nº 1, do CT):

- Por acordo entre empregador e trabalhador ou por instrumento de regulamentação coletiva de trabalho, o período normal de trabalho semanal pode ser concentrado no máximo de quatro dias de trabalho [al. *a*)];
- Por instrumento de regulamentação coletiva de trabalho pode concentrar-se o período normal de trabalho semanal no máximo em três dias de trabalho consecutivo, seguidos do mínimo de dois dias de descanso, num período de referência em média de 45 dias [al. *b*)].

Apesar dos dias de descanso apenas serem referidos na al. *b*), devem os mesmos ser concedidos à prestação realizada nos termos da al. *a*). Esses dias de descanso compensatório não colidem com os dias de descanso obrigatório e complementar (art. 232º, do CT).

Atenta a penosidade do desempenho, aos trabalhadores em regime de horário concentrado não pode ser aplicado, simultaneamente, o regime de adaptabilidade (art. 209º, nº 2, do CT).

A retribuição e as restantes condições de trabalho serão reguladas por instrumento de regulamentação coletiva de trabalho (art. 209º, nº 3, do CT).

§. Limite máximo da duração média do trabalho semanal

Dispõe o art. 211º, do CT, que sem prejuízo do disposto nos arts. 203º a 210º, do CT, a duração média do trabalho semanal, incluindo trabalho suplementar, não pode ser superior a quarenta e oito horas, num período de referência estabelecido em instrumento de regulamentação coletiva de trabalho que não ultrapasse 12 meses ou, na falta deste, num período de referência de quatro meses ou de seis meses nos casos previstos no nº 2, do art. 207º, do CT.

Para Francisco Liberal Fernandes, o período de referência é o "intervalo temporal convencionado durante o qual vigora o regime de adaptabilidade, sendo igualmente o tempo em função do qual é determinada a duração média semanal do trabalho realizado; esta, não pode ser superior ao período normal de trabalho nem, verificando-se cumulativamente prestação de trabalho suplementar ou outra medida de flexibilidade, ultrapassar quarenta e oito horas (art. 211º, nº 1)"[135].

No cálculo da média referida no número anterior, os dias de férias são subtraídos ao período de referência em que são gozados (art. 211º, nº 2, do CT).

Os dias de ausência por doença, bem como os dias de licença parental, inicial ou complementar, e de licença para assistência a filho com deficiência ou doença crónica são considerados com base no correspondente período normal de trabalho (art. 211º, nº 3, do CT).

O regime suprarreferido não se aplica a trabalhador que ocupe cargo de administração ou de direção ou com poder de decisão autónomo, que esteja isento de horário de trabalho, ao abrigo das als. *a*) ou *b*), do nº 1, do art. 219º, do CT (art. 211º, nº 4, do CT).

2.5. Isenção de horário de trabalho

Por acordo escrito, pode ser isento de horário de trabalho o trabalhador que se encontre numa das seguintes situações (art. 218º, nº 1, do CT):

- *a*) Exercício de cargo de administração ou direção ou de funções de confiança, fiscalização ou apoio a titular desses cargos;
- *b*) Execução de trabalhos preparatórios ou complementares que, pela sua natureza, só possam ser efetuados fora dos limites do horário de trabalho;
- *c*) Teletrabalho e outros casos de exercício regular de atividade fora do estabelecimento, sem controlo imediato por superior hierárquico.

O instrumento de regulamentação coletiva de trabalho pode prever outras situações de admissibilidade de isenção de horário de trabalho (nº 2).

As partes podem acordar numa das seguintes modalidades de isenção de horário de trabalho, nos termos do art. 219º, nº 1, do CT:

- *a*) Não sujeição aos limites máximos do período normal de trabalho, salvo a limitação do art. 214º, nº 1, do CT, não aplicável a trabalhador que ocupe

[135] *O tempo de trabalho*, p. 98.

cargo de administração ou de direção ou com poder de decisão autónomo (art. 214º, nº 2, al. *a*), do CT);

b) Possibilidade de determinado aumento do período normal de trabalho, por dia ou por semana;

c) Observância do período normal de trabalho acordado, designado por *horário flexível*, dado que permite ao trabalhador gerir o início e o termo do período normal de trabalho.

Como regime supletivo (na falta de estipulação das partes do regime de isenção do horário aplicável), estabelece-se, a não sujeição aos limites máximos dos períodos normais de trabalho art. 219º, nº 2, do CT.

A isenção de horário de trabalho não prejudica o direito aos dias de descanso semanal, obrigatório ou complementar (art. 232º, do CT), a feriado (art. 234º, do CT) ou a descanso diário (art. 214º, do CT), de acordo com o preceituado no art. 219º, nº 3, do CT.

2.6. Trabalho por turnos

Considera-se trabalho por turnos qualquer organização do trabalho em equipa em que os trabalhadores ocupam sucessivamente os mesmos postos de trabalho, a um determinado ritmo, incluindo o rotativo, contínuo ou descontínuo, podendo executar o trabalho a horas diferentes num dado período de dias ou semanas (art. 220º, do CT)[136].

Devem ser organizados turnos de pessoal diferente sempre que o período de funcionamento ultrapasse os limites máximos do período normal de trabalho (art. 221º, nº 1, do CT).

Os turnos devem, na medida do possível, ser organizados de acordo com os interesses e as preferências manifestados pelos trabalhadores (art. 221º, nº 2, do CT).

A duração de trabalho de cada turno não pode ultrapassar os limites máximos dos períodos normais de trabalho (art. 221º, nº 3, do CT) e o trabalhador só pode mudar de turno após o dia de descanso semanal previsto no art. 232º, do CT (art. 221º, nº 4, do CT).

[136] *II – Trata-se de uma prática de emprego destinada a fazer uso das 24 horas diárias com vista à disponibilização de serviços durante todo aquele período, procedendo-se, por regra, à divisão do dia em diferentes intervalos de tempo correspondentes a outros tantos turnos diferentes durante os quais diferentes grupos de trabalhadores realizam o seu trabalho.* [Ac. da RC, de 15.01.2021 *in* www.dgsi.pt (Proc. nº 836/18.6T8GRD.C1)]

Os turnos no regime de laboração contínua e os de trabalhadores que asseguram serviços que não podem ser interrompidos, nomeadamente na atividade de segurança e vigilância de pessoas ou bens com caráter de permanência (*v.g.*, guarda, porteiro ou trabalhador de empresa de segurança ou vigilância), bem como de atividade caracterizada pela necessidade de assegurar a continuidade do serviço ou da produção (als. *d*) e *e*), do nº 2, do art. 207º, do CT), devem ser organizados de modo que os trabalhadores de cada turno gozem, pelo menos, um dia de descanso em cada período de sete dias, sem prejuízo do período excedente de descanso a que tenham direito (art. 221º, nº 5, do CT).

O empregador deve ter registo separado dos trabalhadores incluídos em cada turno (art. 221º, nº 6, do CT).

2.7. Trabalho noturno

Os instrumentos de regulamentação coletiva de trabalho estão habilitados a fixar o período de trabalho noturno, observando um período que tenha a duração mínima de sete horas e máxima de onze horas que inclua um intervalo entre as 0 e as 5 horas (art. 223º, nº 1, do CT).

Na ausência de tal fixação, considera-se, supletivamente, como período de trabalho noturno o compreendido entre as 22 horas de um dia e as 7 horas do dia seguinte (nº 2).

Para Pedro Romano Martinez, "não poderá qualificar-se como período noturno, por exemplo, das 20h às 8h, porque excede o período de onze horas, nem será possível considerar que o período noturno se circunscreve ao intervalo das zero às cinco, porque é inferior às sete horas mínimas"[137].

Considera-se trabalhador noturno o que presta, pelo menos, três horas de trabalho normal noturno em cada dia (art. 224º, nº 1, 1ª parte, do CT) ou que efetua durante o período noturno parte do seu tempo de trabalho anual correspondente a três horas por dia, ou outra definida por instrumento de regulamentação coletiva de trabalho (2ª parte).

O período normal de trabalho diário de trabalhador noturno, quando vigora o regime de adaptabilidade, não deve ser superior a oito horas diárias, em média semanal, sem prejuízo do disposto em instrumento de regulamentação coletiva de trabalho (art. 224º, nº 2, do CT).

[137] *Direito do Trabalho*, p. 544.

Para apuramento da média referida no número anterior não se contam os dias de descanso semanal obrigatório ou complementar (art. 232º, do CT) e os dias feriados (art. 234º, do CT), dispõe o nº 3, do art. 224º, do CT).

No caso das atividades que implicam riscos especiais ou tensão física ou mental significativa, que a lei elenca, o trabalhador noturno não deve prestar mais de oito horas de trabalho num período de vinte e quatro horas em que efetua trabalho noturno (nº 4, do art. 224º, do CT).

Da leitura conjugado dos nºs 5 e 6, do art. 224º, do CT, deflui que esta inibição não é aplicável:

- a trabalhador que ocupe cargo de administração ou de direção ou com poder de decisão autónomo que esteja isento de horário de trabalho;
- quando a prestação de trabalho suplementar seja necessária por motivo de força maior ou para prevenir ou reparar prejuízo grave para a empresa ou para a sua viabilidade devido a acidente ou a risco de acidente iminente;
- a atividade caracterizada pela necessidade de assegurar a continuidade do serviço ou da produção, nomeadamente a referida em qualquer das als. *d*) a *f*), do nº 2, do art. 207º, do CT, desde que por convenção coletiva seja concedido ao trabalhador período equivalente de descanso compensatório.

2.8. Trabalho suplementar

Entende-se por trabalho suplementar todo aquele que for prestado fora do horário de trabalho, dentro do seguinte âmbito:

- Trabalho diurno ou noturno prestado para além dos limites diários resultantes do horário, ou fora do horário de trabalho;
- Trabalho prestado em dia de descanso semanal ou em dia feriado (art. 226º, nº 1, do CT).

O nº 3 exclui os possíveis casos enquadráveis em trabalho suplementar.

Nos termos do art. 227º, do CT, o trabalho suplementar só pode ser prestado nos seguintes casos:

- Acréscimo eventual e transitório de trabalho que não justifique a contratação de novos trabalhadores (nº 1);
- Motivo de força maior (nº 2, 1ª parte);
- Quando se torne indispensável para prevenir ou reparar prejuízos graves para a empresa ou para a sua viabilidade (nº 2, 2ª parte).

Verificando-se uma das situações referidas, a prestação do trabalho suplementar insere-se no núcleo de obrigações legais do trabalhador, nos termos do art. 227º, nº 3, do CT (sob pena de incorrer na violação do dever de obediência, previsto no art. 128º, nº 1, al. *d*), do CT, caso os motivos de escusa de o prestar não se apresentem relevantes).

O trabalho suplementar que se fundamente no acréscimo eventual e transitório de trabalho (art. 227º, nº 1, do CT), e só o trabalho prestado nesse contexto, fica sujeito aos limites do art. 228º, do CT.

Os referidos limites temporais de desempenho, são, por lei, restringidos a duas horas por dia normal de trabalho (art. 228º, nº 1, al. *d*), do CT) e a um número de horas igual ao período normal de trabalho diário nos dias de descanso semanal (obrigatório ou complementar) e nos dias feriados [al. *e*)].

Quanto aos casos em que há durante meio período de trabalho prestação laboral em dia de descanso complementar (sábado), o trabalho suplementar prestado em tal dia, não pode exceder esse meio período normal de trabalho [al. *f*)].

Atenta a dimensão da empresa, as als. *a*) e *b*), do nº 1, do art. 228º, do CT apresentam limites anuais, os quais podem ser aumentados por instrumento de regulamentação coletiva de trabalho (nº 2).

O trabalho suplementar prestado em caso de força maior ou que seja indispensável para prevenir ou reparar prejuízo grave para a empresa ou para a sua viabilidade (art. 227º, nº 2, do CT), está apenas sujeito ao limite do período de trabalho semanal constante do nº 1, do art. 211º, do CT (art. 228º, nº 4, do CT).

Nos termos dos nºs 1 e 2, do art. 268º, do CT, na redação dada pela L nº 13/ /2023, de 03 de abril, a prestação de trabalho suplementar é retribuída de forma distinta, consoante o trabalho prestado seja até 100 horas anuais ou superior.

Assim, o trabalho suplementar até 100 horas anuais é remunerado em:

- 25% pela primeira hora ou fração desta e 37,5% por hora ou fração subsequente, em dia útil (al. *a*), do nº 1)];
- 50% por cada hora ou fração, em dia de descanso semanal, obrigatório ou complementar, ou em feriado (al. *b*), do nº 1).

Por sua vez, o trabalho suplementar superior a 100 horas anuais é remunerado em:

- 50% pela primeira hora ou fração desta e 75% por hora ou fração subsequente, em dia útil (al. *a*), do nº 2);

- 100% por cada hora ou fração, em dia de descanso semanal, obrigatório ou complementar, ou em feriado (al. *b*), do nº 2).

A retribuição por prestação de trabalho suplementar, só é exigível se o empregador, prévia e expressamente, a tiver determinado, ou realizada de modo a não ser previsível a oposição do empregador, ou seja, o recebimento da mesma é justamente expectável pelo trabalhador (art. 268º, nº 4, do CT)[138].

O trabalhador que presta trabalho suplementar impeditivo do gozo do descanso diário tem direito a descanso compensatório remunerado equivalente às horas de descanso em falta, a gozar num dos três dias úteis seguintes (art. 229º, nº 3, do CT).

No caso de prestação de trabalho em dia de descanso semanal obrigatório, a lei atribui um dia de descanso compensatório remunerado (quanto a nós, seja qual for a duração do trabalho suplementar realizado), a vencer-se nos três dias úteis seguintes (art. 229º, nº 4, do CT).

3. Regimes especiais

i) Trabalhadora grávida, puérpera ou lactante

A trabalhadora grávida, puérpera ou lactante tem direito a ser dispensada de prestar trabalho em horário de trabalho organizado de acordo com regime de adaptabilidade, de banco de horas ou de horário concentrado (art. 58º, nº 1, do CT). A dispensa aplica-se igualmente em caso de aleitação, quando a prestação de trabalho nos regimes nele referidos afete a sua regularidade (nº 2).

A trabalhadora grávida, bem como o trabalhador ou trabalhadora com filho de idade inferior a 12 meses, não está obrigada a prestar trabalho suplementar (art. 59º, nº 1, do CT).

A trabalhadora não está obrigada a prestar trabalho suplementar durante todo o tempo que durar a amamentação se for necessário para a sua saúde ou para a da criança (nº 2).

A trabalhadora tem direito a ser dispensada de prestar trabalho entre as 20 horas de um dia e as 7 horas do dia seguinte (art. 60º, nº 1, do CT):

a) Durante um período de 112 dias antes e depois do parto, dos quais pelo menos metade antes da data previsível do mesmo;

[138] *IV - O trabalhador tem direito à retribuição pelo trabalho prestado fora do seu horário de trabalho sempre que alegue e prove os seguintes factos: a prestação efetiva de trabalho fora do seu horário de trabalho; a determinação prévia e expressa de tal trabalho pelo empregador ou, pelo menos, a sua realização com o conhecimento (implícito ou tácito) e sem oposição daquele.* [Ac. da RG, de 06.02.2020 *in* www.dgsi.pt (Proc. nº 2614/18.3T8VRL.G1)]

b) Durante o restante período de gravidez, se for necessário para a sua saúde ou para a do nascituro;
c) Durante todo o tempo que durar a amamentação, se for necessário para a sua saúde ou para a da criança.

À trabalhadora dispensada da prestação de trabalho noturno deve ser atribuído, sempre que possível, um horário de trabalho diurno compatível (nº 2);

ii) Trabalhador menor
O menor é dispensado de prestar trabalho em horário organizado de acordo com o regime de adaptabilidade, banco de horas ou horário concentrado quando o mesmo puder prejudicar a sua saúde ou segurança no trabalho (art. 74º, nº 1, do CT).

Para efeito do número anterior, o menor deve ser submetido a exame de saúde previamente ao início da aplicação do horário em causa (nº 2).

O trabalhador menor não pode prestar trabalho suplementar (art. 75º, nº 1, do CT).

Este impedimento não se verifica se a prestação de trabalho suplementar por parte de menor com idade igual ou superior a 16 anos for indispensável para prevenir ou reparar prejuízo grave para a empresa, devido a facto anormal e imprevisível ou a circunstância excecional ainda que previsível, cujas consequências não podiam ser evitadas, desde que não haja outro trabalhador disponível e por um período não superior a cinco dias úteis (nº 2).

Na situação referida no número anterior, o menor tem direito a período equivalente de descanso compensatório, a gozar nas três semanas seguintes (nº 3).

É proibido o trabalho de menor com idade inferior a 16 anos entre as 20 horas de um dia e as 7 horas do dia seguinte (art. 76º, nº 1, do CT).

O menor com idade igual ou superior a 16 anos não pode prestar trabalho entre as 22 horas de um dia e as 7 horas do dia seguinte, sem prejuízo do disposto nos números seguintes (nº 2).

O menor com idade igual ou superior a 16 anos pode prestar trabalho noturno (nº 3):

a) Em atividade prevista em instrumento de regulamentação coletiva de trabalho, exceto no período compreendido entre as 0 e as 5 horas;
b) Que se justifique por motivos objetivos, em atividade de natureza cultural, artística, desportiva ou publicitária, desde que tenha um período

equivalente de descanso compensatório no dia seguinte ou no mais próximo possível.

No caso do número anterior, a prestação de trabalho noturno por menor deve ser vigiada por um adulto, se for necessário para proteção da sua segurança ou saúde (nº 4).

O disposto nos nºs 2 e 3, do art. 76º, do CT, não é aplicável se a prestação de trabalho noturno ocorrer em circunstância referida no nº 2, do art. 75º, do CT, sendo devido o descanso previsto no nº 3, deste mesmo art. 75º (art. 76º, nº 5, do CT);

iii) Trabalhador com deficiência ou doença crónica
O trabalhador com deficiência ou doença crónica, nomeadamente doença oncológica ativa em fase de tratamento, é dispensado da prestação de trabalho se esta puder prejudicar a sua saúde ou segurança no trabalho (art. 87º, nº 1, do CT):

a) Em horário organizado de acordo com o regime de adaptabilidade, de banco de horas ou horário concentrado;
b) Entre as 20 horas de um dia e as 7 horas do dia seguinte.

Para efeito do disposto no nº 1, do art. 87º, do CT, o trabalhador deve ser submetido a exame de saúde previamente ao início da aplicação do horário em causa (art. 87º, nº 2, do CT).

O trabalhador com deficiência ou doença crónica não é obrigado a prestar trabalho suplementar (art. 88º, nº 1, do CT);

iv) Trabalhador-estudante
O trabalhador-estudante não é obrigado a prestar trabalho suplementar, exceto por motivo de força maior, nem trabalho em regime de adaptabilidade, banco de horas ou horário concentrado quando o mesmo coincida com o horário escolar ou com prova de avaliação (art. 90º, nº 6, do CT).

Ao trabalhador-estudante que preste trabalho em regime de adaptabilidade, banco de horas ou horário concentrado é assegurado um dia por mês de dispensa, sem perda de direitos, contando como prestação efetiva de trabalho (nº 7).

O trabalhador estudante que preste trabalho suplementar tem direito a descanso compensatório com duração de metade do número de horas prestadas (nº 8).

v) Trabalhador cuidador

O trabalhador cuidador não é obrigado a prestar trabalho suplementar enquanto se verificar a necessidade de assistência (art. 101º-G, nº 1, do CT).

CAPÍTULO VI
RETRIBUIÇÃO

1. Noção

A retribuição é definida como a prestação a que, nos termos do contrato, das normas que o regem ou dos usos, o trabalhador tem direito como contrapartida do seu trabalho (art. 258º, nº 1, do CT).

Na contrapartida do trabalho inclui-se a retribuição base e todas as prestações regulares e periódicas feitas, direta ou indiretamente, em dinheiro ou em espécie (nº 2).

É expressamente consagrado que a base de cálculo das prestações complementares e acessórias (ligadas às circunstâncias e/ou condições do desempenho do trabalhador) é constituída, quando disposição legal (*v.g.*, art. 264º, do CT, sobre retribuição de férias e respetivo subsídio), convencional ou contratual, não disponha em contrário, apenas pela retribuição base e diuturnidades (art. 262º, nº 1, do CT).

Define-se também os seguintes conceitos retributivos:

i) Retribuição-base, associada à prestação correspondente à atividade do trabalhador no período normal de trabalho (art. 262º, nº 2, al. *a*), do CT);

ii) Diuturnidade, constituída pela prestação de natureza retributiva a que o trabalhador tem direito com fundamento na antiguidade [al. *b*)].

O interesse em considerar a prestação com expressão económica como retributiva prende-se com a insusceptibilidade de ser retirada ou modificada unilateralmente pelo empregador.

A erosão da retribuição poria em causa o *princípio da irredutibilidade,* que constitui uma das garantias do trabalhador (art. 129º, nº 1, al. *d*), do CT).

Qualquer prestação efetuada pelo empregador ao trabalhador presume-se constituir retribuição, face à característica da onerosidade do contrato de trabalho (art. 258º, nº 3, do CT).

Manifesta-se cada vez mais um repúdio pela *petrificação* do conceito de retribuição, substituindo-o pelo mais ágil "complexo retributivo".

2. Prestações incluídas ou excluídas do conceito de retribuição

Não havendo indicações no contrato de trabalho, o art. 260º, do CT, norma supletiva, apresenta alguns exemplos de prestações incluídas ou excluídas no conceito de retribuição. Não se considera retribuição:

i) As importâncias recebidas a título de ajudas de custo, abonos de viagem[139], despesas de transporte, abonos de instalação e outras equivalentes, devidas por deslocações, novas instalações ou despesas feitas em serviço do empregador (nº 1, al. *a*), 1ª parte). Bem como, o abono para falhas[140] e o subsídio de refeição[141] (por remissão do nº 2).

No entanto, já se considera que esses valores integram a retribuição se, sendo tais deslocações ou despesas frequentes, essas importâncias, na parte que exceda os respetivos montantes normais, tenham sido previstas no contrato ou se devam considerar pelos usos como elemento integrante da retribuição do trabalhador (nº 1, al. *a*), 2ª parte);

ii) As gratificações ou prestações extraordinárias concedidas pelo empregador como recompensa ou prémio dos bons resultados obtidos pela empresa [al. *b*)].

Atento o seu caráter extraordinário, de recompensa ou prémio, estas prestações não integram o conceito de retribuição.

No entanto, confere-se caráter retributivo às gratificações que sejam devidas por força do contrato ou das normas que o regem, ainda que condicionadas aos bons serviços do trabalhador e as gratificações que, pela sua importância e caráter regular e permanente, de acordo com o princípio da continuidade, devam considerar-se, pelos usos, como elemento integrante da retribuição [nº 3, al. *a*)].

139 *Não tendo sido alegado, nem provado, que as quantias auferidas a título de abono de viagem não se destinam ao pagamento de despesas inerentes a essa prestação monetária ou que excedam o montante de tais despesas, não têm as mesmas, atento os arts. 87º da LCT, 260º, nº 1, do CT/2003 e 260º, nº 1, al. a), do CT/2009, natureza retributiva.* [Ac. da RP, de 09.05.2016 *in* www.dgsi.pt (Proc. nº 0/14.0TTMTS.P1]

140 *VI – Os abonos para falhas não têm caráter de retribuição.* [Ac. da RP, de 06.06.2016 *in* www.dgsi.pt (Proc. nº 3200/15.5T8AVR.P1)]

141 *– Não se consideram retribuição as importâncias devidas a título de subsídio de refeição, salvo quando, essas importâncias, na parte em que exceda os respetivos montantes normais, tenham sido previstas no contrato ou se devam considerar pelos usos como elemento integrante da retribuição do trabalhador. 2 – Cabe ao A., em ação que tenha na sua base a qualificação daquela prestação como retribuição, alegar e provar os pressupostos fáticos capazes de convencer que o subsídio de refeição tem caráter retributivo.* [Ac. da RG, de 15.03.2016 *in* www.dgsi.pt (Proc. nº 470/15.2T8VNF.G1)]

Indica-se que as gratificações que podem possuir uma componente legal, como o subsídio de férias e de natal, contratual, como o subsídio de páscoa ou, usual, desde que concedida com regularidade e permanência, possuem natureza retributiva.

A questão das gorjetas, se entendidas ou não como gratificação, não é linear. Tratam-se, segundo os usos, de prestações pagas pelos beneficiários do serviço ao trabalhador. São comuns na hotelaria e restauração, de tal forma que há contratos que as englobam como fazendo parte do incremento retributibo com o qual o trabalhador pode contar.

No entanto, o credor do trabalho é sempre o empregador, pelo que esta expressão do espírito de liberalidade do cliente não nos parece conforme com a natureza da relação retributiva;

iii) As prestações decorrentes de factos relacionados com o desempenho ou mérito profissionais, bem como a assiduidade do trabalhador, cujo pagamento não esteja antecipadamente garantido [al. *c*)].

Com efeito, se houvesse uma garantia de recebimento da prestação, esta já integraria o conceito de retribuição[142].

iv) A participação nos lucros da empresa, desde que ao trabalhador esteja assegurada pelo contrato uma retribuição certa, variável ou mista, adequada ao seu trabalho [nº 3, al. *d*)].

A prática de distribuição de lucros entre os trabalhadores ocorre em certo tipo de empresas, como modelo de motivação, contudo, se o trabalhador tem uma retribuição com alguma estabilidade, os dividendos não integram a prestação retributiva.

Por sua vez, a insuficiência de proventos do trabalhador determinará a integração da participação dos lucros na retribuição.

Integram o conceito de retribuição as prestações relacionadas com os resultados obtidos pela empresa, quando pelo título atributivo, pela atribuição

[142] *I – Têm natureza retributiva as prestações decorrentes de avaliações de desempenho e/ou mérito profissionais, bem como as referentes aos resultados obtidos pela empresa, cujo pagamento ao trabalhador esteja antecipadamente garantido por força do contrato ou das normas que o regem e que revistam um caráter estável, regular e permanente. II – Deve ser considerada retribuição uma prestação paga anualmente ao trabalhador cujas condições de atribuição estão publicadas na Intranet da Ré, e que é determinada pelo conjunto de três componentes: o desempenho individual do trabalhador – 30%; o desempenho da área de negócio do trabalhador – 40%; e o desempenho global da empresa – 30%, sendo certo que estes elementos se reportam a um ano civil, sendo que o seu conhecimento apenas ocorre no ano civil seguinte, ou seja, após o encerramento das contas da área de negócio e da empresa e da avaliação referente ao ano em causa.* (Ac. STJ, de 06.05.2020 (Proc. nº 14746/18.3T8LSB.L1.S1) *in* CJ, nº 304, Ano XXVIII, T. II/2020, p. 237)

regular e permanente, revistam caráter estável, independentemente da variabilidade do seu montante [nº 3, al. *b*)].

Júlio Gomes[143] exemplifica com a entrega pelo empregador de um prémio, com natureza excecional (por exemplo, um prémio de fim de ano, em função do desempenho do trabalhador) que repete no ano seguinte, criando a expectativa nos trabalhadores do seu recebimento.

Em tal caso, a prestação assumirá o caráter retributivo, mesmo quando, sendo o prémio dependente dos resultados da empresa, se revele uma constante, ainda que de montante variável.

3. Prestações retributivas complementares em espécie

Para além da retribuição pecuniária, o art. 259º, do CT, admite a retribuição em espécie (por ex., atribuição de computador, telemóvel, automóvel), desde que destinada à satisfação de necessidades pessoais do trabalhador ou da sua família e não apenas como mero instrumento de trabalho[144].

Quanto à utilização de veículo automóvel, possível também para fins pessoais (inclusive nos dias de descanso do trabalhador e durante o período de férias), a mesma concretiza um benefício económico para o trabalhador, devendo integrar o conceito de retribuição[145].

O cartão de crédito, utilizado para prover a necessidades pessoais do trabalhador e não apenas a atos de representação deste, será considerado como retribuição.

Os seguros de vida integram o conceito de retribuição, pela sua natureza regular e periódica, nos termos do art. 258º, nº 2, do CT[146].

[143] *Direito do Trabalho*, p. 769.

[144] *A atribuição de uma viatura automóvel, de um computador, telemóvel (com INTERNET e dados móveis) para uso profissional, permitindo a empregadora também o uso pessoal, não constitui retribuição se se prova que aqueles instrumentos eram indispensáveis ao exercício da atividade profissional, tolerando a empregadora o seu uso pessoal com limitações.* [Ac. da RL de 13.07.2020 *in* www.dgsi.pt (Proc. nº 92/19.9T8CSC.L1-4)]

[145] *Provando-se que o empregador atribuiu ao trabalhador um veículo automóvel para seu uso exclusivo, uso profissional e uso particular, incluindo fins de semana, férias e feriados, e que aquele ficou a suportar todos os encargos com a sua manutenção, seguro, portagens e combustível, assume tal prestação natureza retributiva e fica o empregador vinculado a efetuar, com caracter de obrigatoriedade, essa prestação.* [Ac. do STJ, de 13.02.2019 *in* www.dgsi.pt (Proc. nº 7847/17.7T8LSB.L1.S1)]

[146] *I – Têm natureza retributiva os seguros de vida e acidentes pessoais, enquanto benefícios que a entidade patronal decidiu, através de ordens de serviço, atribuir aos seus trabalhadores, por integrarem prestações regulares e periódicas com inegável valor patrimonial, gerando nos últimos uma legítima expectativa quanto ao recebimento dessa atribuição. II – Sendo tais ordens de serviço aceites pelos trabalhadores não podem ser alteradas por determinação unilateral do empregador.* [Ac. da RL, de 07.12.2014 *in* www.dgsi.pt (Proc. nº 4178/2007-4)]

4. Prestações complementares em dinheiro

4.1. Subsídio de férias

O art. 264º, nº 2, do CT, dispõe que o subsídio de férias compreende a retribuição base e outras prestações retributivas que sejam contrapartida do modo específico da execução do trabalho.

O subsídio visa dotar o trabalhador de um rendimento complementar para o respetivo gozo das férias.

A lei não clarifica o que deve integrar ou não a prestação retributiva. A norma é, aliás, de difícil entendimento e concretização. O ponto de partida será o de averiguar quais as prestações que correspondem ao modo específico da execução do trabalho.

Parece consensual excluir as prestações que o trabalhador não terá que despender por se encontrar em gozo de férias, como o subsídio de alimentação e de transporte e as ajudas de custo.

Serão de incluir atenta a penosidade do desempenho, os subsídios de turno, de trabalho noturno, de isolamento e de risco[147].

4.2. Subsídio de Natal

"O subsídio de natal surge (assim) como uma prestação retributiva pecuniária que se forma gradualmente e cujo vencimento ocorre anualmente na época natalícia, precisamente para assegurar um maior rendimento disponível para fazer face às despesas tendencialmente superiores a cargo dos trabalhadores nesse período", explica Sónia Preto[148].

A norma contida no art. 263º, do CT, não indica o que integra a base de cálculo deste subsídio.

Se entendermos que este é uma prestação acessória ou complementar, o art. 262º, do CT (norma supletiva) refere que a base de cálculo é constituída apenas pela retribuição base e diuturnidades.

[147] *Só relevam para efeitos de quantificação do subsídio de férias as prestações retributivas que se referem ao condicionalismo externo que rodeia a prestação de trabalho (penosidade, isolamento, toxicidade, trabalho suplementar, trabalho noturno, turnos rotativos...), com exclusão daquelas que pressuponham a efetiva prestação da atividade, quer respeitem ao próprio trabalhador e ao seu desempenho (prémios, gratificações, comissões...), quer consistam na assunção pelo empregador de despesas em que incorreria o trabalhador por causa da prestação do trabalho (subsídios de refeição e de transporte...).* [Ac. da RP, de 14.03.2016 *in* www.dgsi.pt (Proc. nº 574/13.6TTMAI.P1)]

[148] *Alguns aspetos da retribuição: II – os subsídios de férias, de Natal e de balanço*, p. 74.

Segundo a jurisprudência, "a média das prestações complementares pagas a título de trabalho suplementar, trabalho noturno, compensação especial, compensação especial distribuição e compensação por horário incómodo, durante o período de, pelo menos, 11 meses do ano, devia computar-se no cálculo da retribuição de férias, no subsídio de férias e no subsídio de Natal"[149].

Quanto às ajudas de custo, "se o pagamento destas não tiver causa específica, elas constituem correspetivo da prestação laboral, pelo que integram a retribuição base, devendo ser consideradas no subsídio de Natal"[150].

Assim, a base de cálculo legal só é aplicável na ausência de disposições legais, convencionais ou contratuais que não disponham em contrário, ou seja, nada impede a inclusão de outras prestações para cômputo do valor do subsídio.

4.3. Retribuição por isenção de horário de trabalho

A retribuição especial difere consoante a modalidade de isenção de horário de trabalho.

Assim, o trabalhador em regime de isenção com observância do período normal de trabalho recebe a retribuição especial correspondente a *duas horas de trabalho suplementar por semana* (art. 265º, nº 1, al. *b*), do CT).

O trabalhador que preste trabalho suplementar em regime de não sujeição aos limites máximos do período normal de trabalho ou com determinado aumento desse período, por dia ou semana (art. 219º, nº 1, als. *a*) e *b*), do CT), recebe um aumento correspondente a *uma hora de trabalho suplementar por dia* (art. 265º, nº 1, al. *a*), do CT).

O trabalhador que exerça cargo de administração ou de direção pode renunciar à retribuição especial (art. 265º, nº 2, do CT), entende-se que atenta a retribuição (elevada) auferida pelo cargo exercido.

A retribuição especial apenas é auferida enquanto o regime de trabalho for o de isenção, pelo que não se encontra submetida ao princípio da irredutibilidade, podendo o empregador suprimi-la quando cesse a situação específica que esteva na base da atribuição.

[149] Ac. da RP, de 30.11.2015 *in* www.dgsi.pt (Proc. nº 341/14.0TTVNG.P1).

[150] Ac. da RP, de 02.07.2012 *in* www.dgsi.pt (Proc. nº 872/09.3TTMTS.P1).

4.4. Pagamento de trabalho noturno

Segundo reza o art. 266º, nº 1, do CT, o trabalho noturno é pago com acréscimo de 25% relativamente ao pagamento de trabalho equivalente prestado durante o dia.

Este acréscimo pode ser substituído, mediante instrumento de regulamentação coletiva de trabalho, por (nº 2):

a) Redução equivalente do período normal de trabalho;
b) Aumento fixo da retribuição base, desde que não importe tratamento menos favorável para o trabalhador.

O nº 3, do mesmo art. 266º, determina que o acréscimo, não estando consignado em instrumento de regulamentação colectiva de trabalho, não se aplica:

- Em actividade exercida exclusiva ou predominantemente durante o período nocturno, designadamente espetáculo ou diversão pública;
- Em actividade que, pela sua natureza ou por força da lei, deva funcionar à disposição do público durante o período nocturno, designadamente empreendimento turístico, estabelecimento de restauração ou de bebidas, ou farmácia, em período de abertura;
- Quando a retribuição seja estabelecida atendendo à circunstância de o trabalho dever ser prestado em período nocturno.

4.5. Pagamento de trabalho suplementar

O trabalho suplementar é pago pelo valor da retribuição horária com um acréscimo que varia de acordo com o número de horas anuais (art. 268º, nºs 1 e 2, do CT).

Assim, se o mesmo não ultrapassar 100 horas anuais o acréscimo é de:

- 25% pela primeira hora ou fração desta e 37,5% por hora ou fração subsequente, em dia útil;

- 50% por cada hora ou fração, em dia de descanso semanal, obrigatório ou complementar, ou em feriado.

Já se ultrapassar esse limite o acréscimo é de:

- 50% pela primeira hora ou fração desta e 75% por hora ou fração subsequente, em dia útil;

- 100% por cada hora ou fração, em dia de descanso semanal, obrigatório ou complementar, ou em feriado.

4.6. Prestações relativas a dia feriado

O trabalhador tem direito à retribuição correspondente a feriado, sem que o empregador a possa compensar com trabalho suplementar (art. 269º, nº 1, do CT).

5. A igualdade de tratamento em matéria retributiva

A igualdade de tratamento em matéria salarial constitui direito constitucionalmente consagrado (art. 59º, nº 1, al. *a*), da CRP), que o Código do Trabalho expressamente acolhe no art. 270º.

É pacífico que a retribuição deverá ser conforme à:

- *Quantidade de trabalho prestado* (*i.e.*, à sua duração e intensidade, daí a autonomização normativa do trabalho suplementar);
- *Natureza do trabalho* (tendo em conta a dificuldade, penosidade ou perigosidade da execução laboral);
- *Qualidade do trabalho* (de acordo com o perfil de exigência traçado pelo empregador quanto aos conhecimentos, prática e capacidade requeridas).

Desta doutrina resulta como corolário que a *trabalho igual em quantidade, natureza e qualidade* deve corresponder *salário igual*[151].

6. Tempo do cumprimento

O cumprimento da obrigação de retribuir ocorre na data do vencimento ou no dia útil imediatamente anterior (art. 278º, nº 4, do CT), constituindo-se o empregador em mora (art. 323º, nº 2, do CT) se o trabalhador, por facto que não lhe

[151] *I – Todos os trabalhadores têm direito à retribuição do trabalho segundo a quantidade, natureza e qualidade, observando-se o princípio de que para trabalho igual salário igual. II – São pressupostos do princípio "a trabalho igual, salário igual", a identidade de natureza da atividade e a igualdade do tempo de trabalho. III – Viola esse princípio o empregador que dispensa tratamento diferenciado ao nível das retribuições pagas a pessoas que, exercendo funções no âmbito da sua organização, contratadas sob o mesmo regime legal, desempenham exatamente as mesmas funções do ponto de vista da qualidade e quantidade.* [Ac. da RC, de 14.06.2012 *in* www.dgsi.pt (Proc. nº 222/11.9TTVIS.C1)]

seja imputável (*v.g.*, cancelamento da conta bancária disponível para depósito em conta) não puder dispor da respetiva retribuição na data do vencimento (nº 5).

7. Princípios fundamentais da retribuição

7.1. Princípio da irredutibilidade da retribuição

Decorre do art. 129º, nº 1, al. *d*), do CT, que a retribuição não pode ser reduzida pelo empregador, cuidando a lei da retribuição estrita, ou seja, aquilo que, nos termos do contrato, das normas que o regem ou dos usos, o trabalhador tem direito em contrapartida do seu trabalho (art. 258º, nº 1, do CT), salvo nos casos expressamente previstos na lei ou em instrumentos de regulamentação coletiva.

Atento o princípio consagrado no art. 406º, do CC, o contrato pode modificar-se por mútuo consentimento dos contraentes ou nos casos admitidos na lei. Por conseguinte, sendo o contrato de trabalho um negócio jurídico e, por isso, sujeito, ainda que supletivamente, ao regime jurídico aplicável aos contratos em geral, a alteração unilateral (pelo empregador) da estrutura da retribuição (que tenha sido fixada por contrato) não será considerada lícita[152], dado que obriga a consentimento da contraparte. No entanto, o apuramento do *consentimento* reclama uma ponderação cautelosa, atendendo ao ónus que impende sempre sobre o trabalhador de manutenção de emprego, colocando-o numa situação de especial vulnerabilidade, agravada pelo seu fraco ou nulo poder negocial.

7.2. Princípio da inadmissibilidade da compensação integral

O empregador não pode compensar a retribuição em dívida com créditos que tenha sobre o trabalhador (art. 279º, nº 1, do CT).

Por força do nº 2, deste preceito, esta proibição não se aplica:

a) A desconto a favor do Estado, da segurança social ou outra entidade, ordenado por lei, decisão judicial transitada em julgado ou auto de conciliação, quando o empregador tenha sido notificado da decisão ou do auto;

b) A indemnização devida pelo trabalhador ao empregador, liquidada por decisão judicial transitada em julgado ou auto de conciliação;

c) À sanção pecuniária a que se refere a al. *c*), do nº 1, do art. 328º, do CT;

[152] Cfr. o Ac. do STJ, de 10.05.1995 *in* BMJ, 447, p. 279.

d) A amortização de capital ou pagamento de juros de empréstimo concedido pelo empregador ao trabalhador;
e) A preço de refeições no local de trabalho, de utilização de telefone, de fornecimento de géneros, de combustíveis ou materiais, quando solicitados pelo trabalhador, ou outra despesa efectuada pelo empregador por conta do trabalhador com o acordo deste;
f) A abono ou adiantamento por conta da retribuição.

Todavia, o legislador, no nº 3, do art. 279º, do CT, estabeleceu como limite descontável um sexto da retribuição, salvaguardando a situação tipificada na al. *a*).

7.3. Princípio da impenhorabilidade parcial

Nos termos do art. 738º, nº 1, do CPC, são impenhoráveis dois terços da parte líquida dos salários auferidos pelo executado (trabalhador).

O que vem no encaminhamento do art. 10º, nº 2, da Convenção da OIT nº 95 (proteção do salário), segundo o qual o salário deve ser protegido contra a penhora ou a cessão na medida considerada necessária para assegurar o sustento do trabalhador e da sua família.

7.4. Princípio da irrenunciabilidade da retribuição

O trabalhador não pode renunciar previamente à retribuição ou a parte dela.

7.5. Princípio da imprescritibilidade dos créditos retributivos na vigência do contrato de trabalho

O crédito de empregador ou de trabalhador emergente de contrato de trabalho, da sua violação ou cessação prescreve decorrido um ano a partir do dia seguinte àquele em que cessou o contrato de trabalho (art. 337º, nº 1, do CT). Este prazo revela-se significativamente mais curto do que o prazo fixado no art. 310º, do CC.

Na vigência e no decurso da relação laboral, os créditos devidos pela execução do contrato ou decorrentes da sua violação não prescrevem.

O nº 2 estabelece um regime especial em matéria probatória, alargando o prazo para cinco anos. Não se trata, no entanto, de um alargamento prescricional dos créditos aí discriminados, mas somente de combater a perda da frescura probatória, exigindo-se então que a prova de créditos resultantes de compensação por violação do direito a férias, pela aplicação de sanções abusivas ou pela realização de trabalho suplementar, vencidos há mais de cinco anos, seja efetuada por documento idóneo. Exigência que poderá dificultar seriamente o regime da prova.

E o crédito de trabalhador, não é suscetível de extinção por meio de remissão abdicativa, salvo através de transação judicial (nº 3)[153].

7.6. Princípio da continuidade

A retribuição é devida, independentemente das vicissitudes que possam atingir a efetiva prestação de trabalho (nomeadamente, as flutuações na produção que atingem o empregador), na medida em que corresponde à mera disponibilidade do trabalhador, sendo exigível mesmo quando, por causas a ele alheias, este não se chegue a concretizar.

8. Caráter alimentício da retribuição

A retribuição tem para o trabalhador caráter alimentício, na medida em que se destina à satisfação de necessidades essenciais, pelo que o crédito daí decorrente deve ser protegido contra:

- Os credores do empregador, por isso, a lei atribui a natureza de privilegiados aos créditos emergentes do contrato de trabalho e da sua violação ou cessação (art. 333º, nº 1, do CT), derrogando, por conseguinte, o art. 737º, nº 1, al. *d*) e nº 2, do CC, que só concede tal natureza aos créditos dos últimos seis meses;
- Os credores do próprio trabalhador, considerando a lei impenhoráveis 2/3 do salário (art. 738º, nº 1, do CPC);
- Os créditos do empregador, pelo que, ressalvadas certas hipóteses, se proíbe ao empregador a compensação da retribuição em dívida por créditos que tenha sobre o trabalhador ou a realização de descontos ou deduções sobre o montante da retribuição (art. 279º, nº 1, do CT);
- O próprio trabalhador, daí a lei não lhe permitir ceder, a título gratuito ou oneroso, os seus créditos a retribuições na medida em que estes sejam impenhoráveis (art. 280º, do CT).

[153] O nº 3 foi aditado pela L nº 13/2023, de 03 de abril.

9. Os créditos retributivos como créditos privilegiados

Entende-se por privilégio creditório a faculdade, conferida por lei, a certos credores de serem pagos com preferência sobre os demais, em atenção à causa dos seus créditos, independentemente do registo (art. 733º, CC).

Os privilégios estão sujeitos ao princípio da tipicidade, podendo ser mobiliários e imobiliários (art. 735º, nº 1, CC).

Os *privilégios mobiliários* são gerais, recaem sobre o património mobiliário do devedor (abrangem o valor de todos os bens móveis existentes), à data da penhora ou de ato equivalente (nº 2, 1ª parte).

Não constituem um direito real, concedendo apenas preferência de pagamento em relação aos credores comuns e, por outro lado, não prevalecem sobre as garantias reais (como o penhor).

São especiais se compreendem só o valor de determinados bens móveis (art. 735º, nº 2, 2ª parte, do CT). De frisar que os *privilégios imobiliários*, estabelecidos no Código Civil, são sempre especiais (art. 735º, nº 3, do CT).

Segundo o disposto no art. 333º, do CT, os créditos laborais assumem a natureza de privilégios mobiliários gerais e imobiliários especiais.

Nos termos da al. *a*), do nº 1, os créditos dos trabalhadores emergentes do contrato de trabalho, da sua violação ou cessação gozam de privilégio mobiliário geral[154].

Nos termos da al. *b*), o trabalhador detém um privilégio imobiliário especial relativamente a bem imóvel do empregador no qual preste a sua atividade.

De realçar que os nossos tribunais, fazendo uma interpretação mais ampla da norma, têm defendido que a al. *b*), do nº 1, abrange todos os imóveis da empregadora que estejam afetos à sua atividade empresarial, "à qual os trabalhadores estão funcionalmente ligados, independentemente da localização dos seu posto de trabalho, o que afasta, *a se*, qualquer ligação naturalística, atendendo-se apenas e tão-só à relação laboral existente, fonte do crédito e os bens imóveis afetos à atividade prosseguida, que constituem a garantia daquele, ficando excluídos todos aqueles imóveis embora pertencentes ao empregador, mas que estejam arrendados e/ou que tenham sido afetados a quaisquer outros fins diversos da específica atividade económico/empresarial"[155].

[154] Este privilégio mobiliário geral, não incidindo sobre coisa certa e determinada, mas sobre o património do devedor, não é um verdadeiro direito real, *"mas uma mera preferência de pagamento, que assume a eficácia que lhe é própria aquando do ato da penhora, ou seja, que confere preferência no pagamento em relação aos credores comuns"*. [Ac. da RC, de 21.05.2019 *in* www.dgsi.pt (Proc. nº 4705/17.9T8VIS-B.C1)].

[155] Ac. da RE, de 08.11.2018 *in* www.dgsi.pt (Proc. nº 4029/16.9T8STB-C.E1).

Em todo o caso, não devemos esquecer que, nalguns casos, o trabalhador não exerce a sua atividade em bens imóveis pertencentes ao empregador. De facto, pode suceder que o empregador ocupe o bem imóvel, a título de arrendamento ou que a atividade seja prestada em bens imóveis pertencentes aos clientes do empregador (veja-se, a título de exemplo, a construção civil) ou fora das instalações do empregador (*v.g.*, teletrabalho, previsto nos arts. 165º e ss., do CT). Neste contexto, importa atender ao âmbito espacial da atividade do trabalhador. O nº 1, do art. 193º, do CT, diz-nos que o trabalhador deve, em princípio, realizar a sua prestação no local contratualmente definido[156].

10. Fundo de garantia salarial

Nos termos do art. 336º, do CT, os créditos laborais poderão ser cumpridos pelo fundo de garantia salarial (aprovado pelo DL nº 59/2015, de 21 de abril) se o empregador não os satisfizer por motivo de insolvência ou de situação económica difícil.

Nos termos do art. 5º, nº 1, do DL nº 59/2015, de 21 de abril, o Fundo efetua o pagamento dos créditos garantidos mediante requerimento do trabalhador, do qual constam, designadamente, a identificação do requerente e do respetivo empregador e a discriminação dos créditos objeto do pedido.

Ao abrigo dos nºs 2 e 4, deste preceito, o requerimento é apresentado em qualquer serviço da segurança social ou em www.seg-social.pt, através de modelo aprovado por portaria dos membros do Governo responsáveis pelas áreas do emprego e da segurança social e deve ser instruído, consoante as situações, com os seguintes documentos:

a) Declaração ou cópia autenticada de documento comprovativo dos créditos reclamados pelo trabalhador, emitida pelo administrador de insolvência ou pelo administrador judicial provisório;
b) Declaração comprovativa da natureza e do montante dos créditos em dívida declarados no requerimento pelo trabalhador, quando o mesmo não seja parte constituída, emitida pelo empregador;
c) Declaração de igual teor, emitida pelo serviço com competência inspetiva do ministério responsável pela área do emprego, quando não seja possível obtenção dos documentos previstos nas alíneas anteriores.

[156] Paula Quintas/Hélder Quintas, *Código do Trabalho – Anotado e Comentado*, pp. 751-752.

Para além disso, o nº 4, do art. 5º, do DL nº 59/2015 determina que o requerimento é certificado pelo administrador da insolvência, pelo administrador judicial provisório, pelo empregador ou pelo serviço com competência inspetiva do ministério responsável pela área do emprego, consoante o caso, sendo a certificação feita:

a) Através de aposição de assinatura eletrónica; ou
b) Através de assinatura manuscrita no verso do documento.

CAPÍTULO VII
ATIVIDADE DO TRABALHADOR

1. Noção e delimitação jurídica

Cabe às partes determinar, por acordo, a atividade para que o trabalhador é contratado (art. 115º, nº 1, do CT).

Podemos definir a *atividade principal* como o núcleo central de atos manuais ou intelectuais a cuja realização o trabalhador se vinculou e que caracterizam uma determinada categoria profissional, delimitando, do ponto de vista espaço temporal e funcional, o desempenho profissional exigível ao trabalhador.

A determinação da atividade pode ser feita por remissão para categoria de instrumento de regulamentação coletiva de trabalho ou de regulamento interno de empresa (nº 2).

Quando a natureza da atividade envolver a prática de negócios jurídicos, considera-se que o contrato de trabalho concede ao trabalhador os necessários poderes, salvo se a lei exigir instrumento especial (nº 3).

Como princípio geral, o trabalhador deve, em princípio, exercer funções correspondentes à atividade para que foi contratado, devendo o empregador atribuir-lhe, no âmbito da referida atividade, as funções mais adequadas às suas aptidões e qualificação profissional (art. 118º, nº 1, do CT)[157].

A *qualificação profissional* deve ser entendida como o conjunto de aptidões e preparação profissional do trabalhador, ou seja, os conhecimentos académicos, teóricos, práticos, profissionais, indispensáveis à realização da função.

O regime-regra admite, no entanto, derrogações nos casos em que é legítimo ao empregador exigir ao trabalhador outra tarefa e atividade, que não corresponde àquela para o qual foi contratado.

Por força do nº 2, do art. 118º, do CT, o objeto do contrato abrange, para além da chamada *atividade principal* (o núcleo essencial da prestação de trabalho), todas as *funções afins ou funcionalmente ligadas à atividade principal* contratada para as quais o trabalhador tenha qualificação adequada e que não impliquem desvalorização profissional (atividades acessórias).

[157] *I – Tendo o Autor sido contratado para o exercício das funções de coordenador do serviço financeiro, que efetivamente veio a exercer, é inadequada a categoria de Técnico Superior que lhe foi atribuída pelo réu e cujo conteúdo funcional se reporta a funções consultivas, completamente distintas daquelas.* [Ac. da RP, de 08.10.2012 *in* www.dgsi.pt (Proc. nº 46/11.3TTOAZ.P1)]

Consideram-se afins ou funcionalmente ligadas, designadamente, as funções compreendidas no mesmo grupo ou carreira profissional, sem prejuízo do disposto em instrumento de regulamentação coletiva de trabalho (nº 3).

Ao trabalhador é pedido o exercício da atividade principal e simultaneamente, da atividade acessória, ou seja, trata-se de um *regime de simultaneidade* e não de substituição.

A exigência de realização de funções afins ou funcionalmente ligadas com a atividade contratada, está, em princípio, no âmbito do exercício normal do poder de direção do empregador, mesmo que as partes, na definição do objeto, tenham remetido expressamente para uma categoria profissional, convencional ou regulamentar, nos termos do art. 115º, nº 2, do CT.

Esta inclusão funcional depende dos seguintes requisitos consignados nos nºs 2 e 3, do art. 118º, do CT):

i) As funções sejam afins ou funcionalmente ligadas à atividade contratada[158]

Jorge Leite, defendia que "Uma atividade tem ligação com outra quando ambas se inserem no mesmo processo produtivo, ou seja, quando o resultado de uma implica, exige ou postula a outra e que, mantendo como critério orientador o da aproximação aos diplomas sobre formação profissional, duas atividades são afins quando ambas exigem conteúdos formativos e bases científicas idênticas ou próximas"[159];

ii) O trabalhador tenha qualificação adequada para as realizar

No contexto do nº 2, do art. 22º, da revogada LCT, a qualificação era entendida como "a soma ou, talvez melhor, a síntese do conjunto de aptidões pessoais para o desempenho de determinado cargo, função ou posto de trabalho, aptidões naturais e aptidões adquiridas, designadamente, força e destreza física e intelectual, conhecimentos escolares, científicos e técnicos, experiência, etc., todas elas componentes, podendo, porém, incluir igualmente a componente formal da titulação escolar e/ou profissional"[160];

[158] *I – Não constitui infração disciplinar a recusa de um trabalhador, que tem a categoria profissional de serralheiro, em cumprir a ordem transmitida pelo seu superior hierárquico, para que fosse limpar e remover as ervas daninhas que cresciam no exterior da fábrica, pois a tarefa em causa não pode ser considerada uma função afim ou funcionalmente ligada à atividade contratada, dado que é uma função que nada tem a ver com o grupo ou carreira profissional do apelado, pelo que só poderia ser concretizada com o acordo do trabalhador.* [Ac. da RE, de 16.05.2019 *in* www.dgsi.pt (Proc. nº 7402/17.1T8STB.E1)]

[159] *Flexibilidade funcional*, p. 33.

[160] Jorge Leite, *Flexibilidade funcional*, p. 31.

iii) A sua realização não implique desvalorização profissional

A valorização profissional é entendida como o conjunto de circunstâncias que contribuem para a realização e promoção profissionais do trabalhador, para a melhoria das condições de exercício da atividade e para o seu desenvolvimento cultural, económico e social.

Sempre que o exercício de funções acessórias exigir especial qualificação, o trabalhador tem direito a formação profissional não inferior a dez horas anuais (art. 118º, nº 4, do CT).

2. Mudança para categoria inferior

A mudança do trabalhador para categoria inferior àquela para que se encontra contratado pode ter lugar mediante acordo, com fundamento em necessidade premente da empresa ou do trabalhador, devendo ser autorizada pela ACT, no caso de determinar diminuição da retribuição (art. 119º, do CT).

No contrato de trabalho vigora o *princípio da irreversibilidade da categoria profissional*, pelo que, a mudança para categoria inferior, depende dos seguintes requisitos:

i) Necessidade premente da empresa

Em princípio, o trabalhador não pode ser sujeito ao exercício de atividades não compreendidas na categoria para que foi contratado (art. 118º, do CT).

A necessidade da empresa deverá ser entendida como toda e qualquer situação, de natureza, designadamente, tecnológica, conjuntural e económica, que imponha – no interesse sério e real da empresa – a mudança de categoria, *v.g.*, modificação na tecnologia utilizada, alteração na estrutura organizativa, etc..

A necessidade tem, ainda, de ser premente, ou seja, essencial para o interesse da empresa e para a conservação de postos de trabalho (incluindo o do visado);

ii) Necessidade premente do trabalhador

A necessidade premente deve, aqui, ser entendida como o interesse sério, de natureza laboral ou pessoal, do trabalhador no desempenho das funções correspondentes a categoria inferior, *v.g.*, quando a manutenção da relação laboral é posta em causa pelo facto de o trabalhador ter sofrido um acidente de trabalho que o tornou incapaz para o exercício das funções inerentes à categoria inicial, porquanto trata-se de medida conservatória do emprego e, consequentemente, como a única ou a melhor alternativa à extinção do contrato.

Concluindo, a necessidade premente do trabalhador prende-se com aqueles casos em que as condições físicas, psíquicas, temporais e/ou espaciais do trabalhador impedem-no de exercer as funções correspondentes à categoria inicial;

iii) Acordo entre o empregador e o trabalhador

A mudança para categoria inferior depende de uma convergência de vontades das partes, ou seja, de um acordo. Este pressuposto resulta do princípio geral de cumprimento pontual dos contratos, previsto no art. 406º, nº 1, do CC. Na verdade e por força deste preceito, a alteração do conteúdo contratual (como é o caso) depende do consentimento mútuo dos contraentes.

Coloca-se a questão de saber se o acordo deve ser celebrado sobre a forma escrita.

No domínio dos contratos, designadamente do contrato de trabalho, vigora o princípio da liberdade de forma ou da consensualidade, segundo o qual a validade da declaração negocial não depende da observância de forma especial (arts. 219º, do CC e art. 110º, do CC).

Este princípio vale tanto para a celebração do contrato de trabalho, como para a sua modificação.

Todavia, quer o art. 219º, *in fine*, do CC, quer o art. 110º, *in fine*, do CT, preveem a possibilidade de a lei exigir determinado formalismo.

Ora, para o acordo celebrado no âmbito de um contrato de trabalho sem termo, a lei não exigiu forma especial, pelo que nada parece obstar a que este seja verbal;

iv) Autorização da ACT no caso de determinar diminuição da retribuição

A mudança de categoria está sujeita a autorização de um serviço público, atualmente a ACT.

Este serviço tem a incumbência de verificar se o trabalhador ao acordar na mudança para categoria inferior emitiu a sua declaração de forma livre e esclarecida, sem estar sujeito a coação, ameaça ou pressão.

Por outro lado, detém a função de aferir a adequabilidade da redução retributiva, reconduzida, principalmente, à retribuição-base.

3. Mobilidade funcional

A mobilidade funcional (outrora *ius variandi*) consiste no poder conferido ao empregador de impor ao trabalhador a realização de tarefas que não estejam compreendidas na atividade contratada (art. 120º, nº 1, do CT).

O recurso a esta figura, alicerçada no princípio da liberdade de iniciativa e de organização empresarial plasmado na al. *c*), do art. 80º, da CRP, justifica-se pela necessidade de ajustar a gestão da força de trabalho à realidade dinâmica da empresa.

Uma vez que permite a imposição ao trabalhador de atividades não compreendidas no objeto do contrato, a mobilidade funcional constitui uma derrogação do princípio da contratualidade, segundo o qual os contratos só podem ser alterados por acordo.

Consciente desta realidade, o legislador fixou os seguintes requisitos:

i) *Interesse da empresa o exija*

O interesse da empresa pode ser entendido como o resultado da ponderação dos diversos interesses participantes, nomeadamente económicos, estruturais e tecnológicos, traduzindo-se em ocorrências, vicissitudes e situações anómalas.

De todo o modo, a mobilidade funcional deve sempre partir de uma ponderação global e equilibrada da posição jurídica das partes intervenientes – designadamente dos direitos e garantias dos trabalhadores – e da necessidade de garantir a viabilidade da empresa;

ii) *Natureza temporária*

A natureza temporária das funções impostas ao trabalhador deve ser analisada no caso concreto. Nesta medida, é mister avaliar se estamos perante atividades excecionais face aos usos da empresa e que, assim, não justificariam uma alteração na estrutura da mesma.

Se o empregador utilizar a mobilidade funcional para substituir um trabalhador cujo contrato está suspenso (por exemplo, por doença), a sua duração está associada ao período de suspensão.

Podemos concluir que a natureza temporária está correlacionada com a excecionalidade da situação, atendendo ao padrão de funcionamento e estrutura organizativa da empresa. Por conseguinte, se o exercício das funções não compreendidas na atividade contratada se tornar estável, este requisito deixa de estar preenchido.

A ordem carece de justificação, a fim de minorar arbitrariedades, devendo ainda indicar-se o tempo previsível da mobilidade imposta, o qual não deve ultrapassar dois anos (art. 120º, nº 3, do CT)[161];

[161] *I. O período máximo em que o trabalhador pode ser sujeito a mobilidade funcional é de dois anos, findo o qual adquire o direito à nova categoria (artº 120º, nº 5, a contrario sensu, do Código do Trabalho de 2009). II. A existência*

iii) Funções não compreendidas na atividade contratada

O traço distintivo da mobilidade funcional reside na imposição de atividades que não estejam compreendidas no objeto do contrato. Como vimos, nos termos do art. 118º, do CT, o trabalhador deve, em princípio, exercer funções correspondentes à atividade contratada;

iv) Inexistência de modificação substancial da posição do trabalhador

A primeira ideia que se retira deste requisito é a de que o trabalhador não pode ver a sua posição na empresa alterada de modo atentatório contra a sua dignidade e honra.

É oportuno realçar que a posição do trabalhador na empresa não se reflete apenas no plano hierárquico, mas também no domínio das condições objetivas (local de trabalho, instrumentos utilizados, etc.) e subjetivas (capacidade e habilitações do trabalhador) em que se enquadra a realização da atividade laboral.

No fundo, o recurso à mobilidade funcional não pode implicar para o trabalhador sacrifícios que se apresentem indignos, humilhantes e desadequados ao seu estatuto profissional;

v) Não diminuição da retribuição

A não diminuição da retribuição decorreria sempre do princípio da irredutibilidade salarial, consagrada na al. *d*), do nº 1, do art. 129º, do CT. No entanto, o legislador decidiu prever expressamente este requisito no nº 4, do art. 120º, do CT.

Note-se que a inadmissibilidade da diminuição da retribuição resultaria também do facto de esta constituir uma modificação substancial da posição do trabalhador.

Uma vez que a mobilidade funcional configura um direito do empregador, sobre este impende o ónus da prova dos respetivos requisitos (factos constitutivos do direito). Cfr. o nº 1, do art. 342º, do CC.

Se os requisitos da mobilidade funcional estiverem verificados, o trabalhador não pode recusar a realização das atividades impostas por esta via, sob pena de sanção disciplinar.

A mobilidade funcional pode ser total ou parcial.

Na *mobilidade total*, o trabalhador exerce em exclusivo as funções não compreendidas na atividade contratada.

de um diferencial retributivo entre categorias profissionais é facto constitutivo do direito do trabalhador em situação de mobilidade funcional ser retribuído pela mais elevada, cabendo-lhe os ónus da alegação e prova (artº 342º, nº 1 do CC). [Ac. da RL, de 13.02.2019 *in* www.dgsi.pt (Proc. nº 26157/17.3T8LSB.L1-4)]

Na *modalidade parcial*, o trabalhador exerce, em parte, as funções não compreendidas na atividade contratada e continua a desenvolver a atividade contratada.

O nº 2, do art. 120º, do CT, permite que as partes alarguem ou restrinjam esta faculdade, caducando a cláusula negocial caso não seja acionada ao fim de dois anos.

Se a possibilidade de restrição do acesso à figura não nos oferece grandes reservas, já o seu eventual alargamento apresenta-se menos pacífico. Por conseguinte, impõe-se uma avaliação casuística à luz da vontade das partes e dos limites impostos pelo próprio art. 120º, do CT, e pelo princípio geral da boa-fé[162].

De acordo com a segunda parte, do nº 4, do art. 118º, do CT, o trabalhador tem direito às condições de trabalho mais favoráveis que sejam inerentes às funções exercidas.

O exercício da mobilidade funcional não pode acarretar nenhuma consequência desfavorável para o estatuto laboral do trabalhador.

Com isto não pretendemos afirmar que ao trabalhador não possam ser impostas funções de uma categoria inferior – é claro, sempre que os pressupostos de mobilidade funcional estejam preenchidos –, mantendo, no entanto, a retribuição própria da sua categoria (como vimos, o recurso à mobilidade funcional não pode implicar uma diminuição da retribuição do trabalhador).

Com a expressão "tratamento mais favorável", o legislador procurou garantir não só melhor retribuição, como também acautelar que o trabalhador usufrua do estatuto hierárquico ou funcional associado à nova função, *v.g.*, direito a uso de automóvel, cartão de crédito, ajudas de custo.

Salvo disposição em contrário, o trabalhador não adquire a categoria correspondente às funções temporariamente exercidas (art. 120º, nº 5, do CT).

Por outras palavras, a mobilidade funcional não confere ao trabalhador um direito à reclassificação. De facto, a natureza temporária e excecional desta alteração contratual não é compatível com a reclassificação, com efeitos permanentes, do trabalhador.

A reclassificação pode ser entendida como a adequação ou ajustamento da categoria-estatuto às funções efetivamente exercidas pelo trabalhador.

Os instrumentos de regulamentação coletiva de trabalho podem afastar o disposto nos nºs 1 a 5, do art. 120º, do CT (art. 120º, nº 6, do CT).

[162] Para mais desenvolvimentos, *v.* HÉLDER QUINTAS, *A concretização do princípio da boa fé enquanto limite normativo das cláusulas de mobilidade geográfica* e AMADEU DIAS, *Redução do tempo de trabalho, adaptabilidade do horário e polivalência funcional.*

CAPÍTULO VIII
LOCAL DE TRABALHO

1. Nota prévia

O trabalhador deve, em princípio, exercer a atividade no local contratualmente definido (art. 193º, nº 1, do CT), estando adstrito a deslocações inerentes às suas funções ou indispensáveis à sua formação profissional (nº 2).

Vigora o princípio da determinabilidade do local de trabalho, nos termos estabelecidos no contrato de trabalho[163], segundo o qual o trabalhador não pode, em regra, ser transferido para outro local de trabalho (art. 129º, nº 1, al. *f*), do CT), tendo como pressuposto que o local de trabalho deverá gozar de uma certa estabilidade espacial, como elemento determinador das condições concretas da organização da vida do trabalhador, fazendo parte do próprio conteúdo da prestação contratual devida.

2. Transferência do trabalhador

A transferência do local de trabalho, também denominada mobilidade geográfica, situa-se nas disposições relativas à prestação de trabalho (art. 194º, do CT).

2.1. Transferência definitiva

O art. 194º, nº 1, do CT, cuida da transferência definitiva do trabalhador.

A al. *a*), do nº 1, consagra a *transferência coletiva* (encarada como uma das situações que afeta o princípio da inamovibilidade), a qual pode ser entendida como a mudança de local de trabalho, motivada pela necessidade de introduzir alterações no plano espacial da empresa, por razões de ordem conjuntural, económica e de melhoria da produtividade ou ainda em virtude da imposição de regras, por exemplo, de saúde, de segurança e/ou ambientais.

A al. *b*), do nº 1, consagra a *transferência individual.*

[163] *I – Não contendo a cláusula do contrato de trabalho a mínima referência que permita concluir pela determinabilidade dos locais de trabalho, já que se limita a estabelecer a "(..) faculdade (da entidade empregadora) transferir, temporária ou definitivamente, o Segundo Contraente para outro local de trabalho", nem tão pouco existindo quaisquer factos que permitam concluir que, pese embora a expressão genérica utilizada (outro local de trabalho), o autor sabia, ou era-lhe possível e exigível que tivesse previsto, que estava a aceitar a possibilidade de ser transferido "para locais nos quais existem aeroportos: em Lisboa, Porto, Faro, Madeira e Açores", a mesma é nula.* [Ac. da RP, de 11.04.2019 *in* www.dgsi.pt (Proc. nº 5280/17.0T8MAI.P1)]

Com efeito, o empregador parece gozar, aqui, do poder de alterar, através de uma manifestação de vontade, a situação jurídico-laboral.

Convém salientar que o exercício do poder potestativo conferido ao empregador, deve pautar-se pelos critérios da boa-fé, numa linha equilibrada de justacomposição e ponderação dos interesses em causa. Assim, deve ser considerada ilícita a ordem de transferência que tenha como objetivo forçar o trabalhador a resolver ou a aceitar a revogação do contrato de trabalho.

Para que a ordem de transferência seja considerada lícita, a mesma deve assentar na necessidade de satisfação dos interesses da empresa, que se apresentem de tal forma ponderosos que permitam uma afetação da posição contratual do trabalhador.

Requisitos da transferência de local de trabalho:

i) Interesse da empresa

O interesse da empresa traduz-se no interesse objetivo na adoção de medidas ajustadas à manutenção dos índices normais de produtividade, ante ocorrências ou situações anómalas;

ii) Prejuízo sério

O prejuízo sério constitui um conceito indeterminado e tem como pressuposto a responsabilidade civil, traduzindo-se no dano real e pressupõe uma situação hipotética, mais precisamente aquela em que o trabalhador se encontraria se tivesse sido transferido.

Como tal, é crucial que o prejuízo sério seja avaliado tendo em consideração as circunstâncias concretas de cada caso, designadamente as características da transferência do local de trabalho (duração e horário dos transportes) e as condições de vida do trabalhador (vida pessoal e familiar, relações sociais e centros de interesses).

Depois de ponderados todos os aspetos que envolvem a mudança do local de trabalho, o julgador deve apurar se o transtorno causado é suportável e, por isso, irrelevante.

Assim, não parece haver prejuízo sério quando, numa avaliação casuística, se detete que os sacrifícios invocados pelo trabalhador não constituem uma perturbação significativa da sua qualidade de vida[164].

[164] *V – A existência de prejuízo sério afere-se na consideração de elementos factuais concretos da organização da vida pessoal e familiar do trabalhador – o objeto de tutela da garantia de inamovibilidade – entre outros, os recursos existentes em matéria de transportes, o número, idade e situação escolar dos filhos, a situação profissional do cônjuge e*

No caso de transferência individual (al. *b*), do nº 1), o ónus de alegar e provar a existência de prejuízo sério impende sobre o trabalhador.

Em primeiro lugar, por força da regra geral de distribuição de ónus da prova que consta do art. 342º, nº 1, do CC, a qual determina que "àquele que invocar um direito cabe fazer a prova dos factos constitutivos do direito alegado»".

Em segundo lugar porque o trabalhador conhece a realidade factual inerente à sua esfera de vida e à execução do contrato de trabalho (realidade essa que, caso a caso, irá determinar a existência ou não desse mesmo prejuízo), encontrando-se em melhores condições para demonstrar e provar as consequências pessoais da transferência. Não parece excessivo impor ao trabalhador que apresente a prova, *v.g.*, da matrícula dos filhos, do pagamento dos transportes públicos, da circulação em autoestrada, do pagamento de parques automóveis, etc.;

iii) Comunicação escrita e fundamentada

Concede-se às partes a faculdade de alargar ou restringir o disposto no nº 1, do art. 194º, do CT, caducando a estipulação negocial se ao fim de dois anos não tiver sido acionada (art. 194º, nº 2, do CT).

Mantendo-se o contrato de trabalho, dado que o trabalhador acatou a ordem de transferência, o empregador custeia as despesas impostas pela mudança de residência (art. 194º, nº 4, do CT).

Assiste ao trabalhador, caso prove *prejuízo sério*, o direito à resolução do contrato de trabalho, cabendo-lhe, nesse caso, a compensação prevista no art. 366º, do CT (art. 194º, nº 5, do CT).

A justa causa de resolução do contrato pelo trabalhador funda-se na alteração substancial e duradoura das condições de trabalho no exercício lícito de poderes do empregador (art. 394º, nº 3, al. *b*), do CT).

O disposto nºs 1 a 5, do art. 194º, do CT, pode ser afastado por instrumento de regulamentação coletiva de trabalho (art. 194º, nº 6, do CT).

O empregador deve comunicar a transferência ao trabalhador, por escrito, com 30 dias de antecedência (art. 196º, nº 1, do CT). A comunicação deve ser fundamentada e indicar sendo caso disso, o acordo a que se refere o nº 2, do art. 194º, do CT (art. 196º, nº 2, do CT).

de outros elementos do agregado familiar, sendo necessário, para que se verifique, que a transferência afete substancialmente a estabilidade daquela organização, indo para além dos simples transtorno ou incómodos. VI – Tal como configurado na alínea b) do nº 1 do artº 194º do CT, a inexistência de prejuízo sério é um requisito constitutivo do direito do empregador a transferir o trabalhador. Daí que lhe caiba o ónus de alegar e provar, na parte que controla, a concreta inexistência de prejuízo sério para o trabalhador afetado pela medida, nos termos do artº 342º, nº 1, do Cod. Civil. [Ac. da RC, de 30.04.2019 *in* www.dgsi.pt (Proc. nº 1326/18.2T8CTB.C1)]

Outras formas de reação do trabalhador, para além da resolução, em caso de *transferência individual:*

i) *Aceitação*

A aceitação é expressa quando a declaração negocial é traduzida por palavras, por documento escrito ou qualquer outro meio que consubstancie uma manifestação inequívoca da vontade. Por sua vez, é tácita quando se deduz de factos que, com toda a probabilidade, a revelem. Assim, a não oposição do trabalhador e a duração da atividade laboral no novo local podem constituir elementos relevantes para deduzir a aceitação tácita;

ii) *Desobediência*

O trabalhador deve obedecer ao empregador em tudo o que respeite a execução e disciplina do trabalho, nos termos da al. *e*), do nº 1, do art. 128º, do CT. Porém, nalguns casos, a desobediência do trabalho pode assumir-se legítima.

Se a ordem de transferência causar prejuízo sério ao trabalhador ou for imposta em violação do princípio da boa-fé, a recusa da mudança é legítima, traduzindo-se no direito de resistência. A legitimidade da desobediência advém, desde logo, da necessidade de tutela das garantias previstas no art. 129º, do CT, mais concretamente a elencada na al. *f*).

2.2. Transferência temporária

A *transferência temporária* encontra-se igualmente prevista no art. 194º, nº 1, do CT, com as motivações apresentadas no nº 1, ou seja, em caso de mudança ou extinção, total ou parcial, do estabelecimento onde o trabalhador presta serviço [al. *a*)] ou quando outro motivo do interesse da empresa o exija e a transferência não implique prejuízo sério para o trabalhador [al. *b*)].

O nº 2 concede às partes a faculdade de alargar ou restringir o disposto no nº 1, caducando a estipulação negocial no caso de ao fim de dois anos não tiver sido acionada.

O tempo de duração da transferência não pode, em princípio, exceder seis meses, salvo por exigências imperiosas do funcionamento da empresa (nº 3).

Também, neste caso, as despesas inerentes ao (re)alojamento devem ser custeadas pelo empregador (nº 4).

O disposto nos nºs 1 a 5 pode ser afastado por instrumento de regulamentação coletiva de trabalho (nº 6).

O empregador deve comunicar a transferência ao trabalhador, por escrito, com oito dias de antecedência (art. 196º, nº 1, do CT).

A comunicação deve ser fundamentada e indicar a duração previsível da transferência, mencionando, sendo caso disso, o acordo a que se refere o nº 2, do art. 194º, do CT (art. 196º, nº 2, do CT).

2.3. Transferência a pedido do trabalhador vítima de violência doméstica

O art. 195º, nº 1, do CT, concede a pedido do trabalhador, vítima de violência doméstica, direito a transferência, temporária ou definitivamente, para outro estabelecimento da empresa, verificadas as seguintes condições:

i) *Apresentação de queixa-crime*;
ii) *Saída da casa de morada de família no momento em que se efetive a transferência.*

O empregador pode adiar a transferência com fundamento em exigências imperiosas ligadas ao funcionamento da empresa ou serviço ou até que exista posto de trabalho compatível disponível (nº 2).

Se o pedido de transferência for acolhido, o contrato de trabalho considera-se suspenso de imediato até que ocorra a transferência (nº 3).

CAPÍTULO IX
TRANSMISSÃO DE EMPRESA OU ESTABELECIMENTO

1. Requisitos e procedimento da transmissão

O Código do Trabalho regula os efeitos da transmissão de empresa ou estabelecimento, transpondo a Diretiva nº 2001/23/CE do Conselho, de 12.03.2001 (garantia dos direitos dos trabalhadores face a transferência ou fusões de empresas, estabelecimentos ou partes de estabelecimentos).

O legislador laboral preferiu a expressão unidade económica, definida como "o conjunto de meios organizados que constitua uma unidade produtiva dotada de autonomia técnico-organizativa e que mantenha identidade própria, com o objetivo de exercer uma atividade económica, principal ou acessória" (art. 285º, nº 5, do CT) à expressão comunitária entidade económica.

O art. 1º, al. *b*), da Diretiva 2001/23/CE, reafirma a necessidade de manutenção da identidade económica da empresa para que se considere que houve transferência.

O nº 1 visa proteger, em primeiro lugar, os interesses das empresas e da atividade económica, garantindo uma certa continuidade na prossecução dos objetivos empresarias ou comerciais em causa e, em segundo lugar, "proteger os trabalhadores em caso de mudança de empresário especialmente para assegurar a manutenção dos seus direitos", ponto 3, do Preâmbulo, da Diretiva 2001/23/CE.

A al. *b*), do nº 1, do art. 1º, da Diretiva 2001/23/CE define transmissão como "a transferência de uma entidade económica que mantém a sua identidade, entendida como um conjunto de meios organizados, com o objetivo de prosseguir uma atividade económica, seja ela essencial ou acessória".

A empresa pode ser definida como a "unidade jurídica fundada em organização de meios que constitui um instrumento de exercício relativamente estável e autónomo de atividade de produção para a troca", segundo Jorge Manuel Coutinho de Abreu[165].

E o estabelecimento como «"um complexo de elementos em interação", uma unidade complexa (*unitas* complexa), isto é, global, não elementar (constituída por partes diversas inter-relacionadas), e original (com qualidades próprias),

[165] *Da empresarialidade – As empresas no direito*, p. 304.

um "todo [que] é mais que a soma das suas partes", com propriedades "novas" ou "emergentes"», Jorge Manuel Coutinho de Abreu[166].

Perante as dificuldades em classificar uma parte de empresa ou de estabelecimento enquanto unidade económica, "a autonomia para poder funcionar no mercado" passou a ser apontada como um critério a ser ponderado, numa tentativa de evitar transmissões para um empregador (sem património) de uma parte da empresa pouco ou nada rentável, "as quais se traduziam em verdadeiras extinções premeditadas dos contratos de trabalho"[167].

Um dos indícios de manutenção da identidade jurídica da empresa resulta da continuidade e constância da atividade desenvolvida pelo novo empregador.

Tal é relevado com a redação do nº 2, do art. 285º, do CT, segundo o qual o regime em causa é aplicável à transmissão, cessão ou reversão da exploração de empresa, estabelecimento ou unidade económica, sendo solidariamente responsável, em caso de cessão ou reversão, quem imediatamente antes tenha exercido a exploração.

Reforçando-se que os trabalhadores transmitidos ao adquirente mantêm todos os direitos contratuais e adquiridos, nomeadamente retribuição, antiguidade, categoria profissional e conteúdo funcional e benefícios sociais adquiridos (art. 285º, nº 3, do CT).

O transmitente responde solidariamente pelos créditos do trabalhador emergentes do contrato de trabalho, da sua violação ou cessação, bem como pelos encargos sociais correspondentes, vencidos até à data da transmissão, cessão ou reversão, durante os dois anos subsequentes a esta (art. 285º, nº 6, do CT)[168].

A transmissão só possa ter lugar decorridos sete dias úteis após o termo do prazo para a designação da comissão representativa, referido no nº 6, do art. 286º, do CT, se esta não tiver sido constituída, ou após o acordo ou o termo da consulta a que se refere o nº 4 (nº 7).

O transmitente deve informar o serviço com competência inspetiva do ministério responsável pela área laboral (nº 8, do art. 285º, do CT):

[166] *Op. cit.*, p. 44.
Uma embarcação constitui uma empresa ou estabelecimento e a sua transmissão implica a transmissão do contrato de trabalho. [Ac. da RE, de 02.02.2017 *in* www.dgsi.pt (Proc. nº 114/15.2T8BRR.E1)]

[167] Hélder Quintas, *Breves notas sobre o passado, o presente e o futuro do regime da transmissão de empresa ou estabelecimento*, p. 201.

[168] *I – A responsabilidade solidária do transmitente apenas abrange as obrigações vencidas até à data da transmissão e já não aquelas que se vençam depois. II – Com a transmissão de unidade económica cessa a condição de empregador aplicando-se a partir dessa data o prazo de prescrição previsto na lei para os créditos emergentes da celebração, violação e cessação do contrato de trabalho.* (Ac. do STJ, de 20.04.2019 *in* CJ, Ano XXVII, Tomo II, p. 199)

- Do conteúdo do contrato entre transmitente e adquirente, sem prejuízo do disposto nos arts. 412º e 413º, do CT, com as necessárias adaptações [al. *a*)];
- Havendo transmissão de uma unidade económica, de todos os elementos que a constituam, nos termos do nº 5 [al. *b*)].

O disposto neste número, aplica-se no caso de média ou grande empresa e, a pedido da ACT, no caso de micro ou pequena empresa (art. 285º, nº 9, do CT).

A transmissão acarreta a substituição de um dos sujeitos da relação jurídica, por isso, os representantes dos respetivos trabalhadores ou, caso não existam, os próprios trabalhadores, devem ser informados pelo transmitente e pelo adquirente dos respetivos motivos, data, consequências jurídicas, económicas e sociais e medidas projetadas em relação aos trabalhadores (art. 286º, nº 1, CT).

O transmitente deve ainda, se o mesmo não resultar do disposto no nº 1, prestar aos respetivos trabalhadores a informação aí referida (art. 286º, nº 2, CT). "A expressão "se o mesmo não resultar do disposto no número anterior" parece abarcar as situações em que o transmitente e o adquirente estão obrigados a informar os próprios trabalhadores, em virtude da inexistência dos respetivos representantes. De forma a assegurar que os trabalhadores do transmitente tenham sempre (ou seja, quer haja, quer não haja, representantes dos trabalhadores) os elementos necessários para, por exemplo, tomarem, esclarecidamente, a decisão de se oporem à transmissão ou de resolverem o contrato", o presente número, faz impender sobre o transmitente o dever de informar os trabalhadores abrangidos, mesmo quando existam os referidos representantes"[169].

A informação deve ser prestada por escrito, antes da transmissão, em tempo útil, pelo menos nos 10 dias úteis antes da consulta aos representantes dos respetivos trabalhadores com vista à obtenção de um acordo sobre as medidas que pretendam aplicar a estes (art. 286º, nºs 3 e 4, CT).

Para além do dever de informação, o transmitente e o adquirente estão obrigados a consultar os representantes dos respetivos trabalhadores, antes da transmissão, com vista à obtenção de um acordo sobre as medidas que pretendam aplicar aos trabalhadores na sequência da transmissão, sem prejuízo das disposições legais e convencionais aplicáveis a tais medidas (art. 286º, nº 4, CT).

[169] HÉLDER QUINTAS, *Breves notas sobre o passado, o presente e o futuro do regime da transmissão de empresa ou estabelecimento*, p. 209.

A participação na negociação da DGERT, a pedido das partes, visa promover a regularidade da instrução substantiva e procedimental, a conciliação dos interesses das partes e o respeito dos direitos dos trabalhadores (art. 286º, nº 5, CT).

O pedido deve indicar a data e motivos da transmissão, suas consequências jurídicas, económicas e sociais para os trabalhadores e medidas projetadas em relação a estes, bem como o conteúdo do contrato entre transmitente e adquirente (art. 286º, nºs 1 e 6, CT).

Para efeitos de informação e consulta, consideram-se representantes dos trabalhadores, as comissões de trabalhadores, as associações sindicais, as comissões intersindicais, as comissões sindicais e os delegados sindicais existentes nas respetivas empresas ou a comissão representativa (art. 286º, nº 8, CT).

Caso não haja intervenção da comissão representativa prevista no art. 286º, nº 7, CT, o transmitente deve informar imediatamente os trabalhadores abrangidos pela transmissão do conteúdo daquele acordo ou do termo da consulta (art. 286º, nº 9, CT).

2. Direito de oposição do trabalhador

"A transmissão, no fundo, traduz-se num *novo contrato* que o trabalhador celebra, *involuntariamente*, com outro empregador, embora mantendo, é certo, todos os «direitos contratuais adquiridos» da relação jurídica estabelecida com o transmitente. Por conseguinte, com a consagração do direito de oposição, é dada expressão, desde logo, ao princípio da autonomia da vontade, plasmada no art. 405º, do CC (*Liberdade contratual*), o qual é aqui perspetivado como um elemento de proteção e não de fragilização do trabalhador", explica Hélder Quintas[170].

O trabalhador pode exercer o direito de oposição à transmissão da posição do empregador no seu contrato de trabalho em caso de transmissão, cessão ou reversão de empresa ou estabelecimento, ou de parte de empresa ou estabelecimento que constitua uma unidade económica, quando aquela possa causar-lhe *prejuízo sério* (que cabe ao trabalhador provar, art. 342º, nº 1, do CC), nomeadamente por manifesta falta de solvabilidade ou situação financeira difícil do adquirente ou por *perda de confiança* na política de organização do trabalho do aquirente, havendo ou não prejuízo sério (art. 286º-A, nº 1, do CT).

[170] *Breves notas sobre o passado, o presente e o futuro do regime da transmissão de empresa ou estabelecimento*, p. 213.

A oposição do trabalhador obsta à transmissão da posição do empregador no seu contrato de trabalho mantendo-se o vínculo ao transmitente (art. 286º-A, nº 2, do CT). Contudo, este pode extinguir a empresa em consequência do fracasso da transmissão, e sendo esse o caso, é de aplicar a regra geral do art. 346º, do CT (morte do empregador, extinção da pessoa coletiva e encerramento da empresa), acautelando-se o direito à compensação prevista no art. 366º, do CT (art. 286º-A, nº 5, do CT)).

O trabalhador que exerça o direito de oposição deve informar o respetivo empregador, por escrito, no prazo de cinco dias úteis após o termo do prazo para a designação da comissão representativa, se esta não tiver sido constituída, ou após o acordo ou o termo da consulta a que se refere o nº 4, do art. 286º, do CT, mencionando a sua identificação, a atividade contratada e o fundamento da oposição, de acordo com o nº 1, do art. 286º-A, do CT (art. 286º-A, nº 3, do CT).

CAPÍTULO X
REDUÇÃO DA ATIVIDADE E SUSPENSÃO DE CONTRATO DE TRABALHO

1. Regime geral da redução ou suspensão

Os arts. 294º e 295º, do CT, constituem disposições genéricas, aplicáveis à redução ou à suspensão por facto respeitante ao trabalhador ou ao empregador.

A redução temporária do período normal de trabalho ou a suspensão do contrato de trabalho pode fundamentar-se na impossibilidade temporária, respetivamente parcial ou total, de prestação de trabalho por facto relativo ao trabalhador ou ao empregador (art. 294º, nº 1, do CT).

A redução temporária do período normal de trabalho considera-se medida a tomar enquanto a empresa não se revitaliza, afetando somente o tempo de trabalho.

A suspensão do contrato de trabalho consubstancia uma situação de paralisação ou cessação dos principais efeitos do contrato: a prestação da atividade e, nalguns casos, o dever de retribuir.

Permitem também a redução do período normal de trabalho ou a suspensão do contrato de trabalho, nos termos do nº 2, do art. 294º, do CT, designadamente:

a) A necessidade de assegurar a viabilidade da empresa e a manutenção de postos de trabalho, em situação de crise empresarial;
b) O acordo entre trabalhador e empregador, nomeadamente acordo de pré-reforma, consagrado nos arts. 318º a 322º, do CT.

Pode ainda ocorrer a suspensão de contrato de trabalho por iniciativa de trabalhador, fundada em falta de pagamento pontual da retribuição (nº 3, do art. 294º, do CT), valendo, aqui, o disposto nos arts. 325º e 327º, do CT e 25º a 31º, da L nº 105/2009, de 14 de setembro.

Dispõe o nº 1, do art. 325º, do CT, que, no caso de falta de pagamento pontual da retribuição por período de 15 dias sobre a data do vencimento, o trabalhador pode suspender o contrato de trabalho, mediante comunicação por escrito ao empregador e ao serviço com competência inspetiva do ministério responsável pela área laboral, com a antecedência mínima de oito dias em relação à data de início da suspensão.

O trabalhador pode, todavia, suspender o contrato de trabalho antes de decorrido o período de 15 dias, quando o empregador declare por escrito que prevê que não vai pagar a retribuição em dívida até ao termo daquele prazo (art. 325º, nº 2, do CT).

A falta de pagamento pontual da retribuição por período de 15 dias é declarada, a pedido do trabalhador, pelo empregador ou, em caso de recusa, pelo serviço referido no nº 1, no prazo de cinco ou 10 dias, respetivamente (art. 325º, nº 3, do CT).

A declaração referida nos citados nºs 2 ou 3 deve especificar o montante das retribuições em dívida e o período a que respeitam (art. 325º, nº 4, do CT).

Nos termos do nº 1, do art. 25º, da L nº 105/2009, de 14 de setembro (que regulamentou certas matérias do CT/2009), trabalhador que suspenda o contrato de trabalho com fundamento em não pagamento pontual da retribuição tem direito a prestações de desemprego durante o período da suspensão.

Essas prestações podem também ser atribuídas em relação ao período a que respeita a retribuição em mora, desde que tal seja requerido e o empregador declare, a pedido do trabalhador, no prazo de cinco dias, ou em caso de recusa, mediante declaração da ACT, o incumprimento da prestação no período em causa, não podendo, porém, o seu quantitativo ser superior a um subsídio por cada três retribuições mensais não recebidas (art. 25º, nº 2, da L nº 105/2009).

Durante o período redução ou suspensão mantêm-se os direitos, deveres e garantias das partes, na medida em que não pressuponham a efetiva prestação de trabalho (art. 295º, nº 1, do CT).

Os direitos que não pressuponham efetiva prestação de trabalho[171] são, desde logo, todos aqueles que possuem expressão económica, *v.g.*, direito à retribuição, embora os direitos ligados à subsistência do vínculo não sejam atingidos (como o caso da antiguidade, nº 2).

A redução ou suspensão não tem efeitos no decurso de prazo de caducidade, nem obsta a que qualquer das partes faça cessar o contrato nos termos gerais (nº 3).

O nº 4 reforça o entendimento de que, no contexto da suspensão, o contrato de trabalho mantém alguns dos seus efeitos jurídicos, enquanto outros são atenuados, embora sem se extinguirem, sendo reativados logo que o trabalhador retome o serviço.

[171] *A suspensão do contrato de trabalho por facto imputável ao trabalhador apenas suspende os direitos, deveres e garantias das partes na medida em que pressuponham a efetiva prestação de trabalho, não suspendendo o prazo de caducidade para invocação, pelo trabalhador, de justa causa para resolução do contrato de trabalho.* [Ac. da RP, de 04.03.2013 *in* www.dgsi.pt (Proc. nº 259/11.8TTOAZ.P1)]

2. Suspensão de contrato de trabalho por facto respeitante a trabalhador

O facto determinante da suspensão assenta no impedimento temporário, não imputável ao trabalhador, de prestação que se prolongue por mais de um mês, nomeadamente doença, acidente ou facto decorrente da aplicação da lei do serviço militar (art. 296º, nº 1, do CT).

A motivação da suspensão dever-se-á a facto respeitante ao trabalhador, mas que não lhe é imputável a título de culpa, ou seja, o trabalhador não se terá colocado intencionalmente em situação de não poder prestar trabalho.

Ao trabalhador é conferido o direito de suspender imediatamente o contrato de trabalho nas duas seguintes situações:

- Quando, sendo vítima de violência doméstica, tenha apresentado queixa-crime e saído da casa de morada de família e não exista outro estabelecimento da empresa para o qual possa pedir transferência (arts. 195º, nº 1 e 296º, nº 2, al. *a*), do CT);
- Quando o empregador adie a transferência com fundamento em exigências imperiosas ligadas ao funcionamento da empresa ou serviço ou até que exista posto de trabalho compatível disponível. Neste caso, a suspensão vigora até que ocorra a transferência (arts. 195º, nºs 2 e 3 e 296º, nº 2, al. *b*), do CT).

O contrato de trabalho suspende-se antes do prazo de um mês, no momento em que seja previsível que o impedimento vai ter duração superior àquele prazo (art. 296º, nº 3, do CT).

A suspensão poderá converter-se, a todo o tempo, em cessação por caducidade no momento em que se seja certo que o impedimento se torna definitivo (art. 296º, nº 4, do CT).

O impedimento temporário por facto imputável ao trabalhador (ou seja, voluntariamente provocado) determina a suspensão do contrato de trabalho nos casos previstos na lei (art. 296º, nº 5, do CT).

No dia imediato à cessação do impedimento, o trabalhador deve apresentar-se ao empregador para retomar a atividade (art. 297º, do CT).

3. Redução temporária do período normal de trabalho ou suspensão do contrato de trabalho por facto respeitante ao empregador

3.1. Situações de crise empresarial

Em situação de crise empresarial, por motivos de mercado, estruturais ou tecnológicos, catástrofes ou outras ocorrências que tenham afetado gravemente a atividade produtiva normal da empresa, desde que tal medida seja indispensável para assegurar a viabilidade da empresa e a manutenção dos postos de trabalho, pode o empregador reduzir temporariamente os períodos normais de trabalho ou suspender os contratos de trabalho, evitando desta forma a cessação do contrato por motivos objetivos (art. 298º, nº 1, do CT).

A redução pode abranger um ou mais períodos normais de trabalho, diários ou semanais, bem como dizer respeito a diferentes grupos de trabalhadores, rotativamente [nº 2, al. *a*)] ou diminuição do número de horas correspondente ao período normal de trabalho, diário ou semanal [al. *b*)].

O regime de redução ou suspensão aplica-se aos casos em que essa medida seja determinada no âmbito de declaração de empresa em situação económica difícil ou, com as necessárias adaptações, em processo de recuperação de empresa (nº 3).

Vale notar que é considerado em situação de insolvência o devedor que se encontre impossibilitado de cumprir as suas obrigações vencidas (art. 3º, do CIRE).

Nos termos do art. 222º-B, do CIRE, situação económica difícil é definida como a dificuldade séria para cumprir pontualmente obrigações, designadamente por falta de liquidez ou por impossibilidade de obtenção de crédito.

A empresa que recorra ao regime de redução ou suspensão deve ter a sua situação contributiva regularizada perante a administração fiscal e a segurança social, salvo quando se encontre numa situação económica difícil ou em processo de recuperação (nºs 3 e 4).

Entende-se que o contribuinte tem a situação tributária regularizada quando se verifique um dos seguintes requisitos (art. 177º-A, nº 1, do CPPT):

a) Não seja devedor de quaisquer impostos ou outras prestações tributárias e respetivos juros;

b) Esteja autorizado ao pagamento da dívida em prestações, desde que exista garantia constituída, nos termos legais;

c) Tenha pendente meio de contencioso adequado à discussão da legalidade ou exigibilidade da dívida exequenda e o processo de execução fiscal tenha garantia constituída, nos termos legais;

d) Tenha a execução fiscal suspensa, nos termos do nº 2, do art. 169º, do CPPT, havendo garantia constituída, nos termos legais.

A redução ou suspensão deve ter uma duração previamente definida, não superior a seis meses ou, em caso de catástrofe ou outra ocorrência que tenha afetado gravemente a atividade normal da empresa, um ano (art. 301º, nº 1, do CT).

Durante o período de redução ou suspensão é devida a retribuição igual a, pelo menos, dois terços da retribuição normal ilíquida ou o valor da retribuição mínima mensal garantida, consoante o que for mais elevado (art. 305º, nº 1, al. *a*), do CT), regalias sociais ou prestações da segurança social (art. 305º, nº 1, al. *b*), do CT), contagem do tempo de suspensão ou redução para efeito de vencimento e duração do direito a férias (art. 306º, nº 1, do CT), tendo o trabalhador direito ao subsídio de férias devido em condições normais de trabalho e a subsídio de natal por inteiro (art. 306º, nºs 2 e 3, do CT).

A al. *b*), do nº 3, do art. 25º, da L nº 105/2009, de 14 de setembro, reconhece o direito a prestações de desemprego o não pagamento pontual da compensação retributiva em situações de crise empresarial.

3.2. Encerramento e diminuição temporários de atividade

Em caso de encerramento temporário ou diminuição temporária de atividade de empresa ou estabelecimento que não respeite a situação de crise empresarial, o trabalhador tem direito (art. 309º, nº 1, do CT):

a) Sendo devido a caso fortuito ou de força maior (*v.g.*, inundação do estabelecimento comercial; incêndio que destruiu as matérias-primas), a 75% da retribuição;

b) Sendo devido a facto imputável ao empregador (*v.g.* suspensão da laboração como sanção acessória por contraordenação) ou por motivo de interesse deste, à totalidade da retribuição.

Ao valor da retribuição deduz-se o que o trabalhador receba no período em causa por outra atividade que tenha passado a exercer por efeito da sua libertação laboral, em virtude do encerramento ou diminuição de atividade (nº 2), dando assim, acolhimento, também neste contexto, ao princípio da dedução do *alliunde perceptum*.

O art. 310º, do CT, impõe um dever de informação a cargo do empregador para a retoma da prestação laboral.

O regime preventivo e punitivo dos chamados encerramentos (temporários) *selvagens*, de cariz comercial (*v.g.*, a inibição de prática de certos atos) encontra-se previsto nos arts. 313º a 316º, do CT, acolhendo este último preceito a responsabilidade penal do empregador.

O não pagamento pontual da retribuição devida em caso de suspensão do contrato de trabalho por facto respeitante ao empregador ou encerramento da empresa ou estabelecimento por período igual ou superior a 15 dias confere ao trabalhador o direito a prestações de desemprego (art. 25º, nº 3, al. *a*), da L nº 105/2009, de 14 de setembro).

O contrato de trabalho pode ainda ser suspenso pela licença sem retribuição (art. 317º, do CT) e pela pré-reforma (art. 318º, do CT).

CAPÍTULO XI
CESSAÇÃO DO CONTRATO DE TRABALHO

1. Considerações preliminares

É proibido o despedimento sem justa causa ou por motivos políticos ou ideológicos (art. 338º, do CT). A justa causa pode ser *subjetiva* (o que significa um juízo de imputabilidade ao trabalhador) ou *objetiva* (admitindo despedimentos por motivos objetivos, não imputáveis ao empregador ou ao trabalhador).

O regime legal, como regra, não pode ser afastado por instrumento de regulamentação coletiva de trabalho ou por contrato de trabalho (art. 339º, nº 1, do CT).

Todavia, os critérios de definição e os valores (dentro dos limites do Código de Trabalho) de indemnizações e os prazos de procedimento e de aviso prévio, podem ser regulados pelo referido instrumento de regulamentação (nºs 2 e 3).

O crédito de empregador ou de trabalhador emergente de contrato de trabalho, da sua violação ou cessação prescreve decorrido um ano a partir do dia seguinte àquele em que cessou o contrato de trabalho (art. 337º, nº 1, do CT).

Respondendo a uma querela[172] de extrema importância, a L nº 13/2023, de 03 de abril, aditou, ao art. 337º, do CT, o nº 3, o qual proíbe a extinção do crédito de trabalhador, por meio de remissão abdicativa, salvo através de transação judicial.

Visa-se proteger o trabalhador de créditos assumidos como irrenunciáveis e da sua fragilidade enquanto negociador.

O crédito correspondente a compensação por violação do direito a férias, indemnização por aplicação de sanção abusiva ou pagamento de trabalho suplementar, vencido há mais de cinco anos, só pode ser provado por documento idóneo (art. 337º, nº 2, do CT).

O contrato de trabalho, apesar da sua vocação perpétua, finda como qualquer outra relação jurídica.

[172] *IV – A interpretação de uma remissão abdicativa, global e gratuita, de uma ex-trabalhadora que não se provou que soubesse que tinha sido alvo de vários despedimentos ilícitos não pode deixar de ter em conta o sentido que o destinatário da declaração razoavelmente podia confiar e qual o sentido menos gravoso para o declarante. V – As compensações pela caducidade dos contratos a termo, quando, na realidade, e face ao motivo invocado que não era justificação bastante do termo, o que ocorreu foram despedimentos ilícitos não devem ser deduzidas no salário de tramitação a que a trabalhadora tem direito na sequência da declaração da ilicitude dos despedimentos.* [Ac. do STJ, de 02.11.2022 *in* www.dgsi.pt (Proc. nº 16670/17.8T8PRT.P1.S1)]

A índole protetiva e socializante do Direito do Trabalho estabelece, no entanto, limites à autonomia das partes no seu propósito de pôr termo à situação contratual, ou melhor, delimita a livre disponibilidade jurídica da parte negocial em supremacia.

As possibilidades extintivas da relação laboral são limitadas às formas fixadas na lei, de acordo com o art. 340º, do CT: caducidade, revogação, resolução e denúncia.

2. Caducidade

2.1. Causas de caducidade

Como determina o art. 343º, do CT, o contrato de trabalho caduca nos termos gerais, nomeadamente:

a) verificando-se o seu termo;
b) por impossibilidade superveniente, absoluta e definitiva de o trabalhador prestar o seu trabalho ou de o empregador o receber;
c) com a reforma do trabalhador, por velhice ou invalidez.

Pretensamente, pela caducidade o contrato extingue-se automaticamente, sem que haja necessidade de qualquer manifestação da vontade em tal sentido, bastando a ocorrência de certos factos ou situações previstos no contrato de trabalho ou nas normas que o regem.

Porém, como bem esclarece António Monteiro Fernandes, "o «automatismo» da caducidade é, porém, uma noção destituída de rigor. No processo pelo qual o contrato de trabalho «caduca» intervêm sempre, de uma maneira ou de outra, «momentos volitivos» que se exprimem através de declarações ou manifestações com caráter para-negocial"[173].

O art. 343º, do CT, indica que o contrato caduca nos termos gerais, nomeadamente:

a) Verificando-se o seu termo

Não se dispensando, contudo, nos contratos a termo, uma manifestação volitiva e um comportamento declarativo formal (arts. 344º e 345º, do CT);

[173] *Direito do Trabalho*, p. 655.

b) Pela impossibilidade superveniente, absoluta e definitiva de prestar ou receber trabalho

Por força da sinalagmaticidade que caracteriza o contrato de trabalho, vinculando-se as partes reciprocamente, se uma das obrigações se extingue, consequentemente, a outra extingue-se também.

A impossibilidade será então:

- *Superveniente* à celebração do contrato de trabalho;
- *Absoluta*, ou seja, total;
- *Definitiva*, pois previsivelmente nunca mais será viável a prestação ou o recebimento do trabalho, na ótica da relação laboral estabelecida entre as partes (*v.g.* o trabalhador, por doença natural, fica total e definitivamente impossibilitado de prestar o serviço para que foi contratado, não sendo possível ao empregador oferecer-lhe outra função na empresa); por imposição legal ou administrativa, o empregador fica, em definitivo, impedido de exercer a sua atividade (*v.g.*, porque foi vedada à iniciativa privada ou porque ocorreu uma cassação do alvará);

c) Com o atingimento da reforma por velhice ou invalidez por parte do trabalhador

Na perspetiva da caducidade do contrato de trabalho por invalidez, acolhe-se a impossibilidade prestacional do trabalhador para qualquer tipo de trabalho, o habitualmente exercido ou outro, sendo esse o sinal distintivo entre esta forma de caducidade e a caducidade em geral (impossibilidade para o desempenho habitual e incapacidade de o empregador oferecer outra função ao trabalhador, e, em consequência, nessa hipótese, modificação do próprio contrato de trabalho).

A reforma por velhice não se confunde com a impossibilidade de trabalhar, o trabalhador reformado pode estar totalmente apto para o trabalho, nada impedindo, aliás, que o mantenha automaticamente o vínculo contratual, o que aliás ocorrerá se permanecer ao serviço decorridos 30 dias sobre o conhecimento, por ambas as partes, da reforma por velhice (art. 348º, nº 1, do CT).

Refira-se ainda que o trabalhador que, atingida a idade dos 70 anos, continue a trabalhar, sem solicitar a reforma (por, mormente, pretender incrementar a carreira contributiva), fica automaticamente sujeito ao regime da contratação a termo (nº 3).

Para António Monteiro Fernandes, "As hipóteses correlacionadas pelo referido nº 3 são as seguintes: de um lado, a do trabalhador que atinge 70 anos sem ter pedido a reforma; do outro, a do trabalhador que, tendo obtido a reforma, permaneceu ao serviço por mais trinta dias. Deste modo, o regime decorrente da remissão é, unicamente, o da conversão em contrato a termo de seis meses – a qual, no primeiro caso, se aplica imediatamente no momento em que a idade de 70 anos é atingida"[174].

De acordo com o disposto no nº 2, do art. 348º, do CT, o estatuto do trabalhador-reformado goza do seguinte regime especial:

- Dispensa da redução do contrato a escrito;
- Vigência do contrato vigora pelo prazo de seis meses, renovando-se por períodos iguais e sucessivos, sem sujeição a limites máximos;
- Sujeição da caducidade do contrato a aviso prévio de 60 ou 15 dias, consoante a iniciativa pertença ao empregador ou ao trabalhador;
- A caducidade não determina o pagamento de qualquer compensação ao trabalhador.

2.2. Morte de empregador, extinção de pessoa coletiva ou encerramento de empresa

A morte de empregador em nome individual, por si só, não faz caducar o contrato de trabalho. O que releva é o encerramento definitivo da empresa, por falta de sucessor do falecido que assegure a continuidade da atividade para que o trabalhador se encontra contratado ou a não verificação da transmissão da empresa ou estabelecimento, prevista no art. 285º, do CT (art. 346º, nº 1, do CT).

De igual modo, a extinção de pessoa coletiva empregadora só opera a caducidade do contrato quando não se verifique a transmissão da empresa ou estabelecimento (art. 346º, nº 2, do CT).

O encerramento total e definitivo de empresa por vontade do empregador (as chamadas *extinções programadas*), igualmente provoca a caducidade do contrato de trabalho (art. 346º, nº 3, do CT).

A nível procedimental, deve seguir-se o disposto nos arts. 360º e ss., do CT, ou seja, os contratos caducam, mas são atendíveis, *mutatis mutandis*, os trâmites do despedimento coletivo.

Assim, acolhe-se o dever de comunicação (art. 360º, do CT), por paralelismo com o dever de informação previsto para as microempresas, pese embora, se concorde que o mesmo visa essencialmente atos de recuperabilidade contratual, previstos no nº 1, do art. 361º, do CT.

Bem como, o dever de aviso prévio (art. 363º, do CT), e os direitos consequenciais do aviso prévio, como o crédito de horas (art. 364º, do CT) e a denúncia contratual (art. 365º, do CT).

[174] *Uma figura com máscara: A caducidade do contrato de trabalho*, p. 661.

No caso de microempresas (art. 100º, nº 1, al. *a*), do CT), o procedimento é aligeirado, devendo apenas o trabalhador ser informado com a antecedência prevista nos nºs 1 e 2, do art. 363º, do CT (que consideram o aviso prévio atenta a respetiva antiguidade) do encerramento (art. 346º, nº 4, do CT).

A caducidade do contrato confere ao trabalhador direito a compensação calculada nos termos do art. 366º, do CT, pela qual responde o património da empresa (art. 346º, nº 5, do CT).

2.3. Insolvência e recuperação de empresa

O art. 3º, nº 1, do CIRE, considera em situação de insolvência o devedor que se encontre impossibilitado de cumprir as suas obrigações vencidas.

As pessoas coletivas e os patrimónios autónomos por cujas dívidas nenhuma pessoa singular responda pessoal e ilimitadamente, por forma direta ou indireta, são também considerados insolventes quando o seu passivo seja manifestamente superior ao ativo, avaliados segundo as normas contabilísticas aplicáveis (art. 3º, nº 2, do CIRE).

A declaração judicial de insolvência do empregador não faz cessar o contrato de trabalho, devendo o administrador da insolvência continuar a satisfazer integralmente as obrigações para com os trabalhadores enquanto o estabelecimento não for definitivamente encerrado (art. 347º, nº 1, do CT).

No entanto, antes do encerramento definitivo do estabelecimento, o administrador da insolvência pode fazer cessar o contrato de trabalho de trabalhador cuja colaboração não seja indispensável ao funcionamento da empresa (art. 347º, nº 2, do CT), com direito à compensação prevista no art. 366º, do CT (art. 347º, nº 5, do CT).

A cessação de contratos de trabalho decorrente do encerramento do estabelecimento (art. 347º, nº 1, 2ª parte, do CT), a cessação realizada pelo administrador da insolvência antes do encerramento definitivo do estabelecimento (art. 347º, nº 2, do CT) ou o processo de insolvência que possa determinar o encerramento do estabelecimento (art. 347º, nº 6, do CT) deve ser antecedida de procedimento previsto nos arts. 360º e ss., do CT, com as necessárias adaptações (art. 347º, nº 3, do CT), salvo tratando-se de microempresas (art. 347º, nº 4, do CT).

A situação em que por declaração judicial de insolvência decorre o encerramento definitivo do estabelecimento não tem acolhimento no preceito, pelo que, é de aplicar o regime do encerramento da empresa, que provoca a caducidade do contrato (art. 346º, nº 3, do CT), tendo o trabalhador direito à compensação prevista no art. 366º, do CT, por aplicação do art. 346º, nº 5, do CT.

3. Revogação

3.1. Considerações preliminares

O empregador e o trabalhador podem fazer cessar o contrato de trabalho por acordo (art. 349º, nº 1, do CT).

Esta forma de cessação constitui um afloramento do princípio da liberdade contratual prevista no art. 405º, do CC.

À faculdade de livremente contratar, contrapor-se-ia a liberdade de não contratar e de se desvincular, mas em rigor e face ao contexto jurídico-laboral, esta última liberdade é imperativamente exercível apenas pelo trabalhador (denúncia contratual) ou, no caso da revogação, mediante o *acordo das partes.*

Pelo exercício do ato revogatório, verdadeiro contrato extintivo *ad libitum* (pois não carece de motivação), concretiza-se a desvinculação contratual, acautelados que estejam alguns requisitos formais.

O acordo revogatório é um negócio formal (em arrepio, portanto, do princípio geral do consensualismo que suporta a celebração contratual), pelo que deve constar de documento escrito assinado por ambas as partes, nos termos do nº 2, do art. 349º, do CT.

Se as partes não reduzem a escrito o seu consenso, será aplicável o regime da nulidade das declarações negociais impropriamente formuladas, previsto no art. 219º, do CC.

Este escrito, que consubstancia a vontade das partes de porem termo ao contrato, deverá mencionar expressamente a data de celebração e o momento a partir do qual produzirá efeitos, bem como o prazo legal para o exercício do direito de fazer cessar o acordo de revogação (art. 349º, nº 3, do CT), visando impedir a exigência ao trabalhador de um acordo de revogação com a *data em branco.* As partes podem, simultaneamente, acordar outros efeitos, dentro dos limites da lei (art. 349º, nº 4, do CT).

Se, no acordo ou conjuntamente com este, as partes estabelecerem uma compensação pecuniária global para o trabalhador, presume-se que esta inclui os créditos vencidos à data da cessação do contrato ou exigíveis em virtude desta (art. 349º, nº 5, do CT).

Explica PEDRO ROMANO MARTINEZ, ao "cessar o contrato de trabalho, há certas prestações que o empregador deve efetuar ao trabalhador; *i.é.* que se vencem com a cessação, como o direito a férias e respetivo subsídio (art. 245º do CT). Por outro lado, se o empregador está em mora relativamente, por exemplo, a retribuições vencidas, estas prestações deverão ser efetuadas aquando da cessação do contrato (cfr., todavia, o art. 337º do CT). Em contrapartida, o trabalhador também pode ser devedor do empregador, nomeadamente em relação a adiantamentos por conta da retribuição. Em qualquer dessas hipóteses, ao ajustar-se um acordo revogatório é frequente que se «acertem as contas», estabelecendo efeitos para além da cessação do contrato".

Relembre-se que, agora, o crédito de trabalhador não é suscetível de extinção por meio de remissão abdicativa, salvo através de transação judicial (art. 337º, nº 3, do CT).

Segundo o mesmo autor "os efeitos associados à cessação não se resumem a uma compensação de prestações derivadas do contrato de trabalho, pois as partes podem ter-se vinculado a outros deveres, em contratos coligados com este. Assim, se o empregador arrendou uma casa ao trabalhador ou lhe emprestou dinheiro para adquirir um automóvel, ao revogar o contrato de trabalho as partes providenciarão as consequências da cessação nestes outros contratos, que poderão subsistir"[175].

O nº 5 estabelece uma presunção quanto à compensação pecuniária de natureza global, atribuída *ope voluntatis* ao trabalhador, entendendo-se que em tal compensação se consideram incluídos e pagos os créditos do trabalhador já vencidos exigíveis em virtude da cessação do contrato de trabalho.

Discute-se se a presunção legal tem índole absoluta ou relativa.

JOANA VASCONCELOS (entre outros A.[176]) a favor da presunção relativa, explica: "A conclusão de que o art. 394º, nº 4, veio estabelecer «inequivocamente, uma presunção ilidível» impor-se-á, desde logo, diante do contraste entre o modo como a formulavam e a disposição que o antecedeu, a inviabilizar a argumentação fundada no elemento literal, que no direito anterior ao CT/2003 suportava, em larga medida, a teses da sua natureza inilidível. Quando à supressão, na mesma previsão normativa, da ressalva expressada da "falta de estipulação em contrário", acrescentaríamos apenas que tal solução se impunha,

[175] *Direito do trabalho*, p. 961.

[176] JOÃO LEAL AMADO, *Contrato de Trabalho*, 309, defende que a presunção *juris et de jure* constituiria uma maldade absoluta.

dado o relevante – e, em nosso entender, discutível – peso que lhe atribuía a jurisprudência na qualificação da presunção como *iuris et de iure*"[177].

A compensação pecuniária global de natureza presuntiva distingue-se da declaração de quitação emitida pelo trabalhador de que "nada mais tem a receber ou a reclamar", com discriminação de valores, no quadro de um contrato de remissão abdicativa válido e eficaz (art. 863º, do CC)[178].

A declaração de revogação pode ser produzida em qualquer *tempus* contratual, havendo perenidade ou precariedade no vínculo, estando a relação laboral em crise ou não, sendo recorrente como medida pacificadora e alternativa do despedimento objetivo (daí o seu sentido de *despedimento negociado*).

3.2. Cessação do acordo de revogação

O regime em vigor permite que o trabalhador ponha termo ao acordo de revogação do contrato de trabalho, mediante comunicação escrita dirigida ao empregador, até ao sétimo dia seguinte à data da respetiva *celebração* e não à data da produção dos respetivos efeitos, solução que nos pareceria mais sensata (art. 350º, nº 1, do CT).

O trabalhador, caso não possa assegurar a receção da comunicação no prazo previsto no número anterior, deve remetê-la por carta registada com aviso de receção, no dia útil subsequente ao fim do prazo (nº 2).

A cessação do acordo de revogação só é eficaz se, *em simultâneo* com a comunicação, o trabalhador entregar ou puser, por qualquer forma, à disposição do empregador a totalidade do montante das compensações pecuniárias pagas em cumprimento do acordo, ou por efeito da cessação do contrato de trabalho (nº 3).

A revogação do acordo revogatório exercida nestes termos consubstancia um verdadeiro *direito ao arrependimento* por parte do trabalhador, que só será vedado, se as assinaturas das partes tiverem merecido reconhecimento notarial presencial (que serve como uma espécie de *blindagem* do contrato extintivo), nos termos do nº 4.

Entende-se que o reconhecimento só homologará os acordos que acautelem os direitos, nomeadamente patrimoniais, do trabalhador.

[177] *A revogação do contrato de trabalho*, p. 78.

[178] *Estabelecendo-se, num acordo de revogação do contrato de trabalho, uma compensação pecuniária a favor do trabalhador, sem mencionar a natureza global da mesma, tal cláusula não vale como acordo de remissão abdicativa de outros créditos.* [Ac. da RL, de 20.11.2019 *in* www.dgsi.pt (Proc. nº 16104/18.0T8LSB-4)]

Sobre se reconhecimento presencial pode ser elaborado por Advogado, a jurisprudência encontra-se dividida[179].

3.3. A revogação como despedimento negociado e o direito a subsídio de desemprego

Para efeito de atribuição do subsídio de desemprego, consideram-se *desemprego involuntário*, as situações de cessação do contrato de trabalho, por acordo, que se integrem num processo de redução de efetivos, quer por motivo de reestruturação, viabilização ou recuperação da empresa, quer ainda por a empresa se encontrar em situação económica difícil, independentemente da sua dimensão (art. 10º, nº 1, do DL nº 220/2006, de 03 de novembro).

São, ainda, consideradas as cessações do contrato de trabalho por acordo fundamentadas em motivos que permitam o recurso ao despedimento coletivo ou por extinção do posto de trabalho, tendo em conta a dimensão da empresa e o número de trabalhadores abrangidos, nos termos seguintes (nº 4):

a) Nas empresas que empreguem até 250 trabalhadores, são consideradas as cessações de contrato de trabalho até três trabalhadores inclusive ou até 25% do quadro de pessoal, em cada triénio;

b) Nas empresas que empreguem mais de 250 trabalhadores, são consideradas as cessações de contrato de trabalho até 62 trabalhadores inclusive, ou até 20% do quadro de pessoal, com um limite máximo de 80 trabalhadores em cada triénio.

Os limites estabelecidos no número anterior são aferidos por referência aos três últimos anos, cuja contagem se inicia na data da cessação do contrato, inclusive e pelo número de trabalhadores da empresa no mês anterior ao da data do início do triénio, com observância do critério mais favorável (nº 5).

[179] Em sentido conforme à possibilidade de reconhecimento por Advogado: *O entendimento de que um Advogado se encontra impedido de reconhecer presencialmente a assinatura de uma declaração de rescisão unilateral de um contrato de trabalho de um trabalhador de uma cliente sua afigura-se incompatível não só com a intenção do legislador ao atribuir aos Advogados tal possibilidade, assim como com a sua qualidade de "colaborador da justiça".*
[Ac. da RL, de 30.06.2011 *in* www.dgsi.pt (Proc. nº 243/09.1TTFUN.L1-4)]
Em sentido desconforme, apesar de situado na figura da denúncia:
I – Para efeitos das disposições conjugadas dos artigos 395º/4 e 400º/5 do CT, o reconhecimento da assinatura do trabalhador tem de ser feito por Notário. II– O reconhecimento da assinatura por Advogado não é apto a, nos termos previstos no artigo 402º nº 1 do CT, impedir a revogação da denúncia. [Ac. da RG, de 02.02.2023 *in* www.dgsi.pt (Proc. nº 171/22.5T8BCL.G1)]

Para efeitos dos nºs 4 e 5 são consideradas as pessoas singulares e coletivas, independentemente da sua natureza e das finalidades que prossigam, que beneficiem da atividade profissional de terceiros prestada em regime de trabalho subordinado ou situações legalmente equiparadas para efeitos de segurança social (nº 6).

Na declaração comprovativa da situação de desemprego, o empregador tem de declarar os fundamentos que permitam o recurso ao despedimento coletivo ou por extinção do posto de trabalho, sem prejuízo de, a qualquer momento, lhe poder ser exigida a exibição de documentos probatórios dos fundamentos invocados (art. 74º, nº 1, do DL nº 220/2006).

Por outro lado, é-lhe exigido ainda que declare que a cessação do contrato de trabalho se encontra compreendida nos limites estabelecidos no nº 4, do art. 10º, do DL nº 220/2006 e que informou o trabalhador desse facto (art. 74º, nº 2, do DL nº 220/2006).

Considera-se, ainda, desemprego involuntário, as situações de cessação de contrato de trabalho por acordo que visem o reforço da qualificação e da capacidade técnica das empresas e não determinem a diminuição do nível de emprego (art. 10º-A, nº 1, do DL nº 220/2006).

Para efeito de manutenção do nível de emprego, a mesma tem de se verificar até ao final do mês seguinte ao da cessação do contrato de trabalho e considera-se assegurada por meio de contratação de novo trabalhador mediante contrato sem termo a tempo completo, para posto de trabalho a que corresponda o exercício de atividade de complexidade técnica, elevado grau de responsabilidade ou que pressuponha uma especial qualificação (art. 10º-A, nº 2, do DL nº 220/2006).

Os serviços de segurança social devem informar a ACT quando detetem ou suspeitem do incumprimento do disposto nos números anteriores para que notifique o empregador por forma a que este, no prazo máximo de 30 dias após a notificação, assegure a manutenção do nível de emprego (art. 10º-A, nº 3, do DL nº 220/2006).

Às cessações de contrato de trabalho efetuadas não são aplicáveis os limites estabelecidos no nº 4, do art. 10º, do DL nº 220/2006 (art. 10º-A, nº 4, do DL nº 220/2006).

Nas situações de cessação do contrato de trabalho por acordo, em violação dolosa do disposto nos nºs 1, 2 e 3, do art. 10º-A, do DL nº 220/2006, o trabalhador mantém o direito às prestações de desemprego, ficando o empregador obrigado perante a segurança social ao pagamento do montante correspondente à totalidade do período de concessão da prestação inicial de desemprego (art. 10º-A, nº 6, do DL nº 220/2006).

4. Despedimento

4.1. O despedimento disciplinar (despedimento por facto imputável ao trabalhador)

4.1.1. O conceito de justa causa

"O despedimento por facto imputável ao trabalhador cai no âmbito da *resolução por incumprimento*, estando em causa uma atuação culposa que, pela sua gravidade e consequência, dita a inexigibilidade da manutenção do vínculo contratual"[180].

A *validade substancial* do despedimento impõe que no caso concreto se preencha o conceito de justa causa, ao passo que a *validade formal* do mesmo exige que o procedimento para comprovação dessa justa causa seja realizado.

"Significa isto que a Constituição não se limitou a exigir a motivação do despedimento como pressuposto da licitude do mesmo: ao colocar a segurança no emprego à cabeça do catálogo constitucional dos direitos dos trabalhadores, gozando do regime privilegiado dos direitos, liberdades e garantias, a CRP acolheu o chamado «princípio da coercibilidade do vínculo contratual» (Jorge Leite), isto é, a ideia de que o contrato de trabalho pode subsistir mesmo contra a vontade da entidade patronal"[181].

O regime do art. 351º, do CT, estabelece o chamado despedimento-sanção, aplicável após adequada ponderação do grau das sanções disciplinares como censura pela gravidade do comportamento do trabalhador.

O conceito de justa causa haverá que ser determinado atendendo aos princípios, normas e direitos constitucionalmente consagrados [*v.g.*, *direito à segurança no emprego* (art. 53º, 1ª parte, da CRP) *direito ao trabalho* (art. 59º, nº 1, al. *a*), da CRP) e à *organização do trabalho* (art. 60º, nº 1, al. *b*), da CRP), concretizáveis caso a caso.

Este conceito visa, ainda, tornar adequada a sanção aplicável ao ilícito legal ou contratual cometido, limitando nessa matéria o poder disciplinar do empregador, proibindo a aplicação de sanções abusivas (art. 331º, do CT).

[180] Paula Quintas/Hélder Quintas, *Código do Trabalho – Anotado e Comentado*, p. 811.

[181] Cfr. João Leal Amado, *Despedimento ilícito e salários intercalares: a dedução do alliunde perceptum – uma boa solução?*, pp. 43 e ss..

O legislador enuncia o conteúdo de justa causa de despedimento: comportamento culposo do trabalhador que, pela sua gravidade e consequências, torne imediata e praticamente impossível a subsistência da relação de trabalho (art. 351º, nº 1, do CT), cuja concretização se deverá operar caso a caso, de acordo com as circunstâncias e o contexto em que ocorre.

O nº 2, do art. 351º, do CT, apresenta uma enumeração exemplificativa dos comportamentos que merecerão esse grau de censura, tornando inexigível a manutenção do vínculo laboral.

O grau de gravidade do comportamento culposo (que pressupõe uma violação, quer por ação, quer por omissão, dos deveres legais decorrentes do art. 128º, do CT ou contratuais do trabalhador) haverá, ainda, que ser avaliado em termos objetivos, segundo o critério do ***bonus pater familiae*** e da causa adequada à impossibilidade de subsistência do nexo laboral, pois atinge os valores que as normas constitucionais pretendem garantir.

Por último, o nº 3, do art. 351º, do CT, estabelece um critério de razoabilidade na apreciação da justa causa, o qual deve atender, no quadro de gestão da empresa, ao grau de lesão dos interesses do empregador, ao caráter das relações entre as partes ou entre o trabalhador e os seus companheiros e às demais circunstâncias que no caso sejam relevantes.

4.1.2. Deveres do trabalhador

Dentro do núcleo exemplificativo do art. 128º, nº 1, do CT, ressaltam, sem prejuízo de outras obrigações, os seguintes deveres do trabalhador:

a) Deveres de respeito, urbanidade e probidade

Os deveres indicados representam um pilar essencial para o estabelecimento de um bom ambiente de trabalho reivindicado pela comunidade empresarial, perfilando-se em três planos de concretização: nas relações dos trabalhadores com outros companheiros de trabalho; nas relações dos trabalhadores com o empregador e nas relações dos trabalhadores com pessoas que estabeleçam quaisquer contactos com a empresa;

b) Dever de assiduidade

O dever de assiduidade integra-se no conteúdo da própria prestação de trabalho, podendo ser entendido como um reflexo "da observância, por parte do trabalhador, do "programa" da prestação de trabalho, no tempo e no espaço.

Significa, em suma, que ele deve estar *disponível* nas horas e locais previamente definidos"[182].

Os parâmetros da assiduidade são o horário de trabalho (art. 212º, do CT) e o local de trabalho (art. 193º, do CT).

Para PEDRO ROMANO MARTINEZ, alega que "a falta de assiduidade pode conduzir ao despedimento, não porque seja um incumprimento definitivo parcial, que, em princípio, só implicaria uma redução do salário em função das faltas, mas porque toda a relação laboral não está a ser devidamente cumprida, havendo um cumprimento defeituoso"[183];

c) Dever de zelo e diligência

Como devedor de uma relação obrigacional, o trabalhador está adstrito a executar a prestação de trabalho com zelo e diligência, mais precisamente, realizando "a prestação com a atenção, o cuidado, o esforço e as cautelas razoavelmente exigíveis" [184];

d) Dever de participação em ações de formação

Concatenado com o dever de diligência, o trabalhador está ainda obrigado a participar de modo diligente em ações de formação profissional que lhe sejam proporcionadas pelo empregador;

e) Dever de obediência

O dever de obediência expressa, em particular, a subordinação jurídica que recai sobre o trabalhador.

A desobediência presume-se culposa, já que pressupõe a violação de deveres contratuais específicos.

Só a desobediência ilegítima às ordens dadas por responsáveis hierarquicamente superiores assume relevância disciplinar. Assim, não merece censura a desobediência cometida dentro duma permissão ou dum direito superior (*v.g.*, o direito à greve) ou na defesa dos próprios direitos do trabalhador, pondo-se em causa a legitimidade da ordem proferida;

[182] MONTEIRO FERNANDES, *Direito do Trabalho*, p. 349.

[183] *Direito do Trabalho*, p. 496.

[184] JORGE LEITE, *Direito do Trabalho*, p. 96.

f) Dever de lealdade
O dever de lealdade, que assenta profundamente na relação de confiança que se estabelece entre as partes, manifesta-se nos deveres de sigilo e de não-concorrência[185];

g) Dever de custódia
O dever de custódia pode ser encarado em dois planos: um referente à conservação e manutenção dos instrumentos e bens usados no exercício da prestação laboral de acordo com o fim a que se destinam e um outro, de conteúdo negativo, relativo à omissão de atos que danifiquem ou inutilizem esses mesmos instrumentos e bens;

h) Dever de promover a produtividade
Refira-se que a produtividade é um objetivo fundamental a atingir pela comunidade laboral. Sendo assim e aliás como já decorre das regras da boa-fé, o trabalhador deve, no âmbito da relação laboral, atuar de modo a melhorar a produtividade da empresa, bem como a abster-se de comportamentos que prejudiquem tal objetivo;

i) Dever de cooperar para a melhoraria da segurança e saúde no trabalho;

j) Dever de cumprir as prescrições sobre segurança e saúde no trabalho
As als. *i*) e *j*), do nº 1, preveem o dever de prevenção dos trabalhadores, o qual "tem uma dimensão *coletiva*, referente à conceção e controlo do sistema de prevenção (a cargo dos "representantes dos trabalhadores eleitos para esse fim"), e uma dimensão *individual*, inerente à execução do contrato de trabalho"[186].

Sobre o empregador recaem os deveres de prevenir riscos e doenças profissionais e de adotar as medidas legalmente exigidas ao nível da segurança e saúde no emprego (als. *g*) e *h*), do nº 1, do art. 127º, do CT).

4.1.3. A violação dos deveres contratuais ou legais

A justa motivação para o despedimento promovido pelo empregador haverá que ser aferida à luz da violação dos deveres legais e contratuais do trabalhador.

[185] *II – Consubstancia violação do mencionado dever e, bem assim, justa causa de despedimento o comportamento do trabalhador que subtrai mercadoria que se encontrava, aguardando o seu transporte, à guarda do empregador.* [Ac. da RP, de 22.02.2021 *in* www.dgsi.pt (Proc. nº 1720/19.1T8MTS.P1)]

[186] António Monteiro Fernandes, *Direito do Trabalho*, pp. 363 e 364.

O art. 351º, nº 2, do CT, apresenta exemplificações de comportamentos que enformam a justa causa de despedimento, no entanto e em rigor, nunca será de desmerecer o leque dos deveres consagrados no art. 128º, do CT (matriz sempre a relevar para o apuramento do conceito):

a) *Desobediência ilegítima às ordens dadas por responsáveis hierarquicamente superiores* (art. 128º, nº 1, al. *e*), do CT), sendo corolário do poder regulamentar e disciplinar do empregador que cabe ao trabalhador respeitar, excetuados os casos de ordens ilegítimas, ou seja, quando está em causa a colisão com os direitos e garantias do próprio trabalhador[187].

O dever de obediência respeita tanto a ordens ou instruções do empregador como as ordens do superior hierárquico do trabalhador, dentro dos poderes que a este são atribuídos (nº 2);

b) *Violação de direitos e garantias de trabalhadores da empresa*, cabendo ao trabalhador respeitar o livre exercício dos direitos e garantias dos colegas de trabalho (por ex., respeitar o exercício legítimo do direito à greve);

c) *Provocação repetida de conflitos com trabalhadores da empresa*, que se traduz na violação do dever de respeito, consagrado no art. 128º, nº 1, al. *a*), do CT;

d) *Desinteresse repetido pelo cumprimento, com a diligência devida, de obrigações inerentes ao exercício do cargo ou posto a que está afeto* (a qual consubstancia uma violação do dever de zelo e diligência plasmado no art. 128º, nº 1, al. *c*), do CT[188]), nomeadamente, em participar de modo diligente em ações de

[187] *I – É de considerar muito grave e ilícita a conduta do autor que, enquanto motorista de serviços públicos, apesar de ter recebido o pagamento de passageiras que se faziam transportar no autocarro que conduzia ao serviço da ré, apenas imprimiu os respetivos títulos de transportes ao chegar à paragem de autocarro onde se encontravam funcionários da ré com funções de fiscalização após tê-los avistado, e que se não fora a intervenção de tais agentes, teria feito seus os valores que lhe haviam sido pagos pelo dito transporte. II – A referida conduta consubstancia violação pelo trabalhador dos seus deveres de obediência, zelo, diligência e lealdade e faz quebrar irremediavelmente a base da confiança em que assenta a relação laboral, criando no espírito da ré empregadora a fundada dúvida sobre a idoneidade futura do autor, constituindo justa causa de despedimento.* [Ac. da RL, de 27.01.2021 *in* www.dgsi.pt (Proc. nº 26009/19.2.T8LSB.L1-4)]

[188] *II – Tendo a Trabalhadora, Educadora de infância, responsável pelas crianças da sala de crianças com idades de 2/3, conhecido e assentido que uma dessas crianças estivesse numa das sanitas de adultos, apoiada com as duas mãos, a chorar, com lágrimas a cair pela face e com a boca cheia de papel higiénico e confrontada no imediato com tal situação, revelado indiferença e falta de juízo autocrítico, conclui-se pela verificação de justa causa para o despedimento, por violação dos deveres de respeito para com o empregador e para com a criança ao seu cuidado e do dever de realizar o seu trabalho com zelo e diligência – artigo 128º, nº 1, alínea a) e alínea c), do Código do Trabalho –, estar justificada a quebra de confiança da Entidade empregadora na Trabalhadora, sendo o despedimento, atentas as circunstâncias descritas, a sanção proporcionada à gravidade da infração e à culpabilidade da infratora, não obstante a respetiva antiguidade ao serviço da mesma Entidade empregadora.* [Ac. da RP, de 18.10.2021 *in* www.dgsi.pt (Proc. nº 2510/20.4T8VNG.P1)]

formação profissional que lhe sejam proporcionadas pelo empregador (o que constitui uma violação do dever previsto no art. 128º, nº 1, *d*), do CT);

e) *Lesão de interesses patrimoniais sérios da empresa*

A lesão pressupõe uma atuação culposa do trabalhador, manifestada na produção de um dano económico significativo[189];

f) *Falsas declarações relativas à justificação de faltas*, que ilustra uma violação do dever de lealdade, previsto no art. 128º, nº 1, al. *f*), do CT[190];

g) *Faltas não justificadas ao trabalho que determinem diretamente prejuízos ou riscos graves para a empresa, ou cujo número atinja, em cada ano civil, cinco seguidas ou 10 interpoladas, independentemente de prejuízo ou risco*, correspondendo ao incumprimento do dever de assiduidade e pontualidade previsto no art. 128º, nº 1, al. *b*), do CT[191];

h) *Falta culposa de observância de regras de segurança e saúde no trabalho*, o que configura uma violação dos deveres enunciados no art. 128º, nº 1, als. *i*) e *j*), do CT;

i) *Prática, no âmbito da empresa, de violências físicas, injúrias ou outras ofensas punidas por lei sobre trabalhador da empresa, elemento dos corpos sociais ou empregador individual não pertencente a estes, seus delegados ou representantes*, em violação dos deveres de respeito, urbanidade e probidade, previstos no art. 128º, nº 1, al. *a*), do CT;

j) *Sequestro ou em geral crime contra a liberdade de trabalhador da empresa, dos corpos sociais ou empregador individual não pertencente a estes, seus delegados ou representantes*, violando, nomeadamente, o dever de respeito, previsto no art. 128º, nº 1, al. *a*), do CT;

l) *Incumprimento ou oposição ao cumprimento de decisão judicial ou administrativa*;

[189] *Não enquadra lesão de interesse patrimonial sério, a atuação do motorista que, ao retirar os acessórios que lhe pertenciam do veículo que lhe estava confiado, danificou o sistema de travagem* [Ac. STJ, de 09.11.2005 *in* www.dgsi.pt (Proc. nº 05S2133)]

[190] *I – Entregando o trabalhador à empregadora "Certificado de Incapacidade" comprovativo da incapacidade temporária para o trabalho com autorização do domicílio apenas para tratamentos, sofrendo o mesmo uma queda no local de trabalho do seu filho, o qual acompanhava, a questão não se enquadra nas falsas declarações relativas à justificação de faltas a que se refere a al. f) do nº 2 do artº 351º do Código do Trabalho, mas sim como de violação do dever de lealdade para com o empregador.*

[Ac. da RP, de 14.02.2022 *in* www.dgsi.pt (Proc. nº 150/21.0T8AVR.P1)]

[191] *I. Duas faltas, ainda que sendo ambas injustificadas, não têm necessariamente a mesma gravidade do ponto de vista disciplinar, havendo que atender à censurabilidade do agente face ao caso concreto. II. Sendo invocado um número de faltas injustificadas inferior a cinco seguidas ou dez interpoladas no mesmo ano civil, cabe ao empregador o ónus de alegar e de provar a existência de um prejuízo ou risco grave diretamente causado pelas faltas, sob pena de as mesmas não poderem ser consideradas justa causa de despedimento.* [Ac. do STJ, de 03.03.2021 *in* www.dgsi.pt (Proc. nº 514/19.9T8BRR.L1.S1)]

m) Reduções anormais de produtividade, violando o dever consignado no art. 128º, nº 1, al. *h*), do CT.

4.1.4. Prazos prescricionais da infração disciplinar e prazo de caducidade do procedimento disciplinar

Comecemos por evocar que o não exercício de um direito durante o lapso de tempo estabelecido na lei gera a sua caducidade a menos que a lei se refira expressamente à prescrição (art. 298º, nº 2, do CC).

Na ótica de MANUEL DE ANDRADE "o fundamento específico do instituto prescricional (...) é a inércia do respetivo titular, que ou significa renúncia ao seu direito ou de qualquer maneira o torna indigno de proteção jurídica"[192].

Este autor acrescenta ainda que o "fundamento específico da caducidade é o da necessidade de certeza jurídica. Certos direitos devem ser exercidos durante certo prazo, para que ao fim desse tempo fique inalteravelmente definida a situação jurídica das partes"[193].

Entre as principais diferenças que distinguem a prescrição da caducidade ressaltam as seguintes:

- A prescrição só pode ser invocada por aquele a quem aproveita (art. 303º, do CC), ao contrário da caducidade, que é apreciada oficiosamente (art. 333º, do CC);
- A prescrição admite genericamente os institutos da suspensão e da interrupção (respetivamente, arts. 318º e ss. e 323º e ss., do CC), já a caducidade só excecionalmente se interrompe ou suspende (art. 328º, do CC);
- A prescrição interrompe-se pela citação ou notificação judicial de qualquer ato que exprima, direta ou indiretamente, a intenção de exercer o direito"(art. 323º, nº 1, do CC), ao passo que a caducidade só é impedida pela prática do ato com efeito impeditivo (art. 331º, nº 1, do CC).

O ilícito laboral integra a violação de deveres legais e contratuais por parte do trabalhador com relevância jurídica e, por isso, passível de ação disciplinar a exercer pelo empregador.

No entanto, o exercício do poder disciplinar é limitado, quer pela prescrição da infração ao fim de um ano após a prática da infração ou no prazo de pres-

[192] *Teoria Geral da Relação Jurídica*, vol. II, p. 464.

[193] *Loc. cit.*.

crição da lei penal se o facto constituir igualmente crime (art. 329º, nº 1, do CT), quer pela caducidade do próprio direito de reação, caso o procedimento disciplinar não seja exercido nos 60 dias imediatos ao conhecimento por parte do empregador ou o superior hierárquico com competência disciplinar (art. 329º, nº 2, do CT).

A natureza instantânea ou continuada, que o ilícito disciplinar pode revestir, assume especial relevância ao nível da contagem do prazo prescricional.

Caso a infração integre ilícito instantâneo, a contagem do prazo inicia-se com a sua perpetração (art. 3º, CP).

No caso de ilícito continuado, a contagem começa a correr desde o dia da prática do último ato que o compõe.

4.1.5. Procedimento de despedimento

Nota prévia

A aplicação de qualquer sanção disciplinar deve salvaguardar o *princípio da processualidade* ou da *defesa do trabalhador*, manifestado na *audiência prévia do trabalhador* e na realização de diligências para apuramento da *verdade material* (art. 329º, nº 6 do CT)[194].

O despedimento por facto imputável ao trabalhador ao integrar a sanção disciplinar de *natureza expulsiva*, impõe a realização de um procedimento disciplinar, regulado nos arts. 353º e ss., do CT.

a) Nota de culpa

"A nota de culpa inicia (art. 353º, nº 1, do CT) o procedimento disciplinar (salvo a exceção do nº 2, do art. 354º, do CT), manifestando o poder autotutelado do empregador, em que o próprio decisor é parte no processo, pertencendo-lhe exclusivamente a direção da instrução. Por sua vez, a intervenção do tribunal é limitada a uma atividade conformadora da admissibilidade ou não da sanção de despedimento, não lhe cabendo qualquer poder punitivo, *maxime*, aplicando uma outra sanção disciplinar que entenda mais coadunável aos valores em crise.

[194] *A aplicação de uma sanção disciplinar deve ser precedida de um processo próprio, destinado a apurar/averiguar da gravidade dos factos e sua integração em infração disciplinar, o grau de culpa do trabalhador e, por fim, a decidir qual a sanção a aplicar.* [Ac. da RP, de 09.03.2020 *in* www.dgsi.pt (Proc. nº 2217/19.5T8VNG.P1)]

O teor da nota de culpa deve delimitar os comportamentos censuráveis ao trabalhador, quanto à sua gravidade e alcance, circunscrevendo o factualismo disciplinar em causa, não podendo perder-se em considerandos e/ou considerações apriorísticas e/ou valorações jurídicas. A descrição circunstanciada dos factos[195] obriga à concretização, apuramento e evidência dos mesmos (ou seja, *quem, quando, como*), não sendo validada uma abordagem genérica e abstrata. Nada impede, no entanto, que a nota de culpa se apoie em notas remissivas, desde que entendíveis pelo destinatário"[196].

Da nota de culpa deve constar a *intenção de despedir* (art. 353º, nº 1, do CT).

A nota de culpa é usualmente classificada como uma declaração de vontade recetícia ou recipienda, *i.é,* logo que chega ao poder ou é conhecida pelo destinatário, torna-se eficaz (art. 224º, nº 1, 1ª parte, do CC), fundamentada e explícita na factualidade subjacente à vontade de pôr termo à vinculação contratual.

O empregador, na mesma data em que comunica ao trabalhador a intenção de proceder ao seu despedimento, remete cópias da comunicação e da nota de culpa à comissão de trabalhadores da empresa, e, caso o trabalhador seja representante sindical, à associação sindical respetiva (art. 353º, nº 2, do CT), se tal intenção não for indicada, considera-se o procedimento inválido (art. 382º, nº 2, al. *b*), do CT), e, em consequência, o despedimento será considerado ilícito (art. 382º, nº 1, do CT), mesmo sendo justa a motivação que assiste ao empregador, pois a defesa dos interesses do trabalhador não foi acautelada.

Pode ocorrer a necessidade de instaurar um *procedimento prévio de inquérito* para fundamentar a nota de culpa, o qual interrompe a contagem dos prazos estabelecidos nos nºs 1 ou 2, do art. 329º, do CT (relativos, respetivamente, à pratica da infração disciplinar e à reação disciplinar)[197] desde que ocorra nos

[195] *III – A exigência legal da "descrição circunstanciada dos factos" que são imputados ao trabalhador visa permitir--lhe o conhecimento em concreto desses factos, de modo a que este possa defender-se adequadamente, isto é, de modo a que possa exercer na sua plenitude o direito do contraditório. IV – Justamente por isso, a falta de observância dessa imposição legal importa consequências severas, mais precisamente, o despedimento é ilícito, sendo a ilicitude fundada na invalidade do processo disciplinar [artº 382º 1 e 2, al. a), do CT]. V – Não cumpre a exigência legal de conter a descrição circunstanciada dos factos imputados ao autor a nota de culpa que se limita a conter imputações conclusivas e genéricas, não se encontrando a mínima narrativa com o propósito de concretizar em termos descritivos as eventuais condutas praticadas que se subsumam àquelas afirmações, quando ocorreram, onde e em que circunstâncias. VI – Para que se possa dizer que o arguido compreendeu perfeitamente os factos que lhe eram imputados, pelo que sempre se teriam por sanadas eventuais deficiências da nota de culpa, era necessário que da defesa do autor resultassem perceptíveis quais os eventuais factos concretos que este teria percebido serem-lhe imputados e relativamente aos quais se estaria a defender.* [Ac. da RP, de 17.05.2021 *in* www.dgsi.pt (Proc. nº 7618/19.6T8VNG.P1)]

[196] Paula Quintas/Hélder Quintas, *Código do Trabalho – Anotado e Comentado*, p. 831.

[197] *II – A abertura de um procedimento de inquérito, para apurar as circunstâncias em que os factos ocorreram, com a realização de apenas duas diligências que demoraram dois dias tendo decorrido 37 dias, entre a sua abertura e a noti-*

30 dias seguintes à suspeita de comportamentos irregulares, seja conduzido de forma diligente e a nota de culpa seja notificada até 30 dias após a conclusão do mesmo (art. 352º, do CT).

Continua por clarificar qual o tempo (razoável) de duração do inquérito, sendo que os prazos expostos não se aplicam à duração efetiva do mesmo, mas apenas aos momentos isolados de intervenção do poder de averiguação do empregador, apesar do indicado no art. 329º, nº 3, do CT.

A nota de culpa pode ser acompanhada da *suspensão preventiva do trabalhador, sem perda de retribuição* (art. 354º, nº 1, do CT).

O nº 2, do art. 354º, do CT, prevê um regime especial, podendo a suspensão anteceder em 30 dias a notificação da nota de culpa, desde que o empregador justifique, por escrito, que tendo em conta indícios de factos imputáveis ao trabalhador, a presença deste na empresa se mostra inconveniente, nomeadamente para averiguação do factualismo, não tendo ainda sido possível elaborar a nota de culpa.

b) Direito de resposta do trabalhador

Princípio essencial na tramitação do despedimento é o da preservação das *garantias de defesa do trabalhador*, nomeadamente o direito de resposta à nota de culpa (no prazo de 10 dias úteis), de solicitar diligências probatórias a realizar através do empregador e de consultar o processo (art. 355º, nº 1, do CT).

O trabalhador tem a *faculdade de responder à nota de culpa*, deduzindo por escrito os elementos que considera relevantes para esclarecer os factos e a sua participação nos mesmos, no entanto, caso não o faça, tal não implica confissão ou aceitação dos factos que lhe são imputados[198].

O procedimento disciplinar é considerado inválido se não tiver sido respeitado o direito do trabalhador a consultar o processo ou a responder à nota de culpa, ou, ainda, o prazo para resposta à mesma (art. 382º, nº 2, al. *c*), do CT).

c) Instrução

A realização das diligências probatórias será oportuna e adequada à descoberta da *verdade material*.

ficação da nota de culpa ao trabalhador, não tem eficácia interruptiva da caducidade do prazo estabelecido no artigo 329º, nº 2, do CT, por a sua condução não ter ocorrido com a diligência devida. (Ac. do STJ, de 13.02.2019 *in* CJ, Ano XXVII, Tomo I, p. 224)

[198] *I – A falta de resposta do trabalhador à nota de culpa não constitui confissão extrajudicial dos factos dela constantes.* [Ac. da RP, de 22.11.2010 *in* www.dgsi.pt (Proc. nº 82/09.0TTMTS.P1)]

Sendo o procedimento disciplinar um *processo de parte*, o empregador, diretamente ou por instrutor nomeado, realiza as diligências probatórias requeridas na nota de culpa, a menos que as considere patentemente dilatórias ou impertinentes, devendo neste caso alegá-lo, fundamentadamente, por escrito (art. 356º, nº 1, do CT).

O empregador não é obrigado a proceder à audição de mais de três testemunhas por cada facto descrito na nota de culpa, no limite de 10 testemunhas no total (art. 356º, nº 3, do CT).

O despedimento é considerado *irregular* nos casos em que o empregador não realiza as diligências probatórias pertinentes requeridas e não procede à audição das testemunhas indicadas. Se forem declarados procedentes os motivos justificativos invocados para o despedimento, esta irregularidade obriga apenas o empregador a proceder ao pagamento de metade do valor que resultaria da indemnização por antiguidade prevista no art. 391º, nº 1, do CT (art. 389º, nº 2, do CT).

Cabe ao trabalhador assegurar a comparência das testemunhas que indicar (art. 356º, nº 4, do CT)[199].

Após a conclusão das diligências probatórias, o empregador apresenta cópia integral do processo à comissão de trabalhadores e à associação sindical respetiva, caso o trabalhador seja representante sindical, para estas entidades, no prazo de cinco dias úteis, apresentarem o respetivo parecer fundamentado (art. 356º, nº 5, do CT).

Dispensa-se a apresentação de cópia do processo à comissão de trabalhadores caso o trabalhador comunique ao empregador, nos três dias úteis posteriores à receção da nota de culpa, que o parecer é emitido por determinada associação sindical (art. 356º, nº 6, do CT).

d) Decisão de despedimento

Recebidos os pareceres da comissão de trabalhadores e, caso o trabalhador seja representante sindical, da associação sindical respetiva (art. 356º, nº 5, do CT) ou decorrido o prazo para o efeito, o empregador dispõe de 30 dias para proferir a decisão de despedimento, sob pena de *caducidade* do direito de aplicar a sanção (art. 357º, nº 1, do CT). Trata-se, assim, de um prazo peremptório.

[199] *I – Não afeta objetivamente, o direito à defesa do trabalhador, nem acarreta a invalidade do procedimento disciplinar a não inquirição de testemunha, requerida e indicada pelo trabalhador na resposta à nota de culpa, se aquela se ficou a dever ao facto de o trabalhador não a fazer comparecer, nem indicar à instrutora uma data sobre a disponibilidade da testemunha para ser inquirida, após uma primeira falta desta não justificada.* [Ac. da RP, de 09.01.2020 *in* www.dgsi.pt (Proc. nº 3552/18.5T8AVR.P1)]

O despedimento de *trabalhadora grávida, puérpera ou lactante* ou de *trabalhador no gozo de licença parental* carece de parecer prévio da CITE (art. 63º, nº 1, do CT). Cabe ao empregador provar que solicitou tal parecer (art. 63º, nº 5, do CT).

O empregador deve remeter cópia do processo à essa entidade depois das diligências probatórias referidas no nº 1, do art. 356º, do CT (art. 63º, nº 3, al. *a*), do CT).

O despedimento presume-se feito sem justa causa (art. 63º, nº 2, do CT).

A CITE deve comunicar o parecer ao empregador e ao trabalhador, nos 30 dias subsequentes à recepção do processo, considerando-se em sentido favorável ao despedimento quando não for emitido dentro do referido prazo (art. 63º, nº 4, do CT).

Se o parecer for desfavorável ao despedimento, o empregador só o pode efectuar após decisão judicial que reconheça a existência de motivo justificativo, devendo a ação ser intentada nos 30 dias subsequentes à notificação do parecer (art. 63º, nº 6, do CT).

O despedimento de *trabalhador cuidador* carece igualmente de parecer prévio CITE (art. 101º-F, nº 1, do CT)[200].

O despedimento presume-se feito sem justa causa (art. 101º-F, nº 2, do CT).

Vale aqui o procedimento definido nos nºs 3 a 9, do art. 63º, do CT (art. 101º-F, nº 3, do CT).

Quando não exista comissão de trabalhadores e o trabalhador não seja representante sindical, o prazo de 30 dias conta-se a partir da data da conclusão da última diligência de instrução (art. 357º, nº 2, do CT).

Na decisão de despedimento são ponderadas as circunstâncias do caso, nomeadamente, o quadro de gestão da empresa, o grau de lesão dos interesses do empregador, o caráter das relações entre as partes ou entre o trabalhador e os seus companheiros e às demais circunstâncias que se afigurem relevantes (art. 351º, nº 3, do CT), a adequação do despedimento à culpabilidade do trabalhador e os pareceres dos representantes dos trabalhadores.

Convém sublinhar que, na decisão, não podem ser invocados factos não constantes da nota de culpa ou da resposta do trabalhador, salvo se atenuarem a responsabilidade (art. 357º, nº 4, do CT).

A decisão deve ser fundamentada e constar de documento escrito (art. 357º, nº 5, do CT).

[200] Regime aditado pela L nº 13/2023, de 03 de abril.

Caso a decisão de despedimento e/ou os seus fundamentos não constem de documento escrito (ou não esteja elaborada nos termos do nº 4, do art. 357º, do CT), o procedimento será considerado inválido (art. 382º, nº 2, al. *d*), do CT).

A decisão é comunicada, por cópia ou transcrição, ao trabalhador, à comissão de trabalhadores ou à associação sindical respetiva, caso aquele seja representante sindical ou na situação a que se refere o nº 6, do art. 356º, do CT (art. 357º, nº 6, do CT).

A declaração de despedimento torna-se eficaz logo que chega ao poder do trabalhador (destinatário) ou é por ele conhecida ou, ainda, quando só por sua culpa não foi oportunamente recebida (art. 357º, nº 7, do CT), tendo, portanto, o valor de uma declaração rescisória, recetícia ou recipienda.

4.1.6. O procedimento disciplinar nas microempresas

O procedimento disciplinar de despedimento em microempresa de trabalhador membro de comissão de trabalhadores ou representante sindical, regula-se pelo regime geral (art. 358º, nº 1, do CT).

O procedimento disciplinar de trabalhador que não seja membro de comissão de trabalhadores ou representante sindical em microempresas é aligeirado (com exceção do regime de proteção do despedimento da parentalidade, previsto no art. 63º, do CT), sendo dispensadas as seguintes formalidades:

- Remissão da nota de culpa para a comissão de trabalhadores ou associação sindical, nos termos consignados no nº 2, do art. 353º, do CT;
- Apresentação, após a receção da resposta à nota de culpa ou a conclusão das diligências probatórias, da cópia integral do processo à comissão de trabalhadores e, caso o trabalhador seja representante sindical, à associação sindical respetiva, segundo o nº 5, do art. 356º, do CT;
- Tramitação referida nos nºs 1, 2 e 6, do art. 357º, do CT, sendo aplicável o disposto nos nºs 3 a 5, do art. 358º, do CT.

Na ponderação e fundamentação da decisão são ponderadas as circunstâncias do caso, nomeadamente as referidas no nº 3, do art. 351º, do CT, a adequação do despedimento à culpabilidade do trabalhador, não podendo ser invocados factos não constantes da nota de culpa ou da resposta do trabalhador, salvo se atenuarem a responsabilidade (art. 357º, nº 4 *ex vi* do art. 358º, nº 2, do CT).

O empregador pode proferir a decisão dentro dos seguintes prazos (art. 358º, nº 3, do CT):

a) Se o trabalhador não responder à nota de culpa, 30 dias a contar do termo do prazo para resposta à mesma;
b) 30 dias a contar da conclusão da última diligência.

O não proferimento da decisão dentro destes prazos conduz à caducidade do direito de sancionar (art. 358º, nº 4, do CT).

A decisão é comunicada, por cópia ou transcrição, ao trabalhador (art. 358º, nº 5, do CT).

4.1.7. Ilicitude do despedimento

O art. 382º, do CT, prevê, além das causas de ilicitude do despedimento indicadas no art. 381º, do CT:

i) a prescrição da infração ou intempestividade da reação disciplinar (nº 1, 1ª parte);
ii) a invalidade procedimental (nº 1, 2ª parte), por:
   - não apresentação ou não redução a escrito da nota de culpa ou não indicação da descrição circunstanciada dos factos imputados ao trabalhador [al. *a*)];
   - omissão da comunicação da intenção de despedir junto à nota de culpa [al. *b*)];
   - desrespeito pelo princípio do contraditório manifestado no direito do trabalhador a consultar o processo ou a responder à nota de culpa dentro de certo prazo [al. *c*)];
   - não sujeição a escrito da decisão de despedir e dos respetivos fundamentos ou não elaboração da decisão nos termos do nº 4, do art. 357º ou do nº 2, do art. 358º, do CT [al. *d*)].

Sempre que um inspetor do trabalho verifique a existência de indícios de um despedimento em violação do art. 382º, do CT, lavra um auto e notifica o empregador para regularizar a situação (art. 11º, nº 3, do DL nº 102/2000, de 02 de junho, na redação dada pela L nº 13/2023, de 03 de abril).

Findo o prazo concedido no auto sem que a situação do trabalhador em causa se mostre devidamente regularizada, a ACT remete, em cinco dias, participação dos factos para os serviços do Ministério Público junto do tribunal do lugar da prestação de trabalho, acompanhada de todos os elementos de prova recolhidos, para fins de instauração de procedimento cautelar de suspensão de despedimento (art. 11º, nº 4, do DL nº 102/2000).

Após a receção desta participação, o Ministério Público dispõe de 20 dias para instaurar esse procedimento cautelar (art. 33º-B, do CPT, aditado pela L nº 13/2023).

4.2. Despedimento coletivo

4.2.1. Noção

A extinção definitiva da empresa não gera despedimento coletivo (art. 359º, do CT), sendo causa de caducidade contratual (arts. 346º e 347º, do CT).

"O despedimento coletivo está ligado a situações de crise na empresa, surgindo como uma expressão típica do seu poder de gestão.

O despedimento abrange uma pluralidade de trabalhadores, fundando-se a rutura dos contratos numa razão comum a todos eles: questões de mercado, estruturais ou tecnológicas, assentem numa perspetiva de *sobrevivência empresarial.*

Desta forma, um mesmo e único ato jurídico do empregador dissolve uma variedade de relações jurídicas laborais, constituídas em momentos diferentes, fundado numa motivação alheia à atuação dos trabalhadores, suscitado por razões igualmente não imputáveis ao empregador, ditas objetivas"[201] .

De acordo com o nº 1, do art. 359º, do CT, o despedimento coletivo depende do preenchimento dos seguintes requisitos:

- Cessação promovida pelo empregador que ocorra simultânea ou sucessivamente no período de três meses (âmbito temporal);
- De, pelo menos, dois ou cinco trabalhadores, conforme se trate de microempresa e de pequena empresa ou de média e grande empresa (âmbito quantitativo)[202];
- Assentar no encerramento de uma ou várias secções ou estrutura equivalente (as chamadas *reestruturações*) ou redução de pessoal (*downsizing*), em ambos os casos, por motivos de mercado, estruturais ou tecnológicos definidos no nº 2, do art. 359º, do CT (âmbito material).

Cabe ao empregador o ónus da prova do despedimento coletivo.

[201] Paula Quintas/Hélder Quintas, *Código do Trabalho – Anotado e Comentado*, p. 845.

[202] Cuja tipologia se encontra prevista no art. 100º, do CT.

4.2.2. Procedimento

A comunicação de despedimento coletivo deve ser feita, por escrito, à comissão de trabalhadores ou, na sua falta, à comissão intersindical ou às comissões sindicais da empresa representativas dos trabalhadores a abranger (art. 360º, nº 1, do CT).

Na ausência das comissões mencionadas, o empregador comunica a intenção de proceder ao despedimento, por escrito, a cada um dos trabalhadores que possam ser abrangidos (art. 360º, nº 3, al. *a*), do CT), os quais podem designar, de entre eles, no prazo de cinco dias úteis a contar da receção da comunicação, uma comissão representativa (*comissão ad hoc*) com o máximo de três ou cinco membros, consoante o despedimento abranja até cinco ou mais trabalhadores (art. 360º, nº 3, al. *b*), do CT)[203].

Se for constituída, o empregador deve enviar à comissão os elementos de informação indicados no nº 2, do art. 360º, do CT (art. 360º, nº 4, do CT).

O empregador, na data em que procede à comunicação de despedimento coletivo (prevista nos nºs 1, 3 ou 4, do CT), envia cópia da mesma à DGERT[204] (nº 5).

Ao abrigo do nº 2, do art. 360º, do CT, a comunicação de despedimento coletivo deve contemplar:

a) *Os motivos invocados para o despedimento coletivo, que constam do art. 359º, nº 2, do CT;*
b) *O quadro de pessoal, discriminado por setores organizacionais da empresa;*
c) *Os critérios para seleção dos trabalhadores a despedir eleitos pelo empregador, os quais não podem ser arbitrários*

Filipe Fraústo da Silva considera suscetíveis de aproveitamento critérios – "desde que proporcionem métodos objetivos de quantificação e aplicação que não dependam da subjetiva apreciação do empresário e, além disso, na condição de essa quantificação e aplicação se mostrarem evidenciados no procedimento em termos que permitem a sua compreensão pelos trabalhadores visados e a sua sindicabilidade judicial – que se liguem, por exemplo, à produtividade, à adaptabilidade, à assiduidade, à aptidão

[203] A L nº 13/2023, de 03 de abril, apenas procedeu a uma alteração de sistematização.

[204] O serviço do ministério responsável pela área laboral corresponde à Direção-Geral do Emprego e das Relações de Trabalho (DGERT), nos termos do art. 12º, do DL nº 167-C/2013, de 31 de dezembro, alterado pelo DL nº 28/2015, de 10 de fevereiro (que aprovou a Lei Orgânica do Ministério da Solidariedade, Emprego e Segurança Social).

(nível de qualificação, de formação ou de experiência detido, por exemplo), ao nível retributivo, ao passado disciplinar, ao custo de indemnização, etc., isolada ou combinadamente entre si e, como se afigura de pendor social, como a situação pessoal ou familiar do trabalhador, a empregabilidade[205]";

d) *O número de trabalhadores a despedir e as categorias profissionais abrangidas;*

e) *O período de tempo no decurso do qual se pretende efetuar o despedimento, o qual deverá decorrer, maximum, no arco temporal de três meses;*

f) *O método de cálculo de compensação a conceder genericamente aos trabalhadores a despedir, se for caso disso, sem prejuízo da compensação estabelecida no art. 366º, do CT ou em instrumento de regulamentação coletiva de trabalho.*

O art. 383º, al. *a*), do CT, configura como despedimento ilícito aquele em que se omitem os atos previstos nos nºs 1, 3[206] ou 4, do art. 360º, do CT.

A fase das informações e negociação com a estrutura representativa dos trabalhadores (comissão de trabalhadores ou, na sua falta, comissão intersindical ou comissões sindicais) inicia-se nos cinco dias posteriores à comunicação a tais entidades da intenção de despedir (art. 360º, nº 1, do CT) ou à data do envio dos elementos referidos no nº 2, do art. 360º, do CT, à comissão *ad hoc*, com vista a um acordo sobre a dimensão e efeitos das medidas a aplicar e, bem assim, de outras medidas que reduzam o número de trabalhadores a despedir (art. 361º, nº 1, do CT).

Nesta fase, pretende-se demonstrar que se procurou atingir um acordo sobre a dimensão e efeitos das medidas a aplicar e, bem assim, de outras medidas que reduzam o número de trabalhadores a despedir, designadamente:

- Suspensão de contratos de trabalho (nº 1, al. *a*));
- Redução de períodos normais de trabalho (nº 1, al. *b*));
- Reconversão ou reclassificação profissional, por acordo com o trabalhador (nºs 1, al. *c*) e 3);
- Reforma antecipada ou pré-reforma, por acordo com o trabalhador (nºs 1, al. *d*) e 3).

O empregador e a estrutura representativa dos trabalhadores podem fazer-se assistir cada qual por um perito nas reuniões da fase de informações e negociação (nº 4).

205 *Observações acerca da seleção social no procedimento de despedimento coletivo*, p. 96.

206 O nº 3 foi aditado pela L nº 13/2023, de 03 de abril.

Deve ser elaborada ata das reuniões da fase de informações e negociação, contendo a matéria acordada, bem como as posições divergentes das partes e as opiniões, sugestões e propostas de cada uma (nº 5).

A não promoção da fase de informações[207] e negociação enferma o despedimento de ilicitude (art. 383º, al. *a*), 2ª parte, do CT).

A DGERT participa na fase de informações e negociação, com vista a promover a regularidade da sua instrução substantiva e procedimental e a conciliação dos interesses das partes (art. 362º, nº 1, do CT). Caso exista essa irregularidade deve advertir o empregador e, se a mesma persistir, fazer constar essa menção da ata das reuniões da fase de informações e negociação (art. 362º, nº 2, do CT).

A pedido de qualquer das partes ou por iniciativa do serviço competente, os serviços regionais do emprego e da formação profissional e da segurança social indicam as medidas a aplicar, nas respetivas áreas, de acordo com o enquadramento legal das soluções que sejam adotadas (art. 362º, nº 3, do CT).

Tratando-se de *trabalhadora grávida, puérpera ou lactante, trabalhador no gozo de licença parental* ou *trabalhador cuidador* é exigível, ainda, o parecer da CITE (al. *b*), do nº 3, do art. 63º, do CT e nº 1, do art. 101º-F, do CT).

Celebrado o acordo sobre a dimensão e efeitos das medidas a aplicar (previsto no art. 361º, nº 1, do CT) ou, na falta deste, após terem decorrido 15 dias sobre a *prática do ato* referido no nº 1, do art. 360º, do CT (comunicação da intenção de despedimento à comissão de trabalhadores ou à comissão intersindical ou às comissões sindicais), nº 3, do art. 360º, do CT (comunicação aos trabalhadores que possam ser abrangidos) ou nº 4, do art. 360º, do CT (envio à *comissão ad hoc* dos elementos de informação, indicados no nº 2, do art. 360º, do CT), o empregador comunica a cada trabalhador abrangido a decisão de despedimento, com menção expressa do motivo e da data de cessação do contrato e indicação do montante, forma, momento e lugar de pagamento da compensação, dos créditos vencidos e dos exigíveis por efeito da cessação do contrato de trabalho, por escrito e com antecedência mínima, variável consoante a antiguidade do trabalhador (art. 363º, nº 1, do CT).

Quando o despedimento abrange ambos os cônjuges ou pessoas que vivam em união de facto, a comunicação deverá ser feita com a antecedência mínima prevista no escalão imediatamente superior ao que seria aplicável se apenas um deles integrasse o despedimento (art. 363º, nº 2, do CT).

Na data em que envia a comunicação aos trabalhadores, o empregador remete à DGERT a ata das reuniões da fase de informações e de negociação ou, na sua

[207] Menção aditada pela L nº 13/2023, de 03 de abril.

falta, informação sobre a justificação de tal falta, as razões que obstaram ao acordo e as posições finais das partes, bem como relação de que conste o nome de cada trabalhador, morada, datas de nascimento e de admissão na empresa, situação perante a segurança social, profissão, categoria, retribuição, a medida decidida e a data prevista para a sua aplicação (art. 363º, nº 3, al. *a*), do CT) e à estrutura representativa dos trabalhadores, cópia da relação referida na alínea anterior (art. 363º, nº 3, al. *b*), do CT).

Na impossibilidade de ser cumprido o período mínimo de aviso prévio, o contrato de trabalho cessa decorrido esse período a contar do despedimento, com o ónus para o empregador do pagamento da retribuição (em sentido amplo) correspondente (art. 363º, nº 4, do CT). Sendo, ainda, obrigado a assumir as contribuições para a segurança social, como se o contrato estivesse ainda em execução.

O pagamento da compensação, dos créditos vencidos e dos exigíveis por efeito da cessação do contrato de trabalho deve ser efetuado até ao termo do prazo de aviso prévio, salvo casos especiais (art. 363º, nº 5, do CT).

Não é permitido recorrer à aquisição de serviços externos a entidade terceira para satisfação de necessidades que foram asseguradas por trabalhador cujo contrato tenha cessado nos 12 meses anteriores por despedimento coletivo (art. 338º-A, nº 1, do CT, aditado pela L nº 13/2023, de 03 de abril).

4.2.3. Direitos do trabalhador

Em virtude do despedimento, ao trabalhador é conferido:

- Um crédito de horas durante o aviso prévio de dois dias de trabalho por semana, sem perda retributiva (art. 364º, nº 1, do CT), dividido por alguns ou todos os dias da semana (nº 2), mediante comunicação ao empregador, que, salvo motivo atendível, deve ser realizada com três dias de antecedência (nº 3);
- O direito a denunciar o contrato mediante declaração com a antecedência mínima de três dias úteis, mantendo o direito a compensação (art. 365º, do CT);
- O direito a compensação correspondente a 14 dias[208] de retribuição base e diuturnidades por cada ano completo de antiguidade (art. 366º, nº 1, do CT).

[208] Na redação dada pela L nº 13/2023. O valor anterior corresponda a 12 dias.

Por força do nº 2, do art. 366º, do CT, esta compensação é determinada do seguinte modo:

a) O valor da retribuição base mensal e diuturnidades a considerar não pode ser superior a 20 vezes a retribuição mínima mensal garantida;
b) O montante global da compensação não pode ser superior a 12 vezes a retribuição base mensal e diuturnidades do trabalhador ou, quando seja aplicável o limite previsto na al. *a*), a 240 vezes a retribuição mínima mensal garantida;
c) O valor diário de retribuição base e diuturnidades é o resultante da divisão por 30 da retribuição base mensal e diuturnidades;
d) Em caso de fração de ano, o montante da compensação é calculado proporcionalmente.

O empregador é responsável pelo pagamento da totalidade da compensação, sem prejuízo do direito do trabalhador a acionar o FGCT, nos termos previstos em legislação específica (art. 366º, nº 3, do CT).

Presume-se a aceitação do despedimento quando o trabalhador recebe a compensação (art. 366º, nº 4, do CT)[209].

O trabalhador pode ilidir a presunção contanto, *em simultâneo*, entregue ou ponha, por qualquer forma (em sentido lato), a totalidade da compensação paga pelo empregador à disposição deste (art. 366º, nº 5, do CT).

Sobre o conceito de *simultaneidade*, o STJ fez menção à necessidade de "lhe ser atribuída a maleabilidade necessária (prazo razoável) para poder abarcar um conjunto de situações que exigem uma apreciação flexível respeitante a eventuais factos que poderão ser alegados pelo trabalhador para afastar a presunção da aceitação do despedimento"[210].

Com a vigência do regime transitório, aprovado pela L nº 69/2013, de 30 de agosto, o disposto no art. 366º, do CT, apenas se aplicará aos contratos celebrados a partir de 1 de outubro de 2013.

Regime transitório aprovado pela L nº 69/2013:

[209] *A aceitação do despedimento pelo trabalhador, nos termos do artigo 366º do Código do Trabalho, valida a decisão da entidade patronal, mesmo que esta fosse inválida.* [Ac. da RE, de 22.10.2020 *in* www.dgsi.pt (Proc. nº 709/15.4T8OLH-K.E1]

[210] Ac. do STJ, de 23.09.2020 *in* www.dgsi.pt (Proc. nº 10840/19.1T8LSB.L1.S1).

Aos contratos de trabalho celebrados *antes de 01 de novembro de 2011* (art. 5º, nº 1, da L nº 69/2013), será de aplicar três fórmulas temporais:

a) Em relação ao período de duração do contrato até 31 de outubro de 2012, o montante da compensação corresponde a um mês de retribuição base e diuturnidades por cada ano completo de antiguidade ou é calculado proporcionalmente em caso de fração de ano;
b) Em relação ao período de duração do contrato a partir de 1 de novembro de 2012 inclusive e até 30 de setembro de 2013, o montante da compensação corresponde a 20 dias de retribuição base e diuturnidades calculado proporcionalmente ao período efetivo de trabalho prestado;
c) Em relação ao período de duração do contrato a partir de 1 de outubro de 2013 inclusive, o montante da compensação corresponde à soma dos seguintes montantes:

i) A 18 dias de retribuição base e diuturnidades por cada ano completo de antiguidade, no que respeita aos três primeiros anos de duração do contrato;
ii) A 12 dias de retribuição base e diuturnidades por cada ano completo de antiguidade, nos anos subsequentes;
iii) O disposto na subal. *i*) aplica-se apenas nos casos em que o contrato de trabalho, a 1 de outubro de 2013, ainda não tenha atingido a duração de três anos.

O montante total da compensação não pode ser inferior a três meses de retribuição base e diuturnidades (art. 5º, nº 2, da L nº 69/2013).

Aplica-se apenas a regra dos 30 e dos 20 dias de retribuição base e diuturnidades, quando resulte um montante de compensação que seja igual ou superior a 12 vezes a retribuição base mensal e diuturnidades do trabalhador ou a 240 vezes a retribuição mínima mensal garantida (art. 5º, nº 6, al. *a*), da L nº 69/2013), não podendo ser superior a 12 vezes a retribuição base mensal e diuturnidades do trabalhador ou a 240 vezes a retribuição mínima mensal garantida (art. 5º, nº 6, al. *b*), da L nº 69/2013).

No caso de contratos celebrados *depois de 01 de novembro de 2011 e até 30 de setembro de 2013 inclusive* (art. 5º, nº 3, da L nº 69/2013), será de aplicar três fórmulas temporais:

a) Em relação ao período de duração do contrato até 30 de setembro de 2013, o montante da compensação corresponde a 20 dias de retribuição base e diuturnidades por cada ano completo de antiguidade ou é calculado proporcionalmente em caso de fração de ano;

b) Em relação ao período de duração do contrato a partir de 01 de outubro de 2013 inclusive, o montante da compensação corresponde à soma dos seguintes montantes:

i) A 18 dias de retribuição base e diuturnidades por cada ano completo de antiguidade, no que respeita aos três primeiros anos de duração do contrato;

ii) A 12 dias de retribuição base e diuturnidades por cada ano completo de antiguidade, nos anos subsequentes;

iii) O disposto na subal. *i*) aplica-se apenas nos casos em que o contrato de trabalho, a 01 de outubro de 2013, ainda não tenha atingido a duração de três anos.

Quando da aplicação da regra dos 20 dias resulte um montante da compensação igual ou superior a 12 vezes a retribuição base mensal e diuturnidades do trabalhador ou a 240 vezes a retribuição mínima mensal garantida, não se aplica a regra dos 18/12 dias (art. 5º, nº 5, al. *a*), da L nº 69/2013).

Já se resultar um montante da compensação inferior a 12 vezes a retribuição base mensal e diuturnidades do trabalhador ou a 240 vezes a retribuição mínima mensal garantida, o montante global da compensação não pode ser superior a estes valores (art. 5º, nº 5, al. *b*), da L nº 69/2013).

Quer no caso de contratos celebrados antes de 01 de novembro de 2011, quer no caso de contratos celebrados depois de 01 de novembro de 2011 e até 30 de setembro de 2013, na aplicação da regra dos 20 dias e 18/12 dias, o valor da retribuição base e diuturnidades do trabalhador a considerar não poder exceder 20 vezes a retribuição mínima mensal garantida (art. 5º, nº 4, al. *a*), da L nº 69/2013).

O valor diário da retribuição base e diuturnidades é o resultante da divisão por 30 da retribuição base e diuturnidades (art. 5º, nº 4, al. *b*), da L nº 69/2013).

Em caso de fração de ano, o montante da compensação é calculado proporcionalmente (art. 5º, nº 4, al. *c*), da L nº 69/2013).

4.2.4. Ilicitude do despedimento

Para além dos fundamentos gerais previstos no art. 381º, do CT, o despedimento coletivo, como prevê o art. 383º, do CT, é ainda ilícito quando o empregador:

a) Não tiver feito a comunicação prevista nos nºs 1, 3 ou 4, do art. 360º, do CT ou promovido a fase de informações[211] e negociação prevista no nº 1, do art. 361º, do CT;

b) Não tiver observado o prazo para decidir o despedimento, referido no nº 1, do art. 363º, do CT

A não observância deste prazo não pode ser confundida com o incumprimento do aviso prévio. Com efeito, não sendo observado este último, o despedimento é lícito, devendo o empregador apenas pagar a retribuição correspondente ao período de aviso prévio em falta (art. 363º, nº 4, do CT);

c) Não tiver posto à disposição do trabalhador despedido, até ao termo do prazo de aviso prévio, a compensação por ele devida a que se refere o art. 366º, do CT e os créditos vencidos ou exigíveis em virtude da cessação do contrato de trabalho, sem prejuízo do disposto na parte final do nº 5, do art 363º, do CT.

Sempre que um inspetor do trabalho verifique a existência de indícios de um despedimento em violação do art. 383º, do CT, lavra um auto e notifica o empregador para regularizar a situação (art. 11º, nº 3, do DL nº 102/2000, de 02 de junho, na redação dada pela L nº 13/2023, de 03 de abril).

Findo o prazo concedido no auto sem que a situação do trabalhador em causa se mostre devidamente regularizada, a ACT remete, em cinco dias, participação dos factos para os serviços do Ministério Público junto do tribunal do lugar da prestação de trabalho, acompanhada de todos os elementos de prova recolhidos, para fins de instauração de procedimento cautelar de suspensão de despedimento (art. 11º, nº 4, do DL nº 102/2000).

Após a receção desta participação, o Ministério Público dispõe de 20 dias para instaurar esse procedimento cautelar (art. 33º-B, do CPT, aditado pela L nº 13/2023).

4.3. Despedimento por extinção de posto de trabalho

4.3.1. Noção

Esta forma de cessação é justificada por motivos de mercado, estruturais ou tecnológicos (art. 367º, do CT). Pode ocorrer por extinção total do posto de trabalho ou devido a redução dos postos de trabalho existentes.

[211] Menção aditada pela L nº 13/2023, de 03 de abril.

4.3.2. Requisitos

O nº 1, do art. 368º, do CT, exige que sejam preenchidas, cumulativamente, as seguintes condições:

a) O motivo em causa não seja devido a uma atuação culposa do trabalhador ou do empregador;

b) Seja praticamente impossível a subsistência da relação de trabalho

Entende-se que a subsistência da relação de trabalho é praticamente impossível, "quando o empregador não disponha de outro compatível com a categoria profissional do trabalhador" (nº 4)[212];

c) Não existam, na empresa, contratos de trabalho a termo para tarefas correspondentes às do posto de trabalho extinto;

d) Não seja aplicável o regime de despedimento coletivo.

4.3.3. Critérios de determinação do posto de trabalho a extinguir

Como resulta do art. 368º, nº 2, do CT, o empregador, para determinar o posto de trabalho a extinguir, deve considerar, comparativa e gradativamente, os seguintes critérios:

a) A pior avaliação de desempenho, com parâmetros previamente conhecidos pelo trabalhador. Ou seja, a parametrização da avaliação de desempenho deve ser dada a conhecer previamente ao trabalhador.

Preconizam David Carvalho Martins/Duarte Abrunhosa e Sousa, "por força dos princípios da tutela da confiança e da tutela da materialidade subjacente, o empregador deve informar previamente o trabalhador sobre (*i*) a existência de um sistema de avaliação de desempenho, (*ii*) as suas finalidades organizacionais, (*iii*) os dados e informações avaliados, (*iv*) o período sujeito a avaliação (*v.g.* trimestre, semestre ou ano), (*v*) o tipo de classificações a aplicar (qualitativas e/ou quantitativas), (*vi*) o procedimento de avaliação (*v.g.* resposta a inquérito, recolha de dados contabilísticos ou financeiros e/ou entrevista), (*vii*) o período habitual de comunicação dos resultados, (*viii*) o (eventual) grau de tolerância sobre os objetivos a cumprir e (*ix*) as possíveis consequências (*v.g.* a con-

[212] *Para que o empregador demonstre não existir posto de trabalho compatível com as aptidões do trabalhador basta que prove que uma determinada atividade já não é realizada pela empresa e as aptidões do trabalhador não são suficientes para que o mesmo ocupe outro trabalho no remanescente da estrutura produtiva.* (Ac. STJ de 03.03.2021 *in* CJ, Ano XXIX, Tomo I/2021, p. 2109)

sideração dos resultados em eventual despedimento por extinção de posto de trabalho (ou despedimento coletivo). Este grau de detalhe assume particular importância, porque a informação recolhida pelo sistema de avaliação pode ter efeitos extintivos da relação de trabalho e, nesse sentido, o empregador deve criar as condições para que o trabalhador conheça – ou deva conhecer – o modo de execução da atividade esperado em comparação com o alcançado"[213];

b) Menores habilitações académicas e profissionais[214]. Entendemos que se trata de habilitações para o exercício concreto da função;

c) Maior onerosidade pela manutenção do vínculo laboral do trabalhador para a empresa. Atente-se que entre as maiores habilitações e as menores retribuições, haverá que se encontrar um ponto de equilíbrio;

d) Menor experiência na função;

e) Menor antiguidade na empresa.

O trabalhador que, nos três meses anteriores ao início do procedimento para despedimento, tenha sido transferido para posto de trabalho que venha a ser extinto, tem direito a ser reafetado ao posto de trabalho anterior caso ainda exista, com a mesma retribuição base (art. 368º, nº 3, do CT).

O despedimento por extinção do posto de trabalho só pode ter lugar desde que, até ao termo do prazo de aviso prévio, seja posta à disposição do trabalhador a compensação devida (art. 366º, do CT), bem como os créditos vencidos e os exigíveis por efeito da cessação do contrato de trabalho (art. 368º, nº 5, do CT).

4.3.4. Procedimento

De acordo com o disposto no art. 369º, nº 1, do CT, o empregador comunica, por escrito, à comissão de trabalhadores ou, na sua falta, à comissão intersindical ou comissão sindical, ao trabalhador envolvido e ainda, caso este seja representante sindical, à associação sindical respetiva:

[213] *Os critérios de seleção no despedimento por extinção de posto de trabalho*, p. 153.

[214] *II. Habilitação académica é a correspondente ao nível de ensino frequentado ou concluído com êxito, por referência ao ano de escolaridade (1º ano, 2º ano, 3º ano, etc., do ensino básico, secundário, complementar ou superior, licenciatura, bacharelato, doutoramento, etc.). III. Habilitação profissional é a habilitação académica mínima exigida para o desempenho de determinada profissão ou função, complementada ou não com a obtenção de aprovação no curso destinado a conferir competências específicas para o cabal exercício dessa profissão ou função, concedendo, muitas vezes, um cartão de identificação profissional ou um título profissional* [Ac. da RC, de 18.06.2021 *in* www.dgsi.pt (Proc. nº 3699/19.0T8LRA.C1)]

a) A necessidade de extinguir o posto de trabalho, indicando os motivos justificativos e a secção ou unidade equivalente a que respeita;
b) A necessidade de despedir o trabalhador afeto ao posto de trabalho a extinguir e a sua categoria profissional;
c) Os critérios para seleção dos trabalhadores a despedir enunciados no art. 368º, nº 2, do CT.

Qualquer trabalhador envolvido, comissão de trabalhadores, comissão intersindical ou comissão sindical e, caso este seja representante sindical, a associação sindical respetiva pode, nos cinco dias úteis posteriores à comunicação do empregador, solicitar à ACT, a verificação da não existência de contratos de trabalho a termo para tarefas correspondentes às do posto de trabalho extinto (art. 368º, nº 1, al. *c*), do CT), da não aplicabilidade do despedimento coletivo (art. 368º, nº 1, al. *d*), do CT) e dos critérios referidos no nº 2, do art. 368º, do CT, informando simultaneamente do facto o empregador (art. 370º, nº 2, do CT).

Decorridos cinco dias a contar do termo do prazo para emissão do parecer (art. 370º, nº 1, do CT), ou, sendo caso disso, a contar da receção do relatório da ACT (nº 3) ou do termo do prazo para o seu envio, o empregador pode proceder ao despedimento (art. 371º, nº 1, do CT).

Tratando-se de *trabalhadora grávida, puérpera ou lactante*, de *trabalhador no gozo de licença parental* ou de *trabalhador cuidador*, é exigível, também, o parecer da CITE (al. *b*), do nº 3, do art. 63º e nº 1, do art. 101º-F, do CT).

A ACT elabora e envia ao requerente e ao empregador relatório sobre a matéria sujeita a verificação, no prazo de sete dias após a receção do requerimento (art. 371º, nº 3, do CT).

A decisão de despedimento, além de proferida por escrito, é motivada (art. 371º, nº 2, do CT) e comunicada aos trabalhadores e às entidades referidas no art. 369º, nº 1, do CT, e à ACT, com um aviso prévio proporcional à respetiva antiguidade (art. 371º, nº 3, do CT).

Por sua vez, o pagamento da compensação, dos créditos vencidos e dos exigíveis por efeito da cessação do contrato de trabalho deve ser efetuado até ao termo do prazo de aviso prévio (art. 371º, nº 4, do CT).

Nos termos do disposto no art. 175º, nº 5, do CT, não é permitido celebrar contrato de utilização de trabalho temporário para satisfação de necessidades que foram asseguradas por trabalhador cujo contrato tenha cessado nos 12 meses anteriores por despedimento por extinção de posto de trabalho.

Devemos ainda frisar que não é permitido recorrer à aquisição de serviços externos a entidade terceira para satisfação de necessidades que foram asseguradas por trabalhador cujo contrato tenha cessado nos 12 meses anteriores por despedimento por extinção de posto de trabalho (art. 338º-A, nº 1, do CT, aditado pela L nº 13/2023).

4.3.5. Direitos do trabalhador

O art. 372º, do CT, remete para um conjunto de normas que tutelam a posição do trabalhador no caso de despedimento coletivo. Assim, não sendo observado o prazo mínimo de aviso prévio, o contrato cessa decorrido o período de aviso prévio em falta a contar da comunicação de despedimento, devendo o empregador pagar a retribuição correspondente a este período (art. 363º, nº 4, do CT). Assiste ainda ao trabalhador o direito:

- Ao pagamento da compensação (art. 366º, do CT[215]), dos créditos vencidos e dos exigíveis por efeito da cessação do contrato de trabalho, o qual deve ser efetuado até ao termo do prazo de aviso prévio (arts. 363º, nº 5, 1ª parte, do CT);
- A crédito de horas durante o aviso prévio (art. 364º, do CT);
- A denunciar o contrato durante o aviso prévio (art. 365º, do CT).

4.3.6. Ilicitude do despedimento

Além dos casos previstos no art. 381º, do CT, o despedimento por extinção de posto de trabalho é, nos termos do art. 384º, nº 1, do CT, ainda ilícito, quando o empregador:

a) Não cumprir os requisitos indicados no art. 368º, nº 1, do CT;
b) Não respeitar os critérios de determinação do posto de trabalho a extinguir, elencados no art. 368º, nº 2, do CT;
c) Não tiver feito as comunicações previstas no art. 369º, do CT;
d) Não tiver posto à disposição do trabalhador despedido, até ao termo do prazo de aviso prévio, a compensação devida, nos termos legais (art. 366º, do CT) e os créditos vencidos ou exigíveis em virtude da cessação do contrato de trabalho.

[215] Sobre este normativo, *v.* o indicado sobre despedimento coletivo.

Sempre que um inspetor do trabalho verifique a existência de indícios de um despedimento em violação do art. 384º, do CT, lavra um auto e notifica o empregador para regularizar a situação (art. 11º, nº 3, do DL nº 102/2000, de 02 de junho, na redação dada pela L nº 13/2023, de 03 de abril).

Findo o prazo concedido no auto sem que a situação do trabalhador em causa se mostre devidamente regularizada, a ACT remete, em cinco dias, participação dos factos para os serviços do Ministério Público junto do tribunal do lugar da prestação de trabalho, acompanhada de todos os elementos de prova recolhidos, para fins de instauração de procedimento cautelar de suspensão de despedimento (art. 11º, nº 4, do DL nº 102/2000).

Após a receção desta participação, o Ministério Público dispõe de 20 dias para instaurar esse procedimento cautelar (art. 33º-B, do CPT, aditado pela L nº 13/2023).

4.4. Despedimento por inadaptação

4.4.1. Noção

O despedimento por inadaptação, previsto no art. 373º, do CT, definido como uma inadaptação superveniente do trabalhador ao posto de trabalho, decorre, normalmente, da introdução de inovações tecnológicas. Conforme explica João Soares Ribeiro "O instituto da inadaptação surgiu porque os empresários se queixavam de que não havia nenhum mecanismo legal que lhes permitisse «gerir» os recursos humanos tendo em conta a evolução técnica e tecnológica, o que facilmente lhes fazia perder competitividade face às empresas congéneres estrangeiras pelo que, em última análise, a falta dum tal instrumento legal que poderia sacrificar alguns trabalhadores que não conseguiriam acompanhar o progresso, se iria traduzir, a prazo, numa perda irremediável de todos os postos de trabalho daquelas empresas condenadas à obsolescência e à extinção"[216].

4.4.2. Tipos de inadaptação

"Concentrando o preceito duas figuras jurídicas, entendemos dever sistematizá-las, abordando separadamente a *inadaptação* (devido a modificações no posto de trabalho) e a *inaptidão* (que ocorre na ausência de modificações no posto de

[216] *Cessação do contrato de trabalho por inadaptação do trabalhador*, p. 401.

trabalho), quer no concernente ao aspeto funcional, quer no respeitante ao aspeto técnico.

– *Inadaptação funcional*

A inadaptação funcional verifica-se quando, determinada pelo modo de exercício de funções do trabalhador, torne praticamente impossível a subsistência da relação de trabalho, nas seguintes situações (art. 374º, nº 1, do CT):

a) Redução continuada de produtividade ou de qualidade;
b) Avarias repetidas nos meios afetos ao posto de trabalho;
c) Riscos para a segurança e saúde do trabalhador, de outros trabalhadores ou de terceiros.

Não ocorre neste tipo de despedimento qualquer juízo de censura ao trabalhador, o que o distingue do despedimento por facto imputável.

O disposto no nº 1 não prejudica a proteção conferida aos trabalhadores com capacidade de trabalho reduzida, deficiência ou doença crónica (nº 3).

A situação de inadaptação não deve decorrer de falta de condições de segurança e saúde no trabalho imputável ao empregador (nº 4).

O não cumprimento do disposto nos nºs 3 e 4, configura despedimento ilícito (art. 385º, al. *a*), 1ª parte, do CT).

O despedimento só pode ter lugar desde que, cumulativamente, se verifiquem os seguintes requisitos (art. 375º, nº 1, do CT), sob pena de configurar despedimento ilícito (art. 385º, al. *a*), 2ª parte, do CT):

a) Tenham sido introduzidas modificações no posto de trabalho resultantes de alterações nos processos de fabrico ou de comercialização, de novas tecnologias ou equipamentos baseados em diferente ou mais complexa tecnologia, nos seis meses anteriores ao início do procedimento.
b) Tenha sido ministrada formação profissional adequada às modificações do posto de trabalho, por autoridade competente ou entidade formadora certificada;
c) Tenha sido facultado ao trabalhador, após a formação, um período de adaptação de, pelo menos, 30 dias, no posto de trabalho ou fora dele sempre que o exercício de funções naquele posto seja suscetível de causar prejuízos ou riscos para a segurança e saúde do trabalhador, de outros trabalhadores ou de terceiros;
d) Não exista na empresa outro posto de trabalho disponível e compatível com a categoria profissional do trabalhador.

O trabalhador que, nos três meses anteriores ao início do procedimento para despedimento, tenha sido transferido para posto de trabalho em relação ao qual se verifique a inadaptação tem direito a ser reafectado ao posto de trabalho anterior, caso não esteja ocupado definitivamente, com a mesma retribuição base (art. 375º, nº 6, do CT).

O despedimento só pode ter lugar desde que sejam postos à disposição do trabalhador a compensação devida, os créditos vencidos e os exigíveis por efeito da cessação do contrato de trabalho, até ao termo do prazo de aviso prévio (art. 375º, nº 7, do CT);

– *Inaptidão funcional*

A inaptidão funcional verifica-se quando, determinada pelo modo de exercício de funções do trabalhador, torne praticamente impossível a subsistência da relação de trabalho, nas seguintes situações (art. 374º, nº 1 *ex vi* do art. 375º, nº 2, ambos do CT):

a) Redução continuada de produtividade ou de qualidade;
b) Avarias repetidas nos meios afetos ao posto de trabalho;
c) Riscos para a segurança e saúde do trabalhador, de outros trabalhadores ou de terceiros.

O disposto no nº 1 não prejudica a proteção conferida aos trabalhadores com capacidade de trabalho reduzida, deficiência ou doença crónica (art. 374º, nº 3, do CT).

A situação de inadaptação não deve decorrer de falta de condições de segurança e saúde no trabalho imputável ao empregador (nº 4).

O não cumprimento do disposto nos nºs 3 e 4, do art. 374º, do CT, configura despedimento ilícito (art. 385º, al. *a*), 1ª parte, do CT).

O despedimento por inaptidão (sem modificações no posto de trabalho), pode ter lugar desde que, cumulativamente, se verifiquem os seguintes requisitos (art. 375º, nº 2, do CT), sob pena de configurar despedimento ilícito (art. 385º, al. *a*), 2ª parte, do CT):

a) Modificação substancial da prestação realizada pelo trabalhador, de que resultem, nomeadamente, a redução continuada de produtividade ou de qualidade, avarias repetidas nos meios afetos ao posto de trabalho ou riscos para a segurança e saúde do trabalhador, de outros trabalhadores ou de terceiros, determinados pelo modo do exercício das funções e que, em face das circunstâncias, seja razoável prever que tenham caráter definitivo.

Tal modificação resulta de causas já consagradas no nº 1, do art. 374º, do CT, mas agora podendo ser aditada, pela permissão do nomeadamente. Não descortinamos razão que explique a repetição das situações já coenvolvidas. Seria seguramente de esperar que o nomeadamente (pela vacuidade e abertura) apresentasse novos cenários. Aliás, num caso de perda de emprego, o regime deveria quedar-se na taxatividade;

b) O empregador informe o trabalhador, juntando cópia dos documentos relevantes, da apreciação da atividade antes prestada, com descrição circunstanciada dos factos, demonstrativa de modificação substancial da prestação, bem como de que se pode pronunciar por escrito sobre os refe ridos elementos em prazo não inferior a cinco dias úteis; nessa apreciação (espera-se) com base em juízos objetivos consta, portanto, o antes e o depois e o circunstancialismo fático e demonstrativo, sujeito a arguição por parte do trabalhador. A defesa do trabalhador reveste natureza facultativa.

O empregador deve enviar à comissão de trabalhadores e, caso o trabalhador seja representante sindical, à respetiva associação sindical, cópia da comunicação e dos documentos (nº 4);

c) Após a resposta do trabalhador ou decorrido o prazo para o efeito, o empregador lhe comunique, por escrito, ordens e instruções adequadas respeitantes à execução do trabalho, com o intuito de a corrigir, tendo presentes os factos invocados por aquele;

d) Tenha sido ministrada formação profissional adequada às modificações do posto de trabalho, por autoridade competente ou entidade formadora certificada e sido facultado ao trabalhador, após a formação, um período de adaptação de, pelo menos, 30 dias, no posto de trabalho ou fora dele sempre que o exercício de funções naquele posto seja suscetível de causar prejuízos ou riscos para a segurança e saúde do trabalhador, de outros trabalhadores ou de terceiros (nº 2, als. *b*) e *c*)).

Não há lugar à exigência de que "Não exista na empresa outro posto de trabalho disponível e compatível com a categoria profissional do trabalhador" (art. 375º, nº 1, al. *d*), do CT).

O trabalhador que, nos três meses anteriores ao início do procedimento para despedimento, tenha sido transferido para posto de trabalho em relação ao qual se verifique a inadaptação tem direito a ser reafetado ao posto de trabalho anterior, caso não esteja ocupado definitivamente, com a mesma retribuição base (art. 375º, nº 6, do CT).

O despedimento só pode ter lugar desde que sejam postos à disposição do trabalhador a compensação devida, os créditos vencidos e os exigíveis por efeito da cessação do contrato de trabalho, até ao termo do prazo de aviso prévio (art. 375º, nº 7, do CT);

– *Inadaptação técnica*

Verifica-se inadaptação de trabalhador afeto a cargo de complexidade técnica ou de direção, quando não se cumpram os objetivos previamente acordados, por escrito, em consequência do seu modo de exercício de funções e seja praticamente impossível a subsistência da relação de trabalho (art. 374º, nº 2, do CT).

Acolhemos que o acordo sobre os objetivos deve mencionar que o incumprimento pode determinar a cessação do contrato de trabalho, em nome da lisura contratual.

O disposto neste preceito não prejudica a proteção conferida aos trabalhadores com capacidade de trabalho reduzida, deficiência ou doença crónica (art. 374º, nº 3, do CT).

A situação de inadaptação referida não deve decorrer de falta de condições de segurança e saúde no trabalho imputável ao empregador (nº 4).

O despedimento resulta da introdução de novos processos de fabrico, de novas tecnologias ou equipamentos baseados em diferente ou mais complexa tecnologia, a qual implique modificação das funções relativas ao posto de trabalho (art. 375º, nº 3, al. *a*), do CT), sob pena de configurar despedimento ilícito (art. 385º, al. *a*), 2ª parte, do CT).

O trabalhador que, nos três meses anteriores ao início do procedimento para despedimento, tenha sido transferido para posto de trabalho em relação ao qual se verifique a inadaptação tem direito a ser reafetado ao posto de trabalho anterior, caso não esteja ocupado definitivamente, com a mesma retribuição base (art. 375º, nº 6, do CT).

O despedimento só pode ter lugar desde que sejam postos à disposição do trabalhador a compensação devida, os créditos vencidos e os exigíveis por efeito da cessação do contrato de trabalho, até ao termo do prazo de aviso prévio (art. 375º, nº 7, do CT).

– *Inaptidão técnica*

Verifica-se inadaptação de trabalhador afeto a cargo de complexidade técnica ou de direção quando não se cumpram os objetivos previamente acordados, por escrito, em consequência do seu modo de exercício de funções e seja praticamente impossível a subsistência da relação de trabalho (art. 374º, nº 2, do CT).

O disposto neste preceito não prejudica a proteção conferida aos trabalhadores com capacidade de trabalho reduzida, deficiência ou doença crónica (art. 374º, nº 3, do CT).

A situação de inadaptação referida não deve decorrer de falta de condições de segurança e saúde no trabalho imputável ao empregador (nº 4).

Este despedimento por inaptidão (sem modificações no posto de trabalho), ocorre, desde que, o empregador informe o trabalhador, juntando cópia dos documentos relevantes, da apreciação da atividade antes prestada, com descrição circunstanciada dos factos, demonstrativa de modificação substancial da prestação, bem como de que se pode pronunciar por escrito sobre os referidos elementos em prazo não inferior a cinco dias úteis (art. 375º, nº 2, al. *b*) *ex vi* do nº 3, al. *b*), do CT), sob pena de configurar despedimento ilícito (art. 385º, al. *a*), 2ª parte, do CT).

Não há lugar à exigência de que "Não exista na empresa outro posto de trabalho disponível e compatível com a categoria profissional do trabalhador" (art. 375º, nº 1, al. *d*), do CT).

O trabalhador que, nos três meses anteriores ao início do procedimento para despedimento, tenha sido transferido para posto de trabalho em relação ao qual se verifique a inadaptação tem direito a ser reafetado ao posto de trabalho anterior, caso não esteja ocupado definitivamente, com a mesma retribuição base (art. 375º, nº 6, do CT).

O despedimento só pode ter lugar desde que sejam postos à disposição do trabalhador a compensação devida, os créditos vencidos e os exigíveis por efeito da cessação do contrato de trabalho, até ao termo do prazo de aviso prévio (art. 375º, nº 7, do CT)"[217].

4.4.3. Procedimento

A comunicação do despedimento por inadaptação é feita pelo empregador, por escrito, ao trabalhador e à associação sindical, se este for representação sindical (art. 376º, nº 1, do CT), indicando:

a) A intenção de proceder ao despedimento, referindo os motivos justificativos;

b) As modificações introduzidas no posto de trabalho ou caso estas não tenham existido, os elementos a que se referem as als. *b*) e *c*), do nº 2, do art. 375º, do CT;

[217] Paula Quintas/Hélder Quintas, *Código do Trabalho – Anotado e Comentado*, pp. 883-884.

c) Os resultados da formação profissional e do período de adaptação, a que se referem as als. *b*) e *c*), do nº 1 e *d*), do nº 2, do art. 375º, do CT.

Caso o trabalhador não seja representante sindical, decorridos três dias úteis após a receção da comunicação, o empregador deve fazer a mesma comunicação à associação sindical que o trabalhador tenha indicado para o efeito ou, se esse não o fizer, à comissão de trabalhadores ou, na sua falta, à comissão intersindical ou comissão sindical (art. 376º, nº 2, do CT).

O trabalhador tem direito (nos 10 dias posteriores à comunicação de despedimento) a juntar documentos e a solicitar diligências probatórias pertinentes (art. 377º, nº 1, do CT). Sendo estas realizadas, o empregador deve informar o trabalhador, a estrutura representativa dos trabalhadores e a associação sindical respetiva, se o trabalhador for representante sindical, do resultado das mesmas (art. 377º, nº 2, do CT).

Após as comunicações previstas no art. 376º, do CT, o trabalhador e a estrutura representativa dos trabalhadores podem, no prazo de 10 dias úteis, transmitir ao empregador o seu parecer fundamentado, nomeadamente sobre os motivos justificativos do despedimento (nº 3).

Tratando-se de *trabalhadora grávida, puérpera ou lactante, trabalhador no gozo de licença parental* ou de *trabalhador cuidador*, é exigível, também, o parecer da CITE (al. *b*), do nº 3, do art. 63º e nº 1, do art. 101º-F, do CT).

Após a receção dos pareceres ou o termo do prazo para o efeito, o empregador dispõe de 30 dias para proceder ao despedimento, sob pena de caducidade do direito, mediante decisão fundamentada e por escrito de que constem (art. 378º, nº 1, do CT):

a) Motivo da cessação do contrato de trabalho;
b) Confirmação dos requisitos previstos no art. 375º, do CT;
c) Montante, forma, momento e lugar do pagamento da compensação e dos créditos vencidos e dos exigíveis por efeito da cessação do contrato de trabalho;
d) Data da cessação do contrato.

O nº 2, do art. 378º, do CT, cuida da comunicação da decisão ao trabalhador às entidades referidas nos nºs 1 e 2, do art. 376º, do CT e à ACT.

Nos 90 dias seguintes a despedimento por inadaptação, deve ser assegurada a manutenção do nível de emprego na empresa, por meio de admissão ou transferência de trabalhador no decurso de procedimento tendente a despedimento por facto que não lhe seja imputável, sob pena de a ACT notificar o empregador para que assegure essa manutenção, em prazo não superior a 30 dias (art. 380º, nºs 1 e 2, do CT).

O não acatamento do preceito apenas constitui ilícito contraordenacional, não convertendo o despedimento por inadaptação em ilícito (art. 380º, nº 3, do CT).

4.4.4. Direitos do trabalhador

O art. 379º, do CT, remete para um conjunto de normas que tutelam a posição do trabalhador no caso de despedimento coletivo. Assim, não sendo observado o prazo mínimo de aviso prévio, o contrato cessa decorrido esse período a contar da comunicação de despedimento, devendo o empregador pagar a retribuição correspondente (art. 363º, nº 4, do CT). Assiste ainda ao trabalhador o direito:

- Ao pagamento da compensação (art. 366º, do CT)[218], dos créditos vencidos e dos exigíveis por efeito da cessação do contrato de trabalho, o qual deve ser efetuado até ao termo do prazo de aviso prévio (art. 363º, nº 5, 1ª parte, do CT);
- A crédito de horas durante o aviso prévio (art. 364º, do CT);
- A denunciar o contrato durante o aviso prévio (art. 365º, do CT).

Como deflui do nº 2, do art. 379º, do CT, em caso de despedimento por inaptidão, ou seja, caso não tenha havido modificações no posto de trabalho (art. 375º, nºs 2 e 3, al. *b*), do CT), a denúncia do contrato de trabalho por parte do trabalhador pode ter lugar após a informação da apreciação da atividade antes prestada, nos termos do art. 375º, nº 2, al. *b*), do CT.

4.4.5. Ilicitude do despedimento

Além dos casos previstos no art. 381º, do CT, o despedimento por inadaptação é, nos termos do art. 385º, do CT, ainda ilícito se:

a) O empregador não salvaguardar a proteção conferida aos trabalhadores com capacidade de trabalho reduzida, deficiência ou doença crónica (art. 374º, nº 3, do CT);

[218] Sobre este normativo, *v.* o indicado sobre despedimento coletivo.

b) A situação de inadaptação resultar de falta de condições de segurança e saúde no trabalho imputável ao empregador (art. 374º, nº 4, do CT);

c) O empregador não tiver atendido, cumulativamente, aos requisitos vertidos no art. 375º, nºs 1 a 3, do CT;

d) O empregador não tiver feito as comunicações previstas no art. 376º, do CT;

e) Não tiver posto à disposição do trabalhador despedido, até ao termo do prazo de aviso prévio, a compensação devida (art. 366º, do CT) e os créditos vencidos ou exigíveis em virtude da cessação do contrato de trabalho.

4.5. A suspensão judicial do despedimento

Nos termos do art. 386º, do CT, o trabalhador tem o direito de requerer a suspensão preventiva do despedimento, no prazo de cinco dias úteis a contar da data da receção da comunicação de despedimento, através do procedimento cautelar especificado de suspensão de despedimento individual, previsto no CPT (arts. 33º-A a 40º-A)[219].

4.6. Efeitos da ilicitude do despedimento

4.6.1. Regime geral

Em caso de despedimento ilícito, o trabalhador tem direito:

a) À compensação indicada no art. 390º, nº 1, do CT, correspondente às retribuições vincendas desde o despedimento até ao trânsito em julgado da decisão do tribunal que declare a ilicitude do despedimento (as chamadas *prestações intercalares*), como se o contrato de trabalho tivesse continuado em execução.

Colhe-se o conceito amplo de retribuição, que inclui, nomeadamente, os subsídios de férias e de natal, respetivos complementos retributivos, subsídio de alimentação (na parte que exceder os montantes normalmente pagos a esse título), subsídio por trabalho suplementar; subsídio por isenção de

[219] *I – Decretada a suspensão do despedimento, a situação do trabalhador fica, em tudo, idêntica àquela em que se encontrava antes desse despedimento. Assim, logo que o trabalhador tome conhecimento do trânsito em julgado da decisão que decretou a suspensão do despedimento, deve apresentar-se no seu local de trabalho sob pena de poder considerar-se a sua ausência como faltas injustificadas ou como abandono do trabalho* [Ac. da RL, de 21.04.2010 *in* www.dgsi.pt (Proc. nº 375/08.3TTCSC.L1-4)]

horário de trabalho; "prémio/complemento" devido em função da produtividade e dos lucros[220].

Na ação especial de impugnação judicial da regularidade e licitude do despedimento, o pagamento das retribuições devidas ao trabalhador após o decurso de 12 meses desde a apresentação do formulário do qual consta declaração de oposição ao despedimento (art. 98º-C, do CPT) até à notificação da decisão de 1ª instância deve ser efectuado pela entidade competente da área da segurança social (art. 98º-N, do CPT).

Desse valor são deduzidas (art. 390º, nº 2, do CT):

- As importâncias auferidas em virtude do despedimento que não seriam recebidas caso este não ocorresse [al. *a*)]. A dedução do *alliunde perceptum* (as referidas importâncias) visa evitar a dupla fonte de rendimentos do trabalhador, o que geraria uma iniquidade patrimonial;
- A retribuição correspondente ao período decorrido desde o despedimento até 30 dias (contados a partir do *dia a quo*, incluindo sábados, domingos e feriados) antes da propositura da ação, se esta não for proposta nos 30 dias subsequentes ao despedimento [al. *b*)]. Tal dedução só fará sentido no caso de impugnação judicial do despedimento através do processo comum, cujo prazo atinge um ano (art. 337º, nº 1, do CT);
- O subsídio de desemprego, devendo o empregador entregar essa quantia à segurança social [al. *c*)];

b) De optar pela *reintegração* (recuperando, em consequência, os direitos creditórios e estatutários próprios, como se tivesse estado sempre em serviço) ou pela *indemnização por antiguidade* (art. 389º, nº 1, al. *b*), do CT).

O direito à reintegração consiste na aplicação de uma sanção reconstitutiva, uma reposição do *status quo ante*.

A opção aqui em análise deve ser exercida até ao termo da discussão em audiência final de julgamento (art. 391º, nº 1, do CT).

Na indemnização por antiguidade, a tónica é a atribuição do devido prestacional à luz do princípio da proporcionalidade, de natureza gradativa. Assim, a indemnização varia entre 15 e 45 dias, atendendo ao valor da retribuição e ao grau de ilicitude do despedimento (art. 391º, nº 1, do CT), mantendo-se o limite mínimo geral de três meses (art. 391º, nº 3, do CT).

[220] *V.* o Ac. do STJ, de 22.02.2017 *in* www.dgsi.pt (Proc. nº 659/12.6TTMTS.P2-A.S1).

O tribunal deve atender ao tempo decorrido desde o despedimento até ao trânsito em julgado da decisão judicial (art. 391º, nº 2, do CT).

Só a retribuição base e diuturnidades são contempladas para efeito da aplicação da indemnização por antiguidade.

No caso de mera irregularidade fundada em deficiência de procedimento por omissão das diligências probatórias referidas nos nºs 1 e 3, do art. 356º, do CT, se forem declarados *procedentes os motivos justificativos* invocados para o despedimento (o chamado despedimento *irregular*), o trabalhador tem apenas direito a indemnização correspondente a metade do valor que resultaria da aplicação do nº 1, do art. 391º, do CT (art. 389º, nº 2, do CT).

Os valores da indemnização podem ser regulados por instrumento de regulamentação coletiva de trabalho (art. 339º, nº 3, do CT);

c) Direito a indemnização por todos os danos (patrimoniais e não patrimoniais), segundo o preceituado no art. 389º, nº 1, al. *a*), do CT.

4.6.2. Regimes especiais

No que diz respeito aos regimes especiais de indemnização, é de atender às seguintes situações:

- *Trabalhadora grávida, puérpera e lactante, trabalhador no gozo de licença parental,* e *trabalhador cuidador* entre 30 a 60 dias de retribuição base e diuturnidades por cada ano completo ou fração de antiguidade, desde a data do despedimento até ao trânsito em julgado da decisão final que declare a ilicitude do despedimento, não podendo ser inferior a 6 meses (cfr. conjugadamente, os arts. 63º, nº 8, 101º-F, nº 3 e 392º, nº 3, do CT);
- No caso de *trabalhadores membros de estruturas de representação coletiva dos trabalhadores* (representante sindical, membro das comissões e subcomissões de trabalhadores, representante dos trabalhadores para a segurança e saúde no trabalho ou membro de conselho de empresa europeu, segundo o art. 404º, do CT), entre 30 a 60 dias de retribuição base e diuturnidades por cada ano completo ou fração de antiguidade, desde a data do despedimento até ao trânsito em julgado da decisão final que declarou o despedimento ilícito, não podendo ser inferior a 6 meses (art. 392º, nº 3, por remissão do art. 410º, nº 6, ambos do CT).

4.6.3. Oposição à reintegração

O nº 1, do art. 392º, do CT, indica que, tratando-se de *microempresa*[221] (onde a relação entre trabalhadores e entre estes e o empregador é, normalmente, mais próxima) ou de trabalhador que ocupe *cargo de administração* ou de *direção* (onde está especialmente em causa a relação de confiança), o empregador pode opor-se à reintegração do trabalhador (exercendo o direito de veto à reintegração), devendo para o efeito demonstrar a grave perturbação e o prejuízo para o funcionamento da empresa potencialmente resultantes da reintegração.

Sobre o conceito de trabalhador que ocupe cargo de administração ou de direção, Pedro Furtado Martins esclarece que não "é fácil delimitar o que se entende por cargos de administração ou de direção. Para os primeiros, porque consideramos que só se referem a situações que não envolvam administradores em sentido estrito, isto é, membros do conselho de administração das sociedades anónimas, dada a incompatibilidade entre o exercício desse cargo social e a relação de trabalho subordinado. Quanto aos segundos, porque a lei não adianta o que se deve entender por cargos de direção, ainda que utilize a expressão com frequência"[222].

O direito de veto à reintegração do trabalhador não é conferido sempre que a ilicitude do despedimento se fundar em motivos políticos, ideológicos, étnicos ou religiosos, ainda que com invocação de motivo diverso, bem como nos casos em que o fundamento justificativo da oposição à reintegração foi culposamente criado pelo empregador, permitindo-lhe, portanto, beneficiar com a violação da lei (art. 392º, nº 2, do CT).

Legitimado este direito de oposição, eleva-se o referente para efeito de cálculo de indemnização por antiguidade para um valor entre 30 dias e 60 dias (art. 392º, nº 3, do CT).

As trabalhadoras grávidas, puérperas e lactantes, os trabalhadores no gozo de licença parental e o trabalhador cuidador gozam de um regime especial, não podendo o empregador opor-se à reintegração (arts. 63º, nº 8 e 101º-F, nº 3, do CT).

Na ação especial de impugnação judicial da regularidade e licitude do despedimento, se o empregador pretender que o tribunal exclua a reintegração do trabalhador deve requerê-lo desde logo no respetivo articulado de motivação, invocando os factos e as circunstâncias que fundamentam a sua pretensão e apresentando os meios de prova para o efeito (art. 98º-J, nº 2, do CPT).

[221] Definida no art. 100º, nº 1, al. *a*), do CT.

[222] *Cessação do Contrato de Trabalho*, p. 527.

4.6.4. Despedimento no caso de contrato de trabalho a termo

Sendo o despedimento declarado ilícito, o empregador é condenado no pagamento de indemnização dos danos patrimoniais e não patrimoniais, que não deve ser inferior às retribuições que o trabalhador deixou de auferir desde o despedimento até ao termo certo ou incerto do contrato, ou até ao trânsito em julgado da decisão judicial, se aquele termo ocorrer posteriormente. Pretende-se, quanto a nós, atribuir, a título de montante indemnizatório patrimonial, pelo menos, o valor das prestações intercalares (art. 393º, nº 2, al. *a*), do CT).

Caso o termo ocorra depois do trânsito em julgado da decisão judicial, na reintegração do trabalhador, sem prejuízo da sua categoria e antiguidade [nº 2, al. *b*)].

Nas palavras de Pedro Furtado Martins, as retribuições intercalares só são devidas "até ao momento em que ocorreria o termo aposto ao contrato, salvo se esse momento se verificar já depois do trânsito em julgado da decisão judicial (o que será raro), caso em que apenas serão consideradas as retribuições vencidas até esta. Por outras palavras, dir-se-á que neste caso a lei assume que, não tendo o contrato terminado pelo despedimento ilícito, sempre terminaria por caducidade no final do período contratual acordado"[223].

4.7. Prazo de impugnação do despedimento

Se a decisão de despedimento individual for comunicada ao trabalhador por escrito, a impugnação deve ocorrer no prazo de caducidade de 60 dias a contar da data da receção dessa comunicação (art. 387º, nº 2, do CT). Neste caso, a impugnação segue a tramitação do processo especial previsto nos arts. 98º-B a 98º-P, do CPT.

Caso esteja em causa um despedimento colectivo, a prazo de impugnação é de 6 meses (art. 388º, nº 2, do CT), sendo aplicável a ação especial regulada nos arts. 156º a 161º, do CPT.

Note-se que o despedimento não comunicado por escrito, deve ser impugnado através de ação judicial de processo comum, valendo o prazo prescricional de um ano previsto no art. 337º, do CT.

[223] *Cessação do contrato de trabalho*, p. 558.

5. Resolução do contrato por iniciativa do trabalhador

5.1. Considerações preliminares

A cessação por iniciativa do trabalhador (prevista no art. 340º, al. *g*), do CT e regulada no art. 394º, ambos do CT) configura um direito potestativo do trabalhador de, por ato recetício, proceder à desvinculação contratual.

A justa causa resolutiva pode ser *subjetiva*, quando for imputável ao empregador (art. 394º, nº 2, do CT) ou *objetiva*, se decorrer de motivos alheios ao empregador (nº 3).

A distinção é importante porquanto só a resolução subjetiva confere direito a indemnização (art. 396º, do CT).

Na apreciação da justa causa, deve atender-se, no quadro de gestão da empresa, ao grau de lesão dos interesses do empregador, ao caráter das relações entre as partes ou entre o trabalhador e os seus companheiros e às demais circunstâncias que no caso sejam relevantes (nº 4, do art. 394º, do CT, o qual que remete para o nº 3, do art. 351º, do CT).

A justa causa de resolução exige, além da verificação material da violação por parte do empregador dos deveres inerentes à relação laboral, uma atuação culposa deste da qual resultem consequências de tal modo graves que tornam inexigível ao trabalhador a manutenção do vínculo laboral.

Nos termos do art. 394º, nº 2, do CT, constituem *justa causa subjetiva* de resolução do contrato pelo trabalhador, nomeadamente, os seguintes comportamentos do empregador:

a) *Falta culposa de pagamento pontual da retribuição*

O pagamento pontual da retribuição é imposto pelo art. 278º, nº 4, do CT.

Presume-se que há falta culposa do pagamento da retribuição que se prolongue por período de 60 dias ou quando o empregador, a pedido do trabalhador, declare por escrito a previsão de não pagamento da retribuição em falta, até ao termo daquele prazo (art. 394º, nº 5, do CT)[224].

No caso de falta de pagamento pontual da retribuição por período de 15 dias sobre a data de vencimento, o trabalhador pode suspender a prestação de trabalho, mediante comunicação por escrito ao empregador e à ACT, com a

[224] *III – O incumprimento culposo pelo empregador do dever de pagar pontualmente a retribuição, atento a importância da mesma no âmbito da relação de trabalho, releva como fundamento de justa causa para resolução do contrato de trabalho, por parte do trabalhador, desde que se possa considerar objetivamente grave.* (Ac. do STJ, de 06.05.2020 *in* CJ, Ano XXVIII, Tomo II, p. 265)

antecedência mínima de oito dias em relação à data de início da suspensão (art. 325º, nº 1, do CT).

Antes do período de 15 dias, pode o trabalhador suspender o contrato, quando o próprio empregador declare por escrito a previsão de não pagamento, com especificação do montante das retribuições em dívida e do período a que respeitam, até ao termo daquele prazo (art. 325º, nºs 2 e 4, do CT).

Convém frisar que a falta de pagamento pontual da retribuição por período de 15 dias é declarada, com especificação do montante das retribuições em dívida e do período a que respeitam, a pedido do trabalhador, pelo empregador ou, em caso de recusa, pela ACT, no prazo de cinco ou 10 dias, respectivamente (art. 325º, nºs 3 e 4, do CT).

O uso de tal faculdade não é impeditivo do direito de resolução do contrato (art. 327º, al. *a*), do CT), cabendo ao trabalhador optar ou não por este mecanismo.

No entanto, alerta António Monteiro Fernandes para o facto de "essa sucessão pode ser problemática, uma vez que, como também a jurisprudência tem salientado, a suspensão do contrato não interrompe – nem, segundo cremos, suspende, o decurso do prazo de caducidade do direito à resolução. A suspensão só é legítima após a constatação factual do atraso, e esse é também o momento em que, nos termos do art. 395º/1, se inicia a contagem daquele prazo. Por outras palavras: a suspensão do contrato pode consumir, no todo ou em parte, o prazo de caducidade do direito de resolução"[225];

b) Violação culposa de garantias legais (art. 129º, do CT) ou convencionais do trabalhador, designadamente a prática de assédio praticada pela entidade empregadora ou por outros trabalhadores;

c) Aplicação de sanção abusiva prevista no art. 331º, do CT;

d) Falta culposa de condições de segurança e saúde no trabalho

Sendo de relevar, neste contexto, o regime jurídico de promoção da segurança e saúde no trabalho aprovado pela L nº 102/2009, de 10 de setembro;

e) Lesão culposa de interesses patrimoniais sérios do trabalhador[226]*;*

[225] *Resolução do contrato por mora na retribuição – prazos e presunções de culpa*, p. 63.

[226] *III – Integra justa causa objetiva a resolução do contrato baseada em mudança de local de trabalho para sítio que se situa a 43km do local de residência da autora e que implica o uso de 4 transportes (2 autocarros, 2 comboios) ou, em alternativa o uso de automóvel privado, quando os custos dessas deslocações não foram previamente garantidos à trabalhadora. IV – E quando esses custos podem atingir cerca de 100€, o que representa uma diminuição incompor-*

f) Ofensa à integridade física ou moral, liberdade, honra ou dignidade do trabalhador, punível por lei, incluindo a prática de assédio denunciado à ACT, praticada pelo empregador ou seu representante.

Constituem *justa causa objetiva* de resolução do contrato pelo trabalhador (art. 394º, nº 3, do CT):

a) A necessidade de cumprimento de obrigação legal incompatível com a continuação do contrato, matéria que remete para o regime das incompatibilidades;

b) A alteração substancial e duradoura das condições de trabalho no exercício lícito de poderes do empregador, nomeadamente a impossibilidade de cumprimento da ordem de transferência do local de trabalho (art. 194º, do CT);

c) A falta não culposa de pagamento pontual da retribuição, caso em que o incumprimento é alheio ao empregador, por exemplo, decorre de erro técnico da entidade bancária incumbida de realizar a transferência para a conta do trabalhador.

Rejeitamos a tese de que a falta possui natureza não culposa quando devida a crises de tesouraria ou de gestão financeira. O devedor deve cumprir a obrigação de natureza pecuniária (sinalagma essencial), nisso assenta a prestação e a legítima expectativa do credor[227];

d) A transmissão para o adquirente da posição do empregador no respetivo contrato de trabalho, em consequência da transmissão da empresa, nos termos dos nºs 1 ou 2, do art. 285º, do CT, com o fundamento previsto no nº 1, do art. 286º-A, do CT.

Havendo prejuízo sério do trabalhador (assente, nomeadamente na manifesta falta de solvabilidade ou situação financeira difícil do adquirente ou, ainda, se a política de organização do trabalho deste não merecer confiança ao trabalhador) pode este, em alternativa à oposição, optar pela resolução.

Cabe ao trabalhador o ónus da prova dos fundamentos invocados para a resolução, atento o disposto no art. 342º, nº 1, do CC.

tável num vencimento de cerca de 800€, totalmente gastos em despesas familiares essenciais. V – E que, além do mais, impede a autora de exercer as responsabilidades parentais de levar e trazer da escola um filho menor de 7 anos, que necessita, ainda, duas vezes por semana, de ser levado a cuidados de saúde especiais. [Ac. da RG, de 20.02.2020 *in* www.dgsi.pt (Proc. nº 6982/18.9T8VNF.G1)]

[227] *V.* Monteiro Fernandes, *Resolução do Contrato de Trabalho por Mora da Retribuição – Prazos e Presunções de Culpa*, p. 65.

5.2. Procedimento

O trabalhador deve comunicar a resolução do contrato ao empregador por escrito, com indicação dos respetivos fundamentos e no prazo legal estabelecido de 30 dias, contados a partir do conhecimento do facto que motivou a resolução (art. 395º, nº 1, do CT).

A referência *indicação sucinta* é enganadora, posto que a declaração resolutiva deve apresentar de forma concreta e expressa todo o factualismo que suporta a justa causa.

No caso de resolução fundada em falta de pagamento pontual da retribuição, o prazo para resolução (30 dias) conta-se a partir do termo do período de 60 dias ou da declaração do empregador (nº 2).

Em crítica acertada à solução legal imposta pelo CT/2009, António Monteiro Fernandes faz notar que parece, assim, que "a ideia de reconduzir os atrasos prolongados a factos continuados – relativamente aos quais só no momento da cessação deles se iniciaria a contagem do prazo de caducidade – passou a ter um limite: o direito de resolução só poderia ser exercido até ao 90º dia posterior ao vencimento da primeira prestação em atraso ... Um resultado que se afigura pouco menos que absurdo"[228].

A *blindagem* da revogação da resolução (ou seja, a impossibilidade do trabalhador revogar a resolução caso a sua assinatura conste de reconhecimento notarial presencial) encontra-se prevista no art. 395º, nº 4, do CT.

5.3. A indemnização/compensação devida pela resolução contratual

Em caso de *resolução subjetiva* do contrato (prevista no nº 2, do art. 394º, do CT) o trabalhador tem direito a indemnização, a determinar entre 15 e 45 dias de retribuição base e diuturnidades por cada ano completo de antiguidade, atendendo ao valor da retribuição e ao grau da ilicitude do comportamento do empregador, não podendo ser inferior a três meses de retribuição base e diuturnidades (art. 396º, nº 1, do CT). No caso de fração de ano de antiguidade, o valor da indemnização é calculado proporcionalmente (art. 396º, nº 2, do CT).

O valor da indemnização pode ser superior ao que resultaria da aplicação do nº 1, do art. 396º, do CT, sempre que o trabalhador sofra danos patrimoniais e não patrimoniais de montante mais elevado (art. 396º, nº 3, do CT).

No caso de contrato a termo, a indemnização não pode ser inferior ao valor das retribuições vincendas (art. 396º, nº 4, do CT).

[228] *Resolução do Contrato de Trabalho por Mora da Retribuição – Prazos e Presunções de Culpa*, p. 71.

Em caso de resolução do contrato em virtude de transmissão da empresa, o trabalhador tem direito a compensação calculada nos termos do art. 366º, do CT (arts. 394º, nº 3, al. *d*) e 396º, nº 4, do CT).

5.4. Revogação da resolução

O trabalhador pode revogar a resolução do contrato, caso a sua assinatura não seja objeto de reconhecimento notarial presencial, até ao sétimo dia seguinte à data em que chegar ao poder do empregador a declaração de resolução contratual, mediante comunicação escrita dirigida a este (art. 397º, nº 1, do CT).

Na eventualidade de o trabalhador não poder assegurar a receção da comunicação até ao sétimo dia seguinte à data em que a comunicação chegou ao poder do empregador, deve enviá-la por carta registada com aviso de receção, no dia útil subsequente ao fim do prazo. É ainda de sublinhar que a revogação da resolução só é eficaz se, em simultâneo com a comunicação, o trabalhador entregar ou puser, por qualquer forma, à disposição do empregador a totalidade do montante das compensações pecuniárias pagas em cumprimento do acordo, ou por efeito da cessação do contrato de trabalho (nº 2).

5.5. Impugnação da resolução

A ilicitude da resolução do contrato pode ser declarada por tribunal judicial em ação intentada pelo empregador (art. 398º, nº 1, do CT), no prazo de um ano a contar da data da resolução (art. 398º, nº 2, do CT), *circunscrita aos factos constantes da comunicação da resolução* (art. 398º, nº 3, do CT).

No caso de a resolução ter sido impugnada com base em ilicitude do procedimento previsto no nº 1, do art. 395º, do CT, o trabalhador pode corrigir o vício até ao termo do prazo para contestar, mas só pode utilizar esta faculdade uma vez (art. 398º, nº 4, do CT).

Na vertente procedimental, destaque-se, como vícios sanáveis, a não redução a escrito da resolução e a falta de indicação do factualismo que suporta a pretensão e, como vícios insanáveis, o desrespeito pelo prazo resolutório[229].

[229] *I – Interposta ação de impugnação da resolução do contrato de trabalho, com fundamento na ilicitude do procedimento previsto no nº 1 do artigo 395º do Código do Trabalho, por falta de indicação sucinta dos factos em que se funda a justa causa de resolução, o nº 4 do artigo 398º do mesmo compêndio legal, permite o suprimento do "vício", pelo trabalhador. II – A possibilidade consagrada nº 4 do artigo 398º do Código do Trabalho pressupõe: (i) que o vício do procedimento, apontado pelo empregador, seja sanável; (ii) que a sua correção passa pelo cumprimento do procedimento prescrito no nº 1 do artigo 395º do referido compêndio legal. III – O articulado designado por "contestação"*

Na vertente substantiva, há que ajuizar da inexigibilidade da prestação como medida adequada para o pedido resolutório.

Não se provando a justa causa de resolução do contrato, o empregador tem direito a indemnização dos prejuízos causados, não inferior ao montante calculado nos termos do art 401º, do CT (art. 399º, do CT).

6. Denúncia

O trabalhador denunciar o contrato de trabalho mediante comunicação ao empregador, por escrito, com a antecedência mínima de 30 ou 60 dias, conforme tenha, respetivamente, até dois anos ou mais de dois anos de antiguidade (art. 400º, nº 1, do CT).

A redução a escrito encarna mera formalidade *ad probationem*[230].

O instrumento de regulamentação coletiva de trabalho e o contrato de trabalho podem aumentar o prazo de aviso prévio até seis meses, relativamente a trabalhador que ocupe cargo de administração ou direção, ou com funções de representação ou de responsabilidade (art. 400º, nº 2, do CT).

No caso de contrato de trabalho a termo, a denúncia pode ser feita com a antecedência mínima de 30 ou 15 dias, consoante a duração do contrato seja de pelo menos seis meses ou inferior (art. 400º, nº 3, do CT).

Já estando em causa um contrato a termo incerto, para efeito do prazo de aviso prévio atende-se à duração do contrato já decorrida (art. 400º, nº 4, do CT).

O empregador pode exigir que a assinatura do trabalhador constante da declaração de denúncia tenha reconhecimento notarial presencial (nº 4, do art. 395º *ex vi* do nº 5, do art. 400º, do CT).

Com a L nº 13/2023, de 03 de abril, o trabalhador a quem tenha sido reconhecido o estatuto de vítima de violência doméstica, fica dispensado do cumprimento do aviso prévio (art. 400º, nº 6, do CT).

A inobservância do pré-aviso prevista obriga o trabalhador ao pagamento de uma indemnização correspondente à retribuição base e diuturnidades equi-

constitui uma peça do processo judicial, não sendo o meio ou procedimento adequado para suprir o "vício" relativo à "falta de indicação sucinta dos factos". (sumário da relatora) [Ac. da RE, de 17.12.2020 *in* www.dgsi.pt (Proc. nº 128/20.0T8PTM.E1)]

[230] *III – Os efeitos jurídicos da falta de formalização do aviso prévio traduzem-se em dificuldades/restrições de carácter probatório, tal como resulta do disposto nos artigos 364º, nº 2, 393º, nº 1, 351º, 388º e 390º do Código Civil., incumbindo ao autor/trabalhador a demonstração do momento em que denunciou verbalmente o contrato de trabalho, bem como o eventual funcionamento/afastamento do regime previsto para a denúncia sem aviso prévio (art. 401º do CT).* [Ac. da RG, de 04.02.2021 *in* www.dgsi.pt (Proc. nº 1424/19.5T8VRL.G1)]

valente ao período de aviso prévio em falta, sem embargo de responsabilidade civil por danos eventualmente causados em virtude da intempestiva cessação, se os houver (art. 401º, nº 1, do CT).

Em virtude da L nº 13/2023, esta cominação não é agora aplicável ao trabalhador a quem tenha sido reconhecido o estatuto de vítima de violência doméstica, nos termos de legislação específica (art. 401º, nº 2, do CT).

O trabalhador pode revogar a denúncia do contrato, caso a sua assinatura não tenha sido sujeita a reconhecimento notarial presencial, até ao sétimo dia seguinte à data em que a mesma chegar ao poder do empregador, mediante comunicação escrita dirigida a este (art. 402º, nº 1, do CT).

Caso o trabalhador, não possa assegurar a receção da comunicação até ao sétimo dia seguinte à data em que a comunicação chegou ao poder do empregador, deve enviá-la por carta registada com aviso de receção, no dia útil subsequente ao fim do prazo.

O abandono do trabalho (definido como a ausência do trabalhador do serviço acompanhada de factos que, com toda a probabilidade, revelam a intenção de não o retomar) vale como denúncia do contrato, só podendo ser invocado pelo empregador após comunicação ao trabalhador dos factos constitutivos do abandono ou da presunção do mesmo, por carta registada com aviso de recepção para a última morada conhecida deste (art. 403º, nºs 1 e 3, do CT).

Nesta hipótese, o trabalhador deve indemnizar o empregador nos termos do art. 401º, do CT (art. 403º, nº 5, do CT).

CAPÍTULO XII
DIREITOS DE PERSONALIDADE DO TRABALHADOR

1. Considerações prévias

A proteção juslaboral dos direitos de personalidade deve ser articulada com os arts. 18º, 70º a 81º, do CC, também dedicados aos *Direitos de Personalidade*, em especial:

- O art. 70º, nº 1, que prescreve sobre a *Tutela geral da personalidade* ("A lei protege os indivíduos contra qualquer ofensa ilícita ou ameaça de ofensa à sua personalidade física ou moral") e
- O art. 80º, nº 1, que resguarda o *Direito à reserva sobre a intimidade da vida privada* ("Todos devem guardar reserva quanto à intimidade da vida privada de outrem").

"Para além da existência do elenco de direitos previsto no CT/2009, haverá sempre "*um direito geral de personalidade* indicado como matriz de todo o personalismo e que a lei não define (pretendendo, desta forma, evitar as limitações decorrentes de uma taxatividade dos direitos, que poriam exatamente em causa a tutela que a lei pretende consagrar)"[231].

2. Liberdade de expressão e de opinião

O art. 14º, do CT, refere que "É reconhecida, no âmbito da empresa, a liberdade de expressão e de divulgação do pensamento e opinião, com respeito dos direitos de personalidade do trabalhador e do empregador, incluindo as pessoas singulares que o representam, e do normal funcionamento da empresa".

Apesar de o normativo se referir à liberdade de expressão e de divulgação das partes em composição, certo é que o seu destinatário principal (se não mesmo exclusivo) é o trabalhador que sofre o natural constrangimento resultante do dever de respeitar os direitos de outrem, bem como o *normal funcionamento da empresa* (conceito indeterminado, que só será concretizado casuisticamente). Sendo que, por vezes, é exatamente o (a)normal funcionamento da empresa que provoca a urgência do exercício desta manifestação de liberdade.

[231] Paula Quintas/Hélder Quintas, *Código do Trabalho – Anotado e Comentado*, p. 95.

Em caso de colisão de direitos (*v.g.*, porque o valor liberdade de expressão afeta o valor dignidade da pessoa do empregador), há que apelar ao *critério da prevalência*, quando os direitos são iguais ou de espécie semelhante e ao *critério da superioridade*, quando os direitos são desiguais (art. 335º, do CC)[232].

3. Integridade física e moral

O art. 15º, do CT, indica que o empregador, incluindo as pessoas singulares que o representam, e o trabalhador gozam do direito à respetiva integridade física e moral.

O direito à integridade pessoal consiste, "primeiro que tudo, num direito a não ser agredido ou ofendido, no corpo ou no espírito, por meios físicos ou morais. As penas e tratamentos degradantes e/ou desumanos tanto podem consistir em ofensas à integridade física das pessoas (agressões, etc.), como à integridade moral (casos de exposição à execração ou ao enxovalho público, humilhação racial, publicidade de doenças ou de julgamentos insignificantes) ou ofensas mistas"[233].

A *afetação da integridade física e moral do empregador* possui um quadro sancionatório próprio (art. 328º, do CT), atendendo à violação dos deveres de urbanidade e probidade previstos no art. 128º, nº 1, al. *a*), do CT, constituindo os comportamentos descritos nas als. *i*) e *j*), do nº 2, do art. 351º, do CT, exemplificações de justa causa de despedimento.

A *integridade física e moral do trabalhador*, que cabe ao empregador respeitar, situa a questão nos arts. 29º e 127º, nº 1, als. *a*) e *c*), do CT, e no regime jurídico da segurança e saúde no trabalho (aprovado pela L nº 102/2009, de 10 de setembro).

A violação deste conjunto de dispositivos por parte do empregador permite ao trabalhador resolver o contrato de trabalho (por justa causa subjetiva, nos termos do art. 394º, nº 2, al. *f*), do CT).

[232] *2- A inverdade das declarações públicas, proferidas contra a empregadora num contexto de pandemia, gerador de insegurança e incerteza e diretamente relacionadas com a pandemia, não pode considerar-se tutelada pela liberdade de expressão, antes agrava o desvalor da actuação da trabalhadora, sendo susceptível de tornar incomportável a subsistência do vínculo laboral.* [Ac. da RL, de 24.03.2021 *in* www.dgsi.pt (Proc. nº 22238/20.4T8LSB.L1-4)]

[233] José Joaquim Gomes Canotilho/Vital Moreira, *Constituição da República Anotada*, p. 454.

4. Assédio

4.1. Considerações gerais

No que concerne a aspetos de sistematização, afigura-se-nos que o art. 15º, do CT, deveria contemplar o assédio (moral e sexual), dado traduzir-se na violação da integridade física e moral do trabalhador.

Entende-se por assédio moral o comportamento indesejado, nomeadamente o baseado em fator de discriminação, praticado aquando do acesso ao emprego ou no próprio emprego, trabalho ou formação profissional, com o objetivo (*elemento finalístico*) ou o efeito (*elemento potencial*) de perturbar ou constranger a pessoa, afetar a sua dignidade, ou de lhe criar um ambiente intimidativo, hostil, degradante, humilhante ou desestabilizador (art. 29º, nº 2, do CT)[234].

Constitui assédio sexual o comportamento indesejado de caráter sexual, sob forma verbal, não verbal ou física, com o objetivo ou o efeito de perturbar ou constranger a pessoa, afetar a sua dignidade ou de lhe criar um ambiente intimidativo, hostil, degradante, humilhante ou desestabilizador (art. 29º, nº 3, do CT)[235].

A prática de assédio constitui *ilícito civil*, conferindo expressamente à vítima direito de indemnização, nos termos gerais do direito[236], *contraordenacional* e *penal* (art. 29º, nºs 4 e 5, do CT).

Pese embora não exista um tipo legal de crime específico, a prática de assédio, em contexto laboral, poderá configurar ilícito penal caso se preencham os elementos do crime de perseguição, previsto e punido pelo art. 154º-A, do CP.

Vale ainda notar que o denunciante (*whistleblower*) e as testemunhas por si indicadas não podem ser sancionados disciplinarmente, a menos que atuem com dolo, com base em declarações ou factos constantes dos autos de processo,

[234] *Integram o conceito de assédio moral todos os comportamentos humilhantes, vexatórios e atentatórios da dignidade do trabalhador, que se prolonguem por um período de tempo e tenham como resultado o afetar da vítima – por exemplo, criando um ambiente intimidatório, hostil e desestabilizador –, mesmo que não seja esse o objetivo do agente.* (Ac. do STJ, de 11.09.2019 *in* CJ, Ano XXVII, Tomo III, p. 294)

[235] *Consubstancia a prática de assédio sexual intimidatório a atuação do trabalhador traduzida nos seguintes atos: entrega a colega de trabalho de poemas com conteúdo de natureza sexual; aguardar duas horas por que a colega saísse a fim de a acompanhar no metro e contra a vontade da colega; tentativa de lhe dar um beijo; oferta de CD com músicas românticas; entrega de recorte em forma de CD onde se pode ler DVD – Como irritar uma pessoa, "tom" hostil e ameaçatório de uma carta entregue pelo trabalhador à colega de trabalho.* (Ac. da RP, de 02.12.2009 *in* CJ, Ano XXXIV, Tomo V, p. 207)

[236] *III – São, pois, prejuízos que merecem a tutela do direito e, como tal, são reparáveis, nos termos do disposto nos arts. 483º e 496º, do CC, revelando-se, para o efeito, ajustada e equitativa a indemnização por danos não patrimoniais no valor de €17.500, 00.* [Ac. do STJ, de 23.09.2020 *in* www.dgsi.pt (Proc. nº 737/18.8T8VCT.G1. S1)]

judicial ou contraordenacional, desencadeado por assédio até decisão final, transitada em julgado, sem prejuízo do exercício do direito ao contraditório (art. 29º, nº 6, do CT)[237].

Por sua vez, o despedimento por facto imputável ao trabalhador presume-se abusivo quando tenha lugar até um ano após a denúncia ou outra forma de exercício de direitos relativos a assédio (art. 331º, nº 2, al. *b*), do CT), e nesse caso, é conferido ao trabalhador, caso não pretenda a reintegração, o direito a indemnização por antiguidade determinada entre 30 a 60 dias de retribuição base e diuturnidades por cada ano completo ou fração de antiguidade (nº 4, do art. 331º, o qual remete para o art. 392º, nº 3, do CT).

4.2. Estratégia e forma de assédio

A finalidade do assédio pode ser, em casos extremos, a promoção da denúncia contratual, dado que perante a falta de ilicitude disciplinar é inexequível o despedimento por facto imputável ao trabalhador.

Neste caso, o assédio é usado com uma precisa finalidade, designando-se de *assédio estratégico.*

Contudo, pode não ser essa a pretensão do empregador, antes pelo contrário, este enseja manter a relação laboral, mas recorre a um processo disciplinador e punitivo da posição do trabalhador, para melhor o submeter e, quiça, explorar, sendo considerado como *assédio emocional*, dado estar relacionado com a personalidade do assediador[238].

O assédio institucional estratégico está intimamente ligado às políticas de:

- Esvaziamento de funções, que o legislador proíbe expressamente (art. 129º, nº 1, al. *b*), do CT, dedicado à prestação efetiva de trabalho);
- Isolamento social (tratamento de silêncio) com os superiores hierárquicos (a quem reportam) e/ou os colegas;
- Violação da própria arquitetura de desempenho e das condições de trabalho, através de uma estratégia de desgaste (inclusive *burn out*) e de perseguição profissional, uma espécie de *bossing* intencional e com o objetivo de

[237] A este propósito, importa referir que a ACT e a Inspeção-Geral de Finanças disponibilizam endereços eletrónicos próprios para receção de queixas de assédio em contexto laboral, no setor privado e no setor público, respetivamente, e informação nos respetivos sítios na Internet sobre identificação de práticas de assédio e sobre medidas de prevenção, de combate e de reação a situações de assédio (art. 4º, da L nº 73/2017, de 16 de agosto).

[238] Paula Quintas, *O percurso jurídico do assédio*, p. 53.

não permitir a concretização de tarefas para, mais tarde, invocar violação de deveres legais e contratuais de desempenho, desvalorização pública, críticas injustificadas e humilhantes ao comportamento laboral, atribuição de tarefas para o qual o trabalhador não possui competência e construção de um ambiente de constante suspeição e conspiração;

- Intimidação, através de ameaças sistemáticas de despedimento, sabendo do receio do trabalhador em perder o posto de trabalho, manipulando fatores sensíveis como a situação económica da empresa e a avaliação de desempenho;
- Discriminação, devido a características (físicas, psicológicas, etc.) do trabalhador, que o vulnerabilizam.

4.3. Comportamento instantâneo ou duradouro

Apesar de discutível, podemos questionar se a dignidade legal da prática de assédio não obriga a comportamentos continuados, repetidos e sistemáticos. Quanto a nós, o que deve ser relevado é a intenção/efeito de tal prática, traduzida em atos sucessivos ou instantâneos.

Atente-se no assédio sexual, onde uma única violação, por exemplo, um único ato, é causa bastante para destruir toda a relação jurídica (no plano contratual) e colocar a vítima num estado de afetação e perturbação da sua dignidade (censurável no plano criminal).

O mesmo se diga para o assédio moral, um único ato de humilhação pública (pense-se em reuniões de Chefia) pode colocar o visado num sofrido estado de degradação perante os seus pares e os subordinados.

Em sentido contrário, dita Mago Graciano de Rocha Pacheco que é "mais consentâneo com a vida real, considerar que o assédio moral no local de trabalho se prolonga no tempo e, por isso, constitui-se pela prática de uma série de atos que se estendem ao longo de determinado espaço temporal. É um fenómeno que se constitui de forma progressiva, atravessando vários estádios de duração e frequência muito variável"[239].

O entendimento jurisprudencial igualmente subscreve o comportamento duradouro[240].

[239] *O Assédio moral no trabalho, – O elo mais fraco*, p. 98.

[240] *O assédio moral pressupõe comportamentos real e manifestamente humilhantes, vexatórios e atentatórios da digni dade do trabalhador, aos quais estão em regra associados mais dois elementos: certa duração; e determinadas consequências.* [Ac. do STJ, de 21.04.2016 *in* www.dgsi.pt (Proc. nº 299/14.5T8VLG.P1.S1)]

4.4. Assédio como doença profissional

A L nº 73/2017, de 16 de agosto, enquadra, ainda, o assédio como doença profissional (art. 6º).

Prevê-se a responsabilidade do empregador pela reparação dos danos emergentes de doenças profissionais resultantes da prática de assédio (art. 283º, nº 8, do CT), em termos que carecem de regulamentação própria, ainda não publicada.

Pese embora, a bondade do enquadramento legal, duvidamos da sua exequibilidade, em particular para certas profissões ou desempenhos.

De facto e numa visão realista, o diagnóstico pode ter um efeito estigmatizador e provocar, por si só, novo assédio.

4.5. Motivação para resolução contratual com justa causa subjetiva

A prática de assédio contra o trabalhador permite a resolução do contrato de trabalho por *justa causa subjetiva* (art. 394º, nº 2, als. *b*) e *f*), do CT)[241].

Ocorrendo justa causa subjetiva de resolução, o trabalhador tem direito à indemnização por antiguidade, a determinar entre 15 e 45 dias de retribuição base e diuturnidades por cada ano completo, atendendo ao valor da retribuição e ao grau da ilicitude do comportamento do empregador, não podendo ser inferior a três meses de retribuição base e diuturnidades (art. 396º, nº 1, do CT).

4.6. Direito à reserva da intimidade da vida privada

O empregador e o trabalhador devem respeitar os direitos de personalidade da contraparte, cabendo-lhes, designadamente, guardar reserva quanto à intimidade da vida privada (art. 16º, nº 1, do CT), o qual abrange quer o acesso, quer a divulgação de aspetos atinentes à esfera íntima e pessoal das partes, nomeada-

O comportamento subsumível ao conceito de assédio moral há de ser sistemático, repetitivo e com clara premeditação de realização daquela intenção. [Ac. da RC, de 14.01.2016 *in* www.dgsi.pt (Proc. nº 565/14.5T8LRA.C1)]

O assédio moral assenta em situações de extrema gravidade e implica práticas do empregador manifestamente humilhantes, vexatórias e atentatórias da dignidade do trabalhador, com certa duração e consequências. [Ac. do STJ, de 12.11.2015 *in* www.dgsi.pt (Proc. nº 217/10.0TTMAI.P1.S1)]

[241] *Verificando-se que a entidade patronal, com a intenção de perturbar a autora e o seu ambiente de trabalho, esvaziou as funções para as quais a havia contratado, desautorizou-a e afetou a sua reputação perante colegas de trabalho, isolou-a do seu departamento e anteriores colegas, e provocou a degradação das funções que lhe foram sucessiva mente atribuídas, assistia à trabalhadora o direito a resolver o contrato de trabalho com justa causa e efeitos imediatos.*
(Ac. da RP, de 08.03.2010 *in* CJ, Ano XXXV, Tomo II, p. 224)

mente relacionados com a vida familiar, afetiva e sexual, com o estado de saúde e com as convicções políticas e religiosas (nº 2).

O art. 25º, da CRP, expressa que a integridade moral e física das pessoas é inviolável. Por sua banda, o art. 81º, nº 1, do CC, estatui que toda a limitação voluntária ao exercício dos direitos de personalidade é nula, se for contrária aos princípios da ordem pública.

O TC, no Ac. nº 128/92, considerou o conceito de «vida privada» como "o direito de cada um ver protegido o espaço interior da pessoa ou do seu lar contra intromissões alheias, ou seja, o direito a uma esfera própria inviolável, onde ninguém deve poder penetrar sem autorização do respetivo titular"[242].

José Joaquim Gomes Canotilho/Vital Moreira indicam que o "critério constitucional deve talvez arrancar dos conceitos de «privacidade» (art. 25º, nº 1, *in fine*) e «dignidade humana» (nº 2), de modo a definir-se um conceito de esfera privada de cada pessoa, culturalmente adequado à vida contemporânea. O âmbito normativo do direito fundamental à reserva da intimidade da vida privada e familiar deverá delimitar-se, assim, como base num conceito de «vida privada» que tenha em conta a referência civilizacional sob três aspetos: (1) o respeito dos comportamentos; (2) o respeito do anonimato; (3) o respeito da vida em relação. Estas dimensões devem ser convocadas para eventuais «renún cias» à proteção da intimidade da vida privada"[243].

5. Proteção de dados pessoais

Entende-se por *dados pessoais*, a informação relativa a uma pessoa singular identificada ou identificável («titular dos dados»).

Considera-se identificável uma pessoa singular que possa ser identificada, direta ou indiretamente, em especial por referência a um identificador, como, por exemplo, um nome, um número de identificação, dados de localização, identificadores por via eletrónica ou a um ou mais elementos específicos da identidade física, fisiológica, genética, mental, económica, cultural ou social dessa pessoa singular (art. 4º, nº 1, do RGPD)[244].

[242] Pub. no DR, II Série, de 24.07.1992.

[243] *Constituição da República Portuguesa Anotada*, p. 468.

[244] Regulamento (UE) 2016/679 do Parlamento Europeu e do Conselho de 27 de abril de 2016, relativo à proteção das pessoas singulares no que diz respeito ao tratamento de dados pessoais e à livre circulação desses dados e que revoga a Diretiva 95/46/CE.

Para A. Barreto Menezes Cordeiro, seguindo a sistematização proposta pelo GT 29, a expressão relativa a abrange "três situações distintas: (*i*) conteúdo; (*ii*) finalidade; ou (*iii*) resultado.

Por conteúdo, entende-se toda a informação que incida sobre uma pessoa, ou seja, é a própria pessoa que é objeto de análise. Atente-se aos seguintes exemplos: (*i*) análises clínicas – o doente; (*ii*) avaliação profissional de um trabalhador – o trabalhador; (*iii*) registo criminal – o cidadão.

Na segunda situação – finalidade –, embora não seja a pessoa o objeto de análise, os dados recolhidos permitem "avaliar, tratar de determinada forma ou influenciar o estatuto ou o comportamento de uma pessoa"; p. ex.: retribuições pagas por entidades; historial das entradas e de saídas de um determinado país; ou dados que constem de um registo de tempos de trabalho relativos, para cada trabalhador, aos períodos de trabalho diário e aos períodos de descanso; dados recolhidos por empresas do setor automóvel.

Como resultado, entende-se toda a informação que não incida sobre uma pessoa (conteúdo) e que não vise avaliá-la ou influenciá-la (finalidade), mas que, em abstrato, o permita fazer. O exemplo apresentado pelo GT 29 é elucidativo: uma empresa de táxis instalou um sistema de localização de satélite para melhor gerir a sua frota. Apesar de não ser essa a sua finalidade, os dados recolhidos permitem avaliar o desempenho dos motoristas"[245].

O empregador não pode exigir ao candidato a emprego ou ao trabalhador que preste informações relativas à sua vida privada, salvo quando estas sejam estritamente necessárias e relevantes para avaliar da respetiva *aptidão no que respeita à execução do contrato* de trabalho e a correspondente fundamentação seja fornecida por escrito (art. 17º, nº 1, al. *a*), do CT).

A saúde e o estado de gravidez, considerados dados sensíveis, recebem tratamento próprio dado pela al. *b*), do nº 1, do art. 17º, do CT, atentando-se agora na natureza da atividade profissional, com a salvaguarda das informações serem prestadas a médico, que só pode comunicar ao empregador se o trabalhador está ou não apto a desempenhar a atividade (art. 17º, nº 2, do CT).

Os *dados relativos à saúde* são definidos como os dados pessoais relacionados com a saúde física ou mental de uma pessoa singular, incluindo a prestação de serviços de saúde, que revelem informações sobre o seu estado de saúde (art. 4º, nº 15, do RGPD).

[245] *Comentário ao Regulamento Geral de Proteção de dados e à Lei nº 58/2019*, pp. 81 e 82.

A posição do médico assume a máxima relevância, por um lado, por ser quem está em posição de aferir da aptidão e capacidade do trabalhador ou do candidato e, por outro, pela salvaguarda imposta pela deontologia profissional que ao médico cabe respeitar vinculado, naturalmente, ao segredo médico, nos termos do art. 139º, do respetivo Estatuto da Ordem dos Médicos (aprovado pela L nº 117/2015, de 31 de agosto).

Em ambos os casos, consagram-se os *princípios da proporcionalidade e da adequabilidade* do exigido.

A legitimidade do pedido assenta no dever de fundamentação a cargo do empregador.

O candidato a emprego ou o trabalhador que haja fornecido informações de índole pessoal goza do direito ao controlo dos respetivos dados pessoais, podendo tomar conhecimento do seu teor e dos fins a que se destinam, bem como exigir a sua retificação e atualização (art. 17º, nº 3, do CT).

O art. 17º, nº 4, do CT, remete diretamente para o RGPD.

O art. 88º, nº 1, do RGPD *(Tratamento no contexto laboral)*, prevê que os Estados-Membros podem estabelecer, no seu ordenamento jurídico ou em convenções coletivas, normas mais específicas para garantir a defesa dos direitos e liberdades no que respeita ao tratamento de dados pessoais dos trabalhadores no contexto laboral, nomeadamente para efeitos de recrutamento, execução do contrato de trabalho, incluindo o cumprimento das obrigações previstas no ordenamento jurídico ou em convenções coletivas, de gestão, planeamento e organização do trabalho, de igualdade e diversidade no local de trabalho, de saúde e segurança no trabalho, de proteção dos bens do empregador ou do cliente e para efeitos do exercício e gozo, individual ou coletivo, dos direitos e benefícios relacionados com o emprego, bem como para efeitos de cessação da relação de trabalho.

Sendo que as normas referidas incluem medidas adequadas e específicas para salvaguardar a dignidade, os interesses legítimos e os direitos fundamentais do titular dos dados, com especial relevo para a transparência do tratamento de dados, a transferência de dados pessoais num grupo empresarial ou num grupo de empresas envolvidas numa atividade económica conjunta e os sistemas de controlo no local de trabalho (art. 88º, nº 2, do RGPD).

O empregador pode tratar os dados pessoais dos seus trabalhadores para as finalidades e com os limites definidos no Código do Trabalho e respetiva legislação complementar ou noutros regimes setoriais, com as especificidades estabelecidas no presente artigo (art. 28º, nº 1, da L nº 58/2019, de 08 de agosto, que assegura a execução, na ordem jurídica nacional, do RGPD).

Fica também aqui abrangido o tratamento efetuado por subcontratante ou contabilista certificado em nome do empregador, para fins de gestão das relações laborais, desde que realizado ao abrigo de um contrato de prestação de serviços e sujeito a iguais garantias de sigilo (art. 28º, nº 2, da L nº 58/2019).

Segundo reza o nº 3, deste preceito, o consentimento do trabalhador, salvo norma legal em contrário, não constitui requisito de legitimidade do tratamento dos seus dados pessoais:

a) Se do tratamento resultar uma vantagem jurídica ou económica para o trabalhador ou
b) Se esse tratamento estiver abrangido pelo disposto na al. *b*), do nº 1, do art. 6º, do RGPD.

A citada lei não só não dá um conceito de dados pessoais (remetendo para o Regulamento), como deixou de definir dados sensíveis.

Entretanto, na Deliberação 2019/494, a CNPD decidiu que a "al. 11), do art. 4º, do RGPD, exige, quanto ao art. 28º, nº 3, alínea *a*), que o consentimento, para ser juridicamente relevante e, assim, corresponder ao fundamento de licitude do tratamento de dados, tem de ser livre, pelo que só quando estejam verificadas condições que garantam a liberdade de manifestação de vontade do titular é que esta pode ser considerada. Sendo certo que, como é reconhecido no considerando 43, do RGPD, «[...] em casos específicos em que exista um desequilíbrio manifesto entre o titular dos dados e o responsável pelo seu tratamento, o consentimento não deve ser tido como fundamento válido de licitude deste». Não obstante admitir-se a natureza não paritária da relação laboral, decorre do princípio da dignidade da pessoa humana a necessidade de reconhecer ao indivíduo, mesmo no contexto de relações jurídicas em que, por regra, ele carece de proteção em relação à outra parte, o mínimo de livre arbítrio para gozar do seu direito fundamental à autodeterminação informacional – portanto, na dimensão jus-fundamental de controlo dos dados que lhe digam respeito –, reconhecido no art. 35º da CRP e no art. 8º da Carta dos Direitos Fundamentais da União Europeia.

É nesta mesma linha, que o Grupo de Trabalho do Art. 29º (GT29) e o Comité Europeu de Proteção de Dados têm entendido, embora recusando por regra relevância jurídica ao consentimento dos trabalhadores, que estes só podem dar o seu consentimento livremente em circunstâncias excecionais, quando o ato de dar ou recusar o consentimento não produza quaisquer consequências negativas.

Ora, o disposto na al *a*), do nº 3, do art. 28º, ao determinar precisamente a solução oposta, restringe excessivamente a relevância do consentimento do trabalhador, com isso eliminando qualquer margem de livre arbítrio dos trabalhadores mesmo quando há condições para a sua manifestação sem risco para os seus direitos e interesses. Nessa medida, esta disposição traduz uma restrição injustificada e desproporcionada do disposto na al. *a*), do nº 1, do art. 6º e da al. *a*), do nº 2, do art. 9º, do RGPD.

Entende, assim, a CNPD que esta disposição não corresponde a uma medida legislativa nacional adequada que salvaguarde a dignidade, os direitos fundamentais e os interesses legítimos do trabalhador, não cumprindo, portanto, os requisitos exigidos na al. *b*), do nº 2, do art. 9º e do nº 2, do art. 88º, do RGPD.

Em suma, por traduzir uma restrição não adequada, desnecessária e excessiva do direito fundamental à autodeterminação informacional ou à proteção dos dados enquanto direito ao controlo dos seus próprios dados, para lá do que é necessário à salvaguarda dos direitos e interesses dos trabalhadores, a al. *a*), do nº 3, do art. 28º, da L nº 58/2019 restringe o âmbito de aplicação da al. *a*), do nº 1, do art. 6º e da al. *a*), do nº 2, do art. 9º, do RGPD. Com esse fundamento, a CNPD, de forma a assegurar a plena efetividade do RGPD, desaplicará a referida norma nas situações que venha a apreciar"[246].

Para Diogo Pereira Duarte, "seja qual, na realidade, tenha sido o regime que o legislador nacional pretendeu consagrar em matéria de fundamentos jurídicos para o tratamento de dados pessoais, ele não se mostra compatível com o RGPD. O artigo 88º, apenas admite a existência de normas nacionais «mais específicas» que têm de surgir no enquadramento do próprio RGPD, e não a existência de um regime alternativo para o tratamento de dados, razão pela qual o nº 3 do artigo 28º se deve ter por não eficaz, para todos os efeitos legais"[247].

6. Testes e exames médicos

De acordo com o art. 19º, do CT, para além das situações previstas em legislação relativa a segurança e saúde no trabalho (nº 1, 2ª parte) o empregador não pode, para efeitos de admissão ou permanências no emprego, exigir ao candidato a emprego ou a trabalhador a realização de testes ou exames médicos, de qualquer natureza, para comprovação das condições físicas ou psíquicas do candidato a emprego ou do trabalhador.

[246] *In* https://www.cnpd.pt/decisoes/deliberacoes.

[247] *Comentário ao Regulamento Geral de Proteção de Dados e à Lei nº 58/2019*, pp. 622 e 623.

No entanto, na 2ª parte, do mesmo número, assegura-se o direito de comprovação por parte do empregador da informação prestada pelo candidato a emprego ou trabalhador, admitindo-se expressamente a realização de testes e exames médicos, sendo os respetivos pressupostos de admissibilidade os seguintes:

- Proteção e segurança do trabalhador ou de terceiros, em particular, testes de despistagem de consumo de álcool ou droga, atendendo a que pode estar em causa a "privação permanente ou acidental do uso da razão do sinistrado"[248];
- Particulares exigências inerentes à atividade o justifiquem (*v.g.*, atividades médica e de enfermagem e condução de veículos);
- A respetiva fundamentação seja fornecida por escrito ao candidato a emprego ou trabalhador.

Exclui-se da permissão legal os testes ou exames de gravidez (art. 19º, nº 2, do CT), confirmando-se o seu potencial discriminatório, ficando vedado expressamente ao empregador uma espécie de poder de exigir a comprovação das declarações prestadas.

A intervenção do médico limitar-se-á a uma comunicação ao empregador da aptidão ou não aptidão do trabalhador para a função pretendida (art. 19º, nº 3, do CT).

O modelo da ficha de aptidão consta da P nº 71/2015, de 10 de março, a qual deve ser preenchida pelo médico do trabalho face ao exame de admissão, periódico, ocasional ou outro do trabalhador, sem prejuízo do regime simplificado estabelecido pela P nº 112/2014, de 23 de maio.

A ficha de aptidão deve ser dada a conhecer ao trabalhador, ao responsável do serviço de segurança e saúde no trabalho e ao responsável pelos recursos humanos da empresa, nos termos do disposto no art. 110º, da L nº 102/2009, de 10 de setembro (art. 2º, nº 2, da P nº 71/2015).

No Acórdão nº 368/02, a propósito do consentimento do trabalhador, o TC preconizou que a realização de testes ou exames "constitui em certos casos um ónus relativamente à obtenção do emprego e noutros casos um verdadeiro *dever jurídico de que pode depender a própria manifestação da relação laboral*".

[248] Facto relevante para a exclusão de responsabilidade do empregador, em sede de acidente de trabalho, nos termos do art. 14º, da L nº 98/2009, de 04 de setembro.

Pelo que, "inequivocamente se exige é que esse exame se contenha no estritamente necessário, adequado e proporcionado à verificação de alterações na saúde do trabalhador causadas pelo exercício da sua actividade profissional e à determinação da aptidão ou inaptidão física ou psíquica do trabalhador para o exercício das funções à correspondente categoria profissional, para defesa da sua própria saúde. Ou seja, é constitucionalmente imposto que o exame de saúde obrigatório se adeque, com precisão, ao fim prosseguido"[249].

7. Testes de despistagem de consumo de álcool ou droga

Conforme alertou a CNPD[250], podendo o estado de embriaguez, alcoolismo ou toxicodependência causar "privação permanente ou acidental do uso da razão do sinistrado" (facto relevante para a chamada exclusão de responsabilidade do empregador por acidente de trabalho, bem como, face à proteção especial a conceder a terceiros), justifica-se a realização de tais exames no estritamente necessário a tal prevenção.

Contanto que os princípios omnipresentes na tutela à vida privada do trabalhador (adequabilidade, proporcionalidade e boa-fé) sejam respeitados[251].

Melhor explica Amadeu Guerra: "(...) justifica-se que o direito à privacidade seja limitado quando estes factos tenham repercussões negativas na relação de trabalho, haja razões de interesse público relevante ou a necessidade de controlo estiver em conflito com outros direitos constitucionalmente consagrados. Ora, para algumas categorias profissionais – v.g., pilotos, pessoal de bordo ou controladores de tráfego aéreo, motoristas, cirurgião, maquinista de comboios, gruistas – admite-se que sejam tomadas medidas de vigilância e de registo automatizado de meios auxiliares de diagnóstico ou de testes para prevenir perigos para a sua integridade física ou para terceiros"[252].

Conclui a CNPD, "a realização de exames fora do contexto dos serviços de medicina do trabalho apresenta um grande perigo de proliferação de tratamentos de dados de saúde e da vida privada dos trabalhadores, com riscos acrescidos de exames "coercivos" desenquadra-os de uma prevenção integrada

[249] Pub. no DR, II Série, de 25.10.2003.

[250] *In* http://www.cnpd.pt/atos.

[251] *I – O trabalhador é obrigado a submeter-se a teste de alcoolemia determinado pela entidade patronal. II – Proibindo o CCT a prestação de trabalho por trabalhador que apresente uma determinada taxa de álcool, a deteção de álcool pode constituir justa causa de despedimento.* (Ac. da RP, de 20.12.2011 *in* CJ, Ano XXXVI, Tomo V, p. 240)

[252] *A privacidade no local de trabalho*, p. 282.

de promoção e vigilância da saúde do trabalhador. Por outro lado, há um risco acrescido de interconexão de tratamentos tendentes a integrar informação exaustiva sobre o estado de saúde do trabalhador, na medida em que não está regulada a relação de interdependência entre os médicos referidos no artigo 19º, nº 3 e os médicos do trabalho"[253].

8. Dados biométricos

A definição comunitária indica que dados biométricos são dados pessoais resultantes de um tratamento técnico específico relativo às características físicas, fisiológicas ou comportamentais de uma pessoa singular que permitam ou confirmem a identificação única dessa pessoa singular, nomeadamente imagens faciais ou dados dactiloscópicos (art. 4º, nº 14, do RGPD).

O art. 28º, nº 6, da L nº 58/2019, de 08 de agosto, indica que o tratamento de dados biométricos dos trabalhadores só é considerado legítimo para controlo de assiduidade e para controlo de acessos às instalações do empregador, devendo assegurar-se que apenas se utilizem representações dos dados biométricos e que o respetivo processo de recolha não permita a reversibilidade dos referidos dados".

No entendimento de Teresa Moreira, além da assiduidade, também, deverá ser atendível o controlo da pontualidade e admissível o "acesso e a autenticação de trabalhadores em dispositivos móveis e digitais como *tablets*, ou telemóveis, ou computadores"[254], preconizando a Autora uma interpretação extensiva do citado art. 28º, nº 6.

O tratamento de dados biométricos só é permitido se os dados a utilizar forem necessários, adequados e proporcionais aos objetivos a atingir (art. 18º, nº 2, do CT).

Entende-se por *tratamento*, uma operação ou um conjunto de operações efetuadas sobre dados pessoais ou sobre conjuntos de dados pessoais, por meios automatizados ou não automatizados, tais como a recolha, o registo, a organização, a estruturação, a conservação, a adaptação ou alteração, a recuperação, a consulta, a utilização, a divulgação por transmissão, difusão ou qualquer outra forma de disponibilização, a comparação ou interconexão, a limitação, o apagamento ou a destruição (art. 4º, nº 2, do RGPD).

[253] *Loc. cit.*.

[254] *Dados pessoais: breve análise do art. 28º da Lei nº 58/2019, de 08 de agosto*, p. 57.

Os dados biométricos são conservados durante o período necessário para a prossecução das finalidades do tratamento a que se destinam, devendo ser destruídos no momento da transferência do trabalhador para outro local de trabalho ou da cessação do contrato de trabalho (art. 4º, nº 3, do RGPD).

A CNPD (ao abrigo da revogada LPD), em *Princípios sobre a utilização de dados biométricos no âmbito do controlo de acesso e de assiduidade* indica o seguinte:

- "Importa ter uma posição prudente e equilibrada que incentive os fabricantes de sistemas biométricos a adotar soluções técnicas que, protegendo a privacidade, minimizem os riscos de utilização indevidas";
- "Os equipamentos biométricos registam, normalmente, uma representação digital (*template*) e não uma amostra biométrica passível de ser reproduzida, ou seja, o *template* armazenado não tem utilidade nenhuma noutros sistemas e não pode ser usado para reproduzir os dados biométricos originais. Isto é, na generalidade dos casos, os sistemas biométricos não utilizam a tecnologia de digitalização da imagem obtida, mas fazem a «codificação» dos dados recolhidos";
- "A operação de captação de dados biométricos – que implica a cooperação/anuência do trabalhador através da "exposição" da respetiva parte do seu corpo (dedos, mão, olho ou rosto) para "tratamento das características físicas ou morfológicas da sua identidade pessoal que se pretendem coligir para fins de identificação ou autenticação – não pode ser realizada com violação da sua identidade pessoal (art. 26º, da CRP), com lesão da sua integridade física (art. 25º, nº 1, da CRP) ou com intromissão na intimidade da vida privada (art. 26º, da CRP)"[255].

9. Meios de vigilância à distância

O empregador não pode utilizar meios de vigilância à distância no local de trabalho, mediante o emprego de equipamento tecnológico, com a finalidade de controlar o desempenho profissional do trabalhador (art. 20º, nº 1, do CT).

O controlo não pode colocar o trabalhador em regime penitenciário ou sujeitá-lo a práticas que violem a dignidade humana, atento o disposto no art. 70º, do CC (que alude à tutela geral da personalidade e a outros direitos de personalidade em especial), sendo consideradas, *ab initio*, ilícitas.

[255] *In* www.cnpd.pt/bin/principiosmetrico.htm.

A licitude dos meios deve ser aferida, designadamente, pelo interesse de salvaguarda da segurança no meio laboral, dos trabalhadores ou de terceiros.

O art. 20º, nº 2, do CT, reconhece a legitimidade dos meios de vigilância sempre que:

- Tenham por finalidade a proteção e segurança de pessoas e bens (*v.g.*, no caso da atividade bancária, de estabelecimentos de venda ao público, nas escolas) ou
- Particulares exigências inerentes à natureza da atividade o justifiquem (*v.g.*, indústria de pirotecnia).

"A existência de um direito dos trabalhadores ao trabalho em ambiente seguro e saudável, que é, aliás, um direito constitucional (art. 59º), pode determinar a necessidade de instalação de câmaras que permitam uma vigilância da obediência a regras de segurança, bem como o controlo das condições de segurança e qualidade de certos espaços em que se lida com substâncias ou mecanismos perigosos. Também a legislação sobre segurança no trabalho obriga a entidade empregadora a zelar pela segurança e higiene no local de trabalho, de modo a proteger a saúde do trabalhador, impondo ao próprio trabalhador o dever de se conformar com as regras de saúde e segurança. Pode garantir-se de modo mais eficiente algumas condições de segurança através da sua monitorização", explica CATARINA SARMENTO E CASTRO[256].

O art. 20º, nº 3, do CT, determina que cabe ao empregador um especial *dever de informação* sobre a existência e finalidade dos meios de vigilância utilizados, devendo nomeadamente afixar nos locais sujeitos os seguintes dizeres, consoante os casos: «Este local encontra-se sob vigilância de um circuito fechado de televisão» ou «Este local encontra-se sob vigilância de um circuito fechado de televisão, procedendo-se à gravação de imagem e som»[257].

Da leitura conjugada dos nºs 1 e 2, al. *d*), do art. 19º, da L nº 58/2019, de 08 de agosto, deflui que os sistemas de videovigilância cuja finalidade seja a proteção de pessoas e bens asseguram os requisitos previstos no art. 31º, da L nº 34/2013, de 16 de maio, não podendo as câmaras incidir sobre o interior de áreas reservadas aos trabalhadores, designadamente zonas de refeição,

[256] *A proteção dos dados pessoais dos trabalhadores*, p. 145.

[257] *As imagens recolhidas através do sistema de videovigilância mostram-se feridas de ilegalidade para efeitos de recolha de prova para fundamentar o despedimento do trabalhador se não foi alegado e provado que o trabalhador despedido havia sido disso oportunamente informado de tal videovigilância e de que essa informação havia sido afixada no correspondente local de trabalho.* (Ac. da RE, de 24.09.2020 *in* CJ, Ano XLV, Tomo IV, p. 306)

vestiários, ginásios, instalações sanitárias e zonas exclusivamente afetas ao seu descanso.

Nos casos em que é admitida a videovigilância, é proibida a captação de som, exceto no período em que as instalações vigiadas estejam encerradas (por ex., encerramento durante o período de férias) ou mediante autorização prévia da CNPD (art. 19º, nº 4, da L nº 58/2019).

As imagens gravadas e outros dados pessoais registados através da utilização de sistemas de vídeo ou outros meios tecnológicos de vigilância à distância, podem ser utilizados para efeitos de apuramento de responsabilidade disciplinar, na medida em que o sejam no âmbito do processo penal (art. 28º, nº 5, da L nº 58/2019)[258].

Relativamente ao dispositivo de GPS (*Global Positioning System*) como meio de vigilância à distância, a jurisprudência não é uniforme[259].

Os nºs 1 e 2, do art. 21º, do CT, devem entender-se como tacitamente revogados pelo RGPD.

Sobre a manutenção da necessidade de autorização prévia da CNPD, citando os arts. 35º e 36º, do RGPD, *v.* Teresa Moreira[260].

Para Ricardo Nascimento/Alexandre Gama, "com a entrada em vigor do RGPD, passámos de um sistema de heterorregulação para um sistema

[258] *I – Não é ilícita a captação de imagens de videovigilância do sistema de CCTV colocado na receção de um estabelecimento hoteleiro, simultaneamente local de trabalho dos arguidos que aí exerciam, à data dos factos, funções como rececionistas, num local de livre acesso ao público, sendo visíveis e, por isso, do seu conhecimento. II – A colocação dessas câmaras de vigilância apenas visa aumentar os níveis de segurança de pessoas e bens de quem ali se desloca, não podendo invadir de algum modo a esfera de privacidade das pessoas, posto que as imagens em causa retratam qualquer pessoa que se desloque ao aludido estabelecimento hoteleiro, numa utilização de vigilância genérica, destinada a detetar factos, situações ou acontecimentos incidentais, ao contrário de uma vigilância dirigida diretamente a uma pessoa em particular, não se encontrando os arguidos, no momento da filmagem, numa situação de privacidade ou de intimidade que não pudesse ser acedida por outras pessoas. III – Sopesando o interesse no apuramento de factos com relevância criminal em contraposição com o direito à imagem no caso concreto, há que concluir pela preponderância do primeiro em detrimento do outro, pois que este não fica beliscado de forma intolerável ou desproporcionada, visto que não fica afetado o núcleo essencial de direitos de personalidade. IV – Nada impede, pois, que tais imagens sejam utilizadas como meio de prova.* [Ac. da RP, de 10.12.2019 *in* www.dgsi.pt (Proc. nº 10665/15.3T9PRT.P1)]

[259] *II – É violadora do direito constitucional do trabalhador à privacidade a situação em que a entidade patronal controla o trabalhador através de dispositivo de geolocalização (GPS, PDA e Telemóvel) instalado no veículo/reboque que lhe estava afeto, incluindo para fins particulares, 24 horas por dia, 6 dias por semana.* (Ac. da RP, de 24.01.18 *in* CJ, Ano XLIII, Tomo I, p. 325). Em sentido contrário: *2. O dispositivo de GPS instalado, pelo empregador, em veículo automóvel utilizado pelo seu trabalhador no exercício das respetivas funções, não pode ser qualificado como meio de vigilância à distância no local de trabalho, nos termos definidos no referido preceito legal, porquanto apenas permite a localização do veículo em tempo real, referenciando-o em determinado espaço geográfico, não permitindo saber o que faz o respetivo condutor* [Ac. do STJ, de 13.11.2013 *in* www.dgsi.pt (Proc. nº 73/12.3TTVNF.P1.S1)]

[260] *Dados pessoais*, pp. 46-48.

de autorregulação de proteção de dados. Consequentemente, verifica-se a desnecessidade de solicitar à CNPD a autorização para a utilização de meios tecnológicos de vigilância à distância (vulgo *CCTV*), o que tornou os nºs 1 e 2 do artigo 21º do Código do Trabalho obsoletos, esvaziando-os de conteúdo. O mesmo acontece com os sistemas de GPS, sendo que ambas as matérias têm dado a origem a conhecida controvérsia jurisprudencial"[261].

10. Confidencialidade de mensagens e de acesso a informação

Estabelece-se o direito de reserva e confidencialidade relativamente ao conteúdo das mensagens de natureza pessoal e o acesso a informação de caráter não profissional (art. 22º, nº 1, do CT). Este direito possui natureza absoluta que cabe ao empregador respeitar, bem como o direito de acesso a informação de caráter não profissional disponível ao trabalhador.

Numa aproximação ao art. 34º, da CRP (*Inviolabilidade do domicílio e da correspondência*), trata-se de um direito inviolável, obrigando a uma proibição de ingerência, a qual abrange a liberdade de envio e de receção de correspondência, bem como o direito à não interferência.

O nº 2, do art. 22º, do CT, permite, no entanto, ao empregador estabelecer regras disciplinadoras da utilização dos meios de comunicação, *v.g.*, através do regulamento interno da empresa ou códigos de boas práticas, numa justacomposição de interesses.

Na verdade, são usuais medidas proibitivas de acesso a certos sítios na Internet, de controlo de mensagens pessoais (se permitidas, estabelecendo quais os destinatários), de tempo de utilização, de partilha de códigos de acesso, etc..

Estabelecido o quadro de utilização dos meios de comunicação, incumbe ao trabalhador cumprir tais ordens e instruções (art. 128º, nº 1, al. *e*), do CT) e ao empregador o respeito pela confidencialidade de mensagens de caráter pessoal (a chamada *intimidade informática*), não podendo ser utilizadas em sede de procedimento disciplinar.

[261] *RGPD em Contexto Laboral.*
No sentido de dispensa de autorização administrativa, entendeu a RL o seguinte: *II – O RGPD em vigor desde 25 de maio de 2018 não prevê a necessidade de autorização administrativa para a captação de imagens de videovigilância, concretamente a que era dada pela CNPD. III – De acordo com o RGPD, é o responsável pelo tratamento que deve analisar previamente se o tratamento de dados pessoais, decorrente da utilização de um sistema de videovigilância, cumpre os requisitos do Regulamento (arts. 24º, 25º e 28º do RGPD) e de outra legislação nacional que seja aplicável, vg. O Código do Trabalho.* (Ac. de 06.11.2019 *in* CJ, Ano XLIV, Tomo V, pp. 164 e 165)

Em matéria de mensagens de correio eletrónico, a CNPD estabeleceu os seguintes princípios gerais:

"*a*. O facto de a entidade empregadora proibir a utilização do e-mail para fins privados não lhe dá o direito de abrir, automaticamente, o e-mail dirigido ao trabalhador (cf. Artigo 21 nº 1 do CT).
b. A entidade empregadora não deve fazer um controlo permanente e sistemático do e-mail dos trabalhadores.
c. Para assegurar objetivos de controlo a entidade empregadora pode adotar os «procedimentos preventivos» para – sempre com o conhecimento dos trabalhadores – fazer uma «filtragem» de certos ficheiros que, pela natureza da atividade desenvolvida pelo trabalhador podem indiciar, claramente, não se tratar de e-mails de serviço (*vg*. ficheiros «.exe», mp3 ou de imagens).
d. Em matéria de acesso entende que este se deve limitar à visualização dos endereços dos destinatários, o assunto a data e hora do envio"[262].

As mensagens eletrónicas não perdem o seu cunho de confidencialidade das comunicações privadas, quando enviadas através de aplicativos como o *Messenger* e o *Whatsapp*[263].

[262] Autorização nº 891/2005 *in* www.cnpd.pt/ bin/decisoes/2005/htm.

[263] *V*. Os Acs. da RG, de 03.12.2020 *in* www.dgsi.pt (Proc. nº 3339/19.8T8BCL-A.G1); da RE, de 04.06.2020 *in* www.dgsi.pt (Proc. nº 2034/19.2T8PTM.E1) e da RE, de 28.03.2019 *in* CJ, Ano XLIV, Tomo II, p. 280.

CAPÍTULO XIII
IGUALDADE E NÃO DISCRIMINAÇÃO

Os arts. 23º a 32º, do CT, cuidam da política de igualdade e de não-discriminação, visando todos os trabalhadores nacionais, comunitários (decorrente esse efeito do conceito de cidadania comunitária) e estrangeiros.

O art. 59º, nº 1, da CRP, confere a necessária paridade entre todos os trabalhadores, quando prevê, a abolição da distinção em função da idade, sexo, raça, cidadania, território de origem, religião, convicções políticas ou ideológicas.

Por seu turno, o art. 13º, nº 1, da CRP, estabelece que todos os cidadãos são iguais perante a lei (*vertente positiva*), determinando, o nº 2, deste mesmo artigo, a proibição de discriminação entre os cidadãos, em razão da raça, credo e sexo (*vertente negativa*).

A interpretação do art. 13º, da CRP, deve ter sempre presente a inadmissibilidade de qualquer distinção entre os sexos não fundamentada, arbitrária ou contrária aos princípios constitucionais.

Para José Joaquim Gomes Canotilho/Vital Moreira, "as medidas de diferenciação deverão ser materialmente fundadas sob o ponto de vista da segurança jurídica, da proporcionalidade, da justiça e da solidariedade e não se baseiam em qualquer motivo constitucionalmente impróprio"[264].

O princípio da igualdade está igualmente plasmado no apuramento do valor da retribuição (art. 270º, do CT), impondo-se uma articulação com o art. 24º, nºs 1 e 2, al. *c*), do CT, onde é amplamente referido o direito à igualdade retributiva e de outras prestações patrimoniais.

O princípio terá de ser entendido no contexto da *quantidade* (duração e intensidade), *natureza* (dificuldade, penosidade e perigosidade) e *qualidade* (conhecimentos práticos e capacidade) do trabalho prestado.

Ressalve-se que discriminação não se confunde com diferenciação, a primeira só existe quando perante a *quantidade, natureza e qualidade do trabalho* prestado, a retribuição é *desigual*.

O art. 23º, nº 1, do CT, proíbe as práticas discriminatórias, quer diretas, quer indiretas. O conceito de discriminação direta encontra-se previsto na al. *a*), e o de discriminação indireta, na al. *b*).

[264] *Constituição da República Anotada*, p. 128.

Para Maria Manuela Maia da Silva, são os seguintes os elementos de caracterização do conceito de discriminação indireta:

- Existência de uma medida prática ou critério que, apesar de formalmente neutros (ou seja, aplicável tanto a homens como a mulheres), são discriminatórios em virtude do seu efeito sobre as mulheres. Contanto que o empregador não consiga provar que são necessárias para a empresa ou para o posto de trabalho;
- Efeito desproporcionalmente mais desfavorável sobre os trabalhadores de um sexo;
- Efeito supra individual da prática discriminatória, atingindo um grupo de pessoas[265].

A discriminação simulada ou indireta opera através de critérios pretensamente neutros, mas produz de facto uma desigualdade de resultado.

As definições de trabalho igual e de trabalho de valor igual constam das als. *c*) e *d*), do nº 1, do art. 23º, do CT.

O art. 24º, do CT, prevê que todos os trabalhadores têm direito à igualdade de oportunidades e de tratamento.

O nº 1, deste preceito, assinala como elemento impeditivo de discriminação o património genético.

Entende-se por *dados genéticos,* os dados pessoais relativos às características genéticas, hereditárias ou adquiridas, de uma pessoa singular que deem informações únicas sobre a fisiologia ou a saúde dessa pessoa singular e que resulta designadamente de uma análise de uma amostra biológica proveniente da pessoa singular em causa (art. 4º, nº 13, do RGPD).

De acordo com o art. 11º, nº 2, da L nº 12/2005, de 26 de janeiro[266], ninguém pode ser discriminado, sob qualquer forma, em função dos resultados de um teste genético diagnóstico, de heterozigotia, pré-sintomático ou preditivo, incluindo para efeitos de obtenção ou manutenção de emprego.

Ademais, está também proibida a contratação de novos trabalhadores que dependa de seleção assente no pedido, realização ou resultados prévios de testes genéticos (art. 13º, nº 1, da L nº 12/2005).

[265] *A discriminação sexual no mercado de trabalho – Uma reflexão sobre as discriminações diretas e indiretas*, p. 89.

[266] Que definiu o conceito de informação de saúde e de informação genética, a circulação de informação e a intervenção sobre o genoma humano no sistema de saúde, bem como as regras para a colheita e conservação de produtos biológicos para efeitos de testes genéticos ou de investigação.

No que concerne à discriminação motivada por *deficiência ou doença crónica* do trabalhador ou candidato a emprego, a L nº 46/2006, de 28 de agosto[267], veio não só definir os conceitos de discriminação direta, indireta e positiva (art. 3º, als. *a*), *b*) e *d*)), como ainda enunciar práticas tidas como discriminatórias (art. 5º), para além das propriamente previstas no CT.

De notar que o ato discriminatório confere o direito a uma indemnização, por danos patrimoniais e não patrimoniais, a fixar nos termos gerais (art. 7º, da L nº 46/2006), para além do regime sancionatório inscrito no art. 9º, dessa mesma lei.

O empregador não pode praticar qualquer discriminação, directa ou indirecta, em razão, nomeadamente, de ascendência, idade, sexo, orientação sexual, identidade de género, estado civil, situação familiar, situação económica, instrução, origem ou condição social, património genético, capacidade de trabalho reduzida, deficiência, doença crónica, nacionalidade, origem étnica ou raça, território de origem, língua, religião, convicções políticas ou ideológicas e filiação sindical (arts. 24º nº 1 e 25º, nº 1, do CT).

O nº 2, do art. 25º, do CT, permite o comportamento baseado em factor de discriminação que constitua um requisito justificável e determinante para o exercício da actividade profissional, em virtude da natureza da actividade em causa ou do contexto da sua execução profissões de grande *stress*, de maior fadiga física e mental, propícias a depressões e frustração do trabalhador), devendo o objectivo ser legítimo e o requisito proporcional.

Por seu turno, o nº 3, desse mesmo preceito, dá como exemplos de comportamentos lícitos, as diferenças de tratamento baseadas na idade que sejam necessárias e apropriadas à realização de um objectivo legítimo, designadamente de política de emprego, mercado de trabalho ou formação profissional.

Cabe a quem alega discriminação indicar o trabalhador ou trabalhadores em relação a quem se considera discriminado, incumbindo ao empregador provar que a diferença de tratamento não assenta em qualquer factor de discriminação (art. 25º, nº 5, do CT).

O indicado regime de prova é ainda aplicável em caso de invocação de qualquer prática discriminatória no acesso ao trabalho, à formação profissional ou nas condições de trabalho (como discriminações remuneratórias relacionadas com a atribuição de prémios de assiduidade e produtividade, bem como

[267] Que proíbe e pune a discriminação em razão da deficiência e da existência de risco agravado de saúde.

afetações desfavoráveis em termos de avaliação e progressão na carreira), nomeadamente por motivo de gozo de direitos na parentalidade, de outros direitos previstos no âmbito da conciliação da atividade profissional com a vida familiar e pessoal e dos direitos previstos para o trabalhador cuidador (nºs 6 e 7, do art. 25º, do CT[268]).

[268] Aditados pela L nº 13/2023.

PARTE II
PROCESSO DO TRABALHO

CAPÍTULO I
A JURISDIÇÃO LABORAL

Os tribunais judiciais de primeira instância são, em regra, os tribunais de comarca, os quais podem ser de competência genérica e de competência especializada (cfr., articuladamente, os arts. 29º, nº 3 e 80º, nº 2, da LOSJ).

Ao nível orgânico, os tribunais de comarca desdobram-se em juízos de competência especializada, de competência genérica e de proximidade (art. 81º, nº 1, da LOSJ).

Os juízos do trabalho incluem-se nos juízos de competência especializada (art. 81º, nº 3, al. *h*), da LOSJ).

A sua competência material, que analisaremos mais adiante, está prevista no art. 126º, da LOSJ.

Nas diferentes comarcas, a organização dos juízos do trabalho esta tratada nas normas da RLOSJ. Por sua vez, as áreas de competência territorial de cada juízo e respetiva composição de juízes constam do mapa III em anexo à RLOSJ.

Vejamos então a jurisdição laboral de cada Comarca:

1. No Tribunal Judicial da Comarca dos Açores, um juízo do trabalho, com sede em Ponta Delgada (art. 66º, nº 1, al. *g*), do RLOSJ) e um juízo misto de família e menores e do trabalho, com sede em Praia da Vitória[269].

Juízo do trabalho de Ponta Delgada (1 juiz) – área de competência territorial: municípios de Lagoa, Nordeste, Ponta Delgada, Povoação, Ribeira Grande e Vila Franca do Campo;

Juízo misto de família e menores e do trabalho da Praia da Vitória (1 juiz) – Área de competência territorial: municípios de Angra do Heroísmo e Praia da Vitória.

2. No Tribunal Judicial da Comarca de Aveiro, quatro juízos do trabalho, com sedes em Aveiro, Águeda, Oliveira de Azeméis e Santa Maria da Feira (art. 68º, nº 1, als. *m*), *n*), *o*) e *p*), do RLOSJ).

[269] O Juízo misto de família e menores e do trabalho da Praia da Vitória foi criado pelo art. 3º, al. *a*), do DL nº 38/2019, de 18 de março.

– Juízo do trabalho de Aveiro (2 juízes) – Área de competência territorial: municípios de Albergaria-a-Velha, Aveiro, Estarreja, Ílhavo, Murtosa, Ovar, Sever do Vouga e Vagos.

– Juízo do trabalho de Águeda (1 juiz) – Área de competência territorial: municípios de Águeda, Anadia, Mealhada e Oliveira do Bairro;

– Juízo do trabalho de Oliveira de Azeméis (1 juiz) – Área de competência territorial: municípios de Arouca, Oliveira de Azeméis, São João da Madeira e Vale de Cambra;

– Juízo do trabalho de Santa Maria da Feira (2 juízes) – Área de competência territorial: municípios de Castelo de Paiva, Espinho e Santa Maria da Feira.

3. No Tribunal Judicial da Comarca de Beja, um juízo do trabalho, com sede em Beja (art. 70º, nº 1, al. *d*), do RLOSJ).

Juízo do trabalho de Beja (1 juiz) – Área de competência territorial: comarca de Beja, mais precisamente os municípios de Aljustrel, Almodôvar, Alvito, Barrancos, Beja, Castro Verde, Cuba, Ferreira do Alentejo, Mértola, Moura, Odemira, Ourique, Serpa e Vidigueira.

4. No Tribunal Judicial da Comarca de Braga, quatro juízos do trabalho, com sedes em Braga, Barcelos, Guimarães e Vila Nova de Famalicão (art. 71º, nº 1, als. *k*), *l*), *m*) e *n*), do RLOSJ).

– Juízo do trabalho de Braga (2 juízes) – Área de competência territorial: municípios de Amares, Braga, Póvoa de Lanhoso, Terras de Bouro, Vieira do Minho e Vila Verde.

– Juízo do trabalho de Barcelos (2 juízes) – Área de competência territorial: municípios de Barcelos e Esposende.

– Juízo do trabalho de Guimarães (2 juízes) – Área de competência territorial: municípios de Cabeceiras de Basto, Celorico de Basto, Fafe, Guimarães e Vizela.

– Juízo do trabalho de Vila Nova de Famalicão (1 juiz) – Área de competência territorial: município de Vila Nova de Famalicão.

5. No Tribunal Judicial da Comarca de Bragança, um juízo do trabalho, com sede em Bragança (art. 73º, nº 1, al. *c*), do RLOSJ).

Juízo do trabalho de Bragança (1 juiz) – Área de competência territorial: comarca de Bragança, mais precisamente os municípios de Alfândega da Fé, Bragança, Carrazeda de Ansiães, Freixo de Espada à Cinta, Macedo de Cavaleiros,

Miranda do Douro, Mirandela, Mogadouro, Torre de Moncorvo, Vila Flor, Vimioso e Vinhais.

6. No Tribunal Judicial da Comarca de Castelo Branco, dois juízos do trabalho, com sedes em Castelo Branco e na Covilhã (art. 74º, nº 1, als. *e*) e *f*), do RLOSJ).

– Juízo do trabalho de Castelo Branco (1 juiz) – Área de competência territorial: municípios de Castelo Branco, Idanha-a-Nova, Oleiros, Proença-a-Nova, Sertã, Vila de Rei e Vila Velha de Ródão.

– Juízo do trabalho da Covilhã (1 juiz) – Área de competência territorial: municípios de Belmonte, Covilhã, Fundão e Penamacor.

7. No Tribunal Judicial da Comarca de Coimbra, dois juízos do trabalho, com sedes em Coimbra e na Figueira da Foz (art. 75º, nº 1, als. *f*) e *g*), do RLOSJ).

– Juízo do trabalho de Coimbra (2 juízes) – Área de competência territorial: municípios de Arganil, Coimbra, Condeixa-a-Nova, Góis, Lousã, Miranda do Corvo, Oliveira do Hospital, Pampilhosa da Serra, Penacova, Penela, Soure, Tábua e Vila Nova de Poiares.

– Juízo do trabalho da Figueira da Foz (1 juiz) – Área de competência territorial: municípios de Cantanhede, Figueira da Foz, Mira e Montemor-o-Velho.

8. No Tribunal Judicial da Comarca de Évora, um juízo do trabalho, com sede em Évora (art. 77º, nº 1, al. *e*), do RLOSJ).

Juízo do trabalho de Évora (1 juiz) – Área de competência territorial: comarca de Évora, mais precisamente os municípios de Alandroal, Arraiolos, Borba, Estremoz, Évora, Montemor-o-Novo, Mora, Mourão, Portel, Redondo, Reguengos de Monsaraz, Vendas Novas, Viana do Alentejo e Vila Viçosa.

9. No Tribunal Judicial da Comarca de Faro, dois juízos do trabalho, com sedes em Faro e em Portimão (art. 79º, nº 1, als. *i*) e *j*), do RLOSJ).

– Juízo do trabalho de Faro (2 juízes) – Área de competência territorial: municípios de Alcoutim, Castro Marim, Faro, Loulé, Olhão, São Brás de Alportel, Tavira e Vila Real de Santo António.

– Juízo do trabalho de Portimão (2 juízes) – Área de competência territorial: municípios de Albufeira, Aljezur, Lagoa, Lagos, Monchique, Portimão, Silves e Vila do Bispo.

10. No Tribunal Judicial da Comarca da Guarda, um juízo do trabalho, com sede na Guarda (art. 81º, nº 1, al. *c*), do RLOSJ).

Juízo do trabalho da Guarda (1 juiz) – Área de competência territorial: comarca da Guarda, mais precisamente os municípios de Aguiar da Beira, Almeida, Celorico da Beira, Figueira de Castelo Rodrigo, Fornos de Algodres, Gouveia, Guarda, Manteigas, Meda, Pinhel, Sabugal, Seia, Trancoso e Vila Nova de Foz Côa.

11. No Tribunal Judicial da Comarca de Leiria, dois juízos do trabalho, com sedes em Leiria e em Caldas da Rainha (art. 82º, nº 1, als. *f*) e *g*), do RLOSJ).

Juízo do trabalho de Leiria (3 juízes) – Área de competência territorial: municípios de Alvaiázere, Ansião, Batalha, Castanheira de Pêra, Figueiró dos Vinhos, Leiria, Marinha Grande, Nazaré, Pedrógão Grande, Pombal e Porto de Mós.

– Juízo do trabalho das Caldas da Rainha (1 juiz) – Área de competência territorial: municípios de Alcobaça, Bombarral, Caldas da Rainha, Óbidos e Peniche.

12. No Tribunal Judicial da Comarca de Lisboa, três juízos do trabalho, com sedes em Lisboa, em Almada[270] e no Barreiro (art. 84º, nº 1, als. *l*) e *m*), do RLOSJ).

– Juízo do trabalho de Lisboa (8 juízes) – Área de competência territorial: município de Lisboa.

– Juízo do trabalho de Almada (2 juízes) – Área de competência territorial: município de Almada e Seixal.

– Juízo do trabalho do Barreiro (inicialmente 3 juízes, com a entrada em funcionamento do Juízo do Trabalho de Almada passou a 2) – Área de competência territorial: municípios de Alcochete, Barreiro, Moita e Montijo.

13. No Tribunal Judicial da Comarca de Lisboa Norte, três juízos do trabalho, com sedes em Loures, em Torres Vedras e em Vila Franca de Xira (art. 86º, nº 1, als. *g*), *h*) e *i*), do RLOSJ).

[270] O juízo do trabalho de Almada foi criado pelo art. 19º, al. *a*), do DL nº 38/2019, de 18 de março, que alterou o RLOSJ.
A data da sua entrada em funcionamento ficou, contudo, dependente de fixação por portaria do Ministério da Justiça (art. 45º, nº 2, do DL 38/2019).
Finalmente, em 13.07.2020, foi publicada a P nº 170/2020, a qual determinou o dia 01.09.2020 como dia da entrada em funcionamento do juízo do trabalho de Almada.

– Juízo do trabalho de Loures (2 juízes) – Área de competência territorial: municípios de Loures e Odivelas.

– Juízo do trabalho de Torres Vedras[271] (1 juiz) – Área de competência territorial: municípios do Cadaval, Lourinhã, Sobral de Monte Agraço e Torres Vedras.

– Juízo do trabalho de Vila Franca de Xira (2 juízes) – Área de competência territorial: municípios de Alenquer, Arruda dos Vinhos, Azambuja e Vila Franca de Xira.

14. No Tribunal Judicial da Comarca de Lisboa Oeste, dois juízos do trabalho, com sedes em Sintra e em Cascais (art. 88º, nº 1, als. *j*) e *k*), do RLOSJ).

Juízo do trabalho de Sintra (3 juízes) – Área de competência territorial: municípios da Amadora, Mafra e Sintra.

– Juízo do trabalho de Cascais (3 juízes) – Área de competência territorial: municípios de Cascais e Oeiras.

15. No Tribunal Judicial da Comarca da Madeira, um juízo do trabalho, com sede no Funchal (art. 90º, nº 1, al. *e*), do RLOSJ).

– Juízo do trabalho do Funchal (1 juiz) – Área de competência territorial: comarca da Madeira, mais precisamente os municípios da Calheta, Câmara de Lobos, Funchal, Machico, Ponta do Sol, Porto Moniz, Porto Santo, Ribeira Brava, Santa Cruz, Santana e São Vicente.

16. No Tribunal Judicial da Comarca de Portalegre, um juízo do trabalho, com sede em Portalegre (art. 92º, nº 1, al. *c*), do RLOSJ).

Juízo do trabalho de Portalegre (1 juiz) – Área de competência territorial: comarca de Portalegre, mais precisamente os municípios de Alter do Chão, Arronches, Avis, Campo Maior, Castelo de Vide, Crato, Elvas, Fronteira, Gavião, Marvão, Monforte, Nisa, Ponte de Sor, Portalegre e Sousel.

17. No Tribunal Judicial da Comarca do Porto, cinco juízos do trabalho, com sedes no Porto, na Maia, em Matosinhos, em Valongo e em Vila Nova de Gaia (art. 93º, nº 1, als. *n*) a *r*), do RLOSJ).

– Juízo do trabalho do Porto (3 juízes) – Área de competência territorial: município do Porto.

[271] Instalado provisoriamente no Cadaval.

– Juízo do trabalho da Maia (2 juízes) – Área de competência territorial: municípios da Maia, Santo Tirso e Trofa.

– Juízo do trabalho de Matosinhos (3 juízes) – Área de competência territorial: municípios de Matosinhos, Póvoa de Varzim e Vila do Conde.

– Juízo do trabalho de Valongo (2 juízes) – Área de competência territorial: municípios de Gondomar e Valongo.

– Juízo do trabalho de Vila Nova de Gaia (3 juízes) – Área de competência territorial: município de Vila Nova de Gaia.

18. No Tribunal Judicial da Comarca do Porto Este, um juízo do trabalho, com sede em Penafiel (art. 95º, nº 1, al. *e*), do RLOSJ).

Juízo do trabalho de Penafiel (4 juízes) – Área de competência territorial: comarca do Porto Este, mais precisamente os municípios de Amarante, Baião, Felgueiras, Lousada, Marco de Canaveses, Paços de Ferreira, Paredes e Penafiel.

19. No Tribunal Judicial da Comarca de Santarém, dois juízos do trabalho, com sedes em Santarém e Tomar (art. 96º, nº 1, als. *f*) e *g*), do RLOSJ).

– Juízo do trabalho de Santarém (2 juízes) – Área de competência territorial: municípios de Alcanena, Almeirim, Alpiarça, Benavente, Cartaxo, Coruche, Rio Maior, Salvaterra de Magos e Santarém[272].

– Juízo do trabalho de Tomar (2 juízes) – Área de competência territorial: municípios de Abrantes, Chamusca, Constância, Entroncamento, Ferreira do Zêzere, Golegã, Mação, Ourém, Sardoal, Tomar, Torres Novas e Vila Nova da Barquinha[273].

20. No Tribunal Judicial da Comarca de Setúbal, dois juízos do trabalho, com sedes em Setúbal e Sines[274] (art. 97º, nº 1, als. *f*) e *g*), do RLOSJ).

Juízo do trabalho de Setúbal (2 juízes) – Área de competência territorial: municípios de Palmela, Sesimbra e Setúbal.

– Juízo do trabalho de Sines (1 juiz) – Área de competência territorial: municípios de Alcácer do Sal, Grândola, Santiago do Cacém e Sines.

[272] A área de competência territorial do juízo do trabalho de Santarém foi alterada pelo art. 29º, al. *b*), do DL nº 38/2019, de 18 de março.

[273] A área de competência territorial do juízo do trabalho de Tomar foi alterada pelo art. 29º, al. *d*), do DL nº 38/2019, de 18 de março.

[274] A sede do Juízo do Trabalho de Santiago do Cacém foi alterada para Sines, nos termos do art. 32º, do DL nº 38/2019, de 18 de março.

21. No Tribunal Judicial da Comarca de Viana do Castelo, um juízo do trabalho, com sede em Viana do Castelo (art. 99º, nº 1, al. *e*), do RLOSJ).

Juízo do trabalho de Viana do Castelo (2 juízes) – Área de competência territorial: comarca de Viana do Castelo, mais precisamente os municípios de Arcos de Valdevez, Caminha, Melgaço, Monção, Paredes de Coura, Ponte da Barca, Ponte de Lima, Valença, Viana do Castelo e Vila Nova de Cerveira.

22. No Tribunal Judicial da Comarca de Vila Real, um juízo do trabalho, com sede em Vila Real (art. 100º, nº 1, al. *d*), do RLOSJ).

Juízo do trabalho de Vila Real (2 juízes) – Área de competência territorial: comarca de Vila Real, mais precisamente os municípios de Alijó, Boticas, Chaves, Mesão Frio, Mondim de Basto, Montalegre, Murça, Peso da Régua, Ribeira de Pena, Sabrosa, Santa Marta de Penaguião, Valpaços, Vila Pouca de Aguiar e Vila Real.

23. No Tribunal Judicial da Comarca de Viseu, dois juízos do trabalho, com sedes em Viseu e em Lamego (art. 101º, nº 1, als. *f*) e *g*), do RLOSJ).

– Juízo do trabalho de Viseu (2 juízes) – Área de competência territorial: municípios de Carregal do Sal, Castro Daire, Mangualde, Mortágua, Nelas, Oliveira de Frades, Penalva do Castelo, Santa Comba Dão, São Pedro do Sul, Sátão, Tondela, Vila Nova de Paiva, Viseu e Vouzela.

– Juízo do trabalho de Lamego (1 juiz) – Área de competência territorial: municípios de Armamar, Cinfães, Lamego, Moimenta da Beira, Penedono, Resende, São João da Pesqueira, Sernancelhe, Tabuaço e Tarouca.

CAPÍTULO II
OS PRINCÍPIOS DO DIREITO PROCESSUAL LABORAL

1. Nota prévia

O processo do trabalho é regulado pelo Código de Processo do Trabalho (art. 1º, nº 1, do CPT).

De acordo com o nº 2, deste preceito, nos casos omissos recorre-se sucessivamente:

a) À legislação processual comum, civil ou penal, que diretamente os previna;
b) À regulamentação dos casos análogos previstos neste Código;
c) À regulamentação dos casos análogos previstos na legislação processual comum, civil ou penal;
d) Aos princípios gerais do direito processual do trabalho;
e) Aos princípios gerais do direito processual comum.

Ora, olhando a que os princípios gerais do direito processual do trabalho surgem como fonte de integração de lacunas, prevalecendo sobre os princípios gerais do direito processual civil, impõe-se uma breve enunciação dos mesmos.

As primeiras tentativas de indicação desses princípios tiveram por referência o CPT de 1963. Nesta tarefa, RAÚL VENTURA[275] condensou os princípios do direito processual do trabalho em três ideias nucleares: justiça célere, justiça pacificadora e justiça completa[276].

2. Princípio da justiça célere

A justiça célere traduzia-se no encurtamento dos prazos processuais e na simplificação processual.

Vejamos algumas manifestações deste princípio:

- Natureza urgente de alguns processos (art. 26º, nº 1, do CPT);
- Apensação de processos (art. 31º, do CPT);

[275] *Princípios gerais de Direito Processual do Trabalho*, ps. 34 e ss..

[276] Para JOANA VASCONCELOS, *Direito Processual do Trabalho*, p. 14, esta abordagem mostra-se "especialmente propícia a uma boa compreensão do modo de ser próprio do processo do trabalho". Por seu turno, ISABEL ALEXANDRE, *Princípios gerais do processo do trabalho*, p. 895, conclui que "os três princípios do direito processual do trabalho identificados em 1964 por RAÚL VENTURA não podem hoje considerar-se princípios específicos deste ramo do direito".

- Tramitação dos procedimentos cautelares (arts. 32º e ss., do CPT);
- Prazo de apresentação da contestação (art. 56º, al. *a*), do CPT);
- Alegações finais (art. 72º, nº 3, do CPT).

3. Princípio da justiça pacificadora

Os nossos tribunais são um meio de amenização da tensão existente entre trabalhador e empregador. Nesta linha, a justiça pacificadora manifestava-se na preferência dada à conclusão do litígio por composição voluntária.

Algumas manifestações deste princípio são:

- A conciliação (art. 51º, nº 1, do CPT) e
- A Mediação laboral.

4. Princípio da justiça completa

A justiça completa reflete-se na preocupação em obter um desfecho para o processo onde o direito substantivo prevaleça sobre o direito adjetivo.

Algumas manifestações deste princípio são:

- O litisconsórcio (art. 3º, nº 1, do CPT);
- Os poderes do juiz (art. 27º, do CPT);
- A cumulação sucessiva de pedidos e de causas de pedir (art. 28º, do CPT);
- A ampliação dos temas de prova (art. 72º, nº 1, do CPT);
- A condenação *extra vel ultra petitum* (art. 74º, do CPT);
- O regime da recorribilidade (art. 79º, do CPT).

CAPÍTULO III
OS PRINCÍPIOS COMUNS AO DIREITO PROCESSUAL CIVIL

De acordo com o art. 1º, nº 2, al. *e*), do CPT, os princípios gerais do Direito Processual Civil regulam, supletivamente e em última instância, a parte processual civil do CPT, vejamos alguns desses princípios.

1. Princípio da justiça

De acordo com o princípio da justiça, todo e qualquer cidadão tem direito a ver analisada e apreciada a sua pretensão de modo justo e equitativo. Cfr. os arts. 20º, nº 4, da CRP, 10º da DUDH e 6º, nº 1, da CEDH.

2. Direito de acesso à justiça

Princípio constitucionalmente consagrado no art. 20º, nº 1, da CRP e que se traduz no direito que qualquer cidadão tem de aceder à justiça para defesa dos seus direitos e interesses legalmente protegidos, independentemente da sua condição económica.

3. Princípio do inquisitório

Este princípio está consagrado no art. 411º, do CPC, o qual estabelece que incumbe ao juiz realizar ou ordenar, mesmo oficiosamente, todas as diligências necessárias ao apuramento da verdade e à justa composição do litígio, quanto aos factos de que lhe é lícito conhecer.

4. Princípio da igualdade das partes

Este princípio, consagrado no art. 4º, do CPC, determina que o tribunal deve assegurar, durante todo o processo, a igualdade entre as partes, designadamente no exercício de faculdades e de meios de defesa.

5. Princípio do prazo razoável

Princípio constitucionalmente consagrado no art. 20º, nº 5, da CRP e que se traduz na necessidade de o processo se desenrolar num período de tempo necessário à realização do fim que se propõe atingir, tendo em conta a simplicidade ou complexidade da causa e os direitos e interesses a proteger e/ou satisfazer.

6. Princípio da publicidade

Segundo o princípio da publicidade, as audiências judiciais são públicas, salvo quando o próprio tribunal decidir o contrário, em despacho fundamentado, para salvaguarda da dignidade das pessoas e da moral pública ou para garantir o seu normal funcionamento. Cfr. os arts. 206º, da CRP, 606º, do CPC, 10º DUDH e 6º, nº 1, da CEDH.

7. Princípio da livre apreciação da prova

De acordo com este princípio, a prova produzida está sujeita à livre apreciação do tribunal, a qual assenta na sua prudente convicção acerca de cada facto. Cfr. o art. 607º, nº 5, do CPC.

8. Princípio da fundamentação

De acordo com este princípio, o tribunal deve especificar os fundamentos de facto e de direito que justificam a decisão, sob pena de nulidade da sentença. Cfr. o art. 615º, nº 1, al. *b*), do CPC.

9. Princípio da adequação formal

Nos termos do art. 547º, do CPC, que consagra este princípio, o juiz deve adotar a tramitação processual adequada às especificidades da causa e adaptar o conteúdo e a forma dos atos processuais ao fim que visam atingir, assegurando um processo equitativo.

10. Princípio da imparcialidade do tribunal

De acordo com este princípio, o juiz deve ser independente e neutro na apreciação da causa.

Quanto às garantias de imparcialidade previstas no CPC, *vide* os arts. 115º a 118º (*impedimentos*) e 119º a 129º (*suspeições*).

11. Princípio do contraditório

O princípio do contraditório impõe ao juiz o dever de, antes de decidir questões de direito ou de facto, possibilitar que as partes se pronunciem. Cfr. o art. 3º, do CPC.

12. Princípio da boa fé

Segundo este princípio, as partes devem agir de boa fé e observar os deveres de cooperação. Cfr. o art. 8º, do CPC.

A atuação contrária à boa fé processual é punível nos termos da litigância de má fé. Cfr. o art. 542º, do CPC.

13. Princípio da cooperação

Ao abrigo do princípio da cooperação, os intervenientes processuais, na condução e intervenção judiciais, devem cooperar entre si, concorrendo para se obter, com brevidade e eficácia, a justa composição do litígio. Cfr. o art. 7º, do CPC.

14. Princípio da aquisição processual

Nos termos deste princípio, a matéria carreada para os autos é por este adquirida, impondo-se, assim, a ambas as partes, independentemente de quem a invocou. Cfr. o art. 413º, do CPC.

15. Princípio da celeridade

O princípio da celeridade processual está previsto no art. 6º, nº 1, do CPC, de acordo com o qual, cumpre ao juiz, sem prejuízo do ónus de impulso especialmente imposto pela lei às partes, dirigir ativamente o processo e providenciar pelo seu andamento célere, promovendo oficiosamente as diligências necessárias ao normal prosseguimento da ação, recusando o que for impertinente ou meramente dilatório e, ouvidas as partes, adotando mecanismos de simplificação e agilização processual que garantam a justa composição do litígio em prazo razoável.

16. Princípio da continuidade da audiência

A audiência é contínua, só podendo ser interrompida por motivos de força maior ou absoluta necessidade ou quando o juiz decidir, em despacho fundamentado, para salvaguarda da dignidade das pessoas e da moral pública ou para garantir o seu normal funcionamento. Cfr., conjugadamente, os nºs 1 e 2, do art. 606º, do CPC.

17. Princípio da imediação

Ao abrigo do princípio da imediação, o julgador deve ter o contacto mais direto possível com a prova produzida. Este princípio manifesta-se nos arts. 486º, 490º, 500º e 604º, do CPC.

CAPÍTULO IV
A CONCILIAÇÃO

Um dos princípios gerais do direito processual do trabalho é precisamente o da justiça pacificadora. Segundo este princípio, as partes devem ser conduzidas para uma tentativa de composição amigável do litígio, procurando-se, assim, minimizar as sequelas e os incómodos inerentes à demanda judicial.

O juiz preside à tentativa de conciliação (art. 51º, nº 2, do CPT), atuando como um verdadeiro mediador. No exercício desta incumbência, deve orientar as diligências conciliatórias, estabelecer a ordem das intervenções e moderar os conflitos entre as partes, sempre com especiais garantias de imparcialidade, igualdade, proporcionalidade e legalidade. Ademais, deve empenhar-se ativamente na obtenção da solução mais adequada aos termos do litígio.

De forma genérica, o art. 51º, nº 1, do CPT, estabelece que a tentativa de conciliação é obrigatória:

- Na audiência de partes, após a exposição do autor e a resposta do réu (art. 55º, nº 2, do CPT) e
- Na audiência final (art. 70º, nº 2, do CPT).

A tentativa de conciliação pode ainda ocorrer na audiência prévia (Cfr. os arts. 591º, nº 1, al. *a*), do CPC e 62º, do CPT).

No entanto, nada impede que as partes, no processo laboral, requeiram ou o juiz ordene, em qualquer estado do processo, a tentativa de conciliação (art. 594º, nº 1, do CPC *ex vi* do art. 1º, nº 2, al. *a*), do CPT)[277].

Para evitar que se caia na tentação de usar esta figura como uma forma de protelar o andamento do processo ou de pressionar excessivamente as partes, o art. 594º, nº 1, parte final, do CPC, impede que estas sejam convocadas para este fim mais do que uma vez.

O objetivo primacial da conciliação é a extinção do litígio mediante acordo equitativo (art. 51º, nº 2, do CPT), pode, contudo, suceder que da mesma advenha a desistência ou a confissão.

[277] Cfr., neste sentido, ALBINO MENDES BAPTISTA, *Código de Processo do Trabalho – Anotado*, p. 122.
Na opinião de CARLOS ALEGRE, *Código de Processo do Trabalho – Anotado*, p. 162, com o atual quadro legal, foi lançada "a dúvida sobre a possibilidade facultativa da tentativa de conciliação".

O juiz deve certificar-se da capacidade das partes e da legalidade do resultado da conciliação, que expressamente fará constar do auto, o qual deve conter pormenorizadamente os termos do acordo no que diz respeito a prestações, respetivos prazos e lugares de cumprimento (arts. 52º, nº 2 e 53º, nº 1, do CPT).

Se a conciliação se frustrar, total ou parcialmente, ficam consignados no respetivo auto os fundamentos que, no entendimento das partes, justificam a persistência do litígio (art. 53º, nº 3, do CPT).

CAPÍTULO V
A MEDIAÇÃO LABORAL

1. Considerações gerais

As formas de justiça alternativa são, essencialmente, a mediação[278], a arbitragem e a conciliação.

Em Portugal, a mediação laboral surgiu em 06.05.2006, com a criação de um sistema (SML), que se fundava no protocolo celebrado entre o Ministério da Justiça e vários parceiros sociais, mais precisamente, a CAP, a CCP, a CGTP-IN, a CIP, a CTP e a UGT[279].

No âmbito das suas competências, enquadra-se a resolução de litígios em matéria laboral, quando não estejam em causa direitos indisponíveis, nem acidentes de trabalho (art. 1º, nº 1, do citado Protocolo).

Com a preocupação de tornar aplicável ao processo do trabalho, as normas do CPC relativas à mediação, o DL nº 295/2009, de 13 de outubro, aditou o art. 27º-A, do CPT[280].

A mediação foi especialmente impulsionada com a P nº 282/2010, de 25 de maio[281], apostando-se "na mediação pública enquanto estrutura de justiça de proximidade, nomeadamente nos domínios familiar e laboral".

Três anos mais tarde, a L nº 29/2013, de 19 de abril, estabeleceu os princípios gerais aplicáveis à mediação realizada em Portugal, bem como os regimes jurídicos da mediação civil e comercial, dos mediadores e da mediação pública.

[278] A mediação é legalmente definida como a forma de resolução alternativa de litígios, realizada por entidades públicas ou privadas, através da qual duas ou mais partes em litígio procuram voluntariamente alcançar um acordo com assistência de um mediador de conflitos (art. 2º, al. *a*), da L nº 29/2013, de 19 de abril).

[279] O SML entraria em funcionamento no dia 19 de dezembro 2006.

[280] Esta novidade vem no seguimento da introdução (pela L nº 29/2009, de 29 de junho) dos arts. 249º-A, 249º-B e 249º-C, do CPC, relativos à mediação, para os quais remetia o art. 27º-A, do CPT.
Com o CPC de 2013, a matéria da mediação passou a estar regulada no art. 273º, correspondendo os mencionados arts. 249º-A 249º-B e 249º-C, aos arts. 13º, 14º e 5º, da L nº 29/2013, respetivamente.

[281] Este diploma aprovou ainda os regulamentos dos procedimentos de seleção de mediadores de conflitos para prestar serviços de mediação nos julgados de paz e no âmbito dos sistemas de mediação familiar e laboral.

2. Princípios

2.1. Princípio da voluntariedade

A mediação depende do consentimento esclarecido e informado das partes para a sua realização.

Consentimento este que pode ser revogado, conjunta ou unilateralmente, durante o procedimento de mediação (art. 4º, da L nº 29/2013).

2.2. Princípio da confidencialidade

O mediador de conflitos deve manter sob sigilo todas as informações de que tenha conhecimento no âmbito do procedimento de mediação, delas não podendo fazer uso em proveito próprio ou de outrem.

Ao abrigo ainda deste princípio, as informações prestadas a título confidencial ao mediador de conflitos por uma das partes não podem ser comunicadas, sem o seu consentimento, às restantes partes envolvidas no procedimento (art. 5º, da L nº 29/2013).

2.3. Princípio da igualdade

As partes devem ser tratadas de forma equitativa durante todo o procedimento de mediação, cabendo ao mediador de conflitos gerir o procedimento de forma a garantir o equilíbrio de poderes e a possibilidade de ambas as partes participarem no mesmo (art. 6º, nº 1, da L nº 29/2013).

2.4. Princípio da imparcialidade

O mediador de conflitos não é parte interessada no litígio, devendo agir com as partes de forma imparcial durante toda a mediação (art. 6º, nº 2, da L nº 29/2013).

2.5. Princípio da independência

O mediador de conflitos deve pautar a sua conduta pela independência, livre de qualquer pressão, seja esta resultante dos seus próprios interesses, valores pessoais ou de influências externas, sem estar sujeito a subordinação, técnica ou deontológica, de profissionais de outras áreas, sem prejuízo, no âmbito dos sistemas públicos de mediação, das competências das entidades gestoras desses mesmos sistemas, sendo responsável pelos seus atos (art. 7º, da L nº 29/2013).

2.6. Princípio da responsabilidade

O mediador de conflitos que viole os deveres de exercício da respetiva atividade, nomeadamente os constantes da L nº 29/2013 e, no caso da mediação em sistema público, dos atos constitutivos ou regulatórios dos sistemas públicos de mediação, é civilmente responsável pelos danos causados, nos termos gerais de direito (art. 8º, nº 2, da L nº 29/2013).

2.7. Princípio da executoriedade

Em conformidade com este princípio, tem força executiva, sem necessidade de homologação judicial, o acordo de mediação:

- Que diga respeito a litígio que possa ser objeto de mediação e para o qual a lei não exija homologação judicial (art. 9º, nº 1, al. *a*), da L nº 29/2013);
- Em que as partes tenham capacidade para a sua celebração (art. 9º, nº 1, al. *b*), da L nº 29/2013);
- Obtido por via de mediação realizada nos termos legalmente previstos (art. 9º, nº 1, al. *c*), da L nº 29/2013);
- Cujo conteúdo não viole a ordem pública (art. 9º, nº 1, al. *d*), da L nº 29/2013);
- Em que tenha participado mediador de conflitos inscrito na lista de mediadores de conflitos organizada pelo Ministério da Justiça, salvo se a mediação for realizada no âmbito de um sistema público de mediação (art. 9º, nºs 1, al. *e*) e 2, da L nº 29/2013);

  Obtido por via de mediação realizada noutro Estado membro da União Europeia que respeite a litígio que possa ser objeto de mediação e para o qual a lei não exija homologação judicial e cujo conteúdo não viole a ordem pública se o ordenamento jurídico desse Estado também lhe atribuir força executiva (art. 9º, nºs 1, al. *a*) e *d*) e 4, da L nº 29/2013).

3. Remessa para mediação

No caso de estar pendente uma ação judicial, o juiz, em qualquer estado da causa e se achar conveniente, pode determinar a remessa do processo para mediação, suspendendo a instância.

De realçar que qualquer uma das partes tem o direito de se opor a esta remessa (art. 273º, nº 1, do CPC).

Para além disso, as partes podem, em conjunto, optar por recorrer à mediação, acordando na suspensão da instância, que não fica dependente de despacho judicial (art. 273º, nºs 2 e 3, do CPC).

Na hipótese de impossibilidade de acordo na mediação, o mediador dá conhecimento ao tribunal desse facto, preferencialmente por via eletrónica, cessando a suspensão da instância automaticamente e sem necessidade de despacho ou ato da secretaria (art. 273º, nº 4, do CPC).

Ao invés, se o acordo for alcançado, o mesmo é remetido ao tribunal, preferencialmente por via eletrónica (art. 273º, nº 5, do CPC).

4. Mediadores

O regime jurídico dos mediadores e da mediação pública foi estabelecido pela L nº 29/2013, de 19 de abril, a qual, como já vimos, consagrou também os princípios gerais aplicáveis à mediação.

O acordo de mediação pode ter força executiva, sem depender de homologação judicial, nos termos do art. 9º, nº 1, da L nº 29/2013.

Um dos requisitos exigidos é a participação de mediador de conflitos inscrito na lista de mediadores de conflitos organizada pelo Ministério da Justiça.

Foi assim, neste contexto, que a P nº 344/2013, de 27 de novembro, fixou os requisitos de inscrição na referida lista, incluindo dos mediadores que sejam nacionais de outros Estados membros da União Europeia ou do espaço económico Europeu, nomeando, ainda, a DGPJ como serviço do Ministério da Justiça competente para a organização da lista e a forma de acesso e divulgação da mesma (respetivos arts. 2º e 3º).

O regime da certificação de entidades formadoras de cursos de mediação de conflitos foi regulado pela P nº 345/2013, de 27 de novembro.

Já os regulamentos dos procedimentos de seleção de mediadores de conflitos para prestar serviços de mediação nos julgados de paz e no âmbito dos sistemas de mediação familiar e laboral foi aprovado pela P nº 282/2010, de 25 de maio.

O estatuto dos mediadores de conflitos consta do Capítulo IV (arts. 23º a 29º), da L nº 29/2013.

5. Competência

No âmbito das competências da mediação laboral está a resolução de litígios em matéria laboral, quando não estejam em causa direitos indisponíveis, nem acidentes de trabalho (art. 1º, nº 1, do citado Protocolo).

No portal (com o endereço:https://justica.gov.pt/Servicos/Pedir-mediacao-laboral) são indicadas as seguintes questões da sua alçada:

- Pagamentos e créditos decorrentes da cessação do contrato de trabalho;
- Promoções;
- Mudança do local de trabalho;
- Resolução do contrato de trabalho;
- Marcação de férias;
- Procedimento disciplinar;
- Natureza jurídica do contrato de trabalho.

No que concerne aos conflitos coletivos de trabalho, os mesmos só podem ser objeto de mediação se não houver incompatibilidade com o disposto nos artigos 526º a 528º, do CT (art. 46º, da L nº 29/2013).

Na verdade, estes preceitos contêm um regime próprio de mediação, designadamente para os conflitos resultantes da celebração ou revisão de uma convenção coletiva.

Já ao nível da jurisdição dos julgados de paz, tenhamos em linha de conta que a matéria laboral está excluída da sua competência (art. 151º, nº 1, da LOSJ).

CAPÍTULO VI
A CONDENAÇÃO *EXTRA VEL ULTRA PETITUM*

No âmbito do processo civil, é vedado ao tribunal condenar em quantia superior ou em objeto diverso do que se pedir, sob pena de nulidade da sentença (arts. 609º, nº 1 e 615º, nº 2, al. *e*), do CPC).

Por seu turno, no domínio do processo laboral, vigora, como pedra de toque, o princípio da condenação *extra vel ultra petitum*, que se traduz no dever de o juiz condenar em quantidade superior ou em objeto diverso quando verificadas determinadas circunstâncias (art. 74º, do CPT).

Procurou-se, com este princípio, dotar o processo laboral de um mecanismo que garantisse a prevalência da justiça material sobre a justiça formal.

Por outro lado, "A possibilidade de condenação *ultra petita* é uma decorrência natural do princípio da irrenunciabilidade de determinados direitos do trabalhador. Assim, só os direitos irrenunciáveis constituem preceitos inderrogáveis"[282].

Nos termos do art. 74º, do CPT, a condenação *extra vel ultra petitum* depende dos seguintes requisitos:

i) Que tal resulte da matéria provada ou de factos notórios

Os factos notórios podem ser definidos como os factos que são do conhecimento geral e/ou que o tribunal tem conhecimento por força do exercício das suas funções (art. 412º, do CPC) e

ii) Que estejam em causa preceitos inderrogáveis de leis ou instrumentos de regulamentação coletiva de trabalho

Para efeitos deste princípio, os preceitos inderrogáveis são entendidos como as disposições que consagrem direitos irrenunciáveis do trabalhador, como por exemplo, o direito à retribuição (arts. 258º e ss., do CT)[283]. Sendo certo que esta irrenunciabilidade era reconhecida apenas durante a vigência do contrato.

[282] Albino Mendes Baptista, *Código de Processo do Trabalho – Anotado*, p. 146.
Pronunciando-se sobre a *ratio legis* da figura, *vide* Paulo Sousa Pinheiro, *Curso de Direito Processual do Trabalho*, ps. 53 e ss.; Joana Vasconcelos, *Direito Processual do Trabalho*, ps. 89 e ss.; Carlos Alegre, *Código de Processo do Trabalho – Anotado*, p. 204; Albino Mendes Baptista, *Código de Processo do Trabalho – Anotado*, p. 180; Alberto Leite Ferreira, *Código de Processo do Trabalho – Anotado*, p. 352 e Adalberto Costa, *Código de Processo do Trabalho – Anotado e Comentado*, p. 178.

[283] Como se pode ler, por exemplo, no Ac. da RP, de 10.01.2011 *in* www.dgsi.pt (Proc. nº 376/08.1TTVNG.P1) "preceitos inderrogáveis são apenas aqueles que o são absolutamente, isto é, que reconhecem um

Com a L nº 13/2023, de 03 de abril, mais precisamente com o aditamento do nº 3, do art. 337º, do CT, está hoje expressamente proibida a extinção de crédito de trabalhador emergente de contrato de trabalho, da sua violação ou cessação por meio de remissão abdicativa, salvo através de transação judicial.

O princípio agora em análise é aplicável tanto ao autor como ao réu, independentemente da posição ocupado pelo trabalhador[284] [285].

direito a cujo exercício o seu titular não pode renunciar, como será o caso do direito a indemnização por acidente de trabalho ou doença profissional ou do direito ao salário na vigência do contrato".

[284] Foi com base nesta realidade, que o TC (no Ac. nº 644/94, de 13 de dezembro, pub. no DR, II Série, de 01.02.1995) considerou não haver, aqui, violação do princípio da igualdade, previsto no art. 13º, da CRP.

De qualquer forma, às partes interessadas, deve ser sempre garantida a possibilidade de se pronunciarem sobre a condenação *ultra petita*, sob pena de estarmos, aí sim, perante uma verdadeira inconstitucionalidade. Cfr. o Ac. do TC nº 605/95, pub. no DR, II Série, de 15.03.1996.

[285] Para maiores desenvolvimentos sobre este princípio, *vide* JOANA VASCONCELOS, *Direito Processual do Trabalho*, ps. 89 e ss..

CAPÍTULO VII
OS PRESSUPOSTOS PROCESSUAIS

1. Capacidade judiciária

1.1. Nota prévia

Toda a relação jurídica pressupõe a existência de sujeitos de direito com personalidade jurídica, a qual se traduz numa qualidade do sujeito essencial ao exercício de qualquer direito.

O corolário adjetivo da personalidade jurídica é a personalidade judiciária.

Conforme dispõe o art. 11º, nº 2, do CPC, quem tiver personalidade jurídica tem igualmente personalidade judiciária.

A personalidade judiciária consiste na suscetibilidade de ser parte (art. 11º, nº 1, do CPC).

Inerente à personalidade jurídica apresenta-se a capacidade jurídica ou capacidade de gozo de direitos, que consiste na aptidão para encabeçar um círculo de relações jurídicas.

O corolário adjetivo da capacidade jurídica é a capacidade judiciária, que consiste na suscetibilidade de estar, por si, em juízo (art. 15º, nº 1, do CPC).

1.2. Capacidade judiciária dos menores

Em regra, o menor de dezoito anos não goza de capacidade de exercício de direitos e, consequentemente, não tem capacidade judiciária (arts. 15º, nº 2, do CPC e 122º e 123º, do CC).

Neste caso, só pode estar em juízo por intermédio dos seus representantes (art. 16º, nº 1, do CPC).

O art. 2º, do CPT, contém uma exceção a esta regra, permitindo que os menores com 16 anos possam estar por si em juízo como autores.

O preceito alude apenas à capacidade judiciária ativa, deixando em aberto a capacidade judiciária passiva.

Esta lacuna da lei tem sido facilmente resolvida com recurso à legislação subsidiária, mais concretamente ao bloco normativo composto pelos arts. 127º, nº 1, al. *c*), do CC e 15º, do CPC.

Com efeito, consideram-se excecionalmente válidos os negócios jurídicos relativos à profissão, arte ou ofício que o menor tenha sido autorizado a exercer ou os praticados no exercício dessa profissão, arte ou ofício.

Assim, o menor gozando de plena capacidade de exercício de direitos (por outro palavras, encabeçando uma posição jurídica que contém um lado ativo e um lado passivo) detém capacidade judiciária quer ativa, quer passiva[286].

No caso de menores que não tenham completado 16 anos[287], os mesmos são representados pelo seu representante legal.

Esta representação pode ser assegurada pelo Ministério Público quando se verificar que o representante legal do menor não acautela judicialmente os seus interesses (art. 2º, nº 2, do CPT).

O menor que na pendência da causa perfizer 16 anos pode fazer cessar a representação, requerendo a sua intervenção direta na ação (art. 2º, nº 3, do CPT).

Este preceito parte, naturalmente, da ideia de que o menor (representado em juízo) quando atinge os 16 anos não se torna, automaticamente, interveniente direto na ação, conforme faria supor o art. 2º, nº 1, do CPT. Por outras palavras, quando o menor atinge os 16 anos, se nada fizer, continua a ser representado pelos seus representantes legais.

1.3. Capacidade judiciária das estruturas de representação coletiva dos trabalhadores

As estruturas de representação coletiva previstas na lei são as associações sindicais, as comissões de trabalhadores e subcomissões de trabalhadores, os representantes dos trabalhadores para a segurança e saúde no trabalho e outras

[286] Da leitura conjugada dos nºs 1 e 2, do art. 68º, do CT, podemos concluir que o menor que tenha completado 16 anos, tenha concluído a escolaridade obrigatória ou esteja matriculado e a frequentar o nível secundário de educação e disponha de capacidades físicas e psíquicas adequadas ao posto de trabalho pode ser admitido a prestar trabalho.
Como corolário desta regra, o art. 70º, nº 1, do CT, estabelece a validade do contrato de trabalho celebrado por menor que reúna aquelas condições, salvo oposição escrita dos seus representantes legais.
Já no caso de menor que não reúna aquelas condições, o nº 2, do art. 70º, do CT, impõe como requisito de validade do contrato de trabalho, a autorização escrita dos seus representantes legais.
Nas hipóteses mencionadas, a lei confere ao menor com 16 anos capacidade de exercício de direitos, no âmbito de uma relação jurídico-laboral.

[287] Já vimos que, em regra, o menor com menos de 16 anos não pode prestar trabalho. No entanto, a lei estabelece uma exceção a esta regra, permitindo que o menor com idade inferior a 16 anos que tenha concluído a escolaridade obrigatória ou esteja matriculado e a frequentar o nível secundário de educação possa prestar trabalhos leves que consistam em tarefas simples e definidas que, pela sua natureza, pelos esforços físicos ou mentais exigidos ou pelas condições específicas em que são realizadas, não sejam suscetíveis de o prejudicar no que respeita à integridade física, segurança e saúde, assiduidade escolar, participação em programas de orientação ou de formação, capacidade para beneficiar da instrução ministrada ou ainda ao seu desenvolvimento físico, psíquico, moral, intelectual e cultural (art. 68º, nº 3, do CT).

estruturas previstas em lei específica, designadamente os conselhos de empresa europeus (art. 404º, do CT).

A personalidade jurídica das comissões de trabalhadores e das associações sindicais, embora dependente do registo dos seus estatutos, está consagrada, respetivamente, nos arts. 416º e 447º, do CT.

Como vimos, a faculdade de uma pessoa ser parte (processual) depende, em primeira linha, da existência de personalidade judiciária (que é inerente à personalidade jurídica), por isso, o legislador, procurando assegurar a dimensão jurídico-processual do papel das estruturas de representação coletiva dos trabalhadores, reconheceu-lhes capacidade judiciária ativa e passiva, independentemente da existência de personalidade jurídica (art. 2º-A, do CPT).

2. Legitimidade

2.1. Nota prévia

Para além da personalidade e capacidade judiciárias, as partes devem ter legitimidade para a ação que se irá desenvolver, ou seja, devem ser as partes certas para aquele pleito.

O CPC define a legitimidade de uma forma, pelo menos aparentemente, simples. Assim, nos termos do seu art. 30º, nº 1, a legitimidade do autor advém do seu interesse direto em demandar e a do réu do seu interesse direto em contradizer[288].

2.2. Legitimidade processual das estruturas de representação coletiva dos trabalhadores e de associações de empregadores

Os arts. 4º e 5º, do CPT, estipulam a legitimidade das estruturas de representação coletiva dos trabalhadores e das associações de empregadores.

2.2.1. Legitimidade das associações sindicais

O art. 443º, nº 1, al. *d*), do CT, confere, genericamente, às associações sindicais o direito de iniciar e intervir em processos judiciais e em procedimentos administrativos quanto a interesses dos seus associados.

[288] Uma vez que esta definição carece de uma maior concretização, o nº 2, do referido preceito, acrescenta que o interesse em demandar traduz-se na utilidade derivada da procedência da ação e o interesse em contradizer no prejuízo que dessa procedência advenha.

As associações sindicais têm legitimidade ativa para propor ações relativas a direitos respeitantes aos interesses coletivos que representam (art. 5º, nº 1, do CPT)[289].

[289] Sobre o conceito de interesse coletivo, cfr., entre outros, os seguintes acórdãos:
– da RL, de 26.04.2018 *in* www.dgsi.pt (Proc. nº 19328/17.4T8LSB.L1-4), que considerou dotadas de legitimidade ativa as associações sindicais nas ações relativas a direitos respeitantes aos interesses colectivos que representam, ainda que se peça a condenação da empregadora a pagar certas quantias deles resultantes relativamente apenas a alguns dos seus associados;
– da RL, de 22.11.2017 *in* www.dgsi.pt (Proc. nº 26175/16.9T8LSB-A.L1-4), para quem a "noção de interesse colectivo não advém de estarem em causa interesses de muitas ou poucas pessoas, embora, na generalidade dos casos ocorra tal coincidência, mas sim da transindividualidade e indisponibilidade do bem jurídico tutelado e que se contrapõe aos direitos individuais homogéneos ou também denominados "direitos acidentalmente colectivos": aqueles que decorrem de uma origem comum e apenas possuem uma transindividualidade artificial ou aparente, em que os seus titulares são pessoas determinadas". Nesta linha, a RL acabou por decidir que o "pedido de reconhecimento pela empregadora de que a pausa diária de 60 minutos que os seus trabalhadores em regime de laboração contínua beneficiam integra o período normal de trabalho diário respeita a todos enquanto grupo (os trabalhadores em regime de laboração contínua) e ao modo específico como disponibilizam a prestação do trabalho (a pausa deve ser incluída no tempo de trabalho, pelo que este se completa logo que perfeitas x horas por dia e não x + 1) e não só a cada um deles isoladamente considerados. Por isso, o sindicato autor está isento de custas para defender esse interesse";
– do STJ, de 03.03.2016 *in* www.dgsi.pt (Proc. nº 3704/12.1TTLSB.L1.S1), segundo o qual os interesses coletivos são aqueles que pertencem "a um grupo, classe ou categoria indeterminada, mas determinável de indivíduos, ligados entre si pela mesma relação jurídica básica, e válida e legalmente associados. São interesses de uma categoria, grupo ou classe de pessoas, não se reduzindo a um mero somatório de interesses individuais". Neste caso, foi reconhecida a legitimidade de um sindicato para intentar ação em que peticionava a declaração de que as normas dos artigos 19º da Lei 55-A/2010, de 31 de dezembro e artigo 21º da Lei nº 64-B/2011, de 30 de dezembro violavam as do acordo de empresa em que foi outorgante e que, por isso, não tinham como destinatários os seus associados;
– da RL, de 20.11.2013 *in* www.dgsi.pt (Proc. nº 2992.12.8TTLSB.L1-4), no qual foi reconhecida a legitimidade ativa de quatro sindicatos para demandar a entidade empregadora com vista a obter, com referência aos trabalhadores associados em cada uma delas, a sua condenação no cumprimento de uma cláusula similar e constante de cada um dos quatro Acordos de Empresa que celebraram com aquela;
– da RP, de 14.10.2013 *in* www.dgsi.pt (Proc. nº 669/12.3TTBRG.P1) – Interesse em ver reconhecido o direito a auferir uma retribuição igual, por trabalho igual;
– da RL, de 21.03.2007 *in* www.dgsi.pt (Proc. nº 786/2007-4) – Interesses de muitos dos beneficiários de um Plano de Saúde;
– da RP de 09.01.2006 *in* www.dgsi.pt (Proc. nº 0514113) – Interesse relacionado com as pausas de 10 minutos existentes no período normal de trabalho diário;
– do STJ, de 24.02.1999 *in* www.dgsi.pt (Proc. nº 98S005) – Interesse em ver aplicado um determinado Acordo de Empresa.
A RC, no Ac. de 19.01.2018 *in* www.dgsi.pt (Proc. nº 93/17.7T8LRA.C1), entendeu que se o Sindicato "pede a condenação da Ré a pagar determinadas quantias aos seus cinco associados que representa, ao invés de peticionar o reconhecimento relativo a todos os trabalhadores seus associados, do direito a auferirem nas férias e subsídios de férias e de natal, as médias pagas a título de prestações complementares, não estamos perante qualquer interesse coletivo, um interesse que assuma uma dimensão qualitativa nova mas antes perante uma mera agregação de interesses individuais que não adquire

A sua legitimidade está também reconhecida nas ações respeitantes à anulação e interpretação de cláusulas de convenções onde sejam outorgantes (art. 4º, do CPT).

Nestes casos, as associações sindicais têm legitimidade própria e autónoma, não carecendo de nenhum ato prévio dos trabalhadores eventualmente afetados.

As associações sindicais podem ainda intervir como autoras em representação e substituição do trabalhador (corpo do nº 2, do art. 5º, do CPT):

a) Nas ações relativas a medidas tomadas pelo empregador que prejudiquem trabalhadores que pertençam aos corpos gerentes da associação sindical ou nesta exerçam qualquer cargo;

b) Nas ações respeitantes a medidas tomadas pelo empregador contra os seus associados que sejam representantes eleitos pelos trabalhadores;

c) Nas ações respeitantes à violação, com carácter de generalidade, de direitos individuais de idêntica natureza de trabalhadores seus associados[290].

Na qualidade de estruturas de representação coletiva, a sua legitimidade ativa é igualmente reconhecida nas ações em que estejam em causa a qualificação de informações como confidenciais ou a recusa de prestação de informação ou de realização de consultas por parte do empregador, reguladas pelos arts. 186º-A a 186º-C, do CPT (art. 5º, nº 6, do CPT).

2.2.2. Legitimidade das comissões de trabalhadores

Enquanto estruturas de representação coletiva, as comissões de trabalhadores gozam de capacidade judiciária (art. 2º-A, do CPT). Já a sua legitimidade processual (ativa) parece estar limitada às ações especiais de impugnação da confidencialidade de informações ou da recusa da sua prestação ou da realização de

perante eles um certo grau de abstração e autonomia". Neste aresto, lê-se ainda que "um sindicato goza da legitimidade prevista na al. c) do nº 2 do artº 5º do CPT se exerceu o direito de ação perante a violação generalizada de direitos individuais de trabalhadores seus associados e de idêntica natureza, ou seja, que se reporte à generalidade do universo constituído pelos trabalhadores associados que se encontrem na mesma situação".

290 Em função dos pressupostos fixados nesta alínea, foi decidido no Ac. da RP, de 14.10.2013 *in* www.dgsi.pt (Proc. nº 669/12.3TTBRG.P1), que o autor deve:
"– identificar devidamente todos os trabalhadores seus associados afectados nos seus direitos;
– especificar quais os direitos de natureza individual objecto de violação; e
– que a alegada violação assume carácter de generalidade". Cfr., também, no sentido da necessidade de alegação destes elementos, o Ac. da RP, de 14.03.2011 *in* www.dgsi.pt (Proc. nº 766/09.2TTBRG.P1).

consultas, reguladas pelos arts. 186º-A a 186º-C, do CPT (art. 5º, nº 6, do CPT, o qual faz alusão às estruturas de representação coletiva dos trabalhadores, onde se incluem as comissões de trabalhadores)[291].

2.3. Litisconsórcio

O litisconsórcio pode ser necessário ou voluntário.

[291] O papel das comissões de trabalhadores está plasmado na Constituição, mais precisamente no art. 54º, nº 5, onde estão elencados, entre outros, os direitos de: receber todas as informações necessárias ao exercício da sua atividade; exercer o controlo de gestão nas empresas; participar nos processos de reestruturação da empresa; participar na elaboração da legislação do trabalho e dos planos económico-sociais que contemplem o respetivo setor; gerir ou participar na gestão das obras sociais da empresa e promover a eleição de representantes dos trabalhadores para os órgãos sociais de empresas pertencentes ao Estado ou a outras entidades públicas, nos termos da lei.
Estes direitos estão igualmente previstos no art. 423º, nº 1, do CT.
Por outro lado, no âmbito consultivo, as mesmas devem ser ouvida sobre inúmeras questões, como por exemplo: modificação dos critérios de classificação profissional e de promoções dos trabalhadores (art. 425º, al. *a*), do CT); mudança do local de atividade da empresa ou do estabelecimento (art. 425º, al. *b*), do CT); medidas de que possa resultar diminuição do número de trabalhadores, agravamento das condições de trabalho ou mudanças na organização de trabalho (art. 425º, al. *c*), do CT) e dissolução ou pedido de declaração de insolvência da empresa (art. 425º, al. *d*), do CT).
No entanto, para o exercício cabal destes direitos, as comissões de trabalhadores devem ter ao seu dispor uma parte da informação relacionada com a vida da empresa, designadamente: os planos gerais de atividade e orçamento; a organização da produção; o aprovisionamento; a previsão, volume e administração de vendas; a gestão de pessoal; o montante da massa salarial; a situação contabilística; as modalidades de financiamento; os encargos fiscais; o projeto de alteração do objeto, do capital social ou de reconversão da atividade da empresa, etc. (art. 424º, nº 1, als. *a*) a *i*), do CT).
Por força das alterações resultantes da L nº 13/2023, de 03 de abril, o direito a informação passou a abranger também os parâmetros, os critérios, as regras e as instruções em que se baseiam os algoritmos ou outros sistemas de inteligência artificial que afetem a tomada de decisões sobre o acesso e a manutenção do emprego, assim como as condições de trabalho, incluindo a elaboração de perfis e o controlo da atividade profissional (art. 424º, nº 1, al. *j*), do CT).
O direito de informação das comissões de trabalhadores está consagrado no art. 54º, nº 5, al. *a*), da CRP.
O empregador tem a faculdade de qualificar a informação como confidencial, recusar a prestação de informação ou a realização da consulta (art. 412º, nº 3 e 413º, do CT). Esta decisão pode ser impugnada pelas comissões de trabalhadores através do recurso à referida ação especial.
Da leitura atenta do art. 5º, do CPT, concluímos que a única referência genérica às estruturas de representação coletiva dos trabalhadores (*maxime*, às comissões de trabalhadores) consta do respetivo nº 6. Em nossa opinião, o legislador procurou, aqui, afastar qualquer dúvida quanto à legitimidade ativa, por exemplo, dessas comissões.
Como se lê no Ac. da RL, de 06.02.2013 *in* www.dgsi.pt (Proc. nº 2463/10.7TTLSB.L1-4), o nº 6, do art. 5º, do CPT, significa que a comissão pode litigar "nos casos que, por se tratar da prossecução dos seus fins, a lei lho permite, como são os da *qualificação de informações como confidenciais* e da *recusa de prestação de informação* ou de *realização de consultas por parte do empregador*.
Dito de outro modo: é apenas na área da sua intervenção que lhe cabe e que pode, naturalmente, intervir – nº 6 do artº 5º e do artº 2-A, do CPT".

No litisconsórcio necessário (ou obrigatório), a intervenção dos vários interessados na relação controvertida é imposta pela lei, pelo negócio jurídico ou pela natureza dessa relação (art. 33º, nºs 1 e 2, do CPC).

Por sua vez, no litisconsórcio voluntário (ou facultativo), a ação pode ser proposta por um só ou contra um só dos interessados (art. 32º, nº 1, 2ª parte, do CPC). Neste caso, o tribunal deve conhecer apenas da respetiva quota-parte do interessado ou da responsabilidade, ainda que o pedido abranja a totalidade (art. 32º, nº 1, 2ª parte, do CPC).

Um exemplo de litisconsórcio voluntário ativo está expressamente previsto no art. 3º, do CPT. Com efeito, nos termos dos nºs 1 e 2, deste preceito, se o trabalho for prestado por um grupo de pessoas, pode qualquer uma delas fazer valer a sua quota-parte do interesse, devendo para o efeito, identificar na petição inicial, os demais interessados[292].

Por sua vez, é enquadrável numa situação de litisconsórcio voluntário passivo, a hipótese consagrada no art. 285º, nº 6, do CT[293].

[292] No modelo mais comum de relação laboral, os sujeitos são o empregador (ou os empregadores, no caso da pluralidade prevista no art. 101º, do CT) e o trabalhador (isolado).
Na verdade, no mundo do trabalho, são raras as situações jurídico-laborais protagonizadas por uma pluralidade de trabalhadores, as quais correspondem ao contrato de esquadra ou de grupo.
Nesta modalidade contratual, a prestação laboral é exercida coletivamente por um grupo de trabalhadores, sob a orientação de um chefe, que se assume como representante perante o empregador, quer ao nível da execução, quer ao nível do recebimento da retribuição comum, cabendo-lhe a sua divisão pelos restantes elementos. Por outras palavras, a relação entre empregador e os trabalhadores assenta num único vínculo jurídico.
Note-se que a imposição absoluta de uma intervenção coletiva poderia coartar, inapelavelmente, o exercício individual dos direitos de cada trabalhador, o qual, para recorrer à via judicial, estaria sempre dependente dos demais trabalhadores.
Por outro lado, esta dependência seria passível de causar alguma perturbação na execução da prestação de trabalho, dado que o trabalhador prejudicado teria que se conformar com a afetação ou mesmo violação dos seus direitos sem poder agir judicialmente.
Daí o legislador, no art. 3º, nº 1, do CPT, ter conferido a cada trabalhador a possibilidade de, isoladamente, interpor a competente ação judicial, não obstante estarmos perante um interesse coletivo.
Como vimos, o autor pode, isoladamente, fazer valer a sua quota-parte do interesse coletivo, contudo e atendendo a que esse interesse respeita a outros interessados, a lei tinha que prever as regras processuais adequadas a assegurar que estes tivessem conhecimento do pleito.

[293] De facto, este preceito estabelece a responsabilidade solidária entre o transmitente e o adquirente pelas obrigações vencidas até à data da transmissão de empresa ou estabelecimento, durante o período de dois anos. Por conseguinte, o trabalhador, para exigir o cumprimento daquelas obrigações, pode interpor ação contra um ou contra ambos.
Outra situação de responsabilidade solidária está prevista no art. 174º, do CT. De acordo com esta norma a celebração de contrato de utilização de trabalho temporário por empresa de trabalho temporário não licenciada responsabiliza solidariamente esta e o utilizador pelos créditos do trabalhador emergentes do contrato de trabalho, da sua violação ou cessação, relativos aos últimos três anos, bem como pelos encargos sociais correspondentes.

3. Competência

3.1. Competência internacional

A competência internacional pode ser definida como a fração "do poder jurisdicional atribuída aos tribunais portugueses no seu conjunto, em face dos tribunais estrangeiros, para julgar as acções que tenham algum elemento de conexão com ordens jurídicas estrangeiras"[294].

3.1.1. Diplomas internacionais e comunitários

Em 27.09.1968, em Bruxelas, foi assinada a Convenção Relativa à Competência Judiciária e à Execução de Decisões em Matéria Civil e Comercial, de que eram partes os países da CEE (pub. no JO L 299, de 31.12.1972).

Em 16.09.1988, em Lugano, foi assinada uma Convenção que, contendo o mesmo objeto, se destinava não só aos países da CEE, com também aos da EFTA (pub. no JO L 319 de 25.11.1988).

Em Portugal, estas Convenções viriam a ser aprovadas pelas Resoluções da Assembleia da República nºs 33/91 e 34/91, ambas de 30 de outubro e ratificadas pelos Decretos do Presidente da República nºs 51/91 e 52/91, igualmente de 30 de outubro. Já o depósito dos instrumentos de ratificação foi tornado público, através dos Avisos nºs 94/92 e 95/92, ambos de 10 de julho.

O Regulamento (CE) nº 44/2001, do Conselho, de 22 de dezembro de 2000, relativo à competência judiciária, ao reconhecimento e à execução de decisões em matéria civil e comercial, viria a substituir, entre os Estados-Membros, a Convenção de Bruxelas (pub. no JOUE L 12, de 16.01.2001).

Por sua vez, a Convenção de Lugano viria a ser substituída pela Convenção anexada à Decisão do Conselho 2007/712/CE, de 15 de outubro (pub. no JOUE L 339, de 21.12.2007) e pela Convenção anexada à Decisão do Conselho 2009/430/CE, de 27 de novembro (pub. no JOUE L 147, de 10.06.2009), ambas referentes à assinatura, em nome da Comunidade Europeia, da Convenção relativa à competência judiciária, ao reconhecimento e à execução de decisões em matéria civil e comercial.

Ulteriormente, o Regulamento (EU) nº 1215/2012, do Parlamento Europeu e do Conselho, de 12 de dezembro de 2012, pub. no JOUE L 351, de 20.12.2012, revogou o Regulamento (CE) nº 44/2001.

[294] Antunes Varela/J. Miguel Bezerra/Sampaio e Nora, *Manual de Processo Civil*, p. 198.

3.1.2. As normas internas

Depois de abordarmos o direito internacional, vejamos algumas normas internas que regulam esta matéria:

– *Coincidência entre as competências internacional e interna*

De acordo com este princípio os juízos do trabalho portugueses são internacionalmente competentes para julgar as ações que, segundo as regras da competência territorial previstas no arts. 13º a 19º, do CPT, devam ser propostas em Portugal (art. 10º, nº 1, 1ª parte, do CPT). Falamos aqui do princípio da coincidência.

Convém desde já referir que o art. 10º, do CPT, invoca apenas as regras de competência territorial estabelecidas no próprio CPT, não sendo, por isso, aplicáveis as normas do CPC[295].

A regra geral é a da competência do juízo do trabalho do domicílio do réu, independentemente de este ser trabalhador ou empregador (art. 13º, nº 1, do CPT). No entanto, o legislador, atendendo aos interesses da parte mais fraca e à conveniência na proximidade com o local onde ocorreram os factos que integram a causa de pedir, estabeleceu regras próprias para determinadas ações[296];

– *Local da prática dos factos integrantes da causa de pedir*

A competência internacional dos tribunais nacionais pode também decorrer da prática em território português dos factos que integram a causa de pedir na ação (art. 10º, nº 1, 2ª parte, do CPT);

– *Destacamento*

Os casos de destacamento foram introduzidos no CPT pelo DL nº 295/2009, de 13 de outubro[297].

No nosso ordenamento jurídico, o destacamento pode ser definido como a situação jurídica na qual o trabalhador, contratado por empregador estrangeiro, presta a sua atividade em Portugal (art. 6º, do CT) ou ainda a situação jurídica em que um trabalhador, contratado por empregador estabelecido em Portugal, presta a sua atividade no estrangeiro (art. 8º, do CT).

Ao abrigo da al. *a*), do nº 2, do art. 10º, do CPT, o destacamento para países estrangeiros, de trabalhadores contratados por empresas portuguesas, opera como critério de atribuição da competência internacional.

[295] Cfr. o Ac. do STJ, de 12.09.2007 *in* www.dgsi.pt (Proc. nº 07S1155).

[296] Como por exemplo, para as ações emergentes de contrato de trabalho (art. 14º, do CPT), de acidentes de trabalho ou de doença profissional (art. 15º, do CPT) e de despedimento coletivo (art. 16º, do CPT).

[297] No preâmbulo deste diploma, é referido que a "competência internacional dos tribunais do trabalho é alargada às situações de destacamento de trabalhadores para outros Estados reguladas no CT".

Finalmente, incluem-se ainda na competência internacional dos juízos do trabalho as questões relativas a conselhos de empresas europeus e procedimentos de informação e consulta em que a administração do grupo esteja sediada em Portugal ou que respeita a empresa do grupo sediada em Portugal (art. 10º, nº 2, al. *b*), do CPT).

3.1.3. Os pactos de jurisdição

Nos termos do art. 94º, do CPC, as partes podem convencionar qual o tribunal competente para dirimir os litígios decorrentes da relação jurídica estabelecida, contanto a relação controvertida tenha conexão com mais de uma ordem jurídica.

No âmbito do processo laboral, o art. 11º, do CPT, incidindo apenas sobre os pactos privativos de jurisdição, determina que estes não são eficazes se afastarem a competência internacional dos tribunais portugueses resultantes da nossa legislação, designadamente das regras do já mencionado art. 10º, do CPT.

3.1.4. A violação das regras da competência internacional

A infração das regras de competência internacional determina a incompetência absoluta do tribunal, a qual pode ser arguida pelas partes e oficiosamente pelo tribunal enquanto não houver sentença com trânsito em julgado proferida sobre o fundo da causa (arts. 96º, al. *a*) e 97º, nº 1, do CPC).

Todavia, se estiver em causa a violação de pacto privativo de jurisdição, o conhecimento oficioso não é admissível (art. 97º, nº 1, do CPC).

A verificação da incompetência absoluta implica a absolvição do réu da instância (art. 99º, nº 1, do CPC).

3.2. Competência interna

3.2.1. Competência em razão da hierarquia

Em regra, os juízos do trabalho funcionam como tribunais de 1ª instância, cabendo-lhes apreciar e julgar litígios que ainda não foram objeto de nenhuma decisão. No entanto, a lei prevê que os mesmos operem como instância de recurso das decisões das autoridades administrativas em processos de contraordenação nos domínios laboral e da segurança social (arts. 12º, do CPT e 126º, nº 2, da LOSJ).

3.2.2. Competência territorial

No CPT, a competência territorial está regulada nos arts. 13º a 19º-A.

A regra geral supletiva prevista na lei determina que as ações sejam propostas no juízo do trabalho do domicílio do réu (arts. 13º, nº 1, do CPT).

Para as pessoas coletivas, a sede equivale ao domicílio. Assim, o domicílio a que alude o art. 13º, do CPT, é, para as pessoas singulares, o domicílio voluntário geral e, para as pessoas coletivas, a respetiva sede.

As entidades empregadoras ou seguradoras, bem como as instituições de previdência, consideram-se também domiciliadas no lugar onde tenham sucursal, agência, filial, delegação ou representação (art. 13º, nº 2, do CPT).

i) Ações emergentes de contrato de trabalho

O legislador conferiu ao trabalhador, figurando como autor, o direito de optar pela propositura destas ações no tribunal do lugar da prestação de trabalho ou no do seu próprio domicílio (art. 14º, nº 1, do CPT).

Já nas ações em que o empregador figure como autor o tribunal competente é sempre o do domicílio do réu (art. 13º, nº 1, do CPT);

ii) Ações emergentes de acidentes de trabalho ou de doença profissional

As ações emergentes de acidentes de trabalho ou de doença profissional são processos especiais regulados nos arts. 99º a 155º, do CPT.

As ações emergentes de acidentes de trabalho devem ser propostas no juízo do trabalho do lugar onde ocorreu o acidente. Cfr. o art. 15º, nº 1, do CPT.

O juízo do trabalho competente para julgar as ações emergentes de doença profissional é o do local onde o doente trabalhou pela última vez em atividade suscetível de originar a doença. Cfr. o art. 15º, nº 1, do CPT.

Ao sinistrado, doente ou beneficiário foi conferido o direito de optar pelo juízo do trabalho do seu domicílio, mediante simples requerimento apresentado até à fase contenciosa (art. 15º, nº 4, do CPT);

iii) Ações emergentes de despedimento coletivo

O art. 16º, nº 1, do CPT, fixa como juízo do trabalho competente para julgar a ação de impugnação de despedimento coletivo e o respetivo procedimento cautelar de suspensão o do lugar onde se situa o estabelecimento da prestação de trabalho;

iv) Ações relativas a questões de enfermagem ou hospitalares, de fornecimento de medicamentos emergentes da prestação de serviços clínicos, de aparelhos de prótese e ortopedia ou de quaisquer outros serviços ou prestações efetuados ou pagos em benefício de vítimas de acidentes de trabalho ou doenças profissionais

Estas ações devem ser propostas no juízo do trabalho competente para dirimir o acidente de trabalho (arts. 17º, do CPT e 126º, nº 1, al. *d*), da LOSJ);

v) Ações destinadas a anular os atos e contratos celebrados por quaisquer entidades responsáveis com o fim de se eximirem ao cumprimento de obrigações resultantes da aplicação da legislação sindical ou do trabalho

No âmbito do direito laboral, convém ter presente que o regime contratual é aplicável não só ao contrato de trabalho propriamente dito, mas também, *v.g.*, aos respetivos acordos de revogação (arts. 349º e 350º, do CT)[298].

As ações destinadas a anular os atos e contratos por quaisquer entidades responsáveis com o fim de se eximirem ao cumprimento de obrigações resultantes da aplicação da legislação sindical ou do trabalho devem ser propostas no juízo do trabalho competente para a causa a que respeitarem e correm por apenso ao processo, se este existir (arts. 17º, do CPT e 126º, nº 1, al. *e*), da LOSJ);

vi) Ações de liquidação e partilha de bens de instituições de previdência, de associações sindicais, de associações de empregadores ou de comissões de trabalhadores e outras em que sejam requeridas estas entidades

O juízo do trabalho territorialmente competente para apreciar e julgar as ações de liquidação e partilha dos bens é o da sede da instituição de previdência, da associação sindical, da associação de empregadores ou da comissão de trabalhadores (art. 18º, nº 1, do CPT). Contudo, estando em causa a declaração de um direito ou a efetivação de uma obrigação dessas entidades para com o beneficiário ou sócio, é também competente o juízo do trabalho do domicílio do autor (art. 18º, nº 2, do CPT);

vii) Pactos de desaforamento

Ancorado no princípio da autonomia da vontade, o direito processual civil reconhece a validade de convenção expressa que afaste a competência territorial resultante da lei, salvo nas situações cuja incompetência seja do conhecimento oficioso (arts. 95º, nº 1, 2ª parte e 104º, do CPC).

Ora, no universo do processo laboral, o legislador, novamente imbuído da preocupação de assegurar o respeito pelo princípio do *favor laboratoris*, impediu

[298] Por exemplo, o STJ, no Ac. de 16.04.1997 *in* www.dgsi.pt (Proc. nº 96S246) e BMJ, 466, p. 344, apreciou uma situação jurídica em que se discutia a anulabilidade de um acordo de revogação celebrado sobre coação moral.

esta possibilidade convencional, estipulando, no art. 19º, do CPT, a nulidade dos pactos ou cláusulas que excluam a competência territorial atribuída pelos arts. 13º a 18º, do CPT[299].

3.2.3. Competência material

Os juízos do trabalho têm a competência especializada elencada no art. 126º, nº 1, da LOSJ, onde se incluem:

a) As questões relativas à anulação e interpretação dos instrumentos de regulamentação coletiva do trabalho que não revistam natureza administrativa;

b) As questões emergentes de relações de trabalho subordinado e de relações estabelecidas com vista à celebração de contratos de trabalho

Só as relações emergentes de contrato de trabalho são da competência material dos juízos do trabalho. Destarte, se estiver em causa, por exemplo, o incumprimento de um contrato de prestação de serviços, regulado pelos arts. 1154º e ss., do CC, serão competentes os juízos centrais ou locais cíveis[300].

[299] Detenhamo-nos agora sobre as consequências desta nulidade.
Conforme tem apontado a doutrina, são configuráveis dois cenários.
No primeiro, o autor interpõe a ação judicial, desrespeitando o pacto de desaforamento. Nesta hipótese, o réu não pode invocar a incompetência territorial fundada naquele pacto, uma vez que este está ferido de nulidade. No segundo, o autor, submetendo-se ao pacto, intenta a ação no foro contratualmente fixado. Neste caso, o réu pode arguir a nulidade ou conformar-se com a invocação do pacto.
A este propósito, merece especial atenção a questão de saber se estamos perante uma incompetência que carece de invocação ou que pode ser oficiosamente suscitada pelo tribunal.
Carlos Alegre, *Código de Processo do Trabalho – Anotado*, p. 93, advoga que a incompetência resultante da violação do art. 19º, do CPT, é relativa, não podendo ser suscitada oficiosamente pelo tribunal. *Vide*, também, Adalberto Costa, *Código de Processo do Trabalho – Anotado e Comentado*, p. 94.
O facto de esta incompetência não ser do conhecimento oficioso poderá levar a que pactos de desaforamento nulos sejam eficazes, se as partes não arguirem essa nulidade.
Pelo contrário, Alcides Martins, *Direito do Processo Laboral*, p. 77, entende que, tal irregularidade, dado configurar uma exceção dilatória, pode ser do conhecimento oficioso.
Ao que pudemos perceber, este autor sustenta a sua posição nos arts. 103º, 104º, 577º e 578º, todos do CPC.
Também José Joaquim Fernandes Oliveira Martins, *A (in)competência Territorial no Código de Processo do Trabalho*, p. 193, entende que a "incompetência territorial é, nos processos laborais, sempre de conhecimento oficioso".

[300] Já nas situações em que, existindo um aparente contrato de prestação de serviços, o prestador pretenda o reconhecimento da existência de um contrato de trabalho, a apreciação e julgamento da respetiva ação especial (arts. 186.-K a 186º-S, do CPT) caberá ao juízo do trabalho.

Do elenco das ações que integram a al. *b*), do nº 1, do art. 126º, da LOSJ, podemos ainda destacar:

- A ação na qual seja pedida a condenação do empregador a pagar uma indemnização decorrente do prejuízo sofrido por não ter procedido aos descontos para a segurança social sobre as retribuições[301];
- As ações cuja causa de pedir e o respetivo pedido se fundamentem no incumprimento parcial de um acordo extrajudicial por via do qual o empregador se obrigou a pagar ao trabalhador uma determinada quantia pela cessação do contrato de trabalho e demais créditos laborais devidos[302];
- As ações de processo comum que tenham por objeto a impugnação de um despedimento verbal, o não pagamento da retribuição, a violação do direito a férias, o desrespeito pelas regras do trabalho suplementar, etc;
- O processo especial de impugnação judicial da regularidade e licitude do despedimento (arts. 98º-B a 98º-P, do CPT);
- O processo especial de impugnação de despedimento coletivo (arts. 156º a 161º, do CPT);
- O processo especial de impugnação da confidencialidade de informações ou da recusa da sua prestação ou da realização de consultas (arts. 186º-A a 186º-C, do CPT);
- O processo especial de tutela da personalidade do trabalhador (arts. 186º-D a 186º-F, do CPT);
- O processo especial sobre igualdade e não discriminação em função do sexo (arts. 186º-G a 186º-I, do CPT);
- O processo especial de reconhecimento da existência de contrato de trabalho (arts. 186º-K a 186º-S, do CPT).

Estão igualmente abrangidas por esta alínea as questões relativas aos contratos de trabalho com regime especial a que alude o art. 9º, do CT, nomeadamente:

- O contrato de trabalho do praticante desportivo[303];
- O contrato de trabalho portuário[304];

[301] Cfr. o Ac. da RP, de 18.12.2013 *in* www.dgsi.pt (Proc. nº 1132/12.8TTBRG-A.P1).

[302] Cfr. os Acs. da RE, de 24.05.2018 *in* www.dgsi.pt (Proc. nº 807/17.0T8TMR.E1) e de 01.02.2018 *in* www.dgsi.pt (Proc. nº 951/17.3T8TMR.E1) e da RL, de 24.01.2018 *in* www.dgsi.pt (Proc. nº 3311/17.2T8LRS.L1-4).

[303] Regulado pela L nº 54/2017, de 14 de julho.

[304] Regulado pelo DL nº 280/93, de 13 de agosto, com a redação introduzida pela DRet nº 202/93, de 30 de outubro e pela L nº 3/2013, de 14 de janeiro.

- O contrato de trabalho nas embarcações de pesca[305];
- O contrato de trabalho doméstico[306];
- A atividade profissional do marítimo[307];
- O contrato de trabalho a bordo de navio que arvore a bandeira portuguesa[308];
- O contrato de trabalho dos profissionais da área da cultura[309];

c) As questões emergentes de acidentes de trabalho e doenças profissionais;

d) As questões de enfermagem ou hospitalares, de fornecimento de medicamentos emergentes da prestação de serviços clínicos, de aparelhos de prótese e ortopedia ou de quaisquer outros serviços ou prestações efetuados ou pagos em benefício de vítimas de acidentes de trabalho ou doenças profissionais;

e) Das ações destinadas a anular os atos e contratos celebrados por quaisquer entidades responsáveis com o fim de se eximirem ao cumprimento de obrigações resultantes da aplicação da legislação sindical ou do trabalho;

f) As questões emergentes de contratos equiparados por lei aos de trabalho

Do foro material dos juízos do trabalho é também a apreciação e julgamento de questões relativas aos contratos de trabalho equiparados por lei aos de trabalho, nos termos do art. 10º, do CT. O exemplo habitualmente apontado é o do trabalho no domicílio regulado pela L nº 101/2009, de 08 de setembro;

g) As questões emergentes de contratos de aprendizagem e de tirocínio;

h) As questões entre trabalhadores ao serviço da mesma entidade, a respeito de direitos e obrigações que resultem de atos praticados em comum na execução das suas relações de trabalho ou que resultem de ato ilícito praticado por um deles na execução do serviço e por motivo deste, ressalvada a competência dos tribunais criminais quanto à responsabilidade civil conexa com a criminal;

[305] Regulado pela L nº 15/97, de 31 de maio, com a redação introduzida pela L nº 114/99, de 03 de agosto; pela L nº 29/2018, de 16 de julho e pelo DL nº 101-F/2020, de 07 de dezembro. Este último diploma transpôs para a ordem jurídica nacional as Diretivas (UE) 2017/159 e 2018/131.

[306] Regulado pelo DL nº 235/92, de 24 de outubro, com a redação introduzida pela DRet nº 174/92, de 31 de outubro, pela L nº 114/99, de 03 de agosto e pela L nº 13/2023, de 03 de abril.

[307] Regulada pelo DL nº 166/2019, de 31 de outubro.

[308] Regulado pela L nº 146/2015, de 09 de setembro, com a redação introduzida pela L nº 29/2018, de 16 de julho e pelo DL nº 101-F/2020, de 7 de dezembro.

[309] Regulado pelo DL nº 105/2021, de 29 de novembro, com a redação introduzida pelo DL nº 64/2022, de 27 de setembro.

i) As questões entre instituições de previdência ou de abono de família e seus beneficiários, quando respeitem a direitos, poderes ou obrigações legais, regulamentares ou estatutárias de umas ou outros, sem prejuízo da competência própria dos tribunais administrativos e fiscais;

j) As questões entre associações sindicais e sócios ou pessoas por eles representados ou afetados por decisões suas, quando respeitem a direitos, poderes ou obrigações legais, regulamentares ou estatutárias de uns ou de outros;

k) Os processos destinados à liquidação e partilha de bens de instituições de previdência ou de associações sindicais, quando não haja disposição legal em contrário;

l) As questões entre instituições de previdência ou entre associações sindicais, a respeito da existência, extensão ou qualidade de poderes ou deveres legais, regulamentares ou estatutários de um deles que afete o outro;

m) As execuções fundadas nas suas decisões ou noutros títulos executivos, ressalvada a competência atribuída a outros tribunais;

n) As questões entre sujeitos de uma relação jurídica de trabalho ou entre um desses sujeitos e terceiros, quando emergentes de relações conexas com a relação de trabalho, por acessoriedade, complementaridade ou dependência, e o pedido se cumule com outro para o qual o juízo seja diretamente competente

A relação conectiva pode ser:

De acessoriedade

A relação é de acessoriedade quando o pedido da questão acessória depende do pedido da questão principal;

De complementaridade

A relação é de complementaridade se, apesar das questões serem objetivamente autónomas, o pedido de uma delas, por vontade das partes, torna-se complemento do pedido da outra[310];

[310] O STJ fez notar que a discussão de um dos pedidos "completa" toda a relação jurídica (ou relações jurídicas) subjacente(s) à ação. Se estiverem em causa diferentes direitos de créditos "é relativamente a tais relações de crédito, objectiva e subjectivamente consideradas, que se tem que aferir se existe a apontada complementaridade". [Ac. de 22.11.2006 *in* www.dgsi.pt (Proc. nº 06S1822)]

De dependência

A relação é de dependência se, não obstante a autonomia objetiva entre as questões, a eficácia jurídica do pedido da questão secundária está dependente do pedido da questão principal[311];

[311] Num caso em que o trabalhador pediu a condenação do empregador no pagamento de créditos laborais emergentes de um contrato de trabalho e da sua cessação por resolução com justa causa, (*v.g.* subsídio de férias, retribuição correspondente a férias, indemnização devida pela resolução do contrato de trabalho com justa causa, retribuição por trabalho suplementar) e o empregador, em sede de reconvenção, pediu a devolução de instrumentos de trabalho e uma indemnização pela privação desses instrumentos, a RC entendeu que, embora os pedidos tenham um ponto comum (o contrato de trabalho e a prestação de trabalho), ambas as violações contratuais "têm conteúdo independente na medida em que qualquer dessas violações poderia ocorrer sem o concurso da outra. A causa subordinada – a da reconvenção – não é objectivamente conexa e dependente do pedido da causa principal (acessoriedade). Nem se pode afirmar que, sendo ambas relações autónomas pelo seu objecto, uma delas teria sido convertida, por vontade das partes, em complemento da outra (complementaridade). Nem que o nexo entre ambas é de tal ordem que a relação dependente não pode viver desligada da relação principal (dependência); ambas são rigorosamente independentes e um pedido não depende do outro". [Ac. de 12.05.2016 *in* www.dgsi.pt (Proc. nº 1056/15.7T8CLD-A.C1)]
Num processo em que o trabalhador peticionou a declaração de nulidade do contrato "e a ilicitude do seu despedimento e a condenação da ré no pagamento de quantias emergentes da execução do contrato, danos não patrimoniais, compensação em substituição da reintegração, salários intercalares e juros legais" e o empregador, invocando um arrendamento do local de trabalho celebrado com aquele, pediu a condenação no pagamento de rendas em falta e de uma indemnização por ter ficado com a loja fechada durante uma semana", este mesmo tribunal julgou que não havia conexão entre os pedidos. [Ac. de 12.02.2009 *in* www.dgsi.pt (Proc. nº 289/08.7TTTMR.C1)]
Nesta mesma esteira, a RP, numa ação em que o trabalhador pretendia que fosse declarada "a ilicitude da cessação do contrato de trabalho e que o empregador fosse condenado nas consequências legais de tal ilicitude (reintegração ou, em alternativa, indemnização de antiguidade e retribuições auferidas desde a data do despedimento), bem como a pagar-lhe créditos laborais em dívida (indemnização por férias não gozadas, subsídios de férias e de natal e remunerações em dívida) e indemnização por danos não patrimoniais decorrente do incumprimento e/ou atraso no cumprimento da obrigação salarial" e o empregador pretendia que o trabalhador fosse condenado em indemnização por danos não patrimoniais decorrente, de facto ilícito (ofensa ao bom nome) gerador de responsabilidade civil extracontratual, considerou que não existia entre os pedidos e respetivas causas de pedir, "qualquer relação de conexão, não sendo o pedido reconvencional acessório, complementar ou dependente de qualquer um dos pedidos formulados pelo trabalhador". [Ac. de 01.10.2007 *in* www.dgsi.pt (Proc. nº 0742027)]
Também entre um pedido de condenação no pagamento de indemnização por despedimento ilícito (ou, sendo esta a sua opção, que a 1ª ré fosse condenada a reintegrar o autor no seu posto de trabalho), de créditos laborais e de indemnização por danos não patrimoniais e o pedido de condenação no pagamento de indemnização por atuação negligente do trabalhador no cumprimento dos seus deveres profissionais, os nossos tribunais decidiram não haver conexão. Cfr. o Ac. do STJ, de 22.11.2006 *in* www.dgsi.pt (Proc. nº 06S1822).
O mesmo STJ julgou, igualmente, não haver conexão entre o pedido do empregador onde exige que se declare que o contrato de trabalho celebrado foi denunciado ilicitamente pelo trabalhador e que este seja condenado a pagar-lhe a indemnização de € 754.511,04, acrescida de juros de mora, à taxa legal, desde a citação e até integral pagamento e o pedido do trabalhador, no qual reclama a condenação daquele na quantia de € 979.573,84, a título de prémios por assinatura, salários, prémios de jogo e de

o) As questões reconvencionais que com a ação tenham as relações de conexão referidas na alínea anterior, salvo no caso de compensação, em que é dispensada a conexão;

p) As questões cíveis relativas à greve;

q) As questões entre comissões de trabalhadores e as respetivas comissões coordenadoras, a empresa ou trabalhadores desta;

r) Todas as questões relativas ao controlo da legalidade da constituição, dos estatutos e respetivas alterações, do funcionamento e da extinção das associações sindicais, associações de empregadores e comissões de trabalhadores.

3.2.4. Pactos de desaforamento

O art. 39º, da LOSJ, consagra a regra geral, de acordo com a qual as causas não podem ser deslocadas do juízo competente para outro, a não ser nos casos especialmente previstos na lei.

Nesta linha, o art. 95º, nº 1, do CPC, estipula que as regras de competência em razão da matéria, da hierarquia e do valor da causa não podem ser afastadas por vontade das partes. No entanto, tratando-se da competência territorial, a lei previu uma exceção, reconhecendo o direito de as partes escolherem o tribunal que irá dirimir o conflito (art. 95º, nº 1, 2ª parte, do CPC).

Já no domínio do processo laboral, o princípio segundo o qual as causas não podem ser deslocadas do juízo competente para outro, não admite nenhuma exceção. Com efeito, o art. 19º, do CPT, estipula que os pactos ou cláusulas que excluam a competência territorial legalmente atribuída são nulos[312].

classificação, rendas e indemnização por diferenças salariais decorrentes da rescisão parcial, vencidos e não pagos, a que acrescem juros de mora vencidos e vincendos. Cfr. o Ac. de 12.09.2007 *in* www.dgsi.pt (Proc. nº 07S1155).

[312] Esta significativa diferença face ao processo civil, justifica-se por força do princípio do tratamento mais favorável do trabalhador (*favor laboratoris*).

CAPÍTULO VIII
OS PROCEDIMENTOS CAUTELARES LABORAIS

1. Procedimento cautelar comum

O regime do procedimento cautelar comum está previsto nos arts. 362º a 376º, do CPC.

O procedimento cautelar é o mecanismo processual a que pode recorrer todo aquele que mostre fundado receio de que outrem cause lesão grave e dificilmente reparável ao seu direito (art. 362º, nº 1, do CPC).

O art. 32º, do CPT, embora remetendo para o regime estabelecido no CPC, fixa as seguintes especificidades deste procedimento, no âmbito do processo laboral:

- Recebido o requerimento inicial, é designado dia para a audiência final (al. *a*), nº 1);
- Sempre que seja admissível oposição do requerido, esta é apresentada até ao início da audiência final (al. *b*), nº 1)[313];
- A decisão é sucintamente fundamentada, regendo-se a sua gravação e transcrição para a ata pelo disposto no art. 155º, do CPC (al. *c*), nº 1);
- Nos casos de admissibilidade de oposição, as partes são advertidas para comparecer pessoalmente ou, em caso de justificada impossibilidade de comparência, fazer-se representar por mandatário com poderes especiais para confessar, desistir ou transigir[314], na audiência final, na qual se procederá à tentativa de conciliação (nº 2);
- A falta de comparência de qualquer das partes ou dos seus mandatários na audiência final não é motivo de adiamento (nº 4)[315].

[313] No processo civil, o tribunal ouve o requerido (exceto quando a audiência puser em risco sério o fim ou a eficácia da providência) e só depois tem lugar a produção da prova (cfr., conjugadamente, os arts. 366º, nº 1 e 367º, nº 1, do CPC).

[314] No caso de representação por mandatário, este deve informar-se previamente sobre os termos em que o mandante aceita a conciliação (nº 3).
Nota-se aqui a relevância que é dada à conciliação e ao respeito pela vontade real do mandante.

[315] No processo civil, a falta de alguma pessoa convocada e de cujo depoimento se não prescinda, bem como a necessidade de realizar qualquer diligência probatória no decurso da audiência, apenas determinam a suspensão desta na altura conveniente, designando-se logo data para a sua continuação (art. 367º, nº 2, do CPC).

2. Procedimentos cautelares especificados (em especial o de suspensão do despedimento)

2.1. Nota prévia

Para além do procedimento cautelar comum, existem ainda os procedimentos cautelares especificados, geralmente direcionados para determinadas situações jurídicas que pelas suas características merecem um regime próprio.

No processo do trabalho, podemos distinguir, atualmente, os seguintes procedimentos cautelares especificados:

- Suspensão de despedimento (arts. 33º-A a 40º-A, do CPT);
- Proteção da segurança e saúde no trabalho (arts. 44º a 46º, do CPT).

O regime do procedimento cautelar especificado de suspensão de despedimento coletivo, que estava contido nos arts. 41º a 43º, do CPT, foi revogado pelo DL nº 295/2009, de 13 de outubro. Assim, conforme esclarece agora expressamente o art. 33º-A, do CPT (aditado pela L nº 107/2019), aquela suspensão está hoje sujeita ao suprarreferido procedimento cautelar, o qual é assim aplicável a todos os tipos de despedimento.

2.2. Suspensão de despedimento

2.2.1. Requerimento inicial

De acordo com o disposto no art. 386º, do CT, o trabalhador pode requerer a suspensão preventiva do despedimento, no prazo de cinco dias úteis a contar da data da receção da comunicação de despedimento.

Com a L nº 13/2023, foi confiada à ACT o poder de, sempre que verifique a existência de indícios de um despedimento em violação das als. *a*), *c*) ou *d*) do art. 381º, do CT, bem como de algum dos fundamentos de ilicitude do despedimento por facto imputável ao trabalhador (art. 382º, do CT), do despedimento coletivo (art. 383º, do CT, na redação introduzida pela L nº 13/2023) e do despedimento por extinção de posto de trabalho (art. 384º, do CT), lavrar um auto e notificar o empregador para regularizar a situação (art. 11º, nº 3, do DL nº 102/2000, de 02 de junho).

Se o empregador não o fizer dentro do prazo concedido no auto, a ACT remete, em cinco dias, participação dos factos para os serviços do Ministério Público junto do tribunal do lugar da prestação de trabalho, acompanhada de todos os elementos de prova recolhidos, para fins de instauração de procedimento cautelar de suspensão de despedimento (art. 11º, nº 4[316], do DL nº 102/2000).

Depois de receber esta participação, o Ministério Público dispõe de 20 dias para instaurar o referido procedimento cautelar (art. 33º-B, nº 1, do CPT, aditado pela L nº 13/2023).

Nota-se que, no âmbito das ações de reconhecimento da existência de contrato de trabalho, reguladas pelos arts. 186º-K a 186º-S, do CPT, o Ministério Público deve igualmente intentar o referido procedimento cautelar, sempre que o trabalhador tiver sido despedido entre a data de notificação do empregador do auto de inspeção a que se refere o nº 1, do art. 15º-A, da L nº 107/2009, de 14 de setembro, que presume a existência de contrato de trabalho e o trânsito em julgado da decisão judicial que vier a ser proferida (art. 186º-S, nº 1, do CPT).

Depois de apresentado o requerimento inicial no prazo previsto no art. 386º, do CT ou no art. 33º-B, do CPT, o juiz ordena a citação do requerido para, querendo, se opor e designa no mesmo ato data para a audiência final, que deve realizar-se no prazo de 15 dias (art. 34º, nº 1, do CPT)[317].

2.2.2. Prova

As partes têm a faculdade de apresentar qualquer meio de prova, sendo limitado a três o número de testemunhas por parte (art. 35º, nº 1, do CPT).

O tribunal, oficiosamente ou a requerimento fundamentado das partes, pode determinar a produção de quaisquer provas que considere indispensáveis à decisão (art. 35º, nº 2, do CPT).

2.2.3. Audiência final

As partes devem comparecer pessoalmente na audiência final ou, em caso de justificada impossibilidade de comparência, fazer-se representar por mandatário com poderes especiais para confessar, desistir ou transigir (art. 36º, nº 1, do CPT).

[316] Este número foi aditado pela L nº 13/2023.

[317] Convém ter presente que a impugnação judicial da regularidade e licitude do despedimento deve ser requerida neste requerimento inicial, caso não tenha ainda sido apresentado o formulário referido no art. 98º-C, do CPT, sob pena de extinção do procedimento cautelar.
Nesta situação, o trabalhador fica, naturalmente, dispensado de apresentar este formulário (art. 98º-C, nº 2, do CPT).

Na audiência, o juiz tenta a conciliação e, se esta não resultar, ouve as partes e ordena a produção da prova a que houver lugar, proferindo, de seguida, a decisão (art. 36º, nº 2, do CPT).

Se a complexidade da causa o justificar, a decisão pode ser proferida no prazo de 8 dias, caso não tenham decorrido mais de 30 dias a contar da entrada do requerimento inicial (art. 36º, nº 3, do CPT).

Tendo sido requerida a suspensão de despedimento, a audiência de partes da ação de impugnação judicial do despedimento antecede a audiência final do procedimento cautelar, sendo, neste caso, dispensada a tentativa de conciliação (cfr., conjugadamente, os arts. 36º, nºs 2 e 4 e 98º-F, nº 3, do CPT).

2.2.4. Falta de comparência

Na falta de comparência injustificada do requerente ou de ambas as partes, sem que se tenham feito representar por mandatário com poderes especiais, a providência é logo indeferida (art. 37º, nº 1, do CPT).

Se o requerido não comparecer nem justificar a falta no próprio ato, ou não se fizer representar por mandatário com poderes especiais, a providência é julgada procedente (art. 37º, nº 2, 1ª parte, do CPT). No entanto, se tiver juntado o procedimento disciplinar ou os documentos comprovativos do cumprimento das formalidades exigidas para o despedimento, nos termos dos nºs 3 e 4, do art. 34º, do CPT, o juiz decide com base nos elementos constantes dos autos e na prova que oficiosamente determinar (art. 37º, nº 2, 2ª parte, do CPT, na versão resultante da L nº 13/2023).

Na hipótese de alguma ou ambas as partes faltarem justificadamente e não se fizerem representar por mandatário com poderes especiais, o juiz decide com base nos elementos constantes dos autos e na prova que oficiosamente determinar (cfr., conjugadamente, os nºs 2, 2ª parte e 3, do art. 37º, do CPT).

2.2.5. Falta de apresentação do procedimento disciplinar ou dos documentos comprovativos das formalidades exigidas

Se for invocado despedimento precedido de procedimento disciplinar, o juiz, no despacho em que determina a citação do requerido e designa data para a audiência final, ordena ainda a notificação deste para, no prazo da oposição, juntar o procedimento, que é apensado aos autos (art. 34º, nº 3, do CPT, na versão resultante da L nº 13/2023)[318].

[318] O procedimento disciplinar está regulado nos arts. 352º a 358º, do CT.

Por seu turno, tratando-se de despedimento coletivo[319], por extinção do posto de trabalho[320] ou por inadaptação[321], o juiz ordena a notificação do requerido para, no prazo da oposição, juntar aos autos os documentos comprovativos do cumprimento das formalidades exigidas (art. 34º, nº 4, do CPT).

Caso o requerido, injustificadamente, não juntar os documentos mencionados, a providência é decretada (art. 38º, nº 1, do CPT, na versão resultante da L nº 13/2023).

Já se o incumprimento for justificado até ao termo do prazo da oposição, o juiz decide com base nos elementos constantes dos autos e na prova que oficiosamente determinar (art. 38º, nº 2, do CPT).

2.2.6. Decisão final

O juiz deve decretar a suspensão se, ponderadas todas as circunstâncias relevantes, considerar verificada a probabilidade séria de ilicitude do despedimento, designadamente quando conclua:

- Pela provável inexistência de procedimento disciplinar ou pela sua provável invalidade[322];
- Pela provável inexistência de justa causa[323] ou
- Nos casos de despedimento coletivo, de despedimento por extinção de posto de trabalho ou de despedimento por inadaptação, pela provável verificação de qualquer dos fundamentos de ilicitude previstos no art. 381º, do CT ou, ainda, pela provável inobservância de qualquer formalidade pre-

[319] Arts. 359º a 366º, do CT.

[320] Arts. 367º a 372º, do CT.

[321] Arts. 373º a 380º, do CT.

[322] O despedimento por iniciativa do empregador é ilícito se não for precedido do respetivo procedimento (art. 381º, al. *c*), do CT).
Nos termos do art. 382º, nº 2, do CT, o procedimento disciplinar é inválido se:
- Faltar a nota de culpa ou se esta não for escrita ou não contiver a descrição circunstanciada dos factos imputados ao trabalhador;
- Faltar a comunicação da intenção de despedimento junta à nota de culpa;
- Não tiver sido respeitado o direito do trabalhador a consultar o processo ou a responder à nota de culpa ou, ainda, o prazo para resposta à nota de culpa;
- A comunicação ao trabalhador da decisão de despedimento e dos seus fundamentos não for feita por escrito, ou não esteja elaborada nos termos do nº 4, do art. 357º ou do nº 2, do art. 358º, do CT.

[323] O despedimento por iniciativa do empregador é ilícito se o motivo justificativo do despedimento for declarado improcedente (art. 381º, al. *b*), do CT).

vista nas normas referidas, respetivamente, nos arts. 383º[324], 384º[325] ou 385º[326], do CT.

A decisão sobre a suspensão tem força executiva relativamente às retribuições em dívida, devendo o empregador, até ao último dia de cada mês subsequente à decisão, juntar documento comprovativo do seu pagamento (art. 39º, nº 2, do CPT).

2.2.7. Recursos

Da decisão final cabe sempre recurso de apelação para a Relação (art. 40º, nº 1, do CPT).

Em regra, o recurso tem efeito meramente devolutivo. No entanto, tratando-se de decisão que tiver decretado a providência, é atribuído efeito suspensivo se, no ato de interposição, o recorrente depositar no tribunal a quantia correspondente a seis meses de retribuição do recorrido, acrescida das correspondentes contribuições para a segurança social (art. 40º, nº 3, do CPT)[327].

[324] Este preceito, na versão introduzida pela L nº 13/2023, de 03 de abril, dispõe que o despedimento coletivo é ainda ilícito se o empregador:
– Não tiver feito a comunicação prevista nos nºs 1, 3 ou 4, do art. 360º, do CT ou promovido a fase de informações e negociação prevista no nº 1, do art. 361º, do CT;
– Não tiver observado o prazo para decidir o despedimento, referido no nº 1, do art. 363º, do CT;
– Não tiver posto à disposição do trabalhador despedido, até ao termo do prazo de aviso prévio, a compensação por ele devida a que se refere o art. 366º, do CT e os créditos vencidos ou exigíveis em virtude da cessação do contrato de trabalho, sem prejuízo do disposto na parte final do nº 5, do art. 363º, do CT.

[325] Por força desta norma, o despedimento por extinção de posto de trabalho é ainda ilícito se o empregador:
– Não cumprir os requisitos do nº 1, do art. 368º, do CT;
– Não observar o disposto no nº 2, do art. 368º, do CT;
– Não tiver feito as comunicações previstas no art. 369º, do CT;
– Não tiver posto à disposição do trabalhador despedido, até ao termo do prazo de aviso prévio, a compensação por ele devida a que se refere o art. 366º, do CT, por remissão do art. 372º, do CT e os créditos vencidos ou exigíveis em virtude da cessação do contrato de trabalho.

[326] Nos termos deste artigo, o despedimento por inadaptação é ainda ilícito se o empregador:
– Não cumprir o disposto nos nºs 3 e 4, do art. 374º ou nos nºs 1 a 3, do art. 375º, do CT;
– Não tiver feito as comunicações previstas no art. 376º, do CT;
– Não tiver posto à disposição do trabalhador despedido, até ao termo do prazo de aviso prévio, a compensação por ele devida a que se refere o art. 366º, do CT, por remissão do nº 1, do art. 379º, do CT e os créditos vencidos ou exigíveis em virtude da cessação do contrato de trabalho.

[327] "Interposto recurso com efeito suspensivo para o Tribunal da Relação da decisão proferida em providência cautelar que tenha decretado a suspensão do despedimento, não são devidas ao trabalhador retribuições entre a data do despedimento e o trânsito em julgado do acórdão do Tribunal da Relação que confirme a suspensão do despedimento, sem prejuízo do disposto no nº 3 do artigo 40º do Código de

2.2.8. Caducidade da providência

Salvo se tiver sido decretada a inversão do contencioso, o procedimento cautelar extingue-se e, quando decretada, a providência caduca:

- Se o trabalhador não propuser a ação de impugnação de despedimento individual ou coletivo da qual a providência depende dentro de 30 dias, contados da data em que lhe tiver sido notificado o trânsito em julgado da decisão que a tenha ordenado (art. 40º-A, nº 1, al. *a*), do CPT).

  Esta consequência não é aplicável quando tiver sido requerida a impugnação da regularidade e licitude do despedimento, nos termos do nº 5, do art. 34º e do art. 98º-C, do CPT (art. 40º-A, nº 2, do CPT, alterado pela L nº 13/2023, de 03 de abril);
- Nos demais casos previstos no Código de Processo Civil que não sejam incompatíveis com a natureza do processo do trabalho[328] (art. 40º-A, nº 1, al. *b*), do CPT).

3. Os procedimentos cautelares especificados do CPC aplicáveis no foro laboral

Antes de mais importa realçar que os procedimentos cautelares especificados regulados no CPC, que forem aplicáveis ao foro laboral, seguem o regime estabelecido nesse Código (art. 47º, do CPT).

Esta aplicabilidade afere-se, naturalmente, pela natureza da relação jurídica em litígio, a qual delimita a competência material. Assim, atendendo à relação instrumental e de dependência dos procedimentos face às ações cujos efeitos visam prevenir ou antecipar, podemos excluir do foro laboral os seguintes procedimentos cautelares especificados:

- Restituição provisória de posse (arts. 377º a 379º, do CPC);
- Suspensão de deliberações sociais (arts. 380º a 383º, do CPC);

Processo do Trabalho, aprovado pelo Decreto-Lei nº 480/99, de 9 de novembro". (Ac. do STJ nº 6/2016 (Uniformização de Jurisprudência), pub. no DR, I Série, de 18.03.2016)

[328] O art. 373º, nº 1, do CPC, prevê a caducidade da providência nas seguintes situações:

a) Se o requerente não propuser a ação da qual a providência depende dentro de 30 dias contados da data da notificação do trânsito em julgado da decisão que a haja ordenado;

b) Se, proposta a ação, o processo estiver parado mais de 30 dias, por negligência do requerente;

c) Se a ação vier a ser julgada improcedente, por decisão transitada em julgado;

d) Se o réu for absolvido da instância e o requerente não propuser nova ação em tempo de aproveitar os efeitos da proposição da anterior;

e) Se o direito que o requerente pretende acautelar se tiver extinguido.

- Alimentos provisórios (arts. 384º a 387º, do CPC);
- Embargo de obra nova (arts. 397º a 402º, do CPC).

Por sua vez, podemos considerar aplicáveis ao foro laboral os restantes procedimentos previstos no CPC, mais precisamente:

- O arbitramento de reparação provisória (arts. 388º a 390º, do CPC);
- O arresto (arts. 391º a 396º, do CPC);
- O arrolamento (arts. 403º a 409º, do CPC)[329].

4. A inversão do contencioso

Nos casos em que a providência cautelar for decretada, a secretaria notifica o requerente do trânsito em julgado da decisão, tendo este o prazo de 30 dias a contar dessa notificação para propor a ação principal[330], sob pena de caducidade da providência.

Com o CPC de 2013, foi introduzido, no art. 369º, o instituto da inversão do contencioso[331]. Nos termos do nº 1, deste preceito, o juiz, na decisão que decrete a providência, pode, mediante requerimento[332], dispensar o requerente do ónus de propositura da ação principal se a matéria adquirida no procedimento lhe permitir formar convicção segura acerca da existência do direito acautelado e se a natureza da providência decretada for adequada a realizar a composição definitiva do litígio.

Antes das alterações introduzidas pela L 107/2019, o corpo do art. 32º, nº 1, do CPT, não fazia menção expressa à aplicabilidade do regime respeitante à inversão do contencioso. Entendíamos que, olhando à remissão genérica que a norma continha e ao facto de tal regime não ser incompatível com a natureza do processo laboral (com as ressalvas que aquele preceito previa e prevê), era

[329] Para maiores desenvolvimentos sobre este tema, *vide* António Santos Abrantes Geraldes, *Suspensão de Despedimento e outros Procedimentos Cautelares no Processo do Trabalho*, ps. 135 e ss. e Paulo Sousa Pinheiro, *Curso de Direito Processual do Trabalho*, ps. 125 e ss..

[330] Naturalmente, se não o fez em momento anterior. Basta lembrar que o procedimento cautelar pode ser instaurado como preliminar ou como incidente de uma ação declarativa ou executiva (art. 364º, nº 1, do CPC).

[331] Sobre a inversão do contencioso, veja-se, entre outros, António Santos Abrantes Geraldes/Paulo Pimenta/Luís Filipe Pereira de Sousa, *Código de Processo Civil – Anotado*, ps. 431 e ss. e Paulo Ramos de Faria/Ana Luísa Loureiro, *Primeiras Notas ao Novo Código de Processo Civil*, volume I, ps. 294 e ss..

[332] Que deve ser apresentado até ao encerramento da audiência final (art. 369º, nº 2, do CPC).

legítimo concluir que a inversão do contencioso era, em abstrato, aplicável aos procedimentos cautelares especificadamente laborais.

Com a L nº 107/2019, a questão está ultrapassada, dado que o corpo do nº 1, do citado art. 32º, do CPT, faz agora referência expressa a esta figura.

Já quanto ao procedimento cautelar especificado de suspensão de despedimento (arts. 33º-A a 40º-A, do CPT) teremos que analisar cada caso.

Com efeito, estando em causa um despedimento individual por facto imputável ao trabalhador, por extinção do posto de trabalho ou por inadaptação cuja decisão tenha sido comunicado por escrito, o art. 387º, nºs 1 e 2, do CT, impõe que a sua regularidade e licitude seja apreciada judicialmente, mediante requerimento de oposição do trabalhador através do formulário aprovado pela P nº 1460-C/2009, de 31 de dezembro, seguindo os termos do processo especial regulado nos arts. 98º-B a 98º-P, do CPT.

Ora, na hipótese de ter sido instaurado o procedimento cautelar de suspensão de despedimento, antes da ação de impugnação, a apresentação do formulário é dispensada, se o trabalhador, no respetivo requerimento inicial, requerer a impugnação do despedimento (arts. 34º, nº 5 e 98º-C, nº 2, do CPT). Nesta eventualidade, o nº 3, do art. 33º, do CPT (aditado pela L nº 109/2019), vem agora dizer que o contencioso não se pode inverter.

No caso dos despedimentos verbais, a inversão do contencioso não será possível se o trabalhador, em substituição da reintegração, optar pela indemnização por antiguidade (art. 391º, nº 1, do CT) ou peticionar ainda uma indemnização por danos patrimoniais e não patrimoniais (art. 389º, nº 1, al. *a*), do CT). Com efeito, nestes casos, a "providência cautelar decretada, para além de ser completamente distinta da tutela definitiva, não é adequada a realizar a composição definitiva do litígio"[333].

Se estivermos perante um despedimento individual ou coletivo, devemos sublinhar que, não tendo sido decretada a inversão do contencioso, o procedimento cautelar se extingue e, quando decretada, a providência caduca se o trabalhador não propuser a respetiva ação de impugnação da qual a providência depende dentro de 30 dias, contados da data em que lhe tenha sido notificado o trânsito em julgado da decisão que a tenha ordenado (art. 40º-A, nº 1, al. *a*), do CPT).

No que diz respeito ao procedimento cautelar de proteção da segurança e saúde no trabalho, se considerarmos que a sua finalidade é a tomada de medi-

[333] Paulo Sousa Pinheiro, *Curso de Direito Processual do Trabalho*, ps. 137 e 138.

das adequadas a prevenir ou a afastar situações de perigo nas instalações, locais e processos do trabalho que possam afetar os trabalhadores, não vislumbramos qualquer razão para rejeitar a inversão do contencioso[334].

Logo que transite em julgado a decisão que haja decretado a providência cautelar e invertido o contencioso, o empregador é notificado para, querendo, intentar a ação destinada a impugnar a existência do direito acautelado nos 30 dias subsequentes à notificação, sob pena de a providência decretada se consolidar como composição definitiva do litígio (art. 371º, nº 1, do CPC).

Uma nota final para referir que a doutrina manifestava algumas reservas quanto à possibilidade de recorrer à inversão do contencioso no caso dos procedimentos cautelares especificados regulados no CPC aplicáveis ao foro laboral, como o arresto, o arrolamento e o arbitramento de reparação provisória[335].

[334] *Vide* Albertina Aveiro Pereira, *O Impacto do Código de Processo Civil no Código de Processo do Trabalho (Alguns Aspectos)*, p. 50; Viriato Reis/Diogo Ravara, *Reforma do Processo Civil e do Processo do Trabalho*, p. 73 e Paulo Sousa Pinheiro, *Curso de Direito Processual do Trabalho*, pp. 132 e 133.

[335] veja-se Paulo Sousa Pinheiro, *Curso de Direito Processual do Trabalho*, p. 131.

CAPÍTULO IX
ESPÉCIES E FORMAS DE PROCESSO

1. Processo declarativo e executivo

Quanto à espécie, o processo laboral é declarativo ou executivo (art. 48º, nº 1, do CPT).

2. Processo comum e especial

O processo declarativo pode ter a forma comum ou especial (art. 48º, nº 2, do CPT).

O processo declarativo comum aplica-se nos casos em que não há processo especial correspondente (art. 48º, nº 3, do CPT) e segue a tramitação dos arts. 54º e ss. (art. 49º, nº 1, do CPT).

Os processos especiais previstos no CPT são:

- A ação de impugnação judicial da regularidade e licitude do despedimento (arts. 98º-B a 98º-P, do CPT). Natureza urgente (art. 26º, nº 1, al. *a*), do CPT);
- A ação emergente de acidente de trabalho e de doença profissional (arts. 99º a 155º, do CPT). Natureza urgente (art. 26º, nº 1, al. *e*), do CPT);
- A ação de impugnação de despedimento coletivo (arts. 156º a 161º, do CPT). Natureza urgente (art. 26º, nº 1, al. *d*), do CPT);
- O processo do contencioso de instituições de previdência, abono de família e associações sindicais, associações de empregadores ou comissões de trabalhadores (arts. 162º a 172º, do CPT);
- A ação de impugnação da confidencialidade de informações ou da recusa da sua prestação ou da realização de consultas (arts. 186º-A a 186º-C, do CPT). Natureza urgente, mas os atos a praticar só têm lugar nas férias judiciais, quando tal for determinado pelo juiz, em despacho fundamentado (art. 26º, nºs 1, al. *f*) e 2, do CPT);
- A ação de tutela da personalidade do trabalhador (arts. 186º-D a 186º-F, do CPT). Natureza urgente, mas os atos a praticar só têm lugar nas férias judiciais, quando tal for determinado pelo juiz, em despacho fundamentado (art. 26º, nºs 1, al. *g*) e 2, do CPT);
- A ação relativa à igualdade e não discriminação em função do sexo (arts. 186º-G a 186º-I, do CPT). Natureza urgente, mas os atos a praticar só têm

lugar nas férias judiciais, quando tal for determinado pelo juiz, em despacho fundamentado (art. 26º, nºs 1, al. *h*) e 2, do CPT);
- A ação de reconhecimento da existência de contrato de trabalho (arts. 186º-K a 186º-S, do CPT). Natureza urgente (art. 26º, nº 1, al. *i*), do CPT).

CAPÍTULO X
A TRAMITAÇÃO DO PROCESSO DECLARATIVO COMUM

1. Petição inicial

1.1. Estrutura

A petição inicial é o articulado através do qual o autor manifesta a sua pretensão e deduz o pedido que lhe está subjacente.

A petição inicial divide-se em quatro partes: o cabeçalho[336]; a narração[337]; a conclusão[338] e as indicações complementares[339].

1.2. Requisitos

Nos termos do art. 552º, nº 1, do CPC, a petição inicial deve conter:

- A designação do tribunal e respetivo juízo em que a ação é proposta [al. *a*)];
- A identificação das partes, indicando os seus nomes, domicílios ou sedes e, obrigatoriamente, no que respeita ao autor, e sempre que possível, relativamente às demais partes, números de identificação civil e de identificação fiscal, profissões e locais de trabalho [al. *a*)];
- A indicação do domicílio profissional do mandatário judicial [al. *b*)];
- A indicação da forma de processo [al. *c*)];
- A exposição dos factos essenciais que constituem a causa de pedir e as razões de direito que servem de fundamento à ação [al. *d*)][340];

[336] Que contém a designação do tribunal e respetivo juízo em que a ação é proposta, a identificação das partes e a forma do processo (als. *a*) e *c*), do nº 1, do art. 552º, do CPC).

[337] Aqui o autor expõe os factos essenciais que constituem a causa de pedir e as razões de direito que servem de fundamento à ação (al. *d*), do nº 1, do art. 552º, do CPC).

[338] Que se destina à formulação do pedido (al. *e*), do nº 1, do art. 552º, do CPC).

[339] Esta parte deverá conter:
- O rol de testemunhas e outros requerimentos de prova (art. 63º, nº 1, do CPT). O autor só pode arrolar 10 testemunhas para prova dos fundamentos da ação (art. 64º, nº 1, do CPT). Note-se que o rol de testemunhas pode ser alterado ou aditado até 20 dias antes da data em que se realize a audiência final, sendo a parte contrária notificada para usar, querendo, de igual faculdade no prazo de 5 dias (art. 63º, nº 2, do CPT);
- O valor da causa. Cfr. a al. *f*), do nº 1, do art. 552º, do CPC;
- A assinatura do seu subscritor.

[340] A fundamentação de facto, aqui exigida, consiste na exposição factual dos acontecimentos cuja ocorrência originou e motivou a pretensão do autor e que constitui a causa de pedir, correspondendo esta

- A formulação do pedido [al. *e*)][341 342];
- A declaração do valor da causa [al. *f*)];
- A designação do agente de execução incumbido de efetuar a citação ou o mandatário judicial responsável pela sua promoção [al. *g*)].

Importa ainda frisar que o autor, com a petição inicial:

- Deve apresentar o rol de testemunhas e requerer outros meios de prova (arts. 63º, nº 1, do CPT e 552º, nº 6, 1ª parte, do CPC)[343];
- Deve comprovar o prévio pagamento da taxa de justiça devida ou da concessão do benefício de apoio judiciário, na modalidade de dispensa do mesmo (art. 552º, nº 7, do CPC)[344];
- Pode requerer a produção antecipada de prova, nos termos do art. 420º, do CPC;
- Pode requerer a citação urgente (art. 561º, nº 1, do CPC)[345].

"ao núcleo fáctico *essencial* tipicamente previsto por uma ou mais normas como causa do efeito de direito material pretendido", José Lebre de Freitas, *A Ação Declarativa Comum*, p. 41.
A fundamentação de direito, por sua vez, traduz-se no chamamento e invocação do Direito que é aplicável à situação jurídica em causa.

[341] Os pedidos podem ser alternativos (art. 553º, do CPC), subsidiários (art. 554º, do CPC) e cumulativos (art. 555º, do CPC).

[342] Da leitura conjugada dos nºs 1, 2 e 3, do art. 28º, do CPT, podemos extrair que, no âmbito do processo laboral, o autor pode aditar novos pedidos e causas de pedir quando:
- Ocorram, até à audiência final, factos que permitam deduzir novos pedidos, desde que a todos os pedidos corresponda a mesma forma de processo ou
- O autor justifique a não inclusão de factos ocorridos antes da propositura da ação e que permitem deduzir novos pedidos.

[343] O autor pode oferecer até 10 testemunhas para prova do fundamento da ação. Nas ações de valor não superior à alçada do tribunal de primeira instância, este limite é reduzido para metade (art. 64º, nº 1, do CPT).

[344] O responsável pelo prévio pagamento da taxa de justiça deve indicar, em campo próprio dos formulários de apresentação de peça processual constantes do sistema informático de suporte à atividade dos tribunais, a referência que consta do documento único de cobrança (DUC), encontrando-se dispensado de juntar ao processo o respetivo documento comprovativo do pagamento. Nestes casos, a comprovação do prévio pagamento é efetuada automaticamente por comunicação entre o Sistema de Cobranças do Estado, o sistema informático de registo das custas processuais e o sistema informático de suporte à atividade dos tribunais (art. 9º, nºs 1 e 2, da P nº 280/2013, de 26 de agosto).

[345] Relembramos que a prescrição se considera interrompida decorridos que sejam cinco dias depois de ter sido requerida a citação ou notificação, se esta não se fizer por causa não imputável ao requerente (art. 323º, nº 2, do CC). Para beneficiar deste regime "é necessário que se requeira a citação ou notificação em prazo, de forma que se a mesma não for efetuada dentro de cinco dias depois de ter sido requerida, e por causa não imputável ao requerente, a prescrição se possa considerar interrompida logo que decorra tal lapso de tempo". [Ac. do STJ, de 10.04.2019 *in* www.dgsi.pt (Proc. nº 440/18.9T8MTS.S1)]

1.3. Modo de apresentação

A propositura da ação corresponde à apresentação da petição inicial, nos termos dos nºs 1 e 6, do art. 144º, do CPC (art. 259º, nº 1, do CPC). No entanto, os efeitos da proposição só se produzem em relação ao réu a partir do momento da citação (art. 259º, nº 2, do CPC).

A petição inicial é apresentada a juízo por via eletrónica, nos termos definidos na P nº 280/2013, de 26 de agosto, valendo como data da prática do ato processual a da respetiva expedição (arts. 132º, nº 2 e 144º, nº 1, do CPC).

O envio da petição inicial por via eletrónica pode ser feito em qualquer dia e independentemente da hora da abertura e do encerramento dos tribunais (art. 137º, nº 3, do CPC).

Neste caso, a petição inicial e os documentos que a devam acompanhar são apresentados por via eletrónica, ficando o autor dispensado de remeter os respetivos originais, exceto quando o seu formato ou a dimensão dos ficheiros a enviar não permitirem o seu envio eletrónico, nos termos definidos na P nº 280/2013 (art. 144º, nº 2, do CPC)[346].

Não obstante a apresentação por via eletrónica, o autor tem o dever de exibir a petição inicial e os respetivos originais em suporte de papel sempre que o juiz o determine, designadamente quando:

- Duvidar da autenticidade ou genuinidade das peças ou dos documentos;
- For necessário realizar perícia à letra ou assinatura dos documentos (art. 144º, nº 5, do CPC)[347].

Nas ações em que haja mandatário constituído, a exposição dos factos, na petição inicial, deve ser deduzida por artigos (art. 147º, nº 2, do CPC).

1.4. Recusa da petição inicial pela secretaria

Nos termos do art. 558º, do CPC, a secretaria pode rejeitar a petição inicial quando esta:

- Não tenha endereço ou esteja endereçada a outro tribunal, juízo do mesmo tribunal ou autoridade [al. *a*)];

[346] Os documentos assim apresentados têm a força probatória dos originais, nos termos definidos para as certidões (art. 144º, nº 4, do CPC).

[347] Cfr., no mesmo sentido, a al. *a*), do nº 2, do art. 4º, da P nº 280/2013.

- Não indique o nome, domicílio ou sede, número de identificação civil e de identificação fiscal, profissão e local de trabalho do autor (al. *b*) e art. 552º, nº 1, al. *a*), do CPC);
- Não indique o nome, domicílio ou sede dos réus (al. *b*) e art. 552º, nº 1, al. *a*), do CPC);
- Não indique o domicílio profissional do mandatário judicial [al. *c*)];
- Não indique a forma do processo [al. *d*)];
- Omita a indicação do valor da causa [al. *e*)];
- Não tenha sido comprovado o prévio pagamento da taxa de justiça devida ou a concessão de apoio judiciário [al. *f*)][348];
- Não esteja assinada [al. *g*)];
- Não esteja redigida em língua portuguesa [al. *h*)];
- O papel utilizado não obedeça aos requisitos regulamentares [al. *i*)].

Perante a recusa de recebimento da petição inicial, o autor pode reclamar para o juiz (art. 559º, nº 1, do CPC)[349].

1.5. Despacho liminar

Nos termos do art. 54º, do CPT, o juiz deve proferir despacho liminar com uma das seguintes finalidades:

1. *Convidar o autor a aperfeiçoar a petição inicial, se nela detetar obscuridades, deficiências ou incoerências*

O convite ao aperfeiçoamento está previsto em termos mais amplos no art. 590º, nºs 2, al. *b*), 3 e 4, do CPC e pode subdividir-se num convite ao:

- Suprimento de irregularidades da petição inicial, designadamente, a falta de requisitos legais e a não apresentação de documento essencial ou de que a lei faça depender o prosseguimento da causa (art. 590º, nº 3, do CPC)[350];

[348] Esta alínea ressalva as hipóteses em que foi requerida a citação nos termos do art. 561º, do CPC e faltam, à data da apresentação da petição, menos de cinco dias para o termo do prazo de caducidade ou ocorram outra razão de urgência. Nesta situação, o autor deve comprovar que requereu o pedido de apoio judiciário, mas este ainda não foi concedido (art. 552º, nº 9, do CPC).

[349] Se o juiz confirmar o não recebimento, o autor pode, ainda, apresentar recurso para a Relação (nº 2, do art. 559º, do CPC).

[350] Se o autor não suprir as irregularidades da petição, o juiz, em princípio, deve abster-se de conhecer o mérito da causa e absolver o réu da instância. Cfr. António Montalvão Machado, *O dispositivo e os Poderes do Tribunal À Luz do Novo Código de Processo Civil*, p. 252.

- Aperfeiçoamento da petição inicial quando esta contenha factos articulados de modo insuficiente ou impreciso. O juiz, aqui, convida o autor a apresentar uma nova petição inicial corrigida ou completada (art. 590º, nº 4, do CPC).

A lei não prevê nenhuma consequência específica para a não apresentação de nova petição inicial[351].

Ou

2. *Indeferir a petição inicial*

O juiz pode indeferir a petição inicial quando o pedido seja manifestamente improcedente ou quando ocorram, de forma evidente, exceções dilatórias insupríveis de conhecimento oficioso (art. 590º, nº 1, do CPC)[352].

As exceções dilatórias motivam o indeferimento liminar quando:

- Ocorram de modo evidente, ou seja, se resultarem da simples leitura da petição inicial e dos documentos que a acompanhem;
- Sejam insupríveis e
- Sejam de conhecimento oficioso[353].

2. Audiência de partes

A audiência de partes, prevista no art. 55º, do CPT, pode afirmar-se como a principal novidade do CPT de 1999.

Nos termos do art. 54º, nº 2, do CPT, estando a ação em condições de prosseguir, o juiz designa data para esta audiência, a realizar no prazo de 15 dias.

Por outro lado, na hipótese de o autor não juntar o documento essencial para a prova de determinado facto, este deverá considerar-se como não provado. Cfr. António Montalvão Machado, *ob. cit.*, p. 252.

[351] Conforme refere António Montalvão Machado, *O dispositivo e os Poderes do Tribunal À Luz do Novo Código de Processo Civil*, p. 259, se "as partes querem permanecer na "obscuridade fáctica", assumem um risco que não pode ser contrariado pelo juiz".

[352] Os casos de indeferimento liminar (figura adjetiva que assenta no princípio da economia processual) "correspondem a situações em que a petição inicial apresenta vícios formais ou substanciais de tal modo graves que permitem prever, logo nesta fase, que jamais o processo assim iniciado terminará com Cópia de decisão de mérito, ou que é inequívoca a inviabilidade da pretensão apresentada pelo autor", António Santos Abrantes Geraldes, *Temas da Reforma do Processo Civil*, p. 255.

[353] Vejamos alguns exemplos de exceções dilatórias que motivam o indeferimento liminar:

i) Incompetência absoluta (art. 99º, nº 1, do CPC);

ii) Falta de personalidade judiciária, salvo o previsto no art. 14º, do CPC;

iii) Ilegitimidade singular;

iv) Ineptidão da petição inicial (art. 186º, do CPC).

O autor é notificado para comparecer pessoalmente (art. 54º, nº 3, do CPT).

O réu é citado para comparecer pessoalmente, sendo-lhe entregue duplicado da petição inicial e cópia dos documentos que a acompanhem (art. 54º, nºs 3 e 4, do CPT).

As partes podem ser representadas por mandatário judicial com poderes especiais para confessar, transigir ou desistir[354].

A audiência de partes é declarada aberta pelo juiz que a preside.

De seguida, o autor expõe os fundamentos de facto e de direito da sua pretensão e o réu apresenta a sua resposta.

O juiz procede à tentativa de conciliação obrigatória nos termos e para os efeitos dos arts. 51º a 53º, do CPT[355].

No âmbito do processo conciliatório, ao juiz, para além do dever de empenhar-se ativamente no obtenção da solução mais adequada aos termos do litígio, impõe-se a certificação da capacidade das partes e da legalidade do resultado da conciliação[356].

O resultado da conciliação pode ser a desistência, a confissão ou a transação[357], as quais, sendo efetuadas na respetiva audiência, não carecem de homologação para produzir efeitos de casos julgado (art. 52º, nº 1, do CPT).

[354] Conforme sublinha ÁLVARO LOPES-CARDOSO, *Manual de Processo do Trabalho*, p. 157, se o mandatário não tiver poderes suficientes para confessar, desistir ou transigir "nada impede que intervenha como «gestor de negócios» (hipótese em que terá de justificar imediatamente a «urgência» da sua intervenção – nº 1, do art. 41º, do CPC) ou, já como mandatário, ao abrigo do disposto no art. 40º, do mesmo Código".
Em ambos os casos, a atuação do mandatário está sujeita a ratificação do seu representado, sob pena de:
a) No caso de falta, insuficiência e irregularidade do mandato, ficar sem efeito tudo o que tiver sido praticado pelo mandatário, devendo este ser condenado nas custas respetivas e, se tiver agido culposamente, na indemnização dos prejuízos a que tenha dado causa, conforme resulta do nº 2, do art. 48º, do CPC;
b) No caso da gestão de negócios, o gestor ser condenado nas custas que provocou e na indemnização do dano causado à parte contrária ou à parte cuja gestão assumiu. Cfr. o art. 49º, nº 2, do CPC.

[355] A tentativa de conciliação destina-se a pôr termo à ação, mediante acordo equitativo, devendo o juiz empenhar-se ativamente na obtenção da solução mais adequada aos termos do litígio (nº 2, do art. 51º, do CPT).

[356] Nomeadamente, estando em causa direitos indisponíveis. Cfr. ALBINO MENDES BAPTISTA, *Código de Processo do Trabalho*, p. 106.
No auto de conciliação deve constar:
a) A certificação da capacidade das partes e da legalidade do resultado da conciliação (nº 2, do art. 52º *ex vi* do nº 2, do art. 55º, ambos do CPT);
b) Pormenorizadamente, os termos do acordo no que diz respeito a prestações, respetivos prazos e lugares de cumprimento (nº 1, do art. 53º *ex vi* do nº 2, do art. 55º, ambos do CPT).
Se houver cumulação de pedidos, o acordo deve discriminar os pedidos por ele abrangidos (nº 2, do art. 53º *ex vi* do nº 2, do art. 55º, ambos do CPT);
c) Os fundamentos que, no entendimento das partes, justificam a persistência do litígio (nº 3, do art. 53º *ex vi* do nº 2, do art. 55º, ambos do CPT).

[357] Cfr. os arts. 283º a 291º, do CPC.

A parte que faltar injustificadamente à audiência de partes pode ser condenada em multa e numa indemnização à parte contrária, se esta a pedir[358] (Cfr., conjugadamente, os arts. 54º, nº 5, do CPT e 542º, nº 1, do CPC).

Conforme previsto no art. 56º, do CPT, frustrando-se a conciliação, a audiência prossegue, devendo o juiz:

- Ordenar a notificação imediata do réu para contestar, no prazo de 10 dias[359] [360];
- Determinar a prática dos atos que melhor se ajustem ao fim do processo, bem como as necessárias adaptações, depois de ouvidas as partes presentes[361];
- Fixar a data da audiência final, mediante acordo com os mandatários (art. 151º, nº 1, do CPC)[362]. Se houver lugar a audiência prévia, fica sem efeito a data designada para a audiência final (nº 3, do art. 62º, do CPT).

[358] Sanções previstas para a litigância de má fé.

[359] No âmbito do processo civil, o réu é citado para contestar (art. 569º, do CPC).
Por sua vez, no processo laboral, é citado para comparecer na audiência de partes (art. 54º, nº 3, do CPT). Sendo assim e uma vez que a citação constitui um ato único, o réu, no foro laboral, é notificado (e não citado) para contestar.

[360] Embora este prazo se conte a partir da respetiva notificação, na prática o prazo para contestar é superior. Com efeito, a citação (para comparecer na audiência de partes) é acompanhada do duplicado da petição inicial e da cópia dos documentos apresentados (art. 54º, nºs 3 e 4, do CPT). Por conseguinte, ao prazo de 10 dias acresce, na prática (repita-se), o prazo que decorreu desde a citação até à audiência de partes.

[361] Com o CPT (aprovado pelo DL nº 480/99), "institui-se uma única forma de processo, com tramitação simplificada, mas em termos suficientemente maleáveis para, sem quebra de garantias, permitir adequação às situações de diversa complexidade colocadas perante o tribunal, deixando-se ao critério do juiz a escolha daquelas que, em razão de maior complexidade exijam um ritualismo de conformação mais ampla", cfr. preâmbulo daquele diploma.
Para Álvaro Lopes-Cardoso, *Manual do Processo do Trabalho*, p. 161, a faculdade de adequação aqui prevista limita-se "praticamente, à questão do «número de articulados»; à questão dos «prazos», do «número de testemunhas», à questão do tempo concedido para as «alegações orais» ou a «discussão escrita» do aspecto jurídico da causa.
O que, deve reconhecer-se, é muito pouco para justificar a inserção duma tal norma que será mais um quebra-cabeças para o juiz que lhe encontrar utilidade.
Cremos que, em boa verdade, cairá em desuso (se desde logo por este não começar)".

[362] Os mandatários impedidos de comparecer na data designada, em virtude de outro serviço judicial marcado, devem comunicar tal facto ao tribunal e identificar expressamente a diligência e o processo a que respeita, no prazo de 5 dias, propondo datas alternativas, após contacto com os restantes mandatários interessados (art. 151º, nº 2, do CPC).
O juiz, ponderadas as razões aduzidas, pode alterar a data inicialmente fixada (art. 151º, nº 3, do CPC).

3. Contestação

3.1. Modalidades de defesa

A contestação é a peça processual, na qual o réu, chamado a juízo, responde à petição inicial apresentada pelo autor[363], defendendo-se por impugnação ou por exceção (art. 571º, nº 1, do CPC).

Na defesa por impugnação, o réu contradiz os factos articulados na petição inicial ou afirma que os mesmos não podem produzir o efeito jurídico pretendido pelo autor (art. 571º, nº 2, 1ª parte, do CPC)[364].

Já na defesa por exceção, alega factos que obstam à apreciação do mérito da ação ou que, servindo de causa impeditiva, modificativa ou extintiva do direito invocado pelo autor, determinam a improcedência total ou parcial do pedido (art. 571º, nº 2, parte final, do CPC).

As exceções podem ser dilatórias[365] ou perentórias[366] (art. 576º, nº 1, do CPC).

[363] A contestação está regulada nos arts. 569º e ss., do CPC.

[364] Na defesa por impugnação de facto, o réu opõe-se à versão da realidade apresentada pelo autor, negando os factos alegados, como causa de pedir.
A impugnação dos factos pode ser:
– Direta, quando o réu nega frontal e cabalmente os factos aduzidos pelo autor, afirmando que os mesmos não se verificaram;
– Indireta, "quando o réu, confessando ou admitindo partes dos factos alegados, como causa de pedir, pelo autor, afirma, por sua vez, factos cuja existência é incompatível com a realidade de outros também alegados pelo autor no âmbito da mesma causa de pedir, que assim desvirtua", José Lebre de Freitas, *A Ação Declarativa Comum*, p. 99.
Por seu turno, na defesa por *impugnação de direito*, contradiz o efeito jurídico que o autor pretende extrair dos factos vertidos, pondo em causa a determinação, interpretação ou aplicação da norma de direito feita pelo autor na petição inicial. Cfr. José Lebre de Freitas, *A Ação Declarativa Comum*, p. 96.

[365] As exceções dilatórias obstam a que o tribunal conheça do mérito da causa e dão lugar à absolvição da instância ou à remessa do processo para outro tribunal (art. 576º, nº 2, do CPC).
As exceções dilatórias tipificadas no art. 577º, do CPC, são os seguintes:
– As incompetências absoluta e relativa do tribunal;
– A nulidade de todo o processo;
– A falta de personalidade ou de capacidade judiciária de alguma das partes;
– A falta de autorização ou deliberação que o autor devesse obter;
– A ilegitimidade de alguma das partes;
– A coligação ilegal de autores ou réus;
– A pluralidade subjetiva fora dos casos previstos no art. 39º, do CPC;
– A falta de constituição de mandatário nos processos indicados no art. 40º, nº 1, do CPC;
– A falta, insuficiência e irregularidade do mandato;
– A litispendência ou o caso julgado.

[366] As exceções perentórias importam a absolvição total ou parcial do pedido e consistem na invocação de factos que impedem, modificam ou extinguem o efeito jurídico dos factos articulados pelo autor (art. 576º, nº 3, do CPC).

3.2. Prazo

Referimos já que o réu é notificado, na audiência de partes, para contestar no prazo de 10 dias (art. 56º, al. *a*), do CPT). No entanto, se for patrocinado pelo Ministério Público[367], este deve declarar, naquele prazo, que assumiu esse patrocínio, contando-se o prazo para contestar a partir dessa declaração (art. 58º, nº 1, do CPT).

O prazo para contestar pode ser prorrogado, até 10 dias, quando:

- O Ministério Público tiver pedido, fundamentadamente, tal prorrogação com base na falta de informações que não poderá obter atempadamente ou quando tenha de aguardar resposta a consulta feita a instância superior (art. 569º, nº 4, do CPC *ex vi* do art. 58º, nº 2, do CPT) ou
- O réu ou o seu mandatário tiverem requerido tal prorrogação, em virtude de motivo ponderoso que impeça ou dificulte a organização da defesa (art. 569º, nº 5, do CPC *ex vi* do art. 58º, nº 2, do CPT)[368].

3.3. Ónus de impugnação e revelia[369]

Ao contestar, deve o réu tomar posição definida perante os factos que constituem a causa de pedir invocada pelo autor (art. 574º, nº 1, do CPC).

A impugnação não tem de ser feita "facto por facto, individualizadamente, podendo ser genérica"[370].

[367] Note-se que o réu tem, aqui, de ser um trabalhador.

[368] A contestação pode, ainda, ser apresentada fora de prazo se o réu alegar a verificação de evento que não lhe seja imputável (nem aos seus representantes ou mandatários) e que obste à apresentação atempada da contestação. Trata-se, aqui, da figura do justo impedimento prevista no nº 4, do art. 139º, do CPC e no art. 140º, do CPC.
Conforme resulta do nº 5, do art. 139º, do CPC, independentemente de justo impedimento, a contestação pode ser apresentada nos três primeiros dias úteis subsequentes ao termo do prazo, contanto o réu pague, imediatamente, uma multa fixada nos seguintes termos:
a) Se o ato for praticado no 1º dia, a multa é fixada em 10% da taxa de justiça correspondente ao processo ou ato, com o limite máximo de 1/2 UC;
b) Se o ato for praticado no 2º dia, a multa é fixada em 25% da taxa de justiça correspondente ao processo ou ato, com o limite máximo de 3 UC;
c) Se o ato for praticado no 3º dia, a multa é fixada em 40% da taxa de justiça correspondente ao processo ou ato, com o limite máximo de 7 UC.
Se a multa não for paga no prazo suprarreferido, o réu será notificado para fazer esse pagamento acrescido de uma penalização de 25% do seu valor, desde que se trate de ato praticado por mandatário (art. 139º, nº 6, do CPC).

[369] Quanto à revelia, v. os arts. 566º a 568º, do CPC.

[370] José Lebre de Freitas/A. Montalvão Machado/Rui Pinto, *Código de Processo Civil – Anotado*, Vol. 2º, p. 298.

Se o réu não contestar (tendo sido ou devendo considerar-se regularmente citado na sua própria pessoa ou tendo juntado procuração a mandatário judicial no prazo da contestação), os factos articulados pelo autor consideram-se confessados (art. 57º, nº 1, do CPT)[371] [372].

Neste caso, o tribunal profere sentença a julgar a causa conforme for de direito (art. 57º, nº 1, parte final, do CPT).

Esta sentença pode limitar-se à parte decisória, precedida da identificação das partes e da fundamentação sumária do julgado, desde que a causa se revista de manifesta simplicidade (art. 57º, nº 2, 1ª parte, do CPT).

Aliás, a fundamentação pode ser feita mediante simples adesão ao alegado pelo autor, nos casos em que os factos confessados conduzam à procedência da ação (art. 57º, nº 2, 2ª parte, do CPT)[373].

3.4. Elementos e instrução

De acordo com o disposto no art. 572º, do CPC, na contestação, o réu deve: individualizar a ação; expor as razões de facto e de direito por que se opõe à pretensão do autor[374] e os factos essenciais em que se baseiam as exceções deduzidas, especificando-as separadamente, sob pena de os respetivos factos não se considerarem admitidos por acordo por falta de impugnação; apresentar o rol de testemunhas e requerer outros meios de prova[375].

[371] Estamos perante um *efeito cominatório semipleno*, segundo o qual, a não apresentação de contestação implica, apenas, a confissão dos factos e não a admissão da matéria de direito, "impondo-se o *princípio de conhecimento do mérito da causa*, ainda que com a possibilidade de o juiz poder decidir simplificadamente", Albino Mendes Baptista, *Código de Processo do Trabalho – Anotado*, p. 120.

[372] Devemos ter em linha de conta que, no caso de "remessa do processo para o tribunal competente do trabalho, aproveitam-se os articulados e os atos já praticados, nomeadamente a citação e os efeitos produzidos em caso de não contestação da ré", ou seja, a remessa não faz renascer "o direito da ré contestar a ação". [Ac. da RE, de 11.04.2019 *in* www.dgsi.pt (Proc. nº 2584/16.2T8PTM.E1)]

[373] Nos termos do art. 568º, do CPC, o efeito cominatório semipleno não se verifica:

a) Quando, havendo vários réus, algum deles contestar, relativamente aos factos que o contestante impugnar;

b) Quando o réu ou algum dos réus for incapaz, situando-se a causa no âmbito da incapacidade, ou houver sido citado editalmente e permaneça na situação de revelia absoluta;

c) Quando a vontade das partes for ineficaz para produzir o efeito jurídico que pela ação se pretende obter;

d) Quando se trate de factos para cuja prova se exija documento escrito.

[374] Nas ações, nos seus incidentes e nos procedimentos cautelares, havendo mandatário constituído, é obrigatória a dedução por artigos dos factos invocados na contestação (art. 147º, nº 2, do CPC).

[375] No processo laboral comum, este dever já decorria do art. 63º, nº 1, do CPT.

Tenhamos presente que o rol de testemunhas pode ser alterado ou aditado até 20 dias antes da data em que se realize a audiência final, sendo a parte contrária notificada para usar, querendo, de igual faculdade no prazo de 5 dias (art. 63º, nº 2, do CPT).

O réu só pode arrolar 10 testemunhas para prova dos fundamentos da defesa.

Nas ações de valor não superior à alçada do tribunal de primeira instância, este limite é reduzido para metade (art. 64º, nº 1, do CPT).

Se o réu deduzir reconvenção pode apresentar mais 10 testemunhas para prova dos seus fundamentos (art. 64º, nº 2, do CPT).

Na contestação pode ainda ser requerida a produção antecipada de prova, nos termos do art. 420º, do CPC.

A propósito é de referir que, neste mesmo articulado, o réu deve comprovar o pagamento de taxa de justiça devida ou da concessão de apoio judiciário, na modalidade de dispensa do mesmo (art. 552º, nº 7, do CPC *ex vi* do art. 570º, nº 1, do CPC)[376].

3.5. Notificação da contestação ao autor

A contestação é notificada ao autor (art. 59º, nº 1, do CPT).

Caso existam várias contestações, a notificação tem lugar depois de apresentada a última ou de haver decorrido o prazo para o seu oferecimento (art. 59º, nº 2, do CPT)[377].

[376] O responsável pelo prévio pagamento da taxa de justiça deve indicar, em campo próprio dos formulários de apresentação de peça processual constantes do sistema informático de suporte à atividade dos tribunais, a referência que consta do documento único de cobrança (DUC), encontrando-se dispensado de juntar ao processo o respetivo documento comprovativo do pagamento. Nestes casos, a comprovação do prévio pagamento é efetuada automaticamente por comunicação entre o Sistema de Cobranças do Estado, o sistema informático de registo das custas processuais e o sistema informático de suporte à atividade dos tribunais (art. 9º, nºs 1 e 2, da P nº 280/2013, de 26 de agosto).
Se o réu estiver a aguardar decisão sobre a concessão do benefício de apoio judiciário, pode juntar comprovativo da apresentação do respetivo requerimento (art. 570º, nº 1, 2ª parte, do CPC).
Caso o apoio judiciário seja indeferido, deverá comprovar o prévio pagamento da taxa de justiça ou juntar ao processo o respetivo documento comprovativo no prazo de 10 dias a contar da notificação da decisão de indeferimento (art. 570º, nº 2, do CPC).
Na falta de junção desse documento, a secretaria notifica o interessado para, em 10 dias, efetuar o pagamento omitido com acréscimo de multa de igual montante, mas não inferior a 1 UC nem superior a 5 UC (art. 570º, nº 3, do CPC).

[377] Para Álvaro Lopes-Cardoso, *Manual de Processo do Trabalho*, p. 172, a falta de contestação também deve ser notificada ao autor, habilitando-o a exercer o direito de opção do art. 13º, da LCCT (atual art. 391º, do CT).

3.6. Reconvenção ou pedido reconvencional

A reconvenção consiste no pedido autónomo formulado pelo réu contra o autor, no âmbito da ação por este instaurada[378].

Nos termos do art. 30º, nº 1, do CPT, a reconvenção é admissível quando:

- O pedido do réu emergir de facto jurídico que serve de fundamento à ação;
- A questão reconvencional tiver uma relação de conexão com a ação, por acessoriedade, complementaridade ou dependência (als. *n*) e *o*), do nº 1, do art. 126º, da LOSJ)[379];
- O réu invocar a compensação.

Neste caso, não é necessário que entre a ação e a reconvenção haja a mencionada relação de conexão (al. *o*), do art. 126º, da LOSJ). No entanto, exige-se, que o réu (reconvinte) admita na sua contestação "a existência dos créditos com os quais pretende operar a compensação"[380];

- O valor da causa exceda a alçada do tribunal (art. 30º, nº 1, do CPT)[381];
- Ao pedido do réu corresponda a mesma espécie de processo que corresponde ao pedido do autor (art. 30º, nº 2, do CPT);
- O tribunal da ação seja competente em razão da nacionalidade, da matéria e da hierarquia, para apreciar as questões deduzidas por via de reconvenção, sob pena de absolvição da instância do reconvindo (art. 93º, nº 1, do CPC).

De acordo com o art. 391º, do nº 1, do CT, o trabalhador pode optar por uma indemnização em substituição da reintegração, até ao termo da discussão em audiência final de julgamento.

Convém, no entanto, lembrar que o trabalhador pode não ser o autor da ação.

[378] Como refere ANTUNES VARELA/MIGUEL BEZERRA/SAMPAIO E NORA, *Manual de Processo Civil*, p. 323, na reconvenção "há uma contrapretensão do réu, há um verdadeiro contra-ataque desferido pelo reconvinte contra o reconvindo. Passa a haver assim *uma nova acção* dentro do *mesmo processo*. O pedido reconvencional é autónomo, na medida em que transcende a simples improcedência da pretensão do autor e os corolários dela decorrentes".

[379] Segundo ALBINO MENDES BAPTISTA, *Código de Processo do Trabalho – Anotado*, p. 76, "o pedido tem de estar objectivamente subordinado ao pedido principal sendo dele dependente (acessoriedade), de ter subjacente uma relação que foi controvertida por vontade das partes em complemento da do pedido principal, sem prejuízo de ambas as relações manterem a sua autonomia (complementaridade), ou de existir uma relação, embora autónoma, entre os dois pedidos, constituindo o pedido principal o suporte imprescindível do outro (dependência) ".

[380] Ac. da RE, de 11.04.2019 *in* www.dgsi.pt (Proc. nº 839/17.8T8PTM.E1).

[381] Em matéria cível, a alçada dos tribunais de 1ª instância é de 5 000 € (art. 44º, nº 1, da LOSJ).

O valor da causa, para efeitos de determinação da admissibilidade da reconvenção, é o valor indicado na petição inicial e não este valor acrescido do da reconvenção.

De qualquer forma, este aumento do valor da causa só produz efeitos quanto aos atos e termos posteriores à reconvenção (art. 299º, nº 3, do CPC).

Na contestação, o reconvinte deve:

- Identificar e deduzir separadamente a reconvenção (art. 583º, nº 1, do CPC);
- Expor os fundamentos da reconvenção (art. 583º, nº 1 e 552º, nº 1, al. *d*), do CPC)[382];
- Formular o pedido reconvencional (arts. 583º, nº 1 e 552º, nº 1, al. *e*), do CPC);
- Declarar o valor da reconvenção (art. 583º, nº 2, do CPC)[383].

O reconvinte pode apresentar 10 testemunhas para prova dos fundamentos da reconvenção (art. 64º, nº 2, do CPT).

4. Resposta

4.1. Admissibilidade

A resposta é a peça processual através da qual o autor responde à contestação do réu, quando nesta tiver sido formulado pedido reconvencional (art. 60º, nº 1, do CPT).

Para que a resposta seja admissível é ainda necessário que o valor da causa exceda a alçada do tribunal (art. 60º, nº 1, do CPT)[384].

Por seu turno, na ação de impugnação da resolução do contrato intentada pelo empregador, a resposta é ainda admissível quando o réu (trabalhador) tiver corrigido o vício (que serviu de base à impugnação da ilicitude) até ao termo do prazo para contestar (cfr., conjugadamente, o nº 2, do art. 60º, do CPT e o nº 4, do art. 398º, do CT). Nesta hipótese, o valor da causa não opera como requisito de admissibilidade.

[382] Fundamentos estes que consistem nos factos essenciais que constituem a causa de pedir e nas razões de direito que servem de fundamento à pretensão reconvencional.

[383] Se os pedidos forem distintos, o valor do pedido reconvencional é somado ao valor do pedido formulado pelo autor (art. 299º, nº 2, do CPC).
Não se considera distinto o pedido, designadamente, quando a parte pretenda conseguir, em seu benefício, o mesmo efeito jurídico que o autor se propõe obter ou quando a parte pretenda obter a mera compensação de créditos (art. 530º, nº 3, do CPC).
De qualquer forma, este aumento do valor da causa só produz efeitos quanto aos atos e termos posteriores à reconvenção (art. 299º, nº 3, do CPC).
No caso de não ser indicado o valor da reconvenção, a contestação não deixa de ser recebida, mas o reconvinte é convidado a fazê-lo, sob pena de a reconvenção não ser atendida (art. 583º, nº 2, do CPC).

[384] Em matéria cível, a alçada dos tribunais de 1ª instância é de 5 000 €, nos termos do art. 44º, nº 1, da LOSJ.

Uma vez que a resposta deve assentar, unicamente, nos fundamentos suprarreferidos, o autor não pode aproveitar este articulado para tentar corrigir, completar ou esclarecer a petição inicial.

Com a L nº 107/2019, a dedução de exceções deixou de servir como fundamento da resposta. De facto, às exceções deduzidas no último articulado admissível pode a parte contrária responder na audiência prévia ou, não havendo lugar a ela, no início da audiência final (art. 60º, nº 5, do CPC[385]).

4.2. Prazos

A resposta deve ser apresentada no prazo de:

- 15 dias, se tiver havido reconvenção (art. 60º, nº 1, do CPT);
- 10 dias, se o réu (trabalhador) tiver corrigido o vício que serviu de base à impugnação da ilicitude da resolução (cfr., conjugadamente, os arts. 60º, nº 2, do CPT e 398º, nº 4, do CT).

À semelhança da contestação, também a resposta pode ser apresentada fora de prazo, nos termos da figura do justo impedimento[386].

Na resposta, deve ser indicado o rol de testemunhas e requerido qualquer outro meio de prova (art. 63º, nº 1, do CPT).

Note-se que, tendo sido deduzida reconvenção, o autor tem a faculdade de arrolar mais 10 testemunhas para prova dos fundamentos da defesa (art. 64º, nº 2, do CPT).

4.3. Ónus de impugnação

O autor, na resposta, deve tomar posição definida perante os factos articulados na contestação e que servem de fundamento à reconvenção deduzida (art. 574º, nº 1, do CPC).

Conforme leitura conjugada dos arts. 574º, nº 2, do CPC e 60º, nº 4, do CPT, os factos que não sejam impugnados consideram-se admitidos por acordo, salvo se:

- Estiverem em oposição com a versão global apresentada na petição inicial;

[385] Este preceito corresponde, *ipsis verbis*, ao nº 4, do art. 3º, do CPC.

[386] Cfr. os arts. 139º, nº 4 e 140º, do CPC.

- Não for admissível a sua confissão[387] ou
- Só puderem ser provados por documento escrito[388].

5. Articulados supervenientes

5.1. Admissibilidade

Os articulados supervenientes são os articulados usados para deduzir factos constitutivos, modificativos ou extintivos de qualquer direito (ou direitos) alegado na ação, que sejam supervenientes ao termo dos prazos fixados para a contestação e para a resposta (art. 588º, nºs 1 e 2, do CPC *ex vi* do art. 60º, nº 3, do CPT).

Conforme resulta da leitura adaptada do art. 588º, do CPC, os articulados supervenientes são admissíveis para deduzir factos que tenham ocorrido:

- Depois do termo dos prazos fixados para a contestação e para a resposta (superveniência objetiva);
- Antes do termo dos prazos fixados para a contestação e para a resposta, mas que a parte só tenha tido conhecimento posteriormente (superveniência subjetiva).

No âmbito do processo laboral, os articulados supervenientes são (para além das situações previstas no art. 588º, do CPC) também admissíveis para que o autor deduza contra o réu novos pedidos que tenham como causa factos que:

- Ocorram até à audiência final (art. 28º, nº 2 *ex vi* do art. 60º, nº 3, ambos do CPT);
- Tenham ocorrido antes da propositura da ação, desde que, justifique a sua não inclusão na petição inicial (art. 28º, nº 3 *ex vi* do art. 60º, nº 3, ambos do CPT).

Aos pedidos iniciais e aos pedidos aditados não pode corresponder forma processual diferente (art. 28º, nº 2, do CPT).

387 A confissão só pode incidir sobre factos pessoais ou de que a parte deva ter conhecimento (art. 454º, nº 1, do CPC).

388 A impugnação não tem de ser feita "facto por facto, individualizadamente, podendo ser genérica", José Lebre de Freitas/A. Montalvão Machado/Rui Pinto, *Código de Processo Civil – Anotado*, Vol. 2º, p. 298.

Os regimes contidos nos arts. 588º, do CPC e 28º, do CPT (preceitos para os quais remete o nº 3, do art. 60º, do CPT), apresentam uma diferença essencial. Com efeito, enquanto que no art. 588º, nºs 1 e 2, do CPC, os factos supervenientes (constitutivos, modificativos ou extintivos) dizem respeito ao direito exercido previamente, no art. 28º, nºs 2 e 3, do CPT, estamos perante factos supervenientes relativos a novos direitos[389].

5.2. Momento de apresentação

Conforme decorre do nº 3, do art. 588º, do CPC *ex vi* do art. 60º, nº 3, do CPT, os articulados supervenientes devem ser oferecidos:

a) Na audiência prévia, quando os factos hajam ocorrido ou sido conhecidos até ao respetivo encerramento;
b) Nos 10 dias posteriores à notificação da data designada para a realização da audiência final, quando não se tenha realizado a audiência prévia[390];
c) Na audiência final, se os factos ocorreram ou a parte deles teve conhecimento em data posterior às referidas nas alíneas anteriores.

5.3. Modo de apresentação

Vide as considerações desenvolvidas para as outras peças processuais.

No articulado superveniente, devem ser oferecidas, desde logo, as respetivas provas (arts. 588º, nº 5, do CPC e 63º, nº 1, do CPT).

5.4. Despacho liminar

Nos termos conjugados dos arts. 588º, nº 4, do CPC *ex vi* do art. 60º, nº 3, do CPT, o juiz, depois de receber o articulado superveniente, profere despacho liminar no sentido de:

[389] Como esclarecia Carlos Alegre, *Código de Processo do Trabalho – Anotado*, p. 180, nas situações do art. 588º, nºs 1 e 2, do CPC, "a causa de pedir mantém-se a mesma; nas situações do artigo 28º, são *aditados novos pedidos e causas de pedir.*".

[390] Lembremos que, no processo laboral, autor e réu são logo notificados, na audiência de partes, da data designada para a realização da audiência final (art. 56º, al. *c*), do CPT). Sendo assim, a presente alínea não terá grande aplicabilidade no processo laboral. Álvaro Lopes Cardoso, *Manual de Processo do Trabalho*, p. 182, vai mais longe, defendendo que a al. *b*), do nº 3, do art. 588º, do CPC, "é inaplicável ao processo laboral socorrendo-me, para o fazer do nº 3, do art. 1º, do Código de Processo de Trabalho, sobre a inaplicabilidade das normas subsidiárias quando incompatíveis com a *índole* do processo nele regulado".

- Rejeitá-lo quando, por culpa da parte, for apresentado fora de tempo ou quando os factos alegados não interessam à boa decisão da causa ou
- Admiti-lo, ordenando a notificação da parte contrária para responder em 10 dias.

5.5. Resposta

Depois de notificada do articulado superveniente, a parte contrária tem 10 dias para apresentar a sua resposta, devendo oferecer, desde logo, as respetivas provas (Cfr. o art. 588º, nºs 4 e 5, do CPC *ex vi* do art. 60º, nº 3, do CPT).

Conforme resulta da leitura conjugada dos arts. 588º, nº 4 e 587º, do CPC, no caso de falta de resposta ou falta de impugnação dos novos factos alegados é aplicável o disposto no art. 574º, do CPC.

Se os articulados supervenientes se destinarem à dedução de novos pedidos e causas de pedir, o réu é notificado para contestar tanto a matéria do aditamento, como a sua admissibilidade (art. 28º, nº 4, do CPT).

Os factos articulados que interessem à decisão da causa constituem tema da prova nos termos do disposto no art. 596º, do CPC (art. 588º, nº 6, do CPC *ex vi* do art. 60º, nº 3, do CPT).

6. Saneamento

Findo os articulados, o juiz:

1. Nos termos do art. 590º, nº 2, do CPC[391], profere, sendo caso disso, despacho pré-saneador destinado a:

a) Providenciar pelo suprimento de exceções dilatórias, nos termos do nº 2, do art. 6º, do CPC;

b) Providenciar pelo aperfeiçoamento dos articulados;

c) Determinar a junção de documentos com vista a permitir a apreciação de exceções dilatórias ou o conhecimento, no todo ou em parte, do mérito da causa no despacho saneador[392];

[391] Para o qual remete o art. 61º, nº 1, do CPT.

[392] Conforme resulta da conjugação dos arts. 27º, nº 2 e 61º, nº 1, ambos do CPT, o despacho suprarreferido não afasta o dever que impende sobre o juiz de, até à audiência final:
- Mandar intervir na ação qualquer pessoa e determinar a realização dos atos necessários ao suprimento da falta de pressupostos processuais suscetíveis de sanação;

2. Se o processo já contiver os elementos necessários e a simplicidade da causa o permitir, pode ainda, ao abrigo do art. 61º, nº 2, do CPT, julgar procedente alguma exceção dilatória ou nulidade que lhe cumpra conhecer ou decidir do mérito da causa[393];

3. Pode convocar audiência prévia.

7. Audiência prévia

7.1. Admissibilidade

A audiência prévia consiste na diligência processual em que intervêm as partes e os seus mandatários e que funciona como *antecâmara* da audiência final.

No âmbito do processo laboral, a audiência prévia só se realiza se a complexidade da causa o justificar (art. 62º, nº 1, do CPT)[394].

7.2. Prazo

A audiência prévia deve realizar-se no prazo de 20 dias "após a prolação do despacho de pré-saneamento"[395] (art. 62º, nº 2, do CPT).

7.3. Finalidades

O despacho que marque a audiência prévia indica o seu objeto e finalidade, mas não constitui caso julgado sobre a possibilidade de apreciação imediata do mérito da causa (art. 591º, nº 2, do CPC[396]).

Conforme prevê o art. 591º, nº 1, do CPC[397], a audiência prévia destina-se a algum ou alguns dos fins seguintes:

– Convidar as partes a completar e a corrigir os articulados, quando no decurso do processo reconheça que deixaram de ser articulados factos que poderiam interessar à decisão da causa.

[393] Em qualquer uma das situações, o juiz não pode decidir questões de direito ou de facto, sem que as partes tenham tido a possibilidade de sobre elas se pronunciarem (cfr., conjugadamente, os arts. 3º, nº 3, do CPC e 61º, nº 2, do CPT).

[394] "Está na inteira disponibilidade do juiz convocar ou não a audiência preliminar, visto que será ele quem tem de apreciar da «complexidade» do processo", Álvaro Lopes-Cardoso, *Manual de Processo do Trabalho*, p. 188.

[395] Álvaro Lopes-Cardoso, *Manual de Processo do Trabalho*, p. 188.

[396] Para o qual remete o art. 62º, nº 2, do CPT.

[397] Para o qual remete o art. 62º, nº 2, do CPT.

a) Realizar tentativa de conciliação, nos termos do art. 594º, do CPC[398];

b) Facultar às partes a discussão de facto e de direito, nos casos em que ao juiz cumpra apreciar exceções dilatórias ou quando tencione conhecer imediatamente, no todo ou em parte, do mérito da causa;

c) Discutir as posições das partes, com vista à delimitação dos termos do litígio e suprir as insuficiências ou imprecisões na exposição da matéria de facto que ainda subsistam ou se tornem patentes na sequência do debate[399];

d) Proferir despacho saneador destinado a conhecer das exceções dilatórias e nulidades processuais que hajam sido suscitadas pelas partes, ou que, face aos elementos constantes dos autos, deva apreciar oficiosamente, bem como do mérito da causa, sempre que o estado do processo permitir, sem necessidade de mais provas, a apreciação, total ou parcial, do ou dos pedidos deduzidos ou de alguma exceção perentória[400];

e) Determinar, após debate, a adequação formal, a simplificação ou a agilização processual, nos termos previstos nos arts. 6º, nº 1 e 547º, do CPC;

f) Proferir, após debate, despacho destinado a identificar o objeto do litígio e a enunciar os temas da prova e decidir as reclamações deduzidas pelas partes[401];

g) Programar, após audição dos mandatários, os atos a realizar na audiência final, estabelecer o número de sessões e a sua provável duração e designar as respetivas datas.

[398] Tentativa de conciliação que, como já vimos, foi previamente realizada na audiência de partes, nos termos do art. 55º, nº 2, do CPT.
Segundo Carlos Alegre, *Código de Processo do Trabalho – Anotado*, p. 184, esta não se deve repetir, porquanto "não foi produzido nenhum acto judiciário, pelas partes, que o justifique, a menos que uma delas ou ambas, o requeira. A ser, assim, será uma segunda tentativa de conciliação".

[399] A este propósito, convém lembrar que incumbe ao juiz convidar as partes ao suprimento das insuficiências ou imprecisões na exposição ou concretização da matéria de facto alegada, fixando prazo para a apresentação de articulado em que se complete ou corrija o inicialmente produzido (art. 590º, nº 4, do CPC *ex vi* do art. 61º, nº 1, do CPT).
Aliás, no caso da petição inicial, este convite pode ser feito logo após o recebimento da mesma (art. 54º, nº 1, do CPT).

[400] Cfr., articuladamente, os arts. 591º, nº 1, al. *d*) e 595º, nº 1, do CPC.
O despacho saneador é logo ditado para a ata, todavia, se a complexidade das questões a resolver o exija, o juiz pode excecionalmente proferi-lo por escrito, suspendendo-se a audiência prévia e fixando-se logo data para a sua continuação, se for caso disso (art. 595º, nº 2, do CPC).

[401] Cfr., articuladamente, os arts. 591º, nº 1, al. *f*) e 596º, nº 1, do CPC.

Visto que a data da audiência final é logo fixada na audiência de partes (art. 56º, al. *c*), do CPT), o legislador, para evitar incompatibilidades na tramitação do processo, consagrou, expressamente no art. 62º, nº 3, do CPT, que, havendo lugar a audiência prévia, a data designada para a audiência final fica, desde logo, sem efeito.

7.4. Falta de comparência

Se as partes ou os seus mandatários não comparecerem na audiência prévia a mesma não é adiada (art. 591º, nº 3, do CPC[402]).

8. Despacho saneador

Se não houver lugar a audiência prévia, o juiz proferirá despacho saneador, o qual se destina a conhecer:

- Das exceções dilatórias e nulidades processuais que hajam sido suscitadas pelas partes ou que, face aos elementos constantes dos autos, deva apreciar oficiosamente (art. 595º, nº 1, al. *a*), do CPC)[403];
- Imediatamente do mérito da causa, sempre que o estado do processo permitir, sem necessidade de mais provas, a apreciação, total ou parcial, do ou dos pedidos deduzidos ou de alguma exceção perentória (art. 595º, nº 1, al. *b*), do CPC)[404].

Depois do despacho saneador, o juiz profere despacho a identificar o objeto do litígio e a enunciar os temas da prova (art. 596º, nº 1, do CPC).

9. Instrução

9.1. Nota prévia

A instrução é o "período da acção que se destina à assunção dos meios de prova relativos aos factos (...)"[405].

[402] Para o qual remete o art. 62º, nº 2, do CPT.

[403] Nesta hipótese, o despacho constitui, logo que transite, caso julgado formal quanto às questões concretamente apreciadas (art. 595º, nº 3, 1ª parte, do CPC).

[404] Neste caso, o despacho fica tendo, para todos os efeitos, o valor de sentença (art. 595º, nº 3, 2ª parte, do CPC).

[405] Antunes Varela/Miguel Bezerra/Sampaio e Nora, *Manual de Processo Civil*, p. 429.

O regime da instrução está previsto nos arts. 410º e ss., do CPC, aplicáveis ao processo laboral por força dos arts. 1º, nº 2, al. *a*) e 49º, nº 2, ambos do CPT.

Neste domínio, é de salientar o dever que impende sobre todas as pessoas, sejam ou não partes na causa, de prestar a sua colaboração para a descoberta da verdade, respondendo ao que lhes for perguntado, submetendo-se às inspeções necessárias, facultando o que for requisitado e praticando os atos que forem determinados (art. 417º, nº 1, do CPC).

9.2. Prova

As provas têm por função a demonstração da realidade dos factos (art. 341º, do CC).

Quem invoca um direito tem o ónus de provar os respetivos factos constitutivos (art. 342º, nº 1, do CC).

Por sua vez, a prova dos factos impeditivos, modificativos ou extintivos do direito invocado compete àquele contra quem a invocação é feita (art. 342º, nº 2, do CC)[406].

O art. 607º, nº 5, 1ª parte, do CPC, consagra o princípio da livre apreciação da prova, segundo a prudente convicção acerca de cada facto[407].

9.2.1. Prova documental

Diz-se documento qualquer objeto elaborado pelo homem com o fim de reproduzir ou representar uma pessoa, coisa ou facto (art. 362º, do CC)[408].

[406] Em caso de dúvida quanto à natureza do facto, o mesmo deve ser considerado constitutivo do direito (art. 342º, nº 3, do CC).
Nos termos do art. 344º, nº 1, do CC, o ónus da prova inverte-se quando: haja presunção legal; seja dispensado ou liberado; haja convenção válida e sempre que a lei o determine.
Conforme disposto no art. 345º, do CC, a convenção que inverta o ónus da prova é nula quando: estejam em causa direitos indisponíveis (nº 1); a inversão torne excessivamente difícil a uma das partes o exercício do direito (nº 1); exclua algum meio legal de prova (nº 2) ou admita algum meio de prova diverso dos legais (nº 2).
Se as determinações legais quanto à prova tiverem por fundamento razões de ordem pública, a convenção é nula em quaisquer circunstâncias (nº 2).

[407] Vale evocar que a livre apreciação não abrange os factos para cuja prova a lei exija formalidade especial, nem aqueles que só possam ser provados por documentos ou que estejam plenamente provados, quer por documentos, quer por acordo ou confissão das partes (art. 607º, nº 5, 2ª parte, do CPC).

[408] O regime jurídico da prova documental está previsto nos arts. 362º a 387º, do CC e nos arts. 423º a 451º, do CPC.

Os documentos devem ser juntos com os articulados (art. 63º, nº 1, do CPT[409]).

9.2.2. Depoimento de parte

O juiz pode, mediante requerimento ou oficiosamente, determinar a comparência pessoal das partes para a prestação de depoimento sobre os factos que interessam à decisão da causa (art. 452º, nº 1, do CPC)[410].

O depoimento é sempre reduzido a escrito, na parte em que houver confissão do depoente ou em que este narre factos ou circunstâncias que impliquem indivisibilidade da declaração confessória (art. 463º, nº 1, do CPC).

9.2.3. Declarações de parte

As partes podem requerer, até ao início das alegações orais em 1ª instância, a prestação de declarações sobre factos em que tenham intervindo pessoalmente ou de que tenham conhecimento direto (art. 466º, nº 1, do CPC).

O tribunal aprecia livremente as declarações das partes, salvo se as mesmas constituírem confissão (art. 466º, nº 3, do CPC).

9.2.4. Prova pericial

A prova pericial tem por finalidade a perceção ou apreciação de factos por meio de peritos, quando sejam necessários conhecimentos especiais que os julgadores não possuem ou quando os factos, relativos a pessoas, não devam ser objeto de inspeção judicial (art. 388º, do CC)[411].

9.2.5. Inspeção

A inspeção judicial pode ser definida como o exame de coisas e pessoas, levado a cabo pelo tribunal, com vista ao esclarecimento de qualquer facto com interesse para a decisão da causa[412].

[409] Cfr., no mesmo sentido, o art. 423º, nº 1, do CPC.

[410] O regime da prova por confissão das partes está previsto nos arts. 452º a 465º, do CPC.

[411] O regime jurídico da prova pericial está previsto nos arts. 388º e 389º, do CC e nos arts. 467º a 489º, do CPC.

[412] O regime jurídico da inspeção judicial está previsto nos arts. 390º e 391º, do CC e 490º a 494º, do CPC.

O tribunal na sua atividade inspetora pode deslocar-se ao local em questão ou mandar proceder à reconstituição dos factos (art. 490º, nº 1, do CPC).

A inspeção judicial pode ser realizada oficiosamente ou mediante requerimento[413] (art. 490º, nº 1, do CPC).

9.2.6. Prova testemunhal

"Diz-se testemunha a pessoa que, não sendo parte na ação, nem seu representante, é chamada a narrar as suas perceções sobre factos passados que interessam ao julgamento da causa.

O *depoimento testemunhal* (o testemunho) constitui assim uma declaração de ciência, que só pela *qualidade do sujeito* (declarante) se distingue do *depoimento de parte*"[414].

As partes devem apresentar o rol de testemunhas nos respetivos articulados, não podendo oferecer mais de 10 testemunhas para prova dos fundamentos da ação e da defesa (arts. 63º, nº 1 e 64º, nº 1, do CPT). Nas ações de valor não superior à alçada do tribunal de primeira instância, este limite é reduzido para metade (art. 64º, nº 1, 2ª parte, do CPT).

No caso de reconvenção, pode ser apresentado igual número de testemunhas para prova dos seus fundamentos e respetiva defesa (art. 64º, nº 2, do CPT).

Este limite pode ser ultrapassado, em virtude da natureza e extensão dos temas da prova (art. 511º, nº 4, do CPC)[415].

Antes da L nº 107/2019, colocava-se a questão de saber se continuava a valer, no processo laboral, o limite de 3 testemunhas sobre cada facto, fixado no art. 65º, do CPT. Este preceito resultava da transposição dos arts. 633º e 789º, do anterior CPC. Sucede que o CPC de 2013 não acompanhou este limite.

Partilhando a tese de alguma da nossa doutrina, eramos da opinião que o art. 65º, do CPT, devia considerar-se derrogado[416].

Com a revogação expressa desta norma levada a cabo pela citada L nº 107/2019 a questão ficou agora sanada.

[413] Neste caso, a parte que a requer deverá fornecer os meios adequados à sua realização, salvo se estiver isenta ou dispensada do pagamento de custas (art. 490º, nº 2, do CPC).

[414] Antunes Varela /Miguel Bezerra/Sampaio e Nora, *Manual de Processo Civil*, p. 609.

O regime jurídico da prova testemunhal está previsto nos arts. 392º e 396º, do CC e 495º a 526º, do CPC.

[415] A decisão do juiz não é suscetível de recurso.

[416] João Correia/Albertina Pereira, *Código de Processo do Trabalho*, 2018, p. 141 e Joana Vasconcelos, *Direito Processual do Trabalho*, p. 88.

O rol de testemunhas pode ser alterado ou aditado até 20 dias antes da data em que se realize a audiência final, sendo a parte contrária notificada para usar, querendo, de igual faculdade no prazo de 5 dias (art. 63º, nº 2, do CPT).

Em regra, as testemunhas são notificadas para comparecer na audiência final ou para serem inquiridas por meio de equipamento tecnológico que permita a comunicação, por meio visual e sonoro, em tempo real (art. 66º, nº 1, 1ª parte, do CPT).

As testemunhas são a apresentar quando a parte se comprometa a fazê-lo ou o rol tiver sido alterado ou aditado. Cfr., articuladamente, os arts. 63º, nº 2 e 66º, nº 1, parte final, do CPT.

Cumpre frisar que as testemunhas em processo judicial cuja causa de pedir seja a prática de assédio são sempre notificadas pelo tribunal (art. 66º, nº 2, do CPT).

As testemunhas residentes na área de competência territorial do juízo do trabalho depõem presencialmente na audiência final (art. 67º, nº 1, do CPT).

Como exceção a esta regra, o nº 2, do art. 67º, do CPT, estabelece que são ouvidas por meio de equipamento tecnológico que permita a comunicação, por meio visual e sonoro, em tempo real, a partir de tribunal ou juízo da área da sua residência:

a) As testemunhas residentes fora do município onde se encontra sediado o juízo da causa, caso o juiz, a requerimento da própria testemunha ou de alguma das partes, o determine por despacho irrecorrível;

b) As testemunhas residentes em município não abrangido pela área de competência territorial do juízo da causa, salvo quando a parte se comprometa a apresentá-las ou tiver alterado ou aditado o rol. Cfr. os arts. 63º, nº 2 e 66º, nº 1, 2ª parte, do CPT.

Nestas hipóteses, o tribunal da causa designa a data da audiência, depois de ouvido o tribunal, juízo ou entidade responsável pelo edifício público onde a testemunha deve prestar depoimento e notifica-a para comparecer (art. 502º, nº 3, do CPC *ex vi* do art. 67º, nº 3, do CPT).

No dia da inquirição, a testemunha identifica-se perante o funcionário judicial do tribunal ou do juízo ou perante o funcionário do serviço público onde o depoimento é prestado, mas a partir desse momento a inquirição é efetuada perante o juiz da causa e os mandatários das partes, através de equipamento tecnológico que permita a comunicação, por meio visual e sonoro, em tempo real, sem necessidade de intervenção do juiz do local onde o depoimento é prestado (art. 502º, nº 4, do CPC *ex vi* do art. 67º, nº 3, do CPT).

10. Audiência final

10.1. Tramitação prévia à produção da prova

Após a verificação das pessoas convocadas, realiza-se a audiência, salvo se houver impedimento do tribunal, faltar algum dos advogados sem que o juiz tenha providenciado pela marcação mediante acordo prévio ou ocorrer motivo que constitua justo impedimento (art. 70º, nº 1, do CPT).

Na audiência, o juiz procura sempre a conciliação das partes, aplicando-se o disposto nos arts. 52º e 53º, do CPT (art. 70º, nº 2, do CPT).

Se a conciliação se frustrar, a audiência prossegue os seus termos (art. 70º, nº 3, do CPT)[417].

10.2. Produção da prova e ampliação dos temas da prova

A produção da prova pode ser entendida como a atividade de constatação da veracidade dos factos alegados, através das diligências e elementos probatórios legalmente admissíveis.

Nos termos do art. 72º, nº 1, do CPT, se o juiz, no âmbito da produção de prova, se aperceber de factos essenciais que, embora não articulados, considere relevantes para a boa decisão da causa deve, na medida do necessário para o apuramento da verdade material, ampliar os temas da prova[418] enunciados no despacho mencionado no art. 596º, do CPC ou, caso este não tenha sido proferido[419], considerá-los na decisão, desde que sobre eles tenha incidido discussão.

Se ocorrer essa ampliação, as partes podem indicar, imediatamente ou, em caso de reconhecida impossibilidade, no prazo de cinco dias, as respetivas provas, respeitando os limites estabelecidos para a prova testemunhal no art. 64º, do CPT (art. 72º, nº 2, do CPT).

[417] A propósito do art. 70º, do CPT, Albino Mendes Baptista, *Código de Processo do Trabalho – Anotado*, p. 140, sustentava que a "não realização da tentativa de conciliação antes da audiência de discussão e julgamento constitui nulidade processual, por se tratar de uma irregularidade com influência no desfecho da causa, mas tem de ser imediatamente arguida se a parte estiver presente, por si ou por mandatário".

[418] Com o CPC de 2013, a base instrutória deu lugar aos temas da prova, previstos no art. 596º, do CPC. Para maiores desenvolvimentos sobre a evolução do regime da seleção da matéria de facto, veja-se Paulo Pimenta, *Processo Civil Declarativo*, ps. 262 e ss..

[419] Na verdade, o juiz pode abster-se de proferir este despacho, sempre que a enunciação dos temas da prova se revestir de simplicidade (art. 49º, nº 3, do CPT).

10.3. Discussão

A discussão é a fase do processo ulterior à instrução, que consiste, essencialmente, na apreciação crítica da prova sobre a matéria de facto que interessa à decisão da causa.

A discussão verifica-se a "meio da audiência de discussão e julgamento, a que é costume chamar-se audiência final.

Esta, portanto, comporta três momentos, com três tipos de actividades distintas:

- Um primeiro momento com actividades de instrução (audição da prova);
- Um segundo momento com actividades de discussão;
- O terceiro momento com o julgamento de facto"[420].

Por sua vez, "o julgamento é a fase destinada à *decisão final* da causa, não excluindo a expressão final a possibilidade de impugnação da decisão, mediante recurso"[421].

Depois de produzida a prova apresentada, é dada a palavra, primeiro ao advogado do autor e depois ao advogado do réu, para, duma só vez e por período não superior a 1 hora, alegarem sobre as matérias de facto e de direito (art. 72º, nº 3, do CPT).

10.4. Falta de comparência

No âmbito do processo laboral, autor e réu devem comparecer pessoalmente na audiência final (art. 71º, nº 1, do CPT).

A justificação da falta deve ser apresentada na própria audiência ou nos cinco dias imediatos (art. 603º, nº 3, do CPC).

Vejamos as seguintes situações:

a) Se alguma das partes faltar injustificadamente e não se fizer representar por mandatário judicial, consideram-se provados os factos alegados pela outra parte que forem pessoais[422] do faltoso (art. 71º, nº 2, do CPT);

[420] Carlos Alegre, *Código de Processo do Trabalho – Anotado*, p. 191.

[421] Antunes Varela/Miguel Bezerra/Sampaio e Nora, *Manual de Processo Civil*, p. 647.

[422] No entendimento de Albino Mendes Baptista, *Código de Processo do Trabalho – Anotado*, p. 142, são "factos pessoais aqueles que a parte, seja pessoa física ou pessoa colectiva, não desconhece ou em relação aos quais não lhe é lícito invocar desconhecimento.

Os factos pessoais da pessoa colectiva referem-se naturalmente aos de esta e não aos dos seus representantes. O que equivale a dizer que se estes forem substituídos, os factos são sempre da entidade colectiva e não dos titulares dos órgãos que, em concreto, os praticam".

b) Se ambas as partes faltarem injustificadamente e não se fizerem representar por mandatário judicial, consideram-se provados os factos alegados pelo autor que sejam pessoais do réu (art. 71º, nº 3, do CPT);

c) Se alguma ou ambas as partes apenas se fizerem representar por mandatário judicial, o juiz ordenará a produção da prova que haja sido requerida e se revele possível e a demais que considere indispensável, julgando a causa conforme for de direito (art. 71º, nº 4, do CPT).

Do regime que acabamos de enunciar, parece resultar que a falta injustificada de alguma ou de ambas as partes não é motivo de adiamento.

10.5. Motivos de adiamento

Com a revogação do nº 4, do art. 70º, do CPT[423], os fundamentos de adiamento da audiência final em processo laboral são agora os mesmos que a lei prevê para o processo civil. Assim, nos termos da 2ª parte, do nº 1, do art. 70º, do CPT, a audiência só não se realiza se houver impedimento do tribunal, faltar algum dos advogados sem que o juiz tenha providenciado pela marcação mediante acordo prévio ou ocorrer motivo que constitua justo impedimento. Fundamentos que corresponde, *ipsis verbis*, aos previstos no art. 603º, nº 1, do CPC.

Se a audiência for adiada por impedimento do tribunal, deve ficar consignado nos autos o respetivo fundamento (art. 603º, nº 2, 1ª parte, do CPC).

Na hipótese de o adiamento assentar na realização de outra diligência, deve ainda ser identificado o processo a que respeita (art. 603º, nº 2, 1ª parte, do CPC).

11. Sentença

11.1. Noção

A sentença é o ato judicial pelo qual o juiz decide a causa principal ou algum incidente que apresente a estrutura de uma causa (art. 152º, nº 2, do CPC).

[423] Nos termos deste preceito, a audiência podia ser adiada, por uma vez, se houvesse acordo das partes e fundamento legal.

11.2. Formalidades

Em regra, a sentença proferida em processo laboral está sujeita às formalidades do art. 607º, do CPC.

Ao abrigo do disposto neste preceito, o juiz na sentença deve: identificar as partes e o objeto do litígio, enunciando, de seguida, as questões que ao tribunal cumpre solucionar (nº 2)[424]; discriminar os factos que considera provados[425] e indicar, interpretar e aplicar as normas jurídicas correspondentes, concluindo pela decisão final (nº 3) e condenar os responsáveis pelas custas processuais, indicando a proporção da respetiva responsabilidade (nº 6).

A sentença conhece, em primeiro lugar, das questões processuais que possam determinar a absolvição da instância[426], segundo a ordem imposta pela sua precedência lógica (art. 608º, nº 1, do CPC)[427], decidindo depois do mérito da causa[428].

11.3. Prazo

A sentença deve ser proferida no prazo de 30 dias após o encerramento da audiência final[429] (art. 73º, nº 1, do CPT).

[424] O juiz deve resolver todas as questões que as partes tenham submetido à sua apreciação, excetuadas aquelas cuja decisão esteja prejudicada pela solução dada a outras (art. 608º, nº 2, 1ª parte, do CPC).

[425] Na fundamentação da sentença, o juiz declara quais os factos que julga provados e quais os que julga não provados, analisando criticamente as provas, indicando as ilações tiradas dos factos instrumentais e especificando os demais fundamentos que foram decisivos para a sua convicção, para além disso, toma ainda em consideração os factos que estão admitidos por acordo, provados por documentos ou por confissão reduzida a escrito, compatibilizando toda a matéria de facto adquirida e extraindo dos factos apurados as presunções impostas pela lei ou por regras de experiência (art. 607º, nº 4, do CPC).

De realçar que o juiz aprecia livremente as provas segundo a sua prudente convicção acerca de cada facto. Convém ter em linha de conta que esta livre apreciação não abrange os factos para cuja prova a lei exija formalidade especial, nem aqueles que só possam ser provados por documentos ou que estejam plenamente provados, quer por documentos, quer por acordo ou confissão das partes (art. 607º, nº 5, do CPC).

[426] Os casos de absolvição da instância, bem como o seu alcance e efeitos, estão previstos nos arts. 278º, nº 1 e 279º, ambos do CPC.

[427] Devemos ressalvar que as exceções não dão lugar à absolvição da instância quando, destinando-se a tutelar o interesse de uma das partes, nenhum outro motivo obste, no momento da apreciação da exceção, a que se conheça do mérito da causa e a decisão deva ser integralmente favorável a essa parte (arts. 278º, nº 3 e 608º, nº 1, do CPC).

[428] Esta decisão traduz-se geralmente na condenação ou absolvição (total ou parcial) do pedido.

[429] A audiência encerra-se quando terminam os debates mencionados no art. 72º, nº 3, do CPT.

Após este encerramento, o processo é concluso para ser proferida sentença, podendo o juiz, se não se julgar suficientemente esclarecido, reabrir a audiência, ouvindo as pessoas que entender e ordenando as demais diligências necessárias (art. 607º, nº 1, 2ª parte, do CPC).

No entanto, se a simplicidade da causa o permitir, a mesma pode ser proferida de imediato[430], regendo-se a sua gravação e transcrição para a ata pelo disposto no art. 155º, do CPC (art. 73º, nº 2, do CPT).

Para além disso, a sentença pode limitar-se à identificação das partes, à sucinta fundamentação de facto e de direito do julgado e à parte decisória (art. 73º, nº 3, do CPT)[431].

11.4. Causas de nulidade

De acordo com o disposto no nº 1, do art. 615º, do CPC, a sentença é nula quando: não contenha a assinatura do juiz[432][al. *a*)]; não especifique os fundamentos de facto e de direito que justificam a decisão [al. *b*)]; os fundamentos estejam em oposição com a decisão ou ocorra alguma ambiguidade ou obscuridade que torne a decisão ininteligível [al. *c*)]; o juiz deixe de pronunciar-se sobre questões que devesse apreciar ou conheça de questões de que não podia tomar conhecimento [al. *d*)] e/ou condene em quantidade superior ou em objeto diverso do pedido[433] [al. *e*)].

Sobre esta última causa de nulidade, urge mencionar que, no domínio do processo laboral, vigora o princípio da condenação *extra vel ultra petitum*, que se traduz no dever de o juiz condenar, precisamente, em quantidade superior ou em objeto diverso quando se verificarem os requisitos consignados no art. 74º, do CPT.

As nulidades mencionadas nas als. *b*) a *e*), do nº 1, do art. 615º, do CPC, só podem ser arguidas perante o tribunal que proferiu a sentença se esta não admitir recurso ordinário, podendo o recurso, no caso contrário, ter como fundamento qualquer dessas nulidades (art. 615º, nº 4, do CPC *ex vi* do art. 77º, do CPT).

Se a nulidade da sentença for arguida no âmbito de recurso dela interposto, compete ao juiz apreciá-la no próprio despacho em que se pronuncia sobre a admissibilidade deste, não podendo ser sindicada a decisão de indeferimento (art. 617º, nº 1, do CPC *ex vi* do art. 77º, do CPT).

[430] Ou seja, logo após os debates previstos no art. 72º, nº 3, do CPT.

[431] Não é demais relembrar que o juiz pode julgar alguma exceção, nulidade ou mesmo decidir do mérito da causa, logo na fase do saneamento, se o processo já tiver os elementos necessários e a simplicidade da causa o permitir (art. 61º, nº 2, do CPT).

[432] Esta causa de nulidade pode ser suprida, oficiosamente ou a requerimento de qualquer das partes, enquanto for possível colher a assinatura do juiz que proferiu a sentença, devendo este declarar no processo a data em que apôs a assinatura (art. 615º, nº 2, do CPC).

[433] A proibição de condenação nestes termos está expressamente consagrada no art. 609º, nº 1, do CPC.

11.5. Esclarecimento ou reforma da sentença

Não cabendo recurso da decisão, o art. 616º, nº 2, do CPC, prevê a possibilidade de qualquer das partes requerer, no prazo de 10 dias[434], a reforma da sentença quando, por manifesto lapso do juiz, tenha ocorrido erro na determinação da norma aplicável ou na qualificação jurídica dos factos e/ou constem do processo documentos ou outro meio de prova plena que, só por si, impliquem necessariamente decisão diversa da proferida.

A parte pode ainda requerer, no tribunal que proferiu a sentença, a sua reforma quanto a custas e multa (art. 616º, nº 1, do CPC).

No entanto, se couber recurso da decisão que condene em custas ou multa, este requerimento é feito na respetiva alegação (art. 616º, nºs 1 e 3, do CPC).

11.6. Notificação

A sentença é notificada às partes e aos respetivos mandatários (art. 24º, nº 1, do CPT).

Nos casos de representação ou patrocínio oficioso, a notificação é feita simultaneamente ao representado ou patrocinado e ao representante ou patrono oficioso, independentemente de despacho (art. 24º, nº 2, do CPT).

11.7. Caso julgado

De acordo com o art. 628º, do CPC, a decisão considera-se transitada em julgado logo que não seja suscetível de recurso ordinário ou de reclamação.

Transitada em julgado a sentença que decida do mérito da causa, a decisão sobre a relação material controvertida fica a ter força obrigatória dentro e fora do processo[435].

Já se recair unicamente sobre a relação processual, a decisão têm força obrigatória apenas dentro do processo[436].

No âmbito do processo laboral, são de salientar duas especificidades.

Em primeiro lugar, tratando-se de litisconsórcio previsto no art. 3º, do CPT, a sentença constitui caso julgado em relação a todos os trabalhadores (art. 78º, nº 1, do CPT).

[434] Aplica-se aqui o prazo geral de 10 dias, previsto no art. 149º, nº 1, do CPC.

[435] Estamos aqui perante o caso julgado material (art. 619º, nº 1, do CPC).

[436] Falamos aqui do caso julgado formal (art. 620º, do CPC).

Em segundo lugar, nas ações relativas a direitos respeitantes aos interesses coletivos que as associações sindicais e de empregadores representam, a sentença constitui caso julgado em relação ao trabalhador que renunciou à intervenção no processo (arts. 5º e 78º, nº 2, do CPT).

CAPÍTULO XI
A AÇÃO DE IMPUGNAÇÃO JUDICIAL DA REGULARIDADE E LICITUDE DO DESPEDIMENTO[437]

1. Considerações prévias[438]

1.1. Âmbito

A ação de impugnação judicial da regularidade e licitude do despedimento (de ora em diante, ação de impugnação) tem como objeto a apreciação judicial da regularidade e licitude dos despedimentos:

- Comunicados por escrito ao trabalhador;
- Que sejam individuais (incluindo-se aqui, os despedimentos por facto imputável ao trabalhador, despedimento por extinção do posto de trabalho e despedimento por inadaptação). Cfr. o art. 98º-C, do CPT[439].

Vejamos algumas das situações que ficam excluídas:

- A impugnação dos chamados despedimentos *de facto* ou verbais;
- O abandono do trabalho;
- A ausência ou ilicitude do motivo justificativo do contrato a termo;
- A impugnação de despedimento coletivo[440].

Por outro lado, o trabalhador que pretenda impugnar o despedimento individual comunicado por escrito terá de fazê-lo obrigatoriamente através da ação de impugnação. Cfr. o art. 98º-C, do CPT.

[437] Neste capítulo, seguimos muito de perto HELDER QUINTAS, *A (nova) ação de impugnação judicial da regularidade e licitude do despedimento.*

[438] A ação de impugnação do despedimento foi criada sob a égide do princípio da celeridade, conforme está patente, desde logo, na natureza urgente que lhe foi conferida pelo art. 26º, nº 1, al. *a*), do CPT.
Devemos ter presente que a regularidade e a licitude do despedimento só podem ser apreciadas por tribunal judicial (art. 387º, nº 1, do CT).
Antes da revisão do CPT levada a cabo pelo DL nº 295/2009, de 13 de outubro, apenas a impugnação de despedimento coletivo estava incorporada num processo especial (arts. 156º a 161º, do CPT).
Com aquele diploma, o legislador *enxertou* um processo especial também para a impugnação dos despedimentos individuais comunicados por escrito, regulado nos arts. 98º-B a 98º-P, do CPT.

[439] Conforme se lê no preâmbulo do DL nº 295/2009, "Todas as demais situações continuam a seguir a forma de processo comum e ficam abrangidas pelo regime de prescrição previsto no nº 1 do artigo 337º do CT".

[440] À qual continua a ser aplicável o processo especial regulado nos arts. 156º a 161º, do CPT.

1.2. Erro na forma do processo

O erro na forma de processo pode verificar-se, por exemplo, quando o trabalhador:

- Recorre à ação de impugnação para impugnar um despedimento verbal ou um despedimento coletivo;
- Impugna o despedimento individual comunicado por escrito, através do processo comum.

O art. 98º-I, nº 3, do CPT, admitindo esta hipótese, impõe que o juiz:

- Se abstenha de conhecer do pedido;
- Absolva da instância o empregador e
- Informe o trabalhador do prazo de que dispõe para intentar ação com processo comum[441]. O prazo aqui em causa será o prescricional de 1 ano, previsto no art. 337º, nº 1, do CT ou, estando em causa um despedimento coletivo, o prazo de 6 meses a que alude o art. 388º, nº 2, do CT.

1.3. Constituição de advogado

O art. 98º-B, do CPT, prevê que a constituição de advogado só é obrigatória após a audiência de partes, com a apresentação dos articulados.

Esta regra apresenta as seguintes desvantagens:

- O trabalhador dará o impulso processual sem necessidade de recorrer à intervenção (consultiva e, nalguns casos, conciliadora) do advogado;
- O trabalhador "será tentado, em muitos casos, a desencadear o processo judicial para, com a intermediação de um juiz, tentar um "acordo indemnizatório""[442];
- Podemos estar a fomentar a chamada *conciliação repressiva*, em que a composição amigável do litígio é obtida com prejuízo dos direitos dos trabalhadores;
- As partes podem estar desacompanhadas e até desamparadas num ato judicial nuclear do processo laboral como é a audiência de partes.

[441] Note-se que o juiz não remete o processo para a forma aplicável, limitando-se a absolver o empregador da instância e a informar o trabalhador do prazo de que dispõe para intentar nova ação.

[442] ALBINO MENDES BAPTISTA, *A Nova Acção de Impugnação de Despedimento e a Revisão do Código de Processo de Trabalho*, p. 83.

Certo é que, se houver acordo na audiência de partes, o processo é extinto sem a intervenção de advogado.

Como é evidente nada impede o trabalhador de constituir mandatário em momento anterior, nomeadamente antes de apresentar o requerimento de impugnação, o qual pode inclusive ser assinado por este, com junção de procuração forense (mesmo com poderes gerais)[443].

1.4. Tribunal competente

De acordo com o art. 387º, nº 2, do CT, o trabalhador pode opor-se ao despedimento individual, mediante apresentação de requerimento, junto do tribunal competente.

Na ausência de norma especial, como a prevista para a ação de impugnação de despedimento coletivo (art. 16º, do CPT), vale a regra geral do art. 14º, nº 1, do CPT, deste modo a ação de impugnação pode ser proposta no tribunal do lugar:

- Da prestação de trabalho ou
- Do domicílio do trabalhador.

1.5. Valor da causa

Na ação de impugnação do despedimento, o valor da causa é sempre fixado a final pelo juiz, tendo em conta a utilidade económica do pedido, designadamente, o valor de indemnização, créditos e retribuições que tenham sido reconhecidos (art. 98º-P, nº 2, do CPT).

1.6. Custas

Para efeitos de pagamento de custas, aplica-se à ação de impugnação o disposto na al. *e*), do nº 1, do art. 12º, do RCP (art. 98º-P, nº 1, do CPT), nos termos da qual sempre que for impossível determinar o valor da causa, o mesmo, para efeitos de custas, deve ser fixado de acordo com o indicado na 1. 1, da tabela I-B, do RCP, sem prejuízo de posteriores acertos se o juiz vier a fixar um valor certo[444].

[443] Ac. da RP, de 10.01.2011 *in* www.dgsi.pt (Proc. nº 652/10.3TTVNG.P1).

[444] Para Abílio Neto, *Código de Processo do Trabalho – Anotado*, p. 225, "o valor atendível da causa corresponde a € 2.000,00, e, sendo assim, a parte pagará a taxa de justiça correspondente a ½ UC (meia unidade de conta)".

2. Formulário

2.1. Formulário e respetivo preenchimento

A oposição ao despedimento é feita mediante apresentação de requerimento em formulário próprio[445] junto do tribunal competente, no prazo de 60 dias, contados a partir da receção da comunicação de despedimento ou da data de cessação do contrato, se posterior (art. 387º, nº 2, do CT)[446].

O requerimento pode ser apresentado em formulário eletrónico ou em suporte papel (art. 98º-C, nº 1, do CPT).

A entrega em suporte papel é feita, num único exemplar, na secretaria judicial (art. 98º-D, nº 1, do CPT).

O requerimento de oposição deve ser preenchido com os seguintes elementos:

- Identificação das partes;
- Local, data e assinatura do trabalhador.

Elementos já constantes do formulário:

- Declaração de oposição ao despedimento;
- Pedido de declaração da ilicitude ou irregularidade do despedimento.

No caso de instauração de providência cautelar de suspensão preventiva do despedimento (arts. 33º-A e ss., do CPT), a apresentação do formulário é dispensada, se o trabalhador, no respetivo requerimento inicial, tiver requerido a impugnação judicial da regularidade e licitude do despedimento (art. 98º-C, nº 2, do CPT).

Da leitura conjugada dos arts. 387º, nº 2, do CT e 26º, nº 5, do CPT, concluímos que a instância se inicia com o recebimento do requerimento de oposição, sendo esse o momento relevante para efeitos do mencionado prazo de caducidade de 60 dias.

[445] Aprovado pela P nº 1460-C/2009, de 31 de dezembro.

[446] A consagração de dois factos iniciadores da contagem do prazo justifica-se por força da diferença existente entre os regimes aplicáveis a cada um dos despedimentos individuais.
Assim, enquanto que no despedimento por facto imputável ao trabalhador, a decisão determina a cessação do contrato logo que chega ao poder do trabalhador ou é dele conhecida (art. 357º, nº 7, do CT), no despedimento por extinção do posto de trabalho ou por inadaptação, a decisão deve ser comunicada ao trabalhador com uma antecedência mínima (variável consoante a antiguidade do trabalhador), relativamente à data da cessação (cfr., respetivamente, os arts. 371º, nº 3 e 378º, nº 2, do CT).

Se entendermos que à impugnação das outras sanções disciplinares é aplicável o prazo prescricional de 1 ano previsto no art. 337º, do CT, verificamos que o trabalhador tem:

- 1 ano para impugnar a mais leve das sanções disciplinares (a repreensão) e
- 60 dias para impugnar a mais grave, o despedimento (escrito).

Esta incongruência torna-se ainda mais gritante se tivermos em consideração que continua a valer o prazo de 1 ano[447] para a impugnação dos despedimento que não tenham sido comunicados por escrito (como os, vulgarmente designados, despedimentos verbais).

2.2. Recusa pela secretaria

De acordo com o art. 98º-E, do CPT, o requerimento de oposição ao despedimento pode ser recusado pela secretaria quando:

a) Não conste de modelo próprio;
b) Omita a identificação das partes;
c) Não tenha sido junta a decisão de despedimento;
d) Não esteja assinado.

Uma vez que estamos perante uma norma especial e tendo em consideração a especificidade da ação de impugnação, entendemos que o formulário apenas pode ser recusado quando se verifique alguma (ou algumas) destas causas, não sendo assim aplicáveis, subsidiariamente, as restantes alíneas do art. 558º, do CPC[448].

[447] Como considerou o STJ, numa "ação declarativa emergente de contrato de trabalho, com processo comum, em que a cessação do contrato de trabalho ocorreu em 30 de novembro de 2016, o regime aplicável é o que consta no artº 337º, nº 1 do Código do Trabalho que estabelece que os créditos emergentes de contrato de trabalho, da sua violação ou cessação prescrevem decorrido um ano a partir do dia seguinte àquele em que cessou o contrato de trabalho". [Ac. de 10.04.2019 *in* www.dgsi.pt (Proc. nº 440/18.9T8MTS.S1)]

[448] O que significa, desde logo, que a entrega do requerimento do formulário não está sujeita ao pagamento de taxa de justiça, a qual só é devida com a apresentação dos, propriamente ditos, articulados das partes. Cfr. Albino Mendes Baptista, *A Nova Acção de Impugnação de Despedimento e a Revisão do Código de Processo de Trabalho*, p. 72.

3. Audiência de partes

3.1. Tramitação

Com a L nº 109/2019, o art. 98º-F, nº 1, do CPT, passou a salvaguardar expressamente a possibilidade de o requerimento de impugnação ser indeferido liminarmente nos termos do art, 590º, nº 1, do CPC. Da leitura adaptada deste preceito, concluímos que o requerimento deve ser indeferido quando o pedido seja manifestamente improcedente.

A segunda circunstância que, nos termos do art. 590º, nº 1, do CPC, pode conduzir ao indeferimento do requerimento é a ocorrência evidente de exceções dilatórias insupríveis e de que o juiz deva conhecer oficiosamente.

As exceções dilatórias que motivam o indeferimento liminar são, por exemplo: a incompetência absoluta (arts. 99º, nº 1 e 577º, al. *a*), do CPC); a ineptidão da petição inicial (arts. 186ºe 577º, al. *b*), do CPC); a falta de personalidade judiciária, salvo o previsto no art. 14º, do CPC (art. 577º, al. *c*), do CPC); a ilegitimidade singular (art. 577º, al. *e*), do CPC) e o caso julgado material (arts. 577º, al. *i*) e 619º, nº 1, do CPC).

Se não houver motivo para indeferimento, o juiz, após o recebimento do requerimento de impugnação, designa data para a audiência de partes, a realizar no prazo de 15 dias (art. 98º-F, nº 1, do CPT).

O trabalhador é notificado e o empregador citado para comparecerem pessoalmente ou, em caso de justificada impossibilidade de comparência, se fazerem representar por mandatário judicial com poderes especiais para confessar, transigir ou desistir (art. 98º-F, nº 2, do CPT).

Depois de aberta a audiência, o empregador expõe sucintamente os fundamentos de facto que motivam o despedimento (art. 98º-I, nº 1, do CPT).

Após a resposta do trabalhador, o juiz procurará conciliar as partes, nos termos e para os efeitos dos arts. 52º e 53º, do CPT (art. 98º-I, nº 2, do CPT).

Se a conciliação se frustrar, o juiz (art. 98º-I, nº 4, do CPT):

a) Procede à notificação imediata do empregador para, no prazo de 15 dias, apresentar articulado para motivar o despedimento, juntar o procedimento disciplinar ou os documentos comprovativos do cumprimento das formalidades exigidas, apresentar o rol de testemunhas e requerer quaisquer outras provas e

b) Fixa a data da audiência final.

Regime da audiência de partes no processo comum – Diferenças

A audiência de partes no processo comum apresenta algumas diferenças em relação à audiência de partes na ação de impugnação. Com efeito, na primeira, a exposição cabe ao autor[449] e versa sobre os fundamentos de facto e de direito (art. 55º, nº 1, do CPT), já na segunda, a exposição recai sempre sobre o empregador e tem por objeto os fundamentos de facto (art. 98º-I, nº 1, do CPT)[450].

3.2. Falta do trabalhador

Se o trabalhador não comparecer na audiência de partes, nem se fizer representar nos termos do nº 2, do art. 98º-F, do CPT, nem justificar a sua falta nos 10 dias subsequentes à data marcada para a audiência, tendo sido ou devendo considerar-se regularmente notificado, o juiz ordena a notificação do empregador para, no prazo de 15 dias, apresentar articulado para motivar o despedimento, juntar o procedimento disciplinar[451] ou os documentos comprovativos do cumprimento das formalidades exigidas[452], apresentar o rol de testemunhas e requerer quaisquer outras provas e fixa a data da audiência final. Cfr., articuladamente, os arts. 98º-G, nº 1, als. *a*) e *b*) e 98º-H, nº 1, do CPT.

Se a falta for justificada, será marcada nova data para a realização da audiência de partes (art. 98º-H, nº 2, do CPT).

Se o trabalhador, tendo sido ou devendo considerar-se regularmente notificado, faltar justificadamente a esta audiência, não se fazendo representar, o juiz ordena a notificação do empregador para, no prazo de 15 dias apresentar articulado para motivar o despedimento, juntar o procedimento disciplinar ou os documentos comprovativos do cumprimento das formalidades exigidas, apresentar o rol de testemunhas e requerer quaisquer outras provas e fixa a data da audiência final (cfr., conjugadamente, as als. *a*), do nº 3, do art. 98º-H e *a*) e *b*), do nº 1, do art. 98º-G, do CPT).

Se a falta for considerada injustificada, o empregador será absolvido do pedido (al. *b*), do nº 3, do art. 98º-H, do CPT).

[449] Que, na maior parte dos casos, é o trabalhador.

[450] É curioso notar que apesar de o impulso processual ter sido dado pelo trabalhador, cabe ao empregador expor os fundamentos da sua pretensão, assumindo-se, no fundo, como o verdadeiro autor.

[451] No caso de despedimento por facto imputável ao trabalhador.

[452] Tratando-se de despedimento por extinção do posto de trabalho ou por inadaptação.

3.3. Falta do empregador

Nos termos do nº 1, do art. 98º-G, do CPT, se o empregador não comparecer na audiência de partes, nem se fizer representar nos termos do nº 2, do art. 98º-F, do CPT[453], nem justificar a sua falta nos 10 dias subsequentes à data marcada, tendo sido ou devendo considerar-se regularmente citado, o juiz:

a) Ordena a sua notificação para, no prazo de 15 dias, apresentar articulado para motivar o despedimento, juntar o procedimento disciplinar ou os documentos comprovativos do cumprimento das formalidades exigidas, apresentar o rol de testemunhas e requerer quaisquer outras provas;
b) Fixa a data da audiência final.

Se a falta for julgada injustificada, o empregador fica ainda sujeito às sanções previstas no Código de Processo Civil para a litigância de má-fé (art. 98º-G, nº 2, do CPT).

Caso a falta seja considerada justificada, procede-se à marcação de nova data para a realização da audiência de partes (art. 98º-G, nº 3, do CPT).

Na hipótese de o empregador, tendo sido ou devendo considerar-se regularmente notificado, não comparecer nesta nova data, nem se fizer representar nos termos do nº 2, do art. 98º-F, do CPT, o juiz, se a falta for:

a) Justificada, ordena a sua notificação para, no prazo de 15 dias, apresentar articulado para motivar o despedimento, juntar o procedimento disciplinar ou os documentos comprovativos do cumprimento das formalidades exigidas, apresentar o rol de testemunhas e requerer quaisquer outras provas e fixa a data da audiência final. Cfr., articuladamente, as als. *a*) e *b*), do nº 1 e *a*), do nº 4, do art. 98º-G, do CPT;
b) Injustificada, declara a ilicitude do despedimento do trabalhador e:
   - Condena o empregador a reintegrar o trabalhador no mesmo estabelecimento da empresa, sem prejuízo da sua categoria e antiguidade ou, caso o trabalhador tenha optado por uma indemnização em substituição da reintegração, a pagar-lhe, no mínimo, uma indemnização correspondente a 30 dias de retribuição base e diuturnidades por cada ano completo ou fração de antiguidade, sem prejuízo do disposto nos nºs 2 e 3, do art. 391º, do CT.

[453] Segundo este preceito, o trabalhador é notificado e o empregador citado para comparecerem pessoalmente ou, em caso de justificada impossibilidade de comparência, se fazerem representar por mandatário judicial com poderes especiais para confessar, transigir ou desistir.

O empregador é notificado na mesma data da respetiva sentença. Cfr. os nºs 3, al. *a*) e 4, do art. 98º-J, *ex vi* dos nºs 4, al. *b*) e 5, do art. 98º-G, do CPT;

- Condena ainda o empregador no pagamento das retribuições que o trabalhador deixou de auferir desde a data do despedimento até ao trânsito em julgado da decisão judicial que declare a ilicitude do despedimento. O empregador é notificado na mesma data da respetiva sentença. Cfr. os nºs 3, al. *b*) e 4, do art. 98º-J, *ex vi* dos nºs 4, al. *b*) e 5, do art. 98º-G, do CPT;
- Ordena a notificação do trabalhador para, querendo, no prazo de 15 dias, apresentar articulado no qual peticione quaisquer outros créditos emergentes do contrato de trabalho, da sua violação ou da sua cessação, incluindo a indemnização prevista na al. *a*), do nº 1, do art. 389º, do CT.

Se o trabalhador deduzir este articulado, o empregador é notificado para, no prazo de 15 dias, apresentar contestação, observando-se seguidamente os restantes termos do processo comum regulados nos arts. 57º e ss., do CPT. Cfr. os nºs 3, al. *c*) e 5, do art. 98º-J, *ex vi* dos nºs 4, al. *b*) e 5, do art. 98º-G, do CPT).

3.4. Falta de ambas as partes

Se ambas as partes faltarem justificadamente à audiência de partes, o juiz marcará nova data para a sua realização (cfr., articuladamente, os nºs 2 e 4, do art. 98º-H, do CPT).

Por sua vez, se ambas as partes faltarem injustificadamente à audiência de partes, parece resultar dos nºs 3, al. *b*) e 4, do art. 98º-H, do CPT, que o empregador deverá ser absolvido.

4. Articulado do empregador e contestação do trabalhador[454]

4.1. Articulado do empregador

No seu articulado, o empregador apenas pode invocar factos e fundamentos constantes da decisão de despedimento comunicada ao trabalhador (art. 98º-J, nº 1, do CPT). Isto não significa que não possa aí deduzir exceções perentórias ou dilatórias.

[454] Ao contrário do que é habitual, o legislador optou pelas expressões "trabalhador" e "empregador", abdicando da nomenclatura processual clássica ("autor" e "réu"), recorrendo assim a uma terminologia assenta na relação substantiva que o processo visa regular.

Nesta peça processual, o empregador deve:

- Juntar o procedimento disciplinar ou os documentos comprovativos do cumprimento das formalidades exigidas (arts. 98º-I, nº 4, al. *a*) e 98º-J, nº 3, do CPT);
- Apresentar o rol de testemunhas e requerer quaisquer outras provas (arts. 98º-I, nº 4, al. *a*) e 98º-L, nº 6, do CPT);
- Comprovar o prévio pagamento da taxa de justiça devida ou da concessão do benefício de apoio judiciário, na modalidade de dispensa do mesmo (art. 552º, nº 7, do CPC)[455];
- Requerer, caso pretenda, a exclusão da reintegração[456], invocando os factos e circunstâncias que fundamentam a sua pretensão e apresentando os meios de prova para o efeito (art. 98º-J, nº 2, do CPT).

A não apresentação deste articulado e/ou a não junção do procedimento disciplinar ou dos documentos comprovativos do cumprimento das formalidades, implica a ilicitude do despedimento[457], devendo o juiz, ao abrigo do nº 3, do art. 98º-J, do CPT:

a) Condenar o empregador a reintegrar[458] o trabalhador no mesmo estabelecimento da empresa, sem prejuízo da sua categoria e antiguidade ou,

[455] O responsável pelo prévio pagamento da taxa de justiça deve indicar, em campo próprio dos formulários de apresentação de peça processual constantes do sistema informático de suporte à atividade dos tribunais, a referência que consta do documento único de cobrança (DUC), encontrando-se dispensado de juntar ao processo o respetivo documento comprovativo do pagamento. Nestes casos, a comprovação do prévio pagamento é efetuada automaticamente por comunicação entre o Sistema de Cobranças do Estado, o sistema informático de registo das custas processuais e o sistema informático de suporte à atividade dos tribunais (art. 9º, nºs 1 e 2, da P nº 280/2013, de 26 de agosto).

[456] Em caso de microempresa ou de trabalhador que ocupe cargo de administração ou de direção, o empregador pode requerer ao tribunal que exclua a reintegração, com fundamento em factos e circunstâncias que tornem o regresso do trabalhador gravemente prejudicial e perturbador do funcionamento da empresa (art. 392º, nº 1, do CT).
Se o tribunal atender a este pedido, o trabalhador tem direito a indemnização, determinada pelo tribunal entre 30 e 60 dias de retribuição base e diuturnidades por cada ano completo ou fração de antiguidade (art. 392º, nº 3, do CT).
Vale ter presente que esta faculdade do empregador não se aplica quando a ilicitude do despedimento se fundar em motivo político, ideológico, étnico ou religioso, ainda que com invocação de motivo diverso ou quando o fundamento da oposição à reintegração for culposamente criado pelo empregador (art. 392º, nº 2, do CT).

[457] Para Abílio Neto, *Código de Processo do Trabalho – Anotado*, p. 222, a falta de junção do procedimento disciplinar constitui um vício de conhecimento oficioso.

[458] Um dos efeitos da declaração de ilicitude do despedimento é a reintegração do trabalhador (art. 389º, nº 1, al. *b*), do CT). Porém, como já referimos, tratando-se de microempresa ou de trabalhador que

caso o trabalhador tenha optado por uma indemnização em substituição da reintegração, a pagar-lhe, no mínimo, uma indemnização correspondente a 30 dias de retribuição base e diuturnidades por cada ano completo ou fração de antiguidade[459], sem prejuízo do disposto nos nºs 2 e 3, do art. 391º, do CT.

O empregador é notificado na mesma data da respetiva sentença (nº 4, do art. 98º-J, do CPT);

b) Condenar ainda o empregador no pagamento das retribuições que o trabalhador deixou de auferir desde a data do despedimento até ao trânsito em julgado da decisão judicial que declare a ilicitude do despedimento[460].

O empregador é notificado na mesma data da respetiva sentença (nº 4, do art. 98º-J, do CPT);

c) Ordenar a notificação do trabalhador para, querendo, no prazo de 15 dias, apresentar articulado no qual peticione quaisquer outros créditos emergentes do contrato de trabalho, da sua violação ou da sua cessação, incluindo a indemnização por todos os danos causados, patrimoniais e não patrimoniais, prevista na al. *a*), do nº 1, do art. 389º, do CT[461].

Se o trabalhador deduzir este articulado, o empregador é notificado para, no prazo de 15 dias, apresentar contestação, observando-se seguidamente os restantes termos do processo comum regulados nos arts. 57º e ss., do CPT (nº 5, do art. 98º-J, do CPT).

O legislador procurou aqui assegurar o respeito pelos princípios do contraditório (art. 3º, do CPC) e da igualdade das partes (art. 4º, do CPC).

ocupe cargo de administração ou de direção, o empregador pode opor-se, no seu articulado, à reintegração, alegando factos e circunstâncias que tornem o regresso do trabalhador gravemente prejudicial e perturbador do funcionamento da empresa (cfr., articuladamente, os arts. 392º, nº 1, do CT e 98º-J, nº 2, do CPT).

459 Podemos constatar que o legislador aumentou o limite mínimo de indemnização previsto no art. 391º, nº 1, do CT, de 15 para 30 dias de retribuição base e diuturnidades por cada ano completo ou fração de antiguidade, atendendo ao valor da retribuição e ao grau de ilicitude do despedimento.
Este aumento constitui uma clara penalização do empregador face à conduta processual omissiva (nº 3, do art. 98º-J, do CPT).

460 O direito às chamadas retribuições intercalares está previsto no art. 390º, nº 1, do CT.

461 Nesta hipótese, o trabalhador será notificado para apresentar articulado onde poderá reclamar créditos laborais em dívida, designadamente retribuições, retribuição por trabalho suplementar, subsídios de férias e de Natal, etc..
Albino Mendes Baptista, *A Nova Acção de Impugnação de Despedimento e a Revisão do Código de Processo de Trabalho*, p. 93, já incluía, nos créditos emergentes da cessação do contrato, os danos não patrimoniais (art. 389º, nº 1, al. *a*), do CT) ou o eventual pedido de condenação do empregador por sanção abusiva (art. 331º, do CT).

4.2. O articulado do trabalhador (contestação)

Após a apresentação do articulado do empregador, o trabalhador é notificado para, no prazo de 15 dias, contestar (art. 98º-L, nº 1, do CPT)[462].

Na contestação, o trabalhador deve:

- Defender-se por impugnação ou por exceção;
- Apresentar ou requerer a produção de prova (art. 98º-L, nº 6, do CPT);
- Comprovar o prévio pagamento da taxa de justiça devida ou da concessão do benefício de apoio judiciário, na modalidade de dispensa do mesmo (art. 552º, nº 7 *ex vi* do art. 570º, nº 1, do CPC)[463].

Se o trabalhador não contestar, tendo sido ou devendo considerar-se regularmente notificado na sua própria pessoa ou tendo juntado procuração a mandatário judicial no prazo da contestação, consideram-se confessados os factos articulados pelo empregador, sendo logo proferida sentença a julgar a causa conforme for de direito (art. 98º-L, nº 2, do CPT).

Em virtude da remissão que o art. 98º-L, nº 3, do CPT, faz para o nº 2, do art. 266º, do CPC, parece resultar que o trabalhador, na contestação, pode deduzir reconvenção quando:

- O pedido do emerge do facto jurídico que serve de fundamento à ação ou à defesa;
- Se propõe tornar efetivo o direito a benfeitorias ou despesas relativas à coisa cuja entrega lhe é pedida;
- Pretende o reconhecimento de um crédito, seja para obter a compensação seja para obter o pagamento do valor em que o crédito invocado excede o do empregador;
- O pedido tende a conseguir, em seu benefício, o mesmo efeito jurídico que o empregador se propõe obter[464].

[462] Por força, designadamente, do art. 1º, nº 1, al. *a*), do CPT, à contestação do trabalhador são aplicáveis todas as disposições do CPC que regulam tal articulado, *maxime* os arts. 569º, e ss.. De igual forma, são também aplicáveis os arts. 57º e 58º, do CPT (art. 1º, nº 2, al. *b*), do CPT).

[463] O responsável pelo prévio pagamento da taxa de justiça deve indicar, em campo próprio dos formulários de apresentação de peça processual constantes do sistema informático de suporte à atividade dos tribunais, a referência que consta do documento único de cobrança (DUC), encontrando-se dispensado de juntar ao processo o respetivo documento comprovativo do pagamento. Nestes casos, a comprovação do prévio pagamento é efetuada automaticamente por comunicação entre o Sistema de Cobranças do Estado, o sistema informático de registo das custas processuais e o sistema informático de suporte à atividade dos tribunais (art. 9º, nºs 1 e 2, da P nº 280/2013, de 26 de agosto).

[464] Apesar das dificuldades em enquadrar alguns destes casos no âmbito do processo especial de que agora cuidamos, certo é que o legislador optou por fazer uma remissão *in totum* para o nº 2, do art. 266º, do CPC.

Na 2ª parte do nº 3, do art. 98º-L, do CPT, é expressamente reconhecida ao trabalhador a possibilidade de reconvir para peticionar créditos emergentes do contrato de trabalho, da sua violação ou da sua cessação, incluindo a indemnização por todos os danos causados, patrimoniais e não patrimoniais, resultante da ilicitude do despedimento, prevista na al. *a*), do nº 1, do art. 389º, do CT.

4.3. Resposta

Se o trabalhador tiver deduzido reconvenção, o empregador pode responder à respetiva matéria no prazo de 15 dias (art. 98º-L, nº 4, do CPT).

O empregador deve apresentar ou requerer a produção de prova neste articulado (art. 98º-L, nº 6, do CPT).

Caso o empregador não ofereça resposta à reconvenção, consideram-se admitidos por acordo os factos que não forem impugnados, salvo se estiverem em oposição com o seu articulado considerado no seu conjunto, não for admissível confissão sobre eles ou só puderem ser provados por documento escrito. Cfr., conjugadamente, os arts. 574º, nº 2, do CPC e 60º, nº 4 e 98º-L, nº 5, do CPT.

5. Termos posteriores aos articulados

Findo os articulados, o processo segue os termos previstos nos arts. 61º e ss., do CPT (art. 98º-M, nº 1, 1ª parte, do CPT).

Podemos assim concluir que do ponto de vista da sua tramitação, a ação de impugnação divide-se em duas partes:

- A 1ª parte (constituída pela audiência de partes e pelos articulados), que está regulada por um regime próprio;
- A 2ª parte (saneamento, audiência prévia, audiência final e recursos), à qual são aplicáveis as regras do processo comum.

5.1. Exceção

Em relação à audiência de julgamento, a exceção ao regime do processo comum está prevista na 2ª parte, do nº 1, do art. 98º-M, do CPT, a qual impõe que a prova a produzir se inicie com a oferecida pelo empregador.

Esta norma resulta da natureza e ordem de apresentação dos articulados.

Na verdade, o primeiro articulado, no qual são vertidos factos e apresentadas e requeridas provas, é o articulado do empregador (art. 98º-J, do CPT).

Para além disso, adequa-se às regras sobre o ónus da prova dos factos constitutivos do despedimento, o qual impende sobre o empregador.

5.2. Apreciação de vícios formais/pronúncia sobre os fundamentos

Refira-se ainda que, estando em causa despedimento precedido de procedimento disciplinar, o tribunal, sem prejuízo da apreciação de vícios formais, deve sempre pronunciar-se sobre a verificação e procedência dos fundamentos invocados para o despedimento (cfr., articuladamente, os arts. 387º, nº 4, do CT e 98º-M, nº 2, do CPT)[465].

6. Pagamento de retribuições intercalares pelo Estado

6.1. Aspetos gerais

Uma das consequências da ilicitude do despedimento é a condenação do empregador no pagamento das retribuições intercalares[466] (art. 390º, nº 1, do CT).

Na ação de impugnação e sem prejuízo destas deduções, o tribunal, na decisão em 1ª instância que declare a ilicitude do despedimento, determina que o pagamento das retribuições devidas ao trabalhador após o decurso de 12 meses desde a apresentação do formulário de oposição ao despedimento até à notificação da decisão de 1ª instância impende sobre a Segurança Social (art. 98º-N, nº 1, do CPT).

Como parte interessada, a Segurança Social é sempre notificada dessa decisão, bem como da interposição e decisão de recurso (art. 98º-N, nº 2, do CPT).

O pagamento das retribuições intercalares deve ser efetuado até 30 dias após o trânsito em julgado da decisão que declare a ilicitude do despedimento (art. 98º-N, nº 3, do CPT).

A obrigação é fixada pelo tribunal na referida decisão, a qual constitui título executivo para exigir judicialmente à Segurança Social o seu cumprimento[467].

[465] Incluindo-se, aqui, os vícios formais que determinam a invalidade do procedimento e consequente ilicitude do despedimento, como, por exemplo, os previstos no art. 382º, nº 2, do CT.

[466] Retribuições que o trabalhador deixou de auferir desde o despedimento até ao trânsito em julgado da decisão que declarou a sua ilicitude.

[467] Cfr. Albino Mendes Baptista, *A Nova Acção de Impugnação de Despedimento e a Revisão do Código de Processo de Trabalho*, p. 115.

A obrigação da Segurança Social cessa com a notificação da decisão de 1ª instância (art. 98º-N, nº 1, do CPT). Assim, em caso de recurso, o Estado não assume o pagamento das retribuições intercalares, as quais, sendo confirmada a ilicitude do despedimento, serão da responsabilidade do empregador.

6.2. Períodos não incluídos no prazo de 12 meses

De acordo com o disposto no art. 98º-O, nº 1, do CPT, no período de 12 meses não se incluem:

- Os períodos de suspensão da instância, nos termos do art. 269º, do CPC[468];
- O período correspondente à mediação;
- O período correspondente à tentativa de conciliação;
- O período correspondente ao aperfeiçoamento dos articulados;
- Os períodos correspondentes a férias judiciais;
- Os períodos em que a causa esteve a aguardar o impulso processual das partes por razão que lhes seja imputável.

6.3. Deduções

Da leitura conjugada dos arts. 98º-O, nº 2, do CPT e 390º, nº 2, do CT, extraímos que às retribuições devidas ao trabalhador após o decurso de 12 meses, desde a apresentação do formulário de oposição ao despedimento até à notificação da decisão de 1ª instância, deduzem-se:

a) As importâncias que o trabalhador auferiu com a cessação do contrato e que não receberia se não fosse o despedimento;

[468] Nos termos deste comando legal, a instância suspende-se nos casos seguintes:
a) Quando falecer ou se extinguir alguma das partes, sem prejuízo do disposto no art. 162º, do CSC. Não esquecer que a morte ou extinção de alguma das partes não dá lugar à suspensão, mas à extinção da instância, quando torne impossível ou inútil a continuação da lide (art. 269º, nº 3, do CPC);
b) Nos processos em que é obrigatória a constituição de advogado, quando este falecer ou ficar absolutamente impossibilitado de exercer o mandato. Nos outros processos, quando falecer ou se impossibilitar o representante legal do incapaz, salvo se houver mandatário judicial constituído;
c) Quando o tribunal ordenar a suspensão ou houver acordo das partes;
d) Nos outros casos em que a lei o determinar especialmente.
No caso de transformação ou fusão de pessoa coletiva ou sociedade, parte na causa, a instância não se suspende, apenas se efetuando, se for necessário, a substituição dos representantes (art. 269º, nº 2, do CPC).

b) A retribuição relativa ao período decorrido desde o despedimento até 30 dias antes da propositura da ação, se esta não tiver sido proposta nos 30 dias subsequentes ao despedimento;

c) O subsídio de desemprego atribuído ao trabalhador desde o despedimento até ao trânsito em julgado da decisão do tribunal que declare a ilicitude do despedimento, devendo o empregador entregar essa quantia à segurança social.

CAPÍTULO XII
PROCESSO ESPECIAL EMERGENTE DE ACIDENTE DE TRABALHO[469]

1. Fase conciliatória

O processo emergente de acidentes de trabalho começa com uma fase conciliatória dirigida pelo Ministério Público, a qual inicia-se com o recebimento da participação do acidente (arts. 26º, nº 4 e 99º, nº 1, do CPT).

Esta fase tem o seu expoente máximo na tentativa de conciliação, para a qual são chamadas, além do sinistrado ou dos seus beneficiários legais, as entidades empregadoras ou seguradoras (art. 108º, nº 1, do CPT).

Nesta diligência, o Ministério Público promove o acordo de harmonia com os direitos consignados na lei, tomando por base os elementos fornecidos pelo processo, designadamente o resultado da perícia médica e as circunstâncias que possam influir na capacidade geral de ganho do sinistrado (art. 109º, do CPT).

Frustrando-se a conciliação, o auto consigna os factos sobre os quais houve consenso, referindo expressamente se houve ou não acordo acerca da existência e caracterização do acidente, do nexo causal entre a lesão e este, da retribuição do sinistrado, da entidade responsável e da natureza e grau da incapacidade atribuída (art. 112º, nº 1, do CPT).

Não se realizando acordo, o Ministério Público recolhe logo os elementos necessários à elaboração e apresentação da petição inicial (art. 113º, do CPT).

Se houver acordo, o mesmo é submetido ao juiz, que o homologa por simples despacho exarado no próprio auto e seus duplicados, se verificar a sua conformidade com os elementos fornecidos pelo processo e com as normas legais, regulamentares ou convencionais (art. 114º, nº 1, do CPT).

Na hipótese de junção de acordo extrajudicial, o Ministério Público, certificando-se da sua conformidade com o resultado das perícias médicas, com os restantes elementos fornecidos pelo processo e com as informações comple-

[469] As ações emergentes de acidentes de trabalho ou de doença profissional são processos especiais regulados nos arts. 99º a 155º, do CPT.
Ao nível do direito substantivo, o art. 283º, nº 1, do CT, reconhece o direito do trabalhador e dos seus familiares à reparação de danos emergentes de acidente de trabalho ou doença profissional, recaindo, nos termos do nº 5, deste preceito, sobre o empregador a obrigação de transferir a responsabilidade por essa reparação para entidades seguradoras.
O art. 284º, do CT, remete a regulamentação desta matéria para legislação específica, a qual foi aprovada pela L nº 98/2009, de 04 de setembro.

mentares que repute necessárias, submete-o, com o seu parecer, a homologação do juiz.

Caso essa conformidade não se verifique, promove a tentativa de conciliação (art. 114º, nº 2, do CPT).

2. Fase contenciosa

2.1. Início

A fase contenciosa é a 2ª fase do processo emergente de acidentes de trabalho e tem por base:

a) A petição inicial, na qual o sinistrado, doente ou respetivos beneficiários formulam o pedido, expondo os seus fundamentos (art. 117º, nº 1, al. *a*), do CPT);
b) O requerimento de junta médica do interessado que se não conformar com o resultado da perícia médica realizada na fase conciliatória do processo, quando na tentativa de conciliação apenas tiver havido discordância quanto à questão da incapacidade (cfr. conjugadamente, os arts. 117º, nº 1, al. *b*) e 138º, nº 2, do CPT).

Tenhamos em consideração que a fase contenciosa corre nos autos em que se processou a fase conciliatória (art. 117º, nº 3, do CPT).

2.2. Desdobramento do processo

Na fase contenciosa, o processo pode ser desdobrado em:

a) Processo principal;
b) Apenso para fixação da incapacidade para o trabalho (art. 118º, do CPT).

2.3. Petição inicial e requerimento de junta médica

Não se tendo realizado o acordo ou não tendo este sido homologado[470], o Ministério Público assume o patrocínio do sinistrado ou dos beneficiários legais,

[470] O Ministério Público não deve ainda assumir o patrocínio do sinistrado ou dos beneficiários legais quando estes se limitarem à recusa do que lhes é devido, apesar de as entidades responsáveis reconhecerem as obrigações legais correspondentes aos elementos de facto verificados através do processo.

apresentando, no prazo de 20 dias, a petição inicial ou o requerimento de junta médica, o qual deve ser fundamentado ou acompanhado de quesitos (cfr., articuladamente, os arts. 117º, nºs 1 e 2, 119º, nº 1 e 138º, nº 2, do CPT).

Se os elementos de facto necessários à elaboração da petição inicial forem insuficientes, o Ministério Público requer que o prazo seja prorrogado por igual período de tempo e diligencia pela obtenção desses elementos (art. 119º, nº 2, do CPT).

2.4. Junta médica

O sinistrado, não se conformando com o resultado da perícia realizada na fase conciliatória, pode, no prazo de 20 dias após a tentativa de conciliação, requerer junta médica na petição inicial ou em requerimento autónomo[471], que deve ser fundamentado ou vir acompanhado de quesitos (arts. 117º, nºs 1 e 2, 119º, nº 1 e 138º, do CPT).

A junta médica pode ainda ser requerida pelo réu na contestação (art. 138º, nº 1, do CPT).

A perícia por junta médica é constituída por três peritos, presidida pelo juiz e tem carácter urgente e secreto (art. 139º, nº 1, do CPT).

Se na fase conciliatória a perícia tiver exigido pareceres especializados, intervêm na junta médica, pelo menos, dois médicos das mesmas especialidades (art. 139º, nº 2, do CPT).

Sempre que possível, participam na perícia peritos dos serviços médico-legais que não tenham intervindo na fase conciliatória (art. 139º, nº 4, do CPT).

As partes podem apresentar os respetivos peritos até ao início da diligência, sob pena de nomeação oficiosa do tribunal (art. 139º, nº 5, do CPT).

A formulação de quesitos é facultativa, no entanto, o juiz deve formulá-los, ainda que as partes o não tenham feito, sempre que a dificuldade ou a complexidade da perícia o justificarem (art. 139º, nº 6, do CPT).

Nesta circunstância, cabe-lhe promover que o juiz profira decisão sobre o mérito da causa e lhe fixe o respetivo valor, a qual pode limitar-se à parte decisória, precedida da identificação das partes e da sucinta fundamentação de facto e de direito do julgado. Cfr., conjugadamente, os arts. 119º, nº 1, 116º e 73º, nº 3, do CPT.

[471] A junta médica só pode ser pedida em requerimento autónomo se a discordância manifestada na tentativa de conciliação residir apenas na questão da incapacidade (art. 138º, nº 2, do CPT).
É de frisar que, se o requerimento não for apresentado, o juiz profere decisão sobre o mérito, fixando a natureza e grau de incapacidade e o valor da causa, a qual pode limitar-se à parte decisória, precedida da identificação das partes e da sucinta fundamentação de facto e de direito do julgado (cfr., articuladamente, os arts. 138º, nº 2, parte final e 73º, nº 3, do CPT).

Compete ainda ao juiz, se o considerar necessário, determinar a realização de exames e pareceres complementares ou requisitar pareceres técnicos (art. 139º, nº 7, do CPT).

O local e a competência para a realização da perícia médica são definidos nos termos da lei que estabelece o regime jurídico da realização das perícias médico-legais e forenses (cfr., conjugadamente, os arts. 105º, nº 1 e 139º, nº 8, do CPT)[472].

2.5. Valor da causa

Nos processos de acidentes de trabalho, tratando-se de pensões, o valor da causa é igual ao do resultado da multiplicação de cada pensão pela respetiva taxa constante das tabelas práticas aplicáveis ao cálculo do capital da remição, acrescido das demais prestações (art. 120º, nº 1, do CPT)[473].

Tratando-se de indemnizações por incapacidade temporária, o valor é igual a cinco vezes o valor anual da indemnização. Já se estiverem em causa indemnizações vencidas, o valor da causa é igual ao da soma de todas as prestações (art. 120º, nº 2, do CPT).

2.6. Pensão ou indemnização provisória

2.6.1. Pensão ou indemnização provisória em caso de acordo

Caso haja acordo acerca da existência e caracterização do acidente como acidente de trabalho, o juiz, se o autor o requerer ou se assim resultar diretamente da lei aplicável, fixa provisoriamente a pensão ou indemnização que for devida pela morte ou pela incapacidade atribuída pelo exame médico, com base na última remuneração auferida pelo sinistrado, se outra não tiver sido reconhecida na tentativa de conciliação (art. 121º, nº 1, do CPT).

Se o sinistrado ainda necessitar de tratamento, o juiz determina que este seja custeado pela entidade a cargo de quem ficar a pensão ou indemnização provisória (art. 121º, nº 5, do CPT).

[472] O regime jurídico das perícias médico-legais e forenses foi estabelecido pela L nº 45/2004, de 19 de agosto.

[473] A indemnização em capital é calculada por aplicação das bases técnicas do capital da remição, bem como das respetivas tabelas práticas (art. 76º, nº 1, da L nº 98/2009).
As bases técnicas aplicáveis ao cálculo do capital de remição das pensões de acidentes de trabalho foram aprovadas pela P nº 11/2000, de 13 de janeiro.

2.6.2. Pensão ou indemnização provisória em caso de falta de acordo

Quando não houver acordo sobre a existência ou a caracterização do acidente como acidente de trabalho, o juiz, a requerimento da parte interessada ou se assim resultar diretamente da lei aplicável, fixa, com base nos elementos fornecidos pelo processo, pensão ou indemnização provisória nos termos do art. 121º, do CPT (art. 122º, nº 1, do CPT).

Nos termos da 2ª parte, do nº 1, do art. 122º, do CPT, esta fixação depende da verificação de uma das seguintes circunstâncias:

- As prestações serem necessárias ao sinistrado ou aos beneficiários;
- Do acidente tiver resultado a morte ou uma incapacidade grave ou
- O sinistrado ainda não estiver curado quando for recebida a participação e estiver sem tratamento adequado ou sem receber a indemnização devida por incapacidade temporária. Cfr. a 1ª parte, do nº 1, do art. 102º, para o qual remete expressamente a 2ª parte, do nº 1, do art. 122º, do CPT.

2.6.3. Irrecorribilidade e imediata exequibilidade da decisão

A decisão que fixar a pensão ou indemnização provisória é irrecorrível, sendo imediatamente exequível sem necessidade de prestação de caução (arts. 124º, nºs 1 e 3, do CPT).

No entanto, o responsável pode reclamar com o fundamento de se não verificarem as condições da sua atribuição (art. 124º, nº 1, do CPT).

2.7. Citação

O réu é citado para contestar no prazo de 15 dias a contar da citação, ou da última citação, havendo vários réus, sendo-lhe entregue duplicado da petição inicial (art. 128º, do CPT).

2.8. Contestação

Conforme dispõe o art. 129º, nº 1, do CPT, na contestação, além de invocar os fundamentos da sua defesa, pode o réu:

a) Requerer a fixação de incapacidade nos mesmos termos que o autor;
b) Indicar outra entidade como eventual responsável, que é citada para contestar nos termos do art. 128º, do CPT.

Havendo vários réus (geralmente, a seguradora e o empregador), a contestação de algum deles aproveita a todos (art. 129º, nº 2, do CPT).

Se o réu não contestar, tendo sido ou devendo considerar-se regularmente citado na sua própria pessoa ou tendo juntado procuração a mandatário judicial no prazo da contestação, consideram-se confessados os factos articulados pelo autor e é logo proferida sentença a julgar a causa conforme for de direito. Cfr. o art. 57º, nº 1 *ex vi* do art. 130º, do CPT.

Caso a causa se revista de manifesta simplicidade, a sentença pode limitar-se à parte decisória, precedida da identificação das partes e da fundamentação sumária do julgado.

Na hipótese de os factos confessados conduzirem à procedência da ação, a fundamentação pode ser feita mediante simples adesão ao alegado pelo autor. Cfr. o art. 57º, nº 2 *ex vi* do art. 130º, do CPT.

Fica expressamente ressalvada a possibilidade de o juiz condenar em quantidade superior ao pedido ou em objeto diverso dele quando isso resulte da matéria provada ou de factos notórios[474]. Cfr., conjugadamente, os arts. 74º e 130º, do CPT.

2.9. Despacho saneador

De acordo com o disposto no art. 131º, nº 1, do CPT, o juiz, findos os articulados, profere, no prazo de 15 dias, despacho saneador destinado a:

- Conhecer das exceções dilatórias e nulidades processuais que hajam sido suscitadas pelas partes ou que, face aos elementos constantes dos autos, deva apreciar oficiosamente;
- Conhecer imediatamente do mérito da causa, sempre que o estado do processo permitir, sem necessidade de mais provas, a apreciação, total ou parcial, do ou dos pedidos deduzidos ou de alguma exceção perentória;
- Considerar assentes os factos sobre que tenha havido acordo na tentativa de conciliação e nos articulados;
- Ordenar o desdobramento do processo, se for caso disso[475].

[474] A designada condenação *extra vel ultra petitum*.

[475] Como já vimos, na fase contenciosa, o processo pode ser desdobrado em processo principal ou em apenso para fixação da incapacidade para o trabalho (art. 118º, do CPT).

2.10. Tramitação subsequente

Após o despacho saneador, quando a ação houver de prosseguir, o juiz profere despacho destinado a identificar o objeto do litígio e a enunciar os temas da prova nos termos previstos no art. 596º, do CPC (art. 131º, nº 2, do CPT).

Ulteriormente, observam-se os termos do processo comum regulados nos arts. 63º e ss., do CPT, mantendo-se, no entanto, as seguintes especificidades:

- O rol de testemunhas pode ser apresentado no prazo de 10 dias a contar da notificação do despacho saneador (art. 133º, do CPT);
- Os peritos médicos comparecem na audiência final quando o juiz o determinar, sempre que a sua audição não possa ou não deva ter lugar através dos meios técnicos processualmente previstos (art. 134º, do CPT);
- A não comparência de qualquer pessoa a diligências para que tenha sido convocada e a falta de cumprimento de qualquer determinação do tribunal são punidas com multa, salvo se à infração corresponder outra sanção (art. 136º, do CPT);
- Na sentença, o juiz considera definitivamente assentes as questões que não tenham sido discutidas na fase contenciosa, integra as decisões proferidas no processo principal e no apenso, cuja parte decisória deve reproduzir e fixa também, se forem devidos, juros de mora pelas prestações pecuniárias em atraso (art. 135º, do CPT).

3. Reforma do pedido em caso de falecimento do autor

Se na pendência da causa o autor falecer, suspende-se a instância e citam-se por éditos, com dispensa de anúncios, os herdeiros do sinistrado para, querendo, deduzirem habilitação (art. 141º, do CPT)[476].

Logo que haja conhecimento da morte do sinistrado, o Ministério Público deve averiguar se ela resultou direta ou indiretamente do acidente (art. 142º, nº 1, do CPT), determinando, para esse efeito, a realização de autópsia ou a junção aos autos do respetivo relatório (art. 100º, nº 1, do CPT).

Se houver elementos para presumir a relação de causalidade, deve organizar o processo regulado no artigo 100º, do CPT (*Processamento no caso de morte*) por apenso ao processo principal (art. 142º, nº 2, do CPT)[477].

[476] Nos termos do art. 269º, nº 1, al. *a*), do CPC, a instância suspende-se quando falecer alguma das partes. O regime da habilitação está consagrado nos arts. 351º a 357º, do CPC.

[477] Ao abrigo deste processo, deve designar data para a tentativa de conciliação se não tiver sido junto o acordo extrajudicial previsto na lei (art. 100º, nº 2, do CPT).

Frustrando-se a tentativa de conciliação ou não sendo homologado o acordo, o Ministério Público, sem necessidade de habilitação, apresenta a petição inicial, formulando pedido que corresponda aos direitos dos beneficiários legais do sinistrado (arts. 119º, nº 1 e 142º, nº 3, do CPT).

Apresentada a respetiva petição inicial e retificado o valor da causa, o réu é notificado para responder no prazo de 10 dias, seguindo-se os demais termos do processo (art. 142º, nº 4, do CPT).

As novas partes têm de aceitar os articulados das partes que substituem, mantendo-se os atos e termos já processados, salvo se em manifesta oposição com as novas circunstâncias (art. 142º, nº 5, do CPT).

Na hipótese de o falecimento do autor ocorrer depois do julgamento da causa ou da extinção da instância por outro motivo, esta renova-se nos mesmos autos para os efeitos supra mencionados (art. 144º, do CPT)[478].

4. Revisão da incapacidade ou da pensão

4.1. Revisão da incapacidade em juízo

Quando se verifique uma modificação na capacidade de trabalho ou de ganho do sinistrado proveniente de agravamento, recidiva, recaída ou melhoria da lesão ou doença que deu origem à reparação ou de intervenção clínica ou aplicação de ajudas técnicas e outros dispositivos técnicos de compensação das limitações funcionais ou ainda de reabilitação e reintegração profissional e readaptação ao trabalho, a prestação pode ser alterada ou extinta, de harmonia com a modificação verificada (art. 70º, nº 1, da L nº 98/2009, de 04 de setembro).

Tendo sido junto o acordo, o Ministério Público designa data para declarações dos beneficiários e, se estas confirmarem as bases do acordo, submete-o à homologação do juiz (art. 100º, nº 3, do CPT).
Não se conseguindo determinar quaisquer titulares de direitos, procede-se à citação edital.
Se nenhum comparecer, arquiva-se provisoriamente o processo, o qual pode ser reaberto, se, no prazo de 1 ano, surgir algum titular (art. 100º, nºs 4 e 5, do CPT).
Por sua vez, não comparecendo nenhum titular dentro deste prazo, o processo é reaberto para que se reverta para o Fundo de Acidentes de Trabalho uma importância igual ao triplo da retribuição anual. Cfr. os arts. 100º, nº 6, do CPT e 63º, da L nº 98/2009, de 04 de setembro.

[478] Por força do art. 277º, do CPC, a instância extingue-se com:
a) O julgamento;
b) O compromisso arbitral;
c) A deserção;
d) A desistência, confissão ou transação;
e) A impossibilidade ou inutilidade superveniente da lide.

O pedido de revisão pode ser deduzido pelo sinistrado, pelo responsável pelo pagamento em simples requerimento e deve ser fundamentado ou vir acompanhado de quesitos (cfr., conjugadamente, os arts. 70º, nº 1, da L nº 98/2009 e 145º, nº 2, do CPT).

A revisão pode ser requerida uma vez em cada ano civil (art. 70º, nº 3, da L nº 98/2009).

Após o pedido de revisão, o juiz manda submeter o sinistrado a perícia médica, a qual é realizada nos termos da lei que estabelece o regime jurídico da realização das perícias médico-legais e forenses (art. 145º, nºs 1 e 3, do CPT)[479].

O resultado da perícia é notificado ao sinistrado e à entidade responsável pela reparação dos danos resultantes do acidente (art. 145º, nº 4, do CPT).

Na eventualidade de não se conformar com o resultado, qualquer uma das partes pode requerer, no prazo de 10 dias, perícia por junta médica mediante simples requerimento que deve ser fundamentado ou acompanhado de quesitos (art. 145º, nºs 2 e 5, do CPT).

A perícia por junta médica pode ainda ser ordenada pelo juiz, se a considerar indispensável para a boa decisão do incidente (art. 145º, nº 5, 2ª parte, do CPT).

Se não for realizada perícia por junta médica ou feita esta e efetuadas quaisquer diligências que se mostrem necessárias, o juiz decide por despacho, mantendo, aumentando ou reduzindo a pensão ou declarando extinta a obrigação de a pagar (art. 145º, nº 6, do CPT).

O incidente corre no apenso para fixação da incapacidade para o trabalho, quando o houver (cfr., conjugadamente, os arts. 145º, nº 7 e 118º, al. *b*), do CPT).

4.2. Discussão da responsabilidade do agravamento

Se pretender discutir a responsabilidade total ou parcial do agravamento e a questão só puder ser decidida com a produção de outros meios de prova, a entidade responsável deve declará-lo no prazo fixado para requerer perícia por junta médica e apresentar dentro de 10 dias a sua alegação e meios de prova (art. 146º, nº 1, 1ª parte, do CPT).

Na hipótese de ser requerida perícia, o prazo conta-se a partir da realização desta (art. 146º, nº 1, 2ª parte, do CPT).

[479] O regime jurídico das perícias médico-legais e forenses foi aprovado pela L nº 45/2004, de 19 de agosto.

Depois de notificado, o sinistrado pode responder no prazo de 10 dias, indicando os respetivos meios de prova (art. 146º, nº 2, do CPT).

Após a resposta do sinistrado, seguem-se os termos do processo comum regulados a partir do art. 63º, nº 2, do CPT (art. 146º, nº 3, do CPT).

Fica, porém, salvaguardada a possibilidade de os peritos médicos comparecerem na audiência final quando o juiz o determinar, sempre que a sua audição não possa ou não deva ter lugar através dos meios técnicos processualmente previstos (cfr., conjugadamente, os arts. 134º e 146º, nº 3, do CPT).

4.3. Revisão da pensão dos beneficiários legais

O disposto no art. 145º, do CPT, aplica-se nos casos em que o beneficiário legal requeira a revisão da respetiva pensão com fundamento em agravamento ou superveniência de doença física ou mental que afete a sua capacidade de ganho (art. 147º, nº 1, do CPT).

A este propósito, é de sublinhar que os filhos do sinistrado que estejam afetados por deficiência ou doença crónica que prejudique sensivelmente a sua capacidade para o trabalho têm direito a pensão, independentemente da sua idade (art. 60º, nº 1, al. *d*), da L nº 98/2009).

Considera-se com capacidade para o trabalho sensivelmente afetada o beneficiário legal do sinistrado que sofra de deficiência ou doença crónica que lhe reduza definitivamente a sua capacidade geral de ganho em mais de 75% (art. 62º, nº 1, da L nº 98/2009).

Se o aumento da pensão depender de facto que só possa ser provado documentalmente, o juiz, feita a prova e ouvidos a parte contrária e o Ministério Público, se não for o requerente, decide sem mais formalidades (art. 147º, nº 2, do CPT).

5. Remição de pensões e respetivo cálculo

5.1. Considerações gerais

É obrigatoriamente remida a pensão anual vitalícia devida a sinistrado com incapacidade permanente parcial inferior a 30 % e a pensão anual vitalícia devida a beneficiário legal desde que, em qualquer dos casos, o valor da pensão anual não seja superior a seis vezes o valor da retribuição mínima mensal garantida, em vigor no dia seguinte à data da alta ou da morte (art. 75º, nº 1, da L nº 98/2009, de 04 de setembro).

Nos termos do nº 2, deste preceito, pode ser parcialmente remida, a requerimento do sinistrado ou do beneficiário legal, a pensão anual vitalícia correspondente a incapacidade igual ou superior a 30% ou a pensão anual vitalícia de beneficiário legal desde que, cumulativamente, respeite os seguintes limites:

a) A pensão anual sobrante não seja inferior a seis vezes o valor da retribuição mínima mensal garantida em vigor à data da autorização da remição;
b) O capital da remição não seja superior ao que resultaria de uma pensão calculada com base numa incapacidade de 30%.

Em caso de acidente de trabalho sofrido por trabalhador estrangeiro, do qual resulte incapacidade permanente ou morte, a pensão anual vitalícia pode ser remida em capital, por acordo entre a entidade responsável e o beneficiário da pensão, se este optar por deixar definitivamente Portugal (art. 75º, nº 3, da L nº 98/2009).

No caso de o sinistrado sofrer vários acidentes, a pensão a remir é a global (art. 75º, nº 5, da L nº 98/2009).

5.2. Remição facultativa

Requerida a remição, o juiz, ouvidos o Ministério Público e a parte não requerente e efetuadas, se necessário, diligências sumárias, decide por despacho fundamentado, admitindo ou recusando a remição (art. 148º, nº 1, do CPT).

Em caso de recusa, a mesma só pode ser pedida novamente passado um ano e só é concedida quando se provar não subsistir o motivo que fundamentou essa recusa (art. 148º, nº 2, do CPT).

Quando a remição for admitida, a secretaria procede ao cálculo do capital que o pensionista tenha direito a receber (art. 148º, nº 3, do CPT).

Após verificar esse cálculo, o Ministério Público ordena as diligências necessárias à entrega do capital (art. 148º, nº 4, do CPT).

A indemnização em capital é calculada por aplicação das bases técnicas do capital da remição[480], bem como das respetivas tabelas práticas (art. 76º, nº 1, da L nº 98/2009).

[480] As bases técnicas aplicáveis ao cálculo do capital de remição das pensões de acidentes de trabalho foram aprovadas pela Portaria nº 11/2000, de 13 de janeiro.

5.3. Remição obrigatória

No caso de remição obrigatória, a secretaria, fixada a pensão, calcula o capital que o pensionista tenha direito a receber (cfr., conjugadamente, os arts. 148º, nº 3 e 149º, do CPT).

Ulteriormente, o Ministério Público, após verificar o cálculo, ordena as diligências necessárias à entrega do capital (cfr., conjugadamente, os arts. 148º, nº 4 e 149º, do CPT).

5.4. Entrega do capital

A entrega ao pensionista do capital da remição ou de parte dele é feita preferencialmente por meio de transferência bancária para o IBAN do respetivo destinatário ou, não sendo possível, por termo nos autos (art. 150º, do CPT).

CAPÍTULO XIII
PROCESSO DE IMPUGNAÇÃO DE DESPEDIMENTO COLETIVO

1. Nota prévia

A ilicitude dos despedimentos coletivos só pode ser declarada judicialmente, devendo, para o efeito, ser intentada a competente ação no prazo de seis meses a contar da data da cessação do contrato (art. 388º, nºs 1 e 2, do CT).

Este prazo é um prazo de caducidade, cujo decurso "provoca a extinção ou a perda da prerrogativa de exercer o direito"[481].

Nos processos especiais de impugnação de despedimento coletivo, a caducidade só pode ser interrompida com o recebimento da respetiva petição inicial[482], a qual dá início à instância.

Estes processos têm natureza urgente[483] e estão regulados no arts. 156º a 161º, do CPT[484].

2. Articulados

Nos processos de impugnação de despedimento coletivo, o início da instância dá-se com o recebimento[485] da petição inicial a que alude o art. 156º, nº 1, do CPT.

De seguida, o réu é citado para, no prazo de 15 dias, apresentar a sua contestação, na qual devem ser juntos os documentos comprovativos do cumprimento das formalidades previstas nos arts. 360º a 363º, do CT (art. 156º, nºs 1, *in fine* e 2, do CPT).

481 Ac. da RP, de 02.05.2016 *in* www.dgsi.pt (Proc. nº 24856/15.3T8PRT.P1).
Não podemos deixar de alertar para o facto de a data da cessação do contrato não corresponder à data da comunicação da decisão de despedimento.
Na realidade, o art. 363º, nº 1, do CT, diz-nos que o empregador, na decisão de despedimento, deve mencionar, entre outros, a data da cessação do contrato, a qual só se verifica depois de decorrido o prazo de aviso prévio aplicável consoante a antiguidade do trabalhador.
De realçar ainda que o decurso do referido prazo de caducidade de seis meses faz precludir apenas o direito de o trabalhador discutir a licitude do despedimento e não o direito de reclamar créditos emergentes de contrato de trabalho, da sua violação ou cessação, os quais estão abrangidos pelo prazo prescricional de 1 ano consagrado no art. 337º, nº 1, do CT.
Cfr. o Ac. da RP, de 02.05.2016 *in* www.dgsi.pt (Proc. nº 24856/15.3T8PRT.P1).

482 Mencionada no art. 156º, nº 1, do CPT.

483 Art. 26º, nº 1, al. *d*), do CPT.

484 Em relação à competência material, *vide* a al. *b*), do nº 1, do art. 126º, da LOSJ.

485 Como se lê no art. 259º, nº 1, do CPC, a instância inicia-se pela proposição da ação e esta considera-se proposta, intentada ou pendente logo que seja apresentada a respetiva petição inicial.

Nesse prazo, o réu deve ainda requerer o chamamento para intervenção dos trabalhadores que, não sendo autores, tenham sido abrangidos pelo despedimento.

A admissão do chamamento é decidida sem audição da parte contrária, ou seja, sem o autor ser ouvido (art. 156º, nºs 3 e 4, do CPT).

Com a L nº 107/2019, foram aditados os nºs 5 a 7, do art. 156º, do CPT, os quais estabelecem o efeito cominatório da não apresentação da contestação, bem como da não junção dos documentos comprovativos do cumprimento das formalidades exigidas para o despedimento coletivo[486]. Assim, se o réu não contestar ou não juntar aqueles documentos, o juiz declara, sem mais, a ilicitude do despedimento e, com referência a cada trabalhador:

- Condena-o a reintegrar[487] o trabalhador no mesmo estabelecimento da empresa, sem prejuízo da sua categoria e antiguidade ou, caso o trabalhador tenha optado por uma indemnização em substituição da reintegração, a pagar-lhe, no mínimo, uma indemnização correspondente a 30 dias de retribuição base e diuturnidades por cada ano completo ou fração de antiguidade[488], sem prejuízo do disposto nos nºs 2 e 3, do art. 391º, do CT (al. *a*), do nº 5, do art. 156º, do CPT).

  O réu é notificado na mesma data da respetiva sentença (nº 6, do art. 156º, do CPT);
- Condena-o, ainda, no pagamento das retribuições que o trabalhador deixou de auferir desde a data do despedimento até ao trânsito em julgado da decisão judicial que declare a ilicitude do despedimento[489] (al. *b*), do nº 5, do art. 156º, do CPT).

  O réu é notificado na mesma data da respetiva sentença (nº 6, do art. 156º, do CPT);

486 À semelhança do que já se verificava na ação de impugnação de despedimento individual, nos termos do art. 98º-J, nº 3, do CPT.

487 Um dos efeitos da declaração de ilicitude do despedimento é a reintegração do trabalhador (art. 389º, nº 1, al. *b*), do CT). Porém, tratando-se de microempresa ou de trabalhador que ocupe cargo de administração ou de direção, o empregador pode opor-se, no seu articulado, à reintegração, alegando factos e circunstâncias que tornem o regresso do trabalhador gravemente prejudicial e perturbador do funcionamento da empresa (art. 392º, nº 1, do CT).

488 Podemos constatar que o legislador aumentou o limite mínimo de indemnização previsto no art. 391º, nº 1, do CT, de 15 para 30 dias de retribuição base e diuturnidades por cada ano completo ou fração de antiguidade, atendendo ao valor da retribuição e ao grau de ilicitude do despedimento.
Este aumento constitui uma clara penalização do réu face à conduta processual omissiva.

489 O direito às chamadas retribuições intercalares está previsto no art. 390º, nº 1, do CT.

- Ordena a notificação do trabalhador para, querendo, no prazo de 15 dias, apresentar articulado no qual peticione quaisquer outros créditos emergentes do contrato de trabalho, da sua violação ou da sua cessação, incluindo a indemnização por danos patrimoniais e não patrimoniais prevista na al. *a*), do nº 1, do art. 389º, do CT[490] (al. *c*), do nº 5, do art. 156º, do CPT).

Se o trabalhador apresentar este articulado, o réu é notificado para, no prazo de 15 dias, contestar, observando-se, seguidamente, os restantes termos do processo comum regulados nos arts. 57º e ss. do CPT (nº 7, do art. 156º, do CPT).

Só assim serão respeitados os princípios do contraditório (art. 3º, do CPC) e da igualdade das partes (art. 4º, do CPC).

3. Assessoria técnica e audiência prévia

Se tiver sido formulado pedido de declaração de improcedência dos fundamentos invocados para o despedimento, o juiz, findos os articulados, nomeia um assessor qualificado na matéria (art. 157º, nº 1, do CPT)[491].

Esta nomeação é notificada às partes, que podem, no prazo de 10 dias, pedir que sejam nomeados mais dois assessores qualificados na matéria e/ou designar, cada uma, um técnico para assistir o assessor ou assessores no desempenho das suas funções (art. 157º, nºs 2 e 3, do CPT).

Se os trabalhadores não estiverem de acordo quanto à designação do técnico, considera-se o que for designado pela maioria, prevalecendo, em caso de empate, a designação apresentada em primeiro lugar (art. 157º, nº 4, do CPT).

[490] Nesta hipótese, o trabalhador será notificado para apresentar articulado onde poderá reclamar créditos laborais em dívida, designadamente retribuições, retribuição por trabalho suplementar, subsídios de férias e de Natal, etc..

[491] Esta assessoria visa fundamentalmente colmatar a impreparação ou desconhecimento do julgador sobre questões técnicas que devem ser apreciadas e valoradas.

Não podemos olvidar que os despedimentos coletivos só podem assentar em motivos de mercado, estruturais ou tecnológicos. De acordo com o art. 359º, nº 2, do CT, consideram-se, nomeadamente:

a) Motivos de mercado – redução da atividade da empresa provocada pela diminuição previsível da procura de bens ou serviços ou impossibilidade superveniente, prática ou legal, de colocar esses bens ou serviços no mercado;

b) Motivos estruturais – desequilíbrio económico-financeiro, mudança de atividade, reestruturação da organização produtiva ou substituição de produtos dominantes;

c) Motivos tecnológicos – alterações nas técnicas ou processos de fabrico, automatização de instrumentos de produção, de controlo ou de movimentação de cargas, bem como informatização de serviços ou automatização de meios de comunicação.

Os assessores estão sujeitos:

- Ao regime de impedimentos que vigora para os juízes previsto nos arts. 115º a 118º, do CPC[492];
- Ao regime de suspeições que vigora para os juízes previsto nos arts. 119º a 129º, do CPC[493].

Os titulares dos órgãos de soberania ou dos órgãos equivalentes das Regiões Autónomas, bem como aqueles que, por lei, lhes estejam equiparados, os magistrados do Ministério Público em efetividade de funções e os agentes diplomáticos de países estrangeiros estão dispensados do exercício da função de assessores (art. 470º, nº 2, do CPC *ex vi* do 157º, nº 5, do CPT).

Para além do mais, podem pedir escusa da intervenção como assessores todos aqueles a quem seja inexigível o desempenho da tarefa, atentos os motivos pessoais invocados (art. 470º, nº 3, do CPC *ex vi* do 157º, nº 5, do CPT).

No prazo de 30 dias após o termo do prazo para a designação dos técnicos ou para a nomeação dos assessores, estes juntarão aos autos relatório de que constem as verificações materiais realizadas, as informações recolhidas e sua origem e, bem assim, parecer sobre os factos que fundamentaram o despedimento coletivo e sobre se este é ou não justificado (art. 158º, nºs 1 e 2, do CPT).

Mediante proposta do assessor, este prazo pode ser prorrogado por uma vez, pelo tempo que o juiz fixar (art. 158º, nº 4, do CPT).

Por outro lado, os assessores podem solicitar às partes os documentos e demais elementos que considerem pertinentes e averiguar, se necessário nas instalações do próprio réu, os factos invocados para o despedimento, devendo informar os técnicos de parte das diligências que pretendam promover, podendo estes acompanhá-los (art. 159º, nºs 1 e 2, do CPT).

Se não se conformarem com as conclusões do relatório, os técnicos de parte podem apresentar, nos cinco dias seguintes, declaração fundamentada das razões da sua discordância (art. 158º, nº 3, do CPT).

4. Audiência prévia e audiência final

Junto aos autos o relatório dos assessores, é convocada uma audiência prévia nos termos e para os efeitos do art. 591º, do CPC[494].

[492] Cfr., articuladamente, os arts. 157º, nº 5, do CPT e 470º, nº 1, do CPC.

[493] Cfr., articuladamente, os arts. 157º, nº 5, do CPT e 470º, nº 1, do CPC.

[494] Para o qual remete o art. 160º, nº 1, do CPT.

Uma vez que nestes processos não existe audiência de partes, a tentativa de conciliação, enquanto finalidade da audiência prévia (art. 591º, nº 1, al. *a*), do CPC), ganha aqui especial relevância.

Sendo proferido despacho saneador, este, para além das finalidades previstas no art. 595º, do CPC, destina-se também a decidir (com valor de sentença):

a) Se foram cumpridas as formalidades legais do despedimento coletivo;
b) Se procedem os fundamentos invocados para o despedimento coletivo (art. 160º, nº 2, do CPT).

A decisão sobre estas questões, bem como sobre quaisquer exceções que obstem ao seu conhecimento, não pode ser relegada para momento ulterior (art. 160º, nº 3, do CPT). Todavia, estando em causa os fundamentos invocados para o despedimento, tal relegação é admissível se o processo não contiver, nessa fase, todos os elementos necessários para a prolação de decisão (art. 160º, nºs 2, al. *b*) e 3, parte final, do CPT).

Se o processo houver de prosseguir, a audiência final pode ser marcada separadamente com referência a cada um dos trabalhadores, observando-se, quanto ao mais, as regras do processo comum, *maxime* os arts. 63º e ss. (art. 161º, do CPT).

CAPÍTULO XIV
A AÇÃO DE RECONHECIMENTO DA EXISTÊNCIA DE CONTRATO DE TRABALHO

1. Considerações gerais

A L nº 63/2013, de 27 de agosto, instituiu mecanismos de combate à utilização indevida do contrato de prestação de serviços em relações de trabalho subordinado, procedendo à primeira alteração à L nº 107/2009, de 14 de setembro e à quarta alteração ao CPT.

Uma dessas alterações foi precisamente a criação da ação de reconhecimento da existência de contrato de trabalho (arts. 186º-K a 186º-S, do CPT), à qual foi atribuída natureza urgente[495] (art. 26º, nº 1, al. *i*), do CPT).

2. Início da instância

O início da instância depende de um procedimento prévio, no qual o inspetor do trabalho, verificando a existência, na relação entre a pessoa que presta uma atividade e outra ou outras que dela beneficiam, de características de contrato de trabalho, nos termos do nº 1, do art. 12º, do CT, lavra um auto e notifica o (putativo) empregador para, no prazo de 10 dias, regularizar a situação ou se pronunciar, dizendo o que tiver por conveniente (arts. 2º, nº 3, al. *a*) e 15º-A, nº 1, da L nº 107/2009, de 14 de setembro, ambos com a redação introduzida pela L nº 13/2023, de 03 de abril).

Com a L nº 13/2023, esta competência estendeu-se também às situações de laboralidade presumida no âmbito de plataforma digital, de acordo com o disposto no art. 12º-A, do CT (arts. 2º, nº 3, al. *a*) e 15º-A, nº 1, da L nº 107/2009).

A circunstância de o prestador de serviço atuar como empresário em nome individual ou através de sociedade unipessoal não impede a intervenção da ACT nas hipóteses mencionadas (art. 2º, nº 3, al. *a*), da L nº 107/2009).

[495] Podemos aceitar que a "urgência" na composição destes litígios justifica-se não só pelos direitos e garantias dos trabalhadores que se pretendem proteger, entre eles, a segurança no emprego (art. 53º, da CRP) e o direito ao trabalho (art. 58º, nº 1, da CRP), mas também pelos interesses de ordem pública, entre eles, o combate ao uso abusiva da lei laboral, à precariedade e ao desemprego, situações normalmente geradores de instabilidade social, diminuição na produção, desmotivação dos trabalhadores e, consequentemente, fraca competitividade económica.
João Rato, *A acção de reconhecimento da existência de contrato de trabalho – interrogações sobre a intervenção do Ministério Público e outras perplexidades*, p. 789, fez questão de frisar a contradição entre a natureza urgente desta ação e "a pesada burocracia associada ao seu início".

Note-se que, em virtude das modificações resultantes da L nº 13/2023, o procedimento previsto no art. 15º-A, da L nº 107/2009, abrange agora os casos de indício de violação dos arts. 175º e 180º, do CT (art. 2º, nº 3, al. *b*), da L nº 107/2009), bem como as situações previstas nos nºs 1 e 2, do art. 147º, do CT (art. 2º, nº 4, da L nº 107/2009).

O procedimento é imediatamente arquivado, se o empregador demonstrar que regularizou a situação, designadamente exibindo o contrato de trabalho ou documento comprovativo da existência do mesmo, reportada à data do início da relação laboral, sendo certo que este arquivamento não afasta a aplicação das contraordenações previstas nos nºs 2, do art. 12º e 10, do art. 12º-A, do CT[496] (art. 15º-A, nº 2, da L nº 107/2009, com a redação introduzida pela L nº 13/2023).

Já se a situação não for regularizada, a ACT remete, em cinco dias, participação dos factos para os serviços do Ministério Público junto do tribunal do lugar da prestação da atividade, acompanhada de todos os elementos de prova recolhidos, para fins de instauração de ação de reconhecimento da existência de contrato de trabalho (art. 15º-A, nº 3, da L nº 107/2009).

Depois de receber esta participação, o Ministério Público dispõe de 20 dias para intentar ação de reconhecimento da existência de contrato de trabalho (art. 186º-K, nº 1, do CPT).

Por seu turno, se o Ministério Público verificar uma situação de prestação de atividade, aparentemente autónoma, que indicie características de contrato de trabalho, deve comunicá-la à ACT para instauração do procedimento suprarreferido (art. 186º-K, nº 2, do CPT).

3. Petição inicial e contestação

Na petição inicial, o Ministério Público expõe sucintamente a pretensão e os respetivos fundamentos, devendo juntar todos os elementos de prova recolhidos até ao momento (art. 186º-L, nº 1, do CPT).

O empregador é citado para contestar no prazo de 10 dias (art. 186º-L, nº 2, do CPT).

[496] Como decorre destas duas disposições legais, constitui contraordenação muito grave imputável ao empregador (no caso do art. 12º-A, do CT, seja ele a plataforma digital ou pessoa singular ou coletiva que atue como intermediário dessa plataforma para disponibilizar os serviços através dos respetivos trabalhadores que nela opere) a contratação da prestação de atividade, de forma aparentemente autónoma, em condições características de contrato de trabalho, que possa causar prejuízo ao trabalhador ou ao Estado.

Ambas as peças processuais não carecem de forma articulada, mas devem ser oferecidos tantos duplicados quantos os necessários para a realização, pela secretaria, de citações ou notificações por via que não seja eletrónica (arts. 186º-L, nº 3, do CPT e 148º, nº 1, do CPC).

Uma vez que até este momento o trabalhador não teve nenhuma intervenção no processo, os duplicados da petição inicial e da contestação são-lhe remetidos simultaneamente com a notificação da data da audiência final. Nessa mesma notificação, é feita expressa advertência à possibilidade de, no prazo de 10 dias, aderir aos factos apresentados pelo Ministério Público, apresentar articulado próprio e constituir mandatário (art. 186º-L, nº 4, do CPT).

Se o empregador não contestar, o juiz profere, no prazo de 10 dias, decisão condenatória, a não ser que ocorram, de forma evidente, exceções dilatórias ou que o pedido seja manifestamente improcedente (art. 186º-M, do CPT).

4. Termos posteriores aos articulados

Se a ação tiver de prosseguir, pode o juiz julgar logo procedente alguma exceção dilatória ou nulidade que lhe cumpra conhecer ou decidir do mérito da causa (art. 186º-N, nº 1, do CPT).

A audiência final realiza-se dentro de 30 dias.

A marcação desta data não é realizada mediante prévio acordo dos mandatários judiciais (arts. 186º-N, nº 2, do CPT, que afasta expressamente o disposto nos nºs 1 a 3, do art. 151º, do CPC)[497].

As provas são oferecidas na audiência (art. 186º-N, nº 3, 1ª parte, do CPT).

Convém realçar que a 2ª parte, do nº 3, do mesmo art. 186º-N, com a alteração introduzida pela L nº 13/2023, de 03 de abril, ao nº 3, do art. 186º-N, do CPT, preceitua agora que as partes podem indicar até três testemunhas para serem notificadas nos termos do art. 66º, do CPT, as quais não são assim oferecidas na audiência.

[497] Na razão deste afastamento pode estar o facto de uma das partes ser o Ministério Público, podendo o trabalhador limitar-se a aderir aos factos apresentados, optando por não constituir mandatário. Por outro lado, o cumprimento do mencionado prazo de 30 dias poderia ser prejudicado se a marcação da audiência estivesse dependente da compatibilidade das agendas dos mandatários.

5. Julgamento

Como questão prévia, convém realçar que a falta, ainda que justificada, de qualquer das partes ou dos seus mandatários, não é motivo de adiamento (art. 186º-O, nº 3, do CPT).

O julgamento inicia-se com a produção das provas que ao caso couberem (art. 186º-O, nº 1, do CPT)[498].

Quando as partes não tiverem constituído mandatário judicial ou este não comparecer, a inquirição das testemunhas é efetuada pelo juiz (art. 186º-O, nº 4, do CPT).

Se ao juiz parecer indispensável, para boa decisão da causa, que se proceda a alguma diligência, suspende a audiência na altura que reputar mais conveniente e marca logo dia para a sua continuação, devendo o julgamento concluir-se dentro de 30 dias (art. 186º-O, nº 5, do CPT).

Finda a produção de prova, pode cada um dos mandatários fazer uma breve alegação oral (art. 186º-O, nº 6, do CPT).

6. Sentença

A sentença é sucintamente fundamentada, regendo-se a sua gravação e transcrição para a ata pelo disposto no art. 155º, do CPC, devendo, no caso de reconhecer a existência do contrato de trabalho, fixar a data do início da relação laboral (art. 186º-O, nºs 7 e 8, do CPT).

A decisão proferida é comunicada oficiosamente pelo tribunal ao trabalhador, à ACT e ao Instituto da Segurança Social, I. P., com vista à regularização das contribuições desde a data de início da relação laboral (art. 186º-O, nº 9, do CPT).

7. Recurso

A decisão proferida é sempre suscetível de recurso de apelação para a Relação, com efeito meramente devolutivo (art. 186º-P, do CPT).

[498] Com a L nº 55/2017, de 17 de julho, foi eliminada a audiência de partes, destinada à conciliação, a qual deveria realizar-se antes do julgamento.
Com efeito, lia-se no anterior nº 1, do art. 186º-O, do CPT, se "o empregador e o trabalhador estiverem presentes ou representados, o juiz realiza a audiência de partes, procurando conciliá-los".
Por sua vez, o revogado nº 2, previa que frustrando-se a conciliação, iniciava-se imediatamente o julgamento, produzindo-se as provas que ao caso coubessem.

8. Valor da causa

Para efeitos de pagamento de custas, aplica-se aqui o disposto na al. *e*), do nº 1, do art. 12º, do RCP (art. 186º-Q, nº 1, do CPT), nos termos da qual, sempre que for impossível determinar o valor da causa, o mesmo, para efeitos de custas, deve ser fixado de acordo com o indicado na 1. 1 da tabela I-B, do RCP, sem prejuízo de posteriores acertos se o juiz vier a fixar um valor certo[499].

O valor da causa é sempre fixado a final pelo juiz tendo em conta a utilidade económica do pedido (art. 186º-Q, nº 2, do CPT).

Se for interposto recurso antes da fixação do valor da causa pelo juiz, deve este fixá-lo no despacho que admita o recurso (art. 186º-Q, nº 3, do CPT).

O trabalhador só pode ser responsabilizado pelo pagamento de qualquer quantia a título de custas se, nos termos do disposto no nº 4, do art. 186º-L, do CPT, tiver apresentado articulado próprio e se houver decaimento (art. 186º-Q, nº 4, do CPT).

9. Prazos do Código do Trabalho

Se a existência de um contrato de trabalho está a ser objeto de litígio judicial, os direitos inerentes a esse contrato só podem ser exercidos depois de ser proferida decisão final que a confirme.

Nesse conspecto, o prazo de um ano para a reclamação de créditos emergentes de contrato de trabalho, da sua violação ou cessação (art. 337º, nº 1, do CT), bem como o prazo de 60 dias de que dispõe o trabalhador para se opor ao despedimento (art. 387º, nº 1, do CT) contam-se a partir da decisão final transitada em julgado proferida na ação de reconhecimento (art. 186º-R, do CPT).

10. Procedimento cautelar de suspensão de despedimento

Sempre que o trabalhador tenha sido despedido entre a data de notificação ao empregador do auto de inspeção lavrado pelo inspetor do trabalho e o trânsito em julgado da decisão judicial da ação de reconhecimento, o Ministério Público intenta procedimento cautelar de suspensão de despedimento, nos termos da

[499] Foi também esta a solução encontrada para a ação de impugnação da regularidade e licitude do despedimento (art. 98º-P, nº 1, do CPT).
Em anotação a este artigo, Abílio Neto, *Código de Processo do Trabalho – Anotado*, p. 225, considerava que "o valor atendível da causa corresponde a € 2.000,00, e, sendo assim, a parte pagará a taxa de justiça correspondente a ½ UC (meia unidade de conta)".

al. *c*), do art 5º-A, do CPT[500] (arts. 15º-A, nº 1, da L nº 107/2009 e 186º-S, nº 1, do CPT).

Caso o despedimento ocorra antes da receção da participação prevista no nº 3, do art. 15º-A, da L nº 107/2009[501], o Ministério Público, até dois dias após o conhecimento da sua existência, requer à ACT para, no prazo de cinco dias, remeter a referida participação, acompanhada de todos os elementos de prova recolhidos (art. 186º-S, nº 4, do CPT).

É aplicável, subsidiariamente, o regime previsto nos arts. 33º-A a 40º-A, do CPT (art. 186º-S, nº 5, do CPT).

[500] Esta alínea consagra a legitimidade ativa do MP para a ação de reconhecimento e procedimentos cautelares de suspensão de despedimento regulados no art. 186º-S, do CPT.

[501] Está aqui em causa a participação dos factos que a ACT (quando o empregador, notificado para o efeito, não regularizar a situação) deve remeter, em cinco dias, para os serviços do MP junto do tribunal do lugar da prestação da atividade, acompanhada de todos os elementos de prova recolhidos, para fins de instauração de ação de reconhecimento (art. 15º-A, nº 3, da L nº 107/2009).

CAPÍTULO XV
RECURSOS

1. Noção

No nosso sistema processual, os recursos são "meios de impugnação destinados à eliminação ou correcção das decisões judiciais inválidas, erradas ou injustas por devolução do seu julgamento ao órgão jurisdicional hierarquicamente superior, no caso dos *recursos ordinários*, ou sem devolução do julgamento a outro órgão, por a reponderação da decisão competir ao próprio órgão jurisdicional que a emitiu, nos casos dos recursos extraordinários"[502].

2. Espécies ou modalidades

2.1. Os recursos ordinários

Os recursos ordinários só são admissíveis para reapreciação de decisão que não tenha transitado em julgado.

Os recursos ordinários são:

2.1.1. O recurso de apelação

O recurso de apelação é basicamente o recurso ordinário dos atos judiciais do tribunal de 1ª instância elencados nos nºs 1 e 2, do art. 79º-A, do CPT[503].

2.1.2. O recurso de revista

O recurso de revista é o recurso ordinário interposto para o Supremo Tribunal de Justiça que tem por base a reapreciação do acórdão da Relação, proferido sobre decisão da 1ª instância, que conheça do mérito da causa ou que ponha termo ao processo, absolvendo da instância o réu ou algum dos réus quanto a pedido ou reconvenção deduzidos (art. 671º, nº 1, do CPC)[504].

[502] Fernando Amâncio Ferreira, *Manual dos Recursos em Processo Civil*, p. 70.
[503] O regime jurídico específico do recurso de apelação está previsto nos arts. 644º a 670º, do CPC.
[504] O regime jurídico específico do recurso de revista está previsto nos arts. 671º a 687º, do CPC.

2.2. Os recursos extraordinários

Os recursos extraordinários só podem ser interpostos depois do trânsito em julgado da sentença ou acórdão em causa.

Os recursos extraordinários são:

2.2.1. O recurso para uniformização de jurisprudência

O recurso para uniformização de jurisprudência é o recurso extraordinário para o pleno das secções cíveis quando o Supremo Tribunal de Justiça proferir acórdão que esteja em contradição com outro anteriormente proferido pelo mesmo tribunal, no domínio da mesma legislação e sobre a mesma questão fundamental de direito (art. 688º, do CPC)[505].

2.2.2. O recurso de revisão

O recurso de revisão é o recurso extraordinário que consiste no "expediente processual que faculta a quem tenha ficado vencido num processo anteriormente terminado a sua reabertura, mediante a invocação de certas causas taxativamente indicadas na lei"[506].

3. Legitimidade

Os recursos podem ser interpostos:

- Por quem, sendo parte principal na causa, tenha ficado vencido (art. 631º, nº 1, do CPC);
- Pelas pessoas direta e efetivamente prejudicadas pela decisão, ainda que não sejam partes na causa ou sejam apenas partes acessórias (art. 631º, nº 2, do CPC);
- No caso de litígio assente sobre ato simulado das partes, pelo terceiro que se considere prejudicado com a sentença (cfr., conjugadamente, os arts. 631º, nº 3 e 696º, al. *g*), do CPC)[507].

[505] O regime jurídico específico do recurso para uniformização de jurisprudência está previsto nos arts. 688º a 695º, do CPC.

[506] Fernando Amâncio Ferreira, *Manual dos Recursos em Processo Civil*, ps. 305 e 306.
O regime jurídico específico do recurso de revisão está previsto nos arts. 696º a 702º, do CPC.

[507] Considerando-se como terceiro o menor ou o maior acompanhado que interveio no processo como parte, mas por intermédio de representante legal (art. 631º, nº 3, 2ª parte, do CPC).

4. Prazos

O prazo de interposição do recurso de apelação ou de revista é de 30 dias (art. 80º, nº 1, do CPT).

Ao abrigo do nº 2, deste preceito, o prazo de interposição é de 15 dias:

i) Nos processos com natureza urgente, mais precisamente:

- Na ação de impugnação da regularidade e licitude do despedimento;
- Na ação em que esteja em causa o despedimento de membro de estrutura de representação coletiva dos trabalhadores;
- Na ação em que esteja em causa o despedimento de trabalhadora grávida, puérpera ou lactante ou trabalhador no gozo de licença parental;
- Na ação de impugnação de despedimento coletivo;
- Nas ações emergentes de acidente de trabalho e de doença profissional;
- Na ação de impugnação da confidencialidade de informações ou da recusa da sua prestação ou da realização de consultas;
- Na ação de tutela da personalidade do trabalhador;
- Nas ações relativas à igualdade e não discriminação em função do sexo;
- Na ação de reconhecimento da existência de contrato de trabalho;

ii) Nos casos previstos nos nºs 2 e 5, do art. 79º-A, do CPT, ou seja, se estiver em causa:

- Decisão que aprecie o impedimento do juiz;
- Decisão que aprecie a competência absoluta do tribunal;
- Decisão que ordene a suspensão da instância;
- Despacho de admissão ou rejeição de algum articulado ou meio de prova;
- Decisão que condene em multa ou comine outra sanção processual;
- Decisão que ordene o cancelamento de qualquer registo;
- Decisão prevista na alínea *a*), do nº 3, do art. 98º-J, do CPT;
- Despacho que, nos termos do nº 2, do art. 115º, do CPT, recuse a homologação do acordo;
- Decisão prevista na al. *a*), do nº 5, do art. 156º, do CPT;
- Decisão proferida depois da decisão final;
- Decisão cuja impugnação com o recurso da decisão final seria absolutamente inútil;
- Decisões interlocutórias que tenham interesse para o apelante independentemente da decisão final.

iii) Nos casos previstos nos nºs 2 e 4, do art. 671º, do CPC, ou seja, quando estiver em causa:

- Acórdão da Relação que apreciem decisões interlocutórias que recaiam unicamente sobre a relação processual, nos casos em que o recurso seja sempre admissível e quando esteja em contradição com outro, já transitado em julgado, proferido pelo Supremo Tribunal de Justiça, no domínio da mesma legislação e sobre a mesma questão fundamental de direito, salvo se tiver sido proferido acórdão de uniformização de jurisprudência com ele conforme;
- Não havendo ou não sendo admissível recurso de revista, acórdão proferido na pendência do processo na Relação.

Se o recurso de apelação tiver por objeto a reapreciação da prova gravada, aos prazos de interposição acrescem 10 dias (art. 80º, nº 3, do CPT).

Em prazo idêntico ao da interposição do recurso, pode o recorrido responder à alegação do recorrente (art. 81º, nº 3, do CPT).

Havendo recurso subordinado, o mesmo deve ser interposto no mesmo prazo da alegação do recorrido (art. 81º, nº 5, do CPT).

Os prazos de interposição de recurso contam-se a partir da notificação da decisão (art. 638º, nº 1, do CPC).

É oportuno relembrar que a decisão final é notificada às partes e aos respetivos mandatários (art. 24º, nº 1, do CPT).

Nos casos de representação ou patrocínio oficioso, a notificação é feita simultaneamente ao representado ou patrocinado e ao representante ou patrono oficioso, independentemente de despacho (art. 24º, nº 2, do CPT).

Em qualquer uma das hipóteses, os prazos para apresentação de quaisquer requerimentos contam-se a partir da notificação ao mandatário, representante ou patrono oficioso (art. 24º, nº 4, do CPT).

Tratando-se de despachos ou sentenças orais, reproduzidos no processo, o prazo de interposição corre do dia em que foram proferidos, se a parte estiver presente ou tiver sido notificada para assistir ao ato (art. 638º, nº 3, do CPC).

5. Modo de interposição

Sobre a arguição das nulidades da sentença, o art. 77º, do CPT, limita-se agora a fazer uma remissão expressa para o regime previsto nos arts. 615º e 617º, do CPC[508].

[508] Antes da L nº 107/2019, o art. 77º, nº 1, do CPT, estipulava que as nulidades da sentença deviam ser arguidas expressa e separadamente no requerimento de interposição de recurso.

Nos termos do nº 1, do art. 81º, do CPT, o requerimento de interposição contém, obrigatoriamente, a alegação do recorrente, devendo constar das respetivas conclusões o fundamento específico da recorribilidade e a identificação da decisão recorrida, especificando, se for caso disso, a parte dela a que o recurso se restringe.

Conforme resulta do nº 2, do art. 639º, do CPC, se o recurso versar sobre matéria de direito, as conclusões devem indicar:

- As normas jurídicas violadas;
- O sentido com que, no entender do recorrente, as normas, que constituem fundamento jurídico da decisão, deviam ter sido interpretadas e aplicadas;
- Invocando-se erro na determinação da norma aplicável, a norma jurídica que, no entendimento do recorrente, devia ter sido aplicada.

Sempre que o fundamento específico de recorribilidade se traduzir na invocação de um conflito jurisprudencial que se pretende ver resolvido, o recorrente junta obrigatoriamente, sob pena de imediata rejeição, cópia, ainda que não certificada, do acórdão fundamento (art. 81º, nº 2, do CPT).

Por sua vez, se o recurso versar sobre matéria de facto deve, nos termos do nº 1, do art. 640º, do CPC, indicar, sob pena de rejeição:

- Os concretos pontos de facto que considera incorretamente julgados;
- Os concretos meios probatórios, constantes do processo ou de registo ou gravação nele realizada, que impunham decisão sobre os pontos da matéria de facto impugnados diversa da recorrida;
- A decisão que, no seu entender, deve ser proferida sobre as questões de facto impugnadas.

À interposição do recurso de revista aplica-se o regime estabelecido no CPC, mais concretamente, o previsto nos arts. 671º e ss. (art. 81º, nº 6, do CPT).

6. Decisões que admitem sempre recurso

O recurso ordinário só é admissível nas causas de valor superior à alçada do tribunal de que se recorre e se a decisão impugnada for desfavorável ao recorrente em valor superior a metade da alçada desse tribunal (art. 629º, nº 1, do CPC[509]).

[509] Para o qual remete o corpo do art. 79º, do CPT.

Ao abrigo do disposto no art. 79º, do CPT, o recurso para a Relação é sempre admissível, independentemente do valor da causa e da sucumbência:

a) Nas ações em que esteja em causa a determinação da categoria profissional, o despedimento do trabalhador por iniciativa do empregador, independentemente da sua modalidade, a reintegração do trabalhador na empresa e a validade ou subsistência do contrato de trabalho;
b) Nos processos emergentes de acidente de trabalho ou de doença profissional;
c) Nos processos do contencioso das instituições de previdência e de abono de família, das associações sindicais, das associações de empregadores e das comissões de trabalhadores.

7. Recurso de apelação

Nos termos do nº 1, als. *a*) e *b*), do art. 79º-A, nº 1, do CPT, o recurso de apelação é o recurso ordinário:

- Da decisão, proferida em 1ª instância, que ponha termo à causa ou a procedimento cautelar ou incidente processado autonomamente;
- Do despacho saneador que, sem pôr termo ao processo, decida do mérito da causa ou absolva da instância o réu ou algum dos réus quanto a algum ou a alguns dos pedidos.

Conforme resulta do nº 2, do art. 79º-A, do CPT, cabe ainda recurso de apelação das seguintes decisões do tribunal de 1ª instância:

a) Da decisão que aprecie o impedimento do juiz;
b) Da decisão que aprecie a competência absoluta do tribunal;
c) Da decisão que ordene a suspensão da instância;
d) Do despacho de admissão ou rejeição de algum articulado ou meio de prova;
e) Da decisão que condene em multa ou comine outra sanção processual;
f) Da decisão que ordene o cancelamento de qualquer registo;
g) Da decisão de declaração de ilicitude do despedimento individual e consequente condenação do empregador na reintegração ou no pagamento de indemnização por antiguidade, em virtude da não apresentação do respetivo articulado e/ou da não junção do procedimento disciplinar ou dos documentos comprovativos do cumprimento das formalidades exigidas (art. 98º-J, nº 3, al. *a*), do CPT);

h) Do despacho que, nos termos do nº 2, do art. 115º, do CPC, recuse a homologação do acordo;
i) Da decisão de declaração de ilicitude do despedimento coletivo e consequente condenação do empregador na reintegração ou no pagamento de indemnização por antiguidade, em virtude da não apresentação do respetivo articulado e/ou da não junção dos documentos comprovativos do cumprimento das formalidades exigidas (art. 156º, nº 5, al. *a*), do CPT);
j) De decisão proferida depois da decisão final;
k) Da decisão cuja impugnação com o recurso da decisão final seria absolutamente inútil;
l) Nos demais casos especialmente previstos na lei.

De acordo com o nº 3, do art. 79º-A, do CPT, as restantes decisões proferidas pelo tribunal de 1ª instância podem ser impugnadas no recurso que venha a ser interposto das decisões previstas no nº 1, desse mesmo preceito.

Neste caso, o tribunal só dá provimento às decisões impugnadas conjuntamente com a decisão final quando a infração cometida possa modificar essa decisão ou quando, independentemente desta, o provimento tenha interesse para o recorrente (art. 79º-A, nº 4, do CPT).

Se não houver recurso da decisão final, as decisões interlocutórias que tenham interesse para o apelante, independentemente daquela decisão, podem ser impugnadas num recurso único, a interpor após o trânsito da referida decisão (art. 79º-A, nº 5, do CPT).

8. Efeitos, subida e julgamento dos recursos

8.1. Subida

Da leitura conjugada dos arts. 83º-A, nº 1, do CPT e 645º, nº 1, do CPC, podemos concluir que sobem nos próprios autos as apelações interpostas:

a) Das decisões que ponham termo ao processo;
b) Das decisões que suspendam a instância;
c) Das decisões que indefiram o incidente processado por apenso;
d) Das decisões que indefiram liminarmente ou não ordenem a providência cautelar.

As restantes apelações sobem em separado (art. 83º-A, nº 2, do CPT).

Por imposição do nº 1, do art. 82º, do CPT, a subida do recurso deverá ser ordenada quando:

- A decisão seja recorrível;
- O recurso tenha sido interposto tempestivamente;
- O recorrente tenha legitimidade;
- O requerimento contenha ou junte a alegação do recorrente, incluindo as conclusões.

Se o juiz não mandar subir o recurso, o recorrente pode reclamar para o tribunal que seria competente para dele conhecer no prazo de 10 dias contados da notificação da decisão (art. 643º, nº 1, do CPC *ex vi* do art. 82º, nº 2, do CPT).

A reclamação, dirigida ao tribunal superior, é apresentada na secretaria do tribunal recorrido, autuada por apenso aos autos principais e é sempre instruída com o requerimento de interposição de recurso e as alegações, a decisão recorrida e o despacho objeto de reclamação (art. 643º, nº 3, do CPC *ex vi* do art. 82º, nº 2, do CPT).

A reclamação, logo que distribuída, é apresentada ao relator, que, em 10 dias, profere decisão que admita o recurso ou o mande subir ou mantenha o despacho reclamado.

Se a parte se considerar prejudicada por esta decisão, pode requerer que sobre a matéria do despacho recaia um acórdão.

Nesta hipótese, o relator deve submeter o caso à conferência, depois de ouvida a parte contrária. Cfr., articuladamente, os arts. 82º, nº 2, do CPT e 643º, nº 4 e 652º, nº 3, do CPC.

Se a reclamação for deferida, o relator requisita o processo principal ao tribunal recorrido, que o fará subir no prazo de 10 dias (art. 643º, nº 6, do CPC *ex vi* do art. 82º, nº 2, do CPT).

8.2. Efeitos

Os efeitos do recurso são diferentes consoante a espécie de recurso apresentado.

O recurso de apelação tem efeito meramente devolutivo, sem necessidade de declaração (art. 83º, nº 1, do CPT), podendo a parte vencedora executar imediatamente a sentença.

No entanto e conforme admite o art. 83º, nº 2, do CPT, o recorrente pode obter o efeito suspensivo se no requerimento de interposição de recurso requerer a prestação de caução da importância em que foi condenado.

Requerida a prestação de caução, o juiz fixa um prazo nunca superior a 10 dias para que a mesma seja prestada (art. 83º, nº 4, do CPT).

Se a caução não for prestada no prazo fixado, a sentença poderá ser executada de imediato, logrando-se a tentativa de obter efeito suspensivo (art. 83º, nº 4, do CPT).

De acordo com o art. 83º, nº 5, do CPT, o incidente de prestação de caução é processado nos próprios autos[510].

Com relevância no âmbito da sindicância laboral, importa frisar que tem ainda efeito suspensivo a apelação[511]:

- Das decisões respeitantes ao valor da causa nos procedimentos cautelares, com o fundamento de que o seu valor excede a alçada do tribunal de que se recorre;
- Do despacho de indeferimento do incidente processado por apenso;
- Do despacho que indefira liminarmente ou não ordene a providência cautelar;
- Da decisão que condene em multa ou comine outra sanção processual.

O recurso de revista, em regra, tem efeito meramente devolutivo, salvo quando estiverem em causa questões sobre o estado das pessoas, caso em que tem efeito suspensivo (art. 676º, nº 1, do CPC).

8.3. Julgamento

Ao julgamento do recurso em processo laboral, aplicam-se as disposições do CPC, que regulamentam o julgamento do recurso de apelação e de revista (art. 87º, nº 1, do CPT).

O julgamento do recurso de apelação está tratado nos arts. 652º a 670º, do CPC.

Por sua vez, o julgamento do recurso de revista consta dos arts. 679º a 685º, do CPC.

510 O regime do incidente da prestação de caução está previsto nos arts. 906º e ss., do CPC.

511 Este elenco resulta da leitura conjugada dos arts. 83º, nº 3, do CPT e 629º, nº 3, al. *b*)*,* 644º, nº 2, al. *e*) e 647º, nº 3, als. *b*) a *e*), do CPC.

CAPÍTULO XVI
EXECUÇÃO

1. Considerações gerais

Os juízos locais cíveis, locais criminais e de competência genérica possuem competência para exercer, no âmbito do processo de execução, as competências previstas no CPC, onde não houver juízo de execução ou outro juízo ou tribunal de competência especializada competente (art. 130º, nº 2, al. *c*), do LOSJ).

No grupo desses tribunais de competência especializada, perfilam-se os juízos do trabalho, os quais têm competência para as execuções:

- Fundadas nas suas decisões ou noutros títulos executivos, ressalvada a competência atribuída a outros tribunais (art. 126º, nº 1, al. *m*), da LOSJ);
- De coimas de contraordenações laborais e da segurança social (art. 126º, nº 2, da LOSJ)[512].

2. Títulos executivos

Da leitura conjugada dos arts. 703º, nº 1, als. *a*), *b*) e *d*), do CPC e 88º, do CPT, parece resultar que os títulos executivos que podem servir de base à execução são, por exemplo:

- As sentenças condenatórias[513];
- Os documentos exarados ou autenticados, por notário ou por outras entidades ou profissionais com competência para tal, que importem constituição ou reconhecimento de obrigações[514];

[512] Cfr. Abílio Neto, *Código de Processo do Trabalho – Anotado*, p. 213 e Alcides Martins, *Direito do Processo Laboral*, p. 173.

[513] Como por exemplo, as proferidas por tribunal arbitral (Ac. do STJ, de 04.07.2013 *in* www.dgsi.pt (Proc. nº 536/11.8TTPRT-A.P1.S1) e as decisões finais proferidas nos procedimentos cautelares de suspensão de despedimento (art. 39º, nºs 2 e 3, do CPT).

[514] Como por exemplo:
- Um contrato de confissão e regularização de uma dívida referente a créditos laborais resultantes da cessação do contrato de trabalho. [Ac. da RG, de 12.11.2013 *in* www.dgsi.pt (Proc. nº 253/11.9TBGMR.G1)];
- Um acordo de pagamento de créditos laborais, que foi autenticado pelo notário, no qual a dívida aí reconhecida e que a exequente pretende executar se refere a créditos pela cessação do contrato de trabalho. [Ac. da RE, de 24.05.2018 *in* www.dgsi.pt (Proc. nº 807/17.0T8TMR.E1)];
- Um acordo de revogação do contrato de trabalho autenticado por advogado. [Ac. da RE, de 09.03.2016 *in* www.dgsi.pt (Proc. nº 257/14.0TTPTM.E1)]

- Os documentos a que, por disposição especial, seja atribuída força executiva[515];
- Os autos de conciliação, os quais devem conter os termos do acordo no que diz respeito a prestações, respetivos prazos e lugares de cumprimento;
- Os acordos exarados em conciliação extrajudicial presidida pelo Ministério Público[516].

3. Espécies de execuções, consoante o seu fim

As execuções podem ter por fim o pagamento de quantia certa, a entrega de coisa certa ou a prestação de facto, quer positivo, quer negativo (art. 10º, nº 6, do CPC).

Esta classificação vale perfeitamente para o processo laboral. Na verdade, como salienta ALCIDES MARTINS[517], podemos ter execuções para:

- Pagamento de quantia certa, "como seja: pensão, retribuição ou indemnização" (art. 724º e ss., do CPC);
- Entrega de coisa certa, "nomeadamente objeto retido pelo empregador ou pelo trabalhador (art. 859º do CPC)";
- Prestação de facto fungível ou não fungível, "como por exemplo, a reintegração do trabalhador ou concessão de cuidado médico e para prestação de facto negativo, como a proibição de ameaças ou certas práticas de assédio ...".

4. Tramitação

4.1. Nota prévia

O regime específico do processo executivo laboral, atualmente plasmado no arts. 88º a 98º-A, do CPT, foi sofrendo significativas alterações.

A começar, desde logo, com o DL nº 38/2003, de 08 de março, que introduziu a profundíssima reforma da ação executiva, modificando os arts. 90º

[515] Como, por exemplo, os acordos celebrados no âmbito da mediação laboral (cfr. art. 9º, nº 1, da L nº 29/2013, de 19 de abril).

[516] A RE já havia reconhecido força executiva a um acordo extrajudicial alcançado entre o empregador e o trabalhador, em sede de diligência nos Serviços do Ministério Público do Tribunal do Trabalho. [Ac. de 18.10.2011 *in* www.dgsi.pt (Proc. nº 428/11.0TBALQ.L1-1)]

[517] *Direito do Processo Laboral*, p. 176.

(*Execução de direitos irrenunciáveis*), 94º (*Sustação da execução com penhora anterior*) e 98º (*Exclusão da reclamação de créditos*) e revogando o art. 96º (*Dispensa de publicação de anúncios*), todos do CPT.

Ao longo do tempo, foi-se constatando que o processo laboral executivo estava cada vez mais afastado do novo regime da ação executiva contido no processo civil, por conseguinte, na revisão aprovada pelo DL nº 295/2009, de 13 de outubro, o legislador foi mais longe, revogando, em bloco, os nºs 3, 4 e 5, do art. 90º e os arts. 91º a 95º e 97º, do CPT, deixando, assim, *na agonia* a disciplina específica das execuções laborais, que ficou praticamente reduzida ao art. 88º, aos nºs 1 e 2, do art. 90º e ao art. 98º, do CPT.

Aliás, nesta linha, o DL nº 295/2009 acabou mesmo por aditar o art. 98º-A, do CPT, o qual estabelece uma remissão para as regras do Código de Processo Civil relativas ao processo de execução, em tudo o que não estiver especialmente regulado no CPT.

Entrementes, a L nº 107/2019 veio introduzir o nº 7, do art. 90º, do CPT.

4.2. A tramitação própria (ou a falta dela)

Perante o atual quadro legal, podemos afirmar que o processo de execução laboral perdeu, praticamente, a sua autonomia, estando hoje incorporada no regime executivo tratado no CPC.

Aliás, conforme está patente no já mencionado art. 98º-A, do CPT, onde se lê que em tudo o que não estiver especialmente regulado no CPT aplicam-se as regras do CPC relativas ao processo de execução.

Pelo exposto, a execução laboral, à semelhança da execução civil, inicia-se com o requerimento executivo, regulado no art. 724º, do CPC, seguindo a tramitação prevista nos ulteriores preceitos desse mesmo diploma.

5. Execução de direitos irrenunciáveis

Uma das especificidades do processo executivo laboral, que ainda se mantém em vigor, prende-se com a execução de direitos irrenunciáveis[518].

Com efeito, no caso de sentença de condenação em quantia certa, que tiver por objeto estes direitos, o autor tem o prazo de 30 dias, após o respetivo trânsito em julgado, para iniciar a execução (art. 90º, nº 1, do CPT).

[518] Como exemplos de créditos irrenunciáveis, apontamos os créditos emergentes de acidente de trabalho e doença profissional (art. 78º, da L nº 98/2009, de 04 de setembro) e os créditos correspondentes a retribuições.

Cumpre frisar que este prazo pode ser prorrogado pelo juiz (art. 90º, nº 1, do CPT).

Se o autor não iniciar a execução no prazo fixado e não tiver sido junto ao processo documento comprovativo da extinção da dívida no supra mencionado prazo de 30 dias, o tribunal, oficiosamente, ordena o início da execução, cujas diligências são realizadas por oficial de justiça (art. 90º, nº 2, do CPT)[519].

Neste caso, o requerimento executivo é preenchido pelo Ministério Público, ao qual cabe ainda, na falta de resposta do exequente e sem prejuízo do disposto no art. 9º, do CPT, a representação deste na execução (art. 90º, nº 7, do CPT).

[519] Verificamos que, neste caso, as diligências executivas são realizadas pelo oficial de justiça (execução oficiosa) e não pelo Agente de Execução como é a regra prevista no art. 719º, do CPC.

PARTE III
RESPONSABILIDADE PENAL E RESPONSABILIDADE CONTRAORDENACIONAL

CAPÍTULO I
RESPONSABILIDADE PENAL

1. Considerações preliminares

A definição de crime pressupõe a enumeração e concretização dos diversos elementos que o compõe.

Como elucida Eduardo Correia, "o crime, como preceito de espécie que é, supõe uma série hierarquizada de conceitos que, de degrau em degrau, se vão obtendo pela sucessiva abstração dos seus diversos elementos".

No fim desse processo, chegamos a um "conceito mais vasto, substracto de todos os outros, que é justamente a "*acção naturalística – uma modificação do mundo exterior, ligada causalmente à vontade, cega e indiferente a todo o juízo de valor*"[520].

Nos termos do art. 13º, do CP, só é punível o facto praticado com dolo ou, nos casos especialmente previstos na lei, com negligência.

O dolo e a negligência constituem as formas que a culpa pode revestir.

Quanto ao dolo, podemos considerar:

- *O dolo direto*, em que o agente, representando um facto que preenche um tipo de crime, atua com intenção de o realizar (art. 14º, nº 1, do CP);
- *O dolo indireto*, quando o agente representa a realização de um facto que preenche um tipo de crime como consequência necessária da sua conduta (art. 14º, nº 2, do CP) e
- *O dolo eventual*, quando a realização de um facto que preenche um tipo de crime for representada como consequência possível da conduta e o agente atua conformando-se com aquela realização (art. 14º, nº 3, do CP).

Por sua vez, a negligência pode ser:

- *Consciente*, quando o agente representa como possível a realização de um ato que preenche um tipo de crime, mas atua sem se conformar com essa realização (art. 15º, al. *a*), do CP) e
- *Inconsciente*, quando o agente não chega sequer a representar a possibilidade de realização do facto (art. 15º, al. *b*), do CP).

[520] *Direito Criminal*, vol. I, ps. 198 e 199.

O Código Penal consagra um conjunto de causas que excluem a ilicitude e a culpa, quais sejam:

i) A exclusão da ilicitude propriamente dita (art. 31º);
ii) A legítima defesa (art. 32º);
iii) O direito de necessidade (art. 34º);
iv) O estado de necessidade desculpante (art. 35º);
v) O conflito de deveres (art. 36º);
vi) A obediência indevida desculpante (art. 37º);
vii) O consentimento (art. 38º) e
viii) O consentimento presumido (art. 39º).

O Direito Penal do Trabalho visa "a proteção «penal» dos interesses dos trabalhadores (individuais e coletivos), mas, simultaneamente, é um instrumento de disciplina, regulação e regulamentação da ordem social e, nessa perspetiva, avultam os interesses da Administração Pública"[521].

2. Alguns princípios do direito penal

2.1. Princípio da legalidade

Segundo o qual só pode ser punido criminalmente o facto descrito e declarado passível de pena por lei anterior ao momento da sua prática (art. 1º, nº 1, do CP).

2.2. Princípio da não retroatividade da lei penal

Ao abrigo deste princípio, as penas e as medidas de segurança são determinadas pela lei vigente no momento da prática do facto (art. 2º, nº 1, do CP).

Este princípio está igualmente consagrado no nº 1, do art. 29º, da CRP.

2.3. Princípio da proibição da analogia

À luz deste princípio não é permitido o recurso à analogia para qualificar um facto como crime (art. 1º, nº 3, do CP).

[521] João Correia, *Direito Penal Laboral – As contraordenações laborais*, ps. 31 e 32.

2.4. Princípio da aplicação da lei (ou do regime) mais favorável

O princípio da aplicação da lei mais favorável implica que se uma lei criminal vigente no momento da prática do facto punível apresentar um regime diferente de uma outra estabelecida posteriormente, é sempre aplicada a que concretamente se mostrar mais favorável ao agente (art. 2º, nº 4, do CP).

3. Sujeitos dos crimes laborais

No âmbito do Direito Penal, tem vigorado, com relativa aceitação, o princípio da responsabilidade criminal das pessoas singulares.

Todavia, este princípio, intocável durante longos anos, sofreu com a L nº 59/2007, de 04 de setembro, um significativo abalo.

Com efeito, enquanto que os nºs 2 a 11, do art. 11º, do CP (na redação introduzida pela L nº 59/2007) passaram a definir, de forma mais rigorosa e exaustiva, o regime da responsabilidade criminal das pessoas coletivas, os arts. 90º-A a 90º-M, do CP (aditados pela mesma L nº 59/2007), por seu turno, estabeleceram as penas aplicáveis a estas.

No domínio da responsabilidade penal laboral, as pessoas coletivas e entidades equiparadas são responsáveis, nos termos gerais, pelos crimes previstos no CT (art. 546º, do CT).

4. Alguns exemplos de tipos de crime direta ou indiretamente conectados ou conectáveis com o direito do trabalho

4.1. No Código Penal

- Crime de infração de regras de construção, dano em instalações e perturbação de serviços [art. 277º, nº 1, als. *a*) e *b*)];
- Crime de maus tratos (art. 152º-A);
- Crime de violação de regras de segurança (art. 152º-B);
- Crime de perseguição (art. 154º-A);
- Crime de escravidão (art. 159º);
- Crime de tráfico de pessoas (art. 160º).

4.2. No Código do Trabalho

- Crime por utilização indevida de trabalho de menor (art. 82º);

- Crime de desobediência por não cessação da atividade de menor (art. 83º);
- Responsabilidade penal em caso de encerramento de empresa ou estabelecimento (art. 316º);
- Falta de pagamento pontual da retribuição (art. 324º);
- Crime por violação da autonomia ou independência sindical ou por ato discriminatório (art. 407º);
- Crime de retenção de quota sindical (art. 459º);
- Responsabilidade penal em matéria de greve (art. 543º);
- Responsabilidade penal em matéria de *lock-out* (art. 545º);
- Desobediência qualificada (art. 547º).

CAPÍTULO II
RESPONSABILIDADE CONTRAORDENACIONAL

1. Considerações preliminares

A contraordenação laboral está legalmente definida como o facto típico, ilícito e censurável que consubstancie a violação de uma norma que consagre direitos ou imponha deveres a qualquer sujeito no âmbito das relações laborais e que seja punível com coima (art. 548º, do CT).

O regime jurídico das contraordenações laborais encontra-se atualmente consagrado nos arts. 548º a 566º, do CT e na L nº 107/2009, de 14 de setembro (que aprovou o regime processual aplicável às contraordenações laborais e de segurança social).

Nos termos do art. 549º, do CT, às contraordenações laborais aplicam-se, em primeira linha, as disposições do CT e, subsidiariamente, o regime geral das contraordenações, aprovado pelo DL nº 433/82, de 27 de outubro.

Como determina o art. 550º, do CT, a negligência nas contraordenações laborais é sempre punível.

A atuação dolosa ou negligente tem relevância, desde logo, para determinação dos valores das coimas nos termos do art. 554º, do CT.

2. Princípios

2.1. Princípio da legalidade

O princípio da legalidade determina que só pode ser punido como contraordenação o facto descrito e declarado passível de coima por lei anterior ao momento da sua prática (art. 2º, do DL nº 433/82).

2.2. Princípio da não retroatividade da lei

Ao abrigo deste princípio, a punição da contraordenação é determinada pela lei vigente no momento da prática do facto ou do preenchimento dos pressupostos de que depende (art. 3º, nº 1, do DL nº 433/82).

Este princípio está igualmente consagrado no nº 1, do art. 29º, da CRP.

2.3. Princípio da aplicação da lei (ou do regime) mais favorável

O princípio da aplicação da lei mais favorável implica que se a lei vigente no momento da prática do facto punível apresentar um regime diferente de uma outra estabelecida posteriormente, é sempre aplicada a que concretamente se apresentar mais favorável ao agente, salvo se este já tiver sido condenado por decisão definitiva ou transitada em julgado e já executada (art. 3º, nº 2, do DL nº 433/82).

Este princípio está igualmente consagrado no art. 29º, da CRP.

3. Sujeitos

No domínio da L nº 116/99, de 04 de agosto, a definição de contraordenação laboral (mais precisamente o seu âmbito subjetivo) tinha sido objeto de algumas críticas, na medida em que, se restringia aos sujeitos de relação de trabalho "isto é, aos empregadores e trabalhadores (ou seus representantes)", deixando, assim, "de fora vários outros sujeitos aos quais a própria lei pretendia também aplicar, e aplicava, coimas como era, desde logo, o caso do "*dono da obra*" constante do elenco do artigo 4º do regime de 1999"[522].

Assim, na definição de contraordenação laboral prevista no art. 614º, do CT/2003 (atual art. 548º, do CT), o legislador adotou uma expressão mais ampla ("qualquer sujeito no âmbito de relação laboral").

Conforme considerava João Soares Ribeiro, *ob. cit.*, p. 220, no âmbito subjetivo deste artigo cabem agora, não só os sujeitos da relação laboral (empregador e trabalhador), como também, *v.g.*, o dono da obra, o trabalhador independente, o autor do projeto, a associação sindical, etc..

Quando um tipo contraordenacional tiver por agente o empregador abrange também a pessoa coletiva, a associação sem personalidade coletiva, bem como a comissão especial (art. 551º, nº 2, do CT).

Se o infrator for pessoa coletiva ou equiparada, respondem pelo pagamento da coima, solidariamente com aquela, os respetivos administradores, gerentes ou diretores (art. 551º, nº 3, do CT)[523].

Importa ter presente que o contratante e o dono da obra, empresa ou exploração agrícola, bem como os respetivos gerentes, administradores ou diretores,

[522] João Soares Ribeiro, *Contraordenações Laborais*, ps. 219 e 220.

[523] Para maiores desenvolvimentos sobre o tema da responsabilidade conjunta contraordenacional do empregador e simultaneamente da própria pessoa coletiva, v. João Soares Ribeiro, *Contraordenações Laborais*, ps. 227 e ss..

assim como as sociedades que com o contratante, dono da obra, empresa ou exploração agrícola se encontrem em relação de participações recíprocas, de domínio ou de grupo, são solidariamente responsáveis pelo cumprimento das disposições legais e por eventuais violações cometidas pelo subcontratante que executa todo ou parte do contrato nas instalações daquele ou sob responsabilidade do mesmo, assim como pelo pagamento das respetivas coimas (art. 551º, nº 4, do CT).

4. Sanções e coimas

Ao abrigo do disposto no art. 553º, do CT, as infrações contraordenacionais classificam-se em:

- Leves;
- Graves e
- Muito graves.

No âmbito do CT, os valores das coimas correspondentes a cada escalão de gravidade da infração variam em função:

i) Do volume de negócios da empresa (art. 554º, nº 1, do CT);
ii) Do grau de culpa do agente (art. 554º, nº 1, do CT);
iii) Da natureza e estrutura do agente (art. 555º, nº 1, do CT).
Com efeito, nos casos em que o agente não tenha trabalhadores ao serviço ou, sendo pessoa singular, não exerça uma atividade com fins lucrativos, o valor de coimas é o previsto nos nºs 2, 3 e 4, do art. 555º, do CT;
iv) Do tipo de norma violada (art. 556º, nº 1, do CT).

Nos termos desta disposição, os valores máximos das coimas aplicáveis a infrações muito graves previstos no nº 4, do art. 554º, do CT, são elevados para o dobro nas situações de violação de normas sobre:

- Trabalho de menores;
- Segurança e saúde no trabalho;
- Direitos de estruturas de representação coletiva dos trabalhadores e
- Direito à greve.

Vem a propósito realçar que, em caso de reincidência, os limites mínimo e máximo da coima são elevados em um terço do respetivo valor, não podendo esta ser inferior ao valor da coima aplicada pela infração anterior desde que os limites mínimo e máximo desta não sejam superiores aos daquela (art. 561º, nº 2, do CT).

Considera-se reincidente o agente que cometa uma contraordenação grave praticada com dolo ou uma contraordenação muito grave, depois de ter sido condenado por outra contraordenação grave praticada com dolo ou contra-ordenação muito grave, se entre as duas infracções tiver decorrido um prazo não superior ao da prescrição da primeira (art. 561º, nº 1, do CT).

A determinação da medida da coima faz-se em função:

- Da gravidade da contraordenação, da culpa, da situação económica do agente e do benefício económico que este retirou da prática da contraordenação (art. 18º, nº 1, do DL nº 433/82 *ex vi* do art. 559º, nº 1, do CT);
- Da medida do incumprimento das recomendações constantes do auto de advertência, da coação, falsificação, simulação ou outro meio fraudulento usado pelo agente (art. 559º, nº 1, do CT) e
- No caso de violação de normas de segurança e saúde no trabalho, dos princípios gerais de prevenção a que devem obedecer as medidas de proteção, bem como da permanência ou transitoriedade da infração, do número de trabalhadores potencialmente afetados e das medidas e instruções adotadas pelo empregador para prevenir os riscos (art. 559º, nº 2, do CT).

O montante das coimas é apurado com referência a uma UC (Unidade de Conta).

A UC é a unidade de conta processual com base na qual é expressa a taxa de justiça (art. 5º, nº 1, do RCP).

A UC é atualizada anual e automaticamente de acordo com o indexante dos apoios sociais (IAS), devendo atender-se, para o efeito, ao valor de UC respeitante ao ano anterior (art. 5º, nº 2, do RCP).

O destino das coimas está previsto no art. 566º, do CT.

No domínio do Regime Geral das Contraordenações (aplicável, subsidiariamente, ao regime das contraordenações laborais por força do art. 549º, do CT), a autoridade administrativa ou o tribunal pode autorizar o pagamento da coima dentro de prazo que não exceda um ano, sempre que a situação económica do arguido o justifique (art. 88º, nº 4, do DL nº 433/82).

Paralelamente, o nº 5, do referido art. 88º, admite a possibilidade de a autoridade administrativa ou o tribunal autorizar o pagamento em prestações da coima, contanto a última das prestações não vá para além dos dois anos subsequentes ao caráter definitivo ou ao trânsito em julgado da decisão, sendo que a falta de pagamento de uma das prestações implica o vencimento das restantes.

Nos termos consignados no art. 562º, nºs 1 e 2, do CT, podem ser aplicadas, cumulativamente com a coima, as seguintes sanções acessórias:

i) Publicidade;
ii) Interdição do exercício de atividade no estabelecimento, unidade fabril ou estaleiro onde se verificou a infração, por um período até dois anos;
iii) Privação do direito de participar em arrematações ou concursos públicos por um período até dois anos.

PARTE IV
MINUTAS

CAPÍTULO I
CONTRATOS DE TRABALHO

(PROPOSTA DE) CONTRATO SEM TERMO

Entre:

..., com sede ..., pessoa coletiva nº ..., registada na Conservatória do Registo Comercial de ..., sob o nº ..., aqui representada pelo seu sócio-gerente, ..., com poderes para o ato, adiante designada por Primeira Outorgante;

E

..., titular do Cartão de Cidadão nº ..., válido até ..., contribuinte fiscal nº ..., Número de Identificação da Segurança Social ..., residente na Rua ..., com a categoria profissional de ..., adiante designado por Segundo Outorgante;

É celebrado e reciprocamente aceite entre as partes outorgantes o presente contrato de trabalho sem termo, nos seguintes termos:

CLÁUSULA 1ª

(Categoria profissional)

O Segundo Outorgante tem a categoria de ..., a qual compreende as seguintes funções:

...

CLÁUSULA 2ª

(Atividade contratada)

1. A Primeira Outorgante, no exercício da sua atividade de ..., contrata o Segundo Outorgante para, sob a sua direção e orientação, desempenhar as funções de ....

2. Mediante indicação da Primeira Outorgante, o Segundo Outorgante deverá ainda realizar quaisquer outras funções que sejam afins ou funcionalmente ligadas às funções descritas no número anterior, para as quais tenha qualificação adequada e que não impliquem desvalorização profissional.

CLÁUSULA 3ª

(Local de trabalho)

1. O Segundo Outorgante desempenhará as funções na sede da Primeira Outorgante, sita na Rua ....

2. O Segundo Outorgante, atenta a natureza das funções pretendidas, deverá realizar as deslocações necessárias ao bom desempenho dessas funções, em todo o território nacional, as quais serão integralmente suportadas pela Primeira Outorgante.

CLÁUSULA 4ª

(Data de celebração e início dos efeitos)

O presente contrato é celebrado no dia ... e produzirá os seus efeitos a partir do dia ...

CLÁUSULA 5ª

(Duração das férias)

O Segundo Outorgante terá direito a um período anual de férias de 22 dias úteis, o qual deverá ser marcado entre 1 de maio e 31 de outubro.

CLÁUSULA 6ª

(Denúncia)

O Segundo Outorgante poderá denunciar o presente contrato, independentemente de justa causa, mediante comunicação à Primeira Outorgante, por escrito, com a antecedência mínima de 30 ou 60 dias, conforme tenha, respetivamente, até dois anos ou mais de dois anos de antiguidade.

CLÁUSULA 7ª

(Valor, forma e data de pagamento da retribuição base e subsídio de alimentação)

1. Como contrapartida do trabalho prestado, o Segundo Outorgante auferirá a retribuição base mensal ilíquida de ... €.

2. O Segundo Outorgante tem direito ao valor diário de ... €, a título de subsídio de alimentação.

3. A retribuição e o subsídio referidos nos números anteriores serão liquidados até ao último dia útil do mês a que respeitam, mediante transferência bancária para a conta de que é titular o Segundo Outorgante, com o IBAN ....

CLÁUSULA 8ª

(Período normal de trabalho)

O período normal de trabalho a prestar pelo Segundo Outorgante é de ... horas semanais e ... horas diárias, distribuídas por ... dias da semana, de segunda-feira a sexta-feira, entre as ...h e as ...h e as ...h e as ...h.

CLÁUSULA 9ª
(Seguro de Acidentes de Trabalho)

A Primeira Outorgante declara que transferiu a responsabilidade pela reparação de acidentes de trabalho para a Seguradora ..., com sede ..., pessoa coletiva nº ..., mediante contrato com a apólice de seguro nº ....

CLÁUSULA 10ª
(Instrumento de regulamentação coletiva de trabalho)

À relação jurídica de trabalho estabelecida, por via do presente contrato, entre a Primeira Outorgante e o Segundo Outorgante é aplicável a Convenção Coletiva de Trabalho celebrado entre ... e ..., publicada no Boletim do Trabalho e Emprego, nº ..., de ....

CLÁUSULA 11ª
(Fundo de Garantia de Compensação do Trabalho)

A Primeira Outorgante aderiu ao Fundo de Garantia de Compensação do Trabalho.

CLÁUSULA 12ª
(Período experimental)

1. O presente contrato tem um período experimental com a duração de 90 dias.
2. Durante o período experimental referido no número anterior, qualquer um dos outorgantes pode denunciar o presente contrato sem aviso prévio e invocação de justa causa, nem direito a indemnização.
3. Tendo o período experimental durado mais de 60 dias, a denúncia do contrato por parte da Primeira Outorgante depende de aviso prévio de sete dias.
4. A antiguidade do Segundo Outorgante conta-se desde o início do período experimental.

CLÁUSULA 13ª
(Direito individual a formação contínua)

O Segundo Outorgante tem direito, em cada ano, a um número mínimo de quarenta horas de formação contínua.

CLÁUSULA 14ª
(Regimes de proteção social)

O Segundo Outorgante está abrangido pelos regimes de proteção social em vigor, designadamente:

– O regime previsto no Código dos Regimes Contributivos do Sistema Previdencial de Segurança Social (em anexo à Lei nº 110/2009, de 16 de setembro);

– O regime jurídico de proteção social da eventualidade de desemprego dos trabalhadores por conta de outrem, estabelecido pelo Decreto-Lei nº 220/2006, de 03 de novembro;

– O regime de proteção social na eventualidade doença, no âmbito do subsistema previdencial de segurança social, estabelecido pelo Decreto-Lei nº 28/2004, de 04 de fevereiro;

– O regime de reparação de doenças profissionais, regulamentado pela Lei nº 98/2009, de 04 de setembro;

– O regime jurídico de proteção social na parentalidade, no âmbito do sistema previdencial e no subsistema de solidariedade, estabelecido pelo Decreto-Lei nº 91/2009, de 09 de abril.

CLÁUSULA 15ª

(Deveres do trabalhador)

O Segundo Outorgante fica especialmente obrigado, além do cumprimento de todos os demais deveres que da relação de trabalho resultam para o trabalhador:

a) A desempenhar as suas funções com total zelo e diligência, responsabilizando-se pela adequada utilização e conservação dos equipamento técnicos que lhe sejam confiados, bem como, pessoal e integralmente, nos termos gerais, pelo ressarcimento de quaisquer prejuízos que venha a causar à Primeira Outorgante, direta ou indiretamente, por um grave e/ou negligente desempenho de funções, nomeadamente, eventual extravio de equipamentos ou danificação dos mesmos, sem prejuízo de procedimento disciplinar;

b) A observar rigoroso sigilo relativamente a toda a informação que venha a obter na execução do presente contrato, nomeadamente, as comunicações que lhe sejam dirigidas ou informações perante si divulgadas, estejam elas relacionadas com a Primeira Outorgante, respetivos clientes, fornecedores, instituições bancárias e de crédito ou outros intervenientes;

c) A acatar a proibição geral de copiar ou utilizar para outros fins, que não os eminentemente profissionais, bem como transmitir ou facultar a terceiros, as bases de dados a que tenha acesso, sejam da Primeira Outorgante ou de terceiros;

d) A respeitar as regras e procedimentos técnicos e de segurança no trabalho emanados pela Primeira Outorgante, bem como aquelas que digam diretamente respeito à conduta a observar nas instalações, nomeadamente, manuseamento de aplicações informáticas, de equipamentos técnicos e de outros mecanismos de precisão.

CLÁUSULA 16ª

(Testes e exames médicos)

Para o bom desempenho das funções pretendidas e tendo em consideração que a atividade a exercer implica um grande desgaste físico e psíquico, aceita o Segundo Outorgante a sujeição aos estritamente necessários e adequados testes e exames médicos para comprovação da respetiva aptidão profissional.

CLÁUSULA 17ª

(Deveres das partes em virtude da cessação contratual)

1. Em caso de cessação do presente contrato, o Segundo Outorgante deve devolver imediatamente à Primeira Outorgante os instrumentos de trabalho e quaisquer outros objetos de que esta seja proprietária, sob pena de incorrer em responsabilidade civil pelos danos causados.

2. Em caso de cessação do presente contrato, a Primeira Outorgante é obrigada a entregar ao Segundo Outorgante um certificado de trabalho, indicando as datas de admissão e de saída e as funções que desempenhou, bem como, os documentos previstos na legislação da Segurança Social.

CLÁUSULA 18ª

(Dever de informação)

O Segundo Outorgante declara que a Primeira Outorgante lhe prestou todas as informações previstas no nº 3, do art. 106º, do Código do Trabalho.

CLÁUSULA 19ª

(Dados pessoais)

1. O Segundo Outorgante expressa e livremente declara consentir que a Primeira Outorgante efetue o tratamento dos seus dados pessoais, automatizada ou não, recolhidos no presente contrato ou que lhe sejam transmitidos por aquele.

2. Os referidos dados pessoais são tratados pela Primeira Contraente unicamente para efeitos de execução do presente contrato, em específico, para inscrição na sua Base de Dados interna, processamento de retribuições, celebração de contratos de seguro de acidentes de trabalho, responsabilidade profissional, avaliação de condição médica e aptidão para o exercício das funções.

3. Os referidos dados pessoais só serão transmitidos a entidades terceiras na medida do estritamente necessário e para o cumprimento de obrigações legais, nomeadamente à Autoridade Tributária e Aduaneira, ao Instituto de Segurança Social e demais entidades públicas perante as quais a Primeira Outorgante esteja obrigada, às companhias de seguros e empresas de segurança e saúde no trabalho por si contratadas e que prestem serviços relacionados com o presente contrato.

4. A Primeira Outorgante compromete-se a conservar os dados pessoais do Segundo Outorgante apenas pelo período necessário à prossecução das finalidades previstas e no estrito cumprimento das obrigações legais que lhe são impostas.

Sem prejuízo de prazos de conservação mais longos estipulados na lei, a Primeira Outorgante conservará os dados pessoais do Segundo Outorgante por um período de 2 anos após a cessação do presente contrato.

5. Durante a vigência do presente contrato e após a cessação do mesmo, o Segundo Outorgante tem o direito de solicitar à Primeira Outorgante, mediante pedido escrito dirigido ao Encarregado

de Proteção de Dados ..., através de e-mail a enviar para o endereço eletrónico ..., o acesso, retificação, limitação, apagamento e pedido de informações, nos termos e nas condições estritamente previstos na legislação aplicável em matéria de proteção de dados, comprometendo-se a Primeira Outorgante a analisar e responder, no prazo máximo de 1 mês.

6. Toda a restante matéria que disciplina a proteção e tratamento de dados pessoais encontra-se prevista no Regulamento Interno, de acordo com a lei em vigor.

CLÁUSULA 20ª

(Direito aplicável)

Em tudo o que não se achar especialmente previsto no presente contrato, valem as disposições do Código do Trabalho, aprovado pela Lei nº 7/2009, de 12 de fevereiro, da legislação complementar e do respetivo instrumento de regulamentação coletiva aplicável.

O presente contrato é feito em duplicado, ficando um exemplar na posse de cada um dos Outorgantes.

... (local), ...(data)

A Primeira Outorgante,

____

O Segundo Outorgante,

____

(PROPOSTA DE) CONTRATO A TERMO CERTO

Entre:

..., ..., com sede ..., pessoa coletiva nº ..., registada na Conservatória do Registo Comercial de ..., sob o nº ..., aqui representada pelo seu sócio-gerente, ..., com poderes para o ato, adiante designada por Primeira Outorgante;

E

..., titular do Cartão de Cidadão nº ..., válido até ..., contribuinte fiscal nº ..., número de identificação da segurança social ..., residente na Rua ..., adiante designado por Segundo Outorgante;

É celebrado e reciprocamente aceite entre as partes outorgantes o presente contrato de trabalho a termo certo, nos seguintes termos:

CLÁUSULA 1ª

(Categoria profissional)

O Segundo Outorgante tem a categoria de ..., a qual compreende as seguintes funções:

...

CLÁUSULA 2ª

(Atividade contratada)

1. A Primeira Outorgante, no exercício da sua atividade de ..., contrata o Segundo Outorgante para, sob a sua direção e orientação, desempenhar as funções de ....

2. Mediante indicação da Primeira Outorgante, o Segundo Outorgante deverá ainda realizar quaisquer outras funções que sejam afins ou funcionalmente ligadas às funções descritas no número anterior, para as quais tenha qualificação adequada e que não impliquem desvalorização profissional.

CLÁUSULA 3ª

(Motivação do contrato e adequabilidade temporal)

1. Ao abrigo do disposto na al. *f)*, do nº 2, do art. 140º, do Código do Trabalho, o presente contrato é motivado por um acréscimo excecional de atividade, na sequência de uma política de expansão para o mercado externo, nomeadamente para o francês, adotada pela Primeira Outorgante.

2. Política de expansão essa que originou um aumento considerável do volume de encomendas de bancos estofados, modelo ..., por parte da cliente francesa ..., sendo os atuais recursos humanos da Primeira Outorgante insuficientes para responder a tal aumento, pelas seguintes razões:

– A Primeira Outorgante desde o ano de ... tem produzido uma média de ... bancos estofados, modelo ...;

– A linha de produção destes bancos, constituída por ... trabalhadores, operou incessantemente nos últimos ... anos, tendo inclusive sido adotado, na empresa, um regime de trabalho por turnos;

– As encomendas da cliente francesa ... corresponde a um aumento de cerca de ... % da produção necessária para satisfazer os compromissos perante os diversos clientes;

– Com a atual mão de obra ao dispor da Primeira Outorgante é impossível produzir o número de bancos encomendados;

– Assim, não resta outra alternativa à Primeira Outorgante que não seja o reforço dos meios humanos, recorrendo à presente contratação a termo certo.

3. O presente contrato é celebrado a termo certo, porquanto as encomendas da cliente em causa foram efetuadas apenas para o ano em curso, não havendo, nesta data, nenhuma confirmação ou expetativa de encomendas futuras.

CLÁUSULA 4ª

(Local de trabalho)

O Segundo Outorgante desempenhará as suas funções na sede da Primeira Outorgante, sita na Rua ....

CLÁUSULA 5ª

(Data de celebração e início dos efeitos)

O presente contrato é celebrado no dia ... e produzirá os seus efeitos a partir do dia ...

CLÁUSULA 6ª

(Duração do contrato)

O presente contrato tem a duração de um ano, iniciando-se em ... e terminando em ....

CLÁUSULA 7ª

(Regime de férias)

1. O Segundo Outorgante tem direito, em cada ano civil, a um período de férias retribuídas, que se vence em 1 de janeiro.

2. O período anual de férias tem a duração mínima de 22 dias úteis.

3. No ano da admissão, o Segundo Outorgante tem direito a dois dias úteis de férias por cada mês de duração do contrato, até 20 dias, cujo gozo pode ter lugar após seis meses completos de execução do contrato.

4. No caso de o ano civil terminar antes de decorrido o prazo referido no número anterior, as férias são gozadas até 30 de junho do ano subsequente.

5. Da aplicação do disposto nos números 3 e 4, da presente cláusula, não pode resultar o gozo, no mesmo ano civil, de mais de 30 dias úteis de férias.

6. As férias são gozadas imediatamente antes da cessação do contrato, salvo acordo dos Outorgantes.

CLÁUSULA 8ª

(Denúncia e aviso prévio)

O Segundo Outorgante poderá denunciar o presente contrato, independentemente de justa causa, mediante comunicação à Primeira Outorgante, por escrito, com a antecedência mínima de 30 ou 15 dias, consoante a duração do contrato seja de pelo menos seis meses ou inferior.

CLÁUSULA 9ª

(Caducidade e aviso prévio)

O presente contrato caduca no final do prazo estipulado ou da sua renovação, desde que a Primeira Outorgante ou o Segundo Outorgante comunique ao outro outorgante a vontade de o fazer cessar, por escrito, respectivamente, 15 ou oito dias antes de o prazo expirar.

CLÁUSULA 10ª

(Valor, forma e data de pagamento da retribuição base e subsídio de alimentação)

1. Como contrapartida do trabalho prestado, o Segundo Outorgante auferirá a retribuição base mensal ilíquida de ... €.
2. O Segundo Outorgante tem direito ao valor diário de ... €, a título de subsídio de alimentação.
3. A retribuição e o subsídio referidos nos números anteriores serão liquidados até ao último dia útil do mês a que respeitam, mediante transferência bancária para a conta de que é titular o Segundo Outorgante, com o IBAN ....

CLÁUSULA 11ª

(Período normal de trabalho)

O período normal de trabalho a prestar pelo Segundo Outorgante é de ... horas semanais e ... horas diárias, distribuídas por ... dias da semana, de segunda-feira a sexta-feira, entre as ...h e as ...h e as ...h e as ...h.

CLÁUSULA 12ª

(Seguro de Acidentes de Trabalho)

A Primeira Outorgante declara que transferiu a responsabilidade pela reparação de acidentes de trabalho para a Seguradora ..., com sede ..., pessoa coletiva nº ..., mediante contrato com a apólice de seguro nº ....

CLÁUSULA 13ª

(Instrumento de regulamentação coletiva de trabalho)

À relação jurídica de trabalho estabelecida, por via do presente contrato, entre a Primeira Outorgante e o Segundo Outorgante é aplicável a Convenção Coletiva de Trabalho celebrado entre ... e ..., publicada no Boletim do Trabalho e Emprego, nº ..., de ....

CLÁUSULA 14ª

(Fundo de Garantia de Compensação do Trabalho)

A Primeira Outorgante aderiu ao Fundo de Garantia de Compensação do Trabalho.

CLÁUSULA 15ª

(Período experimental)

1. O presente contrato tem um período experimental com a duração de 30 dias.
2. Durante o período experimental referido no número anterior, qualquer um dos outorgantes pode denunciar o presente contrato, sem invocação de justa causa, nem direito a qualquer indemnização.
3. A antiguidade do Segundo Outorgante conta-se desde o início do período experimental.

CLÁUSULA 16ª

(Direito individual a formação contínua)

O Segundo Outorgante tem direito, em cada ano, a um número mínimo de quarenta horas de formação contínua ou a um número mínimo de horas proporcional à duração do contrato nesse ano.

CLÁUSULA 17ª

(Regimes de proteção social)

O Segundo Outorgante está abrangido pelos regimes de proteção social em vigor, designadamente:

– O regime previsto no Código dos Regimes Contributivos do Sistema Previdencial de Segurança Social (em anexo à Lei nº 110/2009, de 16 de setembro);

– O regime jurídico de proteção social da eventualidade de desemprego dos trabalhadores por conta de outrem, estabelecido pelo Decreto-Lei nº 220/2006, de 03 de novembro;

– O regime de proteção social na eventualidade doença, no âmbito do subsistema previdencial de segurança social, estabelecido pelo Decreto-Lei nº 28/2004, de 04 de fevereiro;

– O regime de reparação de doenças profissionais, regulamentado pela Lei nº 98/2009, de 04 de setembro;

– O regime jurídico de proteção social na parentalidade, no âmbito do sistema previdencial e no subsistema de solidariedade, estabelecido pelo Decreto-Lei nº 91/2009, de 09 de abril.

CLÁUSULA 18ª

(Deveres das partes em virtude da cessação contratual)

1. Em caso de cessação do presente contrato, o Segundo Outorgante deve devolver imediatamente à Primeira Outorgante os instrumentos de trabalho e quaisquer outros objetos de que esta seja proprietária, sob pena de incorrer em responsabilidade civil pelos danos causados.

2. Em caso de cessação do presente contrato, a Primeira Outorgante é obrigada a entregar ao Segundo Outorgante um certificado de trabalho, indicando as datas de admissão e de saída e as funções que desempenhou, bem como, os documentos previstos na legislação da Segurança Social.

CLÁUSULA 19ª

(Dever de informação)

O Segundo Outorgante declara que a Primeira Outorgante lhe prestou todas as informações previstas no nº 3, do art. 106º, do Código do Trabalho.

CLÁUSULA 20ª

(Dados pessoais)

1. O Segundo Outorgante expressa e livremente declara consentir que a Primeira Outorgante efetue o tratamento dos seus dados pessoais, automatizada ou não, recolhidos no presente contrato ou que lhe sejam transmitidos por aquele.

2. Os referidos dados pessoais são tratados pela Primeira Contraente unicamente para efeitos de execução do presente contrato, em específico, para inscrição na sua Base de Dados interna, processamento de retribuições, celebração de contratos de seguro de acidentes de trabalho, responsabilidade profissional, avaliação de condição médica e aptidão para o exercício das funções.

3. Os referidos dados pessoais só serão transmitidos a entidades terceiras na medida do estritamente necessário e para o cumprimento de obrigações legais, nomeadamente à Autoridade Tributária e Aduaneira, ao Instituto de Segurança Social e demais entidades públicas perante as quais a Primeira Outorgante esteja obrigada, às companhias de seguros e empresas de segurança e saúde no trabalho por si contratadas e que prestem serviços relacionados com o presente contrato.

4. A Primeira Outorgante compromete-se a conservar os dados pessoais do Segundo Outorgante apenas pelo período necessário à prossecução das finalidades previstas e no estrito cumprimento das obrigações legais que lhe são impostas.

Sem prejuízo de prazos de conservação mais longos estipulados na lei, a Primeira Outorgante conservará os dados pessoais do Segundo Outorgante por um período de 2 anos após a cessação do presente contrato.

5. Durante a vigência do presente contrato e após a cessação do mesmo, o Segundo Outorgante tem o direito de solicitar à Primeira Outorgante, mediante pedido escrito dirigido ao Encarregado

de Proteção de Dados ..., através de e-mail a enviar para o endereço eletrónico ..., o acesso, retificação, limitação, apagamento e pedido de informações, nos termos e nas condições estritamente previstos na legislação aplicável em matéria de proteção de dados, comprometendo-se a Primeira Outorgante a analisar e responder, no prazo máximo de 1 mês.

6. Toda a restante matéria que disciplina a proteção e tratamento de dados pessoais encontra-se prevista no Regulamento Interno, de acordo com a lei em vigor.

CLÁUSULA 21ª

(Direito aplicável)

Em tudo o que não se achar especialmente previsto no presente contrato, valem as disposições do Código do Trabalho, aprovado pela Lei nº 7/2009, de 12 de fevereiro, da legislação complementar e do respetivo instrumento de regulamentação coletiva aplicável.

O presente contrato é feito em duplicado, ficando um exemplar na posse de cada um dos Outorgantes.

... (local), ...(data)

A Primeira Outorgante,

____

O Segundo Outorgante,

____

(PROPOSTA DE) ACORDO DE RENOVAÇÃO DE CONTRATO A TERMO CERTO

Entre:

..., com sede ..., pessoa coletiva nº ..., registada na Conservatória do Registo Comercial de ..., sob o nº ..., aqui representada pelo seu sócio-gerente, ..., com poderes para o ato, adiante designada por Primeira Outorgante;

E

..., titular do Cartão de Cidadão nº ..., válido até ..., contribuinte fiscal nº ..., número de identificação da segurança social ..., residente na Rua..., adiante designado por Segundo Outorgante,

tendo em consideração que a Primeira e o Segundo Outorgantes:

celebraram em ..., um contrato de trabalho a termo certo com a duração de um ano, renovável nos termos do art. 149º, do Código do Trabalho.

É celebrado e reciprocamente aceite entre as partes outorgantes a presente renovação do contrato de trabalho a termo certo suprarreferido, nos seguintes termos:

CLÁUSULA 1ª

(Atividade contratada e local de trabalho)

1. O Segundo Outorgante continuará a estar obrigado a desempenhar as funções de ..., sob a direção e orientação da Primeira Outorgante.
2. O Segundo Outorgante continuará a estar obrigado a realizar quaisquer outras funções que sejam afins ou funcionalmente ligadas às funções descritas no número anterior, para as quais tenha qualificação adequada e que não impliquem desvalorização profissional.

CLÁUSULA 2ª

(Local de trabalho)

O Segundo Outorgante continuará a estar obrigado a desempenhar as suas funções na sede da Primeira Outorgante, sita na Rua ....

CLÁUSULA 3ª

(Período normal de trabalho)

O período normal de trabalho a prestar pelo Segundo Outorgante continuará a ser de ... horas semanais e ... horas diárias, distribuídas por ... dias da semana, de segunda-feira a sexta-feira, entre as ...h e as ...h e as ...h e as ...h.

CLÁUSULA 4ª

(Valor, forma e data de pagamento da retribuição base e subsídio de alimentação)

1. Como contrapartida do trabalho prestado, o Segundo Outorgante continuará a auferir a retribuição base mensal ilíquida de ... €.

2. O Segundo Outorgante continuará a ter direito ao valor diário de ... €, a título de subsídio de alimentação.

3. A retribuição e o subsídio referidos continuarão a ser liquidados até ao último dia útil do mês a que respeitam, mediante transferência bancária para a conta de que é titular o Segundo Outorgante, com o IBAN ....

CLÁUSULA 5ª

(Motivação da renovação)

1. O contrato a termo certo que ora se renova foi motivado por um acréscimo excecional de atividade, na sequência de uma política de expansão para o mercado exterior, nomeadamente, para o francês adotada pela Primeira Outorgante, ao abrigo do disposto na al. *f)*, do nº 2, do art. 140º, do Código do Trabalho.

2. Política de expansão essa que originou um aumento considerável do volume de encomendas de bancos estofados, modelo ..., por parte da cliente francesa ..., sendo, na data da celebração do contrato que ora se renova, os recursos humanos da Primeira Outorgante insuficientes para responder a tal aumento, pelas seguintes razões:

– a Primeira Outorgante desde o ano de ... tinha produzido uma média de ... bancos estofados, modelo ...;

– a linha de produção tinha operado incessantemente nos últimos ... anos, tendo inclusive sido adotado um regime de trabalho por turnos;

– as encomendas da cliente francesa ... correspondiam a um aumento de cerca de ... % da produção necessária para satisfazer os compromissos perante os diversos clientes;

– Com a mão de obra ao dispor da Primeira Outorgante era impossível produzir o número de bancos encomendados.

3. A cliente francesa ... renovou por mais 6 meses o contrato de fornecimento celebrado com a Primeira Outorgante.

4. A Primeira Outorgante, dado tratar-se de uma linha de produção que depende exclusivamente da referida cliente, continua a não poder garantir a estabilidade do novo mercado e a manutenção do volume de encomendas atual, pelo que renova o contrato a termo certo celebrado com o Segundo Outorgante.

CLÁUSULA 6ª

(Duração da renovação)

O contrato a termo certo celebrado em ... é renovado pelo período de seis meses, com início em ... e término em ....

O presente acordo de renovação é feito em duplicado, ficando um exemplar na posse de cada um dos Outorgantes.

... (local), ...(data)

A Primeira Outorgante,

____

O Segundo Outorgante,

____

(PROPOSTA DE) CONTRATO A TERMO INCERTO

Entre:

..., com sede ..., pessoa coletiva nº ..., registada na Conservatória do Registo Comercial de ..., sob o nº ..., aqui representada pelo seu sócio-gerente, ..., com poderes para o ato, adiante designada por Primeira Outorgante;

E

..., titular do Cartão de Cidadão nº ..., válido até ..., contribuinte fiscal nº ..., número de identificação da segurança social ..., residente na Rua ..., adiante designado por Segundo Outorgante;

É celebrado e reciprocamente aceite entre as partes outorgantes o presente contrato de trabalho a termo incerto, nos seguintes termos:

CLÁUSULA 1ª

(Categoria profissional)

O Segundo Outorgante tem a categoria de ..., a qual compreende as seguintes funções:

...

CLÁUSULA 2ª

(Atividade contratada)

1. A Primeira Outorgante, no exercício da sua atividade de ..., contrata o Segundo Outorgante para, sob a sua direção e orientação, desempenhar as funções de ....

2. Mediante indicação da Primeira Outorgante, o Segundo Outorgante deverá ainda realizar quaisquer outras funções que sejam afins ou funcionalmente ligadas às funções descritas no número anterior, para as quais tenha qualificação adequada e que não impliquem desvalorização profissional.

CLÁUSULA 3ª

(Motivação do contrato)

Ao abrigo do previsto no art. 140º, nº 1, alínea *a*), do Código do Trabalho, o presente contrato a termo é motivado pela necessidade de substituição direta do trabalhador ..., o qual suspendeu o contrato de trabalho por motivo de doença até ao dia ...

CLÁUSULA 4ª

(Local de trabalho)

O Segundo Outorgante desempenhará as suas funções na sede da Primeira Outorgante, sita na Rua ....

CLÁUSULA 5ª

(Data de celebração e início dos efeitos)

O presente contrato é celebrado no dia ... e produzirá os seus efeitos a partir do dia ...

CLÁUSULA 6ª

(Duração previsível)

O presente contrato terá a duração previsível de ... meses.

CLÁUSULA 7ª

(Regime de férias)

1. O Segundo Outorgante tem direito, em cada ano civil, a um período de férias retribuídas, que se vence em 1 de janeiro.

2. O período anual de férias tem a duração mínima de 22 dias úteis.

3. No ano da admissão, o Segundo Outorgante tem direito a dois dias úteis de férias por cada mês de duração do contrato, até 20 dias, cujo gozo pode ter lugar após seis meses completos de execução do contrato.

4. No caso de o ano civil terminar antes de decorrido o prazo referido no número anterior, da presente cláusula, as férias são gozadas até 30 de junho do ano subsequente.

5. Da aplicação do disposto nos números 3 e 4, da presente cláusula, não pode resultar o gozo, no mesmo ano civil, de mais de 30 dias úteis de férias.

6. No caso de a duração do contrato de trabalho ser inferior a seis meses, o Segundo Outorgante tem direito a dois dias úteis de férias por cada mês completo de duração do contrato, contando-se para o efeito todos os dias seguidos ou interpolados de prestação de trabalho.

7. As férias são gozadas imediatamente antes da cessação do contrato, salvo acordo dos Outorgantes.

CLÁUSULA 8ª

(Denúncia e aviso prévio)

O Segundo Outorgante poderá denunciar o presente contrato, independentemente de justa causa, mediante comunicação à Primeira Outorgante, por escrito, com a antecedência mínima de 30 ou 15 dias, consoante a duração do contrato já decorrida seja de pelo menos seis meses ou inferior.

CLÁUSULA 9ª

(Caducidade e aviso prévio)

O presente contrato caduca quando, prevendo-se a ocorrência do termo, a Primeira Outorgante comunique a sua cessação ao Segundo Outorgante, com a antecedência mínima de sete, 30 ou

60 dias conforme o contrato tenha durado até seis meses, de seis meses a dois anos ou por período superior.

CLÁUSULA 10ª

(Valor, forma e data de pagamento da retribuição)

1. Como contrapartida do trabalho prestado, o Segundo Outorgante auferirá a retribuição base mensal ilíquida de ... €.

2. O Segundo Outorgante tem direito ao valor diário de ... €, a título de subsídio de alimentação.

3. A retribuição e o subsídio referidos nos números anteriores serão liquidados até ao último dia útil do mês a que respeitam, mediante transferência bancária para a conta de que é titular o Segundo Outorgante, com o IBAN ....

CLÁUSULA 11ª

(Período normal de trabalho)

O período normal de trabalho a prestar pelo Segundo Outorgante é de ... horas semanais e ... horas diárias, distribuídas por ... dias da semana, de segunda-feira a sexta-feira, entre as ...h e as ...h e as ...h e as ...h.

CLÁUSULA 12ª

(Seguro de Acidentes de Trabalho)

A Primeira Outorgante declara que transferiu a responsabilidade pela reparação de acidentes de trabalho para a Seguradora ..., com sede ..., pessoa coletiva nº ..., mediante contrato com a apólice de seguro nº ....

CLÁUSULA 13ª

(Instrumento de regulamentação coletiva de trabalho)

À relação jurídica de trabalho estabelecida, por via do presente contrato, entre a Primeira Outorgante e o Segundo Outorgante é aplicável a Convenção Coletiva de Trabalho celebrado entre ... e ..., publicada no Boletim do Trabalho e Emprego, nº ..., de ....

CLÁUSULA 14ª

(Fundo de Garantia de Compensação do Trabalho)

A Primeira Outorgante aderiu ao Fundo de Garantia de Compensação do Trabalho.

CLÁUSULA 15ª

(Período experimental)

1. O presente contrato tem um período experimental com a duração de 30 dias.

2. Durante o período experimental referido no número anterior, qualquer um dos outorgantes pode denunciar o presente contrato, sem invocação de justa causa, nem direito a qualquer indemnização.

3. A antiguidade do Segundo Outorgante conta-se desde o início do período experimental.

CLÁUSULA 16ª

(Direito individual a formação contínua)

O Segundo Outorgante tem direito, em cada ano, a um número mínimo de quarenta horas de formação contínua ou a um número mínimo de horas proporcional à duração do contrato nesse ano.

CLÁUSULA 17ª

(Regimes de proteção social)

O Segundo Outorgante está abrangido pelos regimes de proteção social em vigor, designadamente:

- O regime previsto no Código dos Regimes Contributivos do Sistema Previdencial de Segurança Social (em anexo à Lei nº 110/2009, de 16 de setembro);
- O regime jurídico de proteção social da eventualidade de desemprego dos trabalhadores por conta de outrem, estabelecido pelo Decreto-Lei nº 220/2006, de 03 de novembro;
- O regime de proteção social na eventualidade doença, no âmbito do subsistema previdencial de segurança social, estabelecido pelo Decreto-Lei nº 28/2004, de 04 de fevereiro;
- O regime de reparação de doenças profissionais, regulamentado pela Lei nº 98/2009, de 04 de setembro;
- O regime jurídico de proteção social na parentalidade, no âmbito do sistema previdencial e no subsistema de solidariedade, estabelecido pelo Decreto-Lei nº 91/2009, de 09 de abril.

CLÁUSULA 18ª

(Deveres das partes em virtude da cessação contratual)

1. Em caso de cessação do presente contrato, o Segundo Outorgante deve devolver imediatamente à Primeira Outorgante os instrumentos de trabalho e quaisquer outros objetos de que esta seja proprietária, sob pena de incorrer em responsabilidade civil pelos danos causados.

2. Em caso de cessação do presente contrato, a Primeira Outorgante é obrigada a entregar ao Segundo Outorgante um certificado de trabalho, indicando as datas de admissão e de saída e as funções que desempenhou, bem como, os documentos previstos na legislação da Segurança Social.

CLÁUSULA 19ª

(Dever de informação)

O Segundo Outorgante declara que a Primeira Outorgante lhe prestou todas as informações previstas no nº 3, do art. 106º, do Código do Trabalho.

CLÁUSULA 20ª

(Dados pessoais)

1. O Segundo Outorgante expressa e livremente declara consentir que a Primeira Outorgante efetue o tratamento dos seus dados pessoais, automatizada ou não, recolhidos no presente contrato ou que lhe sejam transmitidos por aquele.

2. Os referidos dados pessoais são tratados pela Primeira Contraente unicamente para efeitos de execução do presente contrato, em específico, para inscrição na sua Base de Dados interna, processamento de retribuições, celebração de contratos de seguro de acidentes de trabalho, responsabilidade profissional, avaliação de condição médica e aptidão para o exercício das funções.

3. Os referidos dados pessoais só serão transmitidos a entidades terceiras na medida do estritamente necessário e para o cumprimento de obrigações legais, nomeadamente à Autoridade Tributária e Aduaneira, ao Instituto de Segurança Social e demais entidades públicas perante as quais a Primeira Outorgante esteja obrigada, às companhias de seguros e empresas de segurança e saúde no trabalho por si contratadas e que prestem serviços relacionados com o presente contrato.

4. A Primeira Outorgante compromete-se a conservar os dados pessoais do Segundo Outorgante apenas pelo período necessário à prossecução das finalidades previstas e no estrito cumprimento das obrigações legais que lhe são impostas.

Sem prejuízo de prazos de conservação mais longos estipulados na lei, a Primeira Outorgante conservará os dados pessoais do Segundo Outorgante por um período de 2 anos após a cessação do presente contrato.

5. Durante a vigência do presente contrato e após a cessação do mesmo, o Segundo Outorgante tem o direito de solicitar à Primeira Outorgante, mediante pedido escrito dirigido ao Encarregado de Proteção de Dados ..., através de e-mail a enviar para o endereço eletrónico ..., o acesso, retificação, limitação, apagamento e pedido de informações, nos termos e nas condições estritamente previstos na legislação aplicável em matéria de proteção de dados, comprometendo-se a Primeira Outorgante a analisar e responder, no prazo máximo de 1 mês.

6. Toda a restante matéria que disciplina a proteção e tratamento de dados pessoais encontra-se prevista no Regulamento Interno, de acordo com a lei em vigor.

CLÁUSULA 21ª

(Direito aplicável)

Em tudo o que não se achar especialmente previsto no presente contrato, valem as disposições do Código do Trabalho, aprovado pela Lei nº 7/2009, de 12 de fevereiro, da legislação complementar e do respetivo instrumento de regulamentação coletiva aplicável.

O presente contrato é feito em duplicado, ficando um exemplar na posse de cada um dos Outorgantes.

... (local), ...(data)

A Primeira Outorgante,

____

O Segundo Outorgante,

____

(PROPOSTA DE) CONTRATO DE TRABALHO COM PLURALIDADE DE EMPREGADORES

Entre:

..., com sede ..., pessoa coletiva nº ..., registada na Conservatória do Registo Comercial de ..., sob o nº ..., aqui representada pelo seu sócio-gerente, ..., com poderes para o ato, na qualidade de primeira empregadora;

..., com sede ..., pessoa coletiva nº ..., registada na Conservatória do Registo Comercial de ..., sob o nº ..., aqui representada pelo seu sócio-gerente, ..., com poderes para o ato, na qualidade de segunda empregadora e

..., titular do Cartão de Cidadão nº ..., válido até ..., contribuinte fiscal nº ..., número de identificação da segurança social ..., residente na Rua ..., na qualidade de Trabalhador

é celebrado, ao abrigo do art. 101º, do Código do Trabalho, o presente contrato de trabalho com pluralidade de empregadores, nos seguintes termos:

CLÁUSULA 1ª

(Relação societária)

1. A Primeira Empregadora dedica-se à atividade de ....
2. A Segunda Empregadora dedica-se à atividade de ....
3. A Primeira Empregadora detém 40% do capital social da Segunda Empregadora.
4. A Segunda Empregadora é detentora de 35%, do capital social da Primeira Empregadora.
5. Entre a Primeira e a Segunda Empregadoras existe, assim, uma relação societária de participações recíprocas.

CLÁUSULA 2ª

(Representação)

A Primeira Empregadora representa a Segunda Empregadora no cumprimento dos deveres e no exercício dos direitos emergentes do presente contrato.

CLÁUSULA 3ª

(Categoria profissional)

O Trabalhador tem a categoria de ..., a qual compreende as seguintes funções:

...

CLÁUSULA 4ª

(Atividade contratada)

1. Pelo presente contrato, o Trabalhador obriga-se a, sob a direção e orientação, da Primeira e Segunda Empregadoras, exercer as funções de ....

2. Mediante indicação da Primeira e Segunda Empregadoras, o Trabalhador deverá ainda realizar quaisquer outras funções que sejam afins ou funcionalmente ligadas às funções descritas no número anterior, para as quais tenha qualificação adequada e que não impliquem desvalorização profissional.

CLÁUSULA 5ª

(Local de trabalho)

O Trabalhador desempenhará as suas funções nas sedes das Primeira e Segunda Empregadoras, sitas, respetivamente, nas Ruas .... e ....

CLÁUSULA 6ª

(Data de celebração e início dos efeitos)

O presente contrato é celebrado no dia ... e produzirá os seus efeitos a partir do dia ...

CLÁUSULA 7ª

(Duração das férias)

O Trabalhador terá direito a um período anual de férias de 22 dias úteis, o qual deverá ser marcado entre 1 de maio e 31 de outubro.

CLÁUSULA 8ª

(Denúncia)

O Trabalhadore poderá denunciar o presente contrato, independentemente de justa causa, mediante comunicação às Primeira e Segunda Empregadoras, por escrito, com a antecedência mínima de 30 ou 60 dias, conforme tenha, respetivamente, até dois anos ou mais de dois anos de antiguidade.

CLÁUSULA 9ª

(Valor, forma e data de pagamento da retribuição base e subsídio de alimentação)

1. Como contrapartida do trabalho prestado, o Trabalhador auferirá a retribuição base mensal ilíquida de ... €.

2. O Trabalhador tem direito ao valor diário de ... €, a título de subsídio de alimentação.

3. A retribuição e o subsídio referidos nos números anteriores serão liquidados até ao último dia útil do mês a que respeitam, mediante transferência bancária para a conta de que é titular o Trabalhador, com o IBAN ....

CLÁUSULA 10ª

(Período normal de trabalho)

O período normal de trabalho a prestar pelo Trabalhador é de ... horas semanais e ... horas diárias, distribuídas por ... dias da semana, de segunda-feira a sexta-feira, entre as ...h e as ...h e as ...h e as ...h.

CLÁUSULA 11ª

(Seguro de Acidentes de Trabalho)

As Primeira e Segunda Empregadoras declaram que transferiram a responsabilidade pela reparação de acidentes de trabalho para a Seguradora ..., com sede ..., pessoa coletiva nº ..., mediante contrato com a apólice de seguro nº ....

CLÁUSULA 12ª

(Instrumento de regulamentação coletiva de trabalho)

À relação jurídica de trabalho estabelecida, por via do presente contrato, entre as Primeira e Segunda Empregadoras e o Trabalhador é aplicável a Convenção Coletiva de Trabalho celebrado entre ... e ..., publicada no Boletim do Trabalho e Emprego, nº ..., de ....

CLÁUSULA 13ª

(Fundo de Garantia de Compensação do Trabalho)

As Primeira e Segunda Empregadoras aderiram ao Fundo de Garantia de Compensação do Trabalho.

CLÁUSULA 14ª

(Período experimental)

1. O presente contrato tem um período experimental com a duração de 90 dias.
2. Durante o período experimental referido no número anterior, as Primeira e Segunda Empregadoras e o Trabalhador podem denunciar o presente contrato, sem invocação de justa causa, nem direito a qualquer indemnização.
3. Tendo o período experimental durado mais de 60 dias, a denúncia do contrato por parte das Primeira e Segunda Empregadoras depende de aviso prévio de sete dias.
4. A antiguidade do Trabalhador conta-se desde o início do período experimental.

CLÁUSULA 15ª

(Direito individual a formação contínua)

O Trabalhador tem direito, em cada ano, a um número mínimo de quarenta horas de formação contínua.

CLÁUSULA 16ª

(Regimes de proteção social)

O Trabalhador está abrangido pelos regimes de proteção social em vigor, designadamente:

– O regime previsto no Código dos Regimes Contributivos do Sistema Previdencial de Segurança Social (em anexo à Lei nº 110/2009, de 16 de setembro);

– O regime jurídico de proteção social da eventualidade de desemprego dos trabalhadores por conta de outrem, estabelecido pelo Decreto-Lei nº 220/2006, de 03 de novembro;

– O regime de proteção social na eventualidade doença, no âmbito do subsistema previdencial de segurança social, estabelecido pelo Decreto-Lei nº 28/2004, de 04 de fevereiro;

– O regime de reparação de doenças profissionais, regulamentado pela Lei nº 98/2009, de 04 de setembro;

– O regime jurídico de proteção social na parentalidade, no âmbito do sistema previdencial e no subsistema de solidariedade, estabelecido pelo Decreto-Lei nº 91/2009, de 09 de abril.

CLÁUSULA 17ª

(Deveres das partes em virtude da cessação contratual)

1. Em caso de cessação do presente contrato, o Trabalhador deve devolver imediatamente às Primeira e Segunda Empregadoras os instrumentos de trabalho e quaisquer outros objetos de que estas sejam proprietárias, sob pena de incorrer em responsabilidade civil pelos danos causados.

2. Em caso de cessação do presente contrato, as Primeira e Segunda Empregadoras são obrigadas a entregar ao Trabalhador um certificado de trabalho, indicando as datas de admissão e de saída e as funções que desempenhou, bem como, os documentos previstos na legislação da Segurança Social.

CLÁUSULA 18ª

(Dever de informação)

O Trabalhador declara que as Primeira e Segunda Empregadoras prestaram-lhe todas as informações previstas no nº 3, do art. 106º, do Código do Trabalho.

CLÁUSULA 19ª

(Dados pessoais)

1. O Trabalhador expressa e livremente declara consentir que as Primeira e Segunda Empregadoras efetuem o tratamento dos seus dados pessoais, automatizada ou não, recolhidos no presente contrato ou que lhe sejam transmitidos por aquele.

2. Os referidos dados pessoais são tratados pelas Primeira e Segunda Empregadoras unicamente para efeitos de execução do presente contrato, em específico, para inscrição nas suas

Base de Dados interna, processamento de retribuições, celebração de apólices de seguros de acidentes de trabalho, responsabilidade profissional, avaliação de condição médica e aptidão para exercício das funções.

3. Os referidos dados pessoais só serão transmitidos a entidades terceiras na medida do estritamente necessário e para o cumprimento de obrigações legais, nomeadamente à Autoridade Tributária e Aduaneira, ao Instituto de Segurança Social e demais entidades públicas perante as quais as Primeira e Segunda Empregadoras estejam obrigadas, às companhias de seguros e empresas de segurança e saúde no trabalho por si contratadas e que prestem serviços relacionados com o presente contrato.

4. As Primeira e Segunda Empregadoras comprometem-se a conservar os dados pessoais do Trabalhador apenas pelo período necessário à prossecução das finalidades previstas e no estrito cumprimento das obrigações legais que lhe são impostas.

Sem prejuízo de prazos de conservação mais longos estipulados na lei, as Primeira e Segunda Empregadoras conservarão os dados pessoais do Trabalhador por um período de 2 anos após a cessação do presente contrato.

5. Durante a vigência do presente contrato e após a cessação do mesmo, o Trabalhador tem o direito de solicitar às Primeira e Segunda Empregadoras, mediante pedido escrito dirigido aos Encarregados de Proteção de Dados ... e ..., através de e-mail a enviar para os seguintes endereços eletrónicos (... e ...), o acesso, retificação, limitação, apagamento e pedido de informações, nos termos e nas condições estritamente previstos na legislação aplicável em matéria de proteção de dados, comprometendo-se as Primeira e Segunda Empregadoras a analisar e responder, num prazo máximo de 1 mês.

6. Toda a restante matéria que disciplina a proteção e tratamento de dados pessoais encontra-se prevista no Regulamento Interno das Primeira e Segunda Empregadoras, de acordo com a lei em vigor.

CLÁUSULA 20ª

(Direito aplicável)

Em tudo o que não se achar especialmente previsto no presente contrato, valem as disposições do Código do Trabalho, aprovado pela Lei nº 7/2009, de 12 de fevereiro, da legislação complementar e do respetivo instrumento de regulamentação coletiva aplicável.

O presente contrato é feito em triplicado, ficando um exemplar na posse de cada uma das partes.

... (local), ...(data)

A Primeira Empregadora,

____

A Segunda Empregadora,

____

O Trabalhador,

____

(PROPOSTA DE) CONTRATO DE CEDÊNCIA OCASIONAL DE TRABALHADOR

Entre:

..., com sede ..., pessoa coletiva nº ..., registada na Conservatória do Registo Comercial de ..., sob o nº ..., aqui representada pelo seu sócio-gerente, ..., com poderes para o ato, adiante designada por Primeira Outorgante;

..., com sede ..., pessoa coletiva nº ..., registada na Conservatória do Registo Comercial de ..., sob o nº ..., aqui representada pelo seu sócio-gerente, ..., com poderes para o ato, adiante designada por Segunda Outorgante;

..., titular do Cartão de Cidadão nº ..., válido até ..., contribuinte fiscal nº ..., número de identificação da segurança social ..., residente na Rua ..., adiante designado por Trabalhador;

É celebrado e reciprocamente aceite entre as partes outorgantes o presente contrato de cedência ocasional de trabalhador, nos seguintes termos:

CLÁUSULA 1ª
(Objeto do contrato)

1. A Primeira e Segunda Outorgantes são sociedades coligadas entre si.
2. Pelo presente contrato, a Primeira Outorgante cede temporariamente à Segunda Outorgante o Trabalhador supra identificado, sem prejuízo da manutenção do vínculo contratual consigo estabelecido.

CLÁUSULA 2ª
(Concordância do trabalhador)

1. O Trabalhador está vinculado à Primeira Outorgante por contrato de trabalho sem termo.
2. O Trabalhador concorda com a presente cedência.
3. O Trabalhador irá exercer as seguintes funções: ...

CLÁUSULA 3ª
(Duração da cedência)

A cedência acordada é realizada pelo período de um ano, tendo início em ... e termo em ...

CLÁUSULA 4ª
(Valor, forma e data de pagamento da retribuição)

1. Durante o período de vigência deste contrato, o Trabalhador cedido auferirá, como contrapartida do trabalho prestado, a retribuição base mensal ilíquida de ... €.
2. Cabe à Primeira Outorgante pagar ao Trabalhador cedido a retribuição devida.

3. A retribuição referida no nº 1, da presente cláusula será liquidada até ao último dia útil do mês a que respeita, mediante transferência bancária para a conta de que é titular o Trabalhador, com o IBAN ....

CLÁUSULA 5ª

(Regime da prestação de trabalho)

Durante a execução do presente contrato, o Trabalhador fica sujeito ao regime de trabalho aplicável à Segunda Outorgante, no que respeita ao modo, lugar, duração de trabalho, suspensão do contrato de trabalho, segurança e saúde no trabalho e acesso a equipamentos sociais.

CLÁUSULA 6ª

(Local de trabalho)

O Trabalhador desempenhará as funções na sede da Segunda Outorgante, sita na Rua ....

CLÁUSULA 7ª

(Duração das férias)

O Trabalhador terá direito a um período anual de férias de 22 dias úteis, o qual deverá ser marcado entre 1 de maio e 31 de outubro.

CLÁUSULA 8ª

(Período normal de trabalho)

O período normal de trabalho a prestar pelo Trabalhador é de ... horas semanais e ... horas diárias, distribuídas por ... dias da semana, de segunda-feira a sexta-feira, entre as ...h e as ...h e as ...h e as ...h.

CLÁUSULA 9ª

(Seguro de Acidentes de Trabalho)

A Segunda Outorgante declara que transferiu a responsabilidade pela reparação de acidentes de trabalho para a Seguradora ..., com sede ..., pessoa coletiva nº ..., mediante contrato com a apólice de seguro nº ....

CLÁUSULA 10ª

(Instrumento de regulamentação coletiva de trabalho)

À relação jurídica de trabalho estabelecida, por via do presente contrato, entre a Segunda Outorgante e o Trabalhador é aplicável a Convenção Coletiva de Trabalho celebrado entre ... e ..., publicada no Boletim do Trabalho e Emprego, nº ..., de ....

CLÁUSULA 11ª

(Fundo de Garantia de Compensação do Trabalho)

A Segunda Outorgante aderiu ao Fundo de Garantia de Compensação do Trabalho.

CLÁUSULA 12ª

(Direito individual a formação contínua)

O Trabalhador tem direito, em cada ano, a um número mínimo de quarenta horas de formação contínua.

CLÁUSULA 13ª

(Regimes de proteção social)

O Trabalhador está abrangido pelos regimes de proteção social em vigor, designadamente:

– O regime previsto no Código dos Regimes Contributivos do Sistema Previdencial de Segurança Social (em anexo à Lei nº 110/2009, de 16 de setembro);

– O regime jurídico de proteção social da eventualidade de desemprego dos trabalhadores por conta de outrem, estabelecido pelo Decreto-Lei nº 220/2006, de 03 de novembro;

– O regime de proteção social na eventualidade doença, no âmbito do subsistema previdencial de segurança social, estabelecido pelo Decreto-Lei nº 28/2004, de 04 de fevereiro;

– O regime de reparação de doenças profissionais, regulamentado pela Lei nº 98/2009, de 04 de setembro;

– O regime jurídico de proteção social na parentalidade, no âmbito do sistema previdencial e no subsistema de solidariedade, estabelecido pelo Decreto-Lei nº 91/2009, de 09 de abril.

CLÁUSULA 14ª

(Dados pessoais)

1. O Trabalhador expressa e livremente declara consentir que a Segunda Outorgante efetue o tratamento dos seus dados pessoais, automatizada ou não, recolhidos no presente contrato ou que lhe sejam transmitidos por aquele.

2. Os referidos dados pessoais são tratados pela Segunda Contraente unicamente para efeitos de execução do presente contrato, em específico, para inscrição na sua Base de Dados interna, processamento de retribuições, celebração de contratos de seguro de acidentes de trabalho, responsabilidade profissional, avaliação de condição médica e aptidão para o exercício das funções.

3. Os referidos dados pessoais só serão transmitidos a entidades terceiras na medida do estritamente necessário e para o cumprimento de obrigações legais, nomeadamente à Autoridade Tributária e Aduaneira, ao Instituto de Segurança Social e demais entidades públicas perante as quais a Segunda Outorgante esteja obrigada, às companhias de seguros e empresas de segurança e saúde no trabalho por si contratadas e que prestem serviços relacionados com o presente contrato.

4. A Segunda Outorgante compromete-se a conservar os dados pessoais do Trabalhador apenas pelo período necessário à prossecução das finalidades previstas e no estrito cumprimento das obrigações legais que lhe são impostas.

Sem prejuízo de prazos de conservação mais longos estipulados na lei, a Segunda Outorgante conservará os dados pessoais do Trabalhador por um período de 2 anos após a cessação do presente contrato.

5. Durante a vigência do presente contrato e após a cessação do mesmo, o Trabalhador tem o direito de solicitar à Segunda Outorgante, mediante pedido escrito dirigido ao Encarregado de Proteção de Dados ..., através de e-mail a enviar para o endereço eletrónico ..., o acesso, retificação, limitação, apagamento e pedido de informações, nos termos e nas condições estritamente previstos na legislação aplicável em matéria de proteção de dados, comprometendo-se a Segunda Outorgante a analisar e responder, no prazo máximo de 1 mês.

6. Toda a restante matéria que disciplina a proteção e tratamento de dados pessoais encontra-se prevista no Regulamento Interno, de acordo com a lei em vigor.

CLÁUSULA 15ª

(Direito aplicável)

Em tudo o que não se achar especialmente previsto no presente contrato, valem as disposições do Código do Trabalho, aprovado pela Lei nº 7/2009, de 12 de fevereiro, da legislação complementar e do respetivo instrumento de regulamentação coletiva aplicável.

Este contrato é feito em triplicado, ficando cada uma das partes com um exemplar.

... (local), ...(data)

A Primeira Outorgante,

____

A Segunda Outorgante,

____

O Trabalhador,

____

(PROPOSTA DE) CONTRATO DE TRABALHO TEMPORÁRIO

Entre:

..., com sede ..., pessoa coletiva nº ..., registada na Conservatória do Registo Comercial de ..., sob o nº ..., titular do alvará de autorização para o exercício da atividade de empresa de trabalho temporário, com o nº ..., datado de ..., aqui representada pelo seu sócio-gerente, com poderes para o ato, adiante designada por Primeira Outorgante,

E

..., titular do Cartão de Cidadão nº ..., válido até ..., contribuinte fiscal nº ..., número de identificação da segurança social ...,

residente na Rua ..., adiante designado por Segundo Outorgante;

Tendo presente que:

– a Primeira Outorgante pode, em virtude dos objetivos que prossegue e da licença obtida para o efeito, contratar trabalhadores para serem utilizados por terceiros, que deles careçam, e que, para o efeito, tenham celebrado consigo o competente contrato de utilização de trabalho temporário, tudo ao abrigo do regime legal do trabalho temporário;

– a Primeira Outorgante, no exercício da sua atividade, irá celebrar Contrato de Utilização de Trabalho Temporário, com a empresa..., com sede ..., pessoa coletiva nº ..., registada na Conservatória do Registo Comercial de ..., sob o nº ..., adiante designada por Empresa Utilizadora

e

– o Segundo Outorgante tem pleno conhecimento dos factos supra enunciados, bem como do regime legal aplicável, aceitando trabalhar nos termos deste,

É celebrado e reciprocamente aceite entre as partes outorgantes o presente contrato de trabalho temporário, o qual se rege pelas seguintes cláusulas:

CLÁUSULA 1ª
(Funções pretendidas e mobilidade funcional)

1. Pelo presente contrato, o Segundo Outorgante é contratado pela Primeira Outorgante para, sob a direção e orientação da Empresa Utilizadora supra identificada, desempenhar as funções de ..., que se integram na sua categoria profissional de ....

2. O Segundo Outorgante deverá ainda, acessoriamente, realizar quaisquer outras funções que sejam afins ou funcionalmente ligadas às funções descritas no número anterior, para as quais tenha qualificação adequada e que não impliquem desvalorização profissional.

CLÁUSULA 2ª

(Motivação do contrato e adequabilidade temporal)

1. Segundo o previsto na alínea *f)*, do nº 1, do art. 140º *ex vi* do corpo do nº 1, do art. 175º e art. 180º, ambos do Código do Trabalho, a celebração do presente contrato é motivada pelo facto de a Empresa Utilizadora ter de assegurar, em virtude da encomenda única de ... artigos designados ..., efetuada pela empresa ..., um conjunto de funções que consistem em ... e que não estavam integradas na sua linha de produção. Razão pela qual teve que recorrer à contratação do Segundo Outorgante, que, na qualidade de detentor da categoria profissional de ..., está habilitado a exercer tais funções.

2. Uma vez que a encomenda referida no nº 1 tem natureza única e não existem quaisquer expectativas de a mesma se repetir, estamos perante uma situação extraordinária e temporária.

CLÁUSULA 3ª

(Local de trabalho)

O Segundo Outorgante desempenhará as suas funções na Rua ....

CLÁUSULA 4ª

(Data de celebração e início dos efeitos)

O presente contrato é celebrado no dia ... e produzirá os seus efeitos a partir do dia ...

CLÁUSULA 5ª

(Duração do contrato)

1. O presente contrato é celebrado a termo certo com a duração de um ano, iniciando-se em ... e terminando em ....

CLÁUSULA 6ª

(Regime de férias)

1. O Segundo Outorgante tem direito, em cada ano civil, a um período de férias retribuídas, que se vence em 1 de janeiro.

2. O período anual de férias tem a duração mínima de 22 dias úteis.

3. No ano da admissão, o Segundo Outorgante tem direito a dois dias úteis de férias por cada mês de duração do contrato, até 20 dias, cujo gozo pode ter lugar após seis meses completos de execução do contrato.

4. No caso de o ano civil terminar antes de decorrido o prazo referido no número anterior, as férias são gozadas até 30 de junho do ano subsequente.

5. Da aplicação do disposto nos números 3 e 4, da presente cláusula, não pode resultar o gozo, no mesmo ano civil, de mais de 30 dias úteis de férias.

6. As férias são gozadas imediatamente antes da cessação do contrato, salvo acordo dos Outorgantes.

CLÁUSULA 7ª

(Subsídios de Férias e de Natal e outras prestações)

Para além das férias, o Segundo Outorgante tem ainda direito, em proporção da duração do presente contrato, a subsídios de férias e de Natal, bem como a outros prestações regulares e periódicas a que os trabalhadores da Empresa Utilizadora tenham direito por trabalho igual ou de valor igual.

CLÁUSULA 8ª

(Denúncia e aviso prévio)

O Segundo Outorgante poderá denunciar o presente contrato, independentemente de justa causa, mediante comunicação à Primeira Outorgante, por escrito, com a antecedência mínima de 30 ou 15 dias, consoante a duração do contrato seja de pelo menos seis meses ou inferior.

CLÁUSULA 9ª

(Caducidade e aviso prévio)

O presente contrato caduca no final do prazo estipulado ou da sua renovação, desde que a Primeira Outorgante ou o Segundo Outorgante comunique ao outro outorgante a vontade de o fazer cessar, por escrito, respectivamente, 15 ou oito dias antes de o prazo expirar.

CLÁUSULA 10ª

(Valor, forma e data de pagamento da retribuição base e subsídio de alimentação)

1. Como contrapartida do trabalho prestado, o Segundo Outorgante auferirá a retribuição base mensal ilíquida de ... €.

2. O Segundo Outorgante tem direito ao valor diário de ... €, a título de subsídio de alimentação.

3. A retribuição e o subsídio referidos nos números anteriores serão liquidados até ao último dia útil do mês a que respeitam, mediante transferência bancária para a conta de que é titular o Segundo Outorgante, com o IBAN ....

CLÁUSULA 11ª

(Período normal de trabalho)

O período normal de trabalho a prestar pelo Segundo Outorgante é de ... horas semanais e ... horas diárias, distribuídas por ... dias da semana, de segunda-feira a sexta-feira, entre as ...h e as ...h e as ...h e as ...h e será cumprido através da sua integração no horário de trabalho em vigor no departamento e área da Empresa Utilizadora a que irá ficar afeto.

CLÁUSULA 12ª

(Seguro de Acidentes de Trabalho)

A Primeira Outorgante declara que transferiu a responsabilidade pela reparação de acidentes de trabalho para a Seguradora ..., com sede ..., pessoa coletiva nº ..., mediante contrato com a apólice de seguro nº ....

CLÁUSULA 13ª

(Instrumento de regulamentação coletiva de trabalho)

À relação jurídica estabelecida, por via do presente contrato, é aplicável a Convenção Coletiva de Trabalho celebrado entre ... e ..., publicada no Boletim do Trabalho e Emprego, nº ..., de ....

CLÁUSULA 14ª

(Fundo de Garantia de Compensação do Trabalho)

A Primeira Outorgante aderiu ao Fundo de Garantia de Compensação do Trabalho.

CLÁUSULA 15ª

(Direito individual a formação contínua)

1. O Segundo Outorgante tem direito a formação profissional com a duração mínima de oito horas ou, tendo duração mais elevada, a um número de horas proporcional à duração do contrato nesse ano.
2. A Primeira Outorgante não pode exigir ao Segundo Outorgante qualquer quantia por serviços de orientação ou formação profissional.

CLÁUSULA 16ª

(Regimes de proteção social)

O Segundo Outorgante está abrangido pelos regimes de proteção social em vigor, designadamente:

- O regime previsto no Código dos Regimes Contributivos do Sistema Previdencial de Segurança Social (em anexo à Lei nº 110/2009, de 16 de setembro);
- O regime jurídico de proteção social da eventualidade de desemprego dos trabalhadores por conta de outrem, estabelecido pelo Decreto-Lei nº 220/2006, de 03 de novembro;
- O regime de proteção social na eventualidade doença, no âmbito do subsistema previdencial de segurança social, estabelecido pelo Decreto-Lei nº 28/2004, de 04 de fevereiro;
- O regime de reparação de doenças profissionais, regulamentado pela Lei nº 98/2009, de 04 de setembro;
- O regime jurídico de proteção social na parentalidade, no âmbito do sistema previdencial e no subsistema de solidariedade, estabelecido pelo Decreto-Lei nº 91/2009, de 09 de abril.

CLÁUSULA 17ª

(Dever de informação)

O Segundo Outorgante declara que a Primeira Outorgante lhe prestou todas as informações previstas no nº 3, do art. 106º, do Código do Trabalho.

CLÁUSULA 18ª

(Dados pessoais)

1. O Segundo Outorgante expressa e livremente declara consentir que a Primeira Outorgante efetue o tratamento dos seus dados pessoais, automatizada ou não, recolhidos no presente contrato ou que lhe sejam transmitidos por aquele.

2. Os referidos dados pessoais são tratados pela Primeira Contraente unicamente para efeitos de execução do presente contrato, em específico, para inscrição na sua Base de Dados interna, processamento de salários, celebração de contratos de seguro de acidentes de trabalho, responsabilidade profissional, avaliação de condição médica e aptidão para o exercício das funções.

3. Os referidos dados pessoais só serão transmitidos a entidades terceiras na medida do estritamente necessário e para o cumprimento de obrigações legais, nomeadamente à Autoridade Tributária e Aduaneira, ao Instituto de Segurança Social e demais entidades públicas perante as quais a Primeira Outorgante esteja obrigada, às companhias de seguros e empresas de segurança e saúde no trabalho por si contratadas e que prestem serviços relacionados com o presente contrato.

4. A Primeira Outorgante compromete-se a conservar os dados pessoais do Segundo Outorgante apenas pelo período necessário à prossecução das finalidades previstas e no estrito cumprimento das obrigações legais que lhe são impostas.

Sem prejuízo de prazos de conservação mais longos estipulados na lei, a Primeira Outorgante conservará os dados pessoais do Segundo Outorgante por um período de 2 anos após a cessação do presente contrato.

5. Durante a vigência do presente contrato e após a cessação do mesmo, o Segundo Outorgante tem o direito de solicitar à Primeira Outorgante, mediante pedido escrito dirigido ao Encarregado de Proteção de Dados ..., através de e-mail a enviar para o endereço eletrónico ..., o acesso, retificação, limitação, apagamento e pedido de informações, nos termos e nas condições estritamente previstos na legislação aplicável em matéria de proteção de dados, comprometendo-se a Primeira Outorgante a analisar e responder, no prazo máximo de 1 mês.

6. Toda a restante matéria que disciplina a proteção e tratamento de dados pessoais encontra-se prevista no Regulamento Interno, de acordo com a lei em vigor.

CLÁUSULA 19ª

(Direito aplicável)

Em tudo o que não se achar especialmente previsto no presente contrato, valem as disposições do Código do Trabalho, aprovado pela Lei nº 7/2009, de 12 de fevereiro, da legislação complementar e do instrumento de regulamentação coletiva aplicável.

O presente contrato é feito em duplicado, ficando um exemplar na posse de cada um dos Outorgantes.

... (local), ...(data)

A Primeira Outorgante,

____

A Segunda Outorgante,

____

(PROPOSTA DE) CONTRATO DE TRABALHO DOMÉSTICO

Entre:

..., titular do Cartão de Cidadão nº ..., válido até ..., contribuinte fiscal nº ..., número de identificação da segurança social ..., residente na Rua ..., adiante designada por Primeira Outorgante

E

..., titular do Cartão de Cidadão nº ..., válido até ..., contribuinte fiscal nº ..., número de identificação da segurança social ..., residente na Rua ..., adiante designada por Segunda Outorgante;

É celebrado e reciprocamente aceite entre as partes outorgantes o presente contrato de trabalho doméstico, nos seguintes termos:

CLÁUSULA 1ª

(Funções pretendidas)

Pelo presente contrato, a Primeira Outorgante admite a Segunda Outorgante para, sob a sua direção e orientação, desempenhar as funções de empregada doméstica, cuidando das necessidades gerais de arrumação, limpeza e asseio da habitação da Primeira Outorgante, podendo, eventualmente, confecionar algumas refeições.

CLÁUSULA 2ª

(Local de trabalho)

A Segunda Outorgante desempenhará as suas funções na habitação da Primeira Outorgante, sita na Rua ....

CLÁUSULA 3ª

(Data de celebração e início dos efeitos)

O presente contrato é celebrado no dia ... e produzirá os seus efeitos a partir do dia ...

CLÁUSULA 4ª

(Duração das férias)

A Segunda Outorgante terá direito a um período anual de férias de 22 dias úteis, o qual deverá ser marcado entre 1 de maio e 31 de outubro.

CLÁUSULA 5ª

(Denúncia)

A Segunda Outorgante poderá denunciar o presente contrato, independentemente de justa causa, mediante comunicação à Primeira Outorgante, por escrito, com aviso prévio de duas semanas por cada ano de serviço ou fracção, não sendo, porém, obrigatório aviso prévio superior a seis semanas.

CLÁUSULA 6ª

(Valor, forma e data de pagamento da retribuição)

1. Como contrapartida do trabalho prestado, a Segunda Outorgante auferirá a retribuição base mensal ilíquida de ... €.

2. A Segunda Outorgante terá direito diariamente a almoço.

3. A retribuição referida no nº 1, da presente cláusula, será liquidada até ao último dia útil do mês a que respeita, mediante transferência bancária para a conta de que é titular a Segunda Outorgante, com o IBAN ....

CLÁUSULA 7ª

(Período normal de trabalho)

1. O período normal de trabalho a prestar pela Segunda Outorgante é de ... horas semanais e ... horas diárias, distribuídas por ... dias da semana, de segunda-feira a sexta-feira, entre as ...h e as ...h e as ...h e as ...h.

2. Dentro do período normal de trabalho, são conferidos os seguintes intervalos para refeições: das ...h às ...h e das ...h às ...h.

CLÁUSULA 8ª

(Seguro de Acidentes de Trabalho)

A Primeira Outorgante declara que transferiu a responsabilidade pela reparação de acidentes de trabalho para a Seguradora ..., com sede ..., pessoa coletiva nº ..., mediante contrato com a apólice de seguro nº ....

CLÁUSULA 9ª

(Deveres das partes em virtude da cessação contratual)

1. Em caso de cessação do presente contrato, a Segunda Outorgante deve devolver imediatamente à Primeira Outorgante os instrumentos de trabalho e quaisquer outros objetos de que esta seja proprietária, sob pena de incorrer em responsabilidade civil pelos danos causados.

2. Em caso de cessação do presente contrato, a Primeira Outorgante é obrigada a entregar à Segunda Outorgante um certificado de trabalho, indicando as datas de admissão e de saída e as funções que desempenhou, bem como, os documentos previstos na legislação da Segurança Social.

CLÁUSULA 10ª

(Regimes de proteção social)

A Segunda Outorgante está abrangida pelos regimes de proteção social em vigor, designadamente:

- O regime previsto no Código dos Regimes Contributivos do Sistema Previdencial de Segurança Social (em anexo à Lei nº 110/2009, de 16 de setembro);
- O regime jurídico de proteção social da eventualidade de desemprego dos trabalhadores por conta de outrem, estabelecido pelo Decreto-Lei nº 220/2006, de 03 de novembro;
- O regime de proteção social na eventualidade doença, no âmbito do subsistema previdencial de segurança social, estabelecido pelo Decreto-Lei nº 28/2004, de 04 de fevereiro;
- O regime de reparação de doenças profissionais, regulamentado pela Lei nº 98/2009, de 04 de setembro;
- O regime jurídico de proteção social na parentalidade, no âmbito do sistema previdencial e no subsistema de solidariedade, estabelecido pelo Decreto-Lei nº 91/2009, de 09 de abril.

CLÁUSULA 11ª

(Dever de informação)

A Segunda Outorgante declara que a Primeira Outorgante lhe prestou todas as informações previstas no nº 3, do art. 106º, do Código do Trabalho.

CLÁUSULA 12ª

(Dados pessoais)

1. A Segunda Outorgante expressa e livremente declara consentir que a Primeira Outorgante efetue o tratamento dos seus dados pessoais, automatizada ou não, recolhidos no presente contrato ou que lhe sejam transmitidos por aquele.
2. Os referidos dados pessoais são tratados pela Primeira Contraente unicamente para efeitos de execução do presente contrato, em específico, para processamento de retribuições e celebração de contratos de seguro de acidentes de trabalho.
3. Os referidos dados pessoais só serão transmitidos a entidades terceiras na medida do estritamente necessário e para o cumprimento de obrigações legais, nomeadamente à Autoridade Tributária e Aduaneira, ao Instituto de Segurança Social e demais entidades públicas perante as quais a Primeira Outorgante esteja obrigada e às companhias de seguros.
4. A Primeira Outorgante compromete-se a conservar os dados pessoais da Segunda Outorgante apenas pelo período necessário à prossecução das finalidades previstas e no estrito cumprimento das obrigações legais que lhe são impostas.

Sem prejuízo de prazos de conservação mais longos estipulados na lei, a Primeira Outorgante conservará os dados pessoais da Segunda Outorgante por um período de 2 anos após a cessação do presente contrato.

5. Durante a vigência do presente contrato e após a cessação do mesmo, a Segunda Outorgante tem o direito de solicitar à Primeira Outorgante, mediante pedido escrito dirigido ao Encarregado de Proteção de Dados ..., através de e-mail a enviar para o endereço eletrónico ..., o acesso, retificação, limitação, apagamento e pedido de informações, nos termos e nas condições estritamente previstos na legislação aplicável em matéria de proteção de dados, comprometendo-se a Primeira Outorgante a analisar e responder, no prazo máximo de 1 mês.

CLÁUSULA 13ª

(Direito aplicável)

Em tudo o que não se achar especialmente previsto no presente contrato, valem as disposições do Decreto-Lei nº 235/92, de 24 de outubro, do Código do Trabalho, aprovado pela Lei nº 7/2009, de 12 de fevereiro e da legislação complementar.

O presente contrato é feito em duplicado, ficando um exemplar na posse de cada uma das outorgantes.

... (local), ...(data)

A Primeira Outorgante,

____

A Segunda Outorgante,

____

(PROPOSTA DE) CONTRATO DE TRABALHO COM ESTRANGEIRO

Entre:

..., com sede ..., pessoa coletiva nº ..., registada na Conservatória do Registo Comercial de ..., sob o nº ..., aqui representada pelo seu sócio-gerente, ..., com poderes para o ato, adiante designada por Primeira Outorgante

E

..., nascido em ..., detentor do Passaporte nº ..., contribuinte fiscal nº ..., número de identificação da segurança social ..., residente na Rua ..., adiante designado por Segundo Outorgante;

É celebrado e reciprocamente aceite entre as partes outorgantes o presente contrato de trabalho sem termo, com as seguintes cláusulas:

CLÁUSULA 1ª

(Categoria profissional)

O Segundo Outorgante tem a categoria de ..., a qual compreende as seguintes funções:

...

CLÁUSULA 2ª

(Funções pretendidas)

1. A Primeira Outorgante, no exercício da sua atividade de ..., contrata o Segundo Outorgante para, sob a sua direção e orientação, desempenhar as funções de ....

2. Mediante indicação da Primeira Outorgante, o Segundo Outorgante deverá ainda realizar quaisquer outras funções que sejam afins ou funcionalmente ligadas às funções descritas no número anterior, para as quais tenha qualificação adequada e que não impliquem desvalorização profissional.

CLÁUSULA 3ª

(Local de trabalho)

O Segundo Outorgante desempenhará as suas funções na sede da Primeira Outorgante, sita na Rua ....

CLÁUSULA 4ª

(Data de celebração e início dos efeitos)

O presente contrato é celebrado no dia ... e produzirá os seus efeitos a partir do dia ...

CLÁUSULA 5ª
(Duração das férias)

O Segundo Outorgante terá direito a um período anual de férias de 22 dias úteis, o qual deverá ser marcado entre 1 de maio e 31 de outubro.

CLÁUSULA 6ª
(Denúncia)

O Segundo Outorgante poderá denunciar o presente contrato, independentemente de justa causa, mediante comunicação à Primeira Outorgante, por escrito, com a antecedência mínima de 30 ou 60 dias, conforme tenha, respetivamente, até dois anos ou mais de dois anos de antiguidade.

CLÁUSULA 7ª
(Valor, forma e data de pagamento da retribuição base e subsídio de alimentação)

1. Como contrapartida do trabalho prestado, o Segundo Outorgante auferirá a retribuição base mensal ilíquida de ... €.
2. O Segundo Outorgante tem direito ao valor diário de ... €, a título de subsídio de alimentação.
3. A retribuição e o subsídio referidos nos números anteriores serão liquidados até ao último dia útil do mês a que respeitam, mediante transferência bancária para a conta de que é titular o Segundo Outorgante, com o IBAN ....

CLÁUSULA 8ª
(Período normal de trabalho)

O período normal de trabalho a prestar pelo Segundo Outorgante é de ... horas semanais e ... horas diárias, distribuídas por ... dias da semana, de segunda-feira a sexta-feira, entre as ...h e as ...h e as ...h e as ...h.

CLÁUSULA 9ª
(Seguro de Acidentes de Trabalho)

A Primeira Outorgante declara que transferiu a responsabilidade pela reparação de acidentes de trabalho para a Seguradora ..., com sede ..., pessoa coletiva nº ..., mediante contrato com a apólice de seguro nº ....

CLÁUSULA 10ª
(Instrumento de regulamentação coletiva de trabalho)

À relação jurídica de trabalho estabelecida, por via do presente contrato, entre a Primeira Outorgante e o Segundo Outorgante é aplicável a Convenção Coletiva de Trabalho celebrado entre ... e ..., publicada no Boletim do Trabalho e Emprego, nº ..., de ....

CLÁUSULA 11ª

(Fundo de Garantia de Compensação do Trabalho)

A Primeira Outorgante aderiu ao Fundo de Garantia de Compensação do Trabalho.

CLÁUSULA 12ª

(Período experimental)

1. O presente contrato tem um período experimental com a duração de 90 dias.

2. Durante o período experimental referido no número anterior, qualquer um dos outorgantes pode denunciar o presente contrato sem aviso prévio e invocação de justa causa, nem direito a indemnização.

3. Tendo o período experimental durado mais de 60 dias, a denúncia do contrato por parte da Primeira Outorgante depende de aviso prévio de sete dias.

4. A antiguidade do Segundo Outorgante conta-se desde o início do período experimental.

CLÁUSULA 13ª

(Direito individual a formação contínua)

O Segundo Outorgante tem direito, em cada ano, a um número mínimo de quarenta horas de formação contínua.

CLÁUSULA 14ª

(Regimes de proteção social)

O Segundo Outorgante está abrangido pelos regimes de proteção social em vigor, designadamente:

– O regime previsto no Código dos Regimes Contributivos do Sistema Previdencial de Segurança Social (em anexo à Lei nº 110/2009, de 16 de setembro);

– O regime jurídico de proteção social da eventualidade de desemprego dos trabalhadores por conta de outrem, estabelecido pelo Decreto-Lei nº 220/2006, de 03 de novembro;

– O regime de proteção social na eventualidade doença, no âmbito do subsistema previdencial de segurança social, estabelecido pelo Decreto-Lei nº 28/2004, de 04 de fevereiro;

– O regime de reparação de doenças profissionais, regulamentado pela Lei nº 98/2009, de 04 de setembro;

– O regime jurídico de proteção social na parentalidade, no âmbito do sistema previdencial e no subsistema de solidariedade, estabelecido pelo Decreto-Lei nº 91/2009, de 09 de abril.

CLÁUSULA 15ª

(Documentos comprovativos de entrada regular)

1. O Segundo Outorgante é portador da autorização de residência, nº ..., válida até ....

2. O Segundo Outorgante assume o compromisso de manter válidos os documentos comprovativos de entrada regular em Portugal, para efeitos de celebração e execução do presente contrato.

3. O Segundo Outorgante deverá comunicar à Primeira Outorgante qualquer acontecimento que ponha em crise a manutenção de entrada regular em Portugal.

CLÁUSULA 16ª

(Deveres das partes em virtude da cessação contratual)

1. Em caso de cessação do presente contrato, o Segundo Outorgante deve devolver imediatamente à Primeira Outorgante os instrumentos de trabalho e quaisquer outros objetos de que esta seja proprietária, sob pena de incorrer em responsabilidade civil pelos danos causados.

2. Em caso de cessação do presente contrato, a Primeira Outorgante é obrigada a entregar ao Segundo Outorgante um certificado de trabalho, indicando as datas de admissão e de saída e as funções que desempenhou, bem como, os documentos previstos na legislação da Segurança Social.

CLÁUSULA 17ª

(Dever de informação)

O Segundo Outorgante declara que a Primeira Outorgante lhe prestou todas as informações previstas no nº 3, do art. 106º, do Código do Trabalho.

CLÁUSULA 18ª

(Dados pessoais)

1. O Segundo Outorgante expressa e livremente declara consentir que a Primeira Outorgante efetue o tratamento dos seus dados pessoais, automatizada ou não, recolhidos no presente contrato ou que lhe sejam transmitidos por aquele.

2. Os referidos dados pessoais são tratados pela Primeira Contraente unicamente para efeitos de execução do presente contrato, em específico, para inscrição na sua Base de Dados interna, processamento de retribuições, celebração de contratos de seguro de acidentes de trabalho, responsabilidade profissional, avaliação de condição médica e aptidão para o exercício das funções.

3. Os referidos dados pessoais só serão transmitidos a entidades terceiras na medida do estritamente necessário e para o cumprimento de obrigações legais, nomeadamente à Autoridade Tributária e Aduaneira, ao Instituto de Segurança Social e demais entidades públicas perante as quais a Primeira Outorgante esteja obrigada, às companhias de seguros e empresas de segurança e saúde no trabalho por si contratadas e que prestem serviços relacionados com o presente contrato.

4. A Primeira Outorgante compromete-se a conservar os dados pessoais do Segundo Outorgante apenas pelo período necessário à prossecução das finalidades previstas e no estrito cumprimento das obrigações legais que lhe são impostas.

Sem prejuízo de prazos de conservação mais longos estipulados na lei, a Primeira Outorgante conservará os dados pessoais do Segundo Outorgante por um período de 2 anos após a cessação do presente contrato.

5. Durante a vigência do presente contrato e após a cessação do mesmo, o Segundo Outorgante tem o direito de solicitar à Primeira Outorgante, mediante pedido escrito dirigido ao Encarregado de Proteção de Dados ..., através de e-mail a enviar para o endereço eletrónico ..., o acesso, retificação, limitação, apagamento e pedido de informações, nos termos e nas condições estritamente previstos na legislação aplicável em matéria de proteção de dados, comprometendo-se a Primeira Outorgante a analisar e responder, no prazo máximo de 1 mês.

6. Toda a restante matéria que disciplina a proteção e tratamento de dados pessoais encontra-se prevista no Regulamento Interno, de acordo com a lei em vigor.

CLÁUSULA 19ª

(Direito aplicável)

Em tudo o que não se achar especialmente previsto no presente contrato, valem as disposições do Código do Trabalho, aprovado pela Lei nº 7/2009, de 12 de fevereiro, da legislação complementar e do instrumento de regulamentação coletiva aplicável.

O presente contrato é feito em duplicado, sendo um exemplar para cada um dos Outorgantes.

... (local), ...(data)

A Primeira Outorgante,

____

O Segundo Outorgante,

____

Em Anexo: Identificação de beneficiário de pensão em caso de morte resultante de acidente de trabalho ou doença profissional.

(PROPOSTA DE) ANEXO DE IDENTIFICAÇÃO DE BENEFICIÁRIO DE PENSÃO

Eu, ..., titular de visto válido com o nº ..., detentor do Passaporte nº ..., contribuinte fiscal nº ..., número de identificação da segurança social ..., residente na Rua ..., em cumprimento do disposto no art. 5º, nº 2, do Código do Trabalho, informo que a identificação e o domicílio da minha mulher, que será a beneficiária de pensão em caso de morte resultante de acidente de trabalho ou doença profissional, são:

Nome: ..., portadora do Passaporte nº ...
Domicílio: Rua ...

... (local), ...(data)

O Declarante,

____

(PROPOSTA DE) CONTRATO DE TRABALHO EM COMISSÃO DE SERVIÇO

Entre:

..., com sede ..., pessoa coletiva nº ..., registada na Conservatória do Registo Comercial de ..., sob o nº ..., aqui representada pelo seu sócio-gerente, ..., com poderes para o ato, adiante designada por Primeira Outorgante;

E

..., titular do Cartão de Cidadão nº ..., válido até ..., contribuinte fiscal nº ..., número de identificação da segurança social ..., residente na Rua ..., adiante designado por Segundo Outorgante,

É celebrado e reciprocamente aceite entre as partes outorgantes o presente contrato de trabalho em comissão de serviço, com as seguintes cláusulas:

CLÁUSULA 1ª

(Categoria profissional)

O Segundo Outorgante tem a categoria de ..., a qual compreende as seguintes funções:

...

CLÁUSULA 2ª

(Atividade contratada)

A Primeira Outorgante, no exercício da sua atividade de ..., contrata o Segundo Outorgante para, sob a sua direção e orientação, desempenhar as funções de ..., em regime de comissão de serviço.

CLÁUSULA 3ª

(Local de trabalho)

O Segundo Outorgante desempenhará as suas funções na sede da Primeira Outorgante, sita na Rua ....

CLÁUSULA 4ª

(Data de celebração e início dos efeitos)

O presente contrato é celebrado no dia ... e produzirá os seus efeitos a partir do dia ...

CLÁUSULA 5ª

(Duração)

1. O presente contrato é celebrado por ... anos, iniciando-se em ...
2. Com a cessação da presente comissão de serviço, o Segundo Outorgante passará a desempenhar as funções de ...

CLÁUSULA 6ª

(Duração das férias)

O Segundo Outorgante terá direito a um período anual de férias de 22 dias úteis, o qual deverá ser marcado entre 1 de maio e 31 de outubro.

CLÁUSULA 7ª

(Período normal de trabalho)

O período normal de trabalho a prestar pelo Segundo Outorgante é de ... horas semanais e ... horas diárias, distribuídas por ... dias da semana, de segunda-feira a sexta-feira, entre as ...h e as ...h e as ...h e as ...h.

CLÁUSULA 8ª

(Valor, forma e data de pagamento da retribuição)

1. Como contrapartida do trabalho prestado, o Segundo Outorgante auferirá a retribuição base mensal ilíquida de ... €.
2. O Segundo Outorgante terá um subsídio de refeição de ... €, por cada dia completo de trabalho.
3. A retribuição e subsídio referidos nos números anteriores serão liquidados através de transferência bancária (conforme NIB indicado pelo Segundo Outorgante), até ao último dia útil do mês a que respeitam.

CLÁUSULA 9ª

(Cessação)

Qualquer um dos outorgantes pode pôr termo à comissão de serviço, mediante aviso prévio por escrito, com a antecedência mínima de 30 ou 60 dias, consoante aquela tenha durado, respetivamente, até dois anos ou período superior.

CLÁUSULA 10ª

(Antiguidade)

O tempo de serviço prestado em regime de comissão de serviço conta para efeitos de antiguidade do Segundo Outorgante como se tivesse sido prestado na categoria de que este é titular.

CLÁUSULA 11ª

(Seguro de Acidentes de Trabalho)

A Primeira Outorgante declara que transferiu a responsabilidade pela reparação de acidentes de trabalho para a Seguradora ..., com sede ..., pessoa coletiva nº ..., mediante contrato com a apólice de seguro nº ....

CLÁUSULA 12ª

(Instrumento de regulamentação coletiva de trabalho)

À relação jurídica de trabalho estabelecida, por via do presente contrato, entre a Primeira Outorgante e o Segundo Outorgante é aplicável a Convenção Coletiva de Trabalho celebrado entre ... e ..., publicada no Boletim do Trabalho e Emprego, nº ..., de ....

CLÁUSULA 13ª

(Fundo de Garantia de Compensação do Trabalho)

A Primeira Outorgante aderiu ao Fundo de Garantia de Compensação do Trabalho.

CLÁUSULA 14ª

(Direito individual a formação contínua)

O Segundo Outorgante tem direito, em cada ano, a um número mínimo de quarenta horas de formação contínua.

CLÁUSULA 15ª

(Regimes de proteção social)

O Segundo Outorgante está abrangido pelos regimes de proteção social em vigor, designadamente:

– O regime previsto no Código dos Regimes Contributivos do Sistema Previdencial de Segurança Social (em anexo à Lei nº 110/2009, de 16 de setembro);

– O regime jurídico de proteção social da eventualidade de desemprego dos trabalhadores por conta de outrem, estabelecido pelo Decreto-Lei nº 220/2006, de 03 de novembro;

– O regime de proteção social na eventualidade doença, no âmbito do subsistema previdencial de segurança social, estabelecido pelo Decreto-Lei nº 28/2004, de 04 de fevereiro;

– O regime de reparação de doenças profissionais, regulamentado pela Lei nº 98/2009, de 04 de setembro;

– O regime jurídico de proteção social na parentalidade, no âmbito do sistema previdencial e no subsistema de solidariedade, estabelecido pelo Decreto-Lei nº 91/2009, de 09 de abril.

CLÁUSULA 16ª

(Dever de informação)

O Segundo Outorgante declara que a Primeira Outorgante lhe prestou todas as informações previstas no nº 3, do art. 106º, do Código do Trabalho.

CLÁUSULA 17ª
(Dados pessoais)

1. O Segundo Outorgante expressa e livremente declara consentir que a Primeira Outorgante efetue o tratamento dos seus dados pessoais, automatizada ou não, recolhidos no presente contrato ou que lhe sejam transmitidos por aquele.

2. Os referidos dados pessoais são tratados pela Primeira Contraente unicamente para efeitos de execução do presente contrato, em específico, para inscrição na sua Base de Dados interna, processamento de retribuições, celebração de contratos de seguro de acidentes de trabalho, responsabilidade profissional, avaliação de condição médica e aptidão para o exercício das funções.

3. Os referidos dados pessoais só serão transmitidos a entidades terceiras na medida do estritamente necessário e para o cumprimento de obrigações legais, nomeadamente à Autoridade Tributária e Aduaneira, ao Instituto de Segurança Social e demais entidades públicas perante as quais a Primeira Outorgante esteja obrigada, às companhias de seguros e empresas de segurança e saúde no trabalho por si contratadas e que prestem serviços relacionados com o presente contrato.

4. A Primeira Outorgante compromete-se a conservar os dados pessoais do Segundo Outorgante apenas pelo período necessário à prossecução das finalidades previstas e no estrito cumprimento das obrigações legais que lhe são impostas.

Sem prejuízo de prazos de conservação mais longos estipulados na lei, a Primeira Outorgante conservará os dados pessoais do Segundo Outorgante por um período de 2 anos após a cessação do presente contrato.

5. Durante a vigência do presente contrato e após a cessação do mesmo, o Segundo Outorgante tem o direito de solicitar à Primeira Outorgante, mediante pedido escrito dirigido ao Encarregado de Proteção de Dados ..., através de e-mail a enviar para o endereço eletrónico ..., o acesso, retificação, limitação, apagamento e pedido de informações, nos termos e nas condições estritamente previstos na legislação aplicável em matéria de proteção de dados, comprometendo-se a Primeira Outorgante a analisar e responder, no prazo máximo de 1 mês.

6. Toda a restante matéria que disciplina a proteção e tratamento de dados pessoais encontra-se prevista no Regulamento Interno, de acordo com a lei em vigor.

CLÁUSULA 18ª
(Direito aplicável)

Em tudo o que não se achar especialmente previsto no presente contrato, valem as disposições do Código do Trabalho, aprovado pela Lei nº 7/2009, de 12 de fevereiro, da legislação complementar e do respetivo instrumento de regulamentação coletiva aplicável.

O presente contrato é feito em duplicado, ficando um exemplar na posse de cada um dos Outorgantes.

... (local), ...(data)

A Primeira Outorgante,

____

O Segundo Outorgante,

____

CAPÍTULO II
CADUCIDADE E DENÚNCIA

(PROPOSTA DE) DECLARAÇÃO DE DENÚNCIA DURANTE O PERÍODO EXPERIMENTAL

...
Rua ...

Exma. Senhora:
...
Rua ...

... (local), ...(data)
Registada c/Aviso de Receção

ASSUNTO: Denúncia do contrato de trabalho durante o período experimental

Exma. Senhora,

No uso da faculdade conferida pelo art. 114º, nº 1, do Código do Trabalho, venho denunciar o contrato de trabalho celebrado em ..., o qual se encontra ainda no período experimental.

Com os meus melhores cumprimentos,

O Trabalhador ou o Empregador,

____

(PROPOSTA DE) COMUNICAÇÃO DE CADUCIDADE DO CONTRATO DE TRABALHO A TERMO CERTO, POR PARTE DO EMPREGADOR

...
Rua ...

Exmo. Senhor:
...
Rua ...

... (local), ...(data)
Registada c/Aviso de Receção

ASSUNTO: Caducidade do contrato de trabalho a termo certo

Exmo. Senhor,

Dando cumprimento ao disposto no nº 1, do artigo 344º, do Código do Trabalho, somos pela presente a informar que pretendemos fazer cessar o contrato de trabalho a termo certo que celebramos com V. Exa. em ..., pelo que o mesmo caducará em ....

Com os nossos cumprimentos,

O Empregador,

____

(PROPOSTA DE) COMUNICAÇÃO DE CADUCIDADE DE CONTRATO DE TRABALHO A TERMO CERTO, POR PARTE DO TRABALHADOR

...
Rua ...

Exmo. Senhor:
...
Rua ...

... (local), ...(data)
Registada c/Aviso de Receção

ASSUNTO: Caducidade do contrato de trabalho a termo certo

Exmo. Senhor,

Dando cumprimento ao disposto no nº 1, do art. 344º, do Código do Trabalho, venho informar que pretendo fazer cessar o contrato de trabalho a termo certo celebrado com a V. empresa em ...., pelo que o mesmo caducará em ....

Com os melhores cumprimentos,

O Trabalhador,

____

(PROPOSTA DE) COMUNICAÇÃO DE CADUCIDADE DE CONTRATO DE TRABALHO A TERMO INCERTO, POR PARTE DO EMPREGADOR

...
Rua ...

Exmo. Senhor:
...
Rua ...

... (local), ...(data)
Registada c/Aviso de Receção

ASSUNTO: Caducidade do contrato de trabalho a termo incerto

Exmo. Senhor,

Dando cumprimento ao disposto no nº 1, do art. 345º, do Código do Trabalho, vimos informar que o contrato de trabalho a termo incerto celebrado em ..., com esta empresa, cessará por caducidade, em ..., atendendo a que, nesta data, irá cessar a suspensão do contrato de trabalho do trabalhador que V. Exa. veio substituir.

Com os nossos melhores cumprimentos,

O Trabalhador,

____

(PROPOSTA DE) DECLARAÇÃO DE DENÚNCIA DE CONTRATO DE TRABALHO SEM TERMO POR PARTE DO TRABALHADOR

...

Rua ...

Exmo. Senhor:

...

Rua ...

... (local), ...(data)

Registada c/Aviso de Receção

ASSUNTO: Denúncia do contrato de trabalho sem termo

Exmo. Senhor,

De acordo com o previsto no artigo 400º, nº 1, do Código do Trabalho, venho denunciar o contrato de trabalho celebrado convosco em ..., com produção de efeitos a partir de ..., dando assim cumprimento aos ... dias de aviso prévio imposto por lei.

Solicito, ainda, a liquidação de todos os créditos laborais emergentes da presente cessação.

Com os meus melhores cumprimentos,

O Trabalhador,

____

(PROPOSTA DE) DECLARAÇÃO DE CESSAÇÃO DE CONTRATO DE TRABALHO PELO EMPREGADOR EM VIRTUDE DE ABANDONO DO TRABALHO

...
Rua ...

Exmo. Senhor:
...
Rua ...

... (local), ...(data)
Registada c/Aviso de Receção

ASSUNTO: Cessação do contrato de trabalho pelo empregador em virtude de abandono do trabalho

Exmo. Senhor,

Uma vez que V. Exa. não comparece ao trabalho desde ... até à presente data, sem ter apresentado qualquer justificação para tal ausência, presumimos o seu abandono do trabalho.

Nestes termos e caso não indique e prove, dentro de prazo razoável, motivo de força maior impeditivo da comunicação da ausência, consideraremos extinto o contrato de trabalho celebrado, nos termos do disposto no nº 4, do art. 403º, do Código do Trabalho.

A ausência de V. Exa. deve ser entendida como uma verdadeira denúncia, a qual, por não ter respeitado o prazo de aviso prévio imposto por lei, nos permite reclamar uma indemnização pelos prejuízos causados, neste caso, correspondente a ... dias de retribuição base e diuturnidades, nos termos do art. 401º *ex vi* do art. 403º, nº 5, ambos do Código do Trabalho.

Com os nossos melhores cumprimentos,

O Empregador,

____

CAPÍTULO III
REVOGAÇÃO

(PROPOSTA DE) ACORDO DE REVOGAÇÃO DE CONTRATO DE TRABALHO

Entre:

..., titular do Cartão de Cidadão nº ..., válido até ..., contribuinte fiscal nº ..., número de identificação da segurança social ..., residente na Rua ..., adiante designada por Primeira Outorgante

E

..., titular do Cartão de Cidadão nº ..., válido até ..., contribuinte fiscal nº ..., número de identificação da segurança social ..., residente na Rua ..., adiante designada por Segunda Outorgante,

É celebrado e reciprocamente aceite entre as partes outorgantes o presente acordo de revogação de contrato de trabalho, com as seguintes cláusulas:

CLÁUSULA 1ª

As Outorgantes declaram que, entre ambas, foi celebrado um contrato de trabalho, com início em ..., mediante o qual, a Segunda Outorgante, sob as ordens e direção da Primeira Outorgante, exerceu as funções de ....

CLÁUSULA 2ª

Nos termos do art. 349º e ss., do Código do Trabalho, as Outorgantes fazem, pelo presente acordo, cessar, nesta data, o contrato referido, deixando este de produzir todo e qualquer efeito jurídico a partir do dia....

CLÁUSULA 3ª

Em cumprimento e para os efeitos do nº 4, do art. 10º, do Decreto-Lei nº 220/2006, de 03 de novembro, refira-se que a presente revogação assentou nos seguintes motivos, os quais constituem fundamento para despedimento por extinção do posto de trabalho:

- No período compreendido entre ... e ..., a Primeira Outorgante tinha um volume de encomendas que lhe permitia obter uma faturação na ordem dos ... € mensais;
- Os encargos gerais mensais da Primeira Outorgante ascendiam e ascendem, nesta data, à quantia de ... €;

– Sucede que, desde ..., tem-se assistido a uma redução drástica do volume de encomendas;

– Em consequência, a Primeira Outorgante, desde essa data, apresenta uma faturação média mensal na ordem dos ... €;

– Valor esse manifestamente reduzido para fazer face aos referidos encargos gerais;

– Sendo certo que, a curto e médio prazo, não se perspetivam aumentos do volume de encomendas e correspondente faturação;

– Acresce que, a referida redução do volume de encomendas, principalmente dos produtos ..., teve ainda como consequência a diminuição da produção destes produtos, a qual, no caso do posto de trabalho ocupado pela Segunda Outorgante, determinou o esvaziamento das funções aí exercidas e, em virtude disso, a necessidade da sua extinção;

– Com efeito, o posto de trabalho da Segunda Outorgante integrava-se apenas na linha de produção dos produtos ...;

– Esta situação de crise empresarial constitui um motivo de mercado e estrutural que fundamenta o despedimento por extinção do posto de trabalho;

– Pelo exposto e numa derradeira tentativa de assegurar a viabilidade e a manutenção da empresa e dos restantes postos de trabalho, a Primeira Outorgante vê-se forçada a fazer cessar o contrato de trabalho celebrado com a Segunda Outorgante.

CLÁUSULA 4ª

A presente cessação de contrato de trabalho encontra-se compreendida nos limites estabelecidos na al. a), do nº 4, do art. 10º, do Decreto-Lei nº 220/2006, de 03 de novembro, conforme foi transmitido à Segunda Outorgante.

CLÁUSULA 5ª

1. Pela cessação do contrato de trabalho, em virtude do presente acordo, à Segunda Outorgante é atribuída a quantia de ... €, a título de compensação pecuniária global incluindo-se neste montante, todos e quaisquer créditos salariais vencidos e exigíveis.

2. A Segunda Outorgante dá, por este meio, a respetiva quitação, não podendo exigir, seja a que título for, da Primeira Outorgante, qualquer quantia emergente da cessação do presente contrato, conforme disposto no nº 5, do art. 349º, do Código do Trabalho.

CLÁUSULA 6ª

A Segunda Outorgante pode fazer cessar o presente acordo de revogação até ao dia ...

O presente contrato é feito em duplicado, ficando um exemplar na posse de cada uma das Outorgantes.

... (local), ...(data)

A Primeira Outorgante,

____

A Segunda Outorgante,

____

(PROPOSTA DE) DECLARAÇÃO DE CESSAÇÃO DO ACORDO REVOGATÓRIO DE CONTRATO DE TRABALHO

...
Rua ...

Exmo. Senhor:
...
Rua ...

... (local), ...(data)
Registada c/Aviso de Receção

ASSUNTO: Acordo revogatório do contrato de trabalho

Exmo. Senhor,

No uso da faculdade conferida pelo artigo 350º, nº 1, do Código do Trabalho, venho extinguir o acordo revogatório do contrato de trabalho entre nós celebrado, em ..., com efeitos a partir desta data.

Em consequência, junto, em anexo, comprovativo de transferência bancária efetuada para a conta de que V. Exa. é titular, com o IBAN ..., do montante de ... €, recebido a título de compensação pecuniária global.

Com os meus cumprimentos,

O Trabalhador,

____

CAPÍTULO IV
SUSPENSÃO

1. Suspensão do Contrato de Trabalho com Base no Não Pagamento Pontual da Retribuição

(PROPOSTA DE) COMUNICAÇÃO AO EMPREGADOR

...
Rua ...

Exmo. Senhor:
...
Rua ...

... (local), ...(data)
Registada c/Aviso de Receção

ASSUNTO: Suspensão do contrato de trabalho com fundamento na falta de pagamento pontual da retribuição

Exmo. Senhor,

De acordo com o previsto no artigo 325º, nº 1, do Código do Trabalho, sou pela presente a suspender o contrato de trabalho celebrado com a V. empresa em..., com base no não pagamento culposo da retribuição base e respetivas prestações complementares, dos meses de ..., sem que haja quaisquer expetativas de os receber.

Em conformidade com o disposto na parte final do nº 1, do art. 325º, do Código do Trabalho, a presente suspensão produzirá os seus efeitos a partir do dia ....

Com os melhores cumprimentos,

O Trabalhador,

____

2. Suspensão do Contrato de Trabalho por Facto Respeitante ao Empregador

(PROPOSTA DE) COMUNICAÇÃO DE INTENÇÃO DE SUSPENSÃO DO CONTRATO DE TRABALHO

...
Rua ...

Comissão de Trabalhadores
...
Rua ...

... (local), ...(data)
Registada c/Aviso de Receção

ASSUNTO: Comunicação de intenção de suspensão do contrato de trabalho

Exmos. Senhores,

I – Nos termos do nº 1, do art. 299º, do Código do Trabalho, somos pelo presente a comunicar a intenção de suspender os contratos de trabalho dos seguintes 5 trabalhadores:

1. Nome: ...
Morada: ...
Data de nascimento: ...
Data de admissão: ...
Número de Identificação da Segurança Social: ...
Situação perante a Segurança Social: ...
Profissão: ...
Categoria: ...
Retribuição: ...

2. Nome: ...
Morada: ...

Data de nascimento: ...
Data de admissão: ...
Número de Identificação da Segurança Social: ...
Situação perante a Segurança Social: ...
Profissão: ...
Categoria: ...
Retribuição: ...

3. Nome: ...
Morada: ...
Data de nascimento: ...
Data de admissão: ...
Número de Identificação da Segurança Social: ...
Situação perante a Segurança Social: ...
Profissão: ...
Categoria: ...
Retribuição: ...

4. Nome: ...
Morada: ...
Data de nascimento: ...
Data de admissão: ...
Número de Identificação da Segurança Social: ...
Situação perante a Segurança Social: ...
Profissão: ...
Categoria: ...
Retribuição: ...

5. Nome: ...
Morada: ...
Data de nascimento: ...
Data de admissão: ...
Número de Identificação da Segurança Social: ...
Situação perante a Segurança Social:...
Profissão: ...
Categoria: ...
Retribuição: ...

II – Os fundamentos económicos e financeiros da suspensão são os seguintes:

A empregadora, "..., Lda.", com sede na Rua ..., Pessoa Coletiva nº ..., dedica-se, essencialmente, ao fabrico e comercialização de materiais artísticos e decorativos.

A empregadora no período compreendido entre ... e ... tinha um volume de encomendas que lhe permitiam obter uma faturação na ordem dos ... € mensais.

Os encargos gerais mensais da empregadora ascendem, nesta data, à quantia de ... €.

Sucede que, desde ..., tem-se assistido a uma redução do volume de encomendas.

Em consequência, a empregadora apresenta, desde essa data, uma faturação média na ordem dos ... € mensais.

Valor esse manifestamente reduzido para fazer face aos referidos encargos gerais.

Sendo certo que, a curto e médio prazo, não se perspetivam aumentos do volume de encomendas e da correspondente faturação.

Esta situação de crise empresarial, dado que afeta gravemente a atividade normal da empresa, não deixa outra alternativa que não seja a suspensão dos contratos de trabalho.

Suspensão essa que, por outro lado, se revela como a medida indispensável para assegurar a viabilidade da empresa e a manutenção dos postos de trabalho.

III – O critério de seleção dos trabalhadores a abranger assenta no facto de os mesmos ocuparem os setores onde a quebra de produção é mais acentuada.

IV – A suspensão dos contratos de trabalho em causa terá uma duração de 6 meses.

V – Em anexo enviamos quadro de pessoal discriminado por secções.

A Empregadora,

____

(PROPOSTA DE) ATA DE REUNIÃO DE NEGOCIAÇÃO

Aos .... de .... de ... e em cumprimento do disposto no art. 300º, nºs 1 e 2, do Código do Trabalho, realizou-se, na Rua ..., sede social da empregadora "... Lda.", Pessoa Coletiva nº ..., uma reunião de negociação com vista a um acordo sobre a duração e âmbito da suspensão dos contratos de trabalho dos seguintes trabalhadores:

– ...

– ...

– ...

– ...

– ...

Nesta reunião, estiveram presentes os trabalhadores a abranger, o Sr. ..., na qualidade de legal representante da empregadora e o Sr...., na qualidade de representante da Comissão de Trabalhadores.

Iniciada a mesma, o representante legal da empregadora reiterou a intenção de suspender os contratos de trabalho nos termos e fundamentos constantes da comunicação feita à comissão de trabalhadores e os trabalhadores a abranger.

Não tendo sido apresentada nenhuma opinião, sugestão ou proposta foi acordado, por unanimidade, o seguinte:

I. A empregadora no período compreendido entre ... e ... tinha um volume de encomendas que lhe permitiam obter uma faturação na ordem dos ... € mensais (cfr. doc. nº 1 anexado a esta ata).

II. Os encargos gerais da empregadora ascendem nesta data à quantia de ... € mensais (cfr. doc. nº 2 anexado a esta ata).

III. Sucede que, desde ..., tem-se assistido a uma redução do volume de encomendas.

IV. Em consequência, a empregadora apresenta, desde essa data, uma faturação média na ordem dos ... € mensais (cfr. doc. nº 3 anexado a esta ata).

V. Valor esse manifestamente reduzido para fazer face aos referidos encargos gerais.

VI. Sendo certo que, a curto e médio prazo, não se perspetivam aumentos do volume de encomendas e da correspondente faturação.

VII. Esta situação de crise empresarial, na medida em que afeta gravemente a atividade normal da empresa, não deixa outra alternativa que não seja a suspensão dos contratos de trabalho.

VIII. Suspensão essa que, por outro lado, se revela como a medida indispensável para assegurar a viabilidade da empresa e a manutenção dos postos de trabalho.

IX. O critério de seleção dos trabalhadores a abranger assenta no facto de os mesmos ocuparem os setores onde a quebra de produção é mais acentuada.

X. A presente suspensão dos contratos de trabalho abrange os seguintes 5 trabalhadores:

1. ...
2. ...
3. ...
4. ...
5. ...

XI. A suspensão dos contratos de trabalho em causa terá uma duração de 6 meses.

Nada mais havendo a tratar, foi dada por encerrada a sessão da qual para constar se lavrou a presente ata que vai ser assinada por todos os presentes.

(PROPOSTA DE) COMUNICAÇÃO DE INTENÇÃO DE SUSPENSÃO DO CONTRATO DE TRABALHO

...

...

Rua ...

Exmo. Senhor:

...

Rua ...

... (local), ...(data)

Registada c/Aviso de Receção

ASSUNTO: Comunicação de decisão de suspensão

Exmo. Senhor,

Em cumprimento do disposto no nº 3, do art. 300º, do Código do Trabalho, somos pelo presente a comunicar a suspensão do seu contrato de trabalho.

Neste seguimento, aproveitamos ainda para anexar os fundamentos, data de início e termo da referida suspensão.

A Empregadora,

____

INFORMAÇÕES A PRESTAR AO TRABALHADOR

A empregadora, em cumprimento do disposto no art. 300º, nº 3, do Código do Trabalho, vem comunicar a V. Exa. o seguinte:

I – Fundamentos económicos e financeiros da suspensão

A empregadora no período compreendido entre ... e ... tinha um volume de encomendas que lhe permitia obter uma faturação na ordem dos ... € mensais.

Os encargos gerais mensais da empregadora ascendem nesta data à quantia de .... € mensais.

Sucede que, desde ..., tem-se assistido a uma redução do volume de encomendas.

Em consequência, a empregadora apresenta, desde essa data, uma faturação média na ordem dos ... € mensais.

Valor esse manifestamente reduzido para fazer face aos referidos encargos gerais.

Sendo certo que, a curto e médio prazo, não se perspetivam aumentos do volume de encomendas e da correspondente faturação.

Esta situação de crise empresarial, na medida em que afeta gravemente a atividade normal da empresa, não deixa outra alternativa que não seja a suspensão dos contratos de trabalho.

Suspensão essa que, por outro lado, se revela como a medida indispensável para assegurar a viabilidade da empresa e a manutenção dos postos de trabalho.

II – Datas de início e termo da aplicação

A suspensão dos contratos de trabalho terá a duração de 6 meses, com início no dia ... e termo em ....

A Empregadora,

____

(PROPOSTA DE) COMUNICAÇÃO À COMISSÃO DE TRABALHADORES

...
Rua ...

Comissão de Trabalhadores ...
Rua ...

... (local), ...(data)
Registada c/Aviso de Receção

ASSUNTO: Comunicação nos termos do art. 300º, nº 4, do Código do Trabalho

Exmos. Senhores,

Em cumprimento do disposto no nº 4, do art. 300º, do Código do Trabalho, somos pelo presente a remeter os seguintes elementos, relativos à suspensão do contrato de trabalho dos trabalhadores ...:

a) Ata da reunião de negociação a que alude o nº 2, do art. 300º, do Código do Trabalho;

b) Relação contendo o nome dos trabalhadores, morada, datas de nascimento e de admissão na empresa, situação perante a segurança social, profissão, categoria e retribuição e

c) A medida individualmente adotada, com indicação das datas de início e termo da aplicação.

A Empregadora,

____

(PROPOSTA DE) COMUNICAÇÃO À SEGURANÇA SOCIAL

...
Rua ...

Instituto da Segurança Social, I.P.
Centro Distrital de Solidariedade e Segurança Social de ...
Rua ...

... (local), ...(data)
Registada c/Aviso de Receção

ASSUNTO: Comunicação nos termos do art. 300º, nº 4, do Código do Trabalho

Exmos. Senhores,

Em cumprimento do disposto no nº 4, do art. 300º, do Código do Trabalho, somos pelo presente a remeter os seguintes elementos, relativos à suspensão do contrato de trabalho dos trabalhadores ...:

a) Ata da reunião de negociação a que alude o nº 2, do art. 300º, do Código do Trabalho;

b) Relação contendo o nome dos trabalhadores, morada, datas de nascimento e de admissão na empresa, situação perante a segurança social, profissão, categoria e retribuição e

c) A medida individualmente adotada, com indicação das datas de início e termo da aplicação.

A Empregadora,

____

(PROPOSTA DE) RELAÇÃO DE TRABALHADORES E MEDIDAS INDIVIDUALMENTE ADOTADAS, COM INDICAÇÃO DAS DATAS DE INÍCIO E TERMO DA APLICAÇÃO

1. Nome: ...
Morada: ...
Data de nascimento: ...
Data de admissão: ...
Número de Identificação da Segurança Social: ...
Situação perante a Segurança Social: ...
Profissão: ...
Categoria: ...
Retribuição: ...
Medida adotada: Suspensão do contrato de trabalho
Data de início da suspensão: ...
Data do termo da suspensão: ...

2. Nome: ...
Morada: ...
Data de nascimento: ...
Data de admissão: ...
Número de Identificação da Segurança Social: ...
Situação perante a Segurança Social: ...
Profissão: ...
Categoria: ...
Retribuição: ...
Medida adotada: Suspensão do contrato de trabalho
Data de início da suspensão: ...
Data do termo da suspensão: ...

3. Nome: ...
Morada: ...
Data de nascimento: ...
Data de admissão: ...
Número de Identificação da Segurança Social: ...
Situação perante a Segurança Social: ...
Profissão: ...

Categoria: ...
Retribuição: ...
Medida adotada: Suspensão do contrato de trabalho
Data de início da suspensão: ...
Data do termo da suspensão: ...

4. Nome: ...
Morada: ...
Data de nascimento: ...
Data de admissão: ...
Número de Identificação da Segurança Social: ...
Situação perante a Segurança Social: ...
Profissão: ...
Categoria: ...
Retribuição: ...
Medida adotada: Suspensão do contrato de trabalho
Data de início da suspensão: ...
Data do termo da suspensão: ...

5. Nome: ...
Morada: ...
Data de nascimento: ...
Data de admissão: ...
Número de Identificação da Segurança Social: ...
Situação perante a Segurança Social: ...
Profissão: ...
Categoria: ...
Retribuição: ...
Medida adotada: Suspensão do contrato de trabalho
Data de início da suspensão: ...
Data do termo da suspensão: ...

CAPÍTULO V
RESOLUÇÃO

1. Resolução do Contrato de Trabalho com Fundamento em Comportamento Não Culposo do Empregador (Transferência para Outro Local de Trabalho)

(PROPOSTA DE) CARTA DE RESOLUÇÃO

...
Rua ...

Exmos. Senhores:
...
Rua ...

... (local), ...(data)
Registada c/Aviso de Receção

ASSUNTO: Resolução do contrato de trabalho com fundamento em comportamento não culposo do empregador

Exmos. Senhores,

De acordo com o previsto no artigo 194º, nº 5, do Código do Trabalho, venho resolver o contrato de trabalho celebrado com V. Exas. em ....

A presente resolução resulta da ordem de transferência para outro local de trabalho, mais propriamente do ..., para o ..., que me foi dada em virtude de mudança total do estabelecimento comercial onde prestava serviço.

A presente resolução assenta nos seguintes factos:

1. Vivo com o meu marido e os meus dois filhos menores, um com 5 anos e outro com 8 meses na Rua ...;
2. O meu local de trabalho situava-se na Rua ...;
3. Entre a minha habitação e o meu local de trabalho medeiam aproximadamente ... Km;

4. Nas minhas deslocações para o trabalho não gasto mais de ... minutos na ida e ... minutos na volta;

5. Os meus filhos frequentam o Jardim de infância ..., o qual fica perto do meu local de trabalho e da minha habitação, mais precisamente a cerca de ... Km;

6. A localização da minha habitação esteve sempre associada ao meu local de trabalho;

7. Todo o meu quotidiano de vida está condicionado pela localização do meu local de trabalho e da minha residência;

8. As instalações do ..., sitas na Rua ..., situam-se a nunca menos de ... Km de distância da minha habitação;

9. Para fazer tal trajeto, terei, em circunstâncias normais, de despender nunca menos de ... minutos na ida e ... na volta;

10. Sempre sem contar com a enorme intensidade de tráfego, muito frequente nas vias de trânsito que ligam ... a ..., designadamente a ....

Pelo exposto, é inequívoco que a transferência em causa provocaria um prejuízo sério, para efeitos do art. 194º, nº 5, do Código do Trabalho.

Neste contexto, reclamo o pagamento da quantia de ... €, a título de compensação, bem como, dos restantes créditos laborais emergentes da cessação do contrato de trabalho.

Com os melhores cumprimentos,

A Trabalhadora,

____

2. Resolução do Contrato de Trabalho com Fundamento em Comportamento Não Culposo do Empregador (Necessidade de Cumprimento de Obrigações Legais Incompatíveis com a Continuação ao Serviço)

(PROPOSTA DE) CARTA DE RESOLUÇÃO

...
Rua ...

Exmo. Senhor:
...
Rua ...

... (local), ...(data)
Registada c/Aviso de Receção

ASSUNTO: Resolução do contrato de trabalho com fundamento em comportamento não culposo do empregador

Exmo. Senhor,

De acordo com o previsto no artigo 394º, nº 3, al. *a*), do Código do Trabalho, venho resolver o contrato de trabalho celebrado com V. Exa. em ....

A motivação da presente resolução assenta na necessidade de cumprimento de obrigações legais incompatíveis com a continuação do contrato, mais precisamente o exercício de mandato como deputado à Assembleia da República.

Com os melhores cumprimentos,

O Trabalhador,

____

3. Resolução do Contrato de Trabalho com Fundamento em Comportamento Culposo do Empregador (Falta Culposa do Pagamento Pontual da Retribuição)

(PROPOSTA DE) CARTA DE RESOLUÇÃO

...
Rua ...

Exmo. Senhor:
...
Rua ...

... (local), ...(data)
Registada c/Aviso de Receção

ASSUNTO: Resolução do contrato de trabalho com fundamento em comportamento culposo do empregador

Exmo. Senhor,

De acordo com o previsto no artigo 394º, nº 2, al. *a*), do Código do Trabalho, venho resolver o contrato de trabalho celebrado com V. Exa. em ....

A motivação da presente resolução assenta no não pagamento culposo da retribuição base, e respetivas prestações complementares, dos meses de ..., sem que haja quaisquer expetativas de os receber.

O descrito incumprimento torna impossível a manutenção da relação laboral, atendendo a que a única fonte de subsistência da minha família é constituída pelo meu rendimento de trabalho, não sendo possível, por conseguinte, aguardar por mais tempo o pagamento dos créditos devidos.

Aliás, a minha perda de rendimento já originou situações de incumprimento junto de credores como, por exemplo, o Banco ...

A cessação do presente contrato produz efeitos a partir de ....

Em consequência, aguardo o ressarcimento de todos os créditos devidos.

Com os melhores cumprimentos,

O Trabalhador,

____

4. Resolução do Contrato de Trabalho com Fundamento em Comportamento Culposo do Empregador (Condições de Segurança e Saúde no Trabalho)

(PROPOSTA DE) CARTA DE RESOLUÇÃO

...
Rua ...

Exmo. Senhor:
...
Rua ...

... (local), ...(data)
Registada c/Aviso de Receção

ASSUNTO: Resolução do contrato de trabalho com fundamento em comportamento culposo do empregador

Exmo. Senhor,

De acordo com o previsto no artigo 394º, nº 2, al. *d*), do Código do Trabalho, venho resolver o contrato de trabalho celebrado com V. Exa. em ....

A motivação da presente resolução assenta na falta culposa das seguintes condições de segurança e saúde no trabalho:

– ...

– ...

o que torna impossível e insustentável a manutenção da relação laboral.

Acresce que o trágico acidente de ..., que ocasionou a morte de 2 trabalhadores e me provocou graves lesões, motivado por atuação culposa de V. Exa. quanto à inobservância das normas de segurança, coloca-me numa posição de especial vulnerabilidade, ansiedade e sofrimento.

Neste contexto, venho reclamar a quantia de ... €, a título de indemnização correspondente a ... dias de retribuição base e diuturnidades por cada ano completo de antiguidade, bem como o pagamento dos restantes créditos laborais emergentes da cessação do presente contrato de trabalho.

Como os melhores cumprimentos,

O Trabalhador,

____

5. Resolução do Contrato de Trabalho com Fundamento em Comportamento Culposo do Empregador

5.1. Declaração

(PROPOSTA DE) DECLARAÇÃO

...
Rua ...

Exmo. Senhor:
...
Rua ...

... (local), ...(data)
Registada c/Aviso de Receção

ASSUNTO: Resolução com justa causa

Exmo. Senhor:

Sou pela presente a resolver, com justa causa, o contrato de trabalho que celebrei com V. Exa., em ..., com base nos seguintes fundamentos:

1. No dia ..., disse-me, na presença de .... e de ..., o seguinte:

"Tu aqui não mandas nada, nenhum subordinado teu te deve respeito".

2. No dia ..., disse-me, na presença de ...., o seguinte:

"És um ladrão, um chulo andas a roubar-me desde sempre".

3. No dia ..., disse-me, na presença de .... e ..., o seguinte:

"Se eu pudesse malhava-te de pancada, se eu um dia te apanho sem ninguém ver...".

4. No dia ..., disse-me, na presença de .... e ..., o seguinte:

"Tu não queres ir embora? É que a partir de hoje não tens mais acesso ao computador".

5. No dia ..., retirou-me o acesso ao sistema informático da empresa, ficando impossibilitado de gerir stocks, aceder a fichas de clientes, processar faturas, emitir recibos, o que dificultou, em larga medida, o meu desempenho profissional.

6. Em ..., deu-me a seguinte ordem:

"A partir de agora vais trabalhar para o armazém, sito na Rua..., e tens que registar o material que entra e que saí".

7. A partir desse dia, passei a prestar serviço nesse local, onde existiam algumas caixas contendo material não usado, uma secretária e uma cadeira.

8. De ... a ..., cumpri com o meu horário de trabalho, ficando no referido armazém sentado à espera da recolha ou depósito de material.

9. Acontece que, durante esse período, nesse local, não foi recolhida nem depositada uma única peça, aliás, não entrou ninguém.

10. O isolamento a que fui sujeito afetou, como é natural, todo o meu património profissional, designadamente capacidade, conhecimentos, contactos, enriquecimento e reconhecimento profissionais.

11. Deixei de exercer funções inerentes à minha categoria, aliás deixei de exercer quaisquer funções.

Assim, com o comportamento adotado, V. Exa. desrespeitou e ofendeu a minha dignidade pessoal e profissional, tornando impossível e insuportável a minha continuidade ao trabalho, em consequência, resolvo, através da presente missiva, o contrato de trabalho celebrado com V. Exa., nos termos do art. 394º, nº 1, als. *b)* e *f)*, do Código do Trabalho e, em consequência, reclamo todos os créditos laborais a que tenho direito.

Com os melhores cumprimentos,

O Trabalhador,

____

5.2. Impugnação judicial da resolução

(PROPOSTA DE) PETIÇÃO INICIAL

TRIBUNAL JUDICIAL DA COMARCA ...
Juízo do trabalho de ...

..., comerciante, contribuinte fiscal nº..., titular do Cartão de Cidadão nº ..., válido até ..., número de identificação da segurança social ..., residente na Rua..., com domicílio profissional na Rua ..., vem propor

AÇÃO DECLARATIVA COMUM EMERGENTE DE CONTRATO DE TRABALHO, contra

..., vendedor, contribuinte fiscal nº..., titular do Cartão de Cidadão nº ..., válido até ..., número de identificação da segurança social ..., residente na Rua...,

nos termos e com os seguintes fundamentos:

DO CONTRATO

1º

O Autor é proprietário de um estabelecimento comercial sito na Rua ..., onde se dedica à atividade de reparação e venda de material informático.

2º

No exercício da sua atividade, admitiu, em ..., ao seu serviço o Réu,

3º

para desempenhar as seguintes funções (que sempre desempenhou de facto):
Introdução da identificação dos produtos para venda no sistema informático;

4º

Venda ao público;

5º

Elaboração de relatório de contas diário.

6º

Laborando no aludido estabelecimento das ... horas às ... horas e das ... horas às ... horas, de segunda-feira a sexta-feira,

7º

mediante uma retribuição mensal de ... €.

8º

No dia ..., o Réu resolveu o contrato de trabalho referido.

DA INEXISTÊNCIA DOS FACTOS QUE MOTIVARAM A RESOLUÇÃO

9º

É falso que o Autor tenha dito ao Réu, no dia ... e na presença de .... e ..., o seguinte:
"Tu aqui não mandas nada, nenhum subordinado teu te deve respeito".

10º

É falso que o Autor tenha dito ao Réu, no dia ... e na presença de ...., o seguinte:
"És um ladrão, um chulo andas a roubar-me desde sempre".

11º

É falso que o Autor tenha dito ao Réu, no dia ... e na presença de .... e ..., o seguinte:
"Se eu pudesse malhava-te de pancada, se eu um dia te apanho sem ninguém ver...".

12º

É falso que o Autor tenha dito ao Réu, no dia ... e na presença de .... e ..., o seguinte:
"Tu não queres ir embora? É que a partir de hoje não tens mais acesso ao computador".

13º

O Autor nunca humilhou ou injuriou o Réu, pelo contrário, sempre o tratou, como aliás faz com todos os seus trabalhadores, com o maior respeito e consideração.

14º

Pelo exposto, são falsos os factos vertidos nos pontos 1, 2, 3 e 4, da carta de resolução apresentada pelo Réu, junta como doc. nº 1.

15º

O sistema informático da empresa do Autor é de acesso livre, não sendo necessário nenhum código para o efeito.

16º

Ao Autor não só nunca foi negado o acesso ao sistema informático da empresa, como também nunca lhe foi impedido que gerisse stocks, acedesse a fichas de clientes, processasse faturas e emitisse recibos.

17º

Pelo exposto, é falso o vertido no ponto 5, da carta de resolução apresentada pelo Réu.

18º

O estabelecimento do Autor é constituído por um espaço de venda direta a clientes não comerciantes e um espaço de atendimento e venda a clientes comerciantes.

19º

Em ..., o trabalhador ..., que prestava funções no espaço de venda e atendimento a clientes comerciantes, teve um grave acidente de trabalho.

20º

Em virtude disso, o Autor pediu ao Réu que substituísse esse colega até à sua alta clínica.

21º

Ao que o Réu consentiu, passando, a partir de ..., a prestar funções no espaço destinado a clientes/comerciantes.

22º

Tal espaço era e continua a ser composto por um balcão, três secretárias, 10 estantes, 8 cadeiras e diverso material para venda.

23º

Aí exerciam funções, para além do Autor, o Sr. ... e o Sr. ....

24º

O Sr. ... dedicava-se e dedica-se à venda direta ao público.

25º

O Sr. ... dedicava-se e dedica-se à reparação de material.

26º

O movimento de clientes no espaço de atendimento e venda a comerciantes é, desde sempre, muita maior do que no espaço de venda a não comerciantes.

27º

Por outro lado, o contacto com os clientes é muito mais aliciante e estimulante, dado o grau de tecnicidade envolvido.

28º

Durante o período em que esteve nesse espaço, o Réu atendeu inúmeros clientes, emitiu recibos, fez encomendas e ordenou reparações.

29º

Sendo assim, não houve nenhuma baixa de categoria, bem pelo contrário.

30º

Pelo exposto, é falso que o Autor tenha dado ao Réu, em ..., a seguinte ordem:
"A partir de agora vais trabalhar para o armazém e tens que registar o material que entra e que saí".

31º

É falso que, no espaço em causa, existam apenas algumas caixas contendo material não usado, uma secretária e uma cadeira, bem como é falso que o Réu tenha ficado, durante o período de ... a ..., sentado à espera da recolha ou depósito de material.

32º

É falso que, durante esse período, nesse local, não tenha sido recolhida nem depositada uma única peça, nem tenha entrado uma única pessoa.

33º

É falso que o Réu tenha sido isolado e que tenha deixado de exercer quaisquer funções.

34º

Pelo exposto, são falsos os factos alegados nos pontos 6, 7, 8, 9, 10 e 11, da carta de resolução apresentada pelo Réu.

35º

Em suma, o Autor não violou nenhum direito ou garantia do Réu, pelo que não praticou nenhum comportamento que configurasse justa causa de resolução.

36º

Termos em que deve a resolução do Réu ser declarada ilícita, nos termos do art. 398º, nº 1, do Código do Trabalho.

DA INDEMNIZAÇÃO PELA RESOLUÇÃO ILÍCITA

37º

No dia ..., o Réu atendeu o Sr. ..., que encomendou material informático destinado à vigilância e segurança, pelo mesmo foi dito que precisava desse material, impreterivelmente, no dia ... e que passaria na loja para o levantar.

38º

Tendo o Réu, nessa data, assumido que o material estaria disponível.

39º

Para responder a tal encomenda, o Réu teria que solicitar ao fornecedor do Autor duas peças de origem alemã que demorariam cerca de dois dias a chegar.

40º

Seria ainda necessário fazer a formatação do respetivo Software.

41º

Acontece que, após a resolução, o Réu não mais compareceu ao serviço, abstendo-se de encomendar as peças referidas, como também de solicitar a formatação do Software.

42º

Em ..., o Sr. ... dirigiu-se ao estabelecimento do Autor para levantar a encomenda.

43º

Acontece que, a mesma não estava pronta não só porque o Réu não providenciou pela sua entrega, como também porque não comunicou a nenhum colega que a mesma tinha sido pedida.

44º

O cliente ficou extremamente indignado, até porque precisava daquele material (como aliás tinha dito ao Réu) impreterivelmente, para esse dia.

45º

Perante tal situação, decidiu não levar nenhum material, nem fazer nenhuma encomenda, pois tinha perdido a confiança naquela casa.

46º

Caso a venda se concretizasse, o Autor teria lucrado a quantia de ... €.

47º

Pelo exposto, deve o Réu ser condenado a pagar ao Autor a quantia de ... €, a título de indemnização pelos prejuízos causados em virtude da ilicitude da resolução, conforme previsto no art. 399º, do Código do Trabalho.

Termos em que deve a presente ação ser julgada provada e procedente, e em consequência, ser:

I - Declarada ilícita a resolução do contrato de trabalho promovida pelo Réu;

II - O Réu condenada a pagar ao Autor a quantia de ... €, a título de indemnização pelos prejuízos causados em virtude da ilicitude da resolução, a que acrescem os respetivos juros legais.

PROVA TESTEMUNHAL:

1. ..., vendedor, residente na Rua...;
2. ..., comerciante, residente na Rua...;
3. ..., gestor, residente na Rua....

VALOR: ... €

JUNTA: 1 documento e procuração forense.

O Advogado,

____

(PROPOSTA DE) CONTESTAÇÃO

TRIBUNAL JUDICIAL DA COMARCA ...
Juízo do trabalho de ... – Juiz 2
Proc. nº ...

..., Réu, nos autos à margem identificados, vem

APRESENTAR A SUA CONTESTAÇÃO,

nos termos e com os seguintes fundamentos:

I – DO CONTRATO

1º

São verdadeiros os factos vertidos nos arts. 1º, 2º, 6º, 7º e 8º, da petição inicial.

2º

O Réu, sob a autoridade e direção do Autor, cumpriu com zelo, assiduidade e competência as funções de chefe de vendas para que foi contratado.

3º

No exercício da sua atividade, chefiava uma equipa constituída pelos trabalhadores ..., dando-lhes instruções e ordens, controlava e geria os stocks da empresa, contactava clientes e promovia a realização de negócios.

4º

Enfim, era o único e principal responsável pela direção de vendas, o que contribuía para a sua realização e enriquecimento profissionais.

5º

Pelo exposto, é falso o vertido nos arts. 3º, 4º e 5º, da petição inicial.

II – DOS FACTOS QUE MOTIVARAM A RESOLUÇÃO COM JUSTA CAUSA

6º

No dia ..., o Autor disse ao Réu, na presença de .... e ..., o seguinte:

"Tu aqui não mandas nada, nenhum subordinado teu te deve respeito", ponto 1, da carta de resolução junta com a petição inicial, como doc. nº 1.

7º

No dia ..., o Autor disse ao Réu, na presença de ..., o seguinte:

"És um ladrão, um chulo andas a roubar-me desde sempre", ponto 2, da carta de resolução.

8º

No dia ..., o Autor disse ao Réu, na presença de .... e ..., o seguinte:

"Se eu pudesse malhava-te de pancada, se eu um dia te apanho sem ninguém ver...", ponto 3, da carta de resolução.

9º

No dia ..., o Autor disse ao Réu, na presença de .... e ..., o seguinte:

"Tu não queres ir embora? É que a partir de hoje não tens mais acesso ao computador", ponto 4, da carta de resolução.

10º

Pelo exposto, é falso o vertido nos arts. 9º, 10º, 11º, 12, 13º e 14º, da petição inicial.

11º

No dia ..., o Réu deixou de ter acesso ao sistema informático da empresa.

12º

Em virtude disso, ficou impossibilitado de gerir stocks, aceder a fichas de clientes, processar faturas, emitir recibos, o que dificultou, em larga medida, o seu desempenho profissional (ponto 5, da carta de resolução).

13º

Não obstante, cumpriu, como sempre fez, as suas obrigações.

14º

Tais circunstâncias contribuíram, sobremaneira, para o desequilíbrio emocional e psíquico do Réu,

15º

que passaria a enfrentar uma relação de tensão insuportável dentro dos limites do humanamente exigível.

16º

Pelo exposto, é falso o vertido nos arts. 15º, 16º e 17º, da petição inicial.

17º

O estabelecimento do Autor é constituído não só por um espaço de venda direta a clientes não comerciantes e um espaço de atendimento e venda a clientes comerciantes, mas também por um armazém nas traseiras onde é depositado material.

18º

Em ..., o Autor deu ao Réu a seguinte ordem:

"A partir de agora vais trabalhar para o armazém nas traseiras e tens que registar o material que entra e que saí".

19º

A partir desse dia, o Réu passou a prestar serviço nesse local,

20º

onde haviam algumas caixas contendo material não usado, uma secretária e uma cadeira.

21º

De ... a ..., o Réu cumpriu com o seu horário de trabalho, ficando no referido armazém sentado à espera da recolha ou depósito de material.

22º

Acontece que, durante esse período, nesse local não foi recolhida nem depositada uma única peça, aliás, não entrou nenhuma pessoa.

23º

O isolamento a que o Réu foi sujeito afetou, como é natural, todo o seu património profissional, designadamente capacidade, conhecimentos, contactos, enriquecimento e reconhecimento profissionais.

24º

O comportamento do Autor traduz-se numa clara baixa de categoria,

25º

porquanto as tarefas (ou melhor a ausência delas) que passou a exigir ao Réu correspondem, inequivocamente, a uma categoria inferior àquela de que este era titular.

26º

Pelo exposto, é falso o vertido nos arts. 18º, 20º, 21º, 23º, 28º, 29º, 30º, 31º, 32º e 33º, da petição inicial.

27º

Quanto ao alegado no art. 19º, da petição inicial, o Réu desconhece a sua veracidade, o que, por não serem factos pessoais ou de que deva ter conhecimento equivale à sua impugnação expressa, nos termos do art. 574º, nº 3, do CPC.

28º

O empregador tem o dever de respeitar e tratar com urbanidade e probidade o trabalhador, de lhe proporcionar boas condições de trabalho e de contribuir para a elevação da sua produtividade e empregabilidade, conforme preceituam as als. *a*), *c*) e *d*), do nº 1, do art. 127º, do Código do Trabalho.

29º

Por outro lado, nos termos da al. *e*), do nº 1, do art. 129º, do Código do Trabalho, é proibido ao empregador mudar o trabalhador para categoria inferior.

30º

Com os comportamentos ora imputados, o Autor violou, entre outros, os deveres elencados no art. 127º, nº 1, als. *a*), *c*) e *d*) e as garantias previstas no art. 129º, nº 1, als. *b*), *c*) e *e*), ambos do Código do Trabalho,

31º

o que constitui justa causa de resolução, nos termos, entre outras, das als. *b*) e *f*), do nº 2, do art. 394º, do Código do Trabalho.

32º

Pelo exposto, é falso o vertido nos arts 35º e 36º, da petição inicial.

III – DA RESOLUÇÃO COM JUSTA CAUSA

33º

A conduta do Autor tornou, pela sua gravidade e consequências, manifestamente insustentável a manutenção do vínculo laboral, forçando o Réu, em ..., a resolver o contrato de trabalho em causa.

IV – DA INDEMNIZAÇÃO PELA ALEGADA RESOLUÇÃO ILÍCITA

34º

O Réu não atendeu o Sr. ..., no dia ..., aliás não conhece, nem nunca viu essa pessoa.

35º

Sendo assim, nunca o referido Sr. ... encomendou ao Réu material informático destinado à vigilância e segurança, e muito menos lhe disse que precisava desse material, impreterivelmente, no dia ... e que passaria na loja para o levantar.

36º

Por esse motivo não encomendou (nem podia) as peças referidas.

37º

Pelo exposto, são falsos os factos vertidos nos arts. 37º, 38º, 41º, 42º e 43º, da petição inicial, que, assim, se impugnam.

38º

A Ré desconhece a veracidade dos factos constantes dos arts. 42º, 44º, 45º e 46º, da petição inicial o que, por não serem factos pessoais ou de que deva ter conhecimento, equivale à sua impugnação expressa, nos termos do art. 574º, nº 3, do CPC.

39º

Assim, o Autor não tem direito a reclamar a quantia peticionada no art. 47º, da petição inicial.

V - DA RECONVENÇÃO

40º

O trabalhador, em caso de resolução com justa causa, tem direito a uma indemnização que deverá ser fixada entre 15 e 45 dias de retribuição base e diuturnidades por cada ano completo de antiguidade, art. 396º, nº 1, do Código do Trabalho.

41º

No caso *sub iudice*, os comportamentos do Autor que motivaram a resolução são especialmente graves.

42º

Por outro lado, o valor da retribuição do Réu é baixo.

43º

Em consequência, deve o Autor ser condenado a pagar ao Réu, a quantia de ... €, a título de indemnização por antiguidade, calculada da seguinte forma:

... € (45 dias de retribuição base e diuturnidades) x ... (antiguidade) = ...€

A que acresce a quantia correspondente à fração do ano da cessação (art. 396º, nº 2, do Código do Trabalho), no montante de ... €.

44º

O Autor deve ser condenado a pagar ao Réu a quantia de ... €, a título de retribuição de férias e subsídio de férias vencidas em ... e não gozadas, conforme previsto no art. 245º, nº 1, al. *a*), do Código do Trabalho.

45º

O Autor, de acordo com art. 245º, nº 1, al. *b*), do Código do Trabalho, deve ser condenado a pagar ao Réu a quantia de ... €, a título de retribuição de férias e subsídio de férias proporcionais ao tempo de serviço prestado no ano da cessação.

46º

Nos termos da al. *b*), do nº 2, do art. 263º, do Código do Trabalho, o Réu tem, ainda, direito ao pagamento da quantia de ... €, a título de subsídio de Natal proporcional ao tempo de serviço prestado no ano da cessação.

Termos em que deve a presente ação ser julgada não provada e improcedente, devendo ser declarada a licitude da resolução e, em consequência:

I – O Réu ser absolvido do pedido;

II – A reconvenção ser julgado procedente e provada, devendo o Autor ser condenado a pagar ao Réu as seguintes quantias:

– De ... €, a título de indemnização por antiguidade;

– De ... €, a título de retribuição correspondente a férias e subsídio de férias vencidas em janeiro de ... e não gozadas;

– De ... €, a título de retribuição correspondente a férias e subsídio de férias proporcionais ao tempo de serviço prestado no ano da cessação;

– De ... €, a título de subsídio de Natal proporcional ao tempo de serviço prestado no ano da cessação,

no montante global de ... €, a que acrescem os respetivos juros legais.

PROVA TESTEMUNHAL:

1. ..., vendedor, residente na Rua...;
2. ..., engenheiro informático, residente na Rua...;
3. ..., vendedor, residente na Rua....

VALOR: ... €
JUNTA: Procuração forense.

O Advogado,

____

CAPÍTULO VI
DESPEDIMENTOS

1. Despedimento por Facto Imputável ao Trabalhador

(PROPOSTA DE) AUTO DE OCORRÊNCIA

A trabalhadora ... praticou as seguintes condutas:

a) No dia ..., desobedeceu ao seu superior hierárquico, o Sr. ..., gerente do empregador, recusando limpar o balcão de atendimento a clientes.

b) No dia ..., disse ao Sr. ..., gerente do empregador, a seguinte frase:

"O Senhor aqui não manda nada, se quer a loja limpa, limpe-a Você".

c) No dia ..., furtou da caixa registadora a quantia de ... €;

d) No dia ..., furtou da caixa registadora a quantia de ... €.

Tais factos foram presenciados pelas seguintes testemunhas:

1. ..., gerente de loja, residente na Rua...;
2. ..., caixa, residente na Rua...;
3. ..., vendedor, residente na Rua....

Tais condutas, para além de afetaram a confiança e o respeito que existiam na relação de trabalho, são suscetíveis de constituírem infração disciplinar, razão pela qual promovemos a instauração de inquérito à trabalhadora ..., de modo a aferir qual a sua culpa.

Para o efeito nomeamos instrutora do processo a Exma. Sra. Dra..., Advogada, com escritório na ...

Aproveitamos, ainda, para juntar cópia do contrato celebrado com a trabalhadora ....

... (local), ...(data)

A Empregadora,

____

(PROPOSTA DE) TERMO DE ABERTURA

Aos ..., no seguimento:

– Da nota de ocorrência junta a fls. ... referente a comportamentos alegadamente praticados pela trabalhadora ..., caixa e vendedora da empregadora ..., suscetíveis de integrar sanção disciplinar;

– Da respetiva instrução para abertura do presente procedimento disciplinar e

– Da minha nomeação como instrutora, procede-se à abertura de inquérito para averiguação e apuramento da eventual responsabilidade da referida trabalhadora.

Neste âmbito, serão convocadas para comparecer no meu escritório, no próximo dia ..., a fim de serem inquiridas, as seguintes testemunhas:

1. ..., gerente de loja, residente na Rua...;
2. ..., caixa, residente na Rua...;
3. ..., vendedor, residente na Rua....

Com a nota de ocorrência foi junta cópia do contrato de trabalho celebrado entre a trabalhadora ... e a empregadora ...

... (local), ...(data)

A Instrutora,

____

(PROPOSTA DE) CARTA DE NOTIFICAÇÃO DE TESTEMUNHAS

...
Rua ...

Exmo. Senhor:
...
Rua ...

... (local), ...(data)
Registada c/Aviso de Receção

ASSUNTO: Notificação para inquirição no âmbito do inquérito instaurado contra a trabalhadora ...

Exmo. Senhor:

Somos pela presente a solicitar a V. Exa. que compareça no meu escritório, sito na Rua ..., no dia ..., pelas ... horas, para ser inquirida no âmbito do inquérito em epígrafe.

Com os meus melhores cumprimentos,

A Instrutora,

____

(PROPOSTA DE) AUTO DE DECLARAÇÃO DE CONVOCAÇÃO PESSOAL DE TESTEMUNHAS

Eu, ..., trabalhadora da empregadora ..., residente na Rua ..., declaro que fui convocada pela Exma. Sra. Dra. ..., instrutora do inquérito instaurada à Exma. Senhora ..., para comparecer no seu escritório, sito na Rua ..., no dia ..., pelas ... horas, a fim de ser inquirida no âmbito desse mesmo inquérito.

... (local), ...(data)

A declarante,

____

(PROPOSTA DE) AUTO DE INQUIRIÇÃO DE TESTEMUNHAS

Aos ..., perante mim, ..., instrutora do inquérito instaurada pela empregadora ... contra a trabalhadora ..., compareceu o Exmo. Sr. ..., indicado como testemunha nos presentes autos, o qual inquirido sobre os factos declarou o seguinte:

"1. No dia ..., dei ordem à trabalhadora ..., caixa e vendedora da empregadora ..., para que limpasse o balcão de atendimento a clientes, ao que a mesma desobedeceu, recusando realizar tal tarefa, sem dar qualquer satisfação ou justificação.

2. No dia ..., a mesma trabalhadora, após lhe ter ordenado que limpasse as estantes de arquivo, disse-me o seguinte:

"O Senhor aqui não manda nada, se quer a loja limpa, limpe-a Você".

3. As referidas ordens foram dadas por mim dentro do maior profissionalismo e respeito.

4. Tais factos foram presenciados pela trabalhadora ...".

Nada mais tendo a acrescer, foi o presente auto, depois de lido e conferido, atestado conforme e devidamente assinado.

A instrutora,

____

A testemunha,

____

(PROPOSTA DE) AUTO DE INQUIRIÇÃO DE TESTEMUNHAS

Aos ..., perante mim, ..., instrutora do inquérito instaurada pela empregadora ... contra a trabalhadora ..., compareceu a Exma. Sra. D. ..., indicada como testemunha nos presentes autos, a qual inquirida sobre os factos declarou o seguinte:

"1. No dia ..., o Sr. ..., gerente, pediu à trabalhadora ... que limpasse o balcão de atendimento a clientes, tendo esta se recusado a fazê-lo.

2. No dia ..., ouvi a trabalhadora ..., dizer ao Sr. ..., gerente, o seguinte:

"O Senhor aqui não manda nada, se quer a loja limpa, limpe-a Você".

3. No dia ..., vi a trabalhadora ... furtar da caixa registadora a quantia de ... €, tendo de imediato comunicado tal facto ao Sr. ..., gerente.

4. Não me recordo da presença de outras pessoas, para além do Sr..., gerente".

Nada mais tendo a acrescer, foi o presente auto, depois de lido e conferido, atestado conforme e devidamente assinado.

A instrutora,

____

A testemunha,

____

(PROPOSTA DE) AUTO DE INQUIRIÇÃO DE TESTEMUNHAS

Aos ..., perante mim, ..., instrutora do inquérito instaurada pela empregadora ... contra a trabalhadora ..., compareceu o Exmo. Sr. ..., indicado como testemunha nos presentes autos, o qual inquirido sobre os factos declarou o seguinte:

"No dia ..., vi a trabalhadora ... furtar da caixa registadora a quantia de ... €, de imediato comuniquei tal facto ao Sr. ..., gerente".

Nada mais tendo a acrescer, foi o presente auto, depois de lido e conferido, atestado conforme e devidamente assinado.

A instrutora,

____

A testemunha,

____

(PROPOSTA DE) RELATÓRIO PRELIMINAR

I – No dia ..., a empregadora ..., no uso do poder disciplinar de que é titular, lavrou auto de ocorrência em virtude de comportamentos alegadamente praticados pela trabalhadora ..., caixa e vendedora da empresa ..., suscetíveis de integrarem infração disciplinar, dando instrução para abertura de inquérito, a fim de averiguar todas as circunstâncias de modo, tempo e lugar e de apurar a eventual culpa da referida trabalhadora.

Para o efeito, nomeou instrutora a Exma. Sra. Dra. ..., Advogada, com escritório na ....

Ao referido auto, a empregadora juntou cópia do contrato celebrado com aquela trabalhadora e arrolou as testemunhas ..., gerente de loja, residente na Rua...; ..., caixa, residente na Rua.... e ... vendedor, residente na Rua...

II – No dia ..., a instrutora procedeu à abertura do referido inquérito.

No decurso desse inquérito, foram inquiridos, depois de devidamente convocadas, as testemunhas acima identificadas.

Analisados e apreciados tais depoimentos, concluímos que há fortes indícios de a trabalhadora ... ter praticado os seguintes factos:

a) No dia ..., na loja sita na Rua..., desobedeceu ao seu superior hierárquico o Sr. ..., gerente da empregadora, recusando limpar o balcão de atendimento a clientes;

b) No dia ..., na loja sita na Rua..., disse ao Sr. ..., gerente da empregadora, a seguinte frase:

"O Senhor aqui não manda nada, se quer a loja limpa, limpe-a Você".

c) No dia ..., na loja sita na Rua..., furtou da caixa registadora a quantia de ... €;

d) No dia ..., na loja sita na Rua..., furtou da caixa registadora a quantia de ... €.

III – Com as referidas condutas, a trabalhadora:

– Desrespeitou e não tratou com urbanidade e probidade os seus superiores hierárquicos e a empregadora;

– Não realizou o seu trabalho com diligência e zelo;

– Não cumpriu as ordens e instruções dadas pela empregadora respeitantes à execução e disciplina do trabalho,

violando, entre outros, os deveres previstos nas als. *a*), *c*) e *e*), do nº 1, do art. 128º, do Código do Trabalho.

IV – Analogamente, com tais condutas graves e culposas, a trabalhadora:

– Desobedeceu ilegitimamente a ordens dadas por responsáveis hierarquicamente superiores;

– Violou direitos e garantias de trabalhadores da empregadora;

– Provocou repetidamente conflitos com outros trabalhadores da empregadora;

– Manifestou desinteresse repetido pelo cumprimento, com a diligência devida, das obrigações inerentes ao exercício do seu cargo;

– Lesou interesses patrimoniais sérios da empregadora,

assumindo comportamentos que, pela sua gravidade e consequências, tornaram impossível a subsistência da relação de trabalho, constituindo justa causa de despedimento, nos termos do art. 351º, nºs 1 e 2, als. *a)*, *b)*, *c)*, *d)* e *e)*, do Código do Trabalho.

V – Se ficar provado que a trabalhadora ... agiu conforme supra descrito, a sua conduta assume gravidade suficiente para justificar o seu despedimento.

Pelo exposto, propõe-se a elaboração de nota de culpa, que deve ser comunicada à trabalhadora, juntamente com a declaração da intenção de despedimento.

... (local), ...(data)

A Instrutora,

____

(PROPOSTA DE) NOTA DE CULPA

A empregadora ..., no âmbito do procedimento disciplinar que move contra a sua trabalhadora ..., com intenção de despedimento, vem, ao abrigo do art. 353º, nº 1, do Código do Trabalho, deduzir nota de culpa, nos termos e com os seguintes fundamentos:

1º

A empregadora é titular de um estabelecimento comercial sito na Rua..., onde se dedica à comercialização de vestuário.

2º

Em ..., admitiu ao seu serviço, mediante contrato de trabalho sem termo, a arguida que, sob a sua autoridade e direção, exercia as funções de caixa e de vendedora,

3º

laborando no aludido estabelecimento das ... horas às ... horas e das ... às ...,

4º

mediante uma retribuição horária de ... €, calculada nos termos do art. 271º, do Código do Trabalho, a que corresponde uma retribuição mensal de ... €.

5º

No dia ..., na loja sita na Rua..., o Sr. ..., gerente, deu ordem à arguida para que esta limpasse o balcão de atendimento a clientes, ao que a mesma desobedeceu, recusando realizar tal tarefa, sem dar qualquer satisfação ou justificação.

6º

No dia ..., na loja sita na Rua..., o Sr. ..., gerente, deu ordem à arguida para que esta limpasse as estantes de arquivo, ao que a mesma respondeu o seguinte: "O Senhor aqui não manda nada, se quer a loja limpa, limpe-a Você".

7º

Tais ordens foram dadas com o maior profissionalismo e respeito.

8º

Por outro lado, as tarefas que foram solicitadas enquadravam-se no âmbito da atividade para que foi contratada a arguida, nos termos do art. 118º, nº 1, do Código do Trabalho.

9º

No dia ..., na loja sita na Rua..., a arguida furtou da caixa registadora a quantia de ... €.

10º

No dia ..., na loja sita na Rua..., a arguida furtou da caixa registadora a quantia de ... €.

11º

Com as referidas condutas, a arguida:

- Desrespeitou e não tratou com urbanidade e probidade os seus superiores hierárquicos e a empregadora;

- Não realizou o seu trabalho com diligência e zelo;

- Não cumpriu as ordens e instruções dadas pela empregadora respeitantes à execução e disciplina do trabalho, violando, entre outros, os deveres previstos nas als. *a*), *c*) e *e*), do nº 1, do art. 128º, do Código do Trabalho.

12º

Analogamente, com tais condutas:

- Desobedeceu a ordens dadas por responsáveis hierarquicamente superiores;

- Violou direitos e garantias de trabalhadores da empregadora;

- Provocou repetidamente conflitos com outros trabalhadores da empregadora;

- Manifestou desinteresse repetido pelo cumprimento, com a diligência devida, das obrigações inerentes ao exercício da sua função;

- Lesou interesses patrimoniais sérios da empregadora, assumindo comportamentos que, pela sua gravidade e consequências, tornaram impossível a subsistência da relação de trabalho, constituindo justa causa de despedimento, nos termos do art. 351º, nºs 1 e 2, als. *a*), *b*), *c*), *d*) e *e*), do Código do Trabalho.

... (local), ...(data)

A Instrutora,

____

(PROPOSTA DE) CARTA DE NOTIFICAÇÃO DA NOTA DE CULPA COM A RESPETIVA INTENÇÃO DE DESPEDIMENTO

...
Rua ...

Exma. Senhora:
...
Rua ...

... (local), ...(data)
Registada c/Aviso de Receção

ASSUNTO: Notificação de nota de culpa e de abertura de procedimento disciplinar com intenção de despedimento

Exma. Senhora,

Somos pela presente a comunicar que face ao comportamento manifestado por V. Exa. nos passados dias ..., a empresa ..., sua empregadora, no exercício do poder disciplinar de que é titular, decidiu instaurar-lhe procedimento disciplinar, com intenção de proceder ao seu despedimento com justa causa.

Fica notificada que deverá, querendo, apresentar a sua defesa por escrito e/ou requerer quaisquer diligências de prova, no prazo de 10 dias úteis a contar da data de receção da presente comunicação, conforme previsto no art. 355º, do Código do Trabalho.

Em cumprimento do disposto no art. 353º, nº 1, do Código do Trabalho, junto enviamos nota de culpa.

Informo, ainda, que a resposta à nota de culpa deverá ser enviada para o escritório da instrutora nomeada, ..., sito na Rua ....

O processo encontra-se à sua disposição para consulta nesta mesma morada.

Com os melhores cumprimentos,

A Instrutora,

____

(PROPOSTA DE) CARTA DE REMESSA DE CÓPIA DA COMUNICAÇÃO DA INTENÇÃO DE DESPEDIMENTO E DA NOTA DE CULPA À COMISSÃO DE TRABALHADORES

...
Rua ...

Comissão de Trabalhadores da empresa ...
Rua ...

... (local), ...(data)
Registada c/Aviso de Receção

ASSUNTO: Envio de cópia da comunicação de intenção de despedimento e da nota de culpa decorrentes do procedimento disciplinar instaurado à trabalhadora ...

Exmos. Senhores,

Na qualidade de instrutora nomeada no procedimento disciplinar que a empregadora ... decidiu instaurar à trabalhadora ..., caixa e vendedora, junto remeto respetiva cópias da comunicação de intenção de proceder ao seu despedimento e da nota de culpa, conforme impõe o art. 353º, nº 2, do Código do Trabalho.

Com os melhores cumprimentos,

A instrutora,

____

(PROPOSTA DE) TERMO DE ENTREGA DA COMUNICAÇÃO DE DESPEDIMENTO E DA NOTA DE CULPA

Na qualidade de instrutora ..., entreguei, na presente data, à trabalhadora ..., caixa e vendedora, na qualidade de arguida no procedimento disciplinar que lhe foi instaurado pela empregadora ..., carta contendo a comunicação da intenção de proceder ao seu despedimento e a respetiva nota de culpa contra si deduzida.

A arguida declara que recebeu os mencionados documentos e que ficou ciente do seu conteúdo.

... (local), ...(data)

A instrutora,

____

A arguida,

____

(PROPOSTA DE) CARTA A ENVIAR RESPOSTA À NOTA DE CULPA

...
Rua ...

Exma. Senhora:
Dra. ...
Rua ...

... (local), ...(data)
Registada c/Aviso de Receção

ASSUNTO: Envio de resposta à nota de culpa

Exma. Senhora Dra.,

Sou pela presente a enviar resposta à nota de culpa deduzida contra mim e recebida no dia ....

Com os meus melhores cumprimentos,

A arguida,

____

JUNTA: Resposta à nota de culpa.

(PROPOSTA DE) RESPOSTA À NOTA DE CULPA

..., caixa e vendedora, trabalhadora da empregadora ..., vem, ao abrigo do art. 355º, do Código do Trabalho,

APRESENTAR A SUA RESPOSTA

à nota de culpa deduzida no âmbito do procedimento disciplinar que lhe foi instaurado, nos termos e com os seguintes fundamentos:

1º

A arguida foi e continua a ser uma trabalhadora responsável, tendo, no exercício das suas funções, agido sempre de modo zeloso, diligente e empenhado.

2º

É falso que, no dia ..., tenha recusado limpar o balcão de atendimento a clientes, após ordem do Sr. ..., gerente.

3º

É também falso que, no dia ..., tenha dito ao Sr. ..., gerente, que este não mandava nada e que se queria a loja limpa a limpasse ele.

4º

Quanto aos furtos de que vem acusada, à arguida cumpre referir que nunca furtou nada à empregadora.

5º

Pelo que é falso:

Que no dia ..., tenha furtado da caixa registadora a quantia de ... € e

6º

que no dia ..., tenha furtado da caixa registadora a quantia de ... €.

7º

Pelo exposto, não correspondem à verdade os factos vertidos nos arts. 5º, 6º, 9º e 10º, da nota de culpa.

8º

Cumpre ainda salientar que a arguida nunca entrou em conflito com os seus colegas de trabalho e muito menos com a empregadora ou os seus superiores hierárquicos.

9º

De igual forma, nunca desobedeceu às ordens que lhe foram e continuam a ser dadas.

10º

Em suma, a arguida nunca adotou qualquer comportamento violador dos seus deveres contratuais e/ou que motivasse a aplicação de alguma sanção disciplinar por parte da empregadora.

11º

Assim, é falso o vertido nos arts. 11º e 12º, da nota de culpa.

Termos em que deve o presente procedimento disciplinar ser arquivado.

TESTEMUNHAS:

1. ..., caixa, residente na Rua...;
2. ..., comerciante, residente na Rua....

... (local), ...(data)

A arguida,

____

(PROPOSTA DE) CARTA DE NOTIFICAÇÃO DO TRABALHADOR DA DATA E LOCAL DESIGNADOS PARA INQUIRIÇÃO DAS TESTEMUNHAS POR SI ARROLADAS

...
Rua ...

Exma. Senhora:
...
Rua ...

... (local), ...(data)
Registada c/Aviso de Receção

ASSUNTO: Notificação da data e local designados para inquirição da testemunha ... por si arrolada no âmbito do procedimento disciplinar que lhe foi instaurado pela empregadora ...

Exma. Senhora:

Sou pela presente e na qualidade de instrutora do procedimento em epígrafe, a comunicar que foi designado o dia ..., pelas ... horas, nas instalações da empregadora ..., sitas na Rua ..., para a inquirição de testemunha ..., arrolada por V. Exa..

Desta forma, solicito a V. Exa. que assegure a presença da referida testemunha na hora e local indicados ou, no caso de motivo impeditivo, proceda à comunicação atempada da sua impossibilidade de comparência.

Com os meus melhores cumprimentos,

A instrutora,

____

(PROPOSTA DE) CARTA DO TRABALHADOR A SOLICITAR NOVA DATA PARA INQUIRIÇÃO DE TESTEMUNHA POR SI ARROLADA

...

Rua ...

Exma. Senhora:

...

Rua ...

... (local), ...(data)

Registada c/Aviso de Receção

ASSUNTO: Impossibilidade de comparência da testemunha ... na data e local designados para a sua inquirição no âmbito do procedimento disciplinar que me foi instaurado pela empregadora ...

Exma. Senhora Dra.,

No seguimento da V. missiva de ..., sou pela presente a informar que a testemunha ..., não poderá comparecer no dia ..., pelas ... horas, nas instalações da empregadora ..., sitas na Rua ..., para a sua inquirição.

Desta forma, solicito a V. Exa. a designação de nova data e local para o efeito referido.

Com os meus melhores cumprimentos,

A Arguida,

____

(PROPOSTA DE) AUTO DE INQUIRIÇÃO DE TESTEMUNHAS

Aos ..., perante mim, ..., instrutora do inquérito instaurada pela empregadora ... contra a trabalhadora ..., compareceu a Exma. Sra. D. ..., indicada como testemunha nos presentes autos, a qual inquirida sobre os factos declarou o seguinte:

"1. É colega de trabalho da arguida há mais de quatro anos, sempre tiveram e continuam a ter um bom relacionamento.

2. A arguida é muita respeitada e frequentemente elogiada pelos seus superiores hierárquicos.

3. No dia ..., a arguida não esteve nas instalações da empresa sitas na Rua ...".

Nada mais tendo a acrescer foi o presente auto, depois de lido e conferido, atestado conforme e devidamente assinado.

A instrutora,

____

A testemunha,

____

(PROPOSTA DE) CARTA DE APRESENTAÇÃO DE CÓPIA INTEGRAL DO PROCEDIMENTO DISCIPLINAR À COMISSÃO DE TRABALHADORES

...
Rua ...

Comissão de Trabalhadores da empresa ...
Rua ...

... (local), ...(data)
Registada c/Aviso de Receção

ASSUNTO: Envio de cópia integral do procedimento disciplinar instaurado à trabalhadora ...

Exmos. Senhores:

Na qualidade de instrutora nomeada no procedimento disciplinar que a empregadora ... instaurou à trabalhadora ..., caixa e vendedora, junto remeto cópia integral do referido procedimento, nos termos do art. 356º, nº 5, do Código do Trabalho.

Com os melhores cumprimentos,

A instrutora,

____

(PROPOSTA DE) DECISÃO DE DESPEDIMENTO

1. A empregadora ... é titular de um estabelecimento comercial sito na Rua..., onde se dedica à comercialização de vestuário.

Em ..., admitiu ao seu serviço, mediante contrato de trabalho sem termo, a arguida ... que, sob a sua autoridade e direção, exerceu as funções de caixa e de vendedora, laborando no aludido estabelecimento das ... horas às ... horas e das ... às ..., mediante uma retribuição horária de ... €, calculada nos termos do art. 271º, do Código do Trabalho, a que corresponde uma retribuição mensal de ... €.

2. Em ..., foi lavrado auto de ocorrência referente a comportamentos desta, alegadamente violadores dos seus deveres contratuais e que, para além de afetarem a confiança e o respeito que existia na relação de trabalho, constituem infração disciplinar.

Nessa mesma data, a empregadora decidiu instaurar procedimento disciplinar à arguida, nomeando como instrutora a Exma. Sra. Dra. ..., Advogada, com escritório na ....

Com o auto de ocorrência, foi junta cópia do contrato de trabalho celebrado entre a arguida e a empregadora.

3. Em ..., a instrutora nomeada procedeu à abertura de inquérito para averiguação e apuramento da eventual responsabilidade da arguida e das circunstâncias de modo, tempo e lugar das infrações alegadamente por si cometidas.

Neste âmbito, foram inquiridas, em ..., as seguintes testemunhas indicadas no auto de ocorrência: ..., gerente de loja, residente na Rua...; ..., caixa, residente na Rua.... e ..., vendedor, residente na Rua....

4. Em ..., foi elaborado relatório preliminar onde se concluiu que havia fortes probabilidades de a arguida ter praticado os comportamentos de que vinha indiciada.

5. Em ..., procedeu-se à abertura de procedimento disciplinar, em virtude dos factos apurados no inquérito.

6. Em ..., foi elaborada nota de culpa, na qual a arguida foi acusada de ter praticado os seguintes factos:

a) No dia ..., na loja sita na Rua..., desobedeceu ao seu superior hierárquico o Sr. ..., gerente da empregadora, recusando limpar o balcão de atendimento a clientes;

b) No dia ..., na loja sita na Rua..., disse ao Sr. ..., gerente da empregadora, a seguinte frase:

"O Senhor aqui não manda nada, se quer a loja limpa, limpe-a Você".

c) No dia ..., na loja sita na Rua..., furtou da caixa registadora a quantia de ... €;

d) No dia ..., na loja sita na Rua..., furtou da caixa registadora a quantia de ... €.

7. No dia ..., a arguida foi notificada da nota de culpa e da intenção da empregadora proceder ao seu despedimento.

8. No dia ..., foi enviada à Comissão de trabalhadores cópia da comunicação de intenção de despedimento e da nota de culpa decorrentes do procedimento disciplinar instaurado à arguida.

9. Em ..., a arguida, depois de devidamente notificada da nota de culpa, apresentou a sua resposta no prazo legal, alegando em síntese que:

a) Sempre foi uma trabalhadora responsável, tendo, no exercício das suas funções, agido de modo zeloso, diligente e empenhado;

b) No dia ..., não recusou limpar o balcão de atendimento a clientes;

c) No dia ..., não disse ao Sr. ..., gerente, que este não mandava nada e que se queria a loja limpa a limpasse ele;

d) Nunca furtou nada à empregadora, pelo que é falso que no dia ..., tenha subtraído da caixa registadora a quantia de ... € e que no dia ..., tenha subtraído da caixa registadora a quantia de ... €;

e) Nunca adotou qualquer comportamento violador dos seus deveres contratuais e/ou que motivasse a aplicação de alguma sanção disciplinar por parte da empregadora.

Concluindo pelo arquivamento do procedimento disciplinar que lhe foi instaurado.

10. A arguida arrolou as seguintes testemunhas:

- ..., caixa, residente na Rua...;
- ..., comerciante, residente na Rua....

11. Em ..., a testemunha ..., caixa, foi inquirida sobre os factos dos autos.

12. A testemunha ..., comerciante (arrolada pela arguida) não podia ter conhecimento dos factos dos autos, pois na data em que os mesmos se verificaram encontrava-se ausente do país. Destarte, a sua inquirição era impertinente para o apuramento da verdade e para a demonstração da realidade factual em causa no presente procedimento disciplinar, pelo que foi dispensada.

13. Em ..., foi enviada, à Comissão de trabalhadores, cópia integral do procedimento disciplinar instaurado à arguida.

14. Em virtude dos depoimentos das testemunhas ..., ... e ..., que se revelaram isentos e credíveis, dá-se como provado que:

a) A empregadora é titular de um estabelecimento comercial sito na Rua..., onde se dedica à comercialização de vestuário;

b) Em ..., admitiu ao seu serviço, mediante contrato de trabalho sem termo, a arguida que, sob a sua autoridade e direção, exerceu as funções de caixa e de vendedora, laborando no aludido estabelecimento das ... horas às ... horas e das ... às ..., mediante uma retribuição horária de ...€, calculada nos termos do art. 271º, do Código do Trabalho, a que corresponde uma retribuição mensal de ... €;

c) No dia ..., na loja sita na Rua..., o Sr. ..., gerente, deu ordem à arguida para que esta limpasse o balcão de atendimento a clientes, ao que a mesma desobedeceu, recusando realizar tal tarefa, sem dar qualquer satisfação ou justificação, dizendo o seguinte:

"O Senhor aqui não manda nada, se quer a loja limpa, limpe-a Você";

d) Tais ordens foram dadas com o maior profissionalismo e respeito;

e) Por outro lado, as tarefas que foram solicitadas, enquadravam-se no âmbito da atividade para que foi contratada a arguida, nos termos do art. 118º, nº 1, do Código do Trabalho;

f) No dia ..., na loja sita na Rua..., a arguida furtou da caixa registadora a quantia de ... €;

g) No dia ..., na loja sita na Rua..., a arguida furtou da caixa registadora a quantia de ... €.

15. Ficou, assim, cabalmente demonstrada toda a matéria constante da nota de culpa e que a arguida não conseguiu afastar com a prova apresentada.

A arguida praticou os comportamentos objeto do presente procedimento, apesar de saber que não lhe eram permitidos.

Deste modo, agiu livre e conscientemente, sabendo que estava a cometer infrações disciplinares que punham em causa a confiança em que assenta a relação de trabalho e que lesavam os interesses da empregadora.

16. Com as referidas condutas, a arguida:

– Desrespeitou e não tratou com urbanidade e probidade os seus superiores hierárquicos e a empregadora;

– Não realizou o seu trabalho com diligência e zelo;

– Não cumpriu as ordens e instruções dadas pela empregadora respeitantes à execução e disciplina do trabalho, violando, entre outros, os deveres previstos nas als. *a*), *c*) e *e*), do nº 1, do art. 128º, do Código do Trabalho.

17. Analogamente, com tais condutas:

– Desobedeceu a ordens dadas por responsáveis hierarquicamente superiores;

- Violou direitos e garantias de trabalhadores da empregadora;

- Provocou repetidamente conflitos com outros trabalhadores da empregadora;

- Manifestou desinteresse repetido pelo cumprimento, com a diligência devida, das obrigações inerentes ao exercício da sua função;

- Lesou interesses patrimoniais sérios da empregadora, assumindo comportamentos que, pela sua gravidade e consequências, tornaram impossível a subsistência da relação de trabalho, constituindo justa causa de despedimento, nos termos do art. 351º, nºs 1 e 2, als. *a*), *b*), *c*), *d*) e *e*), do Código do Trabalho.

Pelo exposto, no exercício do poder disciplinar que lhe é conferido pelo art. 328º, do Código do Trabalho, a empregadora decide despedir com justa causa a arguida, com base nos fundamentos supra invocados.

... (local), ...(data)

A empregadora,

____

(PROPOSTA DE) CARTA DE COMUNICAÇÃO DA DECISÃO AO TRABALHADOR

...
Rua ...

Exma. Senhora:
...
Rua ...

... (local), ...(data)
Registada c/Aviso de Receção

ASSUNTO: Comunicação da decisão de despedimento proferida no âmbito do procedimento disciplinar que lhe foi instaurado pela empregadora ...

Exma. Senhora,

Somos pela presente a comunicar que, na sequência do procedimento disciplinar que lhe foi instaurado em ..., decidimos proceder ao seu despedimento com justa causa, motivado por comportamentos ilícitos adotados por V. Exa. que, pela sua gravidade e consequências, tornam imediata e praticamente impossível a manutenção da relação de trabalho.

Em cumprimento do disposto no nº 6, do art. 357º, do Código do Trabalho, remetemos em anexo cópia da decisão final proferida no âmbito do referido procedimento disciplinar.

Com os nossos melhores cumprimentos,

A empregadora,

____

JUNTA: Cópia da decisão final.

(PROPOSTA DE) CARTA DE REMESSA DE CÓPIA DA DECISÃO DE DESPEDIMENTO À COMISSÃO DE TRABALHADORES

...
Rua ...

Comissão de Trabalhadores da empresa ...
Rua ...

... (local), ...(data)
Registada c/Aviso de Receção

ASSUNTO: Comunicação da decisão de despedimento proferida no âmbito do procedimento disciplinar que foi instaurado à trabalhadora ...

Exmos. Senhores,

Somos pela presente a comunicar que, na sequência do procedimento disciplinar que foi instaurado em ..., à trabalhadora ..., caixa e vendedora, decidimos proceder ao seu despedimento com justa causa, motivado por comportamentos ilícitos adotados que, pela sua gravidade e consequências, tornam imediata e praticamente impossível a manutenção da relação de trabalho.

Em cumprimento do disposto no nº 6, do art. 357º, do Código do Trabalho, remetemos em anexo cópia da decisão final proferida no âmbito do referido procedimento disciplinar.

Com os nossos melhores cumprimentos,

A empregadora,

____

JUNTA: Cópia da decisão final.

2. Despedimento por Extinção de Posto de Trabalho

(PROPOSTA DE) COMUNICAÇÃO À COMISSÃO DE TRABALHADORES DA NECESSIDADE DE EXTINGUIR O POSTO DE TRABALHO E DE DESPEDIR O TRABALHADOR ENVOLVIDO

...
Rua ...

Comissão de Trabalhadores da empresa ...
Rua ...

... (local), ...(data)
Registada c/Aviso de Receção

ASSUNTO: Comunicação da necessidade de extinguir posto de trabalho e de despedir o trabalhador envolvido

Exmos. Senhores,

A empregadora..., com sede na Rua..., Pessoa Coletiva nº..., que se dedica à atividade de fabrico e comercialização de acessórios para automóveis vem, em cumprimento do disposto no art. 369º, nº 1, do Código do Trabalho, comunicar a V. Exas. a necessidade de extinguir o único posto de trabalho existente no setor de venda ao público e, consequentemente, de proceder ao despedimento do Exmo. Sr. ..., com a categoria profissional de caixa, que ocupa tal posto.

A referida extinção de posto de trabalho assenta nos seguintes motivos:
- Em ..., a empregadora criou uma secção de venda ao público;
- Para o efeito, contratou o trabalhador..., com a categoria profissional de caixa;
- Acontece que, ao contrário do que era esperado, os custos com a manutenção e funcionamento da referida secção têm sido superiores ao valor aí apurado, o que tem provocado a acumulação de sucessivos prejuízos (cfr. registos contabilísticos que se juntam como docs. nºs 1 e 2);
- Até hoje, a cobertura dos referidos prejuízos tem sido assegurada pelo produto da venda a retalho;

– Situação que nos últimos meses se revelou insuportável, dado que o volume da venda a retalhistas tem diminuído em larga medida (cfr. extratos de faturas juntos como docs. nºs 3 a 10);

– Perante este cenário, a empregadora não tem condições para continuar com a secção de venda ao público, pelo que é inevitável o encerramento dessa secção e a extinção do único posto de trabalho aí existente;

– A seleção do trabalhador a despedir assentou no facto de a secção a extinguir ser composto apenas pelo posto de trabalho que o mesmo ocupa.

Com efeito, na secção de venda ao público exerce funções apenas o trabalhador a despedir;

– A empregadora não tem nenhum posto de trabalho compatível com a categoria profissional do trabalhador.

Pelo exposto, não resta outra alternativa que não seja proceder ao despedimento do Exmo. Sr....

Aproveitamos para informar que V. Exas. dispõe do prazo de 10 dias para transmitirem à empregadora o vosso parecer.

Com os nossos melhores cumprimentos,

A empregadora,

____

JUNTA: 10 documentos.

(PROPOSTA DE) CARTA A COMUNICAR AO TRABALHADOR ENVOLVIDO A NECESSIDADE DE EXTINGUIR O POSTO DE TRABALHO E DE PROCEDER AO SEU DESPEDIMENTO

...
Rua ...

Exmo. Senhor:
...
Rua ...

... (local), ...(data)
Registada c/Aviso de Receção

ASSUNTO: Comunicação da necessidade de extinguir posto de trabalho e de proceder ao seu despedimento

Exmo. Senhor,

A empregadora..., com sede na Rua..., Pessoa Coletiva nº..., que se dedica à atividade de fabrico e comercialização de acessórios para automóveis vem, em cumprimento do disposto no art. 369º, nº 1, do Código do Trabalho, comunicar a V. Exa. a necessidade de extinguir o único posto de trabalho existente no setor de venda ao público e, consequentemente, de proceder ao seu despedimento, uma vez que ocupa tal posto.

A referida extinção de posto de trabalho assenta nos seguintes motivos:
– Em ..., a empregadora criou uma secção de venda ao público;
– Para o efeito, contratou V. Exa., com a categoria profissional de caixa;
– Acontece que, ao contrário do que era esperado, os custos com a manutenção e funcionamento da referida secção têm sido superiores ao valor aí apurado, o que tem provocado a acumulação de sucessivos prejuízos (cfr. registos contabilísticos juntos como docs. nºs 1 e 2);
– Até hoje, a cobertura dos referidos prejuízos tem sido assegurada pelo produto da venda a retalho;

– Situação que nos últimos meses se revelou insuportável, dado que o volume da venda desta secção tem diminuído em larga medida (cfr. extratos de faturas juntos como docs. nºs 3 a 10);

– Perante este cenário, a empregadora não tem condições para continuar com a secção de venda ao público, pelo que é inevitável o seu encerramento e, consequentemente, a extinção do posto de trabalho aí existente, por si ocupado;

– A seleção de V. Exa. como trabalhador a despedir assentou no facto de a secção a extinguir ser composto apenas pelo posto de trabalho por si ocupado;

– A empregadora não tem nenhum posto de trabalho onde V. Exa. possa ser colocado.

Pelo exposto, não resta outra alternativa que não seja proceder ao seu despedimento.

Aproveitamos para informar que V. Exa. dispõe do prazo de 10 dias para transmitir à empregadora o seu parecer.

Com os nossos melhores cumprimentos,

A empregadora,

____

JUNTA: 10 documentos.

(PROPOSTA DE) CARTA A ENVIAR PARECER DO TRABALHADOR

...
Rua ...

Exmos. Senhores:
...
Rua ...

... (local), ...(data)
Registada c/Aviso de Receção

ASSUNTO: Parecer quanto ao despedimento por extinção do posto de trabalho

Exmos. Senhores,

No passado dia ... foi-me comunicada a necessidade de proceder ao meu despedimento por extinção de posto de trabalho.

Neste seguimento, sou pela presente a enviar parecer fundamentado nos termos do art. 370º, nº 1, do Código do Trabalho.

Com os melhores cumprimentos,

O trabalhador,

____

JUNTA: 1 Parecer.

(PROPOSTA DE) PARECER DO TRABALHADOR

..., trabalhador da empregadora ..., tendo-lhe sido comunicada a necessidade de proceder ao seu despedimento por extinção de posto de trabalho, vem, ao abrigo do art. 370º, nº 1, do Código do Trabalho,

APRESENTAR O SEU PARECER FUNDAMENTADO

nos seguintes termos:

1. No que diz respeito aos motivos invocados para o encerramento da secção de venda ao público onde exerço funções, nada tenho a opor.

2. É, no entanto, falso que não exista nenhum posto de trabalho onde possa ser colocado.

3. Na verdade, a equipa de vendedores da empresa, composta em ... por 4 trabalhadores, está atualmente reduzida a 3 trabalhadores, dado que, ao Exmo. Senhor..., que estava responsável pela área ..., foi-lhe concedida a reforma antecipada.

4. Até hoje, a empregadora não admitiu nenhum trabalhador para ocupar tal posto de trabalho, nem sequer para aí destinou nenhum dos vendedores existentes na empresa.

5. Assim, tendo em consideração a categoria e as habilitações profissionais de que sou titular e a enorme relevância que a área em causa apresenta no volume de negócios da empresa, entendo que devo ser colocado como vendedor na área de ....

Pelo exposto, o meu despedimento por extinção de posto de trabalho é ilícito, porquanto não estão preenchidos os respetivos requisitos, designadamente a impossibilidade de subsistência da relação de trabalho, devendo, em consequência, ser arquivado o presente procedimento.

... (local), ...(data)

O trabalhador,

____

(PROPOSTA DE) DECISÃO

I. Em cumprimento do disposto no art. 371º, nº 1, do Código do Trabalho, a empregadora..., com sede na Rua..., Pessoa Coletiva nº..., que se dedica à atividade de fabrico e comercialização de acessórios para automóveis, no âmbito do procedimento de despedimento por extinção do posto de trabalho do trabalhador..., profere decisão nos seguintes termos e fundamentos:

1. Em ..., a empregadora criou uma secção de venda ao público;

2. Para o efeito, contratou o trabalhador..., com a categoria profissional de caixa;

3. Acontece que, ao contrário do que era esperado, até à presente data os custos com a manutenção e funcionamento da referida secção têm sido superiores ao valor aí apurado, o que tem provocado a acumulação de sucessivos prejuízos (cfr. registos contabilísticos juntos como docs. nºs 1 e 2);

4. Até hoje, a cobertura dos referidos prejuízos tem sido assegurada pelo produto da venda a retalhistas;

5. Situação que nos últimos meses se revelou insuportável, porquanto o volume da venda a retalhistas tem diminuído drasticamente (cfr. extratos de faturas juntos como docs. nºs 3 a 10);

6. Perante este cenário, não existem condições para continuar com a secção de venda ao público, pelo que não resta outra alternativa que não seja o seu encerramento e consequente extinção do único posto de trabalho aí existente;

7. A seleção do trabalhador a despedir assentou no facto de a secção a extinguir ser composto apenas pelo posto de trabalho que o trabalhador envolvido ocupa;

8. Os motivos invocados para o presente despedimento não se verificaram por conduta culposa da empregadora, nem do trabalhador;

9. A subsistência da relação de trabalho estabelecida com o trabalhador é absolutamente impossível, porquanto a empregadora não tem um posto de trabalho compatível com a sua categoria profissional;

10. Com efeito, a empregadora tem uma equipa de 4 vendedores, sendo certo que pretende revogar o contrato de trabalho celebrado com um deles, por força do decréscimo do volume de vendas que se tem verificado desde ... e que se está a tornar incomportável do ponto de vista económico-financeiro;

11. Não existem contratos a termo para as tarefas correspondentes às do posto de trabalho extinto;

12. Neste caso, não é aplicável o regime do despedimento coletivo, dado que o despedimento em causa abrange apenas um trabalhador.

II. O trabalhador afeto tem direito à quantia de ... €, a título de compensação e créditos vencidos e exigíveis por efeito da cessação do contrato de trabalho, a qual será paga, no dia ..., mediante transferência bancária para a conta de que aquele é titular, com o IBAN ....

III. A cessação do contrato de trabalho celebrado com o trabalhador em virtude do despedimento em causa, verificar-se-á no dia ....

... (local), ...(data)

A empregadora,

____

JUNTA: 10 Documentos.

(PROPOSTA DE) CARTA A COMUNICAR A DECISÃO DE DESPEDIMENTO AO TRABALHADOR

...

Rua ...

Exmo. Senhor:

...

Rua ...

... (local), ...(data)
Registada c/Aviso de Receção

ASSUNTO: Comunicação de decisão de despedimento

Exmo. Senhor,

Em cumprimento do disposto no art. 371º, nº 3, do Código do Trabalho, somos pela presente a comunicar, por cópia, a decisão relativa ao seu despedimento por extinção do posto de trabalho, nos termos e com os fundamentos que constam da mesma.

Com os melhores cumprimentos,

A empregadora,

____

JUNTA: Uma cópia da decisão.

(PROPOSTA DE) CARTA A ENVIAR CÓPIA DE DECISÃO DE DESPEDIMENTO À COMISSÃO DE TRABALHADORES

...

Rua ...

Comissão de trabalhadores da empresa ...
Rua ...

... (local), ...(data)
Registada c/Aviso de Receção

ASSUNTO: Comunicação de decisão de despedimento

Exmos. Senhores,

Em cumprimento do disposto no art. 371º, nº 3, do Código do Trabalho, somos pela presente a enviar cópia da decisão de despedimento do trabalhador... por extinção do posto de trabalho.

Com os melhores cumprimentos,

A empregadora,

____

JUNTA: Uma cópia de decisão.

(PROPOSTA DE) CARTA A ENVIAR CÓPIA DE DECISÃO DE DESPEDIMENTO À AUTORIDADE PARA AS CONDIÇÕES DE TRABALHO

...
Rua ...

Autoridade para as Condições de Trabalho
Rua ...

... (local), ...(data)
Registada c/Aviso de Receção

ASSUNTO: Comunicação de decisão de despedimento

Exmos. Senhores,

Em cumprimento do disposto no art. 371º, nº 3, do Código do Trabalho, somos pela presente a enviar cópia da decisão de despedimento do trabalhador... por extinção do posto de trabalho.

Com os melhores cumprimentos,

A empregadora,

____

JUNTA: Uma cópia de decisão.

3. Despedimento por Inadaptação

(PROPOSTA DE) CARTA A COMUNICAR AO TRABALHADOR ABRANGIDO A INTENÇÃO DE PROCEDER AO DESPEDIMENTO

...
Rua ...

Exmo. Senhor:
...
Rua ...

... (local), ...(data)
Registada c/Aviso de Receção

ASSUNTO: Comunicação da intenção de proceder ao despedimento

Exmo. Senhor,

Em cumprimento do disposto no art. 376º, nº 1, do Código do Trabalho, a empregadora ..., com sede na Rua ..., pessoa coletiva nº ..., nessa qualidade, vem comunicar-lhe a intenção de proceder ao seu despedimento por inadaptação.

O presente despedimento assenta nos seguintes motivos justificativos:

1. Em ..., a empregadora admitiu ao seu serviço V. Exa., que sob a sua autoridade e direção, exerceu as funções de empregado de escritório, na sua sede, mediante a retribuição mensal de ... €;

2. As suas funções consistiam, fundamentalmente:

- Na emissão de faturas, notas de devolução e guias de transporte;
- No registo do material existente em stock;
- No processamento de recibos de remuneração e de mapas de pessoal e de férias;

3. No decurso do ano de ... e daí em diante, a empregadora viu aumentado o número de pedidos de fornecimento e de notas de encomenda;

4. Por outro lado, grande parte dos clientes começou a sugerir (e, nalguns casos, a impor) que fossem criadas condições para que as relações comerciais pudessem ser realizadas via eletrónica;

5. Aliás, alguns clientes deixaram de negociar com a empregadora, em virtude de esta não estar munida dos meios tecnológicos essenciais para garantir a celeridade, a simplicidade e o baixo custo necessários nas relações referidas;

6. Neste seguimento, foi solicitado à empresa ... um estudo para aferir quais os programas existentes no mercado para tratamento de pedidos de encomendas, emissão de faturas e guias de transporte e, simultaneamente, gestão de recursos humanos, bem como qual o respetivo grau de dificuldade de aprendizagem;

7. A empregadora solicitou ainda que fossem apurados os benefícios e inconvenientes da instalação de um programa daquela natureza;

8. Tal estudo concluiu que essa instalação apresentava inúmeros benefícios de ordem tecnológica, económica e comercial, garantindo, acima de tudo, um melhor, mais rápido e menos dispendioso serviço aos clientes (cfr. cópia de estudo que se junta em anexo);

9. Analisado o estudo, optou-se pela instalação do programa ..., principalmente, porque de todos era o que exigia menor esforço de adaptação (cfr. cópia de estudo que se junta em anexo);

10. O referido programa informático destinava-se ao tratamento de pedidos de encomendas, de emissão de faturas e guias de transporte e, simultaneamente, à gestão de recursos humanos.

Em ..., a empregadora ministrou formação profissional adequada às modificações introduzidas no posto de trabalho, por autoridade competente, nos termos da al. *b*), do nº 1, do art. 375º, do Código do Trabalho.

Formação que foi concluída em ....

Em cumprimento do disposto na al. *c*), do nº 1, do art. 376º, do Código do Trabalho, comunicamos que os resultados da referida formação foram os seguintes: ....

Em ..., foi instalado o programa referido.

Apesar do período de adaptação de 3 meses (de ... a ...) concedido, V. Exa. não conseguiu, nem consegue, utilizar tal programa, tendo inclusive provocado, por diversas vezes, graves avarias, das quais se destacam as seguintes:

– Nos dias ... apagou todos os ficheiros existentes, o que levou à requisição dos serviços da empresa ..., que pela recuperação dos mesmos cobrou a quantia de ... €;

– Nos dias ..., bloqueou o sistema informático, provocando um prejuízo de ... €.

De notar que os seus superiores hierárquicos e colegas de trabalho tudo fizeram para que se adaptasse ao novo programa informático.

O que, diga-se, desde já, nunca veio a acontecer.

Em respeito pela al. *d*), do nº 1, do art. 375º, do Código do Trabalho, informamos que a empregadora não tem outro posto de trabalho disponível e compatível com a categoria profissional de V. Exa..

Pelo exposto, não resta outra alternativa que não seja proceder ao seu despedimento por inadaptação.

Aproveitamos para informar que V. Exa. dispõe do prazo de 10 dias para transmitir à empregadora o seu parecer, bem como para juntar os documentos e solicitar as diligências probatórias que entenda pertinentes.

... (local), ...(data)

Com os nossos melhores cumprimentos,

A empregadora,

____

JUNTA: Uma cópia de um estudo.

(PROPOSTA DE) CARTA A COMUNICAR À COMISSÃO DE TRABALHADORES A INTENÇÃO DE PROCEDER AO DESPEDIMENTO

...
Rua ...

Comissão de Trabalhadores da empresa ...
Rua ...

... (local), ...(data)
Registada c/Aviso de Receção

ASSUNTO: Comunicação da intenção de proceder ao despedimento por inadaptação do trabalhador...

Exmos. Senhores,

Em cumprimento do disposto no art. 376º, nº 2, do Código do Trabalho, somos pela presente a comunicar que a empregadora..., com sede na Rua..., Pessoa Coletiva nº..., que se dedica à atividade de fabrico e comercialização de acessórios para automóveis, tem intenção de proceder ao despedimento por inadaptação do Exmo. Sr. ..., empregado de escritório.

O presente despedimento assenta nos seguintes motivos justificativos:

1. Em ..., a empregadora admitiu ao seu serviço o trabalhador... que sob a sua autoridade e direção, exerceu as funções de empregado de escritório na sua sede, mediante a retribuição mensal de ... €;

2. As funções do referido trabalhador consistiam, fundamentalmente:

- Na emissão de faturas, notas de devolução e guias de transporte;
- No registo do material existente em stock;
- No processamento de recibos de remuneração e de mapas de pessoal e de férias;

3. No decurso do ano de ... e daí em diante, a empregadora viu aumentado o número de pedidos de fornecimento e de notas de encomenda;

4. Por outro lado, grande parte dos clientes começou a sugerir e, nalguns casos, a impor que fossem criadas condições para que as relações comerciais pudessem ser realizadas via eletrónica;

5. Aliás, alguns clientes deixaram de negociar com a empregadora, em virtude de esta não estar munida dos meios tecnológicos essenciais para garantir a celeridade, a simplicidade e o baixo custo necessários nas relações referidas;

6. Neste seguimento, foi solicitado à empresa ... um estudo para aferir quais os programas existentes no mercado para tratamento de pedidos de encomendas, emissão de faturas e guias de transporte e, simultaneamente, gestão de recursos humanos, bem como qual o respetivo grau de dificuldade de aprendizagem;

7. A empregador solicitou ainda que fossem apurados os benefícios e inconvenientes da instalação de um programa daquela natureza;

8. Tal estudo concluiu que essa instalação apresentava inúmeros benefícios de ordem tecnológica, económica e comercial, garantindo, acima de tudo, um melhor, mais rápido e menos dispendioso serviço aos clientes (cfr. cópia de estudo que se junta em anexo);

9. Analisado o estudo, optou-se pela instalação do programa ..., principalmente, porque de todos era o que exigia menor esforço de adaptação (cfr. cópia de estudo que se junta em anexo);

10. O referido programa informático destinava-se ao tratamento de pedidos de encomendas, de emissão de faturas e guias de transporte e, simultaneamente, à gestão de recursos humanos.

Em ..., a empregadora ministrou formação profissional adequada às modificações introduzidas no posto de trabalho, por autoridade competente, nos termos da al. *b*), do nº 1, do art. 375º, do Código do Trabalho.

Formação que foi concluída em ....

Em cumprimento do disposto no art. 376º, nº 1, al. *c*), do Código do Trabalho, comunicamos que os resultados da referida formação foram os seguintes: ....

Em ..., foi instalado o programa referido.

Ao trabalhador foi conferido um período de adaptação de 3 meses, mais precisamente de ... a ....

Apesar do período de adaptação concedido, o mesmo não conseguiu, nem consegue, utilizar tal programa, tendo inclusive provocado, por diversas vezes, graves avarias, das quais se destacam as seguintes:

– Nos dias ... apagou todos os ficheiros existentes, o que levou à requisição dos serviços da empresa ..., que pela recuperação dos mesmos cobrou a quantia de ... €;

– Nos dias ..., bloqueou o sistema informático, provocando um prejuízo de ... €.

De notar que os superiores hierárquicos do trabalhador e os seus colegas de trabalho tudo fizeram para que este se adaptasse ao novo programa informático.

O que, diga-se, desde já, nunca veio a acontecer.

Em respeito pela al. *d*), do nº 1, do art. 375º, do Código do Trabalho, informamos que, na empresa, não existe outro posto de trabalho disponível e compatível com a categoria profissional do trabalhador.

Pelo exposto, não resta outra alternativa que não seja o despedimento do trabalhador ... por inadaptação.

Aproveitamos para informar que V. Exas. dispõem do prazo de 10 dias para transmitirem à empregadora o vosso parecer.

... (local), ...(data)

Com os nossos melhores cumprimentos,

A empregadora,

____

JUNTA: Uma cópia de um estudo.

(PROPOSTA DE) PARECER DO TRABALHADOR

...
Rua ...

Exmos. Senhores:
...
Rua ...

... (local), ...(data)
Registada c/Aviso de Receção

ASSUNTO: Parecer sobre despedimento por inadaptação

Exmos. Senhores,

Tendo sido informado que V. Exas. pretendem proceder ao meu despedimento por inadaptação, sou pela presente, ao abrigo do disposto no art. 377º, nº 3, do Código do Trabalho, a apresentar o meu parecer fundamentado.

No que diz respeito aos motivos invocados para a instalação do programa informático..., na secção onde exerço funções, nada tenho a opor.

Ao invés, é falso que não me tenha adaptado ao referido programa.

Com efeito, nunca apresentei quaisquer dificuldades na sua utilização, tendo sido, inclusive, o trabalhador com melhor desempenho a nível da formação ministrada, cfr. respetivos resultados.

As avarias referidas não me podem ser imputadas.

Com efeito, desconheço que nos dias ... tenha havido eliminação de ficheiros.

Já no que diz respeito aos bloqueios do sistema informático verificados nos dias ..., os mesmos resultaram de um defeito do próprio sistema, como viria a ser admitido pela empresa fornecedora, que, prontamente, assumiu o pagamento da quantia de ... €, a título de indemnização pelos prejuízos sofridos.

Importa ainda referir que, de todos os empregados de escritório, sou o que apresenta mais qualificações a nível informático.

Assim, tendo em consideração tais factos entendo que não existem quaisquer motivos para proceder ao meu despedimento por inadaptação.

Com os melhores cumprimentos,

O trabalhador,

____

(PROPOSTA DE) DECISÃO

Em cumprimento do disposto no art. 378º, nº 1, do Código do Trabalho, a empregadora..., com sede na Rua ..., Pessoa Coletiva nº ..., que se dedica à atividade de fabrico e comercialização de acessórios para automóveis, no âmbito do procedimento de despedimento por inadaptação do trabalhador ..., profere decisão nos seguintes termos e fundamentos:

1. Em ..., a empregadora admitiu ao seu serviço o Exmo. Senhor... que sob a sua autoridade e direção, exerceu as funções de empregado de escritório na sua sede, mediante a retribuição mensal de ... €;

2. As funções do referido trabalhador consistiam, fundamentalmente:

- Na emissão de faturas, notas de devolução e guias de transporte;
- No registo do material existente em stock;
- No processamento de recibos e de mapas de pessoal e de férias;

3. No decurso do ano de ... e daí em diante, a empregadora viu aumentado o número de pedidos de fornecimento e de notas de encomenda;

4. Por outro lado, grande parte dos clientes começou a sugerir e, nalguns casos, a impor que fossem criadas condições para que as relações comerciais pudessem ser realizadas via eletrónica;

5. Aliás, alguns clientes deixaram de negociar com a empregadora, em virtude de esta não estar munida dos meios tecnológicos essenciais para garantir a celeridade, a simplicidade e o baixo custo necessários nas relações referidas;

6. Neste seguimento, foi solicitado à empresa ... um estudo para aferir quais os programas existentes no mercado para tratamento de pedidos de encomendas, emissão de faturas e guias de transporte e, simultaneamente, gestão de recursos humanos, bem como qual o respetivo grau de dificuldade de aprendizagem;

7. A empregadora solicitou ainda que fossem apurados os benefícios e inconvenientes da instalação de um programa daquela natureza;

8. Tal estudo concluiu que essa instalação apresentava inúmeros benefícios de ordem tecnológica, económica e comercial, garantindo, acima de tudo, um melhor, mais rápido e menos dispendioso serviço aos clientes (cfr. Estudo junto nos autos);

9. Analisado o estudo, optou-se pela instalação do programa ..., principalmente porque de todos era o que exigia menor esforço de adaptação (cfr. Estudo suprarreferido);

10. O referido programa informático destinava-se ao tratamento de pedidos de encomendas, de emissão de faturas e guias de transporte e, simultaneamente, à gestão de recursos humanos;

11. Conforme já foi referido, em ... foi introduzida, na empregadora, uma nova tecnologia, isto é, mais de seis meses antes do início do presente procedimento de despedimento;

12. Em ..., a empregadora ministrou formação profissional adequada às modificações introduzidas no posto de trabalho, por autoridade competente. Formação que foi concluída em ...;

13. Ao trabalhador foi ministrada a formação profissional referida, na qual foram apresentados os seguintes resultados...;

14. Depois de concluída a formação, foi-lhe conferido um período de adaptação de 3 meses, mais precisamente de ... a ...;

15. O trabalhador sempre exerceu as funções de empregado de escritório, não tendo qualificação profissional para outras tarefas;

16. Todas as funções de empregado de escritório na empresa implicam o domínio do programa informático ..., aí instalado;

17. Assim, não existe posto de trabalho disponível e compatível com a sua categoria profissional;

18. A situação de inadaptação em causa não foi determinada pela falta de condições de segurança e saúde no trabalho (muito menos, imputáveis à empregadora);

19. Desta forma, encontram-se verificados todos os requisitos previstos no art. 375º, do Código do Trabalho.

O trabalhador abrangido pelo presente despedimento tem direito à quantia de ... €, a título de compensação e créditos vencidos e exigíveis por efeito da cessação do contrato de trabalho, a qual será paga, no dia ..., mediante transferência bancária para a conta de que o mesmo é titular, com o IBAN ....

A cessação do contrato de trabalho celebrado com o trabalhador em virtude do despedimento em causa, verificar-se-á no dia ....

... (local), ...(data)

A empregadora,

____

(PROPOSTA DE) CARTA A COMUNICAR A DECISÃO DE DESPEDIMENTO AO TRABALHADOR

...
Rua ...

Exmo. Senhor:
...
Rua ...

... (local), ...(data)
Registada c/Aviso de Receção

ASSUNTO: Comunicação de decisão de despedimento

Exmo. Senhor,

Em cumprimento do disposto no nº 2, do art. 378º, do Código do Trabalho, somos pela presente a comunicar, por cópia, a decisão de proceder ao seu despedimento por inadaptação.

Com os melhores cumprimentos,

A empregadora,

____

JUNTA: Uma cópia de decisão.

(PROPOSTA DE) CARTA A COMUNICAR A DECISÃO DE DESPEDIMENTO À COMISSÃO DE TRABALHADORES

...
Rua ...

Comissão de Trabalhadores da empresa ...
Rua ...

... (local), ...(data)
Registada c/Aviso de Receção

ASSUNTO: Comunicação de decisão de despedimento

Exmos. Senhores,

Em cumprimento do disposto no nº 2, do art. 378º, do Código do Trabalho, somos pela presente a comunicar, por cópia, a decisão de proceder ao despedimento por inadaptação do trabalhador....

Com os melhores cumprimentos,

A empregadora,

____

JUNTA: Uma cópia de decisão.

(PROPOSTA DE) CARTA A COMUNICAR A DECISÃO DE DESPEDIMENTO À AUTORIDADE PARA AS CONDIÇÕES DE TRABALHO

...
Rua ...

Autoridade para as Condições de Trabalho
Rua ...

... (local), ...(data)
Registada c/Aviso de Receção

ASSUNTO: Comunicação de decisão de despedimento

Exmos. Senhores,

Em cumprimento do disposto no nº 2, do art. 378º, do Código do Trabalho, somos pela presente a comunicar, por cópia, a decisão de proceder ao despedimento por inadaptação do trabalhador....

Com os melhores cumprimentos,

A empregadora,

____

JUNTA: Uma cópia de decisão.

4. Despedimento Coletivo

(PROPOSTA DE) COMUNICAÇÃO À COMISSÃO DE TRABALHADORES DA INTENÇÃO DE PROCEDER A DESPEDIMENTO COLETIVO E CONVOCAÇÃO PARA REUNIÃO DE NEGOCIAÇÃO

...
...
Rua ...

Comissão de Trabalhadores da empresa ...
Rua ...

... (local), ...(data)
Registada c/Aviso de Receção

ASSUNTO: Comunicação da intenção de proceder a despedimento coletivo e convocação para reunião de negociação

Exmos. Senhores,

A empregadora..., com sede na Rua..., Pessoa Coletiva nº..., aqui representada pela sócia-gerente, com poderes para o ato, ..., vem, nos termos e para os efeitos do art. 360º, nº 1, do Código do Trabalho, comunicar a intenção de proceder ao despedimento coletivo de 6 trabalhadoras da empresa, as quais constituem todos os trabalhadores da secção de confeção, pelos motivos abaixo descritos.

I – MOTIVOS DO DESPEDIMENTO COLETIVO

O presente despedimento coletivo assenta nos seguintes motivos (estruturais e de mercado):

a) A empregadora é uma empresa têxtil que se dedica às atividades de tecelagem e de confeção;

b) Neste momento, tem ao seu serviço um total de 15 trabalhadores;

c) A grave crise que atravessa a indústria têxtil e afins e a consequente diminuição acentuada do volume de trabalho nesse setor da economia portuguesa, originaram uma quebra brutal na procura dos produtos produzidos pela empregadora;

d) Quebra essa que, como é consabido, originou a insolvência de inúmeras empresas do setor e provocou o encerramento de vários estabelecimentos comerciais, alguns deles, clientes da empregadora;

e) Para além disso, a referida redução do volume de encomendas teve ainda como consequência natural a diminuição do volume de produção;

f) Todo este cenário de reconhecida crise agravou-se, inevitavelmente, com o estado de emergência, que colocou o país numa situação de paralisia com dramáticas consequências económicas para as empresas;

g) Neste contexto, a empregadora, a partir de fevereiro de ..., assistiu a uma redução drástica do volume de encomendas e consequentemente da faturação, a qual, no primeiro semestre de ..., foi a seguinte:

Quadro nº 1

	JAN	FEV	MAR	ABR	MAI	JUN	Total
TECELAGEM	43.475,68 €	51.221,30 €	54.523,20 €	- €	4.116,80 €	17.473,00 €	170.809,98 €
CONFECÇÃO	5.232,02 €	17.787,45 €	4.405,75 €	- €	587,50 €	500,00 €	28.512,72 €
MATERIAIS	1.059,40 €	- €	- €	- €	232,50 €	- €	1.291,90 €
MATERIAIS	9.076,20 €	- €	- €	- €	- €	- €	9.076,20 €
TOTAL	58.843,30 €	69.008,75 €	58.928,95 €	- €	4.936,80 €	17.973,00 €	209.690,80 €

h) Por seu turno, nesse mesmo período, os seus encargos fixos mensais foram os seguintes:

Quadro nº 2

	JAN	FEV	MAR	ABR	MAI	JUN	Total
Massa salarial							
Confeção	6.104,76	4.375,39	4.209,72	4.445,00	4.445,00	4.369,90	27.949,77
Tecelagem	4.587,88	4.559,79	4.510,94	4.445,00	4.603,75	4.545,13	27.252,49
Administrativo	1.481,67	1.481,67	1.400,26	1.481,67	1.481,67	1.481,67	8.808,59
Armazem	740,83	740,83	740,83	740,83	740,83	740,83	4.445,00
Subsidio de alimentação							
Confeção	400,00	358,40	240,00	-	384,00	355,20	1.737,60
Tecelagem	377,53	374,73	275,38	-	397,40	368,99	1.794,03
Administrativo	93,94	81,13	51,24	-	85,40	81,13	392,84
Armazem	60,80	60,80	44,80	-	64,00	60,80	291,20
Segurança Social (Ent Patronal)	2.979,56	2.562,16	2.441,71	2.551,43	2.589,13	2.557,37	15.681,37
Seguros	379,08	348,39	-	232,25	850,06	-	1.809,78
SHT		43,00				850,00	893,00
Electricidade (sem iva)	349,77	357,64	488,38	149,18	305,87	119,59	1.770,43
Agua (sem iva)	24,41	23,01	25,87	23,72	23,37	23,37	143,75
Comunicações (sem iva)	128,30	123,07	144,61	135,27	137,85	117,29	786,39
Securitas (sem iva)	69,60	69,60	81,69	81,69	69,44	69,44	441,46
Gasoleo (sem iva)		950,41					950,41
Contabilidade (sem iva)	215,00	215,00	215,00	215,00	215,00	215,00	1.290,00
Prestação BPI - armazém	4.735,85	4.735,85	4.735,85	4.735,85	4.834,25	4.735,85	28.513,50
Pagamento letras - máquinas			18.000,00			18.000,00	36.000,00
TOTAL	22.728,97	21.460,87	37.606,28	19.236,89	21.227,02	38.691,57	160.951,61

i) Podemos concluir da leitura dos dois quadros supra, que a empregadora, durante os meses de abril, maio e junho, não conseguiu alcançar um volume de faturação suficiente para fazer face aos respetivos encargos mensais, como demonstra o quadro infra.

Quadro nº 3

Mês	Faturação	Encargos
Abril (lay-off simplificado)	0,00 €	19.236,89 €
Maio	4.936,80 €	21.227,02 €
Junho	17.973,00 €	38.691,57 €

j) Da análise dos mencionados quadros, extraímos ainda que os encargos mensais aumentaram, durante o mês de junho, cerca de 45% face ao mês anterior, passando de 21.227,02 € para 38.691,57 €;

k) Na secção da confeção, a empregadora viu a sua faturação reduzir de 587,50 € (valor que por si só era já muito baixo face ao volume de encargos) para 500,00 € (cfr. Quadro nº 1);

l) Isto é, enquanto que a faturação da secção de confeção cobre hoje apenas 1,2% dos encargos mensais fixos, a faturação da secção de tecelagem cobre 45% desses encargos. Sublinhamos que esta situação sempre se verificou nos resultados apresentados pela empregadora nos anos transatos;

m) Aliás, ao nível da massa salarial, o custo com os trabalhadores da confeção ascendeu, durante os meses de maio e junho, à quantia de 9.554,10 €, atingindo a faturação dessa secção apenas o valor de 1.087,50 €, o que acarretou um prejuízo de cerca de 97,2% para a empregadora;

n) A agravar a situação, a hipótese de recurso ao empréstimo bancário não se perfila como uma solução adequada para combater a crise que a empregadora atravessa, considerando que a mesma, nesta rubrica, tem encargos anuais na ordem dos 100.513,50 €, o que representa uma taxa de esforço muito considerável face ao seu volume de negócios;

o) Acresce ainda que a empregadora não tem reservas que permitam enfrentar o período crítico que atravessa;

p) Todo este cenário põe em causa de forma gritante a viabilidade e solvabilidade da empregadora, daí a necessidade de reduzir custos;

q) Na verdade, quando uma empresa não tem reservas, não obtém (nem tem a expetativa de obter) um montante de faturação suficiente para fazer face às despesas fixas e não está em condições de pedir financiamento, a única solução desenhável é a redução de custos. Muito mais numa conjuntura económica extremamente desfavorável como aquela em que vivemos;

r) Da análise do Quadro nº 2, resulta evidente que tal redução só pode passar pela diminuição do número de trabalhadores;

s) Ora, fazendo uma comparação entre as duas secções que constituem a linha de produção da empregadora, torna-se claro que a única solução apta a repor o seu equilíbrio económico-financeiro e a sua solvabilidade é a extinção da secção de confeção, porquanto esta, para além de ter, no plano das retribuições dos trabalhadores, um custo superior à da secção de tecelagem, apresenta prejuízos que atingem cerca de 97%;

t) Além do mais, atualmente, a empregadora não tem quaisquer encomendas para esta secção, nem perspetiva obtê-las durante os próximos tempos, dado que, no presente mercado do sector, há uma diminuição na procura de artigos de malha como os que a empregadora produz;

u) Posto isto, a empregadora não tem outra alternativa que não seja a redução total do volume dos encargos gerais, designadamente com pessoal, optando pela extinção de todos os postos de trabalho que compõem a secção de confeção;

v) Uma vez que, neste momento, não existem postos de trabalho que possam ser preenchidos pelas trabalhadoras que trabalhavam nessa secção, o despedimento das mesmas é incontornável;

w) De facto, na secção da tecelagem, a mão-de-obra existente é suficiente e adequada para fazer face às necessidades da empresa, não se justificando o aumento de trabalhadores nessa secção;

Os motivos alegados fundamentam, sem margem para dúvidas, o presente despedimento coletivo.

II – QUADRO DE PESSOAL DISCRIMINADO POR SETORES ORGANIZACIONAIS DA EMPRESA

Em cumprimento do disposto no art. 360º, nº 2, al. *b)*, do Código do Trabalho, o quadro de pessoal da empresa, discriminado por setores organizacionais, consta do Anexo I, da presente comunicação.

III – CRITÉRIO PARA SELEÇÃO DOS TRABALHADORES A DESPEDIR

A empregadora optou por despedir todas as trabalhadoras que laboravam na secção de confeção. Tal critério de seleção foi determinado de forma clara, objetiva e não discriminatória, assentando nos seguintes fundamentos:

a) A empregadora tem duas secções de produção: a da confeção e a da tecelagem;

b) Ao nível salarial, o custo com a secção da confeção totalizou durante o primeiro semestre de ..., a quantia de 29.687,37 €. Já o custo com a secção da tecelagem perfez, a esse nível e durante esse mesmo período, a quantia de 29.046,52 €;

c) Os encargos mensais da empregadora aumentaram durante o mês de junho face ao mês anterior cerca de 45%, passando de 21.227,02 € para 38.691,57 €;

d) Na secção da confeção, a empregadora viu a sua faturação reduzir de 587,50 € (valor que por si só era já muito baixo, face ao volume de encargos) para 500,00 €;

e) A faturação da secção de confeção cobre hoje apenas 1,2% dos encargos mensais fixos, enquanto que a faturação da secção de tecelagem cobre 45% desses encargos.

Sublinhamos que estas secções sempre apresentaram um grande desfasamento produtivo nos resultados dos anos transatos;

f) Ao nível da massa retributiva, enquanto que o custo com os trabalhadores da confeção ascendeu, durante os meses de maio e junho, à quantia de 9.554,10 €, a faturação dessa secção atingiu apenas o valor de 1.087,50 €, o que acarretou aí um prejuízo de cerca de 97,2% para a empregadora;

g) Nos últimos meses, a empregadora tem apresentado resultados negativos. Basta lembrar que no mês de maio teve uma faturação de 4.936,80 € e encargos de 21.227,02 €, o que conduziu a um prejuízo na ordem dos 76,75% e no mês de junho teve uma faturação de 17.973,00 € e encargos de 38.691,57 €, o que gerou um prejuízo na ordem dos 53,55%;

h) A agravar a situação, a hipótese de recurso ao empréstimo bancário não se perfila como uma solução adequada para combater a crise que a empregadora atravessa, isto porque a mesma, nesta rubrica, tem encargos anuais na ordem dos 100.513,50 €, o que representa uma taxa de esforço muito considerável face ao seu volume de negócios;

i) Acresce ainda que a mesma não tem reservas que permitam enfrentar o período crítico que atravessa;

j) Todo este cenário põe em causa de forma gritante a viabilidade e solvabilidade da empregadora, daí a necessidade de reduzir custos;

k) Na verdade, quando uma empresa não tem reservas, não obtém (nem tem a expetativa de obter) um montante de faturação suficiente para fazer face às despesas fixas e não está em condições de pedir financiamento, a única solução desenhável é a redução de custos. Muito mais numa conjuntura económica extremamente desfavorável como aquela que vivemos;

l) Da análise do quadro nº 2, resulta evidente que tal redução terá necessariamente de passar pela diminuição do número de trabalhadores;

m) Ora, fazendo uma comparação entre as duas secções que constituem a linha de produção da empregadora, torna-se claro que a única solução apta a repor o seu equilíbrio económico-financeiro e a sua solvabilidade é a extinção da secção de confeção, porquanto esta, para além de ter, no plano das retribuições dos trabalhadores, um custo superior à da secção de tecelagem, apresenta prejuízos que atingem cerca de 97%;

n) Além do mais, atualmente, a empregadora não tem quaisquer encomendas para esta secção, nem perspetiva obtê-las durante os próximos tempos, dado que, no presente mercado do sector, há uma diminuição na procura de artigos de malha como os que a empregadora produz;

o) Posto isto, a empregadora não tem outra alternativa que não seja a redução total do volume dos encargos gerais, designadamente com pessoal, optando pela extinção de todos os postos de trabalho que compõem a secção de confeção;

p) Uma vez que, neste momento, não existem postos de trabalho que possam ser preenchidos pelas trabalhadoras que laboram nessa secção, o despedimento das mesmas é incontornável;

q) Com efeito, na secção da tecelagem, a mão-de-obra existente é suficiente e adequada face às necessidades da empresa, não se justificando o aumento de trabalhadores nessa secção.

IV – NÚMERO DE TRABALHADORES A DESPEDIR E AS CATEGORIAS PROFISSIONAIS ABRANGIDAS

O presente despedimento coletivo abrange as seguintes 6 trabalhadoras:

1. ..., costureira, residente na Rua..., nascida em ..., admitida em ..., com a categoria profissional de costureira, inscrita na Segurança Social com o nº ...;
2. ..., costureira, residente na Rua..., nascida em ..., admitida em ..., com a categoria profissional de costureira, inscrita na Segurança Social com o nº ...;
3. ..., costureira, residente na Rua..., nascida em ..., admitida em ..., com a categoria profissional de costureira, inscrita na Segurança Social com o nº ...;
4. ..., costureira, residente na Rua..., nascida em ..., admitida em ..., com a categoria profissional de costureira, inscrita na Segurança Social com o nº ...;
5. ..., costureira, residente na Rua..., nascida em ..., admitida em ..., com a categoria profissional de costureira, inscrita na Segurança Social com o nº ...;
6. ..., ramalhadeira, residente na Rua..., nascida em ..., admitida em ..., com a categoria profissional de ramalhadeira, inscrita na Segurança Social com o nº ....

V – PERÍODO DE TEMPO NO DECURSO DO QUAL SE PRETENDE EFETUAR O DESPEDIMENTO

Atendendo aos prazos necessários ao cumprimento de todos os procedimentos, bem como ao prazo máximo de aviso prévio previsto no art. 363º, nº 1, do Código do Trabalho, pretende-se efetuar o presente despedimento coletivo até ao final do mês de..., de modo a que este produza efeitos até ao final do mês ....

VI – MÉTODO DE CALCULO DA COMPENSAÇÃO

1. Os trabalhadores abrangidos pelo presente despedimento têm direito a compensação correspondente a 14 dias de retribuição e diuturnidades por cada ano completo de antiguidade, nos termos do art. 366º, nº 1, do Código do Trabalho, em relação ao período da duração da relação contratual contado a partir do dia 01.05.2023, data de início da vigência da Lei nº 13/2023, de 03 de abril.

2. Em caso de cessação de contrato de trabalho celebrado antes de 1 de novembro de 2011, a compensação prevista no nº 1, do art. 366º, do Código do Trabalho, na redação conferida pela Lei nº 69/2013, de 30 de agosto, é, por força do nº 1, do art. 5º, desta mesma lei (de ora em diante, art. 5º), calculada do seguinte modo:

a) Em relação ao período de duração do contrato até 31 de outubro de 2012, o montante da compensação corresponde a um mês de retribuição base e diuturnidades por cada ano completo de antiguidade ou é calculado proporcionalmente em caso de fração de ano;

b) Em relação ao período de duração do contrato a partir de 1 de novembro de 2012 inclusive e até 30 de setembro de 2013, o montante da compensação corresponde a 20 dias de retribuição base e diuturnidades calculado proporcionalmente ao período efetivo de trabalho prestado;

c) Em relação ao período de duração do contrato a partir de 1 de outubro de 2013 inclusive, o montante da compensação corresponde à soma dos seguintes montantes:

i) A 18 dias de retribuição base e diuturnidades por cada ano completo de antiguidade, no que respeita aos três primeiros anos de duração do contrato;

ii) A 12 dias de retribuição base e diuturnidades por cada ano completo de antiguidade, nos anos subsequentes;

iii) O disposto na subal. *i*) aplica-se apenas nos casos em que o contrato de trabalho, a 1 de outubro de 2013, ainda não tenha atingido a duração de três anos.

Como determina o nº 2, do art. 5º, o montante total da compensação calculado nos termos suprarreferidos não pode ser inferior a três meses de retribuição base e diuturnidades.

3. No caso de contratos de trabalho celebrados depois de 01.11.2011 e até 30.09.2013, inclusive, a compensação prevista naquele preceito é, por força do nº 3, do art. 5º, calculada do seguinte modo:

a) Em relação ao período de duração do contrato até 30.09.2013, o montante da compensação corresponde a 20 dias de retribuição base e diuturnidades por cada ano completo de antiguidade ou é calculado proporcionalmente em caso de fração de ano;

b) Em relação ao período de duração do contrato a partir de 01.10.2013, inclusive, o montante da compensação corresponde à soma dos seguintes montantes:

i) A 18 dias de retribuição base e diuturnidades por cada ano completo de antiguidade, no que respeita aos três primeiros anos de duração do contrato;

ii) A 12 dias de retribuição base e diuturnidades por cada ano completo de antiguidade, nos anos subsequentes;

iii) O disposto na subal. *i*) aplica-se apenas nos casos em que o contrato de trabalho, a 01.10.2013, ainda não tenha atingido a duração de três anos.

4. Nos termos do nº 4, do art. 5º e para efeitos de cálculo da parte da compensação a que se referem as als. *b*) e *c*), do nº 1 e as als. *a*) e *b*), do nº 3, desse mesmo artigo:

– O valor da retribuição base e diuturnidades do trabalhador a considerar não pode ser superior a 20 vezes a retribuição mínima mensal garantida;

– O valor diário de retribuição base e diuturnidades é o resultante da divisão por 30 da retribuição base mensal e diuturnidades;

– Em caso de fração de ano, o montante da compensação é calculado proporcionalmente.

5. Como estipula o nº 5, do art. 5º, quando da aplicação do disposto na al. *a*), dos nºs 1 e 3, do art. 5º, resulte um montante de compensação que seja:

a) Igual ou superior a 12 vezes a retribuição base mensal e diuturnidades do trabalhador ou a 240 vezes a retribuição mínima mensal garantida, não é aplicável o disposto na al. *b*), do nº 3, do art. 5º;

b) Inferior a 12 vezes a retribuição base mensal e diuturnidades do trabalhador ou a 240 vezes a retribuição mínima mensal garantida, o montante global da compensação não pode ser superior a estes valores.

6. Segundo reza o nº 6, do art. 5º, quando da soma dos valores previstos nas als. *a*) e *b*), do nº 1, do art. 5º, resulte um montante de compensação que seja:

a) Igual ou superior a 12 vezes a retribuição base mensal e diuturnidades do trabalhador ou a 240 vezes a retribuição mínima mensal garantida, não é aplicável o disposto na al. *c*), do nº 1, do art. 5º;

b) Inferior a 12 vezes a retribuição base mensal e diuturnidades do trabalhador ou a 240 vezes a retribuição mínima mensal garantida, o montante global da compensação não pode ser superior a estes valores.

VII – FASE DE INFORMAÇÕES E NEGOCIAÇÃO

Com vista a garantir a realização da fase de informações e negociação a que alude o art. 361º, nº 1, do Código do Trabalho, notificamos V. Exas. para comparecerem no dia ..., pelas ... horas na Sala de Reuniões, da sede da empregadora sita na Rua....

JUNTA: Quadro de pessoal discriminado por sectores organizacionais (Anexo I).

Com os nossos melhores cumprimentos,

A empregadora,

____

(PROPOSTA DE) CARTA DE ENVIO DE CÓPIA DE COMUNICAÇÃO DA INTENÇÃO DE PROCEDER A DESPEDIMENTO COLETIVO

...
Rua ...

Direção-Geral do Emprego e das Relações de Trabalho
Rua ...

... (local), ... (data)
Registada c/ Aviso de Receção

ASSUNTO: Envio de cópia de comunicação da intenção de proceder a despedimento coletivo

Exmos. Senhores,

Em cumprimento do disposto no nº 5, do art. 360º, do Código do Trabalho, somos pela presente a enviar cópia da comunicação da intenção de proceder a despedimento coletivo.

Com vista a garantir a realização da fase de informações e negociação a que alude o art. 361º, nº 1, do Código do Trabalho, notificamos V. Exas. para comparecerem no dia ..., pelas ... horas na Sala de Reuniões, da sede da empregadora, sita na Rua....

Com os nossos melhores cumprimentos,

A empregadora,

____

JUNTA: Cópia de comunicação da intenção de proceder a despedimento coletivo.

(PROPOSTA DE) ATA DE REUNIÃO DE NEGOCIAÇÃO

Ata de reunião de informações e negociação

No dia ..., pelas ...horas, realizou-se, nos termos do art. 361º, nº 1, do Código do Trabalho, a reunião de informações e negociação entre a empregadora ..., aqui representada pela sócia-gerente, com poderes para o ato, ...; a comissão de trabalhadores, aqui representada pelos Exmos. Senhores ... e a Direção-Geral do Emprego e das Relações de Trabalho (de ora em diante DGERT), aqui representada pela Exma. Sra. Dra. ....

A representante da empregadora tomou a palavra para explicar os motivos que presidiram ao presente despedimento coletivo e o critério de seleção das trabalhadoras abrangidas, os quais estão devidamente enunciados na carta da intenção de despedimento enviada para a comissão de trabalhadores e que se consideram aqui devidamente reproduzidos para os devidos efeitos legais.

Depois de apresentadas as posições de todos os presentes, a empregadora e a comissão de trabalhadores acordaram no seguinte:

a) Os motivos invocados pela empregadora, no âmbito do presente procedimento de despedimento coletivo, bem como o critério de seleção de trabalhadores são legítimos e válidos;

b) A extinção da secção de confeção e o despedimento das trabalhadoras aí colocadas é a única medida que pode permitir a viabilização e solvabilidade da empregadora.

Nada mais havendo a declarar, lavrou-se a presente ata que lida e achada conforme vai ser assinada por todos os presentes.

A representante da empregadora,

____

Os representantes da Comissão de Trabalhadores,

____

A representante da Direção-Geral do Emprego e das Relações de Trabalho,

____

(PROPOSTA DE) CARTA A COMUNICAR A DECISÃO DE DESPEDIMENTO AO TRABALHADOR

...
Rua ...

Exmo. Senhor:
...
Rua ...

... (local), ...(data)
Registada c/Aviso de Receção

ASSUNTO: Comunicação de decisão de despedimento

Exma. Senhora,

Em cumprimento do disposto no nº 1, do art. 363º, do Código do Trabalho, somos pela presente a comunicar a decisão de despedimento coletivo de 6 trabalhadoras da empresa, as quais constituem todos os trabalhadores da secção de confeção, onde se inclui V. Exª, com a consequente cessação do seu contrato individual de trabalho, pelos motivos abaixo descritos.

I – MOTIVOS DO DESPEDIMENTO COLETIVO

O presente despedimento coletivo assenta nos seguintes motivos (estruturais e de mercado):

a) A empregadora é uma empresa têxtil que se dedica às atividades de tecelagem e de confeção;

b) Neste momento, tem ao seu serviço um total de 15 trabalhadores;

c) A grave crise que atravessa a indústria têxtil e afins e a consequente diminuição acentuada do volume de trabalho nesse setor da economia portuguesa, originaram uma quebra brutal na procura dos produtos produzidos pela empregadora;

d) Quebra essa que, como é consabido, originou a insolvência de inúmeras empresas do setor e provocou o encerramento de vários estabelecimentos comerciais, alguns deles, clientes da empregadora;

e) Para além disso, a referida redução do volume de encomendas teve ainda como consequência natural a diminuição do volume de produção;

f) Todo este cenário de reconhecida crise agravou-se, inevitavelmente, com o estado de emergência, que colocou o país numa situação de paralisia com dramáticas consequências económicas para as empresas;

g) Neste contexto, a empregadora, a partir de fevereiro de ..., assistiu a uma redução drástica do volume de encomendas e consequentemente da faturação, a qual, no primeiro semestre de ..., foi a seguinte:

Quadro nº 1

	JAN	FEV	MAR	ABR	MAI	JUN	Total
TECELAGEM	43.475,68 €	51.221,30 €	54.523,20 €	- €	4.116,80 €	17.473,00 €	170.809,98 €
CONFECÇÃO	5.232,02 €	17.787,45 €	4.405,75 €	- €	587,50 €	500,00 €	28.512,72 €
MATERIAIS	1.059,40 €	- €	- €	- €	232,50 €	- €	1.291,90 €
MATERIAIS	9.076,20 €	- €	- €	- €	- €	- €	9.076,20 €
TOTAL	58.843,30 €	69.008,75 €	58.928,95 €	- €	4.936,80 €	17.973,00 €	209.690,80 €

h) Por seu turno, nesse mesmo período, os seus encargos fixos mensais foram os seguintes:

Quadro nº 2

	JAN	FEV	MAR	ABR	MAI	JUN	Total
Massa salarial							
Confeção	6.104,76	4.375,39	4.209,72	4.445,00	4.445,00	4.369,90	**27.949,77**
Tecelagem	4.587,88	4.559,79	4.510,94	4.445,00	4.603,75	4.545,13	**27.252,49**
Administrativo	1.481,67	1.481,67	1.400,26	1.481,67	1.481,67	1.481,67	**8.808,59**
Armazem	740,83	740,83	740,83	740,83	740,83	740,83	**4.445,00**
Subsidio de alimentação							
Confeção	400,00	358,40	240,00	-	384,00	355,20	**1.737,60**
Tecelagem	377,53	374,73	275,38	-	397,40	368,99	**1.794,03**
Administrativo	93,94	81,13	51,24	-	85,40	81,13	**392,84**
Armazem	60,80	60,80	44,80	-	64,00	60,80	**291,20**
Segurança Social (Ent Patronal)	2.979,56	2.562,16	2.441,71	2.551,43	2.589,13	2.557,37	**15.681,37**
Seguros	379,08	348,39	-	232,25	850,06	-	**1.809,78**
SHT		43,00				850,00	**893,00**
Electricidade (sem iva)	349,77	357,64	488,38	149,18	305,87	119,59	**1.770,43**
Agua (sem iva)	24,41	23,01	25,87	23,72	23,37	23,37	**143,75**
Comunicações (sem iva)	128,30	123,07	144,61	135,27	137,85	117,29	**786,39**
Securitas (sem iva)	69,60	69,60	81,69	81,69	69,44	69,44	**441,46**
Gasoleo (sem iva)		950,41					**950,41**
Contabilidade (sem iva)	215,00	215,00	215,00	215,00	215,00	215,00	**1.290,00**
Prestação BPI - armazém	4.735,85	4.735,85	4.735,85	4.735,85	4.834,25	4.735,85	**28.513,50**
Pagamento letras - máquinas			18.000,00			18.000,00	**36.000,00**
TOTAL	**22.728,97**	**21.460,87**	**37.606,28**	**19.236,89**	**21.227,02**	**38.691,57**	**160.951,61**

i) Podemos concluir da leitura dos dois quadros supra, que a empregadora, durante os meses de abril, maio e junho, não conseguiu alcançar um volume de faturação suficiente para fazer face aos respetivos encargos mensais, como demonstra o quadro infra.

Quadro nº 3

Mês	Faturação	Encargos
Abril (lay-off simplificado)	0,00 €	19.236,89 €
Maio	4.936,80 €	21.227,02 €
Junho	17.973,00 €	38.691,57 €

j) Da análise dos mencionados quadros, extraímos ainda que os encargos mensais aumentaram, durante o mês de junho, cerca de 45% face ao mês anterior, passando de 21.227,02 € para 38.691,57 €;

k) Na secção da confeção, a empregadora viu a sua faturação reduzir de 587,50 € (valor que por si só era já muito baixo face ao volume de encargos) para 500,00 € (cfr. Quadro nº 1);

l) Isto é, enquanto que a faturação da secção de confeção cobre hoje apenas 1,2% dos encargos mensais fixos, a faturação da secção de tecelagem cobre 45% desses encargos. Sublinhamos que esta situação sempre se verificou nos resultados apresentados pela empregadora nos anos transatos;

m) Aliás, ao nível da massa retributiva, o custo com os trabalhadores da confeção ascendeu, durante os meses de maio e junho, à quantia de 9.554,10 €, atingindo a faturação dessa secção apenas o valor de 1.087,50 €, o que acarretou um prejuízo de cerca de 97,2% para a empregadora;

n) A agravar a situação, a hipótese de recurso ao empréstimo bancário não se perfila como uma solução adequada para combater a crise que a empregadora atravessa, considerando que a mesma, nesta rubrica, tem encargos anuais na ordem dos 100.513,50 €, o que representa uma taxa de esforço muito considerável face ao seu volume de negócios;

o) Acresce ainda que a empregadora não tem reservas que permitam enfrentar o período crítico que atravessa;

p) Todo este cenário põe em causa de forma gritante a viabilidade e solvabilidade da empregadora, daí a necessidade de reduzir custos;

q) Na verdade, quando uma empresa não tem reservas, não obtém (nem tem a expetativa de obter) um montante de faturação suficiente para fazer face às despesas fixas e não está em condições de pedir financiamento, a única solução desenhável é a redução de custos. Muito mais numa conjuntura económica extremamente desfavorável como aquela em que vivemos;

r) Da análise do Quadro nº 2, resulta evidente que tal redução só pode passar pela diminuição do número de trabalhadores;

s) Ora, fazendo uma comparação entre as duas secções que constituem a linha de produção da empregadora, torna-se claro que a única solução apta a repor o seu equilíbrio económico-financeiro e a sua solvabilidade é a extinção da secção de confeção, porquanto esta, para além de ter, no plano das retribuições dos trabalhadores, um custo superior à da secção de tecelagem, apresenta prejuízos que atingem cerca de 97%;

t) Além do mais, atualmente, a empregadora não tem quaisquer encomendas para esta secção, nem perspetiva obtê-las durante os próximos tempos, dado que, no presente mercado do sector, há uma diminuição na procura de artigos de malha como os que a empregadora produz;

u) Posto isto, a empregadora não tem outra alternativa que não seja a redução total do volume dos encargos gerais, designadamente com pessoal, optando pela extinção de todos os postos de trabalho que compõem a secção de confeção;

v) Uma vez que, neste momento, não existem postos de trabalho que possam ser preenchidos pelas trabalhadoras que trabalhavam nessa secção, o despedimento das mesmas é incontornável;

w) De facto, na secção da tecelagem, a mão-de-obra existente é suficiente e adequada para fazer face às necessidades da empresa, não se justificando o aumento de trabalhadores nessa secção;

Os motivos alegados fundamentam, sem margem para dúvidas, o presente despedimento coletivo.

II -TRABALHADORES ABRANGIDOS

O presente despedimento coletivo abrange as seguintes 6 trabalhadoras:

1. ..., costureira, residente na Rua..., nascida em ..., admitida em ..., com a categoria profissional de costureira, inscrita na Segurança Social com o nº ...;
2. ..., costureira, residente na Rua..., nascida em ..., admitida em ..., com a categoria profissional de costureira, inscrita na Segurança Social com o nº ...;
3. ..., costureira, residente na Rua..., nascida em ..., admitida em ..., com a categoria profissional de costureira, inscrita na Segurança Social com o nº ...;
4. ..., costureira, residente na Rua..., nascida em ..., admitida em ..., com a categoria profissional de costureira, inscrita na Segurança Social com o nº ...;
5. ..., costureira, residente na Rua..., nascida em ..., admitida em ..., com a categoria profissional de costureira, inscrita na Segurança Social com o nº ...;
6. ..., ramalhadeira, residente na Rua..., nascida em ..., admitida em ..., com a categoria profissional de ramalhadeira, inscrita na Segurança Social com o nº ....

III - DATA DE CESSAÇÃO DO CONTRATO DE TRABALHO

Dando cumprimento ao prazo de aviso prévio de 60 dias previsto no art. 363º, nº 1, al. *c*), do Código do Trabalho, a cessação do contrato de trabalho celebrado com V. Exa., decorrente do presente despedimento coletivo, ocorrerá no dia ....

IV – MONTANTE, FORMA, MOMENTO E LUGAR DO PAGAMENTO DA COMPENSAÇÃO, DOS CRÉDITOS VENCIDOS E DOS EXIGÍVEIS POR EFEITO DA CESSAÇÃO DO CONTRATO DE TRABALHO

a) Por força da cessação do seu contrato de trabalho, V. Exa. tem direito às seguintes quantias:

– De ... €, a título de compensação;

– De ... €, a título de crédito de horas para formação contínua;

– De ... €, a título de subsídios de férias e de Natal proporcionais ao trabalho prestado em ...;

b) Tais quantias perfazem o montante global de ... €, o qual será liquidado no dia ..., mediante transferência bancária para a conta de que V. Exa. é titular, com o IBAN ....

V – GOZO DE FÉRIAS NOS TERMOS DO ART. 241º, Nº 5, DO CÓDIGO DO TRABALHO

No caso de cessação do contrato de trabalho sujeita a aviso prévio, o art. 241º, nº 5, do Código do Trabalho, confere ao empregador a possibilidade de determinar o gozo de férias imediatamente antes da cessação.

Assim, as férias vencidas em ..., serão gozadas por V. Exa. do dia ... ao dia ....

Com os nossos melhores cumprimentos,

A empregadora,

____

(PROPOSTA DE) CARTA DE ENVIO DE ATA DAS REUNIÕES DE NEGOCIAÇÃO E RELAÇÃO DOS TRABALHADORES À DIREÇÃO-GERAL DO EMPREGO E DAS RELAÇÕES DE TRABALHO

...

Rua ...

Direção-Geral do Emprego e das Relações de Trabalho

Rua ...

... (local), ... (data)

Registada c/ Aviso de Receção

ASSUNTO: Envio de ata da reunião de informações e negociação e relação de trabalhadores

Exmos. Senhores,

Em cumprimento do disposto na al. *a*), do nº 3, do art. 363º, do Código do Trabalho, somos pela presente a enviar ata da reunião de informações e negociação.

Junto enviamos, ainda, relação contendo o nome de cada trabalhador, morada, datas de nascimento e de admissão na empresa, situação perante a segurança social, profissão, categoria, retribuição, a medida decidida e a data prevista para a sua aplicação.

Com os nossos melhores cumprimentos,

A empregadora,

____

JUNTA: Uma ata e uma relação de trabalhadores.

(PROPOSTA DE) CARTA DE ENVIO DE RELAÇÃO À COMISSÃO DE TRABALHADORES

...
Rua ...

Comissão de Trabalhadores da empresa ...
Rua ...

... (local), ...(data)
Registada c/Aviso de Receção

ASSUNTO: Envio de relação de trabalhadores

Exmos. Senhores,

Em cumprimento do disposto na al. *b)*, do nº 3, do art. 363º, do Código do Trabalho, somos pela presente a enviar relação contendo o nome de cada trabalhador, morada, datas de nascimento e de admissão na empresa, situação perante a segurança social, profissão, categoria, retribuição, a medida decidida e a data prevista para a sua aplicação.

Com os meus melhores cumprimentos,

A empregadora,

____

JUNTA: Uma Cópia da relação de trabalhadores.

CAPÍTULO VII
AÇÃO DE IMPUGNAÇÃO JUDICIAL DA REGULARIDADE E LICITUDE DO DESPEDIMENTO

(PROPOSTA DE) ARTICULADO DO EMPREGADOR

TRIBUNAL JUDICIAL DA COMARCA ...
Juízo do trabalho de ... - Juiz 1
Proc. nº ...

..., empregador nos autos à margem referenciados, vem apresentar,

ARTICULADO PARA MOTIVAR O DESPEDIMENTO POR EXTINÇÃO DO POSTO DE TRABALHO,

Da trabalhadora ...

nos termos e com os fundamentos seguintes:

I - DO CONTRATO

1º

O empregador dedica-se à comercialização de material elétrico.

2º

Em ..., admitiu ao seu serviço, mediante contrato de trabalho sem termo, a trabalhadora, a qual, sob a sua autoridade e direção, cumpriu as funções de caixa, no estabelecimento sito na Rua ...,

3º

cumprindo o seguinte horário de trabalho: De Segunda-feira a Sexta-feira das ... às ... e das ... às .... (cfr. doc. nº 1).

4º

A trabalhadora auferia uma retribuição mensal ilíquida de ... € (cfr. doc. nº 2).

II – DO PROCEDIMENTO DE DESPEDIMENTO POR EXTINÇÃO DO POSTO DE TRABALHO

5º

Em ..., o empregador comunicou à trabalhadora a necessidade de extinguir o seu posto de trabalho e de proceder ao consequente despedimento. Cfr. fls. ... a ..., do procedimento de despedimento junto como doc. nº 1 e cujos conteúdos se dão por integralmente reproduzidos para todos os efeitos legais.

6º

A trabalhadora não emitiu parecer fundamentado nos termos do art. 370º, nº 1, do Código do Trabalho.

7º

Em ..., o empregador comunicou à trabalhadora a decisão de despedimento por extinção do posto de trabalho, cumprindo assim o disposto no art. 371º, nº 3, do Código do Trabalho. Cfr. fls. ... a ..., do procedimento de despedimento junto como doc. nº 1 e cujos conteúdos se dão por integralmente reproduzidos para todos os efeitos legais.

8º

Na mesma data, o empregador comunicou à Autoridade para as Condições de Trabalho, a decisão de despedimento por extinção do posto de trabalho, cumprindo assim o disposto no art. 371º, nº 3, do Código do Trabalho. Cfr. fls. ... a ..., do procedimento de despedimento junto como doc. nº 1 e cujo conteúdo se dá por integralmente reproduzido para todos os efeitos legais.

9º

Não restam assim dúvidas que o procedimento de despedimento por extinção do posto de trabalho da trabalhadora, cumpriu todas as formalidades legalmente exigidas. Cfr. fls. ... a ..., do procedimento de despedimento junto como doc. nº 1 e cujos conteúdos se dão por integralmente reproduzidos para todos os efeitos legais.

III – DOS FACTOS E FUNDAMENTOS QUE MOTIVARAM O DESPEDIMENTO POR EXTINÇÃO DO POSTO DE TRABALHO DA TRABALHADORA

10º

O despedimento da trabalhadora foi motivado pelos seguintes factos e fundamentos que constam da comunicação da intenção de despedimento ora impugnado e respetiva decisão e que ora se transcrevem:

"Em ..., o empregador criou uma secção de venda ao público". Cfr. ponto ..., da comunicação da intenção de despedimento por extinção do posto de trabalho (a fls. ..., do procedimento de despedimento junto como doc. nº 1) e ponto ..., da respetiva decisão de despedimento (a fls. ..., do procedimento de despedimento junto como doc. nº 1) e cujos conteúdos se dão por integralmente reproduzidos para todos os efeitos legais.

11º

"Para o efeito contratou os seguintes trabalhadores:

- ..., Categoria profissional – caixa;
- ..., Categoria profissional – vendedor". Cfr. ponto ..., da comunicação da intenção de despedimento por extinção do posto de trabalho (a fls. ..., do procedimento de despedimento junto como doc. nº 1) e ponto ..., da respetiva decisão de despedimento (a fls. ..., do procedimento de despedimento junto como doc. nº 1) e cujos conteúdos se dão por integralmente reproduzidos para todos os efeitos legais.

12º

"Acontece que, ao contrário do que era esperado, os custos com a manutenção têm sido superiores ao valor aí apurado, o que tem provocado a acumulação de sucessivos prejuízos, designadamente nos anos de ..., ... e ...". Cfr. ponto ..., da comunicação da intenção de despedimento por extinção do posto de trabalho (a fls. ..., do procedimento de despedimento junto como doc. nº 1) e ponto ..., da respetiva decisão de despedimento (a fls. ..., do procedimento de despedimento junto como doc. nº 1) e cujos conteúdos se dão por integralmente reproduzidos para todos os efeitos legais.

13º

"Até hoje, a cobertura dos referidos prejuízos tem sido assegurada pelo produto da venda a retalhistas". Cfr. ponto ..., da comunicação da intenção de despedimento por extinção do posto de trabalho (a fls. ..., do procedimento de despedimento junto como doc. nº 1) e ponto ..., da respetiva decisão de despedimento (a fls. ..., do procedimento de despedimento junto como doc. nº 1) e cujos conteúdos se dão por integralmente reproduzidos para todos os efeitos legais.

14º

"Situação que nos últimos meses se revelou insuportável, dado que o volume da venda a retalhistas tem diminuído em larga medida". Cfr. ponto ..., da comunicação da intenção de despedimento por extinção do posto de trabalho (a fls. ..., do procedimento de despedimento junto como doc. nº 1) e ponto ..., da respetiva decisão de despedimento (a fls. ..., do procedimento de despedimento junto como doc. nº 1) e cujos conteúdos se dão por integralmente reproduzidos para todos os efeitos legais.

15º

"Perante este cenário, o empregador não tem condições para continuar com a secção de venda ao público, pelo que não lhe resta outra alternativa que não seja o encerramento dessa secção e a extinção do posto de trabalho aí existente". Cfr. ponto ..., da comunicação da intenção de despedimento por extinção do posto de trabalho (a fls. ..., do procedimento de despedimento junto como doc. nº 1) e ponto ..., da respetiva decisão de despedimento (a fls. ..., do procedimento de despedimento junto como doc. nº 1) e cujos conteúdos se dão por integralmente reproduzidos para todos os efeitos legais.

16º

"O empregador não tem nenhum posto de trabalho onde possa ser colocada a trabalhadora afetada". Cfr. ponto ..., da comunicação da intenção de despedimento por extinção do posto de trabalho (a fls. ..., do procedimento de despedimento junto como doc. nº 1) e ponto ..., da respetiva decisão de despedimento (a fls. ..., do procedimento de despedimento junto como doc. nº 1) e cujos conteúdos se dão por integralmente reproduzidos para todos os efeitos legais.

17º

Os motivos invocados para o presente despedimento não se verificaram por conduta culposa do empregador, nem da trabalhadora. Cfr. ponto ..., da decisão de despedimento (a fls. ..., do procedimento de despedimento junto como doc. nº 1) e cujo conteúdo se dá por integralmente reproduzido para todos os efeitos legais.

18º

A subsistência da relação de trabalho estabelecida com a trabalhadora é absolutamente impossível, porquanto não existe outro posto de trabalho onde esta possa ser colocada. Cfr. ponto ..., da decisão de despedimento (a fls. ..., do procedimento de despedimento junto como doc. nº 1) e cujo conteúdo se dá por integralmente reproduzido para todos os efeitos legais.

19º

Com efeito, o empregador tem uma equipa de 4 vendedores, sendo certo que pretende revogar o contrato de trabalho de um deles, por força do decréscimo do volume de vendas que se tem verificado desde ... e que se está a tornar insustentável do ponto de vista económico-financeiro. Cfr. ponto ..., da decisão de despedimento (a fls. ..., do procedimento de despedimento junto como doc. nº 1) e cujo conteúdo se dá por integralmente reproduzido para todos os efeitos legais.

20º

Não existem contratos a termo para as tarefas correspondentes às do posto de trabalho da trabalhadora agora extinto. Cfr. ponto ..., da decisão de despedimento (a fls. ..., do procedimento de despedimento junto como doc. nº 1) e cujo conteúdo se dá por integralmente reproduzido para todos os efeitos legais.

21º

Neste caso, não é aplicável o regime do despedimento coletivo, dado que o despedimento em causa abrange apenas um trabalhador. Cfr. ponto ..., da decisão de despedimento (a fls. ..., do procedimento de despedimento junto como doc. nº 1) e cujo conteúdo se dá por integralmente reproduzido para todos os efeitos legais.

22º

Estão assim preenchidos todos os requisitos previstos no art. 368º, nº 1, do Código do Trabalho.

23º

Em caso de despedimento por extinção do posto de trabalho, o trabalhador tem direito à compensação prevista no art. 366º *ex vi* do art. 372º, ambos do Código do Trabalho.

24º

A trabalhadora foi admitida em ... e auferia uma retribuição mensal ilíquida de ... €, pelo que tem direito à quantia de ... €, a título de compensação, a qual foi calculada da seguinte forma: ...

25º

A trabalhadora tinha ainda direito aos seguintes créditos: ...

26º

Nos termos do art. 363º, nº 5 *ex vi* do art. 372º, ambos do Código do Trabalho, o empregador colocou à disposição da trabalhadora, no dia ..., no seu Gabinete de Contabilidade, sito na Rua.... a quantia de ... €, correspondente à compensação e aos créditos vencidos e exigíveis por efeito da cessação do contrato de trabalho. Cfr. carta de comunicação da decisão de despedimento (a fls. ..., do procedimento de despedimento junto como doc. nº 1) e cujo conteúdo se dá por integralmente reproduzido para todos os efeitos legais.

Termos em que e nos demais de direito deve a presente ação ser julgada improcedente, por não provada e, em consequência, ser declarada a regularidade e licitude do despedimento da trabalhadora com as legais consequências.

PROVA TESTEMUNHAL:

1. ..., residente na Rua ...;
2. ..., residente na Rua ....

VALOR: ... €

JUNTA: 1 documento e procuração forense.

O Advogado,

____

(PROPOSTA DE) CONTESTAÇÃO COM RECONVENÇÃO

TRIBUNAL JUDICIAL DA COMARCA ...
Juízo do trabalho de ... - Juiz 1
Proc. nº ...

...., trabalhadora nos autos à margem identificados, vem apresentar a sua

CONTESTAÇÃO com RECONVENÇÃO,

nos termos e com os seguintes fundamentos:

I - DA ILICITUDE DO DESPEDIMENTO

1º

O despedimento por extinção do posto de trabalho que ora se impugna é, como veremos, ilícito.

2º

A decisão de despedimento em causa assentou nos seguintes factos;

a) "Em ..., o empregador... criou uma secção de venda ao público". (art. 10º, do articulado do empregador);

b) "Para o efeito contratou os seguintes trabalhadores:

- ..., Categoria profissional - caixa;
- ..., Categoria profissional - vendedor". (art. 11º, do articulado do empregador);

c) "Acontece que, ao contrário do que era esperado, os custos com a manutenção têm sido superiores ao valor aí apurado, o que tem provocado a acumulação de sucessivos prejuízos, designadamente nos anos de ..., ... e ...". (art. 12º, do articulado do empregador);

d) "Até hoje, a cobertura dos referidos prejuízos tem sido assegurada pelo produto da venda a retalhistas". (art. 13º, do articulado do empregador);

e) "Situação que nos últimos meses se revelou insuportável, dado que o volume da venda a retalhistas tem diminuído em larga medida". (art.14º, do articulado do empregador);

f) "Perante este cenário, o empregador não tem condições para continuar com a secção de venda ao público, pelo que não lhe resta outra alternativa que não seja o encerramento dessa secção e a extinção do posto de trabalho aí existente". (art. 15º, do articulado do empregador);

g) "Na empresa não existe nenhum posto de trabalho onde possa ser colocada a trabalhadora afetada". (art. 16º, do articulado do empregador).

3º

Antes de mais importa referir que, na motivação do despedimento da trabalhadora, o empregador limitou-se a tecer meras considerações genéricas sem qualquer correspondência factual.

4º

Pelo que, desde logo por este motivo, o despedimento em causa deverá ser declarado ilícito por manifesta ausência de motivo justificativo.

5º

Sem prescindir, tenhamos presente que o empregador, na motivação do despedimento, invocou "os sucessivos prejuízos acumulados, nos anos ..., ... e ...".

6º

Este facto nunca, em momento algum, poderia motivar o despedimento *sub iudice*.

7º

Isto porque, a trabalhadora foi admitida precisamente em ..., ou seja, durante o alegado período de acumulação de prejuízos.

8º

Aliás, nesse ano, o empregador admitiu mais 2 funcionários.

9º

Desta forma, a invocação deste motivo constitui uma inequívoca contradição reveladora de má-fé do empregador.

10º

De todo o modo e ao contrário do que alega o empregador, os custos com a manutenção da secção de venda ao público não "têm sido superiores ao valor aí apurado".

11º

Muito pelo contrário, durante o ano de ..., não só não houve quebra na faturação do empregador, como assistiu-se a um aumento do volume de trabalho, mormente naquela secção.

12º

Acresce que o posto de trabalho, que o empregador pretende extinguir com o despedimento em apreço, já foi ocupado por outra trabalhadora.

13º

Não restam assim dúvidas que não se verifica a necessidade de extinguir o posto de trabalho ocupado pela trabalhadora.

14º

Pelo exposto impugna-se, para os devidos efeitos legais, o vertido, entre outros, nos arts. 12º, 13º, 14º, 15º, 16º, 18º, 19º, 20º e 22º, do articulado do empregador.

II – DOS EFEITOS DA ILICITUDE DO DESPEDIMENTO

15º

O despedimento da trabalhadora é ilícito, nomeadamente, por manifesta improcedência dos respetivos motivos justificativos (art. 381º, al. *b*), do Código do Trabalho) e ainda por ausência de cumprimento dos requisitos previstos no nº 1, do art. 368º, do Código do Trabalho (art. 384º, al. *a*), do Código do Trabalho).

16º

Por força dessa ilicitude, a trabalhadora tem direito a ser indemnizada por todos os danos causados, patrimoniais e não patrimoniais, bem como a ser reintegrada (cfr. o art. 389º, nº 1, als. *a*) e *b*), do Código do Trabalho).

17º

Tem ainda direito a receber as retribuições que deixou de auferir desde a data do despedimento (...) até ao trânsito em julgado da decisão judicial que vier a declarar a ilicitude do mesmo (cfr. o art. 390º, nº 1, do Código do Trabalho).

III – DA RECONVENÇÃO

Das retribuições em dívida

18º

A partir de ..., o empregador deixou de pagar, à trabalhadora, a respetiva retribuição.

19º

Pelo que, a trabalhadora, para além das retribuições que deixou e deixará de auferir desde a data do despedimento até ao trânsito em julgado da decisão judicial que vier a declarar a ilicitude do mesmo, tem direito às seguintes quantias:

- ... €, relativa à retribuição do mês de ...;
- ... €, relativa à retribuição do mês de ...;
- ... €, relativa à retribuição correspondente a ... dias do mês de ....

Dos danos não patrimoniais

20º

O despedimento ilícito da trabalhadora, provocou e continua a provocar nesta uma elevadíssima e estigmatizante perturbação dos equilíbrios físico, psíquico e social, resultando na ablação da sua qualidade de vida.

21º

De facto, até à data do despedimento, a trabalhadora tinha uma atividade profissional intensa, o que, naturalmente, a tornava uma pessoa completamente preenchida do ponto de vista intelectual e emocional e por isso estimulada para a vida.

22º

O despedimento ilícito de que foi alvo constituiu e constitui um verdadeiro atentado contra a sua honra e dignidade.

23º

De tal forma que as suas vidas pessoal, social e familiar ficaram irreversivelmente afetadas.

24º

A trabalhadora viu-se afastada do seu posto de trabalho, por motivos que sabe não serem lícitos.

25º

Em virtude disso, perdeu o ânimo, o orgulho, o preenchimento intelectual e emocional, sentindo-se discriminada, envergonhada e ofendida, o que lhe causa permanente sofrimento, no meio profissional e social e, principalmente, no seio da sua família.

26º

Por outro lado, perdeu a única fonte de sustento para si e para a sua família, o que lhe provoca sentimentos de desespero e extrema preocupação.

27º

Tão graves e extensos danos não patrimoniais constituem um grave atentado à sua personalidade moral.

28º

Em consequência, o empregador deve ser condenado a pagar à trabalhadora a quantia de ... €, a título de compensação pelos danos não patrimoniais causados.

Termos em que e nos demais de direito:

I - Deve ser julgada procedente, por provada, a presente ação e, em consequência:

- declarada a ilicitude do despedimento da trabalhadora;

- condenado o empregador a reintegrar a trabalhadora;

- condenado o empregador a pagar à trabalhadora todas as retribuições que esta deixou de auferir desde a data do despedimento até ao trânsito em julgado da decisão judicial;

II - Deve ser julgada procedente, por provada, a reconvenção e, em consequência, ser condenado o empregador a pagar à trabalhadora:

- a quantia de ... €, relativa às retribuições vencidas dos meses de ..., ... e ... dias do ..., acrescida de juros de mora à taxa legal, sem prejuízo das retribuições vincendas;

- a quantia de ... €, a título de compensação pelos danos não patrimoniais sofridos, acrescida de juros de mora à taxa legal.

PROVA TESTEMUNHAL:

1. ..., residente na Rua ...;
2. ..., residente na Rua ....

VALOR: ... €

JUNTA: Procuração forense.

O Advogado,

____

CAPÍTULO VIII
PROCESSO DE INSOLVÊNCIA

(PROPOSTA DE) PETIÇÃO INICIAL DE AÇÃO DE INSOLVÊNCIA

TRIBUNAL JUDICIAL DA COMARCA ...
Juízo de comércio de ...

..., rececionista, contribuinte fiscal nº..., titular do Cartão de Cidadão nº ..., válido até ..., número de identificação da segurança social ..., residente na Rua..., com domicílio profissional na Rua ..., vem intentar

AÇÃO DE INSOLVÊNCIA contra

..., com sede na Rua ..., PC nº ...,

nos termos e com os seguintes fundamentos:

I – DO CONTRATO DE TRABALHO

1º

A requerida dedica-se à atividade de comercialização de óculos e material ótico.

2º

Em ..., a requerida admitiu a requerente para, sob a sua autoridade e direção, exercer as funções de atendedora de balcão, no estabelecimento sito na Rua ...,

3º

mediante o seguinte horário de trabalho: De segunda-feira a sexta-feira das... às ... e das ... às .... (cfr. doc. nº 1).

4º

Em ..., a requerente auferia uma retribuição mensal ilíquida de ... € (cfr. doc. nº 2).

5º

Em ..., a requerida despediu, por extinção do posto de trabalho, a requerente (cfr. doc. nº 3).

II – DOS CRÉDITOS LABORAIS

6º

Nos termos do art. 366º *ex vi* do art. 372º, do Código do Trabalho, a requerente tem direito a uma compensação correspondente a 14 dias de retribuição base e diuturnidades por cada ano completo de antiguidade, no montante de ... €.

7º

A requerente tem ainda direito aos seguintes créditos laborais:

- Subsídio de Natal de ..., no montante de ... €;
- Retribuição de ..., no montante de ... €;
- Retribuição de férias proporcional ao tempo de serviço prestado no ano da cessação, no montante de ... €;
- Subsídio de férias proporcional ao tempo de serviço prestado no ano da cessação, no montante de ... €;
- Subsídio de Natal proporcional ao tempo de serviço prestado no ano da cessação, no montante de ... €.

8º

Assim, nesta data, a requerida deve à requerente a quantia global de ... €, a título de créditos laborais.

9º

Apesar das inúmeras diligências da requerente com vista à liquidação daquela quantia, a requerida nunca efetuou qualquer pagamento.

III – DA INSOLVÊNCIA

10º

A requerida tem recorrido a diversas e sucessivas manobras dilatórias com o intuito de eximir-se ao pagamento dos créditos laborais de que titular a requerente.

11º

Acresce que, apesar de se encontrar a laborar, a requerida não cumpriu, nem cumpre, as suas obrigações para com a requerente e outros credores.

12º

Por outro lado, não possui património ou quaisquer rendimentos conhecidos, pelo que, está impossibilitada de "cumprir as suas obrigações vencidas", encontrando-se, assim, em situação de insolvência (art. 3º, do Código da Insolvência e da Recuperação de Empresas).

13º

A requerente não possui nenhum elemento relativamente ao ativo e passivo da requerida.

14º

Paralelamente, não conseguiu obter a identificação dos maiores credores da requerida, pelo que requer, para efeitos do art. 23º, nº 3, do Código da Insolvência e da Recuperação de Empresas, que esta preste as informações previstas no art. 23º, nº 2, al. *b*), do Código da Insolvência e da Recuperação de Empresas.

15º

Os gerentes da requerida são:

– ..., com residência na Rua ...;

– ..., com residência na Rua ... (Cfr. certidão permanente da Conservatória do Registo Comercial, com o código de acesso ..., junta como doc. nº 4).

Termos em que e nos demais de direito deve ser:

I – Julgada procedente por provada a presente ação e, em consequência, ser declarada a insolvência da requerida;

II – Reconhecido e graduado o crédito da requerente no montante de ... €, a que acrescem os respetivos juros legais.

Uma vez que não conseguiu obter a identificação dos maiores credores da requerida, a requerente, para efeitos do art. 23º, nº 3, do Código da Insolvência e da Recuperação de Empresas, requer que aquela seja notificada para prestar as informações previstas no art. 23º, nº 2, al. *b*), do Código da Insolvência e da Recuperação de Empresas.

PROVA TESTEMUNHAL:

1. ..., comerciante, residente na Rua ...;

2. ..., vendedor, residente na Rua ....

VALOR: ... €

JUNTA: 4 documentos e procuração forense.

O Advogado,

____

(PROPOSTA DE) RECLAMAÇÃO DE CRÉDITOS

Exma. Senhora Dra. ...
Administradora de Insolvência nomeada no Proc. nº ..., do juízo de comércio de ... - Juiz 3, do Tribunal Judicial da Comarca ...

..., rececionista, contribuinte fiscal nº..., titular do Cartão de Cidadão nº ..., válido até ..., número de identificação da segurança social ..., residente na Rua..., com domicílio profissional na Rua ..., vem

RECLAMAR O CRÉDITO

Que detém sobre a insolvente ...,

nos termos e com os seguintes fundamentos:

1º

A insolvente dedica-se à atividade de comercialização de óculos e material ótico.

2º

Em ..., admitiu a reclamante, a qual, sob a sua autoridade e direção, exerceu as funções de atendedora de balcão, no estabelecimento sito na Rua ...,

3º

mediante o seguinte horário de trabalho: De segunda-feira a sexta-feira das... às ... e das ... às .... (cfr. doc. nº 1).

4º

Em ..., a reclamante auferia uma retribuição mensal ilíquida de ... € (cfr. doc. nº 2).

5º

Em ..., a insolvente despediu, por extinção do posto de trabalho, a reclamante (cfr. doc. nº 3).

6º

A insolvente não cumpriu o prazo de aviso prévio de 60 dias, aplicável à reclamante, por força do art. 371º, nº 3, al. *c*), do Código do Trabalho.

7º

Desta forma e em conformidade com o disposto no nº 4, art. 363º *ex vi* do art. 372º, do Código do Trabalho, o contrato de trabalho vigente entre a reclamante e a insolvente só cessou depois de decorrido o período de aviso prévio em falta a contar da comunicação do despedimento, ou seja, em ….

8º

Nos termos do art. 366º *ex vi* do art. 372º, do Código do Trabalho, a reclamante tem direito a uma compensação correspondente a 14 dias de retribuição base e diuturnidades por cada ano completo de antiguidade, no montante de … €.

9º

A reclamante tem ainda direito aos seguintes créditos laborais:

– Subsídio de Natal de …, no montante de … €;

– Retribuição de …, no montante de … €;

– Retribuição de férias proporcional ao tempo de serviço prestado no ano da cessação, no montante de … €;

– Subsídio de férias proporcional ao tempo de serviço prestado no ano da cessação, no montante de … €;

– Subsídio de Natal proporcional ao tempo de serviço prestado no ano da cessação, no montante de … €.

10º

Assim, nesta data, a insolvente deve à reclamante a quantia global de … €, a título de créditos laborais, à qual acrescem os respetivos juros legais civis à taxa de 4%.

11º

Apesar das inúmeras diligências da reclamante com vista à liquidação daquela quantia, a insolvente nunca efetuou qualquer pagamento.

11º

Informo que o meu IBAN é: ….

Termos em que deve o crédito da reclamante no valor de … € e respetivos juros legais ser reconhecido e graduado nos termos legais, enquanto crédito privilegiado nos termos do art. 333º, do Código do Trabalho.

VALOR: ... €

JUNTA: 3 documentos e procuração forense.

O Advogado,

____

CAPÍTULO IX
AÇÃO DECLARATIVA SOB A FORMA DE PROCESSO COMUM

(PROPOSTA DE) PETIÇÃO INICIAL

TRIBUNAL JUDICIAL DA COMARCA ...
Juízo do trabalho de ...

..., escriturária, contribuinte fiscal nº..., titular do Cartão de Cidadão nº ..., válido até ..., número de identificação da segurança social ..., residente na Rua..., com domicílio profissional na Rua ..., vem propor

AÇÃO DECLARATIVA DE CONDENAÇÃO SOB A FORMA DE PROCESSO COMUM EMERGENTE DE CONTRATO DE TRABALHO,

Contra ..., pessoa coletiva nº..., com sede na Rua...,

nos termos e com os seguintes fundamentos:

1º

A Ré dedica-se à atividade de fabrico e comercialização de material escolar e de escritório.

2º

No exercício da sua atividade, admitiu, em ..., a Autora que,

3º

sob a sua autoridade e direção, cumpre com zelo, assiduidade e competência as funções para que foi contratada.

4º

Atualmente, desempenha as funções inerentes à categoria de 1ª escriturária.

5º

Conforme é usual na Ré, a Autora recebeu todos os meses, até ..., subsídio de alimentação (cfr. primeiro e último recibos de cada ano juntos como docs. nºs 1, 2, 3, 4, 5, 6, 7, 8, 9 e 10),

6º

O qual, no ano de ..., tinha o valor médio mensal de ... €.

7º

A partir de ... deixou, injustificada e inexplicavelmente, de receber o referido subsídio (cfr. docs. nºs 11, 12, 13, 14, 15, 16 e 17 e cópia do mapa de atribuição do subsídio de alimentação junto como doc. nº 18).

8º

De igual modo, a Autora recebeu todos os anos, no mês de ..., um montante a título de gratificação (cfr. docs. nºs 1, 3, 5, 7, 9, 13, 14 e 15),

9º

O qual, no ano de ..., perfez a quantia de ... €.

10º

Gratificação essa que a partir de ... deixou, mais uma vez de modo injustificado e inexplicável, de receber (cfr. docs. nºs 16 e 17).

11º

Nos termos do art. 258º, nº 1, do Código do Trabalho, "Considera-se retribuição a prestação a que, nos termos do contrato, das normas que o regem ou dos usos, o trabalhador tem direito em contrapartida do seu trabalho".

12º

A determinação qualitativa da retribuição assenta na regularidade, na periodicidade e na obrigatoriedade.

13º

Assim, todas as prestações realizadas pelo empregador que reúnam estas características devem ser consideradas no conceito de retribuição.

14º

É o caso do subsídio de alimentação (art. 260º, nºs 1, al. *a*) e 2, do Código do Trabalho) e da gratificação anual (art. 260º, nº 3, al. *a*), do Código do Trabalho) que a Autora auferia e que a partir de determinada altura deixou de auferir.

15º

Com efeito, tais valores foram pagos à Autora de ... a ..., o que demonstra inequivocamente a natureza regular e periódica de tais prestações,

16º

no seguimento dos usos e práticas correntes da empresa (obrigatoriedade).

17º

De tal forma que foram criadas legítimas expetativas em relação ao recebimento de tais quantias.

18º

Neste sentido, é de salientar o caráter alimentício da retribuição, segundo o qual a retribuição destina-se "à satisfação de necessidades pessoais e familiares do trabalhador".

19º

A Ré, a partir do momento em que deixou de pagar o subsídio de alimentação e a gratificação anual, violou e continua a violar o princípio da irredutibilidade da retribuição, consagrado na al. *d*), do nº 1, do art. 129º, do Código do Trabalho.

20º

Atento o exposto, são devidos à Autora retroativos relativos ao subsídio de alimentação em dívida, nos termos que a seguir se discriminam (tendo como referência o valor médio de ... € pago no ano de ...):

Ano de ...

... meses ________________________________ ... €

Ano de ...

... meses ________________________________ ... €

Ano de ...

... meses ________________________________ ... €

Ano de ...

... meses ________________________________ ... €

Ano de ...

... meses ________________________________ ... €

Ano de ...

... meses ________________________________ ... €,

no montante global de ... €.

21º

De igual forma é devida a Autora a quantia de ... €, a título de gratificações anuais em dívida, referentes aos anos de...

Termos em que e nos demais de direito deve a presente ação ser julgada provada e procedente, e, em consequência, ser a Ré condenada a pagar à Autora as seguintes quantias:

I – De ... €, a título de retroativos referentes aos montantes de subsídio de refeição em dívida;

II – De ... €, referente aos valores de gratificação anual em dívida,

no montante global de ... €, acrescido de juros legais.

PROVA TESTEMUNHAL:

1. ..., comerciante, residente na Rua...;
2. ..., vendedor, residente na Rua....

VALOR: ... €

JUNTA: 19 documentos e procuração forense.

O Advogado,

____

(PROPOSTA DE) CONTESTAÇÃO

TRIBUNAL JUDICIAL DA COMARCA ...
Juízo do trabalho de ... - Juiz 2
Proc. nº ...

..., Ré, nos autos à margem identificados, vem

APRESENTAR A SUA CONTESTAÇÃO,

nos termos e com os seguintes fundamentos:

1º

São verdadeiros os factos vertidos nos arts. 1º, 2º, 3º, 4º e 6º, da petição inicial.

2º

A Autora reclama o pagamento de retroativos de quantias alegadamente devidas como subsídio de alimentação, relativamente aos anos de ... até ... e das gratificações anuais referentes aos anos de ....

3º

No entanto, conforme veremos, tais quantias não integram o conceito de retribuição.

DO SUBSÍDIO DE REFEIÇÃO

4º

A Autora de ... a ..., recebeu subsídio de refeição.

5º

Os funcionários ... ..., colegas de trabalho da Autora, nunca receberam tal subsídio.

6º

Nunca foi prática habitual da Ré atribuir subsídio de refeição aos seus trabalhadores.

7º

Em ..., a Autora foi transferida, para as instalações da Ré sitas na Rua ....

8º

Instalações essas que estavam e continuam a estar equipadas com uma cantina, que fornece refeições diárias gratuitas para os funcionários com a categoria da Autora.

9º

Pelo que a Ré não está obrigada a pagar o subsídio de refeição em causa.

10º

Por outro lado, de acordo com o previsto no art. 260º, nºs 1, al. *a*), parte final e 2, do Código do Trabalho, o subsídio de refeição ora reclamado pela Autora nunca poderia ser considerado retribuição, na medida em que não estava (nem está) previsto no contrato, nem deve ser considerado pelos usos como elemento integrante da sua retribuição.

DA GRATIFICAÇÃO

11º

A gratificação anual ora reclamada pela Autora também não integra o conceito de retribuição, conforme veremos.

12º

Tal gratificação trata-se de uma quantia que a Ré se disponibilizou a pagar no início de cada ano civil aos trabalhadores que apresentem maiores índices de rendimento e caso a situação financeira da Ré o permita.

13º

A gratificação em causa não foi calculada com base no vencimento dos trabalhadores, cfr. doc. nº 1.

14º

Aliás, como podemos constatar da leitura do doc. nº 1, a gratificação paga a alguns trabalhadores foi diminuindo, enquanto que os respetivos vencimentos foram aumentados todos os anos.

15º

Por outro lado, é de referir que a Ré, desde ..., tem vindo a acumular prejuízos cada vez mais acentuados.

16º

O que motivou uma redução do pessoal.

17º

A gratificação em causa nunca foi paga regular e permanente aos trabalhadores.

18º

Durante os anos de ... e ..., por exemplo, os trabalhadores ..., ... e ... não receberam gratificação, voltando a recebê-la no ano de ... (cfr. doc. nº 1).

19º

Por exemplo, durante os anos de ..., ..., ... e ..., os trabalhadores ..., ..., ... e ... não receberam gratificação, voltando a recebê-la apenas no ano de ... (cfr. doc. nº 1).

20º

Não existe nenhum acordo entre a Autora e a Ré quanto ao pagamento da gratificação ora reclamada.

21º

Assim, a mesma não pode ser considerada retribuição, nos termos do art. 260º, nº 1, al. *b*), parte final, do Código do Trabalho.

22º

A Autora recebeu gratificações nalguns anos em virtude da avaliação do seu rendimento, do seu desempenho e da situação económico-financeira da Ré.

23º

Pelo exposto, é falso o vertido nos arts. 5º, 6º, 7º, 8º, 9º, 10º, 16º, 17º, 18º, 19º, 21º, 22º, 23º, 24º, da petição inicial.

Nestes termos e nos demais de direito deve a presente ação ser julgada não provada e improcedente e, em consequência, a Ré absolvida do pedido, tudo com as legais consequências.

PROVA TESTEMUNHAL:

1. ..., diretor financeiro, residente na Rua...;
2. ..., chefe de vendas, residente na Rua....

VALOR: O da ação.

JUNTA: 1 documento.

O Advogado com procuração nos autos,

____

BIBLIOGRAFIA

Abrantes, José João

- *A jurisprudência constitucional recente em matéria laboral (algumas notas), Para Jorge Leite – Escritos Jurídico-Laborais,* vol. I, Coimbra Editora, 2015
- *Do Tratado de Roma ao Tratado de Amesterdão – a caminho de um Direito do trabalho europeu?,* QL, nº 16, Ano VII, Coimbra Editora, 2000

Alegre, Carlos

- *Código de Processo do Trabalho – Anotado,* Almedina, 2001

Alexandre, Isabel

- *Princípios gerais do processo do trabalho,* Estudos em Homenagem ao Prof. Doutor Raul Ventura, vol. II, FDL, Lisboa, 2003

Almeida, António

- *Cláusulas Contratuais Gerais e o postulado da liberdade contratual,* RPDC, nº 11

Almeida, António Pereira de

- *Sociedades Comerciais e Valores Mobiliários,* 5ª edição, Coimbra Editora, 2008

Almeida, Carlos Ferreira de

- *Os Direitos dos Consumidores,* Almedina, 1982

Almeida, José Eusébio

- *A nova acção de impugnação judicial da regularidade e licitude do despedimento,* PDT nº 85, Janeiro-Abril de 2010, Coimbra Editora
- *Duas questões práticas na aplicação do Direito e Processo dos Acidentes de Trabalho: Urgência e Intervenção de Terceiros,* PDT nº 70, Janeiro-Abril de 2005, Coimbra Editora

Almeida, J. P. Moitinho

- *Código de Processo do Trabalho – Anotado,* 5ª edição, Coimbra Editora, 2001

Almeida, Maria Eunice Lopes de

- *O teletrabalho e o direito a trabalhar,* QL, Ano XXVII, nº 56, Almedina, 2020

Amado, João Leal

- *A Lei nº 93/2019 e o trabalho intermitente: uma lei gorada?,* QL, Ano XXVI, nº 55, Almedina, 2019
- *Contrato de Trabalho,* Almedina, 2019
- *Despedimento ilícito e salários intercalares: a dedução do alliunde perceptum – uma boa solução?* – QL, Ano I, nº 1, 1995
- *Presunção de laboralidade: nótula sobre o art. 12º do novo Código do Trabalho e o seu âmbito temporal de aplicação,* PDT, nº 82, Coimbra Editora

Andrade, Manuel de

- *Teoria Geral da Relação Jurídica,* vol. II, Almedina, 1987

Ascensão, José de Oliveira
- *O Direito – Introdução e Teoria Geral*, 13ª edição, Almedina, 2005

Baptista, Albino Mendes
- *A Nova Acção de Impugnação de Despedimento e a Revisão do Código de Processo de Trabalho*, Wolters Kluwer/Coimbra Editora, 2010
- *Código de Processo do Trabalho – Anotado*, 2ª edição, reimpressão, *Quid Iuris*, 2002

Borgogelli, Franca
- *O direito e a jurisprudência social comunitária*, QL, Ano IV, nºs 9-10, Coimbra Editora, 1997

Campos, João Mota de
- *Direito Comunitário*, vol. III, Fundação Calouste Gulbenkian, 1991

Campos, Júlia
- *A problemática da Igualdade e da não-discriminação no Direito do Trabalho*, IV CNDT, Almedina, 2002

Canotilho, José Joaquim Gomes
- *Carta de Direitos Fundamentais da União Europeia*, Coimbra Editora, 2002

Canotilho, José Joaquim Gomes/Moreira, Vital
- *Constituição da República Portuguesa Anotada*, vol. I, 4ª edição, Coimbra Editora, 2007

Cardoso, Álvaro Lopes
- *Código de Processo do Trabalho – Anotado*, Livraria Petrony, 2000
- *Manual de Processo do Trabalho*, 3ª edição, Livraria Petrony, 2000

Castro, Catarina Sarmento e
- *A proteção dos dados pessoais dos trabalhadores*, QL, Ano IX, nº 19, Coimbra Editora, 2002

Cordeiro, António Menezes
- *Da Responsabilidade Civil dos Administradores nas Sociedades Comerciais*, Lex, 1997
- *Da boa fé no direito civil*, Almedina, 1997
- *Direito do Trabalho*, Vol. II, Almedina, 2019
- *O Problema do Contrato-as cláusulas contratuais gerais e o princípio da liberdade contratual*, Almedina, 1999
- *Tratado de Direito Civil Português*, I, Parte Geral, Tomo I, Almedina, 1999

Cordeiro, A. Barreto Menezes
- *Comentário ao Regulamento Geral de Proteção de dados e à Lei nº 58/2019*, CIDP, Almedina, 2021

Correia, Eduardo
- *Direito Criminal*, vol. I, Almedina, 1993
- *Direito Criminal*, vol. II, Almedina, 1968

CORREIA, JOÃO
- *Direito Penal Laboral – As contraordenações laborais*, QL, Ano VII, nº 15, Coimbra Editora, 2000

CORREIA, JOÃO/PEREIRA, ALBERTINA
- *Código de Processo do Trabalho – Anotado à luz da reforma do processo civil*, reimpressão, Almedina, 2018

COSTA, ADALBERTO
- *Código de Processo do Trabalho – Anotado e Comentado*, 2ª edição, Vida Económica, 2012

DIAS, AMADEU
- *Redução do tempo de trabalho, adaptabilidade do horário e polivalência funcional*, Coimbra Editora, 1997

DUARTE, MARIA LUÍSA
- *A liberdade de circulação de pessoas e a ordem pública no Direito Comunitário*, Coimbra Editora, 1992
- *Estudos de Direito da União das Comunidades Europeias*, Coimbra Editora, 2000

FARIA, PAULO RAMOS DE/LOUREIRO, ANA LUÍSA
- *Primeiras Notas ao Novo Código de Processo Civil*, volume I, Almedina, 2013

FERNANDES, ANTÓNIO MONTEIRO
- *Uma figura com máscara: A caducidade do contrato de trabalho*, RIDT, ano I, 2021, nº 1, IDT, disponível em https://idt.fdlisboa.pt/
- *Direito do Trabalho*, 21ª edição, Almedina, 2022
- *Resolução do contrato por mora na retribuição – prazos e presunções de culpa*, PDT, 2017-I

FERNANDES, FRANCISCO LIBERAL
- *O Tempo de Trabalho*, Coimbra Editora, 2012

FERNANDES, FRANCISCO LIBERAL/BASTO, BÁRBARA DE SOUSA
- *O banco de horas grupal na Lei 93/2019*, QL, Ano XXVI, nº 55 (número especial), Almedina, 2019

FERREIRA, ALBERTO LEITE
- *Código de Processo do Trabalho – Anotado*, 4ª edição, Coimbra Editora, 1996

FERREIRA, FERNANDO AMÂNCIO
- *Manual dos Recursos em Processo Civil*, 8ª edição, Almedina, 2008

FREITAS, JOSÉ LEBRE DE
- *A Ação Declarativa Comum*, 3ª edição, Coimbra Editora, 2013

FREITAS, JOSÉ LEBRE DE/ALEXANDRE, ISABEL
- *Código de Processo Civil – Anotado*, Volume 1º, 3ª edição, Coimbra Editora, 2014

FREITAS, JOSÉ LEBRE DE/MACHADO, A. MONTALVÃO/PINTO, RUI
- *Código de Processo Civil – Anotado*, Volume 2º, Coimbra Editora, 2001

FREITAS, PEDRO PETRUCCI DE
- *Da Acção de reconhecimento da existência de contrato de trabalho: breves comentários*, ROA, Ano 73, Out./Dez. 2013

GERALDES, ANTÓNIO SANTOS ABRANTES
- *Recursos no Novo Código de Processo Civil*, Almedina, 2013
- *Suspensão de despedimento e outros procedimentos cautelares no processo do trabalho*, Almedina, 2010
- *Temas da Reforma do Processo Civil*, I Volume, 2ª edição, reimpressão, Almedina, 1999
- *Temas da Reforma do Processo Civil*, III Volume, 2ª edição, Almedina, 2000

GERALDES, ANTÓNIO SANTOS ABRANTES/PIMENTA, PAULO/SOUSA, LUÍS FILIPE PEREIRA DE
- *Código de Processo Civil – Anotado*, Vol. I, reimpressão, Almedina, 2019

GOMES, IRENE
- *Principais aspetos do regime jurídico do trabalho exercido em comissão de serviço, Estudos de Direito de Trabalho em Homenagem ao Professor Manuel Olea*, Almedina, 2004

GOMES, JÚLIO
- *Direito do Trabalho*, Volume I, Coimbra Editora, 2007
- *Novos Estudos de Direito do Trabalho*, 2010, Coimbra Editora

GORJÃO-HENRIQUES, MIGUEL
- *A Europa e o «Estrangeiro»: Talo(s) ou Cristo?*, Temas de Integração, Almedina, 3º vol., 2º semestre de 1998, nº 6
- *Direito Comunitário*, Almedina, 2002
- *Uma carta sem destino?*, Temas de Integração, 5º vol., 1º semestre de 2000, nº 9

GUERRA, AMADEU
- *A privacidade no local de trabalho*, Almedina, 2004

LEITÃO, SARA
- *Duração, renovação e sucessão de contratos a temo: alterações introduzidas pela Lei nº 93/2019, de 4 de setembro*, RDES, Ano LX, nºs 1-4, Almedina, 2019

LEITE, JORGE
- *Comissão de serviço*, QL, Ano VII, nº 16, Coimbra Editora, 2000
- *Direito do Trabalho e da Segurança Social*, Serviço de Textos da Universidade de Coimbra, 1982
- *Flexibilidade funcional*, QL, Ano IV, nºs 9-10, Coimbra Editora, 1997
- *Lições de Direito do Trabalho*, policopiadas, Coimbra, 1999

LOPES, SÓNIA KIETZMAN
- *A retribuição e outras atribuições patrimoniais*. Disponível em: http://www.cej.mj.pt/cej/recursos/ebooks/trabalho/Caderno_Retribuicao.pdf?id=9&username=guest

MACHADO, ANTÓNIO MONTALVÃO

- *O Dispositivo e os Poderes do Tribunal à Luz do Novo Código de Processo Civil*, Almedina, 2001

MARECOS, DIOGO VAZ

- *Código do Trabalho – Comentado*, 4ª edição, Almedina, 2020

MARTINEZ, PEDRO ROMANO

- *Direito do Trabalho*, 10ª edição, Almedina, 2022

MARTINS, ALCIDES

- *Direito do Processo Laboral*, 4ª edição, Almedina, 2019

MARTINS, ANA MARIA GUERRA

- *Curso de Direito Constitucional da União Europeia*, Almedina, 2004

MARTINS, DAVID CARVALHO/ SOUSA, DUARTE ABRUNHOSA E

- *Os critérios de seleção no despedimento por extinção de posto de trabalho*, Livro Razão, E-book, 2016

MARTINS, JOSÉ JOAQUIM FERNANDES OLIVEIRA

- *A (in)competência Territorial no Código de Processo do Trabalho*, Revista do CEJ, 2º semestre 2016, nº 2
- *Código de Processo do Trabalho Anotado e Comentado*, Almedina, 2020

MARTINS, PEDRO FURTADO

- *Cessação do contrato de trabalho*, 4ª edição, Principia, 2017
- *Consequências do despedimento ilícito: Indemnização/Reintegração, Código do Trabalho – Alguns aspetos cruciais*, Principia, 2003

NASCIMENTO, RICARDO/GAMA, ALEXANDRE

- *RGPD em Contexto Laboral*, BOA, nº 24, 2019

NETO, ABÍLIO

- *Código de Processo do Trabalho – Anotado*, 4ª edição, Ediforum, 2010

PACHECO, MAGO GRACIANO DE ROCHA

- *O Assédio moral no trabalho – O elo mais fraco*, Almedina, 2007

PIMENTA, PAULO

- *Processo Civil Declarativo*, Almedina, 2014

PINHEIRO, PAULO SOUSA

- *Curso de Direito Processual do Trabalho*, Almedina, 2020

PINTO, CARLOS ALBERTO DA MOTA

- *Teoria Geral do Direito Civil*, 3ª edição, 12ª reimpressão, Coimbra Editora, 1999

PINTO, PEDRO FREITAS

- *A proteção da vítima do crime de violência doméstica no foro laboral*, PDT, nº 85, 2010

Preto, Sónia
- *Alguns aspetos da retribuição: II – os subsídios de férias, de Natal e de balanço*, RDES, out.-dez. Ano LIV, nº 4, Almedina 2013

Quintas, Helder
- *A concretização do princípio da boa fé enquanto limite normativo das cláusulas de mobilidade geográfica*, PDT, nºs 74-75
- *A (nova) ação de impugnação judicial da regularidade e licitude do despedimento*, PDT, nº 86, Coimbra Editora
- *Breves notas sobre o passado, o presente e o futuro do regime da transmissão da empresa ou estabelecimento*, PDT, 2019-I
- *Comentários ao Código de Processo do Trabalho*, Almedina, 2023

Quintas, Paula
- *A problemática constitucional da justa causa nos despedimentos objetivos*, Estudos de Direito do Trabalho em homenagem ao Professor António Monteiro Fernandes, Nova Causa, 2018
- *Da problemática do efeito direto nas diretivas comunitárias*, Dixit, 2000
- *O percurso jurídico do assédio*, PDT, 2018-I
- *Os Direitos de Personalidade Consagrados no Código do Trabalho na Perspetiva Exclusiva do Trabalhador Subordinado – Direitos (Des)Figurados*, Almedina, 2013

Quintas, Paula/Quintas, Hélder
- *Código do Trabalho – Anotado e Comentado*, 6ª edição, Almedina, 2021

Ramalho, Maria do Rosário Palma
- *Da autonomia dogmática do Direito do Trabalho*, Almedina, 2001

Rato, João
- *A ação de reconhecimento da existência de contrato de trabalho – interrogações sobre a intervenção do Ministério Público e outras perplexidades*, Para Jorge Leite – escritos jurídico-laborais, Coimbra Editora, 2014

Rebelo, Glória
- *Teletrabalho e privacidade*, Editora RH, 2004

Reis, Pedro
- *Nada de novo debaixo do Sol: o período experimental e a precariedade das relações laborais*, QL, Ano XXVI, nº 55 (número especial), Almedina, 2019

Reis, Viriato/Ravara, Diogo
- *Reforma do Processo Civil e do Processo do Trabalho*, Impactos do Novo CPC no Processo do Trabalho, Caderno IV, CEJ, junho de 2014

Ribeiro, João Soares
- *Cessação do contrato de trabalho por inadaptação do trabalhador*, IV CNDT, Almedina, 2002

– *Contraordenações Laborais*, 2ª edição, Almedina 2003

Ribeiro, Joaquim de Sousa

– *O Problema do Contrato – As cláusulas contratuais gerais e o princípio da liberdade contratual*, Almedina, 1999

Rodrigues, Ilídio Duarte

– *A Administração das Sociedades por Quotas e Anónimas – Organização e Estatuto dos Administradores*, Livraria Petrony, 1990

Rouxinol, Milena Silva

– *A Lei nº 94/2019, de 4/09, e o alargamento da duração do período experimental*, QL, Ano XXVI, nº 55(número especial), Almedina, 2019

Santos, Paulo Duarte

– *O Ministério Público e os Procedimentos Cautelares no Foro Laboral*, PDT, nº 71, Coimbra Editora, Maio-Agosto de 2005

Santos, Sabina Pereira dos

– *Direito do Trabalho e Política Social na União Europeia*, Principia, 2000

Silva, Filipe Fraústo da

– *Observações acerca da seleção social no procedimento de despedimento coletivo*, QL, Ano XVII, nºs 35-36, Coimbra Editora, 2010

Silva, Maria Manuela Maia da

– *A discriminação sexual no mercado de trabalho – Uma reflexão sobre as discriminações diretas e indiretas*, QL, VII, nº 15, Coimbra Editora, 2000

Sousa, Miguel Teixeira de

– *Estudos Sobre o Novo Processo Civil*, 2ª edição, Lex, 1997

Teixeira, Sónia

– *A Proteção dos Direitos Fundamentais na Revisão do Tratado da União Europeia*, AAFDL, Lisboa, 1998

Telles, Inocêncio Galvão

– *Das condições gerais dos contratos e da diretiva europeia sobre as cláusulas abusivas*, RPDC, nº 2

Varela, João de Matos Antunes

– *Das Obrigações em Geral*, vol. I, 6ª edição, Almedina, 1989

Varela, Antunes/J. Miguel Bezerra/Sampaio e Nora

– *Manual de Processo Civil*, Coimbra Editora, 1985

Vasconcelos, Joana

– *A revogação do contrato de trabalho*, Almedina, 2011

– *Direito Processual do Trabalho*, Universidade Católica Editora, 2017

VENTURA, RAÚL

– *Princípios gerais de Direito Processual do Trabalho*, Curso de Direito Processual do Trabalho, suplemento da RFDUL, Lisboa, 1964

VICENTE, JOANA NUNES

– *A Lei nº 93/2019, de 4/9 e a revisão do regime jurídico do contrato de trabalho a termo*, QL, Ano XXVI, nº 55, Almedina, 2019

XAVIER, BERNARDO DA GAMA LOBO

– *O Processo Especial de Impugnação do Despedimento Colectivo*, EIDT, Volume VI, Almedina, 2012

ÍNDICE GERAL